都立国立高等学校

〈収録内容〉

便利な DL コンテンツは右の QR コードから ⇒

解答用紙　過去年度　リスニング

※データのダウンロードは 2025 年 3 月末日まで。
※データへのアクセスには、右記のパスワードの入力が必要となります。 ⇒ 151207

本書の特長

実戦力がつく入試過去問題集

▶ 問題 ……………… 実際の入試問題を見やすく再編集。
▶ 解答用紙 …… 実戦対応仕様で収録。
▶ 解答解説 …… 詳しくわかりやすい解説には、難易度の目安がわかる「基本・重要・やや難」の分類マークつき（下記参照）。各科末尾には合格へと導く「ワンポイントアドバイス」を配置。採点に便利な配点つき。

入試に役立つ分類マーク

基本 確実な得点源！
受験生の 90％以上が正解できるような基礎的、かつ平易な問題。
何度もくり返して学習し、ケアレスミスも防げるようにしておこう。

重要 受験生なら何としても正解したい！
入試では典型的な問題で、長年にわたり、多くの学校でよく出題される問題。
各単元の内容理解を深めるのにも役立てよう。

やや難 これが解ければ合格に近づく！
受験生にとっては、かなり手ごたえのある問題。
合格者の正解率が低い場合もあるので、あきらめずにじっくりと取り組んでみよう。

合格への対策、実力錬成のための内容が充実

▶ 各科目の出題傾向の分析、合否を分けた問題の確認で、入試対策を強化！
▶ その他、学校紹介、過去問の効果的な使い方など、学習意欲を高める要素が満載！

解答用紙ダウンロード 解答用紙はプリントアウトしてご利用いただけます。弊社ＨＰの商品詳細ページよりダウンロードしてください。トビラのＱＲコードからアクセス可。

UD FONT 見やすく読みまちがえにくいユニバーサルデザインフォントを採用しています。

都立 国立《くにたち》 高等学校

https://www.metro.ed.jp/kunitachi-h/

〒 186-0002　国立市東 4-25-1
☎ 042-575-0126
交通　ＪＲ中央線国立駅　徒歩 15 分
　　　ＪＲ南武線谷保駅　徒歩 10 分

普通科

制 服　なし

[カリキュラム] ◇三学期制◇

・1、2年次は、すべての教科をまんべんなく学習するため、芸術科目以外は全員同じ科目を履修する。希望の多い国公立大の受験に対応させている。
・３年次には、多くの選択科目を配置。生徒はそれぞれの進路希望にあった科目を選択し、学力をつける。
・３年次の英語は**自主教材**による授業を実施。
・ブタの頭の解剖（３年選択「生物」）や初等整数論（数学選択補講）など、大学並みの**高度な授業**も行う。
・英語と数学の一部の科目で**習熟度編成**や**少人数**の授業を展開し、授業内容のレベルをあげるなど、きめの細かい学習指導をしている。
・生徒の自学自習の習慣を定着させるため、土曜日は自習室を終日開放している。また、土曜日や夏季休業中の**補習・補講**も充実している。
・**土曜日も月２回程度（年間で20回）、正規の授業**（４時間）を行う。

[部活動]

・14 割が参加。複数の部に所属する生徒も多く、各部が活発に活動している。**少林寺拳法部**は全国大会出場回数が多い。
・最近の主な実績は以下のとおり。
＜令和４年度＞
男子ハンドボール部が国公立大会ベスト 16。
＜令和３年度＞
陸上競技部が関東大会に出場した。

★設置部（※は同好会など）
ラグビー、サッカー、ハンドボール（男女）、バスケットボール（男女）、バレーボール（男女）、硬式テニス（男女）、ソフトテニス、バドミントン、野球、卓球、体操、剣道、少林寺拳法、山岳、陸上競技、水泳、ダンス、クラシックバレエ、物理、化学、生物、地学、美術、茶道、音楽、吹奏楽、弦楽合奏、民俗音楽研究、映画研究、演劇、囲碁・将棋、漫画研究、文学研究、放送、新聞、ESS（英語）、マジック研究、料理、※落語研究、※写真、※ボランティア、※新聞

[行　事]

・**第九演奏会**では、プロのオーケストラと400名以上の生徒が共演する。
・**文化祭**では、３年生全クラスが行う演劇が有名。２年次から準備を始め、毎年完成度の高いものを行う。来場者数は１万人を超える。（コロナ前）

4月　新入生歓迎会、第九演奏会、修学旅行（３年）
5月　クラスマッチ
9月　国高祭（文化祭・体育祭・後夜祭）
10月　遠足（１・２年）

[進　路]（令和５年３月）

・**進路講演会、模擬試験、進路懇談会**や**ガイダンス**を実施している。
・定期考査前には本校を卒業した現役大学生・大学院生から学習指導や進路相談を受けることができる（**サポートティーチャー制**）。

★卒業生の進路
＜卒業生318名＞
大学230名、短大０名、専門学校０名、就職０名、その他88名

★卒業生の主な合格実績
東京大、京都大、北海道大、東北大、千葉大、筑波大、お茶の水女子大、東京外国語大、東京学芸大、東京工業大、東京農工大、一橋大、横浜国立大、九州大、東京都立大、早稲田大、慶應義塾大、上智大

♣指定校推薦枠のある大学・短大など♣
東京都立大、早稲田大、慶應義塾大、明治大、北里大、学習院大、国際基督教大、中央大、津田塾大、東京薬科大、東京理科大、明治薬科大　他

[トピックス]

・平成15年に**進学指導重点校**に指定され、これまでの特色や伝統を継承しつつ、進学指導重点校としての成果をあげる教育を実践している。
・令和元年度「**国公立大合格力**」が高いと週刊誌で話題になった。
・「**文武両道**」を学校の特色とし、部活動や学校行事に熱心に取り組みながら高い進学実績を誇っている。
・**校訓**は、「**清く　正しく　朗らかに**」。
・人間性豊かに成長することを願い、将来有為な社会の形成者となることを希求し次の**教育目標**を掲げている。
①自主性を持ち、責任を重んずる人となる。
②明朗な気風を養い、個性と創造力豊かな人となる。
③社会に貢献し、困難・苦難に耐え得る人となる。
・「**全部やる。みんなでやる。**」をモットーに、授業・部活・行事すべてに全力投球している。
・休日を利用して、**公開講座**を開催しており、「中学生のための楽しい理科教室」といった親しみやすい講座が開かれた。

[学校見学]（令和５年度実施内容）

★学校見学会　８月11回
★学校説明会　10・11・12月各１回
★授業公開　５・６・11月
★文化祭　９月
★体育祭　９月（関係者のみ）
★自校作成問題説明会　11・12 月各１回

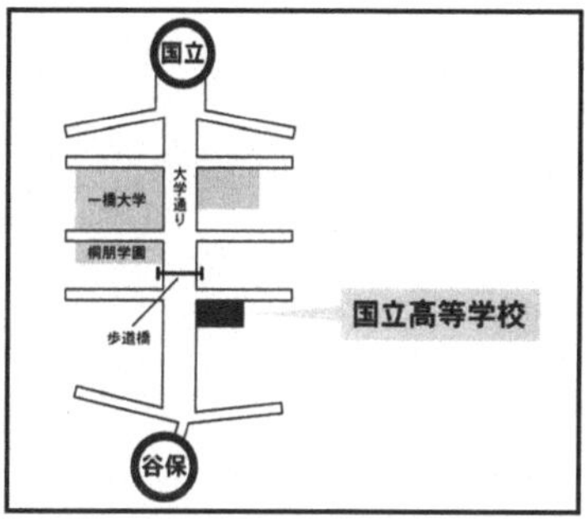

入試!インフォメーション

※本欄の内容はすべて令和６年度入試のものです。

受検状況

科名・コース名	募集人員	推薦に基づく入試				第一次募集・分割前期募集			
		募集人員	応募人員	応募倍率	合格人員	募集人員	受検人員	受検倍率	合格人員
普　通	316	64	227	3.55	64	252	361	1.43	256

入学者選抜実施方法

	科名・コース名	推薦枠		調査書の活用		満点					備考
		割合(%)	特別推薦の有無	観点別学習状況の評価	評定	調査書点	集団討論・個人面接	小論文	作文	実技検査	
推薦	普　通	20	−	−	○	450	150	300	−	−	

	科名・コース名	分割募集	男女枠緩和	学力検査		調査書		学力検査：調査書	満点					備考
				教科	学校指定による傾斜配点	教科の評定の扱い			学力検査	調査書点	面接	小論文・作文	実技検査	
						学力検査を実施する教科	学力検査を実施しない教科							
第一次・分割前期	普　通	−	○	5*	／	1倍	2倍	7：3	700	300	−	−	−	＊国数英は自校作成。

〈本校の期待する生徒の姿〉

本校は、「清く 正しく 朗らかに」を校訓に、文武両道の校是の下、学習活動、学校行事、部活動等に優れた成果を上げ、世界に貢献できる有為な人材を育成してきた。また、進学指導重点校として、国公立大学や難関私立大学への進学を目指し、質の高い学習活動を実践している。以上を踏まえ、本校では、次の「３つのC」に基づき、自ら問いを立て、その解決に取り組む、課題発見・課題解決力と、創造性をもった生徒を期待している。

Critical Thinking（C1）教科学習をはじめ、部活動や生徒会活動においても、既存の情報をうのみにせず、真意を疑い、物事の本質を問い続けながら粘り強く考えようとする生徒

Creative Thinking（C2）自らの持つ知識同士のつながりや、他者の持っている知識とのつながりによって、多方面において新たな発想をしようとする生徒

Collaboration（C3）個人それぞれが他者と協働し、自己の弱みについては補完し、強みについてはさらに発展させようとする生徒

難易度（偏差値）	AA（75－73）	併願校選択例	錦城、早稲田実業、帝京大、明治大付属明治、拓殖大第一

過去問の効果的な使い方

① **はじめに**　入学試験対策に的を絞った学習をする場合に効果的に活用したいのが「過去問」です。なぜならば，志望校別の出題傾向や出題構成，出題数などを知ることによって学習計画が立てやすくなるからです。入学試験に合格するという目的を達成するためには，各教科ともに「何を」「いつまでに」やるかを決めて計画的に学習することが必要です。目標を定めて効率よく学習を進めるために過去問を大いに活用してください。また，塾に通われていたり，家庭教師のもとで学習されていたりする場合は，それぞれのカリキュラムによって，どの段階で，どのように過去問を活用するのかが異なるので，その先生方の指示にしたがって「過去問」を活用してください。

② **目的**　過去問学習の目的は，言うまでもなく，志望校に合格することです。どのような分野の問題が出題されているか，どのレベルか，出題の数は多めか，といった概要をまず把握し，それを基に学習計画を立ててください。また，近年の出題傾向を把握することによって，入学試験に対する自分なりの感触をつかむこともできます。

過去問に取り組むことで，実際の試験をイメージすることもできます。制限時間内にどの程度までできるか，今の段階でどのくらいの得点を得られるかということも確かめられます。それによって必要な学習量も見えてきますし，過去問に取り組む体験は試験当日の緊張を和らげることにも役立つでしょう。

③ **開始時期**　過去問への取り組みは，全分野の学習に目安のつく時期，つまり，9月以降に始めるのが一般的です。しかし，全体的な傾向をつかみたい場合や，学習進度が早くて，夏前におおよその学習を終えている場合には，7月，8月頃から始めてもかまいません。もちろん，受験間際に模擬テストのつもりでやってみるのもよいでしょう。ただ，どの時期に行うにせよ，取り組むときには，集中的に徹底して取り組むようにしましょう。

④ **活用法**　各年度の入試問題を全問マスターしようと思う必要はありません。できる限り多くの問題にあたって自信をつけることは必要ですが，重要なのは，志望校に合格するためには，どの問題が解けなければいけないのかを知ることです。問題を制限時間内にやってみる。解答で答え合わせをしてみる。間違えたりできなかったりしたところについては，解説をじっくり読んでみる。そうすることによって，本校の入試問題に取り組むことが今の自分にとって適当かどうかが，はっきりします。出題傾向を研究し，合否のポイントとなる重要な部分を見極めて，入学試験に必要な力を効率よく身につけてください。

数学

各都道府県の公立高校の入学試験問題は，中学数学のすべての分野から幅広く出題されます。内容的にも，基本的・典型的なものから思考力・応用力を必要とするものまでバランスよく構成されています。私立・国立高校では，中学数学のすべての分野から出題されることには変わりはありませんが，出題形式，難易度などに差があり，また，年度によっての出題分野の偏りもあります。公立高校を含め，ほとんどの学校で，前半は広い範囲からの基本的な小問群，後半はあるテーマに沿っての数問の小問を集めた大問という形での出題となっています。

まずは，単年度の問題を制限時間内にやってみてください。その後で，解答の答え合わせ，解説での研究に時間をかけて取り組んでください。前半の小問群，後半の大問の一部を合わせて50％以上の正解が得られそうなら多年度のものにも順次挑戦してみるとよいでしょう。

英語

英語の志望校対策としては，まず志望校の出題形式をしっかり把握しておくことが重要です。英語の問題は，大きく分けて，リスニング，発音・アクセント，文法，読解，英作文の5種類に分けられます。リスニング問題の有無(出題されるならば，どのような形式で出題されるか)，発音・アクセント問題の形式，文法問題の形式(語句補充，語句整序，正誤問題など)，英作文の有無(出題されるならば，和文英訳か，条件作文か，自由作文か）など，細かく具体的につかみましょう。読解問題では，物語文，エッセイ，論理的な文章，会話文などのジャンルのほかに，文章の長さも知っておきましょう。また，読解問題でも，文法を問う問題が多いか，内容を問う問題が多く出題されるか，といった傾向をおさえておくことも重要です。志望校で出題される問題の形式に慣れておけば，本番ですんなり問題に対応することができますし，読解問題で出題される文章の内容や量をつかんでおけば，読解問題対策の勉強として，どのような読解問題を多くこなせばよいかの指針になります。

最後に，英語の入試問題では，なんと言っても読解問題でどれだけ得点できるかが最大のポイントとなります。初めて見る長い文章をすらすらと読み解くのはたいへんなことですが，そのような力を身につけるには，リスニングも含めて，総合的に英語に慣れていくことが必要です。「急がば回れ」ということわざの通り，志望校対策を進める一方で，英語という言語の基本的な学習を地道に続けることも忘れないでください。

国語

国語は，出題文の種類，解答形式をまず確認しましょう。論理的な文章と文学的な文章のどちらが中心となっているか，あるいは，どちらも同じ比重で出題されているか，韻文(和歌・短歌・俳句・詩・漢詩)は出題されているか，独立問題として古文の出題はあるか，といった，文章の種類を確認し，学習の方向性を決めましょう。また，解答形式は，記号選択のみか，記述解答はどの程度あるか，記述は書き抜き程度か，要約や説明はあるか，といった点を確認し，記述力重視の傾向にある場合は，文章力に磨きをかけることを意識するとよいでしょう。さらに，知識問題はどの程度出題されているか，語句(ことわざ・慣用句など)，文法，文学史など，特に出題頻度の高い分野はないか，といったことを確認しましょう。出題頻度の高い分野については，集中的に学習することが必要です。読解問題の出題傾向については，脱語補充問題が多い，書き抜きで解答する言い換えの問題が多い，自分の言葉で説明する問題が多い，選択肢がよく練られている，といった傾向を把握したうえで，これらを意識して取り組むと解答力を高めることができます。「漢字」「語句・文法」「文学史」「現代文の読解問題」「古文」「韻文」と，出題ジャンルを分類して取り組むとよいでしょう。毎年出題されているジャンルがあるとわかった場合は，必ず正解できる力をつけられるよう意識して取り組み，得点力を高めましょう。

数学　出題傾向の分析と合格への対策

▼年度別出題内容分類表……

出題内容			2020年	2021年	2022年	2023年	2024年
数と式		数の性質		○	○		○
		数・式の計算	○	○	○		
		因数分解					
		平方根	○	○	○	○	○
方程式・不等式		一次方程式	○	○	○	○	○
		二次方程式	○	○	○	○	
		不等式					
		方程式・不等式の応用	○	○			
関数		一次関数	○	○	○	○	○
		二乗に比例する関数	○	○	○	○	○
		比例関数					
		関数とグラフ	○	○	○	○	○
		グラフの作成					
図形	平面図形	角度	○		○	○	○
		合同・相似	○	○	○	○	○
		三平方の定理	○		○	○	○
		円の性質	○	○	○	○	○
	空間図形	合同・相似					○
		三平方の定理			○	○	○
		切断			○		○
	計量	長さ	○	○	○	○	○
		面積		○	○	○	○
		体積	○	○	○	○	○
		証明	○	○	○	○	○
		作図	○	○	○	○	○
		動点	○			○	
統計		場合の数					
		確率	○	○	○	○	○
		統計・標本調査					
融合問題		図形と関数・グラフ	○	○	○	○	○
		図形と確率					
		関数・グラフと確率					
		その他					
その他							○

都立国立高等学校

出題傾向とその内容

都立独自入試校の入試問題には特徴として「受験生の思考過程や推論の過程を重視する」というねらいがある。本校でも証明や解答に至る途中式や計算の過程を記述する問題が2～4において出題された。

出題内容は，1が数・式の計算，平方根，連立方程式，確率，数の性質，作図等の小問群は毎年同じで，それに今年は中央値や平均値に関する出題もあった。2は図形と関数・グラフの融合問題で，関数や図形の性質を理解し，問題を統合的にとらえて，論理的に考える力が試されている。3は平面図形の問題で，相似の性質や円の性質を利用した角度や線分の長さの比の計量と記述式証明問題，4は空間図形の問題で，「垂線を引ける」を定義して対称性や相似の性質を利用して体積や面積を考えさせる問題であった。

来年度の予想と対策

学習のポイント★★★

進学指導重点校である本校の数学は，今後とも数学的な考え方，処理能力，表現力を測る，難度が高めの問題が出題されるだろう。

教科書レベルの学習では太刀打ちできない，本校の数学にどのように備えるか。もちろん，最初から背伸びをしすぎてもうまくいかない。そこで，夏ぐらいまでは基本的な定理，公式などを復習し，パターン問題を反復練習する。その後，他の自校作成都立校の問題，私立校の問題などで鍛えていきたい。単に答えが出たことで満足せず，過程を重視するという態度を普段から続けることが大切だ。まとめノートで考え方のポイントを整理していくのも効果的だろう。

特に近年は他校にない立体図形が出題されているので，国立大附属の問題に目を通す必要がある。

英語 出題傾向の分析と合格への対策

▼年度別出題内容分類表……

出題内容		2020年	2021年	2022年	2023年	2024年
話し方・聞き方	単語の発音			○		
	アクセント					
	くぎり・強勢・抑揚					
	聞き取り・書き取り	○	○	○	○	○
語い	単語・熟語・慣用句					○
	同意語・反意語					
	同音異義語					
読解	英文和訳(記述・選択)					
	内容吟味	○	○	○	○	○
	要旨把握	○	○	○	○	○
	語句解釈	○	○	○	○	○
	語句補充・選択	○	○	○	○	○
	段落・文整序	○	○	○	○	
	指示語	○				○
	会話文	○	○	○	○	
文法・作文	和文英訳					
	語句補充・選択	○				
	語句整序	○	○	○	○	○
	正誤問題					
	言い換え・書き換え					
	英問英答					
	自由・条件英作文	○	○	○	○	○
文法事項	間接疑問文	○	○		○	○
	進行形	○	○	○	○	○
	助動詞	○	○	○	○	○
	付加疑問文					
	感嘆文					○
	不定詞	○	○	○	○	○
	分詞・動名詞	○	○	○	○	○
	比較	○	○	○	○	○
	受動態	○	○	○	○	○
	現在完了	○	○	○	○	○
	前置詞	○	○	○		○
	接続詞	○	○	○	○	○
	関係代名詞	○		○	○	○

都立国立高等学校

――出題傾向とその内容――

大問構成としては例年どおり，共通問題のリスニングテスト1題，対話文読解，長文読解の2題，計3題という出題だった。

東京都の自校作成問題入試の特徴は，読解問題のボリュームにある。また一方で，条件英作文もあり，高いレベルの総合的英語力が求められる。

読解問題は全般として，やや凝った状況設定の英文が出題されることがあるので，注意が必要だ。

各長文には，中学生としては難易度の高い語彙が含まれている。文章を正確に読み取れているかどうかは，語句解釈や内容吟味などの各種問題で厳密にチェックされるので，要注意である。

――来年度の予想と対策――

学習のポイント★★★

来年度も，形式・内容とも出題傾向は踏襲されるものと思われる。読解中心の傾向が続くだろう。

長文読解においては，スピードと緻密さを両立させることが課題である。語句の解釈や行間を読むなど細かな内容が問われることがあるので要注意である。文法の独立問題は出題されなくても，英作文や読解問題で，間接的に要求されるので，しっかりと基礎を身につけることが必要である。教科書レベル＋αの長文を数多く読みこなすことで，慣れていくことが大切である。また英作文対策も必須である。過去問等を通じて，演習を重ねること。

国語　出題傾向の分析と合格への対策

▼年度別出題内容分類表……

出題内容			2020年	2021年	2022年	2023年	2024年
内容の分類	読解	主題・表題					
		大意・要旨					
		情景・心情	○	○	○	○	○
		内容吟味	○	○	○	○	○
		文脈把握	○	○	○	○	○
		段落・文章構成	○	○	○	○	○
		指示語の問題					
		接続語の問題					
		脱文・脱語補充				○	
	漢字・語句	漢字の読み書き	○	○	○	○	○
		筆順・画数・部首					
		語句の意味				○	○
		同義語・対義語					
		熟語			○		
		ことわざ・慣用句					
	表現	短文作成	○				
		作文（自由・課題）	○	○	○	○	○
		その他					
	文法	文と文節					
		品詞・用法					
		仮名遣い					
		敬語・その他					
	古文の口語訳		○	○			
	表現技法						○
	文学史						
問題文の種類	散文	論説文・説明文	○	○	○	○	○
		記録文・報告文					
		小説・物語・伝記	○	○	○	○	○
		随筆・紀行・日記					
	韻文	詩					
		和歌（短歌）				○	○
		俳句・川柳					
	古文			○	○		
	漢文・漢詩		○				

都立国立高等学校

出題傾向とその内容

大問数は，漢字の読み書きの独立問題が2題，長文読解問題が3題の計5題。設問の数はさほど多くないが，文章が長く，作文があるため，スピードも必要である。

漢字の読みはやや難度が高い。書き取りについては，難しい字ではないが盲点になりがちな熟語や慣用的表現などが狙われる。

小説の読解では，登場人物の心情の読解が中心。また，表現についても出題された。

論説文は，対話に関する文章が出題された。筆者の意図を踏まえて自分の体験を述べる作文も出題されている。

もう一つの論説文は，平安末期の歌人 藤原俊成に関するものであった。

来年度の予想と対策

学習のポイント★★★

来年度も出題パターンが大きく変わることはないだろう。

漢字の読み書きについては，受験用の漢字問題集や漢検用（準2～3級程度）の問題集を使って，継続的に学習し，基本的な問題を確実に正解できるレベルを目標とする。

小説に関しては，時間，情景，人物の心情に注意して，本文を丁寧に読んでいく必要がある。

論説文に関しては，筆者の主張を的確に把握する力が不可欠である。日常の学習において，本文の要旨をまとめ，それについての自分の考えを簡潔にまとめるという作業を取り入れたい。

古典または韻文は，例年現代文と合わせて出題されている。古文・和歌・漢文・漢詩などを，語注や現代語訳などを手がかりにていねいに読む練習をしておきたい。

理科 出題傾向の分析と合格への対策

出題傾向とその内容

〈最新年度の出題状況〉

大問1は，全領域からの小問で，大問2の生徒研究ではクジャク石に含まれる銅の割合の計算，光の屈折の作図などの出題があった。大問3の地学は，透明半球での太陽の日周経路の観察，北極側から見た地球の自転，緯度の高低と夜の長さの考察であった。大問4の生物は，光合成の対照実験では顕微鏡操作と光合成の条件，光の明るさと光合成量・呼吸量の関係の考察であった。大問5の化学は，電解質と非電解質，溶解度曲線の温度と水溶液の濃度の変化のグラフの考察と溶質を全て取り出すための計算問題があった。大問6の物理は，斜面上での台車の運動と斜面上の台車の力の分解，作用・反作用の法則，位置／運動エネルギー，仕事とエネルギーの考察があった。探究の過程重視で，実験データや資料の読解力，分析力，判断力，科学的思考力等が試され，地学と化学で文章記述があった。

〈出題傾向〉

毎年，各学年の教科書の第一分野・第二分野からバランスよく出題される。大問1は各分野の基礎的問題で，大問2は資料や実験データの読みとり，計算，作図など科学の方法の基本的問題である。大問3から大問6は，各領域ごとに，一つのテーマについて，実験や観察から調べていきデータ(資料)をもとに考察し，総合的に活用して解く問題であり，論理的な問題解決能力が要求される。出題内容は，実験操作，モデル化，化学反応式，計算，グラフ化，データや資料の読みとりなどである。

物理的領域　大問は，6年は斜面上の台車の運動と力の分解，作用・反作用，位置／運動エネルギー，仕事，5年は電圧と電流と抵抗，電力の実験とグラフ，電力量，4年は斜面を下る小球の運動，力学的エネルギー，3年はフレミングの左手の法則，電磁誘導，右ねじの法則，回路の抵抗であった。

化学的領域　大問は，6年は電解／非電解質，溶解度曲線の温度と水溶液の濃度・溶質の取り出し，5年はイオンの粒子モデルと塩化銅／水の電気分解，4年は電池の電極での化学変化，水の電気分解，中和実験でのイオン数，3年は熱分解のモデル・実験方法・pH，質量変化の規則性であった。

生物的領域　大問は，6年は光合成の対照実験・顕微鏡操作，光の明るさと光合成量・呼吸量の関係，5年は消化の対照実験・柔毛での吸収・血液の循環・細胞の呼吸，4年は花のつくりと生殖，メンデルの実験の応用，3年は光合成の対照実験，光の明るさと光合成量・呼吸量の関係であった。

地学的領域　大問は，6年は透明半球の太陽の日周経路，北極側からの地球の自転，緯度の高低と夜の長さ，5年は露点の測定実験と湿度，雲の発生実験と寒冷前線，4年は火成岩と堆積岩，地質年代の示準化石や脊椎動物，柱状図，3年は空気中の水蒸気量，寒冷前線，季節と気圧配置であった。

来年度の予想と対策

実験・観察を扱った問題を中心に，基礎的理解力と並んで，後半の大問4題では，複数の実験や観察について考察しながら教科書の発展応用問題を解くといった総合的な問題解決能力を試す出題が予想される。グラフや作図，化学反応式など自ら発想して解答を得るなど，探究の過程重視と思われる。

教科書を丁寧に復習し，基礎的な用語は正しく理解し押さえておこう。日頃の授業では，仮説，目的，方法，結果，考察等の探究の過程を意識して，実験や観察に積極的に参加しよう。実験装置は図を描き，実験・観察結果は図や表，グラフ化など分かり易く表現し，記録しよう。考察は結果に基づいて自分で文章を書く習慣を身につけよう。資料から情報を読み取る学習においても，身近に発生している現象と重ねあわせて考察し，生じた疑問をさらに調べるといった自ら学ぶ姿勢を身につけたい。

⇨学習のポイント

- 教科書の「実験・観察すべて」が基礎・基本。用語，図表，応用発展，資料がすべてテスト範囲。
- 過去問題を多く解き，応用問題にも挑戦しよう。日常生活や社会にかかわる探究活動も大切!!

年度別出題内容の分析表　理科

※★印は大問の中心となった単元／　　は出題範囲縮小の影響がみられた内容

出題内容			27年	28年	29年	30年	2019年	2020年	2021年	2022年	2023年	2024年
第一分野	第1学年	身のまわりの物質とその性質	○	○	○			★			○	
		気体の発生とその性質	○	○	○	○	○	○		○	○	
		水溶液		○		○	○	○		○	○	★
		状態変化	○	○	○		○	○		○		
		力のはたらき（2力のつり合いを含む）		○			○		○	○		
		光と音	○	○	○	○	○	○	○	○	○	○
	第2学年	物質の成り立ち	○	○	★	○	○	○	○	○	○	○
		化学変化，酸化と還元，発熱・吸熱反応	○	○	○	○	○	○		○		○
		化学変化と物質の質量	★				★		★			○
		電流（電力，熱量，静電気，放電，放射線を含む）	○	★	○	○	○	★	○	○	★	○
		電流と磁界			○	★	○		★			
	第3学年	水溶液とイオン，原子の成り立ちとイオン	○		○	○		○	○	○	★	○
		酸・アルカリとイオン，中和と塩	○	★	○		○		○	○		
		化学変化と電池，金属イオン				★				★		
		力のつり合いと合成・分解（水圧，浮力を含む）		○	○					○	○	○
		力と物体の運動（慣性の法則を含む）	○		★	○	○		○	★	○	★
		力学的エネルギー，仕事とエネルギー	★		○	○	★	○		○		○
		エネルギーとその変換，エネルギー資源		○		○		○				
第二分野	第1学年	生物の観察と分類のしかた										
		植物の特徴と分類	○							○		
		動物の特徴と分類	○		○			○	○			○
		身近な地形や地層，岩石の観察	○		○	○		○		○		○
		火山活動と火成岩		○	○	○		○		○	○	
		地震と地球内部のはたらき		○			★		○			
		地層の重なりと過去の様子	★		○	★	○			★		○
	第2学年	生物と細胞（顕微鏡観察のしかたを含む）										○
		植物の体のつくりとはたらき	★	○		★	○		★	○	○	★
		動物の体のつくりとはたらき	○	○	★	○	○	★	○	○	★	○
		気象要素の観測，大気圧と圧力	○		○				○		★	○
		天気の変化	○	○	★	○	○	○	★	○	○	
		日本の気象							○			
	第3学年	生物の成長と生殖		○		○		○		○	○	
		遺伝の規則性と遺伝子		★	○		★		○	★		
		生物の種類の多様性と進化			○					○		
		天体の動きと地球の自転・公転		○			○		○		○	★
		太陽系と恒星，月や金星の運動と見え方	○	★	○	○		★		○		
		自然界のつり合い		○		○	○				○	○
自然の環境調査と環境保全，自然災害							○	○				
科学技術の発展，様々な物質とその利用					○	○		○	○			
探究の過程を重視した出題			○	○	○	○	○	○	○	○	○	○

―東京都公立高校―

社会 ●●●● 出題傾向の分析と合格への対策 ●●●●

出題傾向とその内容

〈最新年度の出題状況〉

本年度の出題数は，例年同様，大問6題，小問20題である。解答形式は，マークシートの記号選択式が17題で，記述問題は各分野1題ずつ計3題であった。大問は，日本地理1題，世界地理1題，歴史2題，公民1題，地理分野・歴史分野・公民分野の各出題で構成された大問が1題である。基礎・基本の定着と，資料を読みとり，考察する力を試す総合的な問題が出題の中心となっている。

地理的分野では，略地図を中心に，表・グラフといった統計資料を用いて，諸地域の特色・産業・貿易・気候・人々のくらしなどが問われている。歴史的分野では，説明文・略年表などをもとに，日本の歴史が総合的に問われている。公民的分野では，基本的人権・財政・国際問題等の中から基礎的な知識が問われている。

〈出題傾向〉

全体として，3分野について基礎的な知識をみるとともに，資料を活用して社会的事象を考察し，適切に表現する能力をみる出題である。

地理的分野では，地形図・略地図・表・グラフ・雨温図などを読みとらせることで，知識の活用が行えるかを確認している。出題の形式がやや複雑なので，応用力を重要視していると言えるだろう。

歴史的分野では，テーマ別の通史という形で出題することにより，歴史の流れを理解しているかを確認している。即ち，歴史全体を大きくつかむ力を重要視していると言えるだろう。

公民的分野では，現代の日本の状況をきちんと分析する力を重要視していると言えるだろう。

なお，問題の大部分がマークシートでの解答となっていることに留意して，練習を重ねておこう。

来年度の予想と対策

来年度も，形式・内容ともに，大きな変化はないものと思われる。したがって，対策としては，まず，教科書を十分に読んで基礎力をつけることが必要である。基礎をしっかり固めて，入試過去問題集のとりくみをくり返せば，高得点も不可能ではない。

具体的には，地理では，地図帳や資料集を活用し，地図や統計，各種資料などを読み取る力を養う必要がある。歴史では，各時代のキーワードとなる語句を整理し，政治・外交・社会・文化などの特色や流れを総合的につかむようにしよう。その際，世界史の流れと関連づけて把握すると，理解が深まるであろう。公民では，当然知っておくべき知識を簡潔に整理すると同時に，新聞やテレビのニュースなどで世の中の動きにも目を向ける必要があると言えるだろう。

なお，例年出題されている記述問題の対策として，複数の資料からそれぞれ読みとれることを記した上で，文章にまとめる練習を十分にしておきたい。

⇨学習のポイント

- 地理では，地形図や各種の地図に慣れ，世界各国・日本各地の特徴をつかもう！
- 歴史では，略年表に慣れて，時代の流れをつかもう！　また世界史も視野に置こう！
- 公民では，政治・経済の基礎を幅広く理解し，地方自治・国際社会等の問題にも目を配ろう！

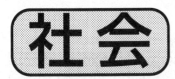

年度別出題内容の分析表　社会

※　　は出題範囲縮小の影響がみられた内容

出題内容			27年	28年	29年	30年	2019年	2020年	2021年	2022年	2023年	2024年
地理的分野	日本	地形図の見方	○	○	○	○	○	○	○	○	○	○
		日本の国土・地形・気候	○			○			○	○		○
		人口・都市	○	○	○		○	○	○		○	
		農林水産業	○	○		○	○		○		○	○
		工業	○	○			○	○	○	○	○	○
		交通・通信						○	○	○	○	○
		資源・エネルギー			○							
		貿易			○						○	
	世界	人々のくらし・宗教									○	○
		地形・気候	○	○	○	○	○	○	○	○	○	○
		人口・都市		○				○	○	○	○	
		産業	○	○	○	○	○	○	○	○	○	○
		交通・貿易	○		○	○	○	○	○	○		○
		資源・エネルギー										
	地理総合				○		○	○				
歴史的分野	日本史―時代別	旧石器時代から弥生時代	○	○								
		古墳時代から平安時代	○	○	○	○	○	○	○	○	○	○
		鎌倉・室町時代	○	○		○	○	○	○	○	○	○
		安土桃山・江戸時代	○	○	○	○	○	○	○	○	○	○
		明治時代から現代	○	○	○	○	○	○	○	○	○	○
	日本史―テーマ別	政治・法律	○	○	○	○	○	○	○	○	○	○
		経済・社会・技術	○	○	○	○	○	○	○	○	○	○
		文化・宗教・教育	○	○	○	○	○	○	○	○	○	○
		外交	○	○			○					○
	世界史	政治・社会・経済史					○	○	○	○	○	○
		文化史				○						
		世界史総合										
	歴史総合											
公民的分野	憲法・基本的人権			○	○	○	○			○	○	○
	国の政治の仕組み・裁判			○	○		○	○	○	○		○
	民主主義											○
	地方自治		○			○			○			
	国民生活・社会保障			○			○					
	経済一般		○	○	○	○	○	○	○	○	○	
	財政・消費生活		○	○	○	○	○	○	○	○	○	○
	公害・環境問題			○		○					○	
	国際社会との関わり		○		○	○	○	○			○	○
時事問題												
その他												

―東京都公立高校―

2024年度　合否の鍵はこの問題だ!!

都立国立高等学校

数　学　[3]〔問3〕，[4]〔問3〕

[3]〔問3〕

より詳しく解説する。

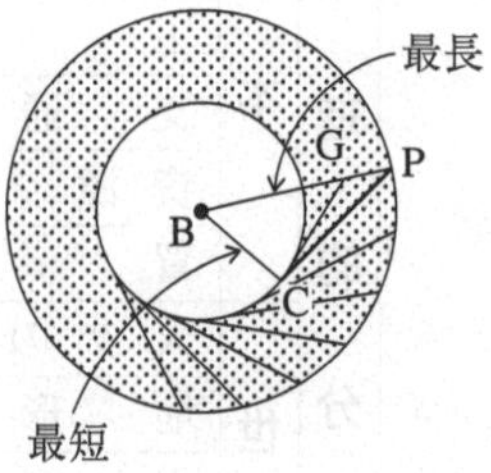

解説にもあるように，BC＜BG＜BPである。つまり△CPGに対して，点Bから最も遠い点は点P，最も近い点は点Cである。そこで線分CPが点Bを中心に回転するイメージを持つとよい。そこから，点Cが点Bを中心とした半径BCの円を描き，点Pは点Bを中心とした半径BPの円を描くことがわかる。このように最も近い点と最も遠い点の2つを利用するとよい。（点Gは右図からわかるように，色の付いた円内に埋もれてしまうので考えなくてよい。）

[4]〔問3〕

「△BFSに垂線を引ける位置」をより詳しく解説する。

解説の図にもあるように面BFS∥面IJGC（…①）であり，△LBS≡△LCIより，△BFS≡△IJC（…②）となる。また面IJFB⊥面BFSであるから，四角形IBSCは正方形である。これらのことより，点Pが面IJGCの辺上または内部にあるとき，動きうる範囲は△IJCであることがわかる。ここで線分BS，FSの中点をそれぞれX，Yとする。また線分IC，JCの中点をそれぞれX′（正方形DILCの対角線の交点），Y′（立方体ILCD-JKGHの対角線の交点）とすれば，①，②より，四角形XX′Y′Yは長方形である。するとYY′と辺LKは，LKの中点Mで交わる。このことにより，点PがX′Y′上にあるとき，引いた垂線はXY上を動き，辺LK上とはLM上で交わることがわかる。そこでYY′を延長してDHとの交点をNとすると，点Nは辺DHの中点になるから，点Pが辺DN上にあれば引いた垂線はXY上を動くことがわかる。このことより，△IJOを作れば点D，Nはそれぞれ辺OI，OJの中点でありOI＝SIだから，点Oと点Sを結べば点Cを通り，図2で太枠で囲まれた図形の理解が進む。

英　語　3〔問6〕・〔問8〕

3〔問6〕と〔問8〕の英作文を取り上げる。全ての設問の中で一番配点が高く，各6点となっている。

〔問6〕は，下線部が表す内容の理由・根拠を15～25語の英語でまとめる設問で，〔問8〕は下線部が表す抽象的な内容を20～30語の英語で具体的に説明する出題となっている。どちらも，本文を正確に理解したうえで，行間を読んだり，推測したりする高度の読解力が求められ，そのうえで，設問で求められている内容をある程度まとまった分量の英語で表さなければならず，単なる和文英訳とは異なり，条件作文と呼ばれる形式に近い。

英作文では，語い力，文法力を始めとして，英語の総合力が問われることになるので，日頃より，この分野の勉強は欠かさないことが大切だが，今回の出題では，英作文の形式でありながら，読解力までも試されているので，注意が必要である。

実際に英文を書く際には，他の人に英文を添削してもらうと，自分の犯しやすいミスが明らかになるので，有効な弱点補強対策になるであろう。

国　語　4〔問5〕

入試の作文は，条件に従って書くことが大切である。

① テーマと条件を確認する。

・筆者の主張の意図を踏まえる。

・これまで自分が体験した「新しさ」の例を書く。

・200字以内で書く。書き出しや改行の際の空欄や句読点・符号なども字数に数える。

② 筆者の意図を読み取る。

・他の人の話を聞くことで，自分の意見を位置づけ，それまでとは異なった考えを持てる。

・対話の目的は，新しさを生み出すことである。

③ 自分の体験を書く。

体験は，「新しさ」の例としてふさわしいものを具体的にわかりやすく書く。解答例は，授業の話し合いでの自分の意見や友達の意見を具体的に書き，気づいたことと今後の展望を述べている。

書き終わったら読み返して，設問で要求されたことが書けているかどうかを確かめる。誤字や脱字，原稿用紙の使い方の誤りなどは減点の対象になるので，注意する。

MEMO

大切なことはメモしておこうネ！

スピーキングテスト

練　習　問　題

スピーキングテスト（ESAT－J）は，
PartA，PartB，PartC，PartDの
4つのパートに分かれています。

【PartA】
英文を声に出して読むパートです。
2問の出題が予想されます。

【PartB】
図，表，イラストなどの与えられた情報をもとに
質問に答える問題と，あなたから問いかける問題です。
5問の出題が予想されます。

【PartC】
4コマイラストについて，ストーリーを英語で話す問題です。
1問の出題が予想されます。

【PartD】
質問に対して，自分の考えと理由を英語で述べる問題です。
1問の出題が予想されます。

本書では，各パート1問ずつの練習問題を収録しています。
アプリではさらに多くの練習ができます。
詳しくは巻頭「収録内容」ページの下部QRコードから
アクセスしてご確認ください。

東京都中学校英語スピーキングテスト(ＥＳＡＴ－Ｊ)について

東京都立高等学校入学者選抜では，東京都中学校英語スピーキングテスト(ＥＳＡＴ－Ｊ)の結果を令和5年度入学者選抜(令和4年度実施)から活用しました。

1　実施方法について

中学校英語スピーキングテストのために用意されたタブレットとヘッドセット(マイク付きヘッドフォン)を使います。

タブレット(タブレットのサイズ　幅197.97×奥行119.82×高さ8.95mm　重さ約320g)

- バックアップのための音声が録音されます。
- 録音の状況を、「見て」確認できます。
- 画面上で文字の大きさを選択できます。
- 指示文にはルビが付いています。
- 問題のイラストを白黒で見やすいように表示します。

ヘッドセット(装着時にマイクは左側にきます。)

- 耳をしっかり覆い、集中できるように設計されています。

2　問題の構成と評価の観点について

Part	出題形式	出題数	評価の観点		
			コミュニケーション達成度	言語使用	音声
A	英文を読み上げる	2			○
B	質問を聞いて応答する／意図を伝える	5	○		
C	ストーリーを英語で話す	1	○	○	○
D	自分の意見を述べる	1	○	○	○

3　令和６年度の実施ついて(予定)

実施日　令和６年１１月２４日(日)　予備日：令和６年１２月１５日(日)

<スピーキングテスト　練習問題>

【Part A】

聞いている人に，意味や内容が伝わるように，英文を声に出して読んでください。はじめに準備時間が30秒あります。録音開始の音が鳴ってから解答を始めてください。解答時間は30秒です。

英語部員のあなたは，他の部員に向けて，祖母の家に遊びに行った思い出について短いスピーチをすることになりました。次の英文を声に出して読んでください。
(準備時間30秒／解答時間30秒)

I have a grandmother in Aomori. Last fall, my family and I stayed at her house for two days. She has a large apple field there. My grandmother made an apple cake for us. It looked interesting for me to make it, so I helped her then. The cake was delicious.

【Part B】

画面上の情報を見て，英語で話してください。準備時間は10秒です。録音開始の音が鳴ってから解答を始めてください。解答時間は10秒です。

あなたは地域のお祭りに友だちと一緒に参加しようとしていて，そのチラシを見ながら，友だちと話しています。友だちからの質問に対して，画面上のチラシをもとに，英語で答えてください。
(準備時間10秒／解答時間10秒)

Question: What time should you get to the hall if you want to join the City Festival?

City Festival

Date : May 3　　Place : City Hall　　Time : From 1:00 p.m.

◆You need to come to the hall 15 minutes before the starting time.

【Part C】

これから画面に表示される１コマめから４コマめのすべてのイラストについて，ストーリーを英語で話してください。はじめに準備時間が30秒あります。録音開始の音が鳴ってから解答を始めてください。解答時間は40秒です。

あなたは，昨日あなたに起こった出来事を留学生の友だちに話すことになりました。イラストに登場する人物になったつもりで，相手に伝わるように英語で話してください。
(準備時間30秒／解答時間40秒)

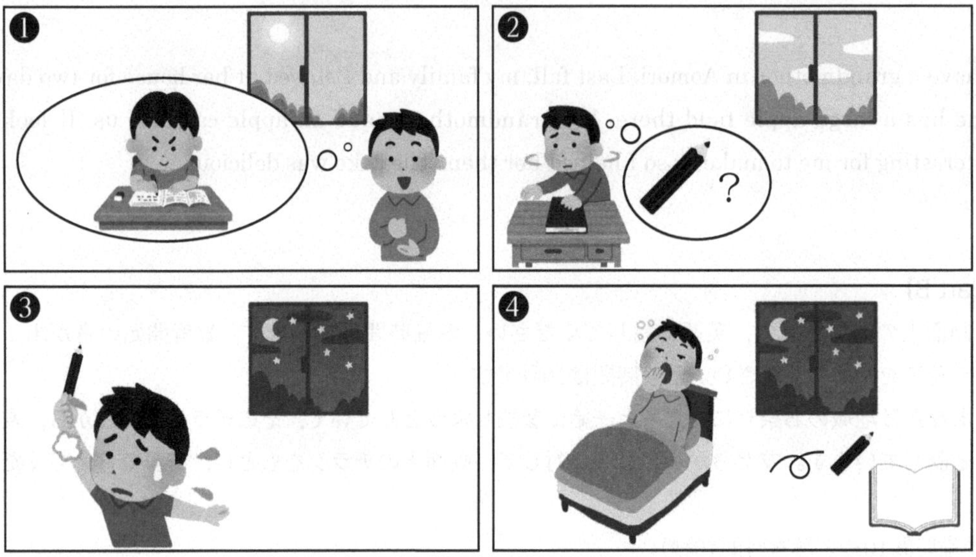

【Part D】

質問に対して，自分の考えとそう考える理由を英語で述べる問題です。はじめに準備時間が１分あります。解答時間は40秒です。録音開始の音が鳴ってから解答を始めてください。

あなたは友人と高校入学後の学校生活について話をしています。次の質問について自分の考えを述べ，その理由を説明してください。
(準備時間１分／解答時間40秒)

Question: Do you want to join a club in high school? Answer the question and explain why you think so.

スピーキングテスト　練習問題

解 答 例 と 解 説

＜解 答 例＞

【Part A】　解説参照

【Part B】　We should get to the hall at 12:45 pm.

【Part C】　One day, I decided to study. I needed my pencil, so I looked for it on the desk, but I couldn't find it. It was night when I found it. I was tired and sleepy and went to bed.

【Part D】　I want to belong to a club. Playing baseball is very fun for me. Also, I want to make a lot of friends. This is my idea.

＜解 説＞

【Part A】

≪問題文訳≫

私には青森に祖母がいます。この間の秋，家族と私で2日間彼女の家に泊まりました。彼女はそこに大きなリンゴ農園を持っています。祖母は私たちにリンゴケーキを作ってくれました。それを作るのが私には面白そうに見えたので彼女を手伝いました。ケーキは美味しかったです。

≪解説≫

発音は概ね正しく，強勢，リズムや抑揚が，聞き手の理解の支障とならないことを目指そう。言葉や言い回しを考えたり，言い直したりするために，間《ま》を取っても良いが，発話中の間は，不自然に長くならないようにする。

全体を通して発音の誤りが生じていたり，抑揚がほとんどなかったり，言いよどみが多かったり，聞き手が話についていくのが難しいほど沈黙が長かったりすると減点となるので注意する。

【Part B】

≪図の訳≫

都　市　祭　り

日時：5月3日　　場所：シティホール　　時間：午後 1:00 から

◆開始時刻の 15 分前までにホールへ来る必要があります。

≪質問文訳≫

もし，都市祭りに参加したいのであれば，あなたは何時にそのホールへ着くべきですか？

≪解答例訳≫

私たちは午後12時45分にはホールに着くべきです。

≪解説≫

設問の問いかけに対して適切な内容を答えるようにしよう。

時間は午後1：00からとあり，下部に「開始時刻の15分前までにホールへ来る必要があります。」と記載されている。よって，午後12時45分にはホールに着くべきと答える。

【Part C】

≪解答例訳≫

ある日，私は勉強をすることにしました。鉛筆が必要だったので，机の上を探したのですが，見つかりませんでした。見つけたとき，夜でした。私は疲れて眠くなり，ベッドに入りました。

≪解説≫

各コマのイラストから読み取れる事実を伝えるようにしよう。語彙や文構造，文法の使い方の誤りは減点となるので注意する。

【Part D】

≪質問文訳≫

あなたは高校で部活動に加入したいと思いますか？質問に答えて，なぜそう考えるのか説明してください。

≪解答例訳≫

私は部活動に加入したいです。私にとって野球をすることはとても楽しいです。また，私は多くの友達を作りたいです。これが私の考えです。

≪解説≫

自分の考えを伝え，それをサポートする理由を伝えよう。幅広い語彙・表現や文法を柔軟に使用して答えると良い。質問に対する答えになっていなかったり，理由が不明瞭であったりすると減点となるので注意する。

都立国立高等学校

2024年度

★★★★★★★★★★★★★★★★★★★★★★★

入　試　問　題

2024
年
度

●くわしい解説……33ページ

＜数学＞

時間　50分　　満点　100点

【注意】答えに根号が含まれるときは，**根号を付けたまま，分母に根号を含まない形で表しなさい。**
また，**根号の中を最も小さい自然数にしなさい。**

1　次の各問に答えよ。

〔問1〕　$\frac{3}{\sqrt{21}}(7+\sqrt{7})-\left(1+\frac{3}{2\sqrt{3}}\right)^2$　を計算せよ。

〔問2〕　連立方程式 $\begin{cases} \frac{3}{2}x-\frac{2}{3}y=20 \\ -\frac{2}{3}x+\frac{3}{2}y=20 \end{cases}$ を解け。

〔問3〕　a，bを1以上6以下の自然数とする。
4個の数a，b，2，6において，中央値と平均値が一致するa，bの組合せは全部で何通りあるか。

〔問4〕　1個のさいころを2回投げるとき，1回目に出た目の数をa，2回目に出た目の数をbとする。
自然数Nについて，a，bがともに偶数またはともに奇数のとき$N=a+b$，それ以外のとき$N=ab$とする。
Nが4の倍数となる確率を求めよ。
ただし，さいころの目の出方は同様に確からしいものとする。

〔問5〕　右の図で，直線ℓ，mは平行，直線ℓは円Pの接線である。円Qは，円Pと半径が等しく，直線mに接し，円P上の点Rにおける円Pの接線と，点Rで接する。
解答欄に示した図をもとにして，円Qの中心を1つ，定規とコンパスを用いて作図し，中心の位置を示す文字Qも書け。
ただし，作図に用いた線は消さないでおくこと。

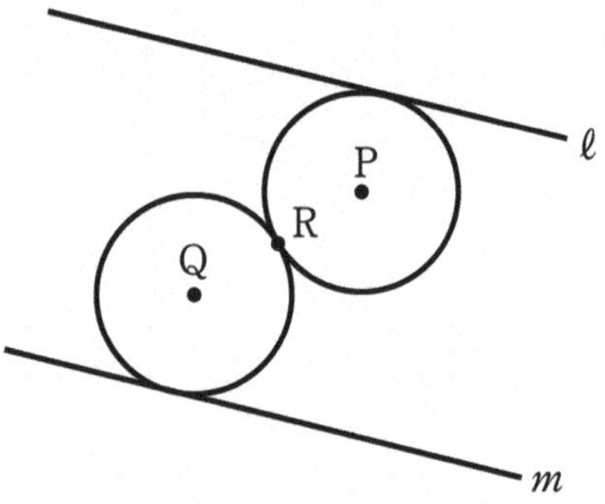

2　右の**図1**で，点Oは原点，曲線fは関数$y=ax^2(a>0)$のグラフを表している。

曲線f上にありx座標が4である点をA，点Aを通り傾き$\frac{1}{2}$の直線をℓ，直線ℓとx軸との交点をPとする。

原点から点(1，0)までの距離，および原点から点(0，1)までの距離をそれぞれ1cmとする。

次の各問に答えよ。

〔問1〕　点Pのx座標が-3のとき，aの値を求めよ。

〔問2〕　$a=\frac{1}{3}$のとき，直線ℓの式を求めよ。

〔問3〕　右の**図2**は，**図1**において，$a=\frac{1}{4}$のとき，関数$y=-\frac{1}{8}x^2$のグラフを表す曲線をg，曲線g上にあり，x座標が4以下の正の数である点をQとし，点Aと点Q，点Pと点Qをそれぞれ結んだ場合を表している。

△APQの面積が$\frac{129}{8}$cm^{2}のとき，点Qの座標を求めよ。

ただし，答えだけでなく，答えを求める過程が分かるように，途中の式や計算なども書け。

図1

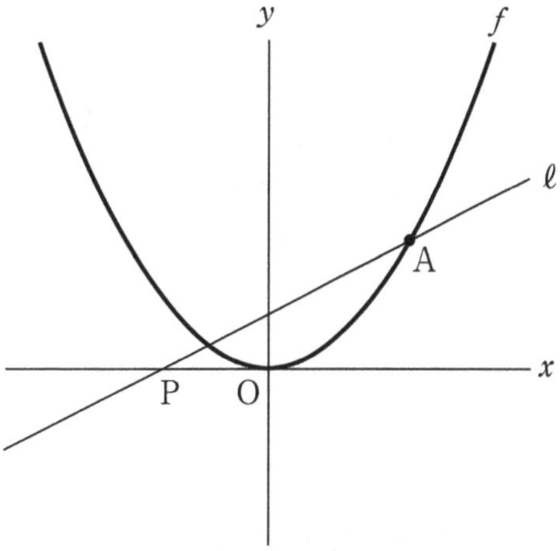

図2

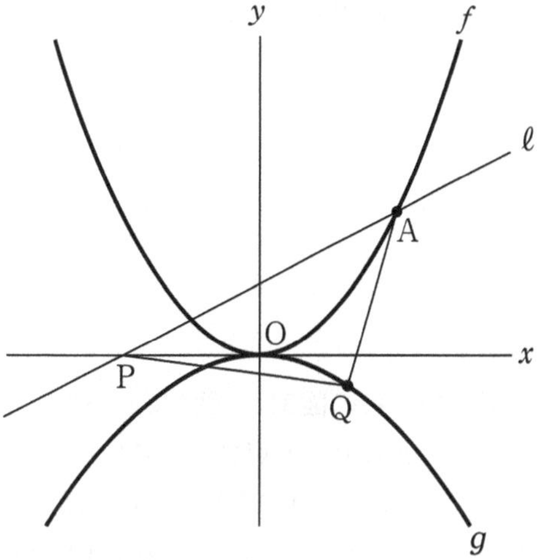

3　右の**図1**で，四角形ABCDは，1辺の長さが2cmの正方形，点Oは，四角形ABCDの4つの頂点を通る円の中心である。

点Pは，頂点Aを含まない$\overset{\frown}{CD}$上にある点で，頂点C，頂点Dのいずれにも一致しない。

次の各問に答えよ。

図1

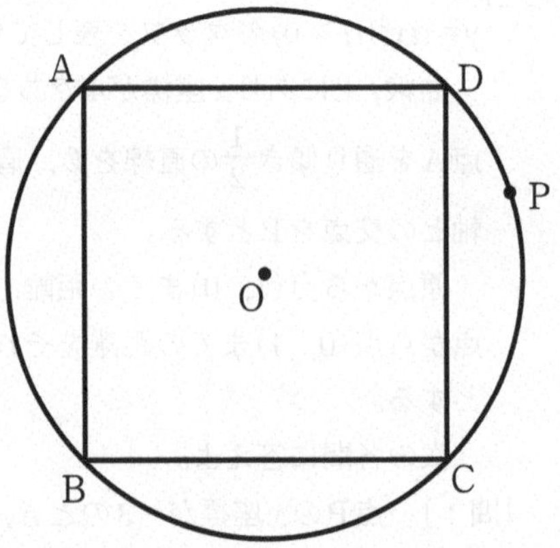

〔問1〕　右の**図2**は，**図1**において，$\overset{\frown}{CP}$：$\overset{\frown}{PD}$＝3：2のとき，頂点Bと点P，点Oと点Pをそれぞれ結んだ場合を表している。

∠BPOの大きさは何度か。

図2

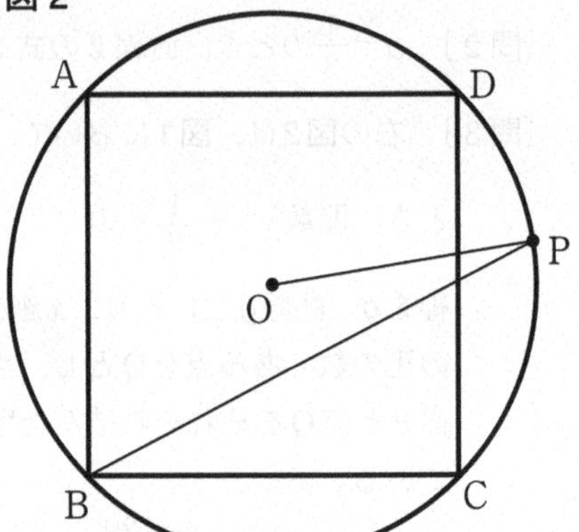

〔問2〕　右の**図3**は，**図1**において，頂点Bと点P，頂点Dと点Pをそれぞれ結び，線分DPをPの方向に延ばした直線上にある点をE，線分BPをPの方向に延ばした直線上にある点をFとし，頂点Cと点E，頂点Cと点Fをそれぞれ結んだ場合を表している。

∠ECF＝90°のとき，CE＝CFであることを証明せよ。

図3

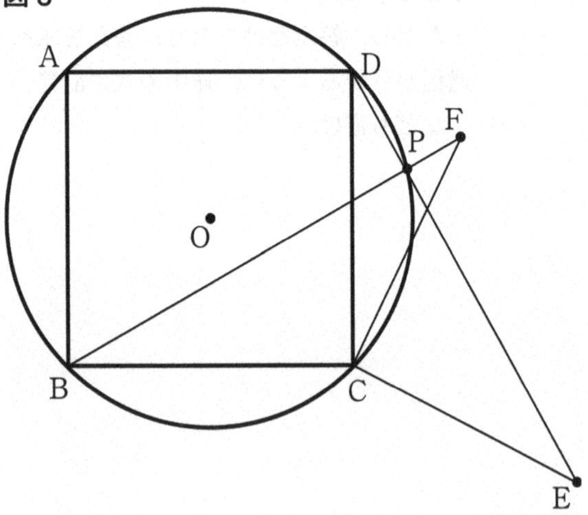

〔問３〕 右の**図４**は，**図１**において，頂点Bと点Pを結び，∠CBP＝30°のとき，頂点Cと点Pを結び，線分BPと辺CDの交点をGとした場合を表している。

点Bを中心として△CPGを反時計回りに360°回転させたとき，△CPGが通過してできる図形の面積は何cm^2か。

図４

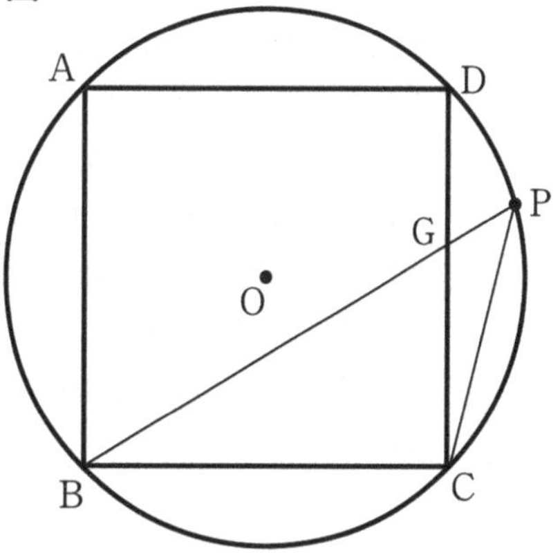

4 下の**図１**のように，空間上の△ABCと，△ABCと同じ平面上にない点Pにおいて，点Pから△ABCを含む平面に垂線を引き，その垂線と平面との交点をTとし，点Tが△ABCの辺上または内部にあるとき，点Pは，「△ABCに垂線が引ける位置にある。」とする。

図１　点Pは，△ABCに垂線が引ける位置にある。　点Pは，△ABCに垂線が引ける位置にない。

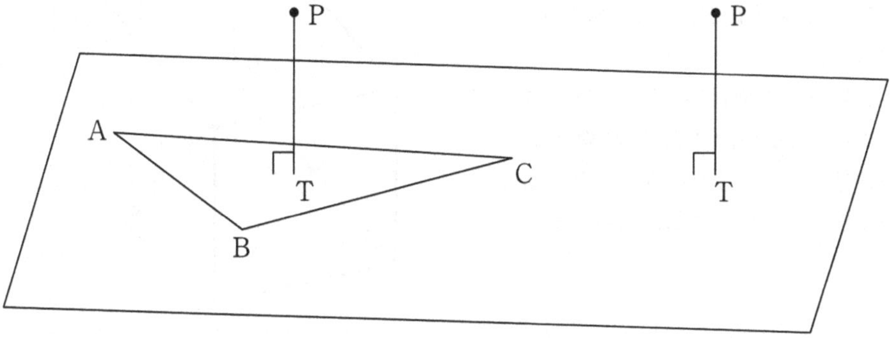

右の**図２**に示した立体ABCD－EFGHは，AB＝AE＝5cm，AD＝10cmの直方体である。

辺AD，辺EH，辺FG，辺BCの中点をそれぞれI，J，K，L，辺AB上にある点をQとし，頂点Eと点Q，頂点Fと点Q，点Iと点J，点Iと点L，点Jと点K，点Kと点Lをそれぞれ結ぶ。

点Pは，立体CDIL－GHJKの辺上，面，内部を動く点で，「△EFQに垂線が引ける位置にある。」とする。

次の各問に答えよ。

〔問１〕 AQ＝1cmのとき，点Jと点Pを結んでできる線分が最も長くなるときの線分JPの長さは何cmか。

図２

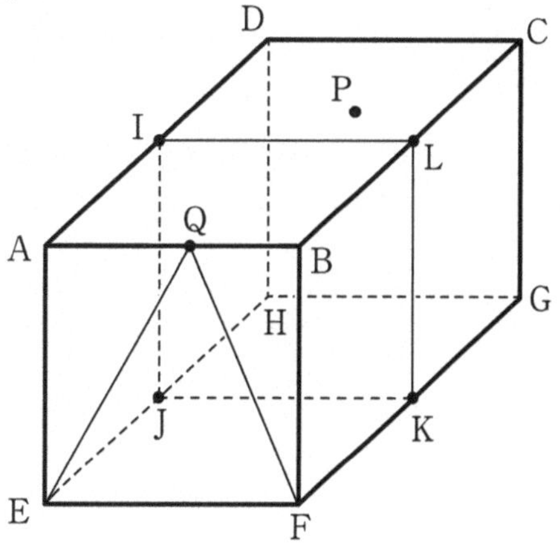

〔問２〕 右の**図３**は，**図２**において，頂点Cと点I，頂点Gと点Jをそれぞれ結んだ場合を表している。

AQ＝$x$cm（$0 \leqq x \leqq 5$）のとき，四角形CIJGの辺上または内部において，点Pが動き得る部分の面積は何cm^{2}か。

ただし，答えだけでなく，答えを求める過程が分かるように，図や途中の式などもかけ。

図３

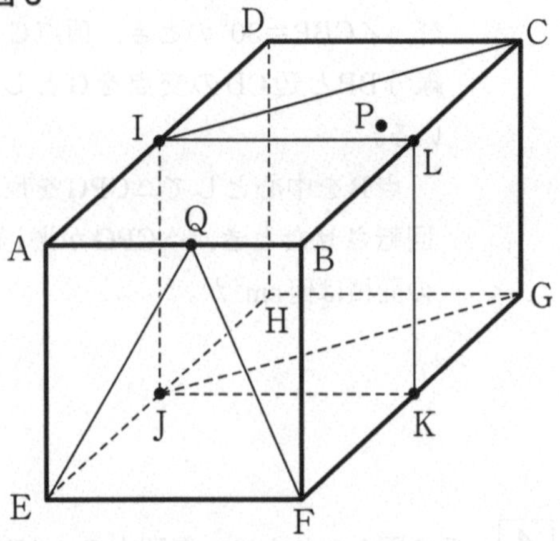

〔問３〕 右の**図４**は，**図２**において，点Qが頂点Bと一致するとき，線分ILをLの方向に延ばした直線上にありBL＝LSとなる点をSとし，頂点Bと点S，頂点Fと点Sをそれぞれ結んだ場合を表している。

点Pが「△EFQに垂線が引ける位置にある。」かつ「△BFSに垂線が引ける位置にある。」のとき，点Pが動き得る部分の立体の体積は何cm^{3}か。

図４

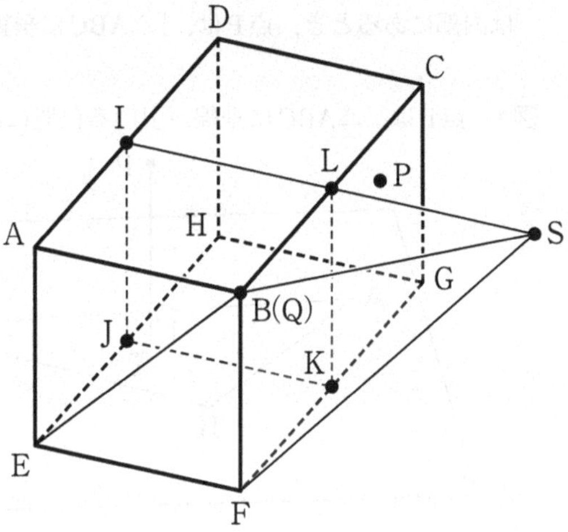

＜英語＞　時間　50分　　満点　100点

1 リスニングテスト(**放送**による**指示**に従って答えなさい。)

〔**問題A**〕　次の**ア**～**エ**の中から適するものをそれぞれ**一つずつ**選びなさい。

＜対話文１＞

ア　One dog.

イ　Two dogs.

ウ　Three dogs.

エ　Four dogs.

＜対話文２＞

ア　Tomatoes.

イ　Onions.

ウ　Cheese.

エ　Juice.

＜対話文３＞

ア　At two.

イ　At one thirty.

ウ　At twelve.

エ　At one.

〔**問題B**〕　＜Question 1＞では，下の**ア**～**エ**の中から適するものを**一つ**選びなさい。
＜Question 2＞では，質問に対する答えを英語で書きなさい。

＜Question 1＞

ア　Two months old.

イ　One week old.

ウ　Eleven months old.

エ　One year old.

＜Question 2＞

(15秒程度，答えを書く時間があります。)

2 次の対話の文章を読んで，あとの各問に答えなさい。
(＊印のついている単語・語句には，本文のあとに〔**注**〕がある。)

*Anna is a Japanese high school student studying in California. Today she is visiting Eve, one of her classmates, with Otto, another classmate. Eve is showing them her house. They are standing outside Eve's brother's room. Her brother Bob goes to university. Anna has noticed strange *signs on his door.*

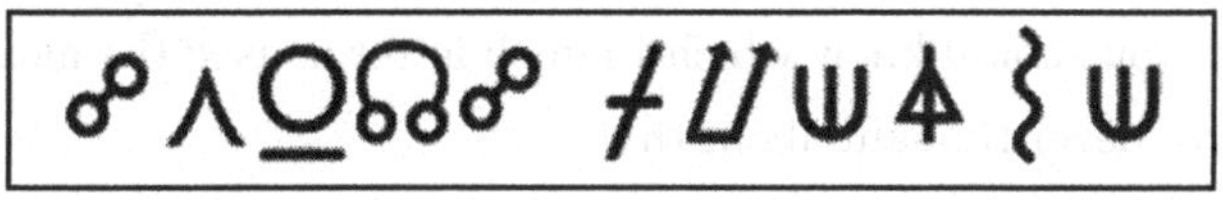

Anna : Do you know what they mean?

Eve : I don't know. Bob put them on his door two days ago. I asked him their meanings. But he said, "Find what they mean by yourself."

Otto : Are they map signs?

Anna : I don't think so. Some have the same shapes, but I have no idea.

Otto : I want to know what they mean.

Eve : Let's ask Bob. (*Shouting*) Bob, can I talk to you now? My friends, Anna and Otto, are here and want to ask you something.

Bob opens the door.

Bob : Hello! Nice to meet you.

Anna : Good to meet you, too. Can I ask you about the signs on your door?

Bob : Oh, these signs. If you want me to tell you their meanings, I can't. However, you are special guests. Let's think about these signs together. Come in and sit down.

Anna & Otto : Thank you.

Bob : I'll draw the same signs on a piece of paper. The first part, the left side, of my message is this () and the second part, the right side, of my message is this (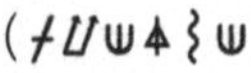). It has two words. Have you seen these signs before?

Otto : No, I haven't.

Anna : I think each sign shows something different, but I don't understand their meanings.

Bob : Each sign expresses a different letter. If you use these signs, you can give a secret message to someone, even to *life on other planets.

Eve : Is this a message to them?

Bob : (1)<u>No, it isn't.</u>

Otto : OK. Let's check each shape carefully.

Anna : Two *pairs of the signs have the same shapes, but (2)<u>【 ① thing　② that's　③ have　④ the only　⑤ found　⑥ that　⑦ I 】</u>.

Eve : I can find nothing else.

Bob : Then, let's start checking the second part of my message more carefully. It's a six-letter word. The English language has about 23,000 six-letter words. This is almost *twice the number of five-letter words.

Eve : The answer seems almost impossible.

Bob : The person who invented *Morse code counted how many times each letter was used in English. He found the most common letter. To understand the second part, you should know which English letter is used the most often.

Otto : I have never thought about that.

Anna : It will take a long time to (3)<u>find the right letter.</u>

Bob　: Read this *paragraph. The most common *vowel is *missing. You see this letter twice in the second part of my message.

> This paragraph is amazing. You will not find this in any popular book in any library. Do you want a hint? If you say it *aloud, you will find it. Can you find what is missing?

Eve　: I don't understand.

Bob　: Look carefully at each letter in this paragraph.

Anna　: I understand. Is it "E"?

Otto　: Right. The third and sixth letter in the second part of your message(ɯ)is probably "E".

Bob　: Yes. Then, look at these three tables. Each table shows the top ten letters and their percent. The first and last letter in the first part (☍) is not on the tables, but all the other letters in my message are there.

Table 1　Top 10 most common letters

Letter	E	T	①	②	N	I	H	③	R	L
Percent	12.6%	9.4%	8.3%	7.7%	6.8%	6.7%	6.1%	6.1%	5.7%	4.2%

Table 2　Top 10 beginning of word letters

Letter	T	①	I	③	②	C	M	F	P	W
Percent	15.9%	15.5%	8.2%	7.8%	7.1%	6.0%	4.3%	4.1%	4.0%	3.8%

Table 3　Top 10 end of word letters

Letter	E	③	D	T	N	Y	R	②	L	F
Percent	19.2%	14.4%	9.2%	8.6%	7.9%	7.3%	6.9%	4.7%	4.6%	4.1%

Eve　: There are three missing letters.

Bob　: Exactly. (4)<u>Let's find these three missing letters.</u>

Anna　: All right. [　(5)-a　] Are all five vowels in the tables?

Bob　: No. The letter "U" is not in them, and one of the missing letters is a *consonant.

Anna　: So, two of them are vowels. What do you think?

Otto　: They are "A" and "O".

Eve　: One of the three missing letters is not in Table 3. What is that one? I don't understand.

Bob　: OK. I'll give you a good hint. Read this expression carefully.

> Two days ago, I put strange signs on my door after thinking about it for a short time.

Eve : Do you mean we can find "①", "②", and "③" by checking this expression?

Bob : Certainly.

Anna : This expression has four words that begin with "①". "①" will be a vowel.

Otto : The expression has three words that begin with "③", and two words that end with "③". From Table 3, "③" is much more often used than "②" at the end of a word. Probably "③" is a consonant.

Eve : "②" is a vowel. You can find one word that begins with "②" and two words that end with "②" in the expression.

Bob : Great. Do you understand the second part of my message?

Eve : It's still difficult.

Otto : (5)-b

Bob : Sure. You use this word when you are *politely asking someone to do something.

Eve : That's "PLEASE."

Bob : Yes. Then, what is this message on my door?

Otto : I still don't understand the left part of your message.

Bob : I'd like people to do so before they enter my room.

Anna : It says "KNOCK PLEASE."

Bob : Yeah. Our family is very close, but I need my own time, too.

Eve : I'll be careful.

Otto : But are your signs useful? Your family doesn't (6) , right?

Everybody laughs.

Otto : Why did you become interested in such *puzzles?

Bob : When I first learned Morse Code, I began to enjoy solving these secret message puzzles.

Anna : (5)-c

Bob : Do you know *binary code? Computers use only the numbers "1" and "0" to communicate information. It is impossible to make computers work without binary code.

Otto : I didn't know that. (5)-d

Bob : Binary code is necessary for everything you write on the computer, websites you visit and even video games you play. In June 2023, to celebrate the start of an event in London, the *British Prime Minister shared a photo of binary code on the door of his *official residence on the Internet.

Anna : Oh! I'll check it out later.

Bob : Now, look at Table 4.

Table 4　*Letters to Numbers Conversion

A=1	B=2	C=3	D=4	E=5	F=6	G=7	H=8	I=9	J=10	K=11	L=12	M=13
N=14	O=15	P=16	Q=17	R=18	S=19	T=20	U=21	V=22	W=23	X=24	Y=25	Z=26

You can express the number of each letter in binary code. You need these five cards. What have you noticed about the number of *dots on the cards?

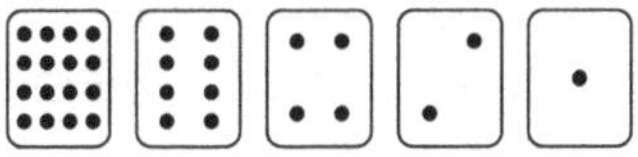

Eve　　: 16, 8, 4, 2, 1. I don't understand.

Anna　: (7)<u>Each card with 2 or more dots has twice the number of the card to its (　　　　)</u>, OK?

Bob　　: Yes. Think about expressing "I" in binary code. From Table 4, "I" is 9. Here, each number is expressed in five *digits in binary code. A card you need is expressed as "1". A card you don't need is expressed as "0". To express "9", which cards do you need?

Otto　: How about this?

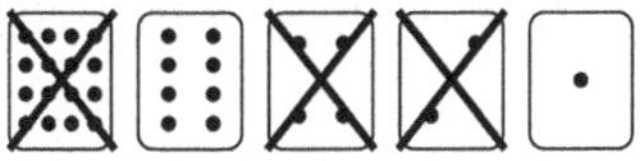

0　1　0　0　1

Bob　　: Wonderful. Can you turn "Z" into binary code?

Eve　　: I'll try. "Z" is 26. I need a 16-dot card, 8-dot card, and 2-dot card. It's 11010.

Bob　　: Excellent. This is my last message to you. (8)<u>10011 00101 00101 11001 01111 10101</u>.

Otto　: I'll certainly come again. I thought puzzles were for kids and *a waste of time.

Bob　　: Puzzles are good for your brain and health. They can help you learn how to solve problems in life.

Anna　: Today we've understood a little about secret messages. However, learning never stops.

Eve　　: Yes. By reading, listening, watching, and asking, you can get a lot of *knowledge.

Otto　: (9)<u>A window to knowledge is a window to the world.</u> When you share more knowledge with others, you will be able to think about things in different ways and receive more in life. Thank you, Bob.

Bob　　: Glad to hear that.

〔注〕
sign　記号　　life　生物　　pair　一組
twice the number of ～　～の２倍の数　　Morse code　モールス信号　　paragraph　文章
vowel　母音字　　missing　欠けている　　aloud　声に出して
consonant　子音字　　politely　丁寧に　　puzzle　パズル
binary code　二進法　　British Prime Minister　英国首相
official residence　首相官邸　　Letters to Numbers Conversion　文字から数字への変換表
dot　点　　digit　(数字の)桁《けた》　　a waste of time　時間の無駄
knowledge　知識

〔問1〕 (1)No, it isn't.とあるが，その表す意味として最も適切なものは次の中ではどれか。

ア I didn't receive a secret message from life on other planets.

イ It is not a message to life on other planets.

ウ This message was not sent to other people.

エ I don't like sending a message to life on other planets.

〔問2〕 (2)【① thing ② that's ③ have ④ the only ⑤ found ⑥ that ⑦ I】とあるが，本文の流れに合うように，【　　】内の単語・語句を正しく並べかえたとき，**2番目**と**5番目**と**7番目**にくるものの組み合わせとして最も適切なものは次の**ア～カ**の中ではどれか。

	2番目	5番目	7番目
ア	①	③	②
イ	①	⑥	③
ウ	④	③	⑥
エ	④	⑦	⑤
オ	⑥	①	⑦
カ	⑥	⑤	②

〔問3〕 (3)find the right letterとあるが，この内容とほぼ同じ意味を持つ表現を本文中から探し，その**始めの2語**と**終わりの2語**を答えなさい。なお，「，」「．」「？」などは語数に含めないものとする。

〔問4〕 (4)Let's find these three missing letters.とあるが，**Table1 ～ Table3**の①～③に入るアルファベットの組み合わせとして最も適切なものは次の中ではどれか。

ア ①A ②O ③S　　　イ ①A ②O ③K

ウ ①O ②A ③S　　　エ ①O ②A ③K

〔問5〕 (5)-a ～ (5)-d の中に，それぞれ次の**A～D**のどれを入れるのがよいか。その組み合わせとして最も適切なものは下の**ア～カ**の中ではどれか。

A Is there any other example?　　B Can you give us more hints about that word?

C Could you tell us more about it?　　D Can I ask you something before we start?

	(5)－a	(5)－b	(5)－c	(5)－d
ア	A	B	C	D
イ	A	D	C	B
ウ	B	C	D	A
エ	B	D	A	C
オ	D	B	A	C
カ	D	C	B	A

〔問6〕 本文の流れに合うように， (6) に入る適切な英語を，**本文中の連続する3語**で答えなさい。

〔問7〕 (7)Each card with 2 or more dots has twice the number of the card to its (　　　)とあるが，本文の内容から考えて空所に入る適切な**英語1語**を本文中から探し，その語を答えなさい。

〔問8〕 (8)10011 00101 00101 11001 01111 10101 とあるが，この数字が表す**英語2語**を答えなさい。

〔問9〕 (9)<u>A window to knowledge is a window to the world.</u>とあるが，その表す意味として最も適切なものは次の中ではどれか。

ア When you want to learn something, puzzles are the best for you.

イ When you learn something new, it will show you various new ideas.

ウ You can go to a different new place if you get some knowledge.

エ You should share knowledge with others to live happily.

〔問10〕 本文の内容と合っているものを，次の**ア**～**ク**の中から**一つ**選びなさい。

ア Anna thinks the strange signs on Bob's room door are map signs.

イ The English language has almost 1,000 five-letter words.

ウ Both the letters "U" and "E" are in Table 3.

エ Bob's family members always knock before coming into his room.

オ Bob began to enjoy solving math problems after learning Morse code.

カ If you did not have binary code, it would be impossible for computers to do any work.

キ In July 2023, the British Prime Minister took a photo of binary code on the gate of his home.

ク We can get new ways of looking at things only by reading books.

3

次の文章を読んで，あとの各問に答えなさい。
(＊印のついている単語・語句には，本文のあとに〔**注**〕がある。)

On a beautiful sunny day in June, Ellen, a high school student from Finland, is going to leave Japan. She came to Japan ten months ago. There are four members in her host family: the father Ryu, the mother Kumi, their daughter Mai and her five-year-old brother Shota. Mai is also a classmate of Ellen's.

Ryu said in a loud voice, "Are you ready? It's time to leave!" Everyone, five of them, got in the car and left home. Shota looked so happy because he was going to the airport for the first time. Ellen enjoyed chatting with Mai and Kumi. She hoped that [(1)-a].

"Oh, look at the tower over there," Mai said. Ellen quickly *responded, "Wow! You took me there last year soon after I came to Japan. We also visited a big old temple next to the tower. It was my first visit to a Japanese temple." "It was just like yesterday," Kumi said. Ellen told them that she had a great time and felt very happy on that day. Ellen continued, "Before I came to Japan, I was thinking about studying art history at university, but [(1)-b]. I visited many temples and shrines, and was attracted by the skills of Japanese carpenters many centuries ago. Now I'm interested in learning more about not only Japanese language but also *architecture at university in Finland." In the car, all of them kept talking about various experiences they had together. Ellen said, "My phone is full of the photos with you and my classmates. (2)<u>I'm【 ① my heart ② sure ③ feel ④ those photos ⑤ I ⑥ make ⑦ when ⑧ will ⑨ warm 】depressed."</u>

They arrived at the *departure floor of the airport. During Ellen's *boarding procedures, the others were waiting for her on a couch. An elderly man sitting next to Mai said to her, "Are you going to travel abroad?" "No, I'm not. My *Finnish friend who stayed with my family is going back home today," answered Mai. "Oh, really? My wife and I also accepted a high school student from Canada about thirty years ago. He's an international lawyer now. He visited us again and just left for Canada. It's a *coincidence for us to *see our precious friends off," the man said. An elderly woman next to him smiled at Mai and said, "And [(1)-c] ." "Yes, it really is," said Mai. Then Ellen returned to them after all the boarding procedures. Mai stood up and said to the old man and his wife, "Nice talking to you." "Nice talking to you, too," they smiled.

It was time for Ellen to leave. She said, "Well, I can't find the right words to express all of my feelings, but thank you so much for everything all of you did for me during my stay. I've learned a lot of things from you—cultural differences and various ways of thinking. At first, I sometimes had some trouble with them, but (3)they have opened up the door to a bigger world." Ellen started to cry. Kumi *hugged her with tears in her eyes and said, "Thank you for being our Finnish daughter for these ten months. We shared a wonderful time, and we'll never forget you and our precious memories." Mai and Shota started crying, too. Ryu's nose and eyes were red.

Ellen gave presents to the family members—a T-shirt with a design of the mountains in Finland to Ryu, a photo book of Finland to Kumi, and two little *charms in the shape of an *owl to Mai and Shota. Ellen explained to them that an owl is a symbol of wisdom in some stories for children in Europe. Kumi said, "Oh, I've heard about that. In those stories, an owl is sometimes *described as a king of the forest." "Is an owl a king of the forest?" Shota shouted. "Thank you, Ellen. They're so cute," Mai said. Shota asked Mai to put the charm on his backpack and she did. Mai put hers on her bag, too.

Mai gave Ellen a pencil case with a design from Ellen's favorite Japanese anime. Shota gave her a *family portrait he drew, and Ryu gave her an album of photos taken with the family. Finally, Kumi said, "Well, here is a little present I made for you, Ellen. Here you are." She took the present out of her bag and gave it to Ellen. It was a *pouch with an owl design. "Wow, this is so pretty, and (4)what a coincidence!" Ellen shouted. Mai told her that an owl has some different meanings in Japan. She explained that each sound of the word *fu-ku-rou*, owls in Japanese, can be connected to different Chinese characters, *Kanji*. She wrote two examples in *Kanji* on Ellen's ticket case; one means "happiness comes" and the other means "no troubles." Ellen looked so surprised and said, "(5)That's awesome. Thank you, Mom. Thank you, Mai."

They promised to keep in touch and see each other someday in the future again, and said goodbye.

"Now, she has gone," Shota said in a sad voice. "Yes, we'll have to go back to life without her," Ryu responded. The others *nodded without saying any words.

On the way back home, they did not talk much in the car. (6)The views from the car windows looked different to them—they were not as colorful as before. At the same time, however, their hearts were full of happy feelings.

Shota looked at his charm on his backpack and said, "A king of the forest." Ryu soon said, "And [(7)]!" Mai also wanted to see her charm again. Suddenly she shouted, "Oh, no! I dropped my charm somewhere." They looked for it in the car, but could not find it. Mai started crying. She said, "Probably I didn't *attach it to my bag *tightly. I can't believe I've lost such an important thing—one of my *treasures in life!" She cried in a louder voice. "We should go back and look for it," Shota said. "You're right. Let's go back to the airport," said Ryu.

At the airport, they ran to the *lost and found office. Mai told a tall man in the office about the charm she was looking for. The man entered the room behind him. A few minutes later, he came out of the room with a paper bag. He opened it and showed her the owl charm in his hand. Mai jumped with joy.

He said, "An elderly man and his wife brought this. They talked to you on the departure floor, and they saw you and a foreign girl saying goodbye. After all of you left, they found this little charm on the floor. They thought this was yours and brought it here." There was a *handwritten message on the paper bag; "(8)Both of you have already found the greatest thing in life." Mai read it again and again, and smiled.

〔注〕
respond　応える
boarding procedure　搭乗手続き
see ～ off　～を見送る
owl　フクロウ
pouch　ポーチ
tightly　しっかりと
lost and found office　遺失物取扱所
architecture　建築学
Finnish　フィンランド人の
hug　抱きしめる
describe　描写する
nod　うなずく
treasure　宝物
handwritten　手書きの
departure floor　出発階
coincidence　偶然の一致
charm　お守り
family portrait　家族の似顔絵
attach　つける

〔問1〕 [(1)-a] ～ [(1)-c] の中に，それぞれ次の**ア**～**エ**のどれを入れるのがよいか。最も適切なものを選び，記号で答えなさい。

ア　it's hard to say goodbye to someone who shared the same experience
イ　I wanted to become a designer in the future, not a scientist
ウ　their happy time together in Japan would last forever
エ　my stay in Japan changed my dream for the future

〔問2〕 (2)I'm【 ① my heart ② sure ③ feel ④ those photos ⑤ I ⑥ make ⑦ when ⑧ will ⑨ warm 】depressed. とあるが，本文の流れに合うように，【　】内の単語・語句を正しく並べかえたとき，**2番目**と**5番目**と**8番目**にくるものの組み合わせとして最も適切なものは次の**ア**～**カ**の中ではどれか。

	2番目	5番目	8番目
ア	①	④	⑦
イ	①	⑨	⑥
ウ	④	①	⑤
エ	④	⑤	⑧
オ	⑥	②	①
カ	⑥	③	④

〔問3〕 (3)they have opened up the door to a bigger worldとあるが，その内容を次のように書き表すとすれば，[　　　　]の中にどのような英語を入れるのがよいか。**本文中の連続する7語**で答えなさい。

Thanks to the family I stayed with in Japan, I was able to get a chance to learn many new things I did not know such as [　　　　].

〔問4〕 (4)what a coincidence!とあるが，その内容を次のように説明するとき，空欄 a, bに入る**英語1語**をそれぞれ本文中から探し，答えなさい。

It is amazing that both Ellen and Kumi chose the shape or the (　a　) of an owl for a (　b　) to each other.

〔問5〕 (5)That's awesome.とあるが，その表す意味として最も適切なものは次のうちではどれか。

ア I am glad to learn that the family agreed with my idea about an owl.

イ It is wonderful to learn that an owl has different meanings in Japan.

ウ It is probably right to say that an owl is a symbol of the future.

エ I really wanted to know what an owl is called in other countries.

〔問6〕 (6)The views from the car windows looked different to them—they were not as colorful as before.とあるが，その理由は何か。文脈から推測し，次の下線部に入る**15～25語の英語**を答えなさい。本文中の単語や表現を用いても構わない。

なお，「.」「,」「:」「;」「?」などは語数には含めないものとする。I'llのような「'」を使った語やe-mailのような「-」で結ばれた語はそれぞれ1語と扱うこととする。

The views from the car windows looked different to them—they were not as colorful as before because ＿＿＿＿＿＿＿＿.

〔問7〕 本文の流れに合うように，[　　(7)　　]に入る適切な英語を**本文中の連続する4語**で答えなさい。

〔問8〕 (8)Both of you have already found the greatest thing in life.とあるが，この文の表す内容を文脈から判断して**20～30語の英語**で説明しなさい。英文は**二つ以上**になってもよい。また，本文中の単語や表現を用いても構わない。なお，「.」「,」「:」「;」「?」などは語数に含めないものとする。I'llのような「'」を使った語やe-mailのような「-」で結ばれた語はそれぞれ1語と扱うこととする。

〔問9〕 本文の内容と合っているものを，次の**ア～キ**の中から**一つ**選びなさい。

ア In the car, Shota looked happy about going to the airport with his family again.

イ Ellen wanted to learn Japanese language more than art history at university before she came to Japan.

ウ　An elderly man and his wife had an experience of accepting an international lawyer from Canada about thirty years ago.

エ　Ellen gave Ryu a book with many photos of Finland in it and he was very happy about that.

オ　Mai showed Ellen two examples of the Japanese meanings of *fu-ku-rou*, but Ellen could not understand them because they were written in Chinese characters.

カ　After Mai noticed that she did not have the charm on her bag, Shota said that they should go back to the airport to look for it.

キ　According to a tall man at the lost and found office, an elderly man and his wife found the charm on a couch on the departure floor.

いる。

エ　俊成は、『白氏文集』や『万葉集』などの詩句を、意欲的に取り入れるのは良いことだと考えている。

オ　俊成は師である基俊の教えに左右されず、古歌の趣向や表現を取り入れる技法を尊重し、その確立に努めた。

イ　自然ににじみ出るような、知的でみやびやかな風情《ふぜい》を感じさせること。

ウ　すみずみまで行き届いた、丁寧な解釈の面白さを感じさせること。

エ　何一つとして変わらないものはない、世のはかなさを感じさせること。

〔問3〕(3)結論づけた。とあるが、どのように結論づけたのか。次のうちから最も適切なものを選べ。

ア　右の歌は、古歌の表現や古代的な雰囲気を取り込んでいるが、高く評価できる点は見当たらず、左の歌は、趣のある言葉を使いながら見立ての技法も非常に優れていて申し分ないと判断した。

イ　右の歌は、古歌の表現を取り入れる技法については評価できるが、はっきりと意志を述べすぎており、左の歌は、見立ての技法には無理があるものの、格調の高い表現を用いていると判断した。

ウ　右の歌は、言葉の情趣に富んでいて格調が高く、見立ての技法も優れているが、左の歌は、見立ての技法が稚拙であるものの、見立てられた風景には素朴に感じられた良さがあると判断した。

エ　右の歌は、古歌を巧みに取り入れている点では評価できるが、格調の高さに難点があり、左の歌は、古歌を取り入れることができていないが、古代的な雰囲気は感じられると判断した。

〔問4〕(4)慎重になされねばならないとあるが、それはなぜか。次のうちから最も適切なものを選べ。

ア　古歌の表現を取り入れ、その趣を生かしつつ、古歌に勝る情趣を感じさせることは非常に難しいことであり、安易に行うべきではないから。

イ　古歌の表現を取り入れる時には、優れた歌を選ぶことが大切であるが、自分の思いや描こうとする世界と重なるものを探すのは容易ではないから。

ウ　古歌の表現や趣を取り入れることで、もとの歌以上の魅力を引き出し、歌を作り出すことは、古歌の評判にも関わることなので気遣いが必要だから。

エ　古代的な雰囲気を持つ古歌の表現を積極的に取り入れていきたいが、古代特有の歌風に縛られることになり、自分の歌に大きな影響を及ぼすから。

〔問5〕本文の内容に**合致しないもの**として最も適切なのはどれか、次の選択肢**ア**～**オ**から選べ。

ア　俊成が最初に判者を務めたとされる「白川歌合」の詳細は確認できないが、重家が主催した歌合での判詞は現存している。

イ　俊成と清輔は和歌の世界で対立する関係であったが、重家は歌合の判者を親族である清輔や顕昭ではなく、俊成に依頼した。

ウ　和歌の中で、あるものを別のものになぞらえた表現も、関連する言語が乏しいと、無理のある表現になると俊成は考えて果であったかもしれない。

（久保田淳「藤原俊成」による）

〔注〕
歌合《うたあわせ》――左右に分かれて出題された題などに応じた和歌を詠み、優劣を競う遊び。
長寛《ちょうかん》――日本の元号。
俊恵《しゅんえ》――平安時代後期の歌人。
散佚《さんいつ》――文献などの所在がわからなくなること。
藤原清輔《きよすけ》・中宮亮重家《ちゅうぐうのすけしげいえ》――平安時代後期の歌人。
朝臣《あそん》――敬称。
端作《はしづくり》――冒頭に記された言葉。
永万――日本の元号。
前左京大夫顕広朝臣《さきのさきょうのたいふあきひろ》――俊成のこと。
侍従《じじゅう》――役職名。
申任――子弟を官職につけるため、親が職を辞すること。
刑部卿《ぎょうぶきょう》――役職名。
仁安《にんあん》――日本の元号。
権中納言《ごんのちゅうなごん》藤原実国《さねくに》・女房小侍従《にょうぼうこじじゅう》――平安時代後期の歌人。
加判――左右の歌に判定を書き付けること。
顕昭《けんしょう》・季経《すえつね》――平安時代後期～鎌倉時代前期にかけての歌人。
「このもかのも」論争――俊成と清輔との間の歌に関する論争。
別当隆季《たかすえ》――平安時代後期の歌人。
楮《こうぞ》――植物の名。和紙の原料。
三河・伊勢《いせ》――平安時代後期～鎌倉時代前期にかけての女流歌人。
『拾遺和歌集《しゅういわかしゅう》』――平安時代の和歌集。
花山院――第六五代天皇。花山天皇のこと。
『詞花和歌集《しかわかしゅう》』・『後撰和歌集《ごせんわかしゅう》』――平安時代の和歌集。
『後撰和歌集《ごせんわかしゅう》』の読人《よみびと》しらず（雑三・一二四二）の歌――「菅原《すがわら》や伏見《ふしみ》の暮《くれ》に見わたせば霞にまがふ小初瀬の山」という歌のこと。〔菅原の伏見の里、ここで、「臥《ふ》し見《み》」という地名にふさわしく、暮れ方にずっと見わたすと、霞にまがうように初瀬の山が見えることであるよ。〕
『白氏文集《はくしもんじゅう》』――中国唐代中期、白居易の詩集。
基俊《もととし》――平安時代後期の歌人。
六条家の歌学――六条家と呼ばれる家柄の歌に関する学問。

〔問1〕(1)この判詞は、現在の我々が接することのできる最初の俊成のまとまった歌評である。とあるが、俊成の判詞にはどのような特徴があるか。次のうちから最も適切なものを選べ。

ア　当時流行した歌の詠み方を認めず、旧来通りの言葉の使い方や技法を使うよう勧めている。
イ　同時代の歌人たちの歌は技術が未熟であるということを指摘し、技巧面の批評が中心になっている。
ウ　古今の多様な和歌を知りつくした知識をもとに、歌論の理念や和歌の技法について述べられている。
エ　自分の師匠や他の流派への対抗意識を燃やし、間接的に批判する言葉を用いて述べられている。

〔問2〕(2)幽玄《ゆうげん》とあるが、ここでいう「幽玄」とはどのようなことか。次のうちから最も適切なものを選べ。

ア　容易にはうかがい知れない、しみじみとした味わいを感じさせること。

左　　　　　　*別当隆季《たかすえ》

うち寄する五百重《いほへ》の波の白木綿《しらゆふ》は花散る里の遠目なりけり

（水辺に寄せる幾重にも重なった白木綿のような白波かと見えたのは、じつは遠目に見た、桜の花が散っている里の風景だったよ〈「五百重の波」は『万葉集』の歌句にもとづく。「白木綿」は神事などに用いられる*楮《こうぞ》の皮の繊維〉）

右　　　　　　*三河

散り散らずおぼつかなきに花ざかり木《こ》のもとをこそすみかにはせめ

（桜の花がもう散ったかまだ散らないか気がかりなので、いっそのこと花盛りの木の下を住みかとしよう）

俊成はまず左の歌について、「風体は幽玄、詞義は凡俗にあらず」（歌としての姿は奥深く感じられて趣があり、歌の句が意味することも平凡ではない）と評価しつつ、海や川などの語もなくて遠望する里の落花を波にたとえ、森や社などを詠《よ》み入れずに白木綿に見立てることには無理がある。遠望する風景ならば、花が散っている有様《ありさま》をとくに「五百重の白木綿」かと錯覚することもないのではないかと批判した。

一方、右の歌については、*伊勢《いせ》の「散り散らず聞かまほしきを古里《ふるさと》の花見て帰る人も逢《あ》はなん」「もう散ってしまったか、それともまだ散らずに残っているか、聞いてみたいのだが、旧都の花を見て帰ってくる人があれば、逢ってほしいものだ。」（『*拾遺和歌集《しゅういわかしゅう》』春・四九）と、おそらく*花山院の「木のもとをすみかとすればおのづから花見る人となりぬべきかな」「桜の木の下を住処《すみか》とすると、花を見る人ということに、おのずからなってしまいそうだなあ。」（『*詞花和歌集《しかわかしゅう》』雑上・二七六）を念頭に置いて、「古言どもをとかく引き寄せられたる」（古歌の表現をあれこれと取り入れておられる）と、その技巧は認めつつも、それらの古歌に比べて「花を思ふ心」が深くなく、結句（第五句）も「すみかにはせめ」という、自身の意志をはっきりと表明した点を「余情足らずやあらむ」（言外にただよう情趣が足りないようだ）と述べ、左の「なほ波の白木綿は、歌のさま、たけまさりてや」（やはり「波の白木綿」という句を含む左の歌は格調の高さが右の歌よりも勝っているであろうか）と(3)結論づけた。「たけ」（格調の高さ）の有無も歌評でしばしば論じられる美的要素であった。

古歌の趣向や表現を取り入れながら自身の歌を創出することの可否や難しさは、多くの歌人が考えさせられる問題であったに違いない。

俊成はこの歌合で、重家が「花」の五番（左）で詠んだ「小初瀬《をはつせ》の花のさかりを見わたせば霞《かすみ》にまがふ峰の白雲」「初瀬山の花の盛りを遠く望むと、霞にまぎれて峰の桜は白雲と見分けがつかないよ。」（花五番左）という歌について、『*後撰和歌集《ごせんわかしゅう》』の読人《よみびと》しらず（雑三・一二四二）の歌を花の歌に変えたのであろうと指摘した後、やや時代が下ると本歌取りと呼ばれる、有名な古歌（本歌）から一～二句を自分の歌に取り入れるという技法について、自分の考えを述べている。当時はまだ歌人の間に、この技法についての共通の認識は存在しなかったのであろう。すなわち俊成は、古い名歌を巧みに取ることはよいという「古き人」の考えを尊重しつつも、それは(4)慎重になされねばならないと考える一方で、『*白氏文集《はくしもんじゅう》』のような漢詩の風韻や『万葉集』のような古代的な雰囲気を取り込むことには、積極的な姿勢を示そうとしていたと思われる。そこには師として仰いだ*基俊《もととし》の影響も考えられるが、また、清輔などに代表される*六条家の歌学を意識した結

し、最後に対話が生み出す新しさについて検証している。

イ　まず、哲学対話における議論の必要性について考察している。次に、自分の信念を守ることの重要性を指摘し、最後に自分自身を更新していく方法について検証している。

ウ　まず、哲学対話と他の対話について考察している。次に、思考と対話を比較してから哲学対話における意味づけについて指摘し、最後に対話に終着点はあるかを検証している。

エ　まず、年代による意見の出し方の違いについて考察している。次に、哲学対話を行うことで新たな問いが生まれることを指摘し、最後に問いを解決すべき方法を検証している。

5

次の平安末期の歌人藤原俊成《ふじわらのしゅんぜい》について述べた文章を読んで、あとの各問に答えよ。［　］内は、本文に引用されている古文の現代語訳を補ったものである。（*印の付いている言葉には、本文のあとに〔注〕がある。）

五十歳を越え、俊成は*歌合《うたあわせ》の判者《はんじゃ》を依頼されるようになり、そのような機会に同時代の和歌を批評し、和歌のあるべき姿を探究していった。俊成が最初に歌合判者を務めたのがいつかははっきりとはしないが、現在のところでは*長寛《ちょうかん》二年八月十五夜に*俊恵《しゅんえ》が催した「白川歌合」と呼ばれる*散佚《さんいつ》歌合ではなかったかとされる（なお、『平安朝歌合大成　増補新訂』では「俊恵歌林苑《かりんえん》歌合」と呼ぶ）。

その二年後、*藤原清輔《きよすけ》の異母弟である*中宮亮重家《ちゅうぐうのすけしげいえ》が主催した『中宮亮重家朝臣《あそん》家歌合』の場合は、*端作《はしづくり》に「*永万二年」と小書きし、「判者*前《さきの》左京大夫《さきょうのたいふ》顕広《あきひろ》朝臣」と記す証本が伝わっている。永万二年正月十二日に俊成は、長男成家《なりいえ》の*侍従《じじゅう》への*申任のため左京大夫を辞しており、*刑部卿《ぎょうぶきょう》重家が中宮亮を兼ねたのは同年四月六日のことである。そして、八月二十七日に*仁安《にんあん》と改元された。それゆえにこの歌合は永万二年の四月初めから八月末までの間に催行されたこととなる。歌題は「花」「郭公《ほととぎす》」「月」「雪」「恋」の五題、歌人は*権中納言《ごんのちゅうなごん》藤原実国《さねくに》・女房小侍従《にょうぼうこじじゅう》・俊恵ら二十八人で、計七十番という規模のものであった。

俊成は作者として参加したのではなく、おそらく歌合が催された後に結番《けちばん》（左方と右方に分けられた歌人たちの歌を一首ずつ、左右に番《つが》える〈組み合わせる〉こと）された本文を送られ、判者を依頼されたので*加判し、判詞《はんし》を書き付けたと推定される。この頃には俊成と清輔が歌の上でライバルの関係にあることは誰の目にも明らかであった。それなのに重家が、義兄弟の*顕昭《けんしょう》や同母弟の*季経《すえつね》も加わるこの歌合の判者を、なぜ異母兄の清輔ではなく、俊成に依頼したのかは全くわからない。四年前の「*このもかのも」論争では俊成の意見を支持するような発言をしているし、重家にとって、清輔は時に煙たい兄であったのかもしれないが、何とも言えない。俊成としては清輔を強く意識しつつ、気を入れて加判したに違いない。

(1)この判詞は、現在の我々が接することのできる最初の俊成のまとまった歌評である。そして、彼の歌の読みがきわめて周到で、古代から近い時代までのおびただしい数の和歌に精通していたことを想像させるに十分なものである。俊成歌論で重要な「(2)幽玄《ゆうげん》」や「余情《よせい》」といった用語も見られる。たとえば、「花」の二番についての俊成の判詞を見てみよう。まず番えられた歌は次のとおりである。

それはなぜか。次のうちから最も適切なものを選べ。

ア　言葉というものは、様々な場面や状況において幅広く用いられるものであり、概念の内容を明確に限定することが不可能だから。

イ　言葉というものは、狭く限られた範囲の中でしか伝わらないものであり、複数の概念を比較して検討する必要はないから。

ウ　言葉というものは、多くの意味の中から共通性を見出《みいだ》すことが難しいものであり、それを議論によって作り上げていくものだから。

エ　言葉というものは、奥深いものであり、人生の経験が少ない子どもに言葉の意味を決めさせることは簡単ではないから。

〔問4〕(4)それゆえに、対話には、参加者を真にグループに包括していく働きがある。とあるが、その「働き」はどのようなことをもたらすのか。次のうちから最も適切なものを選べ。

ア　多くの人が対話に参加し、同じ考えを持つ人が自然に集団を形成することで、互いの理解が深まり、強い関係で結ばれていくようになること。

イ　皆の意見が相対化されると同時に、それらの位置づけが理解され、互いが表面的ではなく、意見を共有した上でつながっていくようになること。

ウ　対話の細部に焦点を当て、特定の分野を深く掘り下げることで、参加者同士の連携が強まり、互いの存在の大切さに気づくようになること。

エ　参加者の意見をまとめるために自由に批判し合い議論を深めて、他者の意見を想像しながら対話を重ねる重要性を意識するようになること。

〔問5〕(5)唯一重要であるのは、新しさである。とあるが、筆者の主張の意図を踏まえて、これまであなたが体験した「新しさ」の例を**二〇〇字以内**で書け。なお、書き出しや改行の際の空欄や、、や。や「なども それぞれ字数に数えよ。

〔問6〕(6)対話の目的は、対話の過程の外から与えられてはならない。とあるが、それはなぜか。次のうちから最も適切なものを選べ。

ア　相手の話を聴き、違う立場の意見も十分に尊重しつつ、自分自身の考えをより強く持たなければならないということだから。

イ　皆で話し合う過程が、自然に新しいものを生み出し、その中から、また次の新しいものが生み出されていくということだから。

ウ　話し合いを十分に重ね、皆で新しいものを生み出していくために、様々な課題を解決しなくてはならないものだから。

エ　対立する皆の意見をとりあげ、新たな視点から検討することにより、参加者で結論を生み出していくものだから。

〔問7〕本文の論の展開について説明したものとして、次のうちから最も適切なものを選べ。

ア　まず、テーマや問いの設定の難しさについて考察している。次に、哲学対話に移行するために必要な条件について指摘えてもよい。*ジョン・デューイは、教育の目的とは、成長そのものであると主張した。教育には到達地としての目的などない。固定された目的などは存在せず、人々の間で目的が一致するわけでもない。「どこへ向かっての成長か」という問いそのものが、成長の概念に反するのである。というのは、成長とは運動だからである。成長とは、さまざまな人間との接触により、他者との交流に身を開き、いっそう豊かな経験、さらに新しい経験をしていくことである。成長の過程が、次の段階を自生的に生み出すのである。(6)対話の目的は、対話の過程の外から与えられてはならない。いや、対話には特定の目的地があってはならない。もし対話の目的があるとすれば、新しさを追求すること以外ではない。それは、地上に新しい生き物を生み出す共同行為なのである。

（河野哲也「人は語り続けるとき、考えていない」による）

〔注〕子どもの哲学――「子どもとともにする哲学的探求」という教育活動のこと。
鳥瞰図《ちょうかんず》――高い所から見下ろしたように描いた風景図。
メタレベル――高次の段階。
ジョン・デューイ――アメリカの哲学者。

〔問1〕(1)これが哲学対話と他の対話との違いである。とあるが、どのような違いか。次のうちから最も適切なものを選べ。

ア　他の対話では、自己を変革するために、相手の話を取り入れようとすることを心掛けるのに対し、哲学対話では、持説を大切にし常識を基準とすることで、自分の主張を確固たるものとするという違い。

イ　他の対話では、持説を擁護して、相手を納得させることを意図していることがあるのに対し、哲学対話では、対話を進展させるために、相手の話を熱心に聞いて、相手の意見に迎合するという違い。

ウ　他の対話では、人は信念や常識にとらわれ、自分の深い考えを捉え直すことはないのに対し、哲学対話では、相手の話を熱心に聞くことで自分の信念を見直し、時に自己変革をすることもあるという違い。

エ　他の対話では、主題や問いについて、前提に立って議論を進めていくのに対して、哲学対話では、問題解決のために議論を行い、それが専門的で技術的になっていくという傾向があるという違い。

〔問2〕(2)こうして、哲学対話によって、参加者は自己束縛を解いて自由になる。とあるが、「自己束縛を解いて自由になる」とはどのようなことか。

これを次の［　］のように説明するとき、［1］と［2］に当てはまる最も適切な表現を、本文中から［1］は**十五字**、［2］は**十六字**で探し、そのまま抜き出して書け。

> 哲学対話により、［1］を持つことで、無意識に自分の思考をせばめていたことに気づき、［2］ようになること。

〔問3〕(3)これほど多様な定義の候補が出されると、「偉い」についてひとつの決定的な定義に至ることは難しいだろう。とあるが、対話では、自分の意見も全体の中に位置づけられ、意味づけられていく。単に私の意見の真偽や正否が検討されるだけではない。他の意見との間でどのようなポジションになるのか、どのような前提に立ち、どのような帰結をもたらすものなのかが徐々に明らかになっていく。

人は自分の意見にしばしば固執している。自分の意見が批判されることは、自分が否定されているかのように感じるかもしれない。それゆえに、人は、自分が傷つき、他人を傷つけることを恐れて、議論を避けようとする。議論することは、他者と戦い争うことであるかのように思って、主張が正しいかどうかよりも、ときに妥協し、ときに付和雷同し、ときに多数派について議論を終了させようとする。声が大きいだけで正しくない意見でも追随する。

しかし対話では、さまざまな意見が多角的に検討されることにより、あらゆる意見が相対化される。ここで相対化されるとは、意味づけられるのと同じことである。そうして私の意見は、疑問や反論にさらされながらも、一定の位置づけ、すなわち意味づけを得る。多くの人が対話に参加すればするほど、全体が理解されていく。それは、自分の意見が位置づけられることであると同時に、自分自身がグループのなかに存在する意味を見いだすことでもある。参加者のグループが分かち合うのは、この意味の全体像である。哲学対話では、抽象概念を振り回すのではなく、参加していくことによって全体の理解が生じてくる。(4)それゆえに、対話には、参加者を真にグループに包括していく働きがある。

哲学対話で行われるのは、問題解決ではなく、問題の意味づけである。意味づけとは、価値づけでもありうる。価値とは優先順位のことである。あるテーマが他のテーマとの関連で優先されるべきであると判断されれば、そのテーマの価値が理解されたのである。

では、対話の終着点、あるいは目標とは何であろうか。意味の全体像を得ることだろうか。そう言えるが、より多様な観点や視点から発言がなされることによって、文脈や枠組みがさらに広い範囲へと広げられることによって、あるいはさらにメタレベルの議論がされることによって、意味の全体像はむしろ広がっていき、最終的な全体像など得られそうにない。であるならば、対話の目標をどこに置けばいいのだろうか。

それは、新しさの発現である。新しさとは新しい組み合わせのことである。あるものは、これまでとは異なった関連性や文脈、枠組みの中に入ることによって新しさを得る。ある問いが新しい枠組みに置かれて、これまでとは別の展開を見せること、あるテーマが異なった人により異なった文脈により論じられること、自分の考えが意外な関連性のもとに置かれてこれまでとは異なった価値づけがなされること、これらが新しさの発現である。グループでの対話が新しい意味と目的を創発して、個々人にとってもそれまでとは異なった考えを持てる場所となる。各人が自分自身を更新して、それまでの自分から自由になることができるならば、その対話は成功したのである。哲学対話には、あらかじめ決められた到着点も方向性もない。(5)唯一重要であるのは、新しさである。新しい存在を生み出すことである。

対話は、新しさを生み出すことが目的であるかぎり、その過程には終わりがない。それは更新することそのことに意義がある、と言い換吟味がなされる。ひとつの意見は、さまざまな角度と視点から、多様な立場から検討され、広い文脈と背景の中に置き直される。思考は、ある前提に立って議論を進めようとする。対話は議論の前提からさらに引き下がろうとする。思考は進行的で、対話は遡行《そこう》的である。

　議論には、ズームインとズームアウトという過程があると言える。ズームインとは、あるテーマや問いを、さらに詳細にしばしば具体的に論じていく過程である。ズームアウトとは、あるテーマや問いを広い文脈や枠組みに置いて、*鳥瞰図《ちょうかんず》を得ようとする過程である。ズームインから得られる議論は、問題解決的であり、専門的で技術的になっていく。他方、ズームアウトから得られる議論は、前提を問い直し、視野を広げて全体的になっていく。哲学の議論は後者を重視する。それはできる限り広い範囲の多様な視点から、問題を考えようとする態度である。対話に参加したものは、自分の意見が自覚のないままに狭い前提や限られた文脈から出ていることを知り、他の考え方の可能性もあることを理解する。(2)こうして、哲学対話によって、参加者は自己束縛を解いて自由になる。それは他者との出会いにより、自分が自分に距離をとっていく過程である。

　こうした対話では、問いやテーマに対して解決が出されるというよりは、その問いやテーマ、出される意見に対して、他の問いやテーマ、意見が関連づけられる。子どもの哲学の例を使ってみよう。「偉いってどういうこと」という質問が子どもから出される。すると、具体例が出されながら、「偉い」という言葉の定義が試みられる。「社会的地位が高い」、「評価に値する」、「努力した」、「すごい」などといった複数の概念と比較対照がなされる。具体的な人物名や振る舞いの事例が出され、その人やその行動が「偉い」という形容に値するかどうかが論じられる。これらの事例は単なる寄せ集めなのか、それとも「偉い」には共通性があるかどうかが検討される。褒め言葉としては、自分よりも目上や年上の人には「偉いね」とは言わない、などといった、言葉が使用される文脈や場面も論じられる。さらに、ある人から、ある地方では、「えらいやっちゃな～」とか「えらいことしてくれたな」といったように、批判あるいは悲嘆の表現として「えらい」が使われることがあると指摘される。

　(3)これほど多様な定義の候補が出されると、「偉い」についてひとつの決定的な定義に至ることは難しいだろう。さらに「地位が高いとはどういうことか」「努力したと認められるのはどういう時か」「すごいとは何か」とか、「なぜ人は人を褒めるのか」「なぜ人は評価するのか」とか、「そもそも、なぜ偉いかどうかが気になるのか」といった*メタレベルに問いは移行していく。ひとつの問いは無数の線によって他の問いとつながっており、最初の問いに答えるには、すべての問いに答えなければならない。

　では、このような哲学対話では何が行われているのであろうか。それは意味づけである。「偉い」という概念は、対話によって、他のさまざまな概念との関連が示され、それが用いられる文脈や場面が明らかになっていく。関連した概念もさらに他の概念との関連が示されていく。こうした関連づけは、意味づけと呼んでよい。ひとつのテーマや問いが、他のテーマや問いのネットワークの中に、水平的に階層的に、時間的に空間的に、位置づけられていく。これがズームアウトする議論の成果である。

ているのか、気になっていたんですけど、みんなの話し合いを聞いていて、隠喩表現を使うことによって、ゆったりした雰囲気を印象的に表現する効果につながっているのかもしれないと思いました。

〔i〕 空欄「 1 」「 2 」「 3 」に入る言葉の組み合わせとして最も適切なのはどれか、次の選択肢**ア**～**オ**から選べ。

ア　1 気楽な　2 ぞんざいな　3 ほがらかな
イ　1 穏やかな　2 不気味な　3 親しみやすい
ウ　1 気さくな　2 ぶしつけな　3 人なつこい
エ　1 陽気な　2 無邪気な　3 しおらしい
オ　1 軽妙な　2 すげない　3 あどけない

〔ii〕 空欄「 4 」に当てはまる最も適切な表現を、本文中から**一文**でそのまま抜き出せ。

4

次の文章を読んで、あとの各問に答えよ。（**＊**印の付いている言葉には、本文のあとに〔**注**〕がある。）

対話とは、あるテーマについて自分の考えを提示しあい、相互に検討し、吟味するという過程である。ひとつのテーマや問いに対して、それぞれが意見を出し合うときに、すぐに明らかになるのは意見の多様性である。＊子どもの哲学をはじめて行った子どもの感想としてもっとも多いのが、「いろいろな意見があるので驚いた」「普段からよく知っている友だちが、あんなことを考えているとは思わなかった」というものである。比較的に文化的・地域的な背景が均一である小学校で行っても、こうした感想が得られる。さらにさまざまな背景を持った人々の意見ならば、異なっているのが当たり前である。

哲学対話の特徴は、自分の意見が皆からの検討に付される点である。通常の話し合いでは、人はどうしても持説に固執してしまう。とくに自分のさまざまな行動の前提となっているような信念や、自分が常識と思っているような信念についてならば、なおさらである。普段はこのような自分の深いところにある考えを簡単には披露しないし、かりに披露してもそれを検討し合うことはしない。大人の方が、子どもより自分の意見に固執しがちであるし、人の意見を聞こうともしないことがある。

しかし哲学対話ではあえて持説を検討し合うことを目的としている。ディベートが持説を擁護して、相手を説得することに目的があるとすれば、哲学対話で重要とされるのは、相手の話を傾聴して、そこで得られた視点や立場から自分自身の考えを検討し、必要とあればそれを変える姿勢でいることである。(1)これが哲学対話と他の対話との違いである。哲学とは、自分の前提や習慣、信念を自己吟味し、場合によっては自己変更する試みだからである。

このような自己吟味の姿勢を保つには、新しい考えを作り出すという気持ちで対話に参加することが大切である。しかしこの気持ちを対話の最初から持つことは難しいかもしれない。皆で対話をするときには、テーマや問いが設定される。そして、誰かがそれについての意見を言う。他の人がそれとは異なる意見を言う。そしてそれぞれの意見に対して、質問が出され、対立する意見との比較がなされ、批判的なメを知っていたことに動揺しつつもうれしく感じている。

ウ　メダカやフナだけでなくカメもいる多様性の高い池の近くで、息子を育てることに喜びを感じ、大自然を満喫する息子のたくましい成長ぶりを目《ま》の当たりにして感嘆している。

エ　自分が少年時代にあこがれていたリクガメを、こんな近所の池で実際に見つけて興奮していたところ、息子が網で別の小さなカメを捕まえていたのを目にして驚いている。

〔問5〕(5)ゆっくりとペダルをこぎながら、ミライは晴れ晴れとした顔つきだ。とあるが、このときの「ミライ」の様子の説明として最も適切なのは、次のうちではどれか。

ア　自然を大いに味わう中で、父親と探していた希少生物と出会えたことに興奮し、達成感でさわやかな気持ちになっている。

イ　父親と川遊びを楽しみ興奮していたが、クサガメを持ち帰れないことに自分なりに納得し、落ち着いた気持ちになっている。

ウ　川遊びで多くの生き物との出会いや父親とのやりとりを楽しみ、その余韻を味わいながら、すがすがしい気持ちになっている。

エ　ガサガサという新たな遊びの楽しさに満足し、次の休みに父親が新たな遊びを教えてくれるのを待ち望む気持ちになっている。

〔問6〕次は、A～Dの四人の生徒が、本文の表現の特徴や工夫について話し合う授業の一場面である。あとの問にそれぞれ答えよ。

A　「すーっと」「つーっつーっと」「ぬーっと」など面白い擬態語が多く使われています。

B　辞書をひくと「すうっと」「つうっと」「ぬうっと」となっています。少し変化させて使っているのが気になります。

C　「ー」は長音って言うんだって。

D　そういえば台詞《せりふ》にも「ー」がたくさん使われています。「うぉーっ。」とか、「もっととりたいぞー。」とか。これらはミライくんの子どもっぽいかわいらしい言葉遣いを表現していると思います。

C　話し言葉の使い方もとってもかわいいよね。なんとかだぞ、とか。

B　お父さんとのやりとりが目に浮かぶようです。

A　二人のやりとりのように、この文章全体も「　1　」雰囲気が感じられるのは、もしかしたらそういう一つ一つの言葉遣いによる影響かもしれませんね。

B　そうそう。「ぬうっと」は辞書を調べてみると、のろい動作で、不意に目の前に現れる様子を表現していますが、時に、やや「　2　」印象もあると書かれています。でも、「ぬーっと」とすることで、その印象が「　3　」印象に変わっているように思います。

A　表現や一つ一つの言葉を変化させることによって、文章全体の雰囲気が変化するってことですよね。その状況に合った言葉を選ぶことの大切さが感じられて面白いです。

D　私は、実は「　4　」という隠喩表現がどういうことを言っ

ウ 今に至るまで仕事でも家庭でも自分の興味を貫いてきたので、他人の気持ちを推し量ることができていなかったことに気づいたから。

エ 自分の幼い頃と比べて最近では自然環境が悪くなり生き物を捕まえられなかったため、川に行きたくても行けないもどかしさを感じていたから。

〔問2〕(2)大人げなく夢中になってしまったわけだけど、それだけのことはあった。とあるが、この表現から読み取れることの説明として最も適切なのは、次のうちではどれか。

ア 「ぼく」は息子より川遊びに熱中したことを反省しつつも、父親が気まずい思いをしないように気遣ってくれる息子を見て喜んでいるということ。

イ 「ぼく」は息子と川遊びにのめり込んだことを後悔しつつも、だからこそ息子も自分の子どもの頃のように自然が好きだとわかったということ。

ウ 「ぼく」は息子を放っておいて川遊びをしたことを後ろめたく感じつつも、自分の子どもの時と変わらない川の様子を実感し安心したということ。

エ 「ぼく」は息子と川遊びに没頭したことを恥ずかしく感じつつも、だからこそ想像以上に色々な生き物がいる川だったことに気づけたということ。

〔問3〕(3)ぼくは甘酸《あまず》っぱい気分がさらにあふれ出してきて戸惑った。とあるが、このときの「ぼく」の様子を説明したものとして最も適切なのは、次のうちではどれか。

ア 池で楽しそうに網を操る息子に、網をふるっては色々な生き物を捕まえていた自分の少年時代を重ねてうれしさを感じた上に、昔、カメを飼っていた頃のことを思い出してしまい、懐《なつ》かしさがこみ上げてきて当惑している。

イ ザリガニを欲しがる息子に、ザリガニの害を無理やり納得させてしまったのではないかとためらいを感じた上に、昔、生き物を捕まえてきては母親に叱られたことを思い出して、切ない気持ちになってきて閉口している。

ウ 息子がカメを見たという言葉を聞き、少年時代にクサガメを飼っていたときのことを思い出して感傷的になっていた上に、昔、あこがれていたリクガメに不意に出会うことができて、興奮がおさえられずに困惑している。

エ 生態系を保全しながら遊ぶことの大切さを息子に伝えることができた満足を感じた上に、昔、自分も自然の中で様々なことを学んでいたのだと思い出し、無理に動物を家で飼うことに疑問を感じて反省している。

〔問4〕(4)またもドキッと心臓が強く脈打った。とあるが、このときの「ぼく」の状況の説明として最も適切なのは、次のうちではどれか。

ア 偶然捕まえたカメがとても希少なものであることを知り胸が高鳴る中、また別のカメも見つけて、思い続けていると願いはかなうという体験を息子と共有でき喜んでいる。

イ 何度も夢見ていたリクガメを、実際に見つけることができた喜びに浸るとともに、幼い息子が自分の飼いたがっていたカ息を詰めるうちに、そいつはのっそのっそと足を動かし背を向けた。そのまま歩き出して、少しずつ遠ざかる。ぼくは水の中で足を一歩、踏み出した。捕まえたい、と本気で思った。

ふいに白い影がよぎった。

後ろ姿の少年が、ひょいとリクガメを抱き上げて去っていく。

あの子のものなのか。追いかけていって見せてもらおうかと*逡巡《しゅんじゅん》する。

「とうちゃん！」とミライが袖を引っぱり、我に返った。

「カメだ、とうちゃんのすきなカメだぞ！」

興奮、というか、驚きにみちた声。

そんなのわかってると言い返そうと思ってミライを見ると、(4)またもドキッと心臓が強く脈打った。

ミライのタモ網の中で、甲羅の長さが十センチほどの小さなカメが腹を向けて足をばたつかせていた。

「とうちゃん、これ、かいたいぞー。」

ぼくは暴れるカメを手にとった。今、日本では一番メジャーなアカミミガメ（ミドリガメの成体）ではなく、本来日本にいる種類だとわかった。

「クサガメだ。最近はなかなか見られないっていうけど、こんなとこにもいたんだな。これはだめ。持って帰らない。」

「どうしてだ、とうちゃん。」

「そんなにたくさんいるやつじゃないんだ。エビやフナとは違う。ここにちゃんといてもらおう。」

さっきのリクガメはもともと海外から持ち込まれたものだから、人のものじゃなければ保護してもオーケイ。でも、日本の生き物で数が減っているものはだめ、という自分なりの理屈だ。こじつけといえなくもない。

「えー、そうかー、なら、しかたないのかぁ。」ミライは一人であぁだこうだ言いつつ、納得する。

やがてガサガサに満足してしまうと、ペットボトルを自転車の前籠《まえかご》に載せて帰路についた。

(5)ゆっくりとペダルをこぎながら、ミライは晴れ晴れとした顔つきだ。

（川端裕人「てのひらの中の宇宙」による）

〔注〕タモ網――魚をすくうのに使う小さい網。
ザリガニ――ここではアメリカザリガニのこと。
たーちゃん――「ぼく」の母親。
逡巡《しゅんじゅん》――ためらうこと。

〔問1〕(1)目を輝かせるさまを見て、ぼくは少し反省した。とあるが、なぜか。その理由として最も適切なのは、次のうちではどれか。

ア 息子がメダカを見つけ飛びはねて喜ぶ様子を見て、自分の生き物に対する興味がメダカには全く向いていなかったことに気づいたから。

イ 多忙を理由に息子に自然の中で生き物に接する機会を与えてこなかったため、息子が心ひかれるものさえ知らなかったことに気づいたから。

的な言葉で言うと「多様性が高い」ということ。

　上層や中層は魚の領分で、メダカのほかにフナやタナゴやモロコが毎回のように網に入ってきた。密に生えている水草ごと掬《すく》うと、大量のスジエビが採れ、時にはゲンゴロウやミズカマキリのような水棲《すいせい》昆虫が見つかった。さらに池の底をさらえば、小型のシマドジョウ、カマツカ、そして、トンボのヤゴなどが泥の中で蠢《うごめ》いていた。

*「ザリガニがいないぞー。」とミライは不満げだったが、「いいか、このあたりの池でザリガニがいないなんて逆にすごいことで、ザリガニってのはもともと日本の生き物じゃないんだ。すごく強いからほかの生き物を食べちゃうんだぞ。ザリガニがいたら、ヤゴなんかいなくなっちゃうぞ。」と言って、納得させた。

「じゃあ、エビでもいいぞ。エビ、たくさんとるぞー。」とミライは言い、途中からは自分だけで網をふるった。最初は振り回されているみたいだったけれど、短く持てば安定することを教えるとすぐにコツを摑《つか》んだ。

　水草の付近で震わせるように網を使うやり方がなかなか堂に入っている。一掬いごとに何匹かエビが入っていて、そのたびに歓声をあげた。

　ミライの明るい声が、温かな光になってぼくを満たす。ぼく自身、相手が昆虫であれ、水の生き物であれ、こんなふうに網をふるう少年だったし、家にはいつもなにがしかの生き物がいて賑《にぎ》やかだったっけ。カブトムシ、クワガタ、ザリガニ、タナゴやフナなどの魚……。

「とうちゃん、こういうとこにはいるのか。」とミライ。

「なにが？」我に返ったぼくは聞き返した。

「さっき、みたぞ、カメみたいなやつ。」

「あ、カメか……。」

(3)ぼくは甘酸《あまず》っぱい気分がさらにあふれ出してきて戸惑った。これも昔のことだが、すぐ近くの池にクサガメがいて、見つけるたびに持ち帰っては、*たーちゃんに叱られた。一度、無理を言って、家で飼わせてもらったことがある。でも、その時はすぐに自力で水槽から脱出して行方不明になってしまった。そいつを次に見たのは、半年後、春先の庭に花を植えるために土を掘り起こしていた時だ。クサガメは、なんと、庭で冬眠していたのだ。

「でも、さすがにここにはいないだろ。池が小さすぎる。」

　などと言いつつあたりを見渡した。すると、少し先の草地に横たわっている明るい褐色の物体が目に飛び込んできた。それはドーム状をしていて、表面には黒い幾何学模様があった。

　凝視するうちに、ドームの下から、ぬーっと顔があらわれた。

　ぼくは目を疑った。そいつはリクガメなのだ。

　距離があるからよくわからないが、とにかく日本にいるものではなくて、マダガスカルとかインドに棲息しているようなやつ。ペットとして輸入されたものが、逃げ出してきたのかもしれない。

　でも、そんなことどうでもいい。ぼくは鼓動が次第に高まってくるのを自覚する。

　こんな場所で、希少な野生種のリクガメに出会うなんて！

　近くの池のカメに夢中になっていた頃、やはり、図鑑でリクガメを見て心惹《こころひ》かれた。つややかな甲羅がまるで宝石みたいで、いつか、飼ってみたいと夢見ていた。

〈国語〉

時間　五〇分　満点　一〇〇点

【注意】 答えは特別の指示のあるもののほかは、各問のア・イ・ウ・エのうちから、最も適切なものをそれぞれ一つずつ選んで、その記号を書きなさい。また、答えに字数制限がある場合には、、や。や「 などもそれぞれ一字と数えなさい。

1 次の各文の――を付けた漢字の読みがなを書け。

(1) 反物を買う。
(2) 内閣が統轄する。
(3) 何の煩いもない。
(4) 万障を排する。
(5) 片言隻語も聞き逃さない。

2 次の各文の――を付けたかたかなの部分に当たる漢字を楷書で書け。

(1) フセイシュツの天才作曲家。
(2) 流行にツウテイする一つの傾向。
(3) 資金をモトデに店を開く。
(4) ジョハキュウの変化がある話。
(5) ウミセンヤマセンの起業家。

3 次の文章を読んで、あとの各問に答えよ。（*印の付いている言葉には、本文のあとに〔注〕がある。）

「ぼく」と五歳の息子「ミライ」は公園で遊んだ帰り道、川沿いの湧水池で「ガサガサ（池で魚などを捕まえること。）」をしている少年を見かける。近づいて見てみると池にはメダカが泳いでいた。

昼食後、近くの釣具店《つりぐてん》で安い*タモ網を買った。池の縁に戻り、さっきと同じ場所に立った。ミライの体に比べたら大きすぎる網だが、一緒に持ってえいっとばかりに水の中に落とす。

引き寄せた青い編み目の中から銀色に光るものが見えた。すーっと直線的な背中のラインで、目は上の方についている。

メダカだった。でっぷり膨らんでいる腹からして、卵を持ったメスに違いなかった。

「うぉーっ。」とミライが跳びはねる。

へえ、結構、生き物に興味津々《しんしん》なのか。

(1)目を輝かせるさまを見て、ぼくは少し反省した。自分が子どもの頃は、家の前の野原で捕虫網を振り回し、川でザリガニ釣りをする日々だったのに、仕事の忙しさにかまけて、息子の興味を刺激してやることを怠ってきた気がする。

家から持ってきたペットボトルに水を半分くらい満たし、メダカを入れてみる。さっそく水面近くをつーっつーっと泳いで、楽しげだ。

「とうちゃん、もっととりたいぞー。」とミライが言い、「じゃあ、一緒にやろう。」と網をふるううち、気がついたらぼくもミライも靴のまま池の中にいた。(2)大人げなく夢中になってしまったわけだけど、それだけのことはあった。こんな小さな池になぜ、と思うほど、生き物が豊かなのだ。数が多い、というより、種類が多い。ちょっと専門

2024年度

解　答　と　解　説

《2024年度の配点は解答欄に掲載してあります。》

＜数学解答＞

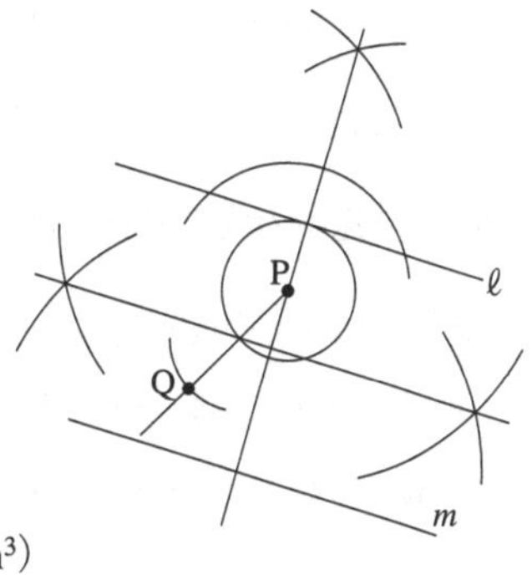

1　〔問1〕　$\sqrt{21}-\frac{7}{4}$　〔問2〕　$x=24$，$y=24$　〔問3〕　7通り

〔問4〕　$\frac{5}{12}$　〔問5〕　右図

2　〔問1〕　$a=\frac{7}{32}$　〔問2〕　$y=\frac{1}{2}x+\frac{10}{3}$

〔問3〕　$\left(\frac{5}{2},\ -\frac{25}{32}\right)$

3　〔問1〕　18(度)　〔問2〕　解説参照

〔問3〕　$2\sqrt{3}\pi$ (cm^2)

4　〔問1〕　$\sqrt{51}$(cm)　〔問2〕　$\frac{25\sqrt{2}}{2}$(cm^2)　〔問3〕　$\frac{125}{12}$(cm^3)

○配点○

1　各5点×5　2　〔問1〕　7点　〔問2〕　8点　〔問3〕　10点

3　〔問1〕　7点　〔問2〕　10点　〔問3〕　8点

4　〔問1〕　7点　〔問2〕　10点　〔問3〕　8点　計100点

＜数学解説＞

1　(平方根の計算，連立方程式，中央値と平均値，確率，作図)

基本　〔問1〕　$\frac{3\sqrt{7}(\sqrt{7}+1)}{\sqrt{21}}-\left(1+\frac{\sqrt{3}}{2}\right)^2=\sqrt{3}(\sqrt{7}+1)-\left(\frac{7}{4}+\sqrt{3}\right)=\sqrt{21}-\frac{7}{4}$

基本　〔問2〕　連立方程式$\begin{cases}\frac{3}{2}x-\frac{2}{3}y=20\cdots① \\ -\frac{2}{3}x+\frac{3}{2}y=20\cdots②\end{cases}$　①×6＋②×6より，$5x+5y=240$，$x+y=48$…③　①＋③×4より，$13x=312$，$x=24$　③へ代入して，$y=24$

やや難　〔問3〕　中央値は整数または0.5の倍数であり，平均値は$\frac{a+b+2+6}{4}=\frac{a+b}{4}+2$だから，$a+b$は偶数であることがわかる　これを満たす($a$, b)の組は，(1, 5)，(2, 6)，(3, 5)，(4, 4)，(5, 1)，(5, 3)，(6, 2)の7通り

〔問4〕　N＝$a+b$が4の倍数になる組み合わせは，(1, 3)，(2, 2)，(2, 6)，(3, 1)，(3, 5)，(4, 4)，(5, 3)，(6, 2)，(6, 6)の9通り　N＝abが4の倍数になる組み合わせは，(1, 4)，(3, 4)，(4, 1)，(4, 3)，(4, 5)，(5, 4)の6通り　合わせて9＋6＝15(通り)　さいころを2回投げたときの目の出かたは6×6　よって，$\frac{15}{6\times6}=\frac{5}{12}$

〔問5〕　(着眼点)点Pを通り2直線ℓ，mに垂直な直線を引く　次にこの直線を利用して，2直線ℓ，mへ等距離な平行線を引けば，Rはこの直線と円Pとの交点　そこでPR＝RQとなる点Qをとる

2 (放物線や直線の式, 座標平面上の三角形の面積)

基本 〔問1〕 点Pのx座標は-3, 点Aのx座標は4であり, 直線ℓの傾きは$\frac{1}{2}$　そこで点Pのy座標が0であるから, 点Aのy座標は, $\{4-(-3)\}\times\frac{1}{2}=\frac{7}{2}$　よってA$\left(4,\ \frac{7}{2}\right)$　これは$y=ax^2$上だから, $\frac{7}{2}=4^2\times a$, $a=\frac{7}{32}$

基本 〔問2〕 点Aのx座標は4であり, $y=\frac{1}{3}x^2$上の点だから, $y=\frac{1}{3}\times4^2=\frac{16}{3}$　A$\left(4,\ \frac{16}{3}\right)$　求める直線ℓの式を$y=\frac{1}{2}x+b$として, 点Aは直線ℓ上の点でもあるから, $\frac{16}{3}=\frac{1}{2}\times4+b$, $b=\frac{16}{3}-2=\frac{10}{3}$　よって直線ℓの式は, $y=\frac{1}{2}x+\frac{10}{3}$

重要 〔問3〕 (途中の式や計算)(例)　$y=\frac{1}{4}x^2$はA(4, 4)を通るから, 点Aを通り傾き$\frac{1}{2}$の直線ℓは$y=\frac{1}{2}x+2$　$y=0$を代入して$x=-4$　点Pのx座標は-4　点Qを通りy軸に平行な直線と直線ℓとの交点をR, 点Qのx座標をsとすると, $\mathrm{QR}=\frac{1}{2}s+2-\left(-\frac{1}{8}s^2\right)=\frac{1}{8}s^2+\frac{1}{2}s+2$

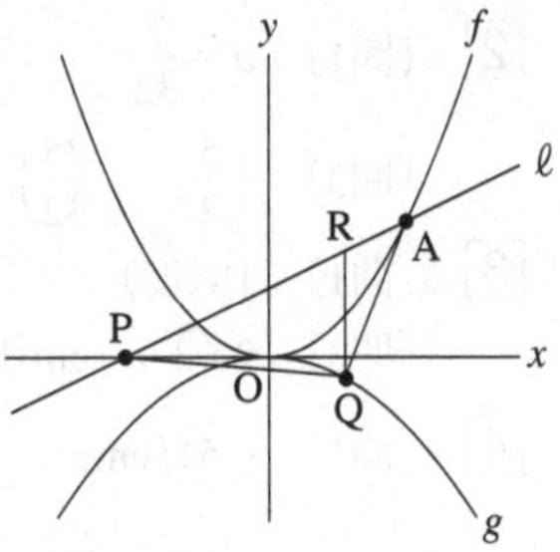

△APQ＝△ARQ＋△PQRであるから, $\frac{1}{2}\left(\frac{1}{8}s^2+\frac{1}{2}s+2\right)\{4-(-4)\}=\frac{129}{8}$, $4s^2+16s-65=0$, $s=\frac{-16\pm\sqrt{16^2-4\times4\times(-65)}}{2\times4}=\frac{-16\pm\sqrt{16(16+65)}}{2\times4}=\frac{-16\pm4\times9}{2\times4}=\frac{-4\pm9}{2}$, $0<s\leqq4$より, $s=\frac{5}{2}$　Q$\left(\frac{5}{2},\ -\frac{25}{32}\right)$

3 (円周角, 合同を利用した等辺の証明, 三角形の特別角の利用, 三角形の回転移動)

基本 〔問1〕 正方形ABCDの対角線は円の中心Oで交わる　よって, ∠BOC＝∠COD＝90°　$\overset{\frown}{\mathrm{CP}}:\overset{\frown}{\mathrm{PD}}=3:2$　だから, $\angle\mathrm{POC}=90°\times\frac{3}{3+2}=54°$　∠BOP＝∠BOC＋∠COP＝90°＋54°＝144°　△OBPは二等辺三角形だから, $\angle\mathrm{BPO}=(180°-144°)\times\frac{1}{2}=18$(°)

〔問2〕 (証明)(例)　△BCFと△DCEにおいて, 四角形ABCDは正方形であるから, BC＝DC…①　$\overset{\frown}{\mathrm{CP}}$における円周角より, ∠CBP＝∠CDP＝∠CDE…②　∠BCF＝∠BCD＋∠DCF＝90°＋∠DCF, ∠DCE＝∠ECF＋∠DCF＝90°＋∠DCF　よって, ∠BCF＝∠DCE…③　①, ②, ③より1組の辺とその両端の角がそれぞれ等しいから, △BCF≡△DCE　合同な三角形の対応する辺は等しいから, CF＝CE　すなわちCE＝CF

やや難 〔問3〕 △CPGにおいて, BC＜BG＜BPであるから, 求める図形は点Bを中心とした半径BPの円の面積から, 点Bを中心とした半径BCの円の面積を除いた部分　△OBCの3辺の長さの比より, $\mathrm{OC}=\frac{1}{\sqrt{2}}\mathrm{BC}=\frac{1}{\sqrt{2}}\times2=\sqrt{2}$　$\overset{\frown}{\mathrm{CP}}$における円周角と中心角の関係より, ∠POC＝60°　これより△POCは正三角形だから, $\mathrm{PC}=\mathrm{OC}=\sqrt{2}$　また, $\overset{\frown}{\mathrm{BC}}$における円周角と中心角の関係より, $\angle\mathrm{BPC}=\frac{1}{2}\angle\mathrm{BOC}=45°$　そこで△PBCに

図1

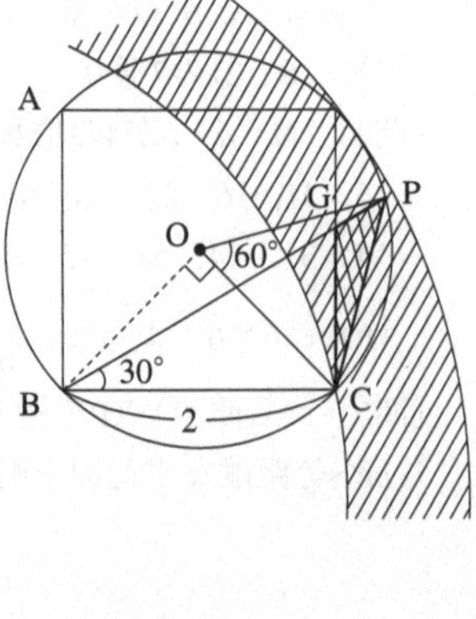

おいて，点Cから辺BPへ垂線CHを下ろせば，$PH=\frac{1}{\sqrt{2}}PC=1$　$BH=\frac{\sqrt{3}}{2}BC=\sqrt{3}$　よって，$BP=BH+HP=\sqrt{3}+1$
求める図形の面積は，$(\sqrt{3}+1)^2\pi-2^2\pi=\{(4+2\sqrt{3})-4\}\pi=2\sqrt{3}\pi$ (cm^2)

図 2

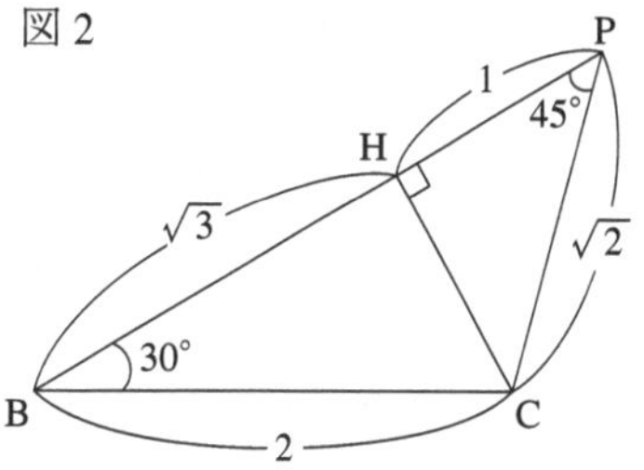

4 **（三平方の定理，点の移動する範囲，三角すいや四角すいの体積）**

〔問1〕　点Qを通り辺ADと平行な直線と線分IL，DCとの交点をそれぞれQ_a，Q_bとすると，点Pは三角柱Q_aJK-Q_bHGの辺上または内部にある　線分JPが最も長くなるのは，点Q_bと一致したときである　三角形IQ_aQ_bで三平方の定理より，$IQ_b^2=DI^2+DQ_b^2=5^2+1^2=26$　$\triangle IJQ_b$で三平方の定理より，$JP=JQ_b=\sqrt{26+5^2}=\sqrt{51}$ (cm)

〔問2〕（途中の式や計算）（例）　点Qを通り辺ADに平行な直線と線分CIとの交点をQ′とすると，△Q′JG（右の図の斜線部分）が点Pの動きうる範囲である　底辺をJGとしたときの高さは変化せず5cmで，$JG=5\sqrt{2}$ cmである　よって，求める面積は
$\frac{1}{2}\times5\sqrt{2}\times5=\frac{25\sqrt{2}}{2}$ (cm^2)

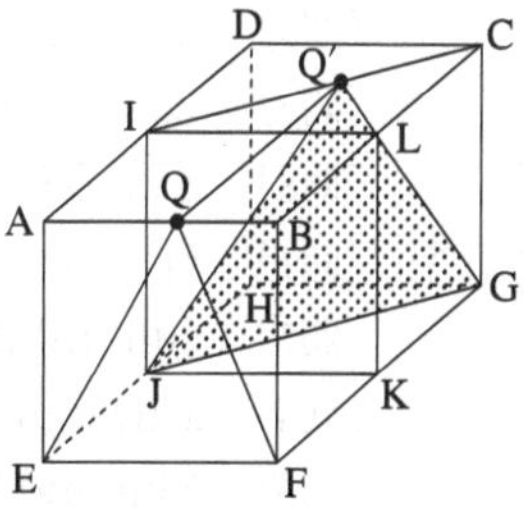

やや難　〔問3〕「△EFQに垂線が引ける位置にある」とき，点Pの動きうる範囲は右の図1の三角柱LJK-CHGの辺上または内部　「△BFSに垂線が引ける位置にある」とき，点Pの動きうる範囲は下の図2の立方体ILCD-JKGHを平面CNJM（N，Mはそれぞれ辺JK，DHの中点）で切断した上側の立体の辺上または内部　これらより点Pの動きうる範囲は，この2つの立体の共通した部分だから，図3の立体C-LJMとなる　したがって求める体積は，$LM\times JK\times\frac{1}{2}\times LC\times\frac{1}{3}=\frac{5}{2}\times5\times\frac{1}{2}\times5\times\frac{1}{3}=\frac{125}{12}$ (cm^3)

図 1

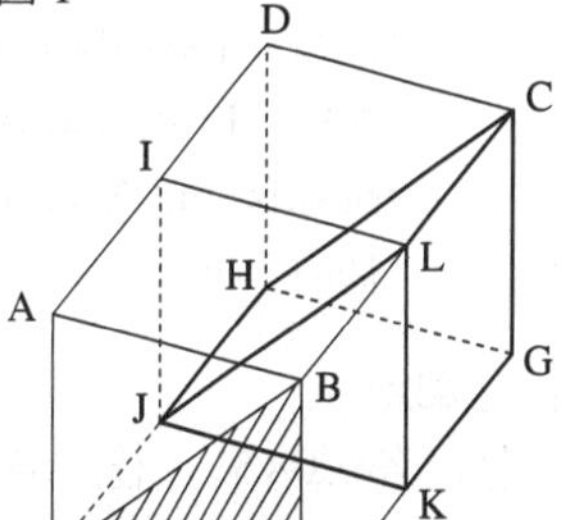

図 2

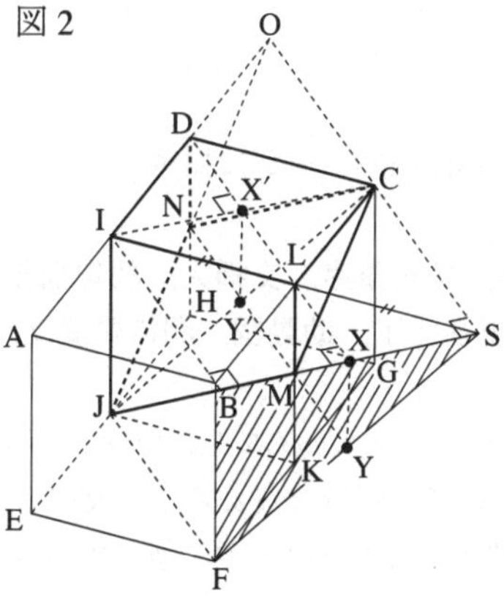

図 3

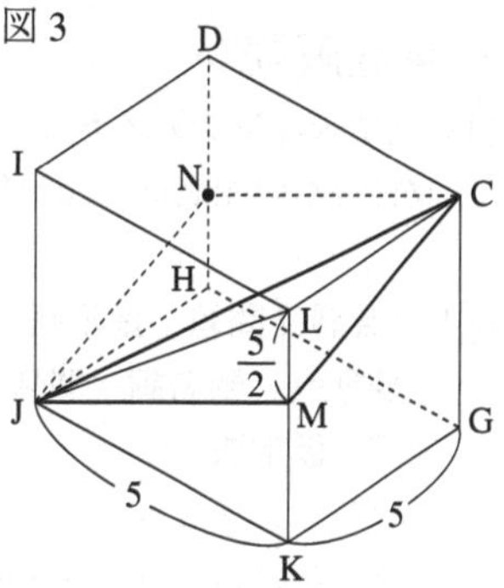

★ワンポイントアドバイス★

[1]〔問5〕は，点Rから直線ℓと直線mへの距離は等しいことを利用する。[2]〔問3〕は，点Qの座標を文字で置き面積の式を立てる。[3]〔問3〕では，△PGCが360°回転するとドーナツ型になる。[4]〔問3〕では，△EFQへの垂線と，△BFSへの垂線を分けて考えよう。

＜英語解答＞

[1]　〔問題A〕　＜対話文1＞　イ　　＜対話文2＞　ウ　　＜対話文3＞　エ
〔問題B〕　＜Question 1＞　ア　　＜Question 2＞　To give it a name.

[2]　〔問1〕　イ　　〔問2〕　エ
〔問3〕　始めの2語　know which　　終わりの2語　most often　　〔問4〕　ア
〔問5〕　オ　　〔問6〕　understand their meanings　　〔問7〕　right
〔問8〕　SEE YOU　　〔問9〕　イ　　〔問10〕　カ

[3]　〔問1〕　(1)-a　ウ　　(1)-b　エ　　(1)-c　ア　　〔問2〕　ウ
〔問3〕　cultural differences and various ways of thinking
〔問4〕　a　design　　b　present　　〔問5〕　イ
〔問6〕　Mai and her family had a great time with Ellen and felt really sad after they said goodbye to her at the airport.
〔問7〕　a symbol of wisdom
〔問8〕　Friendship is the most precious thing in life. It may be hard to find true friends, but Mai and Ellen already have each other as friends.
〔問6〕　カ

○配点○
[1]　各4点×5　　[2]　各4点×10(問3完答)　　[3]　〔問6〕・〔問8〕　各6点×2　　他　各4点×7
計100点

＜英語解説＞

[1]　(リスニングテスト)

放送台本の和訳は，2024年度都立共通問題38ページに掲載。

[2]　**(会話文問題：指示語，語句解釈，語句整序，文挿入，語句補充・記述，内容吟味，要旨把握，受動態，動名詞，関係代名詞，現在完了，助動詞，間接疑問文，比較，進行形，不定詞，前置詞，仮定法)**

(全訳)*アンナはカリフォルニアで勉強している日本人高校生だ。今日，級友の1人であるイヴの家を別の級友のオットーと共に訪ねている。イヴは彼女らを彼女の家に招き入れている。彼女らはイヴの兄の部屋の外に立っている。彼女の兄ボブは大学に通っている。アンナは彼の部屋の扉に奇妙な記号を見つけた。*

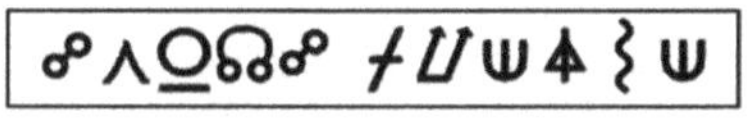

アンナ(以下A)：これって，何を意味しているかわかる？／イヴ(以下E)：わからないわ。ボブが2日前に扉に貼ったの。彼にその意味を聞いてみたわ。でも，彼は「自分で意味を見つけるように」って言ったの。／オットー(以下O)：地図の記号かな？／A：そうは思わないわ。同じ形のものもあるけれど，さっぱりわからないわね。／O：どういう意味か知りたいなあ。／E：ボブに聞いてみましょう。*(叫びながら)*ボブ，今，話しかけてもいい？　私の友達のアンナとオットーがここに来ていて，質問をしたがっているわ。

ボブが扉を開ける。

ボブ(以下B)：こんにちは。皆に会えてうれしいです。／A：こちらこそ。あなたの扉の記号について尋ねてもいいですか？／B：あっ，これらの記号ね。もしこれらの意味を教えて欲しいというのならば，それはできないね。でも，君らは特別のゲストだからね。一緒にこれらの記号について考えてみよう。中に入って，座って。／A & O：ありがとうございます。／B：紙に同じ記号を書いてみることにするね。メッセージの前半部分，左側は，これ()で，メッセージの後半部分，右側はこれ()だね。2つの語から成り立っているよ。これらの記号を見たことがあるかな？／O：いいえ，ありません。／A：各記号が何か違うものを示していると思うけれど，それらの意味が理解できないわ。／B：各記号は違う文字を表しているよ。これらの記号を使えば，秘密のメッセージを誰か，他の惑星の生物に対してさえ，送ることができるんだ。／E：これは彼らへの伝言かしら。／B：(1)<u>いいや，違うよ</u>。／O：それじゃあ，各形を注意深く確認してみよう。／A：2組の記号が同じ形だけれど，(2)<u>私が見つけたのはそれだけだよ</u>。／E：他のことは見つけられないわね。／B：それでは，僕のメッセージの後半部分をもっと注意深く見てみることにしよう。6文字の言葉だよね。英語には約23,000の6文字の単語があるんだ。これは5文字の単語の語数のほぼ2倍に該当するよ。／E：答えはほぼ不可能に思えるのだけれど。／B：モールス信号を発明した人物は，各文字が英語で何回使われているかを数えたんだ。彼は最もよく使われている文字を発見したよ。後半の箇所を理解するには，どの英語の文字が最も頻繁に使われているかを知る必要がある。／O：そのようなことを考えたことはないなあ。／A：(3)<u>正しい文字を見つけるには</u>，時間がかかるでしょうね。／B：この文章を見て。最もよく使われる母音が抜けているよ。僕のメッセージの後半には，この文字が2回出てくる。

この文章は見事だ。どのような図書館にあるどのような人気のある本でも，これを見つけることはないだろう。声に出して言えば，わかるだろう。何が抜けているか見つけたかな？

E：分からないわ。／B：この文章の各文字をよく見てごらん。／A：分かったわ。文字のEかしら？／O：そうだよ。メッセージの後半部分の3番目と6番目の文字()は，もしかしたらEなのでは？／B：その通り。じゃあ，これらの3つの表を見てごらん。各表は上位の10文字とその割合を示しているよ。前半部分の最初と最後の文字()はこの表には含まれていないけれど，僕のメッセージの他の全ての文字は存在しているよ。

表1　最もよく使われる文字上位10

文字	E	T	①	②	N	I	H	③	R	L
割合％	12.6	9.4	8.3	7.7	6.8	6.7	6.1	6.1	5.7	4.2

表2 単語の始まりの文字上位10

文字	T	①	I	③	②	C	M	F	P	W
割合%	15.9	15.5	8.2	7.8	7.1	6.0	4.3	4.1	4.0	3.8

表3 単語の終わりの文字上位10

文字	E	③	D	T	N	Y	R	②	L	F
割合%	19.2	14.4	9.2	8.6	7.9	7.3	6.9	4.7	4.6	4.1

E：3つ文字が欠けているわ。／B：その通り。(4)これらの3つの欠けた文字を探してみよう。／A：いいわ。(5)-a [D]始める前に質問しても良いかしら。5つの母音はすべて表にあるの？／B：いや，ないよ。Uの文字が表にはなくて，欠けている文字の1つは子音字なんだ。／A：ということは，欠けている文字の2つは母音ね。どう思う？／O：AとOだよ。／E：欠けている3つの文字の1文字は表3にないわね。それは何かしら。わからないわ。／B：よろしい。わかりやすいヒントをあげよう。この表現をよく読んでみて。

> 2日前に，短い間考えた後に，自分の扉に奇妙な記号を表示した。

E：この表現を確認することで，①，②，③がわかるというわけ？／B：もちろんさ。／A：この表現には，①Aで始まる4語があるわ。①Aは母音ね。／O：この表現は，③Sで始まる単語が3つあり，③Sで終わる単語が2つあるよ。表3から，③Sは②よりも単語の語尾ではるかに多く使われていることが明らかだね。おそらく，③Sが子音字じゃないかなあ。／E：②Oは母音だわ。②Oで始まる1単語と②Oで終わる2単語が，この表現にはあるわね。／B：素晴らしいね。僕のメッセージの後半部を理解できたかな？／E：まだ難しいわ。／O：(5)-b [B]その語に関してもう少しヒントをもらえませんか？／B：もちろんだよ。何かしてもらうことを誰かに丁寧に依頼する際にこの語を使うよ。／E：PLEASE だわ。／B：ご名答。では，僕の扉のこのメッセージは何かな？／O：まだ，メッセージの左箇所が理解できないなあ。／B：入室前に，そうしてもらいたいんだ。／A：KNOCK PLEASE(ノックしてください)ね。／B：ああ。僕の家族はとても仲が良いけれど，自分自身の時間も必要なんだ。／E：これから注意するわ。／O：でもこの標示は役に立つのかなあ。家族は(6)意味が理解できないですよね？

皆が笑う。

O：なぜこのようなパズルに興味をもつようになったのですか？／B：モールス信号のことを最初に知った時に，これらの秘密の伝言パズルを解くことに興味を抱き始めたんだ。／A：(5)-c [A]他に何か例はありますか？／B：二進法を知っているかい？　情報を交換するために，コンピューターは数字の1と0しか使わないんだ。二進法なしでは，コンピューターを稼働させることは不可能なのさ。／O：それは知らなかったなあ。(5)-d [C]それについてもっと話してもらえますか？／B：コンピューターに書き込むありとあらゆるものや閲覧するウェブサイト，そして，君らが行うビデオゲームに対してさえも，二進法は必要なんだ。2023年の6月に，ロンドンである祝典の開始を祝って，英国首相は首相官邸の扉に貼られた二進法の写真をインターネット上で公開したよ。／A：えっ！後で，確認してみるわ。／B：さあ，表4を見て。

表4 文字から数字への変換表

A＝1	B＝2	C＝3	D＝4	E＝5	F＝6	G＝7	H＝8	I＝9	J＝10	K＝11	L＝12	M＝13
N＝14	O＝15	P＝16	Q＝17	R＝18	S＝19	T＝20	U＝21	V＝22	W＝23	X＝24	Y＝25	Z＝26

各文字の数字は二進法で表せるよ。これらの5枚のカードが必要なんだ。カードの点の数について何に気づいたかな？

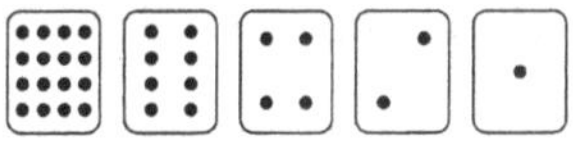

E：16，8，4，2，1。理解できないわ。／A：2つ以上の点があるカードは，その右側の数の2倍なっているわ，違う？／B：そうだね。Iを二進法で表すことを考えてみよう。表4より，Iは9だよね。ここでは，各数は二進法により5桁で表されることにする。必要なカードは1として表示される。必要でないカードは0として表される。9を表すには，どのカードが必要かな？／O：これはどうかな？／

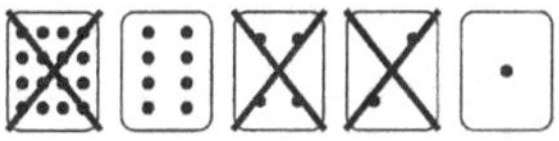

0　1　0　0　1

B：素晴らしいね。Zを二進法に変換できるかな？／E：私がやってみるわ。Zは26ね。16個の点があるカード，8個の点があるカード，2個の点があるカードが必要よね。11010だわ。／B：完璧だね。これが僕の最後のメッセージだよ。(8)10011 00101 00101 11001 01111 10101。／O：もちろん僕は，パズルは子供のためのもので，時間の無駄だと思っていた。／B：パズルは頭脳にも健康にも良いのさ。生活上の問題を解く方法を学ぶ手助けになりうるんだ。／A：今日は，秘密のメッセージの一端を理解することができたわ。でも，学びは決して中断することはないのよね。／E：ええ。読み，聞き，見て，尋ねて，多くの知識を得ることができるわ。／O：(9)知識への窓は世界へ通じる窓だね。他の人とより多くの知識を分かち合うことで，違ったやり方で物事を考えることや，日常でより多くのことを受け取ることができるのだね。ありがとう，ボブ。／B：それを聞けて，うれしいよ。

基本　〔問1〕 B：If you use these signs, you can give a secret message to someone, even to life on other planets.／E：Is this a message to them ?／B：(1)No, it isn't.　イヴの「これは他の惑星の生物への伝言か？」という質問に対して，下線部(1)は，ボブが否定で答えていることになる。よって，正解は，イ「それは他の惑星の生物への伝言ではない」　ア「私は他の惑星の生物から秘密の伝言を受け取っていない」。　ウ「この伝言は他の人々へ送られなかった」was not sent ← 受動態の否定形<be動詞 + not + 過去分詞>　エ「私は他の惑星の生物へ伝言を送ることが好きではない」like sending a message ← 動名詞[-ing]「～すること」

基本　〔問2〕 (Two pairs of the signs have the same shapes, but) that's the only thing that I have found(.) <先行詞 + 目的格の関係代名詞 that + 主語 + 動詞>「主語が動詞する先行詞」<have[has] + 過去分詞>現在完了

やや難　〔問3〕 B：メッセージの後半の箇所を理解するには，どの英語の文字が最も頻繁に使われているかを知る必要がある。／O：そのようなことを考えたことはない。／A：(3)正しい文字を見つけるには，時間がかかるだろう。／B：次の文章を見て。最もよく使われる母音が抜けている。メッセージの後半には，この文字が2回出てくる。　下線部(3)は，メッセージの後半に2度出てくる文字を探すことであり，そのためには，英語で最も頻繁に使われている文字を知る必要がある。従って，二重下線部(know which English letter is used the most often)が下線部(3)(find the right letter)と同等の意味を持つ表現に該当する。should「した方が良い，すべきである，のはずだ」 know which English letter is used the most often ← 疑問文(Which English letter is used ～ ?)が他の文に組み込まれる[間接疑問文]と<疑問詞 + 主語 + 動詞>

の語順になる。当文は主語の位置に疑問詞があるので最初から<疑問詞 + 動詞>という形になっている。／　<be動詞 + 過去分詞>受動態「～される，されている」／the most often [oftenest]← often「しばしば」の最上級　have never thought about ～ ← 現在完了<have [has]+ 過去分詞>(完了・経験・結果・継続)

やや難　〔問4〕 Two days ago, I put strange signs on my door after thinking about it for a short time.　前記の文で，以下の条件をみたす文字を探し出し，①～③を特定すること。This expression has four words that begin with ①. ① will be a vowel.／The expression has three words that begin with ③, and two words that end with ③. ～ Probably ③ is a consonant.／② is a vowel. You can find one word that begins with ② and two words that end with ②.　<先行詞 + 主格の関係代名詞 + 動詞>「動詞する先行詞」

基本　〔問5〕 (5)-a　空所直後が疑問文(「表に5つの母音すべてが含まれているか？」)になっていることから考える。該当するのは，D「始める前に質問しても良いか？」。 (5)-b 「メッセージが理解できたか？」というボブの質問に対して，オットーの空所の発言を受けて，ボブがヒントを与えていることから考える。該当するのは，B「その語に関してもう少しヒントをもらえないか？」。more「より多くの，もっと」many／much の比較級　are politely asking ← <be動詞 + 現在分詞[-ing]>進行形　(5)-c　空所後で，秘密のメッセージパズルの別の例[二進法]が述べられていることから考える。当てはまるのは，A「何か別の例はあるか？」。 (5)-d　空所前で，コンピューターでは情報のやり取りに，1か0しか使わず，二進法がないとコンピューターが稼働しない，とボッブ述べた後で，オットーの空所の発言を受けて，ボブがコンピューターと二進法に関して，追加説明をしていることから考える。当てはまるのは，C「それについてもっと私達に話してくれないか？」。It is impossible to make computers work without binary code. ← <It is + 形容詞 + 不定詞[to + 原形]>「～ [不定詞]するのは・・・[形容詞]だ」／<make + A + 原形>「Aに～させる」／without「～なしで」

やや難　〔問6〕 難解なメッセージなので,「あなたの家族はそれらの意味を理解できないでしょう」という意味になるように，空所に適語を入れること。前文は But are your signs useful ? なので，(Your family doesn't)understand their meanings(, right ?)と their meanings とすること。ちなみに，アンナが I think each sign shows something different, but I don't understand their meanings. と述べている。

やや難　〔問7〕 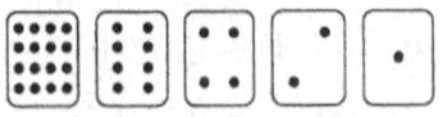

上記の数字の並びより，規則性を見抜き，(7)「2つ以上の点があるカードは，その右側の数の2倍なっている」という意味になるように英文を完成させること。空所には，「右」を表す right が当てはまる。ちなみに，right という語は，本文の以下の表現に含まれているが，2・3番目の例では「正しい」という意味で使われているので注意(～ and the second part, the right side, of my message is this.／(3)find the right letter／Your family doesn't (6) , right ?)。A or more「A以上」 twice the number of「～の2倍の数」← <倍数表現 + the number of>「～の数のX倍」 to the[one's]right「右に」

やや難　〔問8〕

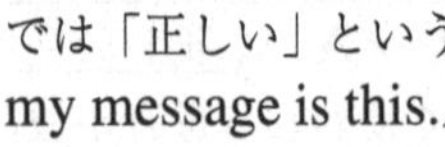

A = 1	B = 2	C = 3	D = 4	E = 5	F = 6	G = 7	H = 8	I = 9	J = 10	K = 11	L = 12	M = 13
N = 14	O = 15	P = 16	Q = 17	R = 18	S = 19	T = 20	U = 21	V = 22	W = 23	X = 24	Y = 25	Z = 26

下線部(8) 10011 00101 00101 11001 01111 10101内の1は上記左図で活き，0は消しで，上記右の表でアルファベットを特定していくこと。<19 5 5 25 15 21> → SEE YOU

基本　〔問9〕 下線部(9)は「知識への窓は世界への窓である」の意。後続文(「他者とより多くの知識を分かち合えば，違ったやり方で物事を考えて，日常でより多くのことを受け取ることができる」)で，補足説明がなされていることに注目すること。正解は，イ「何か新しいことを学ぶと，様々な新しい考えが提示されるであろう」。share A with B「AをBと分かち合う」 will be able to think ～ ← ＜未来の助動詞 will＞ + ＜be able to + 原形 = can + 原形＞「～できるだろう」(未来の可能) more「より多くの(事・物・人)，もっと」many／much の比較級　ア「何かを学びたい時に，あなたにとってパズルが最適である」best「最も良い，最も良く，最も良いもの[人]」good／well の最上級　ウ「知識を得れば，違う新しい場所へ行ける」 エ「幸せに生きるためには，他者と知識を共有した方が良い」should「～した方が良い，すべきである，たぶん～だ，のはずだ」

重要　〔問10〕 ア「ボブの部屋の扉の記号は地図記号だ，とアンナは考えている」(×)オットーが Are they map signs ? と述べているので，不適。　イ「英語には，もう少しで1,000語の5文字単語がある」(×)ボブは「英語には約23,000の6文字の単語があり，これは5文字の単語の語数のほぼ2倍に該当する」と述べており，5文字単語の語数は約11,500語となるので，不可。almost「ほとんど，ほぼ，もう少しで～するところ」 twice the number of「～の2倍の数」← ＜倍数表現 + the number of＞「～の数のX倍」 ウ「双方のUとEの文字は表3にある」(×)ボブが The letter U is not in them[Table 1, Table 2 and Table 3]～ と言っているので，不一致。 エ「ボブの家族は常に彼の部屋に入る際にノックをする」(×)記述ナシ。before coming ← ＜前置詞 + 動名詞[-ing]＞　オ「ボブはモールス信号を学んだ後に，数学の問題を解くことを楽しみ始めた」(×)ボブは When I first learned Morse Code, I began to enjoy solving these secret message puzzles. と述べているので，不可。＜enjoy + 動名詞＞「～することを楽しむ」 after learning ～ ← ＜前置詞 + 動名詞[-ing]＞　カ「もし二進法がなければ，コンピューターがいかなる作業をこなすことも不可能となるだろう」(○)ボブのせりふ(It is impossible to make computers work without binary code.)に一致。仮定法過去；現在の事実に反することを仮定＜If + 主語 + 過去形 ～, 主語 + 過去の助動詞 + 原形…＞「もし～ならば，…だろう」 ＜It is + 形容詞 + 不定詞[to + 原形]＞「～［不定詞］するのは…［形容詞］だ」not ～ any「全く～ない」 ＜make + A + 原形＞「Aに～させる」 without「～なしで」 キ「2023年6月に，英国首相は自宅の扉の二進法の写真を撮影した」(×)ボブは In June 2023, to celebrate the start of an event in London, the British Prime Minister shared a photo of binary code on the door of his official residence on the internet. と述べているので，不適。take a photo「写真を撮影する」 share「分かち合う，打ち明ける」 on the internet「インターネット上で」 ク「本を読むことによってのみ，物事の新しい見方を身につけることができる」(×)イヴは By reading, listening, watching, and asking, you can get a lot of knowledge. と述べているので，不可。of looking ～／by reading, listening, watching, and asking ← 前置詞の後ろに動詞を持ってくる時には，動名詞[-ing]にする。

[3] (長文読解問題・物語文：語句補充・選択・記述，語句整序，語句解釈，内容吟味，条件英作文，要旨把握，助動詞，分詞・動名詞，進行形，前置詞，語い・熟語，不定詞，関係代名詞，現在完了，比較，感嘆文，接続詞，受動態，間接疑問文)

(全訳)*6月の美しい晴れた日に，フィンランドからの留学生で高校生のエレンが，日本を旅立とうとしている。彼女は日本へ10か月前にやって来た。彼女のホストファミリーは，父リュウ，母クミ，娘マイ，5歳の弟ショウタの4人家族である。マイはエレンの級友でもある。*

リュウは大きな声で言った。「準備はできているかい？　出発の時間だ」5人全員が車に乗り込み，家を後にした。ショウタは初めて空港へ行くので，うれしそうだった。エレンはマイとクミとのおしゃべりを楽しんでいた。彼女は(1)-aウ日本で一緒に過ごす彼女らの幸せな時間が永遠に続くことを願っていた。

「あっ，向こうにある塔を見て」マイは言った。エレンは素早く反応した。「うわあ！　去年，私が日本へ来てすぐに，あそこへ連れて行ってくれたよね。あの塔に隣接した大きな古い寺にも寄ったわね。日本の寺を訪れるのは，初めてだったわ」「昨日のことのようね」クミは言った。エレンは，とても楽しい時間を過ごすことができて，その日は非常に楽しかった，と彼女らに告げた。エレンは話し続けた。「来日前は，大学で美術史を学ぼうと思っていたけれど，(1)-bエ日本での滞在で，将来に対する私の夢が変わったわ。多くの寺社仏閣を訪れて，何世紀も前の日本の大工の技量に魅了されたの。今では，フィンランドの大学で，もっと日本語を学ぶだけでなく，建築学を勉強することにも興味があるわ」車内では，彼らはみんな，共有した様々な経験について話し続けた。エレンは言った。「私の携帯電話には，あなた達と私の級友達との写真で一杯よ。(2)気分がふさいだ時に，きっとこれらの写真が私の気持ちを和ませてくれることでしょう」

彼女らは空港の出発階に到着した。エレンの搭乗手続きの間に，他の人達は長椅子で彼女を待っていた。マイの隣に座っていた老人男性が彼女に話しかけてきた。「海外へ旅行されるのですか？」「いいえ，違います。私の家族のもとに滞在していたフィンランド人の友達が，今日帰国するのです」とマイは答えた。「えっ，本当ですか？　およそ30年前に，同様に，私と妻もカナダからの高校生を迎え入れました。今では，彼は国際弁護士です。彼は私達のもとを再訪して，たった今，カナダへ旅立ちました。貴重な友人を見送るなんて，偶然ですね」と男性は言った。彼の隣の老婦人がマイに微笑んで，言った。「そして，(1)-cア同じ体験を共有した人に別れを告げるのはつらいですね」「ええ，本当に」マイは答えた。その時，すべての搭乗手続きを終えて，エレンは彼女らの所へ戻って来た。マイは立ち上がり，老夫婦へ言葉をかけた。「お話できて良かったです」「こちらこそ」彼らは微笑んだ。

エレンが出発する時間が来た。彼女は言った。「あのー，私の感情すべてを表現する適切な言葉が見つかりませんが，私の滞在中に皆さんが私のためにしてくれたすべてのことに対して，とても感謝しています。私は皆さんから多くのことを学びました。文化的な違いや様々な考え方などです。当初は，それらに対して戸惑いもありましたが，(3)より大きな世界へ通じる扉を開けてくれたのです」エレンは泣き出した。クミは目に涙を浮かべて，彼女を抱きしめて，言った。「この10か月間，私達のフィンランド人の娘になってくれて，ありがとう。私達は素晴らしい時間を共有し，あなたのこと，そして，私達の貴重な記憶を決して忘れることはないでしょう」マイとショウタも泣き出した。リュウの鼻と目は赤味を帯びた。

エレンは家族の構成員に対して贈り物，リュウへはフィンランドの山がデザインされたTシャツ，クミへはフィンランドの写真集，マイとショウタにはフクロウの形をした2つの小さなお守り，を手渡した。ヨーロッパでは，子供達への物語の中で，フクロウは知恵の象徴である，とエレンは彼女らに説明をした。クミは言った。「あっ，そのことは聞いたことがあるわ。それらの話では，フクロウは森の王として描写されることがあるのよね」「フクロウは森の王様なの？」ショウタが叫んだ。「ありがとう，エレン。とても可愛いわ」マイは言った。ショウタはマイにお守りを自分のリュクサックに取り付けることを頼んできたので，マイはそれに応じた。マイは自分のお守りも自身のカバンに取り付けた。

マイはエレンに彼女の大好きな日本のアニメの図柄の付いた筆箱を手渡した。ショウタは彼女に彼が描いた家族の似顔絵を，リュウは家族と撮影した写真アルバムを彼女に与えた。最後に，クミが言った。「エレン，あなたのために私が作ったちょっとした贈り物よ。はい，どうぞ」彼女は自身のカバンから贈り物を取り出して，エレンへ差し出した。それはフクロウ模様が付いた小物入れだった。「うわあ，とても可愛いわ，そして，(4)何という偶然なのでしょう！」エレンは叫んだ。日本ではフクロウには違った意味があることを，マイは彼女に告げた。日本語におけるフ・ク・ロウという個々の音は，それぞれ違う漢字に関係づけることができる，と彼女は説明した。彼女はエレンの切符入れに漢字で2例を記した。1つは「幸せが来る(福来)」で，他の例が「苦労がない(不苦労)」である。エレンはとても驚いた様子で，「(5)これは素晴らしいわ。マイ，ありがとう」と言った。

彼女らは連絡を取り合うこと，そして，将来，いつの日か再会することを約束して，別れた。

「さあ，彼女は行っちゃった」ショウタは悲しい声で言った。「そうだね，彼女のいない生活に私達は戻らなければならないね」リュウは答えた。他者は何も言わずに，うなずいた。

自宅へ戻る途中で，彼女らはほとんど話をしなかった。(6)車窓からの景色は彼らにとって違って見えたー以前の様に色彩が豊かではなかったのである。だが，同時に，彼女らの気持ちは幸せな気分で満ち溢れていた。

ショウタは自分のリュックサックのお守りを見て，言った。「森の王様」リュウは間髪入れずに言った。「そして，(7)知恵の象徴」同様に，マイはもう一度自分のお守りを見たくなった。突然，彼女は叫んだ。「まあ，何てこと！　私のお守りをどこかに落としちゃった」彼女らは車の中を探したが，見つからなかった。マイは泣き始めた。彼女は言った。「多分，私のカバンにしっかりとつけなかったんだわ。これほど大切なものを無くすなんて，信じられない。人生の宝物の1つを」彼女の鳴き声はより一層大きくなった。「僕らは戻って，探した方がいいよ」ショウタは言った。「その通りだね。空港へ戻ろう」リュウは言った。

空港で，彼女らは遺失物取扱所を目指して走った。マイは事務所の背の高い男性に彼女が探しているお守りについて話をした。男性は背後の部屋に入っていた。数分後，彼は紙袋を持って，その部屋から出てきた。彼はそれを開けると，フクロウのお守りを手にして，彼女に差し出した。マイは喜んで飛び上がった。

彼は言った。「お年寄りの夫妻がこれを持ってきました。彼らは出発階であなたに話しかけて，あなたと外国人の少女が別れを告げているところを目撃しました。あなた達が立ち去った後に，彼らは床に上にこの小さなお守りを見つけたのです。これはあなたのものだと彼らは考えて，ここに持って来たのです」紙袋には手書きの伝言が添えられていた。「あなた達は共に人生で最も重要なことを既に見つけました」マイはそれを何度も読み，微笑んだ。

基本　〔問1〕 (1)-a　空所には，10か月の日本滞在を終えて祖国へ向けて出発する際のエレンの願いが当てはまる。直前で，Ellen enjoyed chatting with Mai and Kumi. と記されており，エレンにとって日本滞在が好ましいものであったと推測される。正解は，ウ「日本で一緒に過ごした彼女らの幸せな時間が永遠に続くこと(を彼女は望んだ)」。would – will の過去形　動詞 last「続く，持ちこたえる」 <enjoy + 動名詞[-ing]>「～することを楽しむ」 (1)-b「来日前は，大学で美術史を学ぼうと思っていたけれど，(1)-b 」後続個所で，「今では，フィンランドの大学で，もっと日本語を学ぶだけでなく，建築学を勉強することにも興味がある」と記されており，進路希望が変化したことになる。従って，正解は，エ「日本での滞在が将来への私の夢を変えた」。I was thinking about studying ～ ← 過去進行形<was[were]+ 現在分詞[ing]>「～しているところだった」／<前置詞 + 動名詞[-ing]>　I'm interested in learning more about ～ ← <be interested in + 動名詞[-ing]>「～することに興味がある」／more「より多くの，もっと」many／much の比較級　not only A but also B「AばかりでなくBもまた」 (1)-c

空所には，隣り合わせた老夫婦の内，女性からかけられたせりふが当てはまる。共に大切な人を見送る状況(It's a coincidence for us to see our precious friends off.)にあることから判断すること。正解は，ア「同じ経験を共有する人にさよならを言うのはつらい」。it's hard to say goodbye to someone who shared ～ ← ＜It is + 形容詞 + 不定詞[to + 原形]＞「～［不定詞］することは…［形容詞］だ」／＜先行詞(人)+ 主格の関係代名詞 who + 動詞＞「～する先行詞」
イ「私は将来デザイナーになりたい，科学者ではなくて」A, not B「Aである，Bではなくて」

基本　〔問2〕 (I'm) sure those photos will make my heart warm when I feel (depressed.) I'm sure (that)「～ということを確信している」 make O C「OをCの状態にする」 depressed「落ち込んで，憂うつになって，めいった，うつの状態の」← depress「落ち込ませる」

やや難　〔問3〕 設問の英文は「日本で滞在した家族のおかげで，_______のような私が知らなかった多くの新しい物事を学ぶ機会を得ることができた」。従って，空所には，学んだ具体的事例を当てはめれば良いことになる。下線部(3)を含む文は「当初は，それらに対して戸惑いもあったが，(3)それらがより大きな世界へ通じる扉を開けてくれた」の意で，「学んだ」=「大きな世界へ通じる扉が開いた」と考えることが可能。さらに，下線部(3)を含む文の前文では I've learned a lot of things from you — cultural differences and various ways of thinking. とあり，波線部分が学習した具体的内容に当たるので，この箇所が解答となる。thanks to「～のおかげで」 the family▼I stayed with in Japan／many things▼I did not know ← ＜先行詞(+ 目的格の関係代名詞)+ 主語 + 動詞＞「主語が動詞する先行詞」関係代名詞の省略 ＜be able to + 原形＞ = can A such as B[such A as B]「BのようなA」 I've learned ← 現在完了＜have[has]+ 過去分詞＞(完了・結果・経験・継続) bigger ← big「大きい」の比較級

やや難　〔問4〕 下線部(4)は「何という偶然でしょう」の意で，エレンはマイとショウタに two little charms in the shape of an owl を，クミはエレンに a pouch with an owl design を present「贈り物」に選んだ事実を踏まえて発せられた言葉。正解は，It is amazing that both Ellen and Kumi chose the shape or the (a)design of an owl for a (b)present to each other.「エレンとクミの双方が，フクロウの形，あるいは，図柄を互いへの贈り物として選んだことは，驚くべきことである」となる。感嘆文「何と～だろう」＜What + 形容詞で修飾された名詞(+ 主語 + 動詞)!／How + 形容詞[副詞](+ 主語 + 動詞)!＞ a pouch with an owl design ← with「～といっしょに，を持っている，がある，のついている，身につけている，で，を使って(道具・手段)，が原因で，等」 It is amazing that ～ ← ＜It is + 形容詞 + that + 文[主語 + 動詞]＞「主語が動詞することは～［形容詞］だ」接続詞 that「～ということ」 both A and B「AとBの両方」 each other「互い」

基本　〔問5〕 awesome は「畏敬の念を起こさせる，荘厳な」の意。マイがエレンに，フクロウには日本ではいくつかの違った意味があり，フ・ク・ロウという各音に漢字を当てることができると説明して，2つの具体例を挙げたのを受けて，エレンが That's awesome.「すごいですね」と述べている。正解は，イ「フクロウには日本では違う意味があることを知り，すばらしい」。It is wonderful to learn ～ ← ＜It is + 形容詞 + 不定詞[to + 原形]＞「～［不定詞］することは・・・［形容詞］だ」 ア「家族がフクロウに関する私の考え方に同意してくれたことを知り，うれしい」 I am glad to learn that ～ ← ＜感情を表す語句 + 不定詞[to + 原形]＞原因・理由を表す不定詞の副詞的用法「～して」 ウ「フクロウは未来の象徴であると言って，おそらく正しい」It is probably right to say ～ ← ＜It is + 形容詞 + 不定詞[to + 原形]＞「～［不定詞］することは…［形容詞］だ」 エ「他国で何とフクロウは呼ばれているかを本当に知りたいと思う」～ know what an owl is called ～ ← 疑問文(What is an owl called ～ ?)が他の文に組み込まれる［間

接疑問文]と，＜疑問詞 + 主語 + 動詞＞の語順になる。／＜S + be動詞 + called + C＞「SはCと呼ばれている」

やや難 〔問6〕 下線部(6)は「車窓からの景色は彼女らには違って見えたー以前の様に色とりどりではなかった」の意。設問は下線部(6)の理由を文脈から推測して，because 以下を補充する条件英作文。エレンが帰国してしまったことにより感じられる寂しさ等を理由とすると良い。(解答例訳)「マイと彼女の家族はエレンと楽しい時間を過ごして，空港で彼女と別れた後に，本当に寂しいと感じた(から)」 they were not as colorful as before ← ＜as + 原級 + as + A＞の否定文「Aほど～でない」

やや難 〔問7〕 第6段落第2文以降で Ellen explained to them that an owl is a symbol of wisdom in some stories in Europe. Kumi said, "Oh, I've heard about that. In those stories, an owl is sometimes described as a king of the forest." と述べられている。空所(7)の直前で，a king of forest の方が既に言及されているので，もう一方の a symbol of wisdom が答えとなる。I've heard about ～ ← ＜have[has]+ 過去分詞＞現在完了(完了・結果・経験・継続) is sometimes described as ～ ← 受動態＜be動詞 + 過去分詞＞「～される，されている」

やや難 〔問8〕 下線部(8)は「あなた達の両者は人生で最も大切なものを既に見つけました」の意味で，マイが友人と別れたばかりであることを知っている老夫妻によって書かれたメッセージ。メッセージ中の「人生で最も大切なもの」とは，「友情」を指すということを踏まえて，20～30語の英語で下線部(8)が表す内容をまとめること。(解答例訳)「友情は人生で最も貴重なものである。真の友人を見つけるのは難しいかもしれないが，マイとエレンは既に互いに友人同士である」both of「～の両者」 have found ← ＜have[has]+ 過去分詞＞現在完了(完了・結果・経験・継続) greatest ← great「多い，大きい，偉大な，素晴らしい，重要な」の最上級

重要 〔問9〕 ア「車内で，ショウタは再び家族と一緒に空港へ行くことに関して楽しそうだった」(×)第2段落第4文に Shota looked so happy because he was going to the airport for the first time. とあるので，不一致。about going to ～ ← ＜前置詞 + 動名詞[-ing]＞ was going ← 過去進行形＜was[were]+ 現在分詞[-ing]＞「～するところだった」 イ「来日前には，エレンは大学で美術史よりも日本語を学びたかった」(×)第3段落第8文で Before I came to Japan, I was thinking about studying art history at university, ～ とエレンは述べているので，不適。more「より多くの，もっと」 many／much の比較級 was thinking ← 過去進行形＜was[were]+ 現在分詞[-ing]＞「～するところだった」 ウ「老夫妻は約30年前にカナダからの国際弁護士を受け入れた経験がある」(×)第4段落第7・8文に My wife and I also accepted a high school student from Canada about thirty years ago. He's an international lawyer now. とあり，ホームステイで受け入れたのは高校生で，後に彼が国際弁護士になったので，不可。of accepting ～ ← ＜前置詞 + 動名詞[-ing]＞ エ「エレンはリュウにフィンランドの多くの写真が掲載された本を与えて，彼はそのことを非常に喜んだ」(×)エレンがリュウにあげたプレゼントは a T-shirt with a design of the mountain in Finland(第6段落第1文)なので，不可。a book with many photos of ～／a T-shirt with a design of ～ ← with「～といっしょに，を持っている，がある，のついている，身につけている，で，を使って(道具・手段)，が原因で，等」 オ「マイはエレンにフクロウの日本語の意味の2例を示したが，漢字で書かれていたので，エレンは理解できなかった」(×)マイの説明を聞いた時のエレンの反応は，Ellen looked so surprised and said, "That's awesome. Thank you, Mom. Thank you, Mai"(第7段落最後の3文)で，「理解できなかった」とは記されていないので，不一致。were written ← 受動態＜be動詞 + 過去分詞＞「～される，されている」 カ「マイが自分のカバンにお守りがないこと

に気づいた後に，ショウタはそれを探しに空港へ戻るべきだと言った」(○)第10段落後半(She [Mai] said,“Probably I didn't attach it[my charm]to my bag tightly. I can't believe I've lost such an important thing － one of my treasure in life !”～“We should go back and look for it,” Shota said.)に一致。should「～した方がよい，すべきである，たぶん～だ，のはずだ」 look for「～を探す」 I've lost ← 現在完了＜have[has]＋過去分詞＞(完了・結果・経験・継続)　キ「遺失物取扱所の背の高い男性によると，老夫婦が出発階の長椅子の上でお守りを見つけた」(×)第12段落第3文に After all of you left, they found this little charm on the floor. とあり，見つけたのは床だったので，不一致。according to「～によれば，に従って」

★ワンポイントアドバイス★

2〔問4〕・〔問7〕・〔問8〕はいずれも資料読解と呼べる設問になっている。本文の英文理解プラスアルファー，資料の正確な解読が併せて求められている。この手の融合問題は新傾向とも呼べるもので，注目に値する。

＜国語解答＞

1　(1)　たんもの　(2)　とうかつ　(3)　わずら(い)　(4)　ばんしょう
(5)　へんげんせきご

2　(1)　不世出　(2)　通底　(3)　元手　(4)　序破急　(5)　海千山千

3　〔問1〕　イ　〔問2〕　エ　〔問3〕　ア　〔問4〕　エ　〔問5〕　ウ
〔問6〕　i　イ　ii　ミライの明るい声が，温かな光になってぼくを満たす。

4　〔問1〕　ウ　〔問2〕　1　できる限り広い範囲の多様な視点　2　それまでとは異なった考えを持てる　〔問3〕　ア　〔問4〕　イ　〔問5〕　(例)　「学び」について，授業で話し合ったことがある。私は，まず学校の勉強を考えた。友達は親からの学びや，読書からの学びをあげていた。そのような中，部活動で後輩に技術を教えることで，自分自身も学ぶことが多いと言った人がいた。教えることが，学びにつながるということを，あまり意識していなかったが，学ぶ機会は色々なところにあることに気づいた。教えることは学ぶことと，自分自身もこれから意識していきたいと思う。
〔問6〕　イ　〔問7〕　ウ

5　〔問1〕　ウ　〔問2〕　ア　〔問3〕　イ　〔問4〕　ア　〔問5〕　オ

○配点○

1　各2点×5　2　各2点×5　3　〔問6〕　各2点×2　他　各4点×5
4　〔問2〕　各2点×2　〔問5〕　12点　他　各4点×5　5　各4点×5　計100点

＜国語解説＞

1　(知識－漢字の読み書き)

(1)　「反物」は，和服用の織物のこと。(2)　「統轄」は，中心となってまとめること。(3)　「煩」には「ハン・ボン・わずら(う)・わずら(わす)」という読みがある。(4)　「万障」は，いろいろなさしさわりという意味。(5)　「片言隻語」は，ちょっとした短い言葉のこと。

2　(知識－漢字の読み書き)

(1) 「不世出」は，これまでもこれからも現れないほど優れていること。 (2) 「通底」は，深いところで共通の性質があること。 (3) 「元手」は，事業や商売を始めるときにもとになる資金などのこと。 (4) 「序破急」は日本の古典芸能の組み立てをいう言葉で，初め・中間・終わりを指す。 (5) 「海千山千」は，経験を積んだずる賢い人のことをいう言葉である。

3　(小説―情景・心情，内容吟味，文脈把握，表現技法)

基本　〔問1〕「ぼく」は自分が子どもだった頃は生き物に夢中だったのに，「仕事の忙しさ」のため，息子が「生き物に興味津々」ということを知らなかったのである。したがって，イが正解。アは，「自分の生き物に対する興味がメダカには全く向いていなかった」が誤り。ウの「自分の興味を貫いてきた」ことが知らなかった理由ではないので誤り。エの「自然環境が悪くなり」は「多様性が高い」池の様子と合わないので，不適切である。

〔問2〕 傍線部②の「それだけのことがあった」は，夢中になったことにつり合う程度のよいことがあったという意味。この場面では，池に「生き物が豊か」で「多様性が高い」ことを発見して喜んでいるので，エが正解となる。息子についての喜びや発見ではないので，アとイは不適切。ウは，「息子を放っておいて」「子どもの時と変わらない川の様子」が本文と合わない。

〔問3〕「ぼく」は父親の立場でミライの姿を見ながら幼いころを回想していたが，ミライの言葉でカメを飼っていた頃に引き戻され，思いがけず感情が高まってきたため戸惑ったのである。正解はア。 イの「ためらい」「閉口」は，本文と合わない。リクガメに出会うのはこの後の場面なので，ウは不適切。エの説明は，「甘酸っぱい思い」の説明としては理性的すぎる。

重要　〔問4〕 傍線部④の少し前の場面で，「ぼく」は思いがけず「希少な野生種のリクガメ」に出会って興奮している。リクガメは，幼い頃の「ぼく」が，「いつか，飼ってみたいと夢見ていた」ものであった。そして，少年がリクガメを抱き上げて去っていった後，今度はミライが小さなカメを見つけたのである。2度の驚きと興奮を正しく説明したエが正解。リクガメは捕まえていないので，アは誤り。イは，「幼い息子が自分の飼いたがっていたカメを知っていた」が本文と合わない。ウは，2度のカメとの遭遇について説明していないので，不適切である。

〔問5〕 傍線部⑤の「晴れ晴れ」は，さっぱりしたさわやかな様子を表す。この前に「ガサガサに満足してしまうと」とあるように，ミライは初めての川遊びを父とともに十分に楽しみ，さわやかな気持ちで帰路についたのである。このことを説明したウが正解。アは「父親と探していた希少生物」が誤り。リクガメと出会ったのは偶然である。イの「落ち着いた気持ち」は，「晴れ晴れとした」を説明できていない。ミライが「次の休み」を期待している様子は本文から読み取れないので，エは誤りである。

やや難　〔問6〕 i　1は，選択肢の語句のうち，本文の親子のやりとりにふさわしいのは「気楽な」または「穏やかな」である。2は，「のろい動作で，不意に……現れる」ものの印象として適切なのは「不気味な」である。3はリクガメの登場場面なので「親しみやすい」が適切である。したがって，すべてを満たすイが正解となる。 ii　隠喩表現は，「ようだ」「みたいだ」などを用いない比喩表現である。ミライが初めての川遊びで夢中になって網をふるっている場面から「ミライの明るい声が，温かな光になってぼくを満たす。」を抜き出す。

4　(論説文－内容吟味，文脈把握，段落・文章構成，作文)

基本　〔問1〕 第2段落の「通常の話し合い」は哲学対話以外の対話を指し，自分の行動の前提となっている信念や常識と思っているような信念に固執し，考えを検討し合うことはしないという特徴がある。一方，哲学対話については第3段落で「相手の話を傾聴して……自分自身の意見を検討し，必要とあればそれを変える姿勢でいる」という特徴が示されている。この内容を反映したウが正解。アは，他の対話と哲学対話の特徴が入れ替わっている。イは，哲学対話で「相手に迎合する」としている点が誤り。エは，哲学対話の目的を「問題解決」としている点が本文と合わない。

重要　〔問2〕　哲学の議論はズームアウトを重視し，「できる限り広い範囲の多様な視点から，問題を考えようとする」ことで「他の考え方の可能性もあることを理解する」ものなので，空欄1には「できる限り広い範囲の多様な視点」が入る。空欄2は，「他の考え方の可能性もあることを理解する」では16字という字数制限に合わないので，同じ内容で前後の表現につながる語句を探し，傍線部(5)の段落から「それまでとは異なった考えを持てる」を抜き出す。

〔問3〕　言葉の定義をするためには，事例の妥当性，使用される文脈や場面，方言など様々な側面から共通性を検討する必要があり，そこから外れる事例がある場合や他の言葉と区別できなかったりする場合は定義として成り立たない。したがって，「概念の内容を明確に限定することが不可能」と説明するアが適切である。イは，「複数の概念を比較検討する必要はない」が誤り。ウは，「共通性」を「議論によって作り上げていく」とする点が本文と合わない。エは，「子ども」に「意味を決めさせる」が本文にない内容である。

〔問4〕　グループの対話では，参加者の意見が相対化すなわち位置づけされ，多くの人が対話に「参加していくことによって，全体の理解が生じてくる」ので，このことを説明するイが正解。アは「同じ考えを持つ人が自然に集団を形成する」，ウは「特定の細部を深く掘り下げる」が不適切。さまざまな意見が多角的に検討されることが重要なのである。エは「参加者の意見をまとめるため」が対話の終着点を決めることになるので，不適切である。

やや難　〔問5〕　設問の条件に従って書くこと。筆者が対話の目的を「新しさを生み出すこと」としていることを踏まえて，自分が体験した「新しさ」の例を200字以内で書く。解答例は，授業の話し合いでそれまで意識していなかったことに気づいたという経験について具体的に述べている。書き終わったら必ず読み返して，誤字・脱字や表現の不自然なところは改める。

〔問6〕　対話の目的は「新しさを生み出すこと」であるが，それは外から与えられたものによって新しくなるのではなく，対話の過程が「次の段階を自生的に生み出す」のであり，そこからまた更新が繰り返されるのである。このことを説明したイが正解。アの「自分自身の考えをより強く持」つことは，「新しさを生み出すこと」につながらない。ウの「課題を解決しなくてはならない」やエの「結論を生み出していく」は，傍線部(5)の次の文の「対話には特定の目的があってはならない」と矛盾するので，不適切である。

重要　〔問7〕　本文は，第1段落で対話の定義を示し，続く第2・3段落で通常の話し合いと哲学対話との違いについて考察している。第4～12段落では，思考がズームインから得られる議論に立脚するのに対し，哲学はズームアウトから得られる議論を重視することを述べ，ズームアウトする議論の成果である「意味づけ」について説明する。第13～15段落では，対話の終着点について，対話の目的は「新しさを生み出すこと」であり，特定の目的地があってはならないことを述べる。この展開に沿って説明しているものはウである。

5　(和歌を含む論説文―内容吟味，語句の意味)

〔問1〕　傍線部(1)の後に「彼の歌の読みがきわめて周到で，古代から近い時代までのおびただしい数の和歌に精通していたことを想像させるに十分なもの」とあり，「幽玄」などの用語を用いたり本歌取りと呼ばれる技法について言及したりしているので，ウが適切である。俊成は「『古き人』の考えを尊重」しているが「慎重になされねばならない」と考えているので，アは不適切。俊成は技巧だけでなく「たけ」の有無についても論じているので，イは誤り。俊成の判詞は師匠や他の流派を意識したものかもしれないが，「批判」までは読み取れないので，エは不適切である。

基本　〔問2〕 俊成の左の歌に対する判詞に「風体は幽玄」とあり，「歌としての姿は奥深く感じられて趣があり」と訳されていることから，アが正解とわかる。「幽玄」は，日本の中世における美的理念の一つである。

やや難　〔問3〕 勝ちは左の歌である。右の歌については古歌の表現を取り入れた技巧は認めつつも「自身の意志をはっきりと表明した点」を余情が足りないとし，左の歌については見立てに無理があるとしながらも歌としての姿や言葉の使い方を高く評価して格調が高いとしている。この内容と一致するイが正解。アは右の歌の技巧を高く評価していることに合わないので不適切。ウは，右の歌を格調が高いとしている点が誤り。エは，左の歌に『万葉集』の歌句が用いられていることを踏まえていないので，誤りである。

〔問4〕 俊成は右の歌について，古歌の表現を取り入れているがもとの古歌に比べて「花を思ふ心」が深くないことを批判している。古歌の表現を取り入れて詠む歌には，もとの歌以上の情趣が期待されるので，「慎重」にならなければならないのである。正解はア。俊成は歌の選択には言及していないので，イは不適当。ウの「気遣い」も本文にない内容である。エは「積極的に取り入れていきたい」が「慎重になされねばならない」と矛盾する。

重要　〔問5〕 アの前半は第1段落，後半は第2段落の内容と合致する。イは，第3段落の内容と合致する。ウは，俊成が左の歌に対して「森や杜などを詠み入れずに白木綿に見立てることには無理がある」と批判したことと合致する。エは，最終段落の「『白氏文集』のような漢詩の風韻や『万葉集』のような古代的な雰囲気を取り込むことには，積極的な姿勢を示そうとしていた」と合致する。オは，「師である基俊の教えに左右されず」が最終段落の「基俊の影響も考えられる」と矛盾する。また，「古歌の表現を取り入れる技法」を用いることについては慎重であり，「確立に努めた」とは言えない。したがって，オが合致しないものである。

★ワンポイントアドバイス★

選択問題は，「最も適切なもの」を選ぶのか，「合致しないもの」を選ぶのか，いくつ選ぶのかを必ず確認する。また，解答欄を間違えないことや，読みやすい文字を書くことも大切である。

MEMO

大切なことはメモしておこうネ！

2023年度

★★★★★★★★★★★★★★★★★★★★★★

入　試　問　題

●くわしい解説……33ページ

＜数学＞

時間50分　満点100点

【注意】答えに根号が含まれるときは，**根号を付けたまま，分母に根号を含まない形で表しなさい。**
また，**根号の中を最も小さい自然数にしなさい。**

1　次の各問に答えよ。

〔問1〕　$\dfrac{\sqrt{3}-1}{\sqrt{2}}-\dfrac{1-\sqrt{2}}{\sqrt{3}}-\dfrac{\sqrt{3}-\sqrt{2}-1}{\sqrt{6}}$　を計算せよ。

〔問2〕　連立方程式 $\begin{cases} 3x+2y=-2 \\ \dfrac{1}{2}x-\dfrac{2}{3}y=\dfrac{7}{6} \end{cases}$ を解け。

〔問3〕　2次方程式　$(x+3)^2+5=6(x+3)$　を解け。

〔問4〕　3つの袋A，B，Cと，1，2，3，4，5，6，7，8，9，10の数を1つずつ書いた10枚のカード$\boxed{1}$，$\boxed{2}$，$\boxed{3}$，$\boxed{4}$，$\boxed{5}$，$\boxed{6}$，$\boxed{7}$，$\boxed{8}$，$\boxed{9}$，$\boxed{10}$があり，袋Aに$\boxed{1}$，$\boxed{2}$，$\boxed{3}$，袋Bに$\boxed{4}$，$\boxed{5}$，$\boxed{6}$，$\boxed{7}$，袋Cに$\boxed{8}$，$\boxed{9}$，$\boxed{10}$が入っている。

袋A，B，Cから1枚ずつカードを取り出し，
袋Aから取り出したカードに書かれている数をa，
袋Bから取り出したカードに書かれている数をb，
袋Cから取り出したカードに書かれている数をcとするとき，
$a+b=c$となる確率を求めよ。

ただし，3つの袋それぞれにおいて，どのカードが取り出されることも同様に確からしいものとする。

〔問5〕　右の図で，点Oは線分ABを直径とする半円の中心，点Fは線分OA上にある点，点Pは半円の内部にある点である。

解答欄に示した図をもとにして，
∠POA＝60°，OP＋PF＝OAとなる点Pを，
定規とコンパスを用いて作図によって求め，
点Pの位置を示す文字Pも書け。

ただし，作図に用いた線は消さないでおくこと。

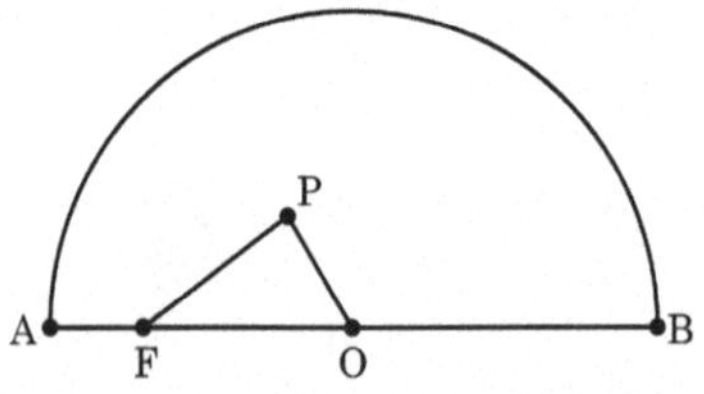

2　右の**図1**で，点Oは原点，曲線fは関数$y=ax^2\ (a>0)$のグラフを表している。

2点A，Bはともに曲線f上にあり，x座標はそれぞれ-2，6である。

2点A，Bを通る直線を引き，y軸との交点をPとする。

原点から点(1，0)までの距離，および原点から点(0，1)までの距離をそれぞれ1cmとする。

次の各問に答えよ。

図1

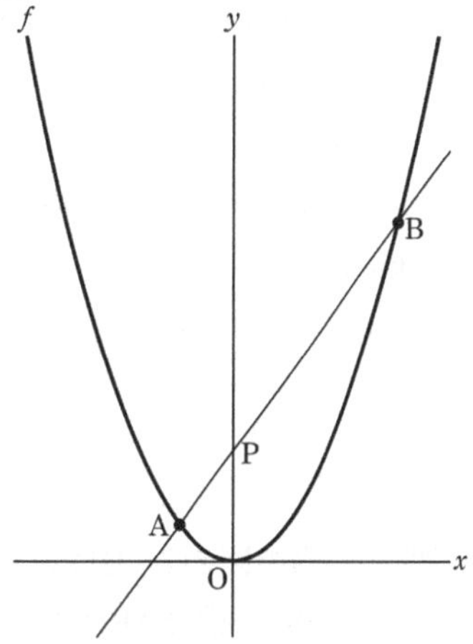

〔問1〕　$a=\frac{1}{3}$のとき，線分AB上にあり，x座標とy座標がともに整数である点の個数を求めよ。

〔問2〕　右の**図2**は，**図1**において，曲線gは関数$y=bx^2\ (b>a)$のグラフで，曲線g上にあり，x座標が-2である点をCとし，2点C，Pを通る直線を引いた場合を表している。

図2

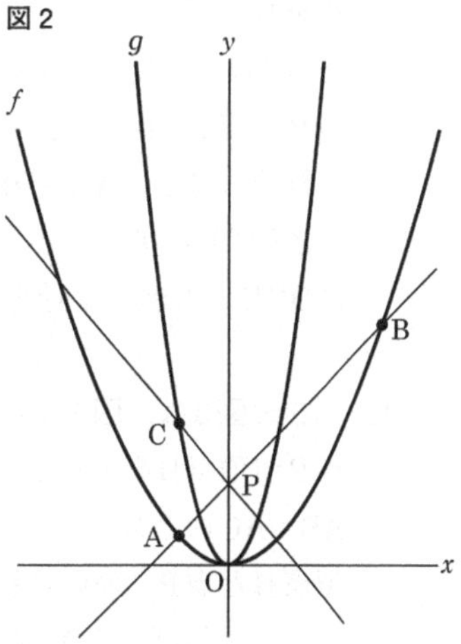

（1）　点Aと点Cを結んだ場合を考える。

$a=\frac{1}{4}$，△ACPの面積が5cm^2のとき，bの値を求めよ。

（2）　右の**図3**は，**図2**において，

$a=\frac{1}{2}$，直線CPの傾きが$-\frac{1}{2}$のとき，点Oと点C，点Bと点Cをそれぞれ結び，2点O，Bを通る直線を引き，直線CPと曲線gとの交点のうち点Cと異なる点をDとした場合を表している。

点Dは直線OB上にあることを示せ。

また，△CODの面積と△CDBの面積の比を最も簡単な整数の比で表せ。

ただし，答えだけでなく，答えを求める過程が分かるように，途中の式や計算なども書け。

図3

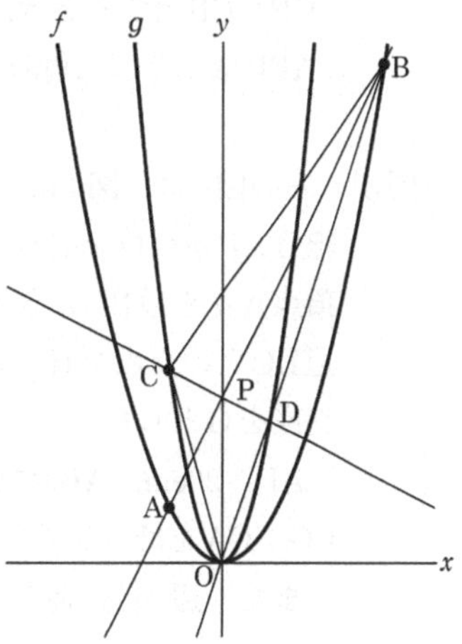

3　右の**図1**で，点Oは，$\angle ABC < 90^\circ$，$\angle ACB < 90^\circ$である$\triangle ABC$の3つの頂点を通る円の中心である。

円Oの周上にあり，頂点A，頂点B，頂点Cのいずれにも一致しない点をPとし，頂点Aと点Pを結ぶ。

次の各問に答えよ。

図1

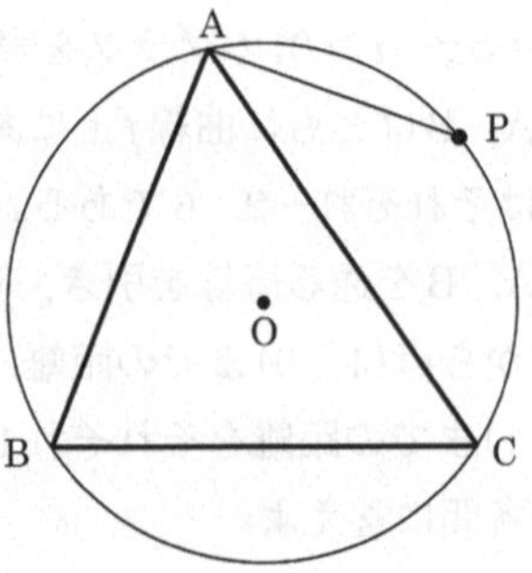

〔問1〕　右の**図2**は，**図1**において，辺BCと線分APがともに点Oを通るとき，辺BCをCの方向に延ばした直線上にある点をDとし，頂点Aと点Dを結び，線分ADと円Oとの交点をEとし，点Bと点E，点Eと点P，点Pと点Dをそれぞれ結び，$AE = DE$の場合を表している。

$\angle EPD = 30^\circ$のとき，$\angle DBE$の大きさは何度か。

図2

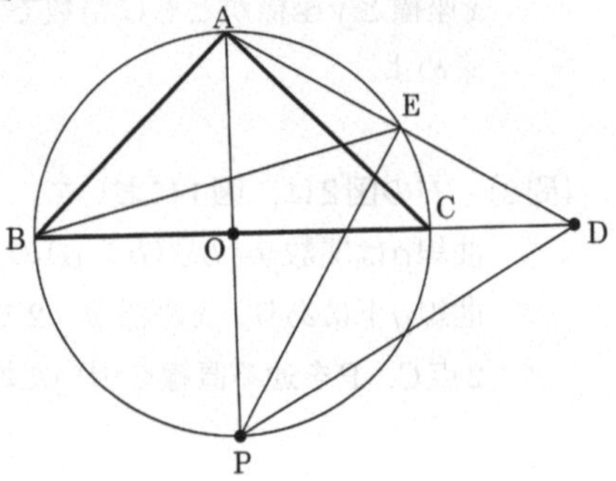

〔問2〕　右の**図3**は，**図1**において，点Pが頂点Bを含まない$\overset{\frown}{AC}$上にあり，$AB = AC$のとき，頂点Bと点P，頂点Cと点Pをそれぞれ結び，辺ACと線分BPとの交点をFとした場合を表している。

$CP = CB$となるとき，$\triangle AFP$は二等辺三角形であることを証明せよ。

図3

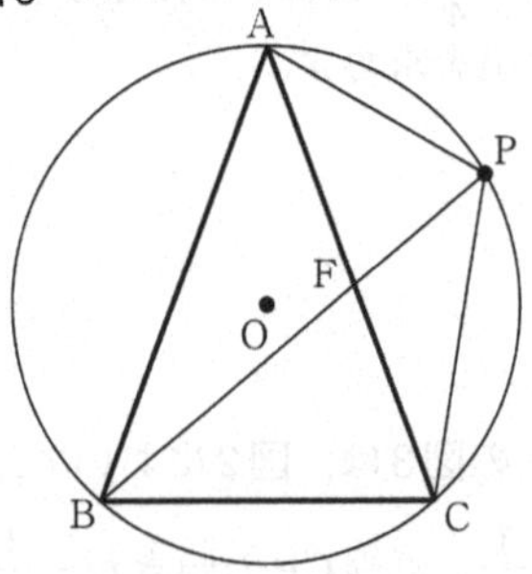

〔問3〕　右の**図4**は，**図1**において，線分APが点Oを通るとき，頂点Aから辺BCに垂線を引き，辺BCとの交点をH，線分APと辺BCとの交点をGとした場合を表している。

$AP = 20$cm，$AB = 12$cm，$BH = GH$のとき，$CG : CA$を最も簡単な整数の比で表せ。

また，辺ACの長さは何cmか。

図4

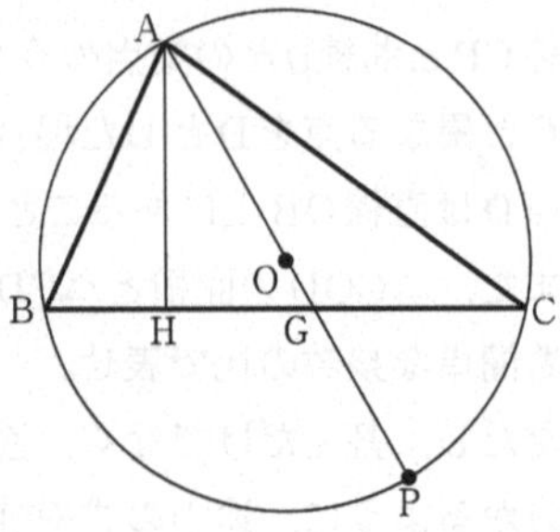

4　右の**図1**に示した立体ABCD－EFGHは，1辺の長さが3cmの立方体である。

点Pは，この立方体の内部および全ての面，全ての辺上を動く点である。

頂点Aと点P，頂点Bと点Pをそれぞれ結ぶ。

AP＝a cm，BP＝b cmとする。

次の各問に答えよ。

ただし，円周率はπとする。

図1

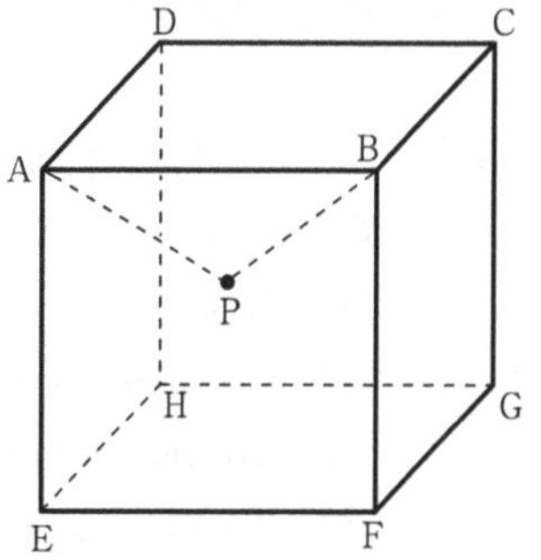

〔問1〕　点Pが$a=b=3$を満たしながら動くとき，点Pはある曲線上を動く。

点Pが動いてできる曲線の長さは何cmか。

〔問2〕　右の**図2**は，**図1**において，頂点Dと頂点E，頂点Dと頂点F，頂点Eと点Pをそれぞれ結び，点Pが線分DF上にある場合を表している。

$a+b$の値が最も小さくなるとき，立体P－ADEの体積は何cm³か。

ただし，答えだけでなく，答えを求める過程が分かるように，図や途中の式などもかけ。

図2

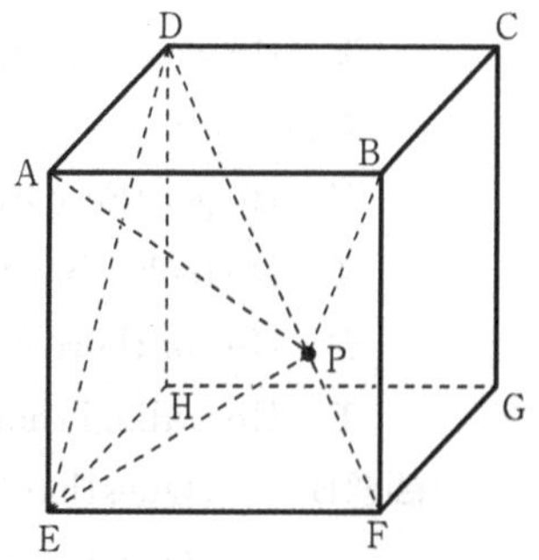

〔問3〕　右の**図3**は，**図1**において，$a \geqq b$のとき頂点Hと点Pを結んだ場合を表している。

HP＝c cmとし，点Pが$b=c$を満たしながら動くとき，点Pはある多角形の辺上および内部を動く。

点Pが動いてできる多角形の面積は何cm²か。

図3

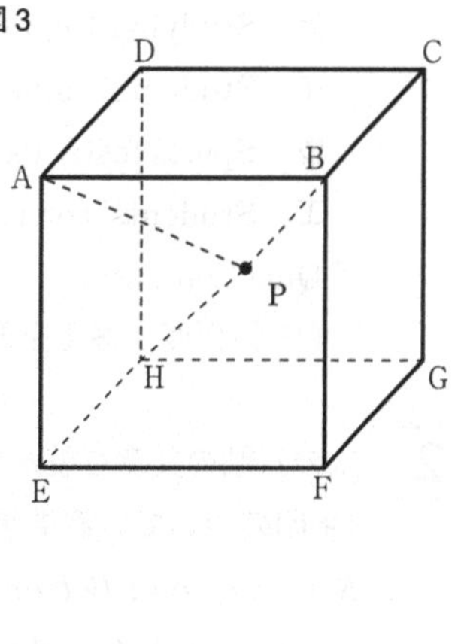

＜英語＞ 時間 50分 満点 100点

1 リスニングテスト(**放送**による**指示**に従って答えなさい。)

〔**問題A**〕 次の**ア**～**エ**の中から適するものをそれぞれ**一つずつ**選びなさい。

＜対話文1＞

ア To have a birthday party.
イ To write a birthday card for her.
ウ To make some tea.
エ To bring a cake.

＜対話文2＞

ア He was giving water to flowers.
イ He was doing his homework.
ウ He was eating lunch.
エ He was reading some history books.

＜対話文3＞

ア He got there by train.
イ He took a bus to get there.
ウ He got there by bike.
エ He walked there.

〔**問題B**〕 ＜Question 1＞では，下の**ア**～**エ**の中から適するものを**一つ**選びなさい。
＜Question 2＞では，質問に対する答えを英語で書きなさい。

＜Question 1＞

ア Studying English.
イ Students' smiles.
ウ Sports festivals.
エ Students' songs.

＜Question 2＞

(15秒程度，答えを書く時間があります。)

2 次の対話の文章を読んで，あとの各問に答えなさい。

(*印のついている単語・語句には，本文のあとに〔**注**〕がある。)

Ken, Amy and Bob are high school students in the U.S. Ken is from Japan. They belong to the science club. One day, at school, they are talking with Ms. Ward, their science teacher.

Ken: Yesterday, my sister was playing with a *bubble wrap sheet used for a package. That bubble wrap reminded me of soap *bubbles. Then suddenly I had a question. Why does soap make bubbles? We see soap bubbles in the bath and in the kitchen.

Amy: I had a similar question a few days ago. I visited a science show in our town with my family. My little brother joined the project of *blowing bubbles. He made a big round bubble like a soccer ball! But how is the round bubble made?

Ms. Ward: You asked some good questions, Ken and Amy. In fact, the secret is in a soap *molecule. You may not think that there is anything special about it. (1)Well, actually, a soap molecule is very unique. It has a "head" and a "*tail."

Amy: A head and a tail like a *tadpole? Does soap we use in our house or at school have such things? I've never thought of that because [(2)].

*Ms. Ward opens a science textbook. She shows two *figures on the page. One has the title, "Soap molecules in *soapy water." The other has the title, "The inside of a soap bubble."*

Ms. Ward: Look at **Figure 1**. A soap molecule has two parts. The head part loves water. It is always trying to join with water. But the tail part hates water. Instead, it *mixes with oil.

Bob: Yes. I've heard about that. When we use soap to wash our hands, that tail part catches dirty oil on our hands.

Amy: [(3)-a]

Bob: [(3)-b]

Amy: [(3)-c]

Bob: [(3)-d]

Ms. Ward: Great, Amy and Bob! By the way, if there's no oil, most soap molecules gather around the *surface of soapy water. They *stick out their tails above the surface of the soapy water.

Amy: Look at **Figure 1**. This is funny! The soap molecules are standing on their heads!

Ms. Ward: Then what about a soap bubble? Now look at **Figure 2**. This shows a soap bubble * floating in the air. The surface of the bubble is a thin *film made of two *layers.

Ken: Wow! This film looks like a sandwich! The film has some water between its two layers. Soap molecules are like bread, and the water is like egg inside.

Figure 1 Soap molecules in soapy water

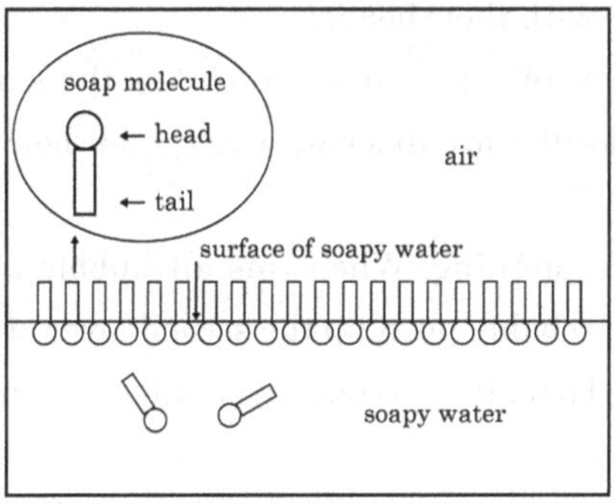

Figure 2 The inside of a soap bubble

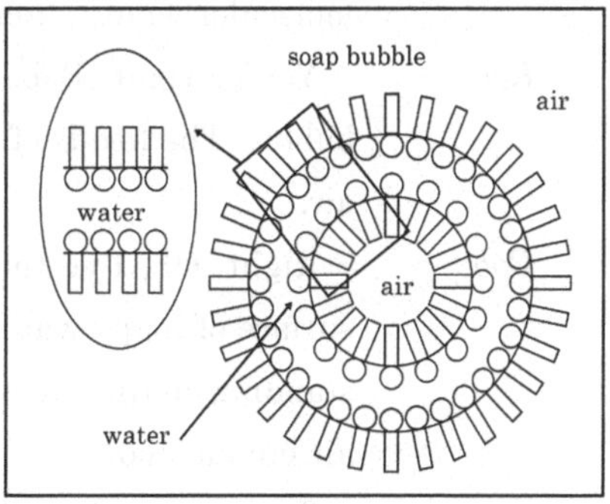

Amy: That's interesting. But why does a soap bubble have a round shape?

Ms. Ward: You have to understand a water molecule to get the answer. (4)A water molecule is unique, too. Have you ever tried to add some water to a glass already full of water?

Bob: Yes. I remember what happened. The water was trying very hard to stay in the glass. The surface of the water was *swelling like a mountain.

Ms. Ward: Water molecules at the surface of water attract each other very *strongly. This strong power is called "*surface tension." Water molecules cannot spread out because of this surface tension.

Amy: I didn't know that. Then why can we make bubbles by adding some soap to water?

Ms. Ward: **Figure 2** will give you the answer. Now water is covered with soap molecules and *stretched. Water is in a narrow film of a big bubble.

Ken: (5)Probably, 【 ①water molecules ②let ③hold ④not ⑤soap molecules ⑥together ⑦do 】strongly in soapy water. Water molecules don't come together because of soap molecules.

Ms. Ward: Wonderful. Also, there is a reason for the round shape of a bubble. In a big soap bubble, its film and water are stretched. The bubble wants to *shrink back, but it cannot do so because of air inside. So, it tries to be the smallest size possible.

Bob: I got it! (6)So, the round shape is a way to explain that!

Ms. Ward: Exactly. Then I have one last question. Imagine you are putting some air in soapy water. An air bubble is coming up. At this time, what is happening around the air bubble?

Ken: I have no idea. Air in soapy water is a new situation for me.

Ms. Ward: (7)No, it's not, Ken. In science, we have to look at things we already know in a different way. Then you will find a new meaning to them.

Ken: In a different way? What do you mean? But anyway, let's find the answer. Let's see...

Bob: Oh! I think I found the answer. I'll draw a picture. Look. (8)This is the picture of an air bubble coming up in soapy water. We have to return to the *basic fact. Soap molecules want to touch water with their heads.

Ken: You're right, Bob. So, a layer of soap molecules covers the surface of the air bubble. The heads of soap molecules are in soapy water, and their tails are in the air.

Bob: Right. Oh, I've thought of something. When this air bubble comes up to the surface of soapy water, it will probably push up the second layer of soap molecules standing on their heads there. Then, that second layer will cover the outside of the air bubble, too.

Amy: So, this bubble will soon have two layers of soap molecules. There may be some water between the two layers. Then, if you see this bubble from above,...it will be exactly like the bubbles you see in the bath!

Ms. Ward: Bob, Ken and Amy, you are wonderful.

Ken: So, in soap science, the story of a head and a tail appears again and again.

Amy: We found new ways of thinking about this basic story, and we suddenly learned the whole picture of a soap bubble.

Bob: Ms. Ward, I think all of us have realized one thing. You told us that we should look at (9)<u>the same old things</u> in a different way to make a new discovery. Your advice was very helpful. We have learned a lot about soap science today.

〔注〕 bubble wrap sheet　空気の入った丸いビニールの粒があるこん包材のシート

bubble　泡	blow bubbles　シャボン玉を吹く	molecule　分子
tail　尾	tadpole　オタマジャクシ	figure　図
soapy water　石けん水	mix　混ざる	surface　表面
stick out　突き出す	float　浮く	film　膜
layer　層	swell　膨らむ	strongly　強く
surface tension　表面張力	stretch　引き伸ばす	shrink　縮む
basic　基本的な		

〔問1〕 (1)<u>Well, actually, a soap molecule is very unique.</u> とあるが，このときMs. Wardが言いたかったこととして最も適切なものは次の中ではどれか。

ア Certainly, a soap molecule is very different.

イ Surprisingly, a soap molecule is very special.

ウ As you may think, a soap molecule is not common.

エ In fact, it is difficult to understand a soap molecule.

〔問2〕 本文の流れに合うように，[　(2)　] に英語を入れるとき，最も適切なものは次の中ではどれか。

ア soap is always around us

イ soap has a very long history

ウ soap is not an everyday thing

エ soap is not an important discovery

〔問3〕 [　(3)-a　] ～ [　(3)-d　] の中に，それぞれ次の**A**～**D**のどれを入れるのがよいか。その組み合わせとして最も適切なものは下の**ア**～**カ**の中ではどれか。

A Do you remember what the other part is doing?

B Yes it is.

C Of course. So, the job is done by a team of two parts.

D Then, how is it washed away with water?

	(3)-a	(3)-b	(3)-c	(3)-d
ア	A	B	D	C
イ	A	C	B	D
ウ	C	B	D	A
エ	C	D	A	B
オ	D	A	C	B
カ	D	B	A	C

〔問4〕　(4)A water molecule is unique, too. とあるが，このときMs. Wardが考えた内容を次のように書き表すとすれば，______の中にどのような英語を入れるのがよいか。**本文中の連続する2語**で答えなさい。

A water molecule is also unique, because water molecules have especially ______ to be close together.

〔問5〕　(5)Probably,【①water molecules ②let ③hold ④not ⑤soap molecules ⑥together ⑦do】strongly in soapy water. とあるが，本文の流れに合うように，【　　　】内の単語・語句を正しく並べかえたとき，**2番目**と**5番目**と**7番目**にくるものの組み合わせとして最も適切なものは次の**ア**～**カ**の中ではどれか。

	2番目	5番目	7番目
ア	⑦	⑤	⑥
イ	⑦	①	⑥
ウ	④	⑤	②
エ	④	①	②
オ	②	⑤	③
カ	②	①	③

〔問6〕　(6)So, the round shape is a way to explain that! とあるが，その内容を次のように書き表すとき，______に入れるのに最も適したものは次の中ではどれか。

The round shape is the best solution ______.

ア　to create water molecules of the smallest size

イ　to reduce the number of the smallest bubbles

ウ　to remove air from the smallest size bubble

エ　to give a bubble the smallest possible size

〔問7〕　(7)No, it's not, Ken. とあるが，このときMs. Wardが考えた内容として最も適切なものは次の中ではどれか。

ア　Think carefully because you have not met this type of problem yet.

イ　You will get an answer if you learn more about this type of problem.

ウ　You have experience of thinking about this type of problem before.

エ　Don't give up before you actually start solving this type of problem.

〔問8〕　(8)This is the picture of an air bubble coming up in soapy water. とあるが，ここでBobが描いた石けん水の中における空気の泡と石けんの分子を正しく表している絵は次の中ではどれか。

ア

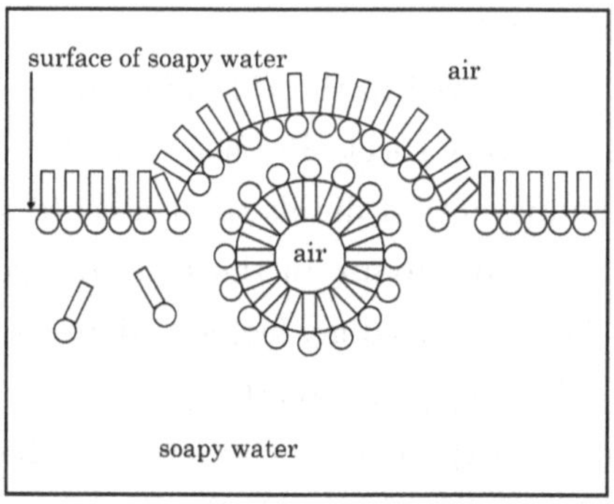

イ

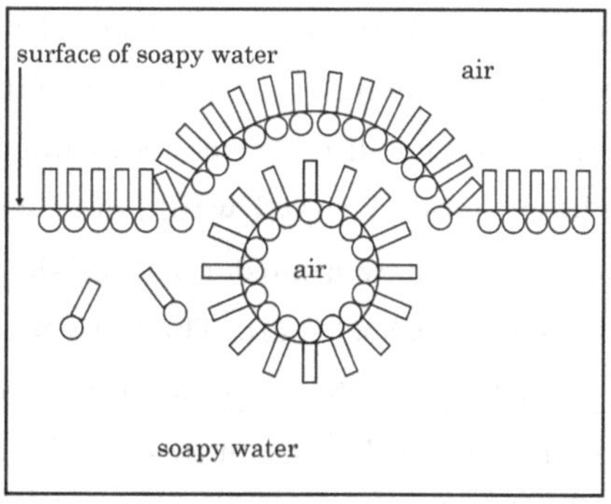

ウ

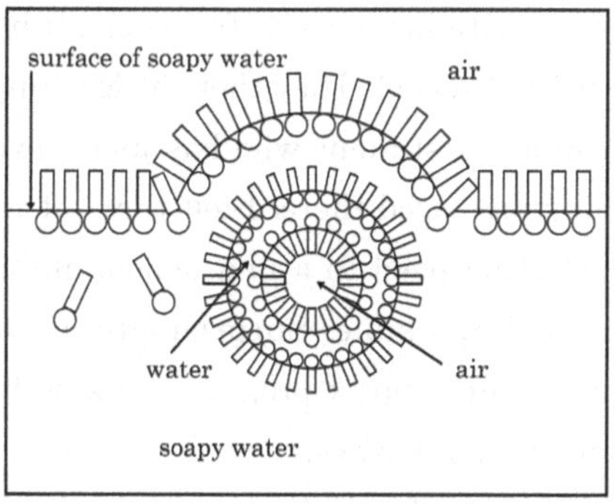

エ

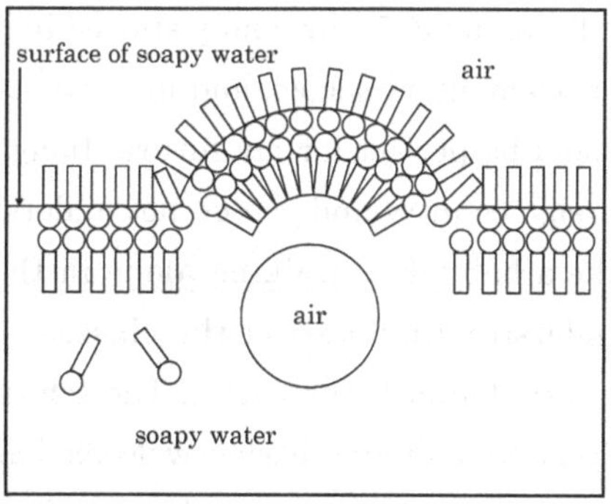

〔問9〕 (9)<u>the same old things</u> とあるが，その内容を次のように書き表すとすれば，［　　　　］の中にどのような英語を入れるのがよいか。**本文中の連続する4語**で答えなさい。

When Bob used the words "the same old things," he used them instead of the words "［　　　　］" that Ms. Ward used. These two expressions have almost the same meaning.

〔問10〕 本文の内容と合っているものを，次の**ア**～**カ**の中から一つ選びなさい。

ア Ken and Amy were interested in a soap bubble after their families visited a science show.

イ A soap bubble film looks like a sandwich because of soap between two layers of water.

ウ The example of water swelling in a glass shows how easily water molecules are broken.

エ Ken, Amy and Bob learned that air bubbles coming up in soapy water would become soap.

オ The same basic fact that we meet again and again in science may bring a new idea to us.

カ Ken, Amy and Bob have found that it is necessary to learn the whole picture of science.

3 次の文章を読んで，あとの各問に答えなさい。
(＊印のついている単語・語句には，本文のあとに〔**注**〕がある。)

When spring comes, I miss "sakura," cherry trees. I'm not talking about the cherry trees in

Japan. You can find them along *the Potomac in *Washington, D.C. The image of those beautiful pink and white blossoms still stays in my mind.

When I was nine years old, my father was *transferred to the U.S. and all my family moved to a small town near Washington, D.C. I was very shocked to hear this. I said no. I told my mother that I would stay with my grandparents. I didn't think I could survive because I knew almost no English. I couldn't imagine living in the U.S. and going to elementary school there. Then, my mother said she understood my feelings. However, (1)she【①my father ②to go ③me ④wanted ⑤that ⑥her and me ⑦told】together. She added, "Living in the United States will be a very precious experience for all of us. If there is a difficulty, I am sure we can solve it together." My father also said, "Don't worry. (2)If it happens, it happens." He is such a positive person. I only felt worried, but I finally agreed.

Then, in 2017, our family started living in the town with just over 2,000 people. It had only one elementary school, and my parents chose that local school. They thought learning there would be perfect for my future. Imagine this. You are a student who has just moved to a foreign country and you do not understand the language used there. I felt that (3)I was just like a baby deer walking alone in the woods. *Getting used to a new school abroad and understanding most of the classes seemed almost impossible. Surprisingly, however, I quickly found I was wrong. The school had an excellent support program for kids like me. Every student and teacher welcomed and helped me in many ways.

A few months later, in a history class, we had a *pair work activity to write a report about something or someone unique in American history. I worked with Jack. I knew his face because he was our neighbor. However, I had no chance to talk with him. He looked sad, but said, "Jun, I have long wanted to talk to you, but I didn't know what to say." By working together, I soon discovered he was very kind and honest. He was interested in Japanese things. We liked sports, music, and drawings. He said to me, "Why don't we write about *the Lincoln cent? You know the penny, one-cent coin. Lincoln was the sixteenth president and *the Lincoln Memorial is one of the most visited places. (4)I said yes to his idea immediately. This is the report we wrote.

Our topic is about the Lincoln cent. The U.S. has been making the penny since 1793. Since 1909, the penny has had the face of Abraham Lincoln. On the front side, the words "In God we trust" are at the top. The designer of the Lincoln cent said, "I have made a smiling face of Lincoln. I imagined he was talking to children. Of all the U.S. coins, Lincoln is the only president *facing to the right."

In 1959, the back side of the penny was changed to a picture of the Lincoln Memorial, and the penny became the only U.S. coin to show the same person on both sides. Even many Americans do not know that the back of a Lincoln memorial cent has a very tiny President Abraham Lincoln sitting in his chair in the middle of the memorial. If you know he is there, you can find it with your eyes. But you can certainly see it with a good *microscope. When you turn the coin from left to right, the back side is *upside down.

In 2009, the U.S. stopped producing the Lincoln Memorial cent, but the government made four special pennies to celebrate Abraham Lincoln's 200th birthday. The image of Lincoln remained on the front and the back included four different designs from important stages of Lincoln's life. In 2010, a new Lincoln penny with a different back design appeared.

Lincoln did not have an easy life when he was a child. He went to school for only one year. But he loved studying and learned from borrowed books. His love of books changed his life and he changed the world. Even people today respect him as one of the greatest leaders in American history. There is something *nostalgic and sacred about Lincoln pennies. so people love these coins and want to keep using them.

Thanks to this class, Jack and I became very close friends. He helped me with my English. I taught him about Japanese things. We spent most of our time together during my stay in the U.S. *Gradually, my English improved and I *made progress in my subjects. I was really enjoying myself in the U.S.

One day at the end of my first school year, Jack and I decided to *save pennies in bottles to help people in need. Our rule is simple. We can put some pennies in our bottles when we have a happy day, when we get a good grade on a test, get a hit in a baseball game, eat delicious food, and help someone.... Each of us saved over two thousand pennies. We are still saving small coins and our bottles are almost full.

Suddenly, the time to say good-bye came. My family was moving back to Japan in May. I really liked living there, so I thought it was impossible to tell him so. Then, (5)I invited him to the Lincoln Memorial. I decided to let him know there.

Around the Lincoln Memorial, you can see a lot of cherry blossoms from March to April. It was in early April, and a beautiful day. We walked around *the National Mall and enjoyed cherry blossoms a lot. We were able to see the Lincoln Memorial through the cherry blossoms. That was awesome. There I told Jack that my family was leaving America. He kept silent, but we cried and cried. I was remembering that day in history class. He was so kind that he asked me to write about the Lincoln cent together. In the U.S., I found a fantastic friend and learned many valuable things. I really felt I belonged there. When I close my eyes, I can still remember those beautiful cherry blossoms.

Now I am back in Japan. I am in the 9th grade and preparing for the important exam in February. Jack and I exchange e-mails almost every day. We chat a lot online. I feel we are still close neighbors. Through living in America, I have become more positive curious, and friendly. (6)If you have a problem, there's always a way to get out. You never know until you try. Trust yourself and do your best.

〔注〕 the Potomac　ポトマック川　　Washington, D.C.　ワシントンD.C.
transferred to ～　～に転勤になる　　get used to ～　～に慣れる　　pair work　ペアワーク

the Lincoln cent　リンカーン大統領生誕100年を記念して作られた１セント硬貨
the Lincoln Memorial　リンカーン大統領の功績を記念して，1922年に作られた記念館
facing to ～　～の方を向いている　　microscope　顕微鏡　　upside down　上下逆さまの
nostalgic　感傷的な　　gradually　少しずつ　　make progress　進歩する
save　貯める　　the National Mall　ワシントンD.C.の中心部に位置する国立公園

〔問１〕　(1)she【①my father ②to go ③me ④wanted ⑤that ⑥her and me ⑦told】together とあるが，本文の流れに合うように，【　　　　　】内の単語・語句を正しく並べかえたとき，**2番目と4番目と7番目**にくるものの組み合わせとして最も適切なものは次の**ア～カ**の中ではどれか。

	2番目	4番目	7番目
ア	①	③	②
イ	①	⑤	③
ウ	③	①	②
エ	③	④	⑥
オ	⑥	①	⑦
カ	⑥	⑤	③

〔問２〕　(2)If it happens, it happens. とあるが，その表す意味として最も適切なものは次の中ではどれか。

ア　You need to wait long before you know what will happen in the future.
イ　You will wait and see what will happen in the future.
ウ　If you know the future, it can be changed as you like.
エ　Knowing what will happen in the future is very helpful.

〔問３〕　(3)I was just like a baby deer walking alone in the woods とあるが，この文の表す内容を**20語以上の英語**で説明しなさい。英文は**二つ以上**にしてもよい。
　なお，「,」「.」「?」などは語数に含めないものとする。I'llのような「'」を使った語やe-mailのような「-」で結ばれた語はそれぞれ１語と扱うこととする。

〔問４〕　(4)I said yes to his idea immediately. とあるが，その内容を次のように書き表すとすれば，　　　　　の中にどのような英語を入れるのがよいか。**本文中の連続する８語**で答えなさい。
He asked 　　　　　, and I agreed with him right away.

〔問５〕　(5)I invited him to the Lincoln Memorial とあるが，JunはJackに何と言ったのか。文脈に合うように自分で考えて，以下の　　　　　に入る表現を，**20語以上の英語**で書きなさい。英文は**二つ以上**にしてもよい。
　なお，I said to Jack と，「,」「.」「?」などは語数に含めないものとする。I'llのような「'」を使った語やe-mailのような「-」で結ばれた語はそれぞれ１語と扱うこととする。
I said to Jack, “　　　　　”

〔問６〕　(6)If you have a problem. there's always a way to get out. とあるが，この文の内容と，ほぼ同じ意味を持つ発言を本文中から探し，その**始めの２語**と**終わりの２語**を答えなさい。
　なお，「,」「.」「?」などは語数に含めないものとする。

〔問7〕 本文から判断し，次の質問の答えとして正しいものはどれか。

If you turn the Lincoln Memorial cent from left to right, which images do you find?

ア

表

裏

イ

表

裏

ウ

表

裏

エ

表

裏

〔問8〕 本文に書かれている内容に関して，次のように表現したとき，**空所に入る適切な英語1語**を本文中から探して，その語を答えなさい。

Jack and Jun didn't put any pennies in their bottles when their day was

[　　　　　　].

〔問9〕 本文の内容と合っているものを，次の**ア**～**ク**の中から一つ選びなさい。

ア In 2017, Jun's family began to live in a small town with around 1,000 people near Washington, D.C.

イ Right after Jun started going to school in the U.S., he found his idea about the school there was true.

ウ Jack wanted to speak to Jun for a long time, but he didn't know how to begin talking to Jun.

エ It is easy to find Abraham Lincoln on both sides of the Lincoln Memorial cent with your own eyes.

オ The U.S. government stopped making Lincoln pennies forever in 2010.

カ Lincoln pennies are respected because they remind American people of his love of books.

キ Jack and Jun saved almost 4,000 pennies and gave them to people in need.

ク Jack and Jun are living close to each other now, and they often visit each other's houses.

エ　全体的にゆったりとした雰囲気を読み手に感じ取らせるために、「大に」という表現を核にして、全体の構成が巧みに洗練されている点。

〔問5〕本文の内容に合致するものとして、次のうちから最も適切なものを選べ。

ア　短歌との比較という歴史的な背景や専門的な用語をおりまぜながら、歌人の人麿がいかに魅力的であるかを伝えるための持論を展開している。

イ　人麿の歌を例にして旋頭歌のたどってきた悲劇的な運命や短歌との関係を前半で述べ、後半では旋頭歌自体の魅力について解説している。

ウ　筆者の旋頭歌に対する思いを最後の段落にまとめとして提示するために、「夏影の」の歌の内容を冒頭から取り上げ詳しく説明している。

エ　万葉集に収録されている旋頭歌を引用し、短歌との形式の違いや旋頭歌固有のリズム感のもたらす表現の特徴について独自の見解を述べている。

とあるが、「短歌という『適者』に駆逐された」とは、どういうことか。次のうちから最も適切なものを選べ。

ア　旋頭歌は、重厚な調子の表現方法で一時代を築いたが、軽やかさを重要視する時代感情の変化に対応できず、過去の遺物となったということ。

イ　軽快で、可変的な調子が特徴的な短歌の登場にともなって、古くから広く人々になじみのあった旋頭歌の形式が、壊されてしまったということ。

ウ　短歌という新時代の芸術が流行することで、古い歴史をもち、伝統的な調子で詠《よ》まれる旋頭歌の技術の継承が、途絶えてしまったということ。

エ　柔軟で、時代の変化にしなやかに対応した短歌の特性が、歌を詠む人々に好まれ、融通《ゆうずう》のきかない旋頭歌は用いられなくなっていったということ。

〔問2〕(2)もはや余技的なものとして試みられているにすぎない。とあるが、具体的にはどういうことか、次のうちから最も適切なものを選べ。

ア　専門的な知識や技術を用いて作り上げられる歌とは別に、なじみのある言葉を用いて、大衆にも理解できる歌として作られてしまっているということ。

イ　本来作者の感情や感動を情緒的に述べるために用いられるべき歌であるが、感情の表現ではなく、単なる言葉遊びに終始してしまっているということ。

ウ　情景や心情などを描写するためのものであるはずの歌が、同じ調子の繰り返しの巧みな様子を、表現するためのものとなってしまっているということ。

エ　歌人が自分の持てる才能を結集させて作りこんだ歌というよりも、元々の歌作りの視点からは離れた、低次元のものとなってしまっているということ。

〔問3〕(3)なかんずくとあるが、この「なかんずく」と同じ意味となる語句を、本文中の――線部をつけた次の**ア**から**エ**のうちから選べ。

ア　いずれにしても

イ　たしかに

ウ　殊更に

エ　いぶかしく

〔問4〕筆者は、柿本人麿の「夏影の」の歌について、どのような点にひきつけられていると述べているか、次のうちから最も適切なものを選べ。

ア　上句は妻に対する客観的な視点であるのに対して、下句は歌い手自身の心情の描写という対比が、若い夫婦の初々《ういうい》しい様子を想像させる点。

イ　「やや大に」という表現を用いることで、きっちりと計算された情景ではなく、読み手の多様な解釈や余白を生み出す効果をもたらしている点。

ウ　季節や場所などの状況描写という外側に向いていた視点が、少しずつ内側への視点に変化し、読み手に感覚的に訴える魅力を持っている点。

て、旋頭歌、(3)なかんずく人麿作の旋頭歌を口誦むとき、そこにある種の*掬《きく》すべき情趣があることを強調せずにはいられない。短歌が、三十一音の中にひとつの貫流する調べをたたえ、一首全体の統一性と純一な感動の高まりにおいて、抒情詩《じょじょうし》表現の一極限形式を確立したのに対し、旋頭歌は上句五七七と下句五七七との間の句切れの単調さが、一首の集中性・凝縮性を何ほどかの程度において薄めていることは、イたしかに否定できない。しかし、その反面、旋頭歌のこういう、やや間延びしたリズムが、一種の古拙な味わいを生み、個人の主観の燃焼とはおのずと異なる、*謡《うた》いもの風な、あるいは*譚詩《たんし》風な、つまり不特定多数の人間の共通感情の表現であるような性質をそこに生みだしていることを、見逃すわけにはいかないのである。

冒頭に引いた「夏影の」の旋頭歌を見よう。濃い緑葉が茂って作る大きな影の下に、夫婦の嬬屋《つまや》（寝室）がある。夏の烈《はげ》しい日射《ひざ》しをさえぎるその涼しい影の中で、妻は衣を裁つのに余念がない。その妻の姿が、客観的に、やや距離を置いて眺められているのが、上句である。ついで、句切れの小休止をおいて、ふたたび歌はゆったりとした調子で、歌い手自身の気持《きもち》を歌いだす。「うら設けて」は、*原文「裏儲《うらまけて》」とあり、「着物の裏を用意して」とする説、また「心設けをして」とする説があるようだが、前者の解はやや理につきすぎてわずらわしい感じがあり、私は後者の解をとりたい。つまり、妻よ、心を傾けて私のために衣を裁つならば、という意味にとりたい。さてこの旋頭歌の、*画竜《がりょう》の睛《せい》というべき魅力的な箇所は、いうまでもなく「やや大に裁て」という結句にある。この結句の大らかな魅力についてウ殊更に説く必要はあるまい。ところで、この結句で、「やや大に」といっているのはどういう意味だろう、と私はふとエいぶかしく思う。二人はまだ若い夫婦で、夫は自分がこれからも体がさらに伸びることを知っていてこう呼びかけたものだろうか。それとも、夏服だから、ゆったりと、涼しげに作って欲しいといいたかったのだろうか。あれこれ空想させられる。けれども、結局それらの解釈のすべてを越えて、「やや大に裁て」という、暢《の》びやかな、張りのある、しかも細やかな陰影を帯びた七音の語句が、私たちの心に音楽的な情感のたゆたいをそそってやまないのだ。

この古拙な感じ、悠揚せまらぬ感じ、細やかな情感が小うるさい描写などなしに湧き流れている感じ、そこに私は、人麿の旋頭歌一般に通じる特徴を見うるように思うのである。

（大岡信「私の古典詩選」による）

〔注〕体軀《たいく》——からだ。身体。
片歌——和歌の形式の一つ。
仏足石歌——和歌の形式の一つ。
掬《きく》す——すくう。
謡《うた》いもの——詩歌や文章に旋律をつけて歌うもの。
譚詩《たんし》——物語詩。
原文「裏儲《うらまけて》」とあり——原文である『万葉集』にはこの文字を用いて表記されている。
画竜《がりょう》の睛《せい》——大切なところ。

〔問1〕(1)短歌という「適者」に駆逐された旋頭歌（また長歌）の運命と一脈相通じるものをもっているように感じられるのである。

やや大《おほ》に裁て

万葉集巻七に、「右の二十三首は、柿本朝臣《あそみ》人麿の歌集に出《い》づ」として収録されている旋頭歌のうちの一首である。

旋頭歌の運命は、地球上のはげしい生存競争に敗れて姿を消していった古代の生物たちの運命をふと連想させる。もちろん、可憐《かれん》な旋頭歌が、あれら恐竜の種族と共通する何物を持っていたわけでもないが、今、歴史のはるかな遠景に、子供たちの愛惜の眼差《まなざ》しを浴びて空想の中に生きつづける古代のけものたちは、その巨《おお》きくありすぎた*体《たい》躯《く》のゆえに、適者生存のきびしい法則をのがれ得なかった点で、(1)短歌という「適者」に駆逐された旋頭歌（また長歌）の運命と一脈相通じるものをもっているように感じられるのである。

旋頭歌の形式は、いうまでもなく、五七七、五七七と、*片歌の形式を繰返《くりかえ》すことによって成るものである。五七五七七の短歌形式とくらべると、上旬最後の七音だけ短歌形式よりも多いわけだが、口誦《くちずさ》んでみれば明らかな通り、これは単に七音多いという数量的な違いだけのものではない。短歌の場合、五七、五七、七という区切り方に始まって、五七五、七七へ、さらに五、七五、七七へと、同じ三十一音の形式の中でも、歴史的に大観したとき、調子の上でいくつかの大きな変化の波があった。それは、短歌形式と一口にいうものの、実はその形式自体に豊かな弾力性があり、時代感情の変化に応じて調子も変化してゆくという柔軟な適応力がそなわっていたことを意味している。

ところが旋頭歌にあっては、五七七、五七七という調子のとり方以外の読み方はできないのである。このことは、短歌との、ほとんど本質的な相違だといってよい。読む人は、五七七で一旦息を切り、つづけて次の五七七に移る。これ以外には読み方はない。このことは、当然、旋頭歌という形式の制約とみなされねばなるまい。調子がやや間延びして単調になるのは、この形式上の制約の必然的な結果であった。しかも、五七調から七五調へと大きく変化してゆくことによって短歌形式が成就《じょうじゅ》した、重々しさから軽やかさへの質的転換のようなものがないままに、五七七の、やや重たく、悠長に響く調べを守り通すほかなかったことは、旋頭歌がたちまち時代遅れの形式になってゆく運命を暗示していたといってよい。

万葉集にさえ、わずか六十首あまりが録されているにすぎないのが、旋頭歌の実態である。しかもそのうち、人麿歌集よりとされるものが、巻七の二十三首、巻十一の十二首と半数以上を占め、他の歌人たちの作は、たとえば山上憶良のあのよく知られた歌、

はぎの花　尾花《をばな》　くず花　なでしこの花　をみなえし
また藤袴《ふじばかま》　朝顔《あさがほ》の花

のように、(2)もはや余技的なものとして試みられているにすぎない。人麿は、ここでもまた輝かしい位置にいるということがいえるのだが、アいずれにしても、もし人麿という天才なかりせば、旋頭歌という形式は、*仏足石歌体（五七五七七、七）のような、短歌形式への付属歌体と同列に置かれて、もっと早くに忘れ去られていたかもしれないと思わせられる。

しかし、今、そういう和歌史の展開に関するさまざまな記憶を離れ

が統合され受け手の側に、誤解を生じさせないようになっている。

f　物事の筋道がとおっているが、語の意味の範囲が定められているため、他の関連したことを思い浮かべることが難しい。

ア　aとe
イ　bとc
ウ　cとf
エ　dとe
オ　aとf

〔問5〕(6)したがって、そういう表現は多少ともあいまいになる傾向をもっている。とあるが、「そういう表現」に**当てはまらないもの**はどれか、次のうちから最も適切なものを選べ。

ア　他の人と会話中の人に話しかけるときに使われる「お話し中のところ失礼いたします。」という表現。

イ　買い物や映画などに一緒に行こうと誘われたときの回答に使われる「そのうちに。」という表現。

ウ　お茶やごはんのおかわりを相手から勧められたときの返事に使われる「結構です。」という表現。

エ　難しい提案を持ち掛けてきた相手に対する返答に使われる「前向きに検討します。」という表現。

〔問6〕本文の構成について説明したものとして、次のうちから最も適切なものを選べ。

ア　前半の段落で平易な具体例を用いて、日本語の論理性についての問題点を明らかにし、本論では難解で抽象的な内容に説得力を持たせている。

イ　前半、後半ともに対比の構造を用いて、日本語の論理性についての見解を、生活、文化、言語そのものへと深める形で展開して述べている。

ウ　最初の段落でテーマ全体に触れて問題提起を行い、日本語の論理性について時代や地域、西洋の価値観などの項目ごとに結論をまとめている。

エ　まず効果的な暗喩などを用いて結論を述べた上で、本論では、日本語の論理性について、ヨーロッパ中心の従来の視点の変化を促している。

〔問7〕(7)わが国ではきわめて古くから、表現の余韻、含蓄などが重視されており、あまりにも理屈のはっきりしたものはかえって軽んじられたという伝統が改めて思い合わせられる。とあるが、このことについてあなたはどのように考えるか。日常の生活においてあなたが他者に考えを伝えるときには、どのようなことに気をつけているかを踏まえて、あなたの考えを**二〇〇字以内**で書け。なお、書き出しや改行の際の空欄や、、や。や「なども それぞれ字数に数えよ。

5

次の文章は古代和歌の一つの形式である旋頭歌《せどうか》について述べた文章である。読んで、あとの各問に答えよ。（*印の付いている言葉には、本文のあとに**〔注〕**がある。）

夏影の　房《つま》の下に　衣裁《きぬた》つ吾妹《わぎも》　うら設《ま》けて　吾《わ》がため裁《た》たば

〔問2〕(2)点を線にするのは一種の言語的創造をともなうからであろう。とあるが、「一種の言語的創造」とはどのようなことか。次のうちから最も適切なものを選べ。

ア 表現において、送り手が心理的親疎を測ることで、受け手の様子によって表現の方法を変えながら、意思の伝達を行うこと。

イ 表現において、送り手が内容全体を受け手に理解させるためにあえて用いた点的な工夫を、余韻や含蓄として味わうこと。

ウ 表現において、送り手がお互いにわかるはずであると省略した部分を、受け手が様々に連想しながら、理解し味わうこと。

エ 表現において、受け手が線的論理をつなぎながら、送り手の意図を考え推測してコミュニケーションをはかろうとすること。

〔問3〕(3)どんなにしても踏み外すことのない太い線をたどることがおよそ退屈であるのとは対照的である。とあるが、「踏み外すことのない太い線」とはどのようなことか。次のうちから最も適切なものを選べ。

ア 受け手側に誤解を生じさせることがないように、無駄のない能率的な表現を用いて、一つ一つの言葉をゆるがせにしない構成をもつ論理のこと。

イ 受け手側に主張がはっきりと伝わるように、ダブル・プロット、トリプル・プロットを用いて、筋道の通った構成をもつ論理のこと。

ウ 受け手側に伝えたいことが理解してもらえるように、象徴的な表現を用いて、暗にほのめかす言葉で構成された論理のこと。

エ 受け手側に都合の良い解釈が可能となるように、便宜的な表現を極力用いて、成熟し洗練された言葉で構成された論理のこと。

〔問4〕次のa～fは本文中の筆者の述べている(4)アイランド・フォームと(5)コンティネンタル・フォームの文化における言語の特徴をそれぞれ説明している。適切なものはどれとどれか。正しい組み合わせを、あとの**ア**～**オ**の選択肢から一つ選べ。

a 複線だったり、点線状であったりして、解釈の余地があるが、必要の無いところが風化することで、より明晰な論理となっている。

b 重苦しくがっちりとした構成を持ち、その中に論理の形式がはっきりと見え、点をつなげて線として理解することができる。

c 間接的な表現が多く、抽象的な思想・観念などを具体的事物や形象に託して表現する傾向があり、物事が確実でなくはっきりしないこともある。

d 直接的な強い表現が用いられ、話の筋が単一で退屈に感じられることがあるが、受け手次第で、多面的な捉え方が可能となっている。

e 表現理解における創造的性格によって、点状に離散した論理はない。ときとしては、にじみにつられて、筋を忘れてとんでもない脱線をすることもある。縁語によって表現が展開している例などは、言葉の連想の自由なはたらきがいわゆる論理とはちがった方向へ伸びて行くことをよく物語っている。

海綿状に発達した言語においては、直接的でつよい表現を与えることはむしろ効果的でない。ごく軽い、間接的な、あるいは象徴的な表現がよく利《き》くのである。(6)したがって、そういう表現は多少ともあいまいになる傾向をもっている。ヨーロッパにおいてはあいまいさは明晰《めいせき》な論理の敵であると考えられてきたけれども、親密な伝達におけるあいまいさは表現の生命にプラスするものであることが、二十世紀になってからようやく認識されるようになった。*ウィリアム・エムプソンの『あいまい性の七典型』(一九三〇年)は西欧においてはじめてあいまいさの積極的意義を発見したことを告げる画期的な仕事であった。

あいまいさは論理と対立するものではなくて、一種の論理であることを承認できるようになるには、社会が言語的にある成熟に達していなくてはならない。明晰な表現のあらわす論理が単線であるとするならば、あいまいな表現で伝える論理は複線で、また、いたるところで点線状になっていると考えてよい。(7)わが国ではきわめて古くから、表現の余韻、含蓄などが重視されており、あまりにも理屈のはっきりしたものはかえって軽んじられたという伝統が改めて思い合わせられる。話の筋にしても単一であると退屈だと感じられて、二重の筋、ダブル・プロット、三重の筋、トリプル・プロットが好まれるという事実も、いくらかこれと関係するかもしれない。

外国語ならば、「のべる」とか「伝える」とか「表現する」といった語であらわすようなところに、日本語は、「におわす」「ほのめかす」「それとなくふれる」といった言葉を多く用いるのも、受け手につよい連想作用が具《そな》わっていることを見越して、あらかじめ表現を抑制して、表現が間接的にやわらかく相手に当《あた》るようにとの配慮に出るものであろう。

(外山滋比古「日本語の論理」による)

〔注〕インフォーマル——形式ばらない様子。
冗語性——無駄なこと。
等閑《とうかん》に付《ふ》された——いいかげんにほうっておかれた。
コノテイション——潜在的・多層的意味。
海綿——スポンジ。
ウイリアム・エムプソン——イギリスの詩人、批評家。

〔問1〕(1)第三者が聞けば何のことかまるでわからぬような省略の多い飛躍した言い方をしているが、それでけっこう話は通じ合っている。とあるが、なぜか。これを次の［　　］のように説明するとき［1］と［2］に当てはまる最も適切な表現を、本文中から［1］は**十六字**、［2］は**十四字**で探し、そのまま抜き出して書け。

よく理解し合っている人たちの言語に内在する論理は［1］であるが、その論理の点同士は［2］から。

とり入れることによって、その独自の論理性は充分合理的に説明できるはずである。また、俳句の表現もいわゆる論理、線状の論理からは理解しにくいものであるが、点的論理の視点からすればきわめて興味あるものになる。考えようによっては、点的論理がよく発達した言語社会だからこそ俳句のような短詩型文学が可能になったのだと言うこともできる。

　点的論理の背後には陥没した線的論理がかくれて下敷きになっている。そして点を統合して線として感じとるところに表現理解の創造的性格がひそんでいる。(3)どんなにしても踏み外すことのない太い線をたどることがおよそ退屈であるのとは対照的である。

　線の論理と点の論理についてもうすこし考えてみたい。線的論理は形式にあらわれているが、点的論理は線が風化して表面にあらわれているのは点のつらなりである。しかし、ひとつひとつの点は決してバラバラに散っているのではなくて、根と根でつながり結ばれているのである。点と点との間に互いに引き合う性質があるといってもよいし、受け手の側に、点と点を結合させて線をつくり上げる統合作用があるとしてもよい。

　いずれにしても、点的論理が通用するところでは、離れ離れになったものを統合する作用のあることが前提である。かりにAという言葉があるとする。それを聞き、あるいは、読む人は、それにゆかりのあるさまざまなものを連想する。その連想のうちのひとつの方向線上に、つぎの言葉Bがつづいているとすると、一見無関係と思われるAとBとが引き合って脈絡をつくり上げる。

　この連想はかならずしも意味の次元にかぎらない。音が似ていることも連想の重要なきっかけになる。しゃれは音声的類似による連想の生ずる言葉のおもしろさであるが、線的論理を重視するところではしゃれがあまり尊重されないのは注目に値する。

　わが国のように(4)アイランド・フォーム（島国形式）の文化をもった社会では、ひとつひとつの言葉の連想領域が大きくなっている。同じように単語であっても熟した語には多くの語義や派生語が生じて辞書の記載スペースも大きいのに対して、新しく生《うま》れた語とか術語には熟した用法がなく、明確な語義をもつ代《かわ》りに連想は乏しい。

　アイランド・フォームの文化内部における言語は熟した語と同じように*コノテイションがこまかく、軟《やわら》かく、しかも、広範囲に発達している。

　(5)コンティネンタル・フォーム（大陸形式）の文化における言語は派生語やイディオムのすくない単語のように、語義の範囲が限定されていて、それが喚起する連想の領域もおのずからかぎられている。

　コンティネンタル・フォームの言語はたとえて言えば洋紙のようなものである。それに点をならべても、それは点のままで背後にかくれた風化した論理が下敷きになっていないかぎり、点と点とがつながることは考えられない。その代り、点と点を結んで明確な線を引くことができるし、その太さも必要に応じて変えることが可能である。

　これに対して、アイランド・フォームの文化における言語はいわば*海綿のようなものである。一箇所にインクをつけると、ひろがってにじむ。海綿の上に細い線をひくことは困難であるが、離して点をうつと、それがつながって面と面の接触がおこるようになる。したがって、点的論理においては線的論理への志向がはっきりしているわけでていなくてはならない。論理は密でなくてはならないのである。その典型的な例は法律の表現で、ここでは受け手がときとしてはまったく対立する観点に立っていることがある。したがって、表現の道筋はあくまで太くしっかりしたものである必要がある。かりにもその筋を外した解釈が可能であっては不都合がおこるからである。多くの人々が法律の条文をうるさいものと感じるのは偶然ではない。送り手が受け手を信頼していないのである。法律でなくても、受け手の連帯感が保証されていないとき、表現は念には念を入れて、誤解のおこらないように配慮されたものになる。緊密な論理はその結果にすぎない。

これと反対に、受け手がごく身近《みぢか》に感じられているときの表現はわかりきったことをくどくどと説明する必要がない。要点だけをかいつまんでのべるだけで誤解も生じない。言語の*冗語性も小さくてすむのである。一般にお互いが熟知しているような集団の内部においては形式的論理はむしろ敬遠される。その代表的な例は家族同士の会話である。(1)第三者が聞けば何のことかまるでわからぬような省略の多い飛躍した言い方をしているがそれでけっこう話は通じ合っている。形式論理から見れば没論理と言えるかもしれないが、まったく論理を欠いているというわけでもないであろう。むしろ別種の論理が作用していると見るべきである。

相互によく理解し合っている人間同士の伝達においては言葉の筋道はつねに完全な線状である必要はないことが多い。要点は注目されるが、それ以外の部分はどうでもよい。*等閑《とうかん》に付《ふ》されたところはやがて風化がおこるであろう。こうして、方々が風化して線に欠落ができると、線的な筋が点の列になって行く。親しいと感じ合っている人たちの間の言語における論理は線ではなくて点の並んだようなものになっている。

人間には、こういう点をつなげて線として感じとる能力がだれにもそなわっているのである。したがって、点的論理が了解されるところでは線的論理の窮屈さは野暮なものとして嫌われるようになる。なるべく省略の多い、言いかえると、解釈の余地の大きい表現が含蓄のあるおもしろい言葉として喜ばれる。(2)点を線にするのは一種の言語的創造をともなうからであろう。点の線化は昔の人が星の点を結び合わせて図形を読みとり、名を冠して星座をつくりあげたことなどにもあらわれている。

日本語はヨーロッパの言語が陸続きの外国をもった国で発達したのとちがって、島国の言語である。同一言語を同一民族が長い期間にわたって使っていれば、相互の了解度はきわめて高くなる。家族語におけるような論理が社会の広い範囲に流通していると考えてよい。そういう日本語の論理は線的性格のものではなくて、点的性格の方がよく発達しているのは自然のことである。念には念を入れた、がっちりした構成の表現はむしろ重苦しいものと感じられる。上手な人のうつ囲碁の石のように一見は飛んでいるようであっても、その点と点を結び合わせる感覚が下敷きになっているときは決して非論理でも没論理でもなく、りっぱに「筋」をもっているのである。

日本語が論理的でないように考えられるのは、ヨーロッパ語の線的論理の尺度によって日本語をおしはかるからである。成熟した言語社会の点的論理を認めるならば日本語はそれなりの論理をもっていることがわかる。よく引き合いに出される禅にしても、点的論理の概念を

A　いいですね。この「じゅうじゅう」という畳語は、肉の焼けている様子をよりイメージしやすくする効果がありますね。

C　なるほど。ただ同じ語を繰り返しているだけではなく、「畳語」にはその表現のもたらす効果があるということですね。

A　その通りです。では、「じゅうじゅう」以外に、「物の様子や状態をイメージしやすいように印象付ける効果」をもつ畳語は見つけられますか?

D　「○●○●」がそうですかね。

A　いいですね。では、「その時の気分や感情を表す効果」を持つ畳語は探せますか?

B　「□●□●」や「△▲△▲」などはどうでしょうか。

A　なかなかいいですね。さらに、「時間が徐々に迫る様子」を表現しているというのもありますね。わかりますか?

C　「▲◇▲◇」ですか?

A　そうですね。正解です。

B　先生。おもしろい畳語を見つけました。この「顔がひりひり熱い」の「ひりひり」というのは、本来は皮膚の状態を表していますが、ここでは玲の「　1　」や「　2　」、「　3　」などの心理的な状態を表す効果があるように思います。

A　鋭いですね。文脈によっては、複数の効果を持つ畳語もありますね。確かにおもしろいですね。

i　会話文中の「○」「●」「□」「△」「▲」「◇」の記号は、それぞれ異なるひらがな一文字分を示し、同じ記号には共通したひらがなが入る。「□●□●」と「▲◇▲◇」の表す言葉を、本文中からそれぞれ抜き出し、「□」「●」「▲」「◇」に入るひらがなをそれぞれ答えよ。

ii　空欄「　1　」「　2　」「　3　」に入ることばの組み合わせとして最も適切なのはどれか、あとの選択肢**ア**〜**オ**から選べ。

ア　高揚　不安　反省
イ　緊張　動揺　焦燥
ウ　動転　心配　葛藤
エ　悔恨　当惑　落胆
オ　困惑　驚嘆　興奮

4

次の文章を読んで、あとの各問に答えよ。(＊印の付いている言葉には、本文のあとに〔**注**〕がある。)

日常の言語活動における論理は、話の筋道といったごく＊インフォーマルなものである。どんな場合でも、言葉に筋道が通っていなければ、伝達は成立しようがない。「筋」とか「筋道」とかいう語が示しているように言語に内在する論理性は何か「線」のようなものと感じられているのが普通である。

表現の受け手はこの言葉の筋道をたどりながら理解を進めて行くわけだが、送り手との間の心理的関係の親疎によって筋道の性格も変《かわ》ってくる。送り手と受け手が未知の人間であるような場合、筋道はしっかりした線状をなしていて、受け手がそれから脱落しないようになっ寄り添って並べて置いてあり、まるで親子みたいに見え本当の家族になれたように感じている。

〔問4〕(4)お母さんに話したいことがいっぱいあるから、うっかり忘れてしまわないように。とあるが、ここから分かる玲の考えの説明として最も適切なのは、次のうちではどれか。

ア　メモに書いて残しておかないといけないと思うくらい、おじいちゃんやおばあちゃん、ひいおじいちゃんとの経験は自分の大切なものである、ということをお母さんに伝えたいという考え。

イ　ひいおじいちゃんとの自分の思い出を、メモに残してお母さんにきちんと伝えることで、お母さん自身が経験した家族との出来事を思い出してもらいたいという考え。

ウ　お母さんの実家で経験したことを、ひいおじいちゃんに買ってもらったメモ帳に書いて残しておくことで、ひいおじいちゃんとの思い出までをも自分の宝物にしたいという考え。

エ　自分がおじいちゃんやおばあちゃん、ひいおじいちゃんと過ごしたことを大切に思い、それを書きとめておくことで、ここでの出来事をお母さんと共有したいという考え。

〔問5〕登場人物の描かれ方の説明として最も適切なのは、次のうちではどれか。

ア　ひいおじいちゃんは、自分の息子との会話のそっけなく面倒くさそうな様子から、周りとの関係性に関心がないように見えるが、ひ孫との会話からは家族とのつながりを意識しているように見える。

イ　おじいちゃんは、妻や独立した娘を常に気遣い、いつでも二人を支えているという自負を持ちながらも父や孫との関わり方には苦手意識を感じ、二人を振り向かせようと必死になっている。

ウ　おばあちゃんは、初めて遊びに来る孫に喜んでもらいたいと思い、精一杯のもてなしをしようと、まるでお祝いをしているかのような雰囲気を演出しようとしているが、戸惑いは隠せないでいる。

エ　お母さんは、大人ばかりの場所に子ども一人で行かせたことへの罪悪感や、両親に子守りの負担をかけてしまったことへの申し訳なさを感じてはいるが、電話での会話では強気をよそおっている。

〔問6〕次は、この本文に用いられている――線部をつけた表現の特徴についての授業の様子である。あとの問にそれぞれ答えよ。

A　みなさんは「畳語」という言葉を聞いたことがありますか?

B　「畳語」ですか?　聞いたことないです。

A　初めて聞いた人もいるかもしれないですね。この文章には「畳語」が多く使われています。「畳語」とは、「物を折り返して重ねる」という意味の「畳む」という言葉が元となって作られた言葉で、同じ語の繰り返しで構成されているという特徴があります。では本文から、「畳語」を探してみましょう。

B　はい。そうですねぇ…　「じゅうじゅうとにぎやかな音を立てている」の「じゅうじゅう」はどうですか?

曇ったガラス戸をゆっくりと開け放つ。

　涼しい風がさあっと吹きこんできた。すっきりと澄んだ冷たい空気を、ぼくは胸いっぱいに吸いこんだ。雨はもう上がったようだ。ひいおじいちゃんの頭上に広がる夜空に、細い月が静かに光っている。

（瀧羽麻子「博士の長靴」による）

〔問1〕(1)ぼくとひいおじいちゃんをかわりばんこに見て、にやっと笑う。とあるが、この時のおじいちゃんの気持ちの説明として最も適切なのは、次のうちではどれか。

ア　雨の日の散歩のエピソードから自分の父親の曇り好きの話を滑稽な様子で語りかけ、孫の玲との会話の糸口にしようとする気持ち。

イ　自分の父親の独特な感性の話をして、父親と孫の玲の反応を楽しみながら食卓の雰囲気をなごやかなものにしようとする気持ち。

ウ　そっけない返事をする自分の父親との会話では楽しい会話にならないので、孫の玲にも会話に参加してもらおうとする気持ち。

エ　普段は気難しい様子で今ひとつ何を考えているかわからない自分の父親が、孫の玲と一緒に散歩に出かけたことをうれしく思う気持ち。

〔問2〕(2)おばあちゃんとおじいちゃんが、ちらっと目を見かわした。とあるが、なぜか。理由として最も適切なのは、次のうちではどれか。

ア　「お母さんが教えてくれた」という孫の言葉に、伝統的な立春の正しい過ごし方を正確に伝えるべきだ、と互いに意識したから。

イ　娘と一緒に暮らしていた時にも立春を一緒にお祝いしてきたということを、孫にも伝えるいい機会にしよう、と互いに決意したから。

ウ　立春が一年のはじまりであるということを孫が理解していると知り、よく教え込んでいる教育熱心な娘だ、と互いに感心したから。

エ　立春という日が特別な日であるということが、娘から孫にも伝わっているのかもしれないと、夫婦が互いに感じ取ったから。

〔問3〕(3)じゃあ、置いときます。と答えたときの玲の様子を説明したものとして最も適切なのは、次のうちではどれか。

ア　うちにある自分にぴったりサイズの長靴よりも、ひいおじいちゃんがくれようとしている長靴の方が自分に似合っている気がして、とても満足している。

イ　ひいおじいちゃんともっと一緒に散歩がしたいと考えているので、この家に遊びに来る口実にするために、長靴をこの家で保管してほしいと思っている。

ウ　長靴がこの場所にあることで、この家の一員であるような気になり、何よりもひいおじいちゃんとの特別なきずなを感じられるような気になっている。

エ　靴箱の手前に並んで置いてある大小二足の長靴は、ぴったりが、ちかちか点滅していた。

　電話をとったおばあちゃんは、こっちを振り向いた。

「玲くん、お母さんよ。」

　ぼくが受話機を耳にあてるなり、「玲、大丈夫？」とお母さんはせかせかと言った。

「大丈夫だよ。」

「そう、よかった。」

　ふうっと息を吐く音が、耳もとに吹きかけられた。

「電話、どうして出ないの。何度もかけたのに。」

「あ。」

　リュックに入れたまま、部屋に置きっぱなしだ。

「ごめん、忘れてた。」

「まあ、そんなことだろうと思ったけど。どう、そっちは？　順調？」

「うん。順調。」

　昼間と同じ返事が、昼間よりも自然に、口から出た。すぐそばに立っているおばあちゃんと目が合った。

「おばあちゃんにかわるね。」

　お母さんがなにか言う前に、ぼくは急いで受話器を引き渡した。

「もしもし？」

　おばあちゃんは両手で受話器をぎゅっと握りしめている。

「うん、いい子にしてる……ううん、とんでもない……。」

　おじいちゃんも席を立って、ぼくたちのほうにいそいそと寄ってきた。片手でおばあちゃんのひじをつき、もう片方の手で自分の胸を指さしている。

「ちょうどすき焼きを食べてたところ……そうそう、立春だから。」

　ぼくは食卓に戻った。

　ひとり残ったひいおじいちゃんが、おかわりをよそっている。豆腐やねぎはよけて、牛肉だけを器用につまみあげていく。迷いのない手つきを見ていたら、ぼくも急に食欲がわいてきた。よく考えたら、まだそんなに食べてない。

　お箸をとり直したぼくに、ひいおじいちゃんが突然言った。

「今度、あなたのお母さんも連れていらっしゃい。」

「ぼくが？」

　聞き返したのは、逆じゃないかと思ったからだ。ぼくが、お母さんを連れてくる？　お母さんが、ぼくを連れてくるんじゃなくて？

「はい。あなたが。」

　ひいおじいちゃんはまじめな顔で即答した。ぼくもつられて、まじめに応えた。

「わかりました。連れてきます。」

「よろしく頼みます。」

　後で、メモ帳に書いておこう。(4)お母さんに話したいことがいっぱいあるから、うっかり忘れてしまわないように。

　おばあちゃんがほがらかな笑い声を上げた。おじいちゃんは受話器の反対側に耳をくっつけて、会話を聞きとろうとしている。ぼくはお尻を浮かせ、鍋をのぞいた。あたたかい湯気があたって、おでことほっぺたがじんわりと汗ばんだ。

　ふと、ひいおじいちゃんが立ちあがった。窓辺に近づき、真っ白く言ってしまってから、まずい、とまたもやあせる。これじゃ理由になってない。ぼくが知らなくたって、お母さんはちゃんと知っていたはずだ。

顔がひりひり熱い。どうしたらいいのかわからなくなって、取り皿の底に沈んだ肉のかけらをお箸でつつく。うちにはすき焼き鍋もない、というのは言い訳になるだろうかと考えていたら、

「いいでしょう、どっちでも。」

と、ひいおじいちゃんがぼそりと言った。

「どっちも、肉だ。」

「だな。」

おじいちゃんがぷっとふきだした。

「大事なのは祝おうっていう気持ちだもんな？」

テーブルの上でおばあちゃんの手に自分の手を重ねたのが、ぼくからも見えた。うつむいていたおばあちゃんが顔を上げ、ぼくににっこり笑いかけた。

「成美も……お母さんも、忘れないでお祝いしてくれてたのね。」

「そもそもうちだって、全部が全部、昔のままってわけでもないしな。」

おじいちゃんが言う。以前は、子どもたちにプレゼントをあげるという習慣もあったそうだ。うらやましい。

「年寄りだけじゃ、どうもなあ。クリスマスなんかも、子どもらが小さい頃は気合《きあい》が入ったもんだけど。」

「ね。だけど今年は、玲くんになにか用意しておけばよかった。」

「ああ、そうだな。ごめんな、気が回らなくて。」

「いいよ。」

ぼくはあわてて首を横に振った。

「ひいおじいちゃんに、メモ帳を買ってもらったし。」

「へえ、父さんが？」

ひいおじいちゃんはもぐもぐと口を動かしつつ、浅くうなずいた。口の中に食べものが入っているせいで返事ができないのかと思ったら、また次の肉をほおばっている。特に説明する気はないようだ。

「あと、長靴も。」

さっき家に帰ってきて、玄関で長靴を脱いでいるときに、「よかったら、これからも使って下さい。」とひいおじいちゃんが言ってくれたのだった。

「持って帰ってもいいし、とりあえずここに置いておいてもいいし。」

少し考えて、ぼくは答えた。

「(3)じゃあ、置いときます。」

うちにはぴったりのサイズの長靴が一足ある。それに、ここに置いておけば、次に来たときもまたこれをはいてひいおじいちゃんと散歩ができるだろう。左右をそろえ、ひいおじいちゃんをまねて、靴箱の手前に置いてみた。大きな深緑と、小さめの青。並んだ二足は、サイズのせいか親子っぽく見えた。

「長靴？　玲に？」

おじいちゃんが首をかしげたとき、どこかで聞き慣れない電子音が響き出した。

「あら、電話。」

おばあちゃんが立ちあがった。壁際《かべぎわ》の棚に置かれた電話機のボタン

卵を念入りにかきまぜる手を休めずに、ひいおじいちゃんは答えた。明らかに気持ちがこもっていない。聞いてないな、とおじいちゃんが不服そうにぼやき、

「玲も一緒に行ったんだって？　雨の中、ごくろうさん。」

と、ぼくに話を振った。

「あれが父さんにとっちゃ、絶好のお出かけ日和なんだよ。あんまり晴れてるとつまんないらしい。変わってるだろ。」

(1)ぼくとひいおじいちゃんをかわりばんこに見て、にやっと笑う。

「な、父さん。雲が多いほどいいんだよな？」

「多けりゃいいってもんでもない。」

ひいおじいちゃんがめんどくさそうに答えた。

「はあ、そりゃ奥が深いね。」

おじいちゃんが首をすくめ、正面に向き直った。ひとまずひきさがることにしたようだ。じゅうじゅうとにぎやかな音を立てている鍋から肉をひときれつまんで、目の前にかざす。

「そろそろ、いいんじゃないか。」

「いけそうね。」

おばあちゃんも鍋をのぞきこんだ。ひいおじいちゃんとぼくの取り皿に、香ばしく色づいた肉を一枚ずつ放りこむ。

「ちょっとおなかを空けておいてね、お赤飯もあるの。今日は立春だから。」

「玲、立春って知ってるか？」

おじいちゃんが言った。

「うん。一年のはじまりだよね？」

「お、よく知ってるな。若いのに。」

「お母さんが教えてくれたから。」

(2)おばあちゃんとおじいちゃんが、ちらっと目を見かわした。

「うちでは毎年お祝いしてるのよ。昔から、すき焼きとお赤飯を食べる決まりでね。」

「うちは、焼肉を食べに行くよ。」

ぼくは甘辛い肉をかじった。やわらかくて、おいしい。

「立春に？」

「うん、当日じゃないけど。二月のはじめのほうの、土曜か日曜に。」

近所の焼肉屋さんで、満腹になるまで食べまくる。叔父さんが一緒の年も、ふたりだけの年もある。どっちにしてもお母さんはじゃんじゃん注文する。食べきれないんじゃないかとぼくが言っても、聞き入れない。日頃は慎重なわりに、ときたま強気になるのだ。お店を出るときには、立ちあがるのがしんどいくらいにおなかが重たくなっている。

お祝いなんだからぱあっといかなきゃ、というのがお母さんの言い分で、それでぼくも立春の由来を知ったのだった。

「そう……焼肉……。」

おばあちゃんが目をふせた。

ぼくはひやりとした。もしかして、よけいなことを言っただろうか。長年守ってきたルールを勝手に変えられて、気を悪くしたかもしれない。

「あの、ごめんなさい。ほんとはすき焼きを食べるんだって、ぼく知らなくて。」

＜国語＞

時間　五〇分　満点　一〇〇点

【注意】答えは**特別の指示**のあるもののほかは、各問の**ア・イ・ウ・エ**のうちから、最も適切なものをそれぞれ**一つずつ**選んで、その記号を書きなさい。また、答えに字数制限がある場合には、**、や。や「などもそれぞれ一字と数えなさい。**

1 次の各文の――を付けた漢字の読みがなを書け。

(1) 知らぬ間に寄る年波。

(2) 魔女をまねてほうきの柄にまたがる。

(3) 摯実な性格。

(4) 日の光を遮蔽する

(5) 下学上達が達人への近道。

2 次の各文の――を付けたかたかなの部分に当たる漢字を楷書で書け。

(1) オカモちで料理を運ぶ

(2) シンゼンビの調和した理念。

(3) 「トウカ親しむ候。」という季節の挨拶。

(4) 観客のカンキョウがひきつけられる名作。

(5) ガンコウシハイに徹す。

3 次の文章を読んで、あとの各問に答えよ。

〔**母親の成美《なるみ》が、仕事で家を留守にするため、小学2年生の玲《れい》は、はじめて一人で祖父母、曽祖父のいる母の実家を訪れる。**〕

夕ごはんは、すき焼きだった。

昼と同じでおじいちゃんとおばあちゃんが隣どうしに座り、向かいにぼくとひいおじいちゃんが並んだ。テーブルの真ん中に置いたカセットコンロの上に、黒く光る鉄鍋がでんとのっている。

「いただきます。」

四人で手を合わせ、まずは取り皿に卵を割り入れた。めいめい自分の分をかきまぜていると、「そうだ、父さん。」とおじいちゃんが言った。

「今日も電話に出なかっただろ。散歩のとき。」

卵が足りなくなりそうだったから、買ってくるように頼みたかったらしい。何度かけてもつながらず、結局おじいちゃんが買いに走ったそうだ。

「スマホ、また家に置いてったの？　それとも、気づかなかっただけ？」

「ああ、うん。」

「置いてったんだね？」

おじいちゃんが口をとがらせる。鍋に牛肉を入れながら、おばあちゃんも口を挟んだ。

「お出かけのときには、なるべく持ち歩いて下さいね。いざってときに連絡がつかないと困りますから。」

「ああ、うん。」

MEMO

大切なことはメモしておこうネ！

2023 年度

解　答　と　解　説

《2023年度の配点は解答欄に掲載してあります。》

＜数学解答＞

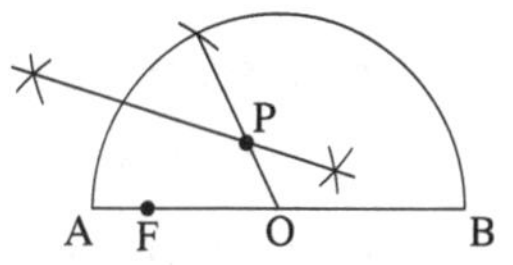

1 〔問1〕 $\sqrt{6}-\sqrt{12}$　〔問2〕 $x=\frac{1}{3}$，$y=-\frac{3}{2}$

〔問3〕 $x=\pm 2$　〔問4〕 $\frac{1}{6}$　〔問5〕 右図

2 〔問1〕 3(個)　〔問2〕 (1) $b=\frac{3}{2}$

(2) △COD：△CDB＝2：5

3 〔問1〕 15(度)　〔問2〕 解説参照

〔問3〕 CG：CA＝1：2，ACの長さ$8\sqrt{5}$ (cm)

4 〔問1〕 $\frac{3\sqrt{3}}{4}\pi$ (cm)　〔問2〕 $\frac{9}{4}$(cm^3)　〔問3〕 $\frac{27\sqrt{3}}{8}$(cm^2)

○配点○

1 各5点×5　2 〔問1〕 7点　〔問2〕 (1) 8点　〔問2〕 (2) 10点

3 〔問1〕 7点　〔問2〕 10点　〔問3〕 各4点×2

4 〔問1〕 7点　〔問2〕 10点　〔問3〕 8点　計100点

＜数学解説＞

1 (平方根の計算，連立方程式，二次方程式，確率，作図)

基本 〔問1〕 $\frac{\sqrt{6}-\sqrt{2}}{2}-\frac{\sqrt{3}-\sqrt{6}}{3}-\frac{3\sqrt{2}-2\sqrt{3}-\sqrt{6}}{6}=\frac{6\sqrt{6}-6\sqrt{2}}{6}=\sqrt{6}-\sqrt{2}$

基本 〔問2〕 連立方程式$\begin{cases}3x+2y=-2\cdots① \\ \frac{1}{2}x-\frac{2}{3}y=\frac{7}{6}\cdots②\end{cases}$　①－②×6より，$6y=-9$，$y=-\frac{3}{2}$　①に代入し，

$3x+2\times\left(-\frac{3}{2}\right)=-2$，$3x=1$，$x=\frac{1}{3}$

〔問3〕 $x+3=$Aとおけば，A$^2+5=6$A，A$^2-6$A$+5=0$，(A-5)(A-1)$=0$，A$=5$，1　$x+3=5$のとき，$x=2$，$x+3=1$のとき，$x=-2$

重要 〔問4〕 $c=8$のとき，$(a, b)=(1, 7)$，$(2, 6)$，$(3, 5)$　$c=9$のとき，$(a, b)=(2, 7)$，$(3, 6$

$c=10$のとき，$(a, b)=(3, 7)$の6通り　よって，$\frac{6}{3\times4\times3}=\frac{1}{6}$

〔問5〕 (着眼点)半円の弧上に点Qを△QAOが正三角形となるようにとる。AO＝QOだから，OP＋PF＝QOとなればよい。FP＝QPとなる点Pをとる。つまり線分QFの垂直二等分線とOQの交点がPである。

2　**(格子点の個数，放物線とグラフ，座標平面上の三角形の面積や面積比)**

重要　〔問1〕　2点A，Bは関数$y=\frac{1}{3}x^2$上の点でx座標はそれぞれ-2，6だから，y座標はそれぞれ$y=\frac{1}{3}\times(-2)^2=\frac{4}{3}$，$y=\frac{1}{3}\times6^2=12$　よってA$\left(-2,\ \frac{4}{3}\right)$，B(6，12)　直線ABの傾きは$\dfrac{12-\frac{4}{3}}{6-(-2)}=\frac{4}{3}$　直線ABの式を$y=\frac{4}{3}x+k$とすると，点Bを通るから，$12=\frac{4}{3}\times6+k$，$k=4$　よって，直線ABの式は$y=\frac{4}{3}x+4$だから，この式のx座標に3の倍数を代入し，(0，4)，(3，8)，(6，12)　これらはすべてy座標も整数だから3(個)

〔問2〕　(1)　点AとCのx座標は等しいから線分ACはy軸と平行。点Pから直線ACへ垂線を引き交点をQとすればPQ＝2　$\triangle APC=\frac{1}{2}\times AC\times PQ=\frac{1}{2}\times AC\times2=5$より，AC＝5となればよい。点Aは関数$y=\frac{1}{4}x^2$上の点で$x$座標は$-2$より，$y$座標は$y=\frac{1}{4}\times(-2)^2=1$なので，A$(-2,\ 1)$　これより点Cのy座標は$1+5=6$とわかる。つまり，点C$(-2,\ 6)$は関数$y=bx^2$上の点で，それぞれの座標を代入して，$6=b\times(-2)^2$，$b=\frac{3}{2}$

やや難　(2)　(途中の式や計算)　(例)　$a=\frac{1}{2}$よりA$(-2,\ 2)$，B(6，18)より，直線ABを$y=px+q$とおき代入すると$\begin{cases}-2p+q=2\\6p+q=18\end{cases}$　解くと$p=2$，$q=6$，よって直線ABは$y=2x+6$　ここで，直線CPの傾きは$-\frac{1}{2}$でP(0，6)なので直線CPは$y=-\frac{1}{2}x+6$…①である。点C$(-2,\ 4b)$を通るので代入すると$4b=1+6$，よって$b=\frac{7}{4}$　点Dのx座標をtとおくと$\frac{7}{4}t^2=-\frac{1}{2}t+6$　整理すると$7t^2+2t-24=0$，$t=\dfrac{-1\pm\sqrt{1+168}}{7}=\dfrac{-1\pm13}{7}=-2$，$\frac{12}{7}$　したがってDのx座標は$\frac{12}{7}$，①に代入し$y=-\frac{6}{7}+6=\frac{36}{7}$　したがって点Dの座標は$\left(\frac{12}{7},\ \frac{36}{7}\right)$　よって直線OBは$y=3x$であり，点Dはこの直線上にある。
$\triangle COD:\triangle CDB=OD:DB=\frac{12}{7}:\left(6-\frac{12}{7}\right)=12:30=2:5$

3　**(三角形の角，円周角を利用した証明，二等辺三角形の証明，相似の利用，三平方の定理)**

〔問1〕　線分APは円の直径だから∠AEP＝90°　ここで△AEPと△DEPは，EP共通，∠AEP＝∠DEP＝90°，AE＝DEだから，△AEP≡△DEP　よって，PA＝PD，∠APD＝∠EPD＝×2＝60°だから△APDは正三角形。さて，AO＝OP(…①)から，中点連結定理よりOE//PDだから，∠AEO＝∠ADP＝60°（…②）　ここで①よりAP⊥BDとなるから，$\overset{\frown}{AB}$に対する中心角と円周角の関係より，$\angle AEB=\frac{1}{2}\angle AOB=45°$　これと②から∠OED＝15°となる　さらに△BOEはOE＝OBの二等辺三角形だから，$\angle DBE=\angle EOD\times\frac{1}{2}=30°\times\frac{1}{2}=15°$

〔問2〕　(証明)(例)　△ABCと△AFPにおいて，$\overset{\frown}{AB}$に対する円周角は等しいので，∠ACB＝∠APB＝∠APF…①　CB＝CPであるから，$\overset{\frown}{CB}=\overset{\frown}{CP}$より，∠BAC＝∠CAP＝∠FAP…②　よって，①，②より，2組の角がそれぞれ等しいので，△ABC∽△AFP　△ABCは，AB＝ACの二等辺三角形であるから，△AFPは二等辺三角形である。

やや難　〔問3〕　△AHBと△AHGにおいて，∠AHB＝∠AHG＝90°，AHは共通，BH＝GHより，△AHB≡△AHG

よって，$AG=AB=12$　つまり$GP=20-12=8$　またAPは円の直径だから，$\angle ABP=90^\circ$　三平方の定理より，$BP=\sqrt{AP^2-AB^2}=\sqrt{20^2-12^2}=16$　ここで△ACGと△BPGにおいて，$\overset{\frown}{AB}$に対する円周角は等しいので$\angle ACB=\angle APB$，$\overset{\frown}{PC}$に対する円周角は等しいので$\angle CAP=\angle CBP$，以上より，△ACG∽△BPG　対応する辺の比をとれば，$CG:CA=PG:PB=8:16=1:2$(…①)　点Gを通りACに垂直な直線と辺ACとの交点をIとすると，△ABP∽△GIC　$CG:GI:IC=PA:AB:BP=20:12:16=5:3:4$だから，$CG=5x$とおけば，$GI=3x$，$IC=4x$となる　また①より$AC=5x\times 2=10x$だから$AI=AC-IC=10x-4x=6x$　ここで直角三角形AGIで三平方の定理より，$AG^2=AI^2+GI^2$，$12^2=(6x)^2+(3x)^2$，$45x^2=144$，$5x^2=16$，$x>0$より$x=\frac{4\sqrt{5}}{5}$　$AC=10x=10\times\frac{4\sqrt{5}}{5}=8\sqrt{5}$(cm)

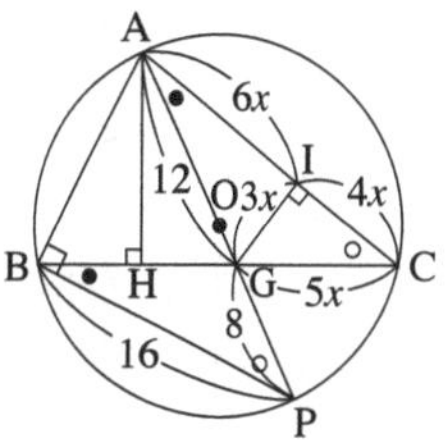

4 (三平方の定理，点の移動する範囲，三角すいや四角すいの体積)

〔問1〕 辺ABの中点をMとすると，点Pは点Mを中心とし半径MPの円で考える。このときMPはABと垂直である。そこで，点Pが面ABCD上にあるときをP_1，同様に面AEFB上のときをP_2とすると，点Pは図の円弧P_1P_2を描き，$\angle P_1MP_2=90^\circ$である。$AM=\frac{1}{2}AB=\frac{3}{2}$，$AP_1=3$より，$\triangle AMP_1$で三平方の定理より，$MP_1=\sqrt{{AP_1}^2-AM^2}=\sqrt{3^2-\left(\frac{3}{2}\right)^2}=\frac{3\sqrt{3}}{2}$　よって，$\frac{3\sqrt{3}}{2}\times 2\times\pi\times\frac{1}{4}=\frac{3\sqrt{3}}{4}\pi$(cm)

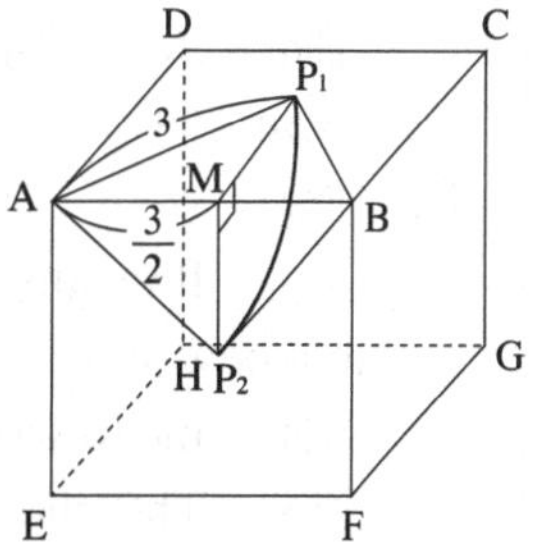

〔問2〕 (途中の式や計算)(例)　三角すいF-ABCにおいて，Pは辺FD上の点で，BP＋PAを最小にする点なので，三角すいF-ABDの展開図を書き，線分ABと線分DFとの交点をPとすれば良い　すなわちPはDFの中点である。よってPから底面ADEにおろした垂線の長さは$\frac{3}{2}$cm　$\triangle ADE=\frac{1}{2}\times 3\times 3=\frac{9}{2}$(cm²)　以上から，求める体積は$\frac{9}{2}\times\frac{3}{2}\times\frac{1}{3}=\frac{9}{4}$(cm³)

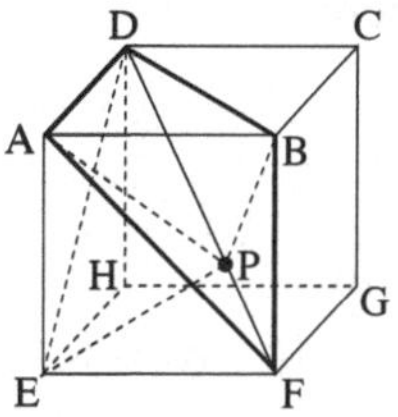

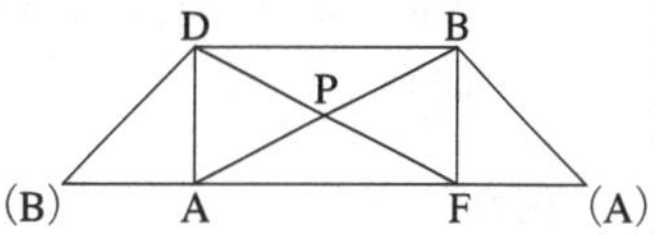

やや難

〔問3〕 ①$a\geqq b$のとき，点Pは図Ⅰの太枠で囲まれた図形の内部及び表面上にある。②$b=c$のとき，図Ⅱのような立方体の各辺の中点を結んだ正六角形の内部及び周上を動く。つまり点Pが動いてできる多角形は，①②を共に満たす図Ⅱの四角形QRSTである　これはTSを1辺とする正六角形の半分だから，TSを1辺とする正三角形3個分である

Ⅰ

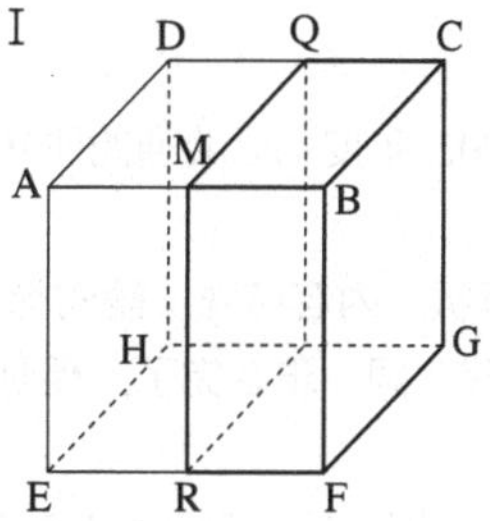

Ⅱ

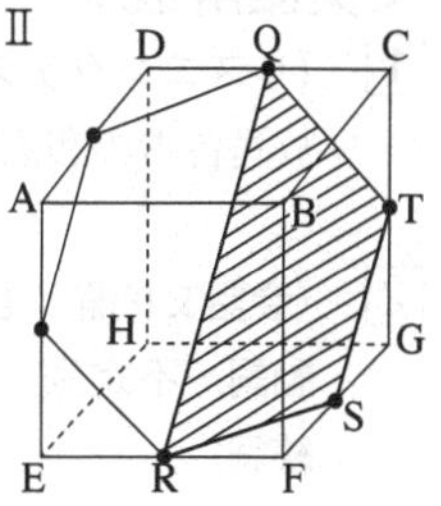

△TSGで，$TS=3\times\frac{1}{2}\times\sqrt{2}=\frac{3\sqrt{2}}{2}$　TSを1辺とする正三角形の3個分は，$\frac{1}{2}\times\frac{3\sqrt{2}}{2}\times\frac{3\sqrt{6}}{4}\times 3=\frac{27\sqrt{3}}{8}$(cm²)

★ワンポイントアドバイス★

[2]〔問2〕(2)では，高さの等しい2つの三角形の面積の比は，底辺の長さの比と等しいことがポイント。[3]〔問3〕では，円の内部にさまざまな相似形ができるので，どの相似を使うか頭の中を整理しよう。[4]〔問3〕では，a，b，cすべてをまとめて考えるのではなく，aとb，bとcのように分けて図示するとよい。

＜英語解答＞

[1]　〔問題A〕　＜対話文1＞　ア　　＜対話文2＞　エ　　＜対話文3＞　ウ
〔問題B〕　＜Question 1＞　イ　　＜Question 2＞　To visit other countries.

[2]　〔問1〕　イ　　〔問2〕　ア　　〔問3〕　オ　　〔問4〕　strong power　　〔問5〕　イ
〔問6〕　エ　　〔問7〕　ウ　　〔問8〕　ア　　〔問9〕　things we already know
〔問10〕　オ

[3]　〔問1〕　ウ　　〔問2〕　イ
〔問3〕　It means you cannot find anyone to help you and you don't know what to do in a new situation.
〔問4〕　me to write about the Lincoln cent together
〔問5〕　The cherry blossoms around the Lincoln Memorial are best now.　I have never been there before, so can you take me there some time in April?
〔問6〕　始めの2語　If there　　終わりの2語　it together　　〔問7〕　エ　　〔問8〕　sad
〔問9〕　ウ

○配点○
[1]　各4点×5　　[2]　各4点×10
[3]　〔問3〕・〔問5〕　各6点×2　　他　各4点×7　　　計100点

＜英語解説＞

[1]　**(リスニングテスト)**

放送台本の和訳は，2023年度都立共通問題36ページに掲載。

[2]　**(会話文問題：語句解釈，内容吟味，語句補充・選択・記述，文整序，語句整序，要旨把握，助動詞，不定詞，関係代名詞，現在完了，受動態，間接疑問文，進行形，比較，動名詞，分詞，接続詞)**

(全訳)*ケン，エイミー，そして，ボブはアメリカの高校生である。ケンは日本からやって来た。彼らは理科部に所属している。ある日，学校で彼らは理科のウォード先生と話している。*

ケン(以下K)：昨日，妹が包みに使われた気泡シートで遊んでいました。その気泡シートは私に石けんの泡を思い出させました。その時突然，私は1つの疑問を抱きました。なぜ石けんは泡を作るのでしょうか。私達は石けんの泡を風呂や台所で見かけます。／エイミー(以下A)：2，3日前に私は似たような疑問を思いつきました。私は家族と一緒に私達の町の科学ショーを訪れました。私の弟はシャボン玉を吹くプロジェクトへ参加しました。彼はサッカーボールのような大きな丸い泡を作りました。でもどのように丸い泡が作られるのでしょうか。／ウォード先生(以下W)：ケンとエイミー，あなた達は鋭い質問をしました。実は，秘密は石けんの分子にあります。それには特別な何かがあるとはあなた達は考えないかもしれません。(1)えーと，実は，石けんの分子は非常に類《たぐい》まれな存在なのです。それには“頭”と“尾”があるのです。／A：オタマジャクシのような頭と尾ですか？　私達の家庭や学校で使われている石けんには，そのようなものがあるのですか。(2)ア石けんは常に私達の周囲にあるので，私はそのようなことを考えたことはなかったです。

ウォード先生は理科の教科書を開きます。彼女はそのページにある2つの図を示します。1つには“石けん水における石けんの分子”というタイトルがついています。もう1つには“石けんの泡の内部”というタイトルがついています。

W：図1を見てください。石けんの分子は2つの部分から構成されています。頭部は水を好みます。それは常に水と交わろうとしています。でも，尾の部分は水を嫌います。代わりに，尾は油と混ざります。／ボブ(以下B)：ええ。私はそのことを耳にしたことがあります。私たちの手を洗うために石けんを使う時に，その尾の部分が私達の手について汚れた油を捕らえるのです。　A：(3)-a Dでは，どのようにしてそれは水で洗い流されるのでしょうか。／B：(3)-b A他の部分が何をしているか覚えていますか。／A：(3)-c Cもちろんです。それで，2つの部分が1チームとなってその仕事がなされるのですね。／B：(3)-d Bはい，そうです。／W：エイミーとボブ，素晴らしいですね。ところで，油がないと，ほとんどの石けんの分子が，石けん水の表面に集まってきます。石けん水の表面の上部へと尾を突き出すのです。／A：図1を見てください。これは面白いですね。石けんの分子が逆立ちしています。／W：それでは，石けんの泡はどうでしょう。今度は図2を見てください。これは空中を浮いている石けんを示しています。泡の表面は2層から成る薄い膜なのです。／K：わあっ！　この膜はサンドイッチみたいです。その2層の間に膜は少し水を含んでいます。石けんの分子がパンのようで，水が内部の卵のようです。A：興味深いですね。でも，なぜ石けんの泡は丸い形をしているのですか。／W：その答えを得るためには，水の分子について理解しなければなりません。(4)水の分子も唯一の存在なのです。既に水で一杯のグラスに水を加えようとしたことがありますか。／B：はい。何が起きたかを覚えています。水はグラスにしっかりと留まろうとしていました。水の表面は山のように膨らんでいました。／W：水の表面上の水の分子は互いに非常に強く引き合います。この強い力は表面張力と呼ばれています。この表面張力のおかげで水の分子は広がりません。／A：そのことを知りませんでした。それでは，なぜ石けんを水に加えることで，泡ができるのでしょうか。／W：図2がその答えをあなたに与えてくれるでしょう。今，水は石けんの分子に覆われていて，引き伸ばされています。水は大きな泡の狭い膜内にあります。／(5)おそらく，石けんの分子の影響により，石けん水内で，水の分子がまとまることはないのでしょう。石けんの分子のおかげで，水の分子はいっしょにならないのです。／W：素晴らしいです。同様に，泡が丸い形をしているのは理由があります。大きな石けんの泡の内部では，その膜と水が引き伸ばされます。泡は縮まろうとしますが，内部の空気の影響で，縮むことができません。よって，できるだけ小さな寸法になろうとするのです。／B：わかりました。(6)ですから，丸い形だからこそ，その現象が可能となるのですね。／W：その通りです。ということで，最後の質問があります。石けん水に少し空気を注入するとしましょう。1つの気泡が上昇しています。この時に，気泡の周りはどうなっているでしょうか。／K：わかりません。石けん水内の空気は，私にとって新しい状況ですから。／W：(7)いいえ，そうではありません，ケン。科学においては，私達が既に知っている物事を違う方法で見なければなりません。そうすることで，それらに対して新しい意味が見つかるでしょう。／K：違う方法ですか？　どういうことでしょうか。でも，それはともかく，その答えを見つけましょう。そうですね…／B：あっ！　答えが見つかったと思います。図を書きましょう。見てください。(8)これが，石けん水の中で気泡が1つ浮かび上がっている図です。私達は基本的事実に戻らなければなりません。石けんの分子はその頭部で水と接触する傾向があります。／K：ボブ，その通りです。だから，石けんの分子の1枚の層が気泡の表面を覆うのです。石けんの分子の頭部が石けん水内にあり，尾が空気中にあるのです。／B：その通りです。あっ，私はある事柄を思いつきました。この気泡が石けん水の表面まで上昇すると，そこで逆さになっている石けんの分子の2番目の層を恐らく持ち上げるのでしょう。すると，その2番目の層は気泡の外側を覆うことにもなるでしょう。／A：そこで，この泡はまもなく石けんの分子の2つの層を有することになるでしょう。2つの層の間に水が少し含まれているかもしれません。そして，この泡を上から見ると，…それは風呂で見かける泡と全く同じように見えるでしょう。／W：ボブ，ケン，エイミー，あなた達は素晴らしいですね。／K：ということで，石けんの科学においては，頭と尾の話が何度も何度も出てきます。／A：この基本的な話に関して私達は新しい考え方を見つけて，突然，石けんの泡の全体像を把握したのですね。／B：ウォード先生，私達は皆1つのことに気づいたと思います。新しい発見をするために，(9)同じ古いことを異なったやり方で見るべきだ，と先生は私達に言いました。先生の助言は非常に役立ちました。今日，私達は石けんの科学について多くのことを学びました。

基本　〔問1〕 unique は「唯一の，特有の，比類のない」等の意味で，下線部(1)全体では，「えーと，実は，石けんの分子は非常に類《たぐい》まれな存在である」となる。正解は，イ「驚いたことには，石けんの分子は非常に独特である」。 ア「確かに，石けんの分子は非常に違っている」 ウ「あなたが考えているかもしれない通りで，石けんの分子はありふれたものではない」 may「かもしれない，してもよい」 common「普通の，どこにでもある」 エ「実は，石けんの分子を理解することは困難である」 in fact「実際には」 It is difficult to understand a soap molecule. ← <It + is + 形容詞 + 不定詞[to + 原形]>「～［不定詞するのは…［形容詞］だ］

基本　〔問2〕「私達の家庭や学校で私達が使っている石けんにはそのようなもの[頭と尾]があるのですか。 (2) ので，私はそのようなことを考えたことがない」正解は，ア「石けんは常に私達の周囲にあるので」。soap▼we use ←<先行詞(+ 目的格の関係代名詞)+ 主語 + 動詞>「主語が動詞する先行詞」目定格の関係代名詞の省略 I've never thought of ← <have + 過去分詞> 現在完了(完了・継続・経験・結果) イ「石けんには非常に長い歴史がある」 ウ「石けんは日常品ではない」 エ「石けんは重要な発見ではない」

重要　〔問3〕 全訳の該当箇所を参考にすること。 is washed／is done ← 受動態<be動詞 + 過去分詞>「～される，されている」 Do you remember what the other part is doing? ← 疑問文(What is the other part doing?)が他の文に組み込まれる［間接疑問文］と，<疑問詞 + 主語 + 動詞>の語順になる。is doing ← 進行形<be動詞 + 現在分詞[原形 + -ing]> Of course.「もちろん」

やや難　〔問4〕 空所を含む文は，「水の分子は特にひとつにまとまろうとする□を有しているので，水の分子も固有の存在である」。ウォード先生：(4)「水の分子も唯一の存在だ。既に水で一杯のグラスに水を加えようとしたことがあるか」／ボブ：「はい。何が起きたかを覚えている。水はグラスにしっかりと留まろうとしていた。水の表面は山のように膨らんでた」／ウォード先生：「水の表面上の水の分子は互いに非常に強く引き合う。この強い力[strong power]は表面張力と呼ばれている」 正解は，strong power「強い力」。 Have you ever tried ～？現在完了 add A to B「AをBに加える」 full of「～で一杯」 was trying／was swelling ← 進行形<be動詞 + 現在分詞[原形 + -ing]> each other「互いに」 S is called C.「SはCと呼ばれている」

やや難　〔問5〕 下線部(5)とほぼ同じ意味となる後続文(Water molecules don't come together because of soap molecules.)から完成文をイメージすること。正解は，(Probably,)soap molecules do not let water molecules hold together(strongly in soapy water.)　<let + O + 原形>「Oに～させる」 hold together = come together「いっしょになる，まとまる」 <because of + 名詞相当語句>「～のせいで，理由で」

やや難　〔問6〕 ウォード先生：「泡が丸い形をしているのは理由がある。大きな石けんの泡の内部では，膜と水が引き伸ばされる。泡は縮まろうとするが，内部の空気の影響で，縮むことができない。だから，できるだけ小さな寸法になろうとする」／ボブ：「わかった。(6)従って，丸い形だからこそ，その現象が可能となる」 正解は，「丸い形はエ泡にできうる限り最も小さな寸法を与える最善の解決策である」 best「最も良い[良く]」← good／well の最上級　smallest ← small「小さな」の最上級　ア「最も小さな寸法の水の分子を作り出す」 イ「最も小さな泡の数を減らす」 ウ「最も小さな寸法の泡から空気を取り除く」

基本　〔問7〕 ケン：Air in soapy water is a new situation for me.／ウォード先生：(7)No, it's not, Ken. という文脈から考えること。下線部(7)では，ウォード先生は No, air in soapy water is not a new situation for you.ということを言おうとしたのである。正解は，ウ「以前，あなたはこの種類の問題を考えた経験がある」 ア「この種の問題にまだ遭遇したことがないので，注意深く考えなさい」 have not met ← <have + 過去分詞>現在完了(完了・結果・継続・経験) イ「この種類の問題に関してもっと学べば，答えが得られるだろう」 more「もっと多く(の)」← many／much の比較級　エ「実際にこの種類の問題を解き始める前にあきらめてはいけない」 give up「あきらめる」 start solving ← 動名詞<原形 + -ing>「～すること」

重要　〔問8〕 ボブ：Soap molecules want to touch water with their heads.(下線部(8)と同発言)／ケン：a layer of soap molecules covers the surface of the air bubble. The heads of soap molecules are in soapy water, and their tails are in the air. から考えること。

やや難　〔問9〕 下線部(9)を含む文は「新しい発見をするために，(9)同じ古いことを異なったやり方で見るべきだ，と先生は私達に言った」。ウォード先生の In science, we have to look at things we already know in a different way. というせりふ(下線部(7)の直後)を参考にすること。正解は，「ボブが“同じ古いこと”という言葉を使った時には，ウォード先生が用いた“私達がすでに知っていること[things we already know]”という言葉の代わりに，彼はそれらを使ったのである。これらの2つの表現はほぼ同じ意味を持っている」。things▾we already know ← <先行詞(+ 目的格の関係代名詞)+ 主語 + 動詞>「主語が動詞する先行詞」目的格の関係代名詞の省略　instead of「～の代わりに」 the words “things we already know” that Ms. Ward used ← 目的格の関係代名詞 that

重要　〔問10〕 ア「ケンとエイミーの家族が科学ショーを訪れた後に，彼ら2人は石けんの泡に興味を持つようになった」(×) 科学ショーに家族と行ったのは，エイミーだけなので(エイミーの最初のせりふ；I visited a science show in our town with my family.)，不適。 <be動詞 + interested in>「～に興味がある」 イ「水の2層の間にある石けんにより，石けんの泡の膜はサンドイッチのように見える」(×)ケン：This film looks like a sandwich! The film has some water between its two layers. Soap molecules are like bread, and the water is like egg inside. とあるので，不可。 <because of + 名詞相当語句>「～のせいで，理由で」 ウ「グラスで膨らむ水の例は，いかに簡単に水の分子が壊れるかを示している」(×) グラスで膨らむ水の例は，いかに水の分子がひとつにまとまろうとするかを示しているので，不一致。ボブ：The water was trying very hard to stay in the glass. The surface of the water was swelling like a mountain.／ウォード先生：Water molecules at the surface of water attract each other very strongly. This strong power is called “surface tension.” water swelling in a glass ← ＜名詞 + 現在分詞[原形 + -ing]+ 他の語句＞「～している名詞」現在分詞の形容詞的用法 are broken ← 受動態 ＜be動詞 + 過去分詞＞ was trying「～しようとしていた」／was swelling「膨れていた」← 進行形＜be動詞 + 現在分詞[原形 + -ing]＞ each other「互いに」＜A + be動詞 + called + C＞「AはCと呼ばれている」 エ「ケン，エイミー，そして，ボブは，石けん水の中で浮かび上がっている気泡は石けんになるということを学んだ」(×) 記述ナシ。 air bubbles coming up ← ＜名詞 + 現在分詞[原形 + -ing]+ 他の語句＞「～している名詞」現在分詞の形容詞的用法 オ「科学で何度も出会う同じ基本的事実は，私達に新しい考えをもたらしてくれるかもしれない」(○) ケンとエイミーの最後のせりふ(ケン：So, in soap science, the story of a head and a tail appears again and again.／エイミー：We found new ways of thinking about this basic story, ～)に一致。 the same basic fact that we meet ～ ← 目的格の関係代名詞 that may「かもしれない，してもよい」 So,「それで」 カ「ケン，エイミー，ボブは科学の全体図を学ぶことが必要であると気づいた」(×) 全体図に関しては，エイミーの最後のせりふ(We found new ways of thinking about this basic story, and we suddenly learned the whole picture of a soap bubble.)に出てくるが，基本を出発点として考察した結果，全体図が突如浮かび上がった，という論旨なので，不一致。 have found ← 現在完了＜have[has]+ 過去分詞＞

3 (長文読解問題・エッセイ：語句整序，語句解釈，条件英作文，語句補充・記述，内容吟味，要旨把握，不定詞，間接疑問文，動名詞，助動詞，受動態，分詞，関係代名詞，現在完了，進行形)

(全訳)春が来ると，私は“桜”の木々を懐かしく感じる。日本の桜の木について述べているわけではない。ワシントンD.C.のポトマック川沿いにそれらを見つけることができる。それらの美しいピンクと白い花の映像は未だに私の心にとどまっている。

私が9歳だった時に，私の父はアメリカに転勤となり，私の家族は全員，ワシントンD.C.の近くの小さな町へと引っ越した。このことを聞いて，私は非常に衝撃を受けた。私は行かないと言った。祖父母の元に留まると私は母に告げたのである。ほぼ何も英語がわからなかったので，生き残ることができるとは私は思わなかった。アメリカに住むことやそこの小学校へ行くことを，私は想像することができなかった。すると，私の気持ちがわかる，と母は言ってくれた。でも，(1)父は母と私に一緒に行って欲しいと願っている，ということを母は私に告げた。彼女は「アメリカ合衆国で生活をすることは，私達皆にとって，非常に貴重な経験になるだろう。もし困難があるとしても，きっと一緒に解決できる」と付け加えた。父も「心配するな。(2)物事が起きる時は起きるものだ。」と述べた。彼はそのように楽観的な人物だった。私はただ心配だったが，ついに同意した。

そして，2017年に，私達の家族は，ちょうど2,000人を超えた町で暮らし始めた。そこには小学校が1校しかなく，私の両親はその地元の学校を選択した。そこで学ぶことが私の将来にとって完ぺきなものになるであろう，と彼らは考えていた。次のことを想像してみて欲しい。外国へ引っ越してきたばかりの学生で，そこで使われている言語が理解できないのである。(3)自分はちょうど森の中を単独で歩いている赤ん坊の鹿のようである，と私は感じた。外国の新しい学校に慣れて，授業のほとんどを理解することは，ほぼ不可能なように思えた。しかしながら，驚いたことに，すぐに自分が間違えていることに私は気づいた。その学校には，私のような子供達に対する素晴らしい支援プログラムが存在していたのである。すべての生徒や先生がいろいろなやり方で私を歓迎し，助けてくれた。

数か月後に，歴史の授業で，アメリカ史上，特有の人物や出来事についてレポートを書くペアワーク活動が私達に課せられた。私はジャックと組んだ。私達の近所に住んでいたので，彼のことは顔見知りだった。でも，彼と話す機会はなかった。彼は悲しそうだったが，次のように述べた。「ジュン，僕は長い間君に話しかけたかったのだけれども，何と言ったらよいかわからなかった」一緒に課題に取り組むことで，すぐに，彼が非常に親切で，誠実であることがわかった。彼は日本の事象に興味を持っていた。私達はスポーツ，音楽，絵を書くことが好きだった。彼は私に言った。「リンカン大統領の1セント硬貨について書くのはどうだろうか。ペニー，1セント硬貨のことはわかるでしょう。リンカンは第16代目の大統領で，リンカン記念堂は最も訪問される場所の1つだよ」(4)私は彼の考えにすぐに賛成した。これが，私達が書いたレポートだ。

> 私達のトピックはリンカンの1セント硬貨についてである。アメリカは1793年以来，1セント硬貨を作り続けてきた。1909年以来，1セント硬貨にはリンカンの顔が描かれている。表側には,「神を私達は信じる」という言葉が1番上にある。リンカンの1セント硬貨の図案の考案者は，「私はリンカンを笑顔にしました。彼が子供に話しかけているのを想像しました。全てのアメリカの硬貨の中で，リンカンは右を向いている唯一の大統領です」と述べている。
>
> 1959年に，1セント硬貨の裏側をリンカン記念堂の写真に変えて，1セント硬貨は両側に同一人物を示す唯一の米国の硬貨になった。リンカン記念1セント硬貨の裏側には，記念堂の中央の椅子に座っている非常に小さなエイブラハム・リンカン大統領がいることを，多くのアメリカ人でさえ知らない。そこにいることを知っていれば，自分の目で見つけられるだろう。でも，きっと性能の良い顕微鏡でそれを見ることができる。左から右へと硬貨を裏返せば，裏側は上下逆さまになる。
>
> 2009年に，アメリカはリンカン記念1セント硬貨を作るのを停止したが，政府はエイブラハム・リンカンの生誕200年を記念して4つの特別1セント硬貨を作った。リンカン像は表にそのままとどまり，裏には，リンカンの人生の重要な局面から4つの異なった図案が含まれていた。2010年には，異なった裏側の図案を持つ新しいリンカン1セント硬貨が出現した。
>
> 子供の頃，リンカンは楽な生活を送っていなかった。彼は1年間だけしか学校へ行っていなかった。でも，彼は勉強をすることが大好きで，借りてきた本から学んだ。彼の本好きが彼の人生を変えて，彼は世界を変革した。アメリカ史上最も偉大な指導者の1人として，現在の人々でさえ彼のことを尊敬している。リンカンの1セント硬貨には，感傷的で神聖な面があるので，人々はこれらの硬貨を愛でて，使い続けたいと願っている。

この授業のおかげで，ジャックと私は非常に親しい友達となった。彼は私の英語の勉強を手助けしてくれた。私は彼に日本の物事について教えた。私がアメリカに滞在している間に，互いのほとんどの時間を一緒に過ごした。少しずつ私の英語は上達し，各教科においても，私は進歩した。私はアメリカで実に楽しい時間を過ごしていた。

私の最初の学年が終了したある日に，困っている人々を助けるために，ジャックと私は，瓶に1セント硬貨を貯めることにした。私達の規則は明快だ。楽しい日を過ごした時，テストで良い成績を収めた時，野球の試合でヒットを打った時，美味しい食べ物を食べた時，誰かを助けた時などに，私達の瓶に何枚かの1セント硬貨を入れることができる，といったものだ。私達の各々は2,000セント以上を貯えた。私達は未だに硬貨を貯えていて，私達の瓶はほぼ一杯になっている。

突然，さよならを言う時がやって来た。私の家族は5月に日本に戻ることになった。私は本当にそこでの暮らしが気に入っていたので，彼にそう告げることは不可能だと感じた。そこで，(5)私は彼をリンカン記念堂へ招いた。私はそこで彼に告知することにしたのだ。

リンカン記念堂の周辺では，3月から4月にかけて，多くの桜の花を見ることができる。その日は4月初期で，美しい日だった。私達はナショナルモールを歩き回り，十分に桜の花を楽しんだ。桜の花越しに，リンカン記念堂を見ることができた。それは素晴らしかった。そこで，私の家族がアメリカを離れることを，私はジャックに伝えた。彼は黙っていたが，私達はひたすら泣いた。私は歴史の授業のあの日のことを思い出していた。彼はとても親切で，リンカン1セント硬貨について一緒に書くことを，私に尋ねたのだった。アメリカでは，私は素晴らしい友達を見つけて，多くの価値あることを学んだ。私は本当にそこに所属している思いだった。目を閉じると，それらの美しい桜の花を今でも思い出すことができる。

今，私は日本に戻っている。私は中学3年生で，2月の大切な試験のために準備している。ジャックと私はほぼ毎日電子メールを交換している。私達はオンラインで大いにチャットをする。私達は未だに近隣に住んでいるかのような気がする。アメリカ暮らしを通じて，私はより積極的で，好奇心旺盛で，人なつっこくなった。(6)もし問題があっても，そこから脱却する方法は常にある。試してみるまでは，決してわからないだろう。自身を信じて，最善を尽くしてほしい。

基本　〔問1〕 (However, she) told me that my father wanted her and me to go (together.)　＜tell＋人＋that＋主語＋動詞＞「主語が動詞であるということを人に告げる」 ＜want＋人＋不定詞＞「人に～［不定詞］して欲しい」

基本　〔問2〕「母は『アメリカ合衆国で生活をすることは，私達皆にとって，非常に貴重な経験になるだろう。もし困難があるとしても，きっと一緒に解決できる』と付け加えた。父も『心配するな。(2)物事が起きる時は起きるものだ』と述べた」 以上の文脈より，正解は，イ「将来何が起きるか待って見てみよう」 You will wait and see what will happen in the future. ← 疑問文が他の文に組み込まれている間接疑問文。 living in ←動名詞＜原形＋-ing＞「～すること」 ア「将来何が起きるか知るまでに，長い間待つ必要がある」 you know what will happen in the future. ← 疑問文が他の文に組み込まれている間接疑問文。 ウ「もし将来を知れば，好きなように変えられる」 can be changed ← ＜助動詞＋be＋過去分詞＞助動詞付きの文の受動態 エ「将来何が起きるかを知っていることは非常に役立つ」 Knowing what will happen in the future is very helpful. ← 動名詞＜原形＋-ing＞「～すること」／← 疑問文が他の文に組み込まれている間接疑問文

やや難　〔問3〕 下線部(3)は，「自分はちょうど森の中を単独で歩いている赤ん坊の鹿のようであると感じた」の意。その前文では，自分の置かれている状況を「ちょうど外国へ引っ越したばかりで，そこで使われている言語が理解できない」と記していることから考えること。 (解答例訳)「助けてくれる人が誰も見つからず，新しい状況下で何をしたらよいかわからない，ということを意味している」 a baby deer walking alone ← ＜名詞＋現在分詞＋他の語句＞「～している名詞」現在分詞の形容詞的用法 a student who has just moved ← 主格の関係代名詞 who／＜have［has］＋過去分詞＞現在完了 the language used there ← ＜名詞＋過去分詞＋他の語句＞「～された名詞」過去分詞の名詞的用法

やや難　〔問4〕 下線部(4)は「私は彼の考えにすぐに同意した」。彼の提案は Why don't we write about the Lincoln cent？であるが，そのままの形では英文の空所に当てはまらない。同じ趣旨の英文が第12段落第9文(He was so kind that he asked me to write about the Lincoln cent together.)にあり，下線部を空所に入れればよいことになる。 (解答訳)「彼は私に一緒にリンカンの1セント硬貨について書くように尋ねて，私はすぐに彼に同意した」 said yes to his idea = agreed with him　immediately = right away　Why don' we ～？「～しませんか，し

ようか」 so ～ that ...「とても～なので…」

やや難　〔問5〕 下線部(5)は,「私は彼をリンカン記念堂へ招いた」の意。その目的は日本へ帰国することを相手に告げるためだが,何と言って連れ出したか,そのせりふを20語以上の英語で答える問題。季節が桜の開花の時期であることと,次段落で桜を満喫したことが記されていることを参考にすること。 (解答例の訳)「リンカン記念堂周辺の桜の花は今が見頃です。私はそこに行ったことがないので,4月のいつか私をそこへ連れて行ってくれませんか」

やや難　〔問6〕 下線部(6)は,「もし問題があっても,常にそこから脱却する方法はある」の意。第2段落第10文に If there is a difficulty, I am sure we can solve it together.「もし困難があっても,きっと一緒にそれを解決できる」とある。

基本　〔問7〕 質問:「もしリンカンの記念1セント硬貨を左から右へと裏返したら,どの図案をあなたは見つけるだろうか」 第5段落最終文(Of all the U.S. coins, Lincoln is the only president facing to the right.),及び,第6段落最終文(When you turn the coin from left to right, the back side is upside down.)の記述を参考にすること。 the only president facing to the right ← ＜名詞 + 現在分詞(原形 + -ing)+ 他の語句＞「～している名詞」現在分詞の形容詞的用法

やや難　〔問8〕 空所を含む文は「彼らの日が［　　　］時は,ジャックとジュンは1セント硬貨を彼らの瓶に入れなかった」の意。硬貨を入れる時の規則に関しては,第10段落第3文で We can put some pennies in our bottles when we have a happy day, when we get a good grade on a test, get a hit in a baseball game, eat delicious food, and help someone .... と述べられている。正解は,sad「悲しかった」。ちなみに,sadは第4段落第5文で使われている(He looked sad, ～)。

重要　〔問9〕 ア「2017年に,ジュンの家族はワシントンD.C.の近くの1,000人ぐらいの人々の住む小さな町に住み始めた」(×) 第3段落第1文に in 2017, our family started living in the town with just over 2,000 people. とあるので,不可。 started living ← ＜原形 + -ing＞「～すること」動名詞 イ「ジュンがアメリカの学校へ通い始めた直後に,そこでの学校に関する彼の考えは正しいことがわかった」(×) 第3段落第7・8文にGetting used to a new school abroad and understanding most of the classes seemed almost impossible. Surprisingly, however, I quickly found I was wrong. とあるので,不可。 getting used to a new school abroad ～/understanding most of the classes ～ ← ＜原形 + -ing＞「～すること」動名詞 ウ「ジャックは長い間ジュンに話しかけたかったが,ジュンにどうやって話しかけたらよいかわからなかった」(○) ジャックはジュンに I have long wanted to talk to you, but I didn' t know what to say.(第4段落第5文)と述べているので,一致している。 for a long time「長い間」 how to begin ← ＜how + 不定詞[to + 原形]＞「～する方法,どう～したらよいか」 have long wanted to talk to ～「長い間話しかけたかった」← 現在完了＜have[has]+ 過去分詞＞(完了・結果・経験・継続) what to say「何を言うか」← ＜what + 不定詞[to + 原形]＞「何を～したらよいか」 エ「リンカンの記念1セント硬貨の両面に,自分の目でエイブラハム・リンカンを見つけることはたやすい」(×) 第6段落第2・3・4文(Even many Americans do not know that the back of a Lincoln memorial cent has a very tiny President Abraham Lincoln sitting in his chair in the middle of the memorial. If you know he is there, you can find it with your eyes. But you can certainly see it with a good microscope.)を参照のこと。 It is easy to find ～ ← ＜It is + 形容詞 + 不定詞[to + 原形]＞「～[不定詞]することは…[形容詞]である」 a very tiny President Abraham Lincoln sitting in「～に座って

いる非常に小さなエイブラハム・リンカン大統領」← <名詞 + 現在分詞[原形 + -ing]+ 他の語句>「～している名詞」現在分詞の形容詞的用法　オ「2010年に，アメリカ合衆国政府はリンカンの1セント硬貨を永遠に製造することを中止した」(×)　2009年には，リンカンの記念硬貨の製造を中止したが，生誕200年を祝うために4つの特別な1セント硬貨が製造された(第7段落第1文)。また，2010年には裏面が異なったデザインの新しいリンカンの1セント硬貨が出現している(第7段落最終文)。　stopped making[producing] ← <原形 + -ing>「～すること」動名詞　カ「アメリカ人にリンカンが本を好きだったことを思い起こさせるので，リンカン1セント硬貨は大切にされている」リンカンが本好きだったことは，第8段落第4文で(His love of books changed his life ～)触れられているが，1セント硬貨が大切にされていることの理由としては述べられていない。　are respected ← <be動詞 + 過去分詞>受動態「～される，されている」　remind A of B「AにBを思い起こさせる」キ「ジャックとジュンはほぼ4,000セントを蓄えて，貧しい人々へそれらを与えた」(×)　第10段落第4文にEach of us saved over two thousand pennies. とあるので，不可。　in need「まさかの時の，困った時の」ク「ジャックとジュンは今互いに近くに住んでいて，しばしば互いの家を訪れる」(×)　第13段落第1文にNow I am back in Japan. と述べられており，第13段落第5文にI feel we are still close neighbors. とあるが，メールやチャットのやり取りを頻繁に交換しており(第13段落第3・4文)，近くに住んでいるように感じられているだけである。　are living ← <be動詞 + 現在分詞[原形 + -ing]>進行形　each other「お互い」

★ワンポイントアドバイス★

2〔問4〕・〔問9〕，3〔問4〕・〔問8〕はいずれも本文中で使われている語で空所を補充して文を完成する問題である。どのような完成文になるかを思い描きながら，空所に当てはまりそうな語(句)を本文で探すことになる。

<国語解答>

1　(1)　としなみ　(2)　え　(3)　しじつ　(4)　しゃへい　(5)　かがくじょうたつ

2　(1)　岡持(ち)　(2)　真善美　(3)　灯火　(4)　感興　(5)　眼光紙背

3　〔問1〕　イ　〔問2〕　エ　〔問3〕　ウ　〔問4〕　エ　〔問5〕　ア
〔問6〕　i　□　せ　●　か　▲　そ　◇　ろ　ii　イ

4　〔問1〕　1　線ではなくて点の並んだようなもの　2　根と根でつながり結ばれている
〔問2〕　ウ　〔問3〕　ア　〔問4〕　ウ　〔問5〕　ア　〔問6〕　イ
〔問7〕　(例)　私は，自分の考えを伝える際に，受取り手がどう感じるかに気を配るべきだと考える。行事の準備が思うように進まないもどかしさから，他者を責めるような露骨な指摘をしたことで結局クラスがまとまらなかった。露骨な指摘よりも，相手の立場に配慮し，判断の余地を与え，共感を呼ぶような表現を用いるべきだったのだ。考えを伝えることは関係性の構築でもある。相手に配慮した表現はその関係性を前向きなものにすると私は考える。

5　〔問1〕　エ　〔問2〕　イ　〔問3〕　ウ　〔問4〕　イ　〔問5〕　エ

○配点○

1　各2点×5　2　各2点×5　3　〔問6〕　各2点×2（ｉ完答）　他　各4点×5
4　〔問1〕　各2点×2　〔問7〕　12点　他　各4点×5　5　各4点×5　計100点

＜国語解説＞

1　（知識－漢字の読み書き）

(1)　「寄る年波」は，年を取ることを波がおしよせる様子にたとえた表現。　(2)　「柄」には「ヘイ・がら・え」という読みがある。　(3)　「摯実」は，真面目で実直な様子。　(4)　「遮蔽」は，おおいをして見えなくすること。　(5)　「下学上達」は論語の言葉で，身近なところから学び始めてやがて深い学問にいたること。

2　（知識－漢字の読み書き）

(1)　「岡持ち」は，出前の料理を運ぶための道具。　(2)　「真善美」は，人間が理想とする認識上の真，倫理上の善，審美上の美のこと。　(3)　「灯火親しむ候」は，読書にふさわしい秋を指す。(4)　「感興」を同音異義語の「環境」などとしない。　(5)　「眼光紙背に徹す」は，書物の文言の深い意味まで理解するという意味である。

3　（小説―情景・心情，内容吟味，脱文・脱語補充）

基本　〔問1〕　おじいちゃんは，雨の日を「絶好のお出かけ日和」とするひいおじいちゃんの感性の話をして，玲の反応をおもしろがっているので，イが正解。アの「エピソード」は，本文にない内容。おじいちゃんが，自分の父親についてウの「楽しい会話にならない」，エの「何を考えているかわからない」と思っているかどうかはわからないし，そのために玲に期待している様子は読み取れない。

〔問2〕　「立春」を「一年のはじまり」として祝う習慣は，日本のどの家庭にもあるものではない。玲が「お母さんが教えてくれた」と言ったことで，玲の祖父母は，自分たちが大切にしてきたことが娘から孫に伝わっていることを察したのである。正解はエ。アは，「正確に伝えるべきだ」が文脈に合わない。この後の場面で祖父母と玲は立春の過ごし方について話しているが，イの「決意」は表現として強すぎる。ウは，「教育熱心」「感心」という説明が，この場面にそぐわない。

〔問3〕　玲にとって，新しい長靴は「ひいおじいちゃんが買ってくれた」ことに価値があり，この家に自分の物を置いておくことで自分の居場所を確保するという意味があったので，ウが正解となる。アは，長靴を持って帰らないことの理由を説明していない。この家の人たちはみな玲を歓迎しており，イの「口実」は必要ではない。エは，この後の場面の説明になっているので，不適切である。

重要　〔問4〕　玲は，お母さんがこの家の立春の過ごし方を自分と共有してくれたように，自分がこの家で経験したことをお母さんと共有したいと思っているので，エが正解。伝えたいことは直接お母さんに話すつもりなので，メモに残して伝えると説明するアとイは不適切。ウは「お母さんに話したい」につながらないので，誤りである。

〔問5〕　ひいおじいちゃんは，おじいちゃんとの会話では「めんどくさそう」にしているが，玲に対する「今度，あなたのお母さんも連れていらっしゃい」などの言葉は，家族とのつながりを意識しているように見えるので，アが正解。おじいちゃんからは，イの「必死」な様子は読み取れない。この日のメニューがすき焼きだったのは立春だったためであり，おばあちゃんの「演出」

によるものではないので，ウは不適切。エのお母さんの「罪悪感」は，本文からは読み取れない。

やや難 〔問6〕 i 二重傍線部の畳語は,「めいめい」「じゅうじゅう」「そろそろ」「じゃんじゃん」「ひりひり」「そもそも」「もぐもぐ」「ちかちか」「せかせか」「もしもし」「いそいそ」「そうそう」である。このうち，「時間が徐々に迫る様子」を表現する「▲◇▲◇」に該当するのは「そろそろ」なので，▲は「そ」，◇は「ろ」が入る。「その時の気分や感情を表す効果」を持つ「□●□●」「△▲△▲」には「せかせか」「いそいそ」のいずれかが入るが，「△▲△▲」の2字目と4字目には「そ」が入ることが分かっているので，□は「せ」，●は「か」，△は「い」が入る。 ii 「ひりひり」は，本来痛みや辛味を継続して感じる様子を表す言葉であるが，ここでは玲の「まずい」「あせる」「どうしていいかわからなくなって」という気持ちを表しているので，イが正解。

4 (論説文－内容吟味，文脈把握，段落・文章構成，作文)

基本 〔問1〕 1 傍線部(1)の次の段落に「親しいと感じ合っている人たちの間の言語における論理は線ではなくて点の並んだようなものになっている。」とある。 2 傍線部(3)の次の段落に「ひとつひとつの点は決してバラバラに散っているのではなく，根と根でつながり結ばれているのである。」とある。

〔問2〕 傍線部(2)の次の段落の「点と点を結び合わせる感覚が下敷きになっている」，傍線部(3)の次の段落の「受け手の側に，点と点を結合させて線をつくり上げる統合作用がある」と合致するウが正解。点を線にするためには，送り手と受け手の双方に了解がなければならないが，アは送り手，エは受け手のみの働きとして説明されている。理解させることが目的ならば，余韻や含蓄のない線的な工夫のほうが有効なので，イは不適切である。

〔問3〕 傍線部(3)の「踏み外すことのない太い線」は線の論理を指す。これは，第二段落で説明されている法律の条文のように，「表現の道筋はあくまで太くしっかりしている」「表現は……誤解の起こらないように配慮されたもの」という特徴があるので，これと合致するアが正解。イの「ダブル・プロット」「トリプル・プロット」や，ウの「暗にほのめかす言葉」は，点の論理のものである。線の論理では，複数の解釈が可能な表現を認めないので，エは誤りである。

重要 〔問4〕 傍線部(4)の「アイランド・フォーム」は点の論理で，「言葉の連想領域が大きい」「多くの語義や派生語がある」「間接的・象徴的表現」「あいまい」という特徴があるので，cが適切な説明。一方，傍線部(5)の「コンティネンタル・フォーム」は線の論理で，「語義の範囲や連想の領域が限定されている」「直接的でつよい表現」「明晰」という特徴がある。この説明としてはｆが適切で，両方を満たすウが正解である。aとeは前半が点の論理で後半が線の論理の説明，bとdは前半が線の論理で後半が点の論理の説明になっている。

〔問5〕 傍線部(6)の「そういう表現」は，点の論理の表現を指しているが，「当てはまらないもの」を選ぶ問題なので，誤解が生じない明晰な表現を選ぶ。アは会話を中断させて自分が話しかけるときに用いる表現であり，誤解の余地がないので，これが適切な選択肢である。イの「そのうちに」は具体的にいつを指しているのか明確でない。ウの「結構です」は,「ください」「いりません」のどちらの意味か判断が難しい。エの「前向きに検討します」は，提案を受け入れるか受け入れないかという点を明らかにしない返答である。

〔問6〕 本文は，前半・後半とも日本語の点の論理とヨーロッパの言語の線の論理を対比しており，生活や文化と関連させて考察を深める形で展開しているので，イが正解。アは「問題点」「難解で抽象的な内容」という説明が本文と合わない。ウは,「項目ごとに結論をまとめている」という説明が誤り。筆者は,「ヨーロッパ中心の従来の視点の変化」を促していないので，エの説明は不適切である。

やや難　〔問7〕　設問の条件に従って書くこと。傍線部(7)の内容について，日常の生活において自分が他者に考えを伝えるときに気をつけていることを踏まえ，自分の考えを200字以内で書く。解答例は，自分の経験を踏まえて，相手に配慮した表現をするべきだという考えを述べている。書き終わったら必ず読み返して，誤字・脱字や表現の不自然なところは改める。

5　(和歌を含む論説文―内容吟味，語句の意味)

〔問1〕　短歌が「形式自体に豊かな弾力性があり，時代感情の変化に応じて調子も変化してゆくという柔軟な適応力がそなわっている」のに対し，旋頭歌が「五七七の，やや重たく，悠長に響く調べを守り通すほかなかった」ことを踏まえたエが正解。アは，短歌に触れていないので不適切。イは，「旋頭歌の形式が，壊されてしまった」という説明が誤り。ウは，「技術の継承」を原因としている点が本文と合わない。

やや難　〔問2〕　傍線部(2)の「余技」は，本職としてではなく楽しみですること。短歌が「抒情詩表現の一極限形式」を確立し，「個人の主観の燃焼」を可能にしたのに対し，山上憶良の旋頭歌は感情表現がなく，花の名を列挙するだけの言葉遊びになっている。正解はイ。知識や技術によって違いが生じたのではないので，アは誤り。憶良の旋頭歌は「同じ調子の繰り返しの巧みな様子」を表現するためのものではないので，ウは不適切。エの「低次元」は言い過ぎである。

基本　〔問3〕　傍線部(3)の「なかんずく」は，その中でも特にという意味なので，ウが正解。

重要　〔問4〕　筆者が，「夏影の」の歌について，「あれこれ空想させられる」点や「やや大に裁て」という表現の「音楽的な情感のたゆたい」「古拙な感じ，悠揚せまらぬ感じ，細やかな情感が小うるさい描写などなしにわき流れている感じ」に魅力を感じていることと合致するイが正解。アは，「やや大に」の表現効果に触れていないので不適切。ウの視点の変化について，筆者は言及していない。筆者はこの歌について「古拙」と述べており，エの「構成が巧みに洗練されている」という説明は不適切である。

〔問5〕　この文章は，初めに「夏影の」の歌を引用し，短歌と旋頭歌の形式と表現の特徴を述べた後，「夏影の」の歌の魅力について述べているので，前半の内容に合致するエが正解となる。アは，「柿本人麻呂」という個人に焦点を当てた説明になっている点が不適切。イは，本文の後半は旋頭歌自体の魅力ではなく，柿本人麻呂の旋頭歌の魅力を解説しているので誤り。ウは，本文で「夏影の」の歌の内容について詳しく説明しているのは後半なので誤りである。

★ワンポイントアドバイス★

当てはまる文字や語句を考えるときは，前後の表現がヒントとなる。順序に関係なく，わかりやすいところから選択肢を絞っていこう。そうして導き出した解答も，他の箇所を推理する手がかりになるはずだ。

MEMO

大切なことはメモしておこうネ！

都立国立高等学校

2022年度

入　試　問　題

●くわしい解説……37ページ

＜数学＞

時間 50 分　満点 100 点

【注意】答えに根号が含まれるときは，根号を付けたまま，分母に根号を含まない形で表しなさい。
また，根号の中を最も小さい自然数にしなさい。

1　次の各問に答えよ。

〔問1〕 $\left(\dfrac{\sqrt{5}+\sqrt{3}}{\sqrt{2}}\right)^2+\left(\dfrac{\sqrt{5}+\sqrt{3}}{\sqrt{2}}\right)\left(\dfrac{\sqrt{5}-\sqrt{3}}{\sqrt{2}}\right)-\left(\dfrac{\sqrt{5}-\sqrt{3}}{\sqrt{2}}\right)^2$ を計算せよ。

〔問2〕 連立方程式 $\begin{cases} \dfrac{1}{2}x-\dfrac{1}{4}y=-\dfrac{1}{3} \\ 2x+6y=1 \end{cases}$ を解け。

〔問3〕 2 次方程式　$(2x-1)^2-6=5(2x-1)$　を解け。

〔問4〕 箱の中に 1，2，3，4，5，6，7，8 の数字を 1 つずつ書いた 8 枚のカード$\boxed{1}$，$\boxed{2}$，$\boxed{3}$，$\boxed{4}$，$\boxed{5}$，$\boxed{6}$，$\boxed{7}$，$\boxed{8}$ が入っている。

箱の中から 1 枚のカードを取り出し，取り出したカードを箱に戻すという操作を 2 回繰り返す。

1 回目に取り出したカードに書かれた数を a，2 回目に取り出したカードに書かれた数を b とするとき，2 桁の自然数 $10a+b$ が 3 の倍数となる確率を求めよ。

ただし，どのカードが取り出されることも同様に確からしいものとする。

〔問5〕 右の図において，△ABC は正三角形である。

点 P は辺 BC 上にあり，BP：PC= $\sqrt{3}$：1 である。

解答欄に示した図をもとにして，点 P を定規とコンパスを用いて作図によって求め，点 P の位置を示す文字 P も書け。

ただし，作図に用いた線は消さないでおくこと。

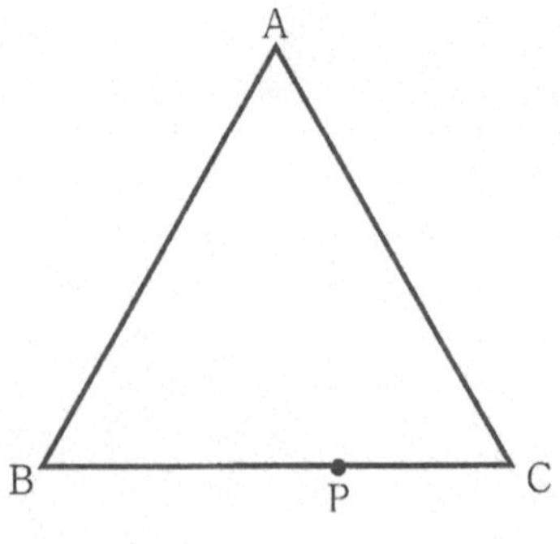

2　右の図1で，点Oは原点，曲線fは関数$y=-\frac{1}{2}x^2$のグラフを表している。

原点から点（1，0）までの距離，および原点から点$(0, 1)$までの距離をそれぞれ1cmとする。

次の各問に答えよ。

図1

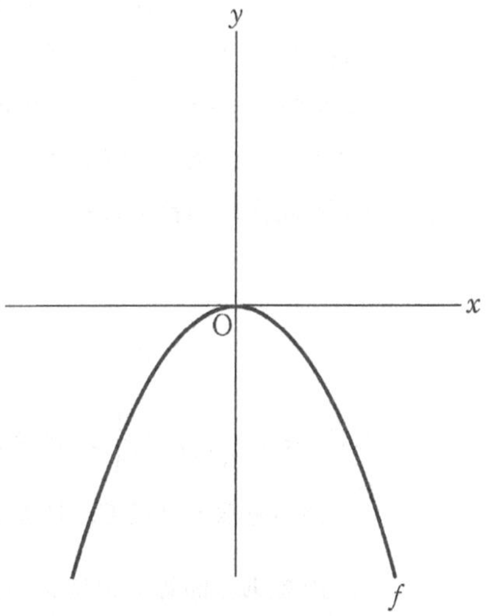

〔問1〕　関数$y=-\frac{1}{2}x^2$について，
xの変域が$-2a \leqq x \leqq a\ (a>0)$であるとき，
yの変域を不等号とaを用いて$\boxed{} \leqq y \leqq \boxed{}$で表せ。

〔問2〕 右の図2は，図1において，曲線f上にありx座標が$-2a$，a ($a>0$) である点をそれぞれA，Bとし，曲線gは関数$y=px^2$ ($p>0$) のグラフで，曲線g上にありx座標が$-2a$，aである点をそれぞれC，Dとし，点Aと点C，点Bと点Dをそれぞれ結んだ場合を表している。

図2

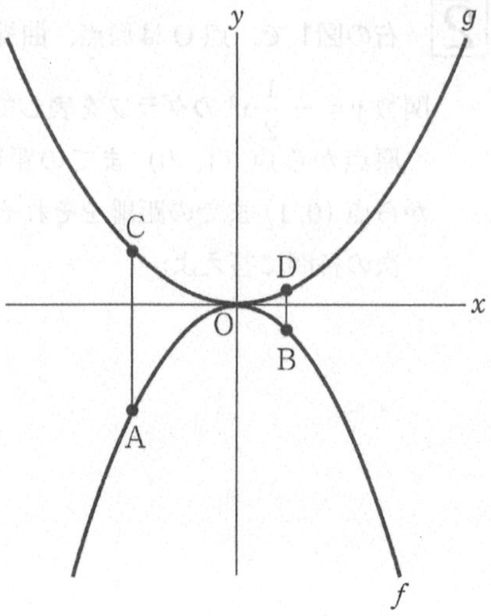

(1) $a=\dfrac{1}{3}$，$p=\dfrac{1}{4}$のとき，2点A，Bを通る直線と2点C，Dを通る直線との交点をE，曲線g上にあり，x座標がtで点Cと異なる点をFとし，点Aと点F，点Eと点Fをそれぞれ結んだ場合を考える。

△AECの面積と△AEFの面積が等しくなるとき，tの値を求めよ。

ただし，答えだけではなく，答えを求める過程が分かるように，途中の式や計算なども書け。

(2) 点Oと点A，点Oと点B，点Oと点C，点Oと点Dをそれぞれ結んだ場合を考える。

△OAC，△OBDの面積をそれぞれS cm²，T cm²とするとき，S＋Tをa，pを用いて表せ。

また，a，pがともに自然数のとき，S＋Tの値が自然数になるもののうち，最も小さい値を求めよ。

3　右の図1で，△ABCは鋭角三角形である。
辺BCの中点をDとする。
頂点Aと点Dを結ぶ。
点Pは線分AD上にある点で，頂点Aと点Dのいずれにも一致しない。
頂点Bと点P，頂点Cと点Pをそれぞれ結ぶ。
次の各問に答えよ。

図1

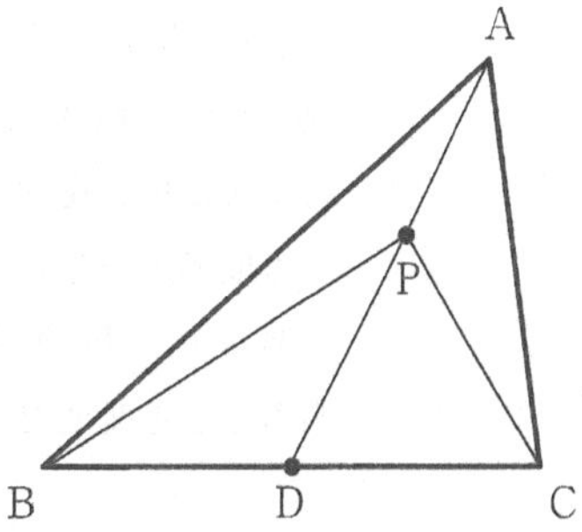

〔問1〕　図1において，∠BPC＝90°，∠PDC＝78°のとき，∠APBの大きさは何度か。

〔問2〕　右の図2は，図1において，線分BPをPの方向に延ばした直線と辺ACとの交点をE，線分CPをPの方向に延ばした直線と辺ABとの交点をFとした場合を表している。

図2

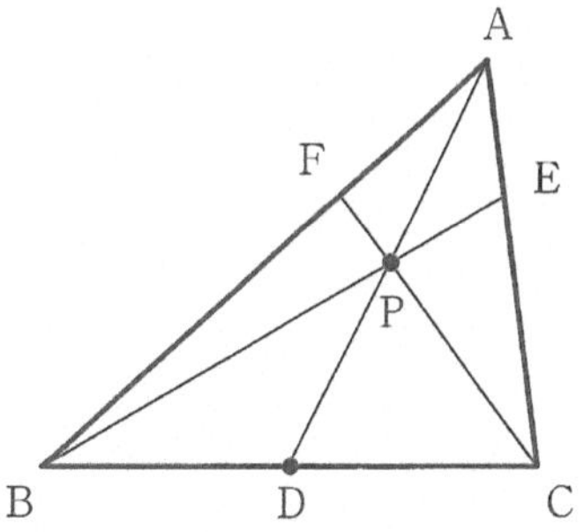

(1)　点Fを通り，線分ADに平行な直線を引き，線分BP，線分BDとの交点をそれぞれH，Iとした場合を考える。
BF：FA=2：1のとき，HI：ADを最も簡単な整数の比で表せ。

〔2〕 右の図3は，図2において，頂点Bを通り，辺ACに平行に引いた直線と，頂点Cを通り，辺BEに平行に引いた直線との交点をJとし，点Dと点J，点Fと点Jをそれぞれ結んだ場合を表している。

点E，点Fがそれぞれ辺AC，辺ABの中点であるとき，四角形AFJDは平行四辺形であることを証明せよ。

図3

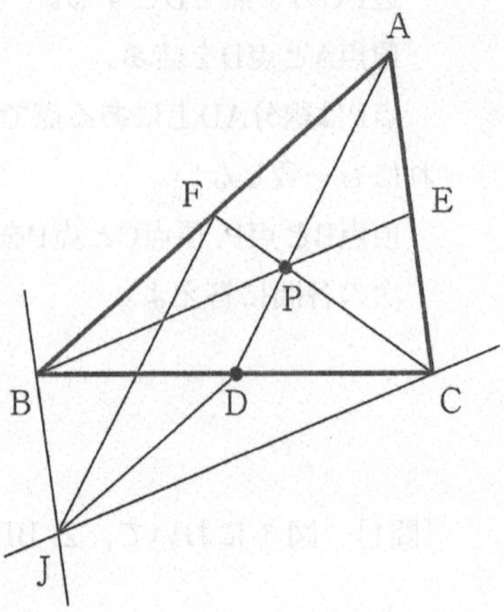

4 右の図1に示した立体ABCD－EFGHは，1辺の長さが8 cmの立方体である。

辺EFおよび線分EFをFの方向に延ばした直線上にある点をPとする。

次の各問に答えよ。

図 1

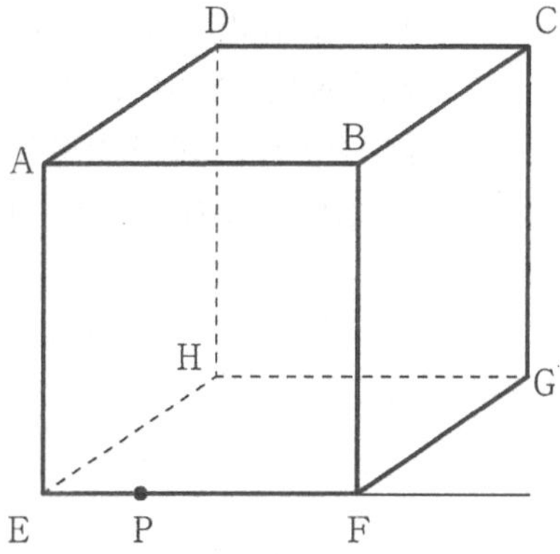

〔問1〕 右の図2は，図1において，点Pと頂点B，頂点Bと頂点G，頂点Gと点Pをそれぞれ結んだ場合を表している。

図 2

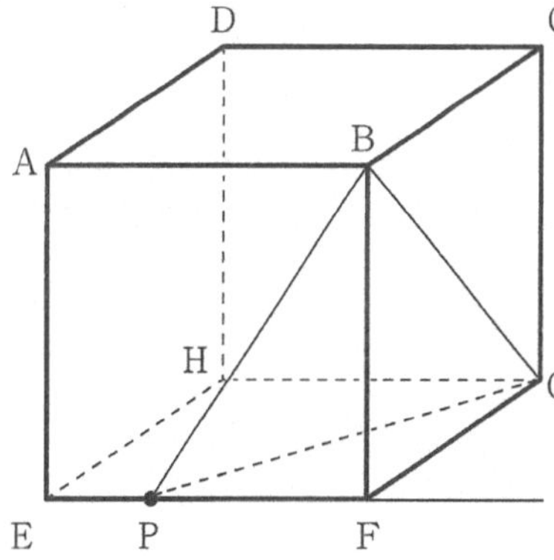

(1) 点Pが辺EF上にあり，立体P－BFGの体積が立体ABCD－EFGHの体積の$\frac{1}{10}$倍になるとき，EPの長さは何cmか。

(2) 右の図3は，図2において，EP＝4cmのとき，線分BG上にあり，頂点B，頂点Gのいずれにも一致しない点をQとし，点Pと点Q，頂点Cと点Qをそれぞれ結んだ場合を表している。

PQ＋QCの長さが最も短くなるとき，△PQGと△BQCの面積の和は何cm^2か。

ただし，答えだけでなく，答えを求める過程が分かるように，図や途中の式などもかけ。

図 3

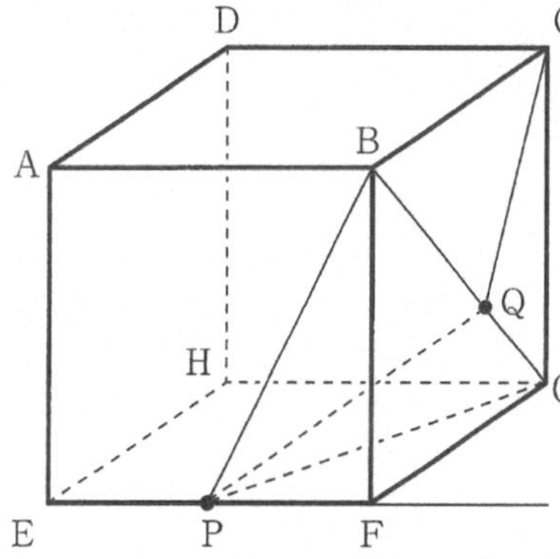

［問2］ 下の図4は，図1において，EP=24cmのとき，辺CD，辺AE，辺FG の中点をそれぞれL，M，Nとし，辺CG上にあり，頂点C，頂点G のいずれにも一致しない点をIとし，点Mと点N，点Nと点P，点Pと点M，点Lと点M，点Lと点N，点Lと点P，点Iと点M，点Iと点L，点Iと点Pをそれぞれ結んだ場合を表している。

立体N－LMPと立体I－LMPの体積が等しいとき，IGの長さは何cmか。

図4

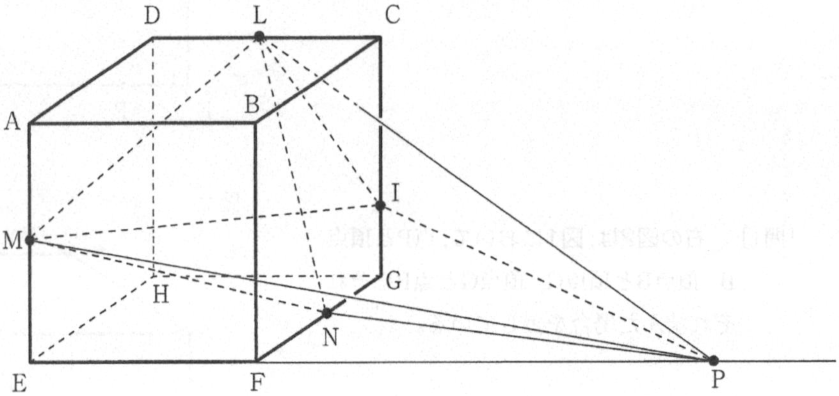

＜英語＞

時間　50分　　満点　100点

※リスニングテストの音声は弊社HPにアクセスの上，
音声データをダウンロードしてご利用ください。

1 リスニングテスト（放送による指示に従って答えなさい。）

〔問題A〕 次のア～エの中から適するものをそれぞれ一つずつ選びなさい。

＜対話文1＞

ア　This afternoon.
イ　This morning.
ウ　Tomorrow morning.
エ　This evening.

＜対話文2＞

ア　To the teacher's room.
イ　To the music room.
ウ　To the library.
エ　To the art room.

＜対話文3＞

ア　One hundred years old.
イ　Ninety-nine years old.
ウ　Seventy-two years old.
エ　Sixty years old.

〔問題B〕 ＜Question1＞では，下のア～エの中から適するものを一つ選びなさい。
＜Question2＞では，質問に対する答えを英語で書きなさい。

＜Question1＞

ア　Walking.
イ　Swimming.
ウ　Basketball.
エ　Skiing.

＜Question2＞

（15秒程度，答えを書く時間があります。）

2 次の対話の文章を読んで，あとの各問に答えなさい。
（*印のついている単語・語句には，本文のあとに〔注〕がある。）

Oliver is a high school student living in the United States. He is chatting online with his friends, Kana, a Japanese high school student, and Jun, her younger brother. Oliver lived in their neighborhood in Japan.

Oliver : Hi! How are you doing?

Kana : I'm a little tired. It's too hot in Tokyo.

Oliver : I know. (1)Hot weather is becoming part of our lives.

Jun : Because of climate change?

Oliver : Yeah. Rising temperatures on the earth are one of the causes of severe weather.

Jun : I have to do something to survive this hot weather.

Kana : Jun, you're always thinking about yourself. Well, Oliver, here in Japan more and more people are using *parasols to protect themselves from *sunlight. It will be nice if we can *cool the earth without difficulty like opening a parasol.

Oliver : Wait a minute! [(2)-a]

Jun : About a parasol?

Oliver : It is about *giving shade like a parasol. It's a new research project in the U.S. Scientists are thinking about creating a huge parasol for the earth.

Kana : Interesting. [(2)-b]

Oliver : It does. These scientists are going to use a *chemical to make our planet cool.

Jun : Are they trying to make a parasol from a chemical? [(2)-c]

Kana : How do they cool the earth with it?

Oliver : They are going to put *particles of the chemical in the *stratosphere. They will cut off some of the sunlight reaching the earth.

Kana : I see. You mean those particles will work like a parasol.

Oliver : That's a technology called *solar geoengineering.

Kana : Solar geoengineering? [(2)-d]

Oliver : The scientists of this solar geoengineering project learned from the events that happened in the natural world.

Kana : Tell me more.

Oliver : They learned from *volcanic eruptions. In the past, because of a huge volcanic eruption, the *average temperature of the earth went down about 0.6℃ and the cooler temperature lasted for two years.

Jun : Only 0.6℃? (3) I don't think it can make a big difference.

Oliver : That's not true, Jun. Temperatures go up and down every day, so a difference of, for example, 1℃ doesn't make a big difference. (4) However, 【① average temperature ② changes ③ small ④ mean ⑤ lot ⑥ a ⑦ of ⑧ the】.

Jun : I understand. Then, we can have high hopes for solar geoengineering.

Oliver : But we can't use the technology right now. There are many things we have to know before actually using it, so the scientists need to do a lot of research. They have a plan to send a special *balloon to the stratosphere. They are going to use it to put a chemical in the stratosphere.

Jun : Amazing!

Oliver : The scientists have already decided which chemical they are going to use in the experiment.

Jun : What is it?

Oliver : *Calcium carbonate. It is used in many things around us such as some types of medicine for stomachaches, so it doesn't seem dangerous.

Kana : Will solar geoengineering actually be effective enough?

Oliver : The scientists say so and they also say we can see its results quickly.

Kana : (5) I think that sounds too great.

Oliver : In fact, there are many people who are against this experiment.

Jun : Why?

Oliver : Well, one reason is that solar geoengineering can't be a solution to climate change.

Kana : What do you mean?

Oliver : It can't remove CO_2 from the air. It will just make the earth a little cooler.

Jun : Cooling the earth is a good thing.

Oliver : That may not be so simple, Jun. (6) ア I hear that if we start using the technology, we have to keep using it forever. イ We are trying to increase the amount of CO_2, and it's impossible to do so. ウ Calcium carbonate used to cool our planet will disappear in a year or less. エ On the other hand, CO_2 may stay in the air for 1,000 years or more. オ If we suddenly stop putting the chemical in the stratosphere, the world temperature may rise again and that will destroy the natural environment.

Kana : I see. That's a problem.

Oliver : It is said the world temperature has already risen 1℃ since *pre-industrial times. We need to keep the temperature *rise to 1.5℃.

Jun : If we can't, what will happen?

Kana : Many countries, especially poor countries, may receive great damage.

Jun : I wish we had a simple way like [(7)] to stop climate change.

Oliver : One of the scientists of the solar geoengineering project says that he is really worried about our future and also says that as a scientist he needs to think about all kinds of ways to change the course of our climate.

Jun : It is natural for scientists to try to find ways to end climate change.

Kana : Many countries and cities around the world have promised to cut their CO_2 *emissions to zero by 2050. Tokyo is one of them and the Tokyo Government made a report called "Zero Emission Tokyo."

Oliver : Have you read it?

Kana : I read just part of it in my social studies class. I found (8)a very interesting graph in it. Its title is "*Sector Breakdown of Greenhouse Gas Emissions in Tokyo."

Jun : Sounds difficult.

Kana : Guess which *sector *emitted the largest amount of CO_2.

Jun : Factories, of course!

Oliver : I don't think so. A large number of people live and work in Tokyo, but there are not so many big factories there.

Kana : You're right, Oliver. The CO_2 emissions from Sector A such as factories were less than 10%.

Jun : Then, which sector emitted the most?

Kana : That's Sector B such as offices, restaurants, and schools.

Jun : I see. There are many of those *institutions in Tokyo.

Kana : That's right. And the most interesting thing to me was the sector which came the second. That's Sector C, emissions from homes. Their emissions were more than those of Sector D such as cars, buses, and trucks.

Jun : Well, then it means....

Kana : Yes, it means that things we do at home such as recycling or growing plants are very important to stop climate change.

Jun : I've thought the fight against climate change is governments' or big companies' job, but that's my job, too.

Kana : Very good, Jun. You have to take action right now.

Oliver : As the first step, what are you going to do, Jun?

Jun : Well, I'm going to tell my friends that things we do can change the world.

Oliver : Great. What about you, Kana?

Kana : Actually, I've already begun. I'm trying to eat less meat and more vegetables.

Oliver : A famous scientist I respect said that, in a world of more than seven billion people, each of us is a *drop in the bucket. But (9)with enough drops, we can fill any bucket.

Kana : I like that.

Jun : Nice words. If everyone in the world works together, we can solve any problem.

Oliver : You're right. I enjoyed talking with you, Kana and Jun.

Kana : I also had a good time. Thank you. See you soon.

Jun : Bye, Oliver.

Oliver : Bye.

〔注〕 parasol　日傘　　sunlight　日光　　cool　冷やす
give shade　日陰を作る　　chemical　化学物質　　particle　分子
stratosphere　成層圏　　solar geoengineering　ソーラージオエンジニアリング
volcanic eruption　火山噴火　　average temperature　平均気温
balloon　気球　　calcium carbonate　炭酸カルシウム
pre-industrial times　産業革命前の時代　　rise　上昇
emission　排出
Sector Breakdown of Greenhouse Gas Emissions in Tokyo
東京の温室効果ガス排出量部門別構成比
sector　部門　　emit　排出する　　institution　施設
drop　しずく

〔問1〕 (1)Hot weather is becoming a part of our lives. とあるが，その表す意味とほぼ同じ表現は，次の中ではどれか。

ア Hot weather is becoming more traditional.
イ Hot weather is becoming more common.
ウ Hot weather is becoming more surprising.
エ Hot weather is becoming more special.

〔問2〕 (2)-a ～ (2)-d の中に，それぞれ次のA～Dのどれを入れるのがよいか。その組み合わせとして最も適切なものは，下のア～カの中ではどれか。

A I can't imagine that.
B I've never heard of it.
C That sounds like science fiction.
D That reminds me of an interesting project.

	(2)-a	(2)-b	(2)-c	(2)-d
ア	C	D	B	A
イ	C	A	D	B
ウ	C	B	A	D
エ	D	A	C	B
オ	D	A	B	C
カ	D	C	A	B

〔問3〕 (3) I don't think it can make a big difference. とあるが，その内容を次のように書き表すとすれば，[　　　　] の中にどのような英語を入れるのがよいか。対話文中の連続する４語で答えなさい。

I don't think it can [　　　　] enough.

〔問4〕 (4) However,【① average temperature ② changes ③ small ④ mean ⑤ lot ⑥ a ⑦ of ⑧ the】. とあるが，対話文の流れに合うように，【　　】内 の単語・語句を正しく並べかえたとき，２番目と５番目と８番目にくるものの組み合わせとして最も適切なものは，次のア～カの中ではどれか。

	２番目	５番目	８番目
ア	②	①	⑤
イ	②	④	③
ウ	③	①	⑤
エ	③	⑥	①
オ	⑤	①	④
カ	⑤	②	①

〔問5〕 (5) I think that sounds too great. とあるが，その表す意味とほぼ同じ表現は，次の中ではどれか。

ア It is true that many people support the experiment of solar geoengineering.
イ It is true that we can have high hopes for solar geoengineering.

ウ　It is difficult to believe that solar geoengineering has only good points.

エ　It is difficult to believe that the scientists are going to use a balloon in solar geoengineering.

〔問6〕 (6)［　　　　　］の中のア～オの文のうち，**対話文の流れに合わない**内容のものを**一つ**選びなさい。

〔問7〕 対話文中の［　　(7)　　］の中にどのような英語を入れるのがよいか。対話文中の**連続する３語**で答えなさい。

〔問8〕 (8)<u>a very interesting graph</u> とあるが，次のグラフは対話文中で説明されているものである。グラフの①～④の部門を表す組み合わせとして適切なものは，下のア～カの中ではどれか。

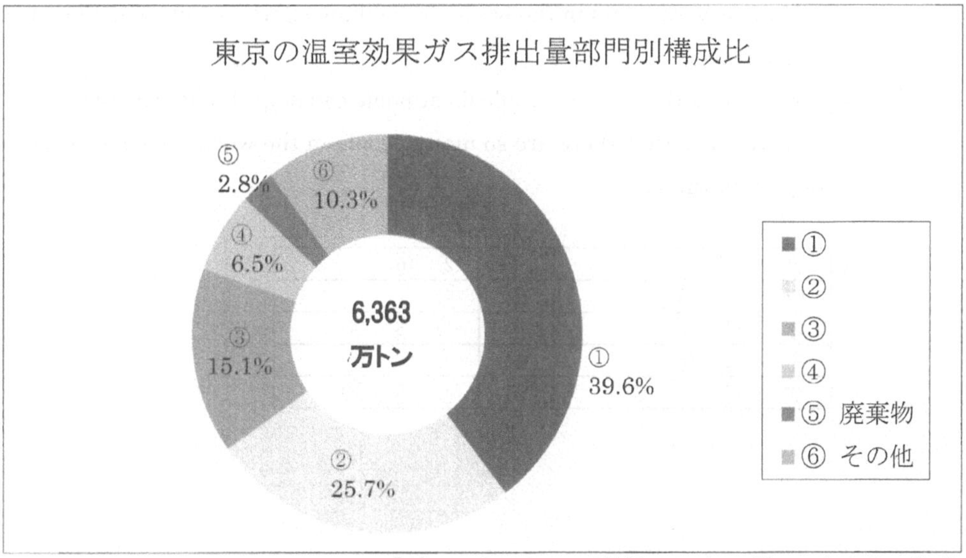

「ゼロエミッション東京 2020」のグラフをもとに作成

	①	②	③	④
ア	Sector A	Sector B	Sector D	Sector C
イ	Sector A	Sector C	Sector B	Sector D
ウ	Sector B	Sector C	Sector D	Sector A
エ	Sector B	Sector D	Sector A	Sector C
オ	Sector C	Sector A	Sector B	Sector D
カ	Sector C	Sector B	Sector D	Sector A

〔問9〕 (9)with enough drops, we can fill any bucket とあるが，この表現とほぼ同じ内容を表している文を対話文中から選び，その始めの2語と終わりの2語を答えなさい。なお，「,」「.」「!」「?」などは語数に含めないものとする。

〔問10〕 対話文の内容に合う英文の組み合わせとして最も適切なものは，下のア～コの中ではどれか。

① These days Tokyo is becoming cooler because many people are using parasols.
② Jun says that he is thinking about ways to protect people from hot weather.
③ The scientists of the solar geoengineering project are using a parasol now to cut off some sunlight.
④ In the experiment, the scientists are going to use a balloon to put a chemical in the stratosphere.
⑤ The chemical used in the experiment will be as dangerous as CO_2.
⑥ Many governments in the world are making efforts to cut their CO_2 emissions to 2050 level.
⑦ Kana says that things people do at home can stop climate change.
⑧ Oliver says that there are so many people in the world that no one can do an important thing.

ア	①　⑧	イ	②　⑥
ウ	③　⑤	エ	④　⑦
オ	④　⑧	カ	①　③　④
キ	②　⑤　⑦	ク	③　④　⑦
ケ	③　⑤　⑦	コ	④　⑤　⑧

3　次の文章を読んで，あとの各問に答えなさい。
（*印のついている単語・語句には，本文のあとに〔注1〕がある。また，**印のついている単語には，本文のあとに〔注2〕があり，英語で意味が説明されている。）

Hello, my name is Lisa Smith. My friends call me Lisa. I'm fifteen years old. I live with my parents and my brother in a small town in Canada. The other day, something important happened and I have realized that pet animals have special powers. Why do I think pet animals have special powers? I'll tell you why.

I'm a junior high school student. I walk to and from school every day. I enjoy walking to school and it takes about half an hour. One warm spring day, when I was on my way home from school, a small friend was following me. This friend was different from any other friend. She was very small. "What a cute **kitten!" She had no *identifying marks of any kind. "Is she a *stray cat?" I thought. She followed me all the way. When I arrived home, she was just behind me.

When my parents came back home from work that evening, they were surprised to see the kitten. I told them that my friend gave her to me, but it was a *lie. My parents knew that I was telling a lie. My parents love cats but told me that we should find the owner and give her back. They said I should think of the owner. "What should I do?" I thought. I thought about a *notice in the town newspaper. However, that was the last thing I wanted to do. "If I put a notice in the town newspaper, her owner may appear," I thought. The kitten was so cute. I started to think, "　(1)　" I did not want to lose her.

My brother said that the kitten was maybe about six months old. The cat liked us right away. After dinner she climbed on to my legs and watched TV with us. By now I was asking my parents to keep her.

By the end of the week, the new cat was part of our family. She was very smart and good with me. My parents started to change their minds about the cat. My father said to me, "Lisa, I think no one is looking for this cat. Now, it's time for you to take *responsibility for another life. This will be a good chance for you to learn something important. You'll learn something you'll need when you become a parent in the future."

The next week, something told me to check the town newspaper. One very small notice jumped out at me. When I saw it, I was surprised. A woman near my house was looking for her lost cat. My hands were shaking. I knew I should call the woman, but I couldn't pick up the phone. Instead, I tried to believe that I didn't see the notice.

I quickly threw the newspaper away in the closet in my room and continued to do my homework. I [(2)] said a word about it to my parents.

We gave a name to the kitten. She was all white like snow, so we decided to call her Snow. When I was studying at my desk, she was quiet. However, when I went into the garden, she followed me and asked me to play with her. When I was doing the dishes, she was there to lend a hand (or should I say **paw?).

There was only one problem with this perfect picture. I could not forget the notice in the town newspaper. One day, I started to think what I really should do. I knew in my heart that I should call the woman. I knew she really wanted to see her cat again. I thought, "Is our Snow the cat the woman wants to see?" I didn't sleep well that night.

The next morning, I talked about the notice to my parents, and, at last, I started to push the numbers on my phone. In my heart, I was hoping no one would answer, but someone did. "Hello." It was the voice of a young woman. I explained to her about the cat and she asked me a lot of questions. She said she really wanted to come. After the phone call, I was very nervous. I asked my parents to stay with me.

I was with my parents at the kitchen table. I hoped a *miracle would happen. Snow was sitting at my feet the whole time and sometimes looked up at me with those pretty eyes. (3)Snow noticed something was wrong.

Within minutes the woman was at the front door. I saw her through the window. She was standing there with a map in her hand. She *knocked on the front door. "Excuse me, is this the home of Mr.and Mrs.Smith?" she asked. When she knocked on the door again, a thousand *thoughts crossed my mind. I could say to her, " [(4)] " But it was too late; my mother opened the door. I also went there to face my fear.

The woman looked at Snow and the woman's face changed. I saw a big smile on her face. "Here, Lucy," she called. "Come to me, girl." Now I realized the cat was called Lucy by the woman. The cat looked very happy at the woman's voice. It was clear that she belonged to the woman.

I was in tears. I couldn't do anything. I wanted to run away with Snow. Instead, I smiled a little and my parents asked the young woman to come in.

The young woman was already holding Snow up into her arms. She opened her *purse and tried to give my parents some money.

"For your trouble," she said.

My parents shook their heads. My mother said, "Oh, we can't. She has been a joy.

We should pay you some money." With that, the woman smiled and *hugged Snow again.

Snow was really happy to see the woman again. I knew it was time for them to go home. I opened the front door. When the woman was leaving, I noticed a little girl with her father. The girl was sitting in the front seat of the car. When the girl saw the kitten, I saw a big smile on her face. The girl said, "Come here, Lucy!"

Before I said something, the woman started to explain. "My family moved to this town last month. The girl in the car is my daughter. She did not know anyone in this town and she felt very lonely every day. Lucy was given to her because my husband and I know that she loves cats."

The woman continued, "When Lucy *disappeared, my daughter was very shocked. She was crying all day. She was in her room all the time. Every day she said she wanted to see Lucy again. Lucy is her only friend at this new place. She has a special *bond with the kitten."

Suddenly I realized that I was thinking only about myself. My heart went out to that little girl. When I saw the car going away, the smile on my face was real. I knew I did the right thing. I knew that the kitten was exactly at the right place. (5)I learned something important from the cat.

〔注1〕

identifying mark　身元を示すしるし	stray cat　のら猫
lie　うそ	notice　告知
responsibility　責任感	miracle　奇跡
knock　ノックする	thought　考え
purse　財布	hug　抱きしめる
disappear　いなくなる	bond　きずな

〔注2〕 kitten

A **kitten** is a very young cat.

paw

The **paws** of an animal such as a cat or dog are its feet.

〔問1〕 本文の流れに合うように，［　　(1)　　］に英語を入れるとき，最も適切なものは次の中ではどれか。

ア　I have to find her owner and give her back as soon as I can.

イ　I must go and check the newspaper at the school library now.

ウ　I really want to know why my friend gave me such a pretty cat.

エ　I cannot understand why her owner did not watch her enough.

〔問2〕　本文の流れに合うように，[(2)] に英語１語を入れるとき，入るべき英語１語は何か。

〔問3〕　(3)Snow noticed something was wrong. とあるが，この文とほぼ同じ意味を持つものは次の中ではどれか。

ア　Snow felt something was going to happen.

イ　Snow thought she made a terrible mistake.

ウ　Snow thought she should feel sorry for me.

エ　Snow felt we should think more carefully.

〔問4〕　本文の流れに合うように，[(4)] に英語を入れるとき，最も適切なものは次の中ではどれか。

ア　Hello, welcome. Open the door, please.

イ　I'm afraid you have the wrong address.

ウ　Sorry, I don't know anything about Lucy.

エ　Who is it? My mother is coming soon.

〔問5〕　(5)I learned something important from the cat. とあるが，Lisa はこの日の晩に，次の日記を書いた。日記を読んで，あとの〔質問 A〕〔質問 B〕に対する答えを自分で考えて，それぞれ20語以上の英語で書きなさい。英文は二つ以上にしてもよい。なお，「,」「.」「!」「?」などは語数に含めないものとする。I'll のような「'」を使った語や e-mail のような「-」で結ばれた語はそれぞれ１語と扱うこととする。

> I have learned something important from Snow. Now, she is not here. I really miss her. I really want to see her again, but I know I did the right thing. The kitten is now at the right place. I can now look at the world in a different way.

〔質問 A〕　Lisa wrote in her diary, "I have learned something important from Snow." What did she learn from the cat?

〔質問B〕 Lisa wrote in her diary, "The kitten is now at the right place." What does this sentence mean?

〔問6〕 本文の内容と合っているものを，次のア～カから二つ選びなさい。

ア Lisa walks to junior high school with her small friend every day. She spends about thirty minutes going to school.

イ At first, Lisa's parents told Lisa to return the cat to the owner because they thought Lisa was still a child and should not keep a cat.

ウ Finally, Lisa agreed to meet a woman who was looking for her cat, so her mother made a phone call to the woman.

エ The woman who came was the owner of the cat. She said "thank you" and gave some money to Lisa's parents.

オ The kitten was called Snow by Lisa because it was all white, and the same cat was called Lucy by the girl in the car.

カ For the girl in the car, the cat was her only friend in the town. She had no other friend there because she was new there.

〔問7〕 次の単語のうちで，下線の引かれている部分の発音が他と異なるものを，次のア～オから一つ選びなさい。

ア learn　　イ word　　ウ perfect　　エ heart　　オ girl

中の――線部をつけた次のアからエのうちから選べ。

ア　引用

イ　表紙

ウ　美点

エ　幼稚

〔問5〕本文の内容に合致するものとして、次のうちから最も適切なものを選べ。

ア　本文に引用されている『徒然草』の中で、兼好は、頓阿と弘融僧都の考えに賛同しながら更に独自の見解を加えている。

イ　『徒然草』中の書物に関する部分を引用し、兼好の友人たちの言葉には、当時の知識人の考え方の特徴が現れていることを指摘している。

ウ　『徒然草』中の兼好の言葉を引用し、物を大切に扱うこととひらがなの成立には、共通した思想が認められることを解き明かしている。

エ　本文に引用されている『徒然草』の中で、兼好は、昔から伝わる言葉の意味の重要性を暗に示している。

切なものを選べ。

ア　何事であれ、整った状態にしないのは、人の手が加わることを極力避ける発想があるためだ、ということ。

イ　何事であれ、完全な状態にしないのは、物事を一つの形に固定せず未来に可能性を残す方法だ、ということ。

ウ　何事であれ、そのままで放置しておくのは、物事の熟成を促し新たな評価を導く方法だ、ということ。

エ　何事であれ、不格好なままにしておくのは、完全ではない人間の姿を反映させる発想があるためだ、ということ。

〔問2〕(2)いや、それはヨーロッパの価値観、さらには中国の影響を強く受けていた朝鮮半島の国々、またヨーロッパの影響を強く受けてきた明治以降の近代、現代の日本人からしても、なかなか理解できないことに違いない。には、表現上どのような効果があるか。その説明として、次のうちから最も適切なものを選べ。

ア　他文化の影響を受けている例を挙げ、『徒然草』の価値観も、中国文化の影響を受けていることを暗示する効果がある。

イ　歴史的な視点から、近代以降、日本人の価値観が『徒然草』の価値観と大きく隔たってしまったことを強調する効果がある。

ウ　中国文化の価値観と対比することで、『徒然草』が、中世でも全く新しい価値観に基づくものであったことを暗示する効果がある。

エ　外国人は言うまでもなく、同じ日本人でも共感することが難しい、『徒然草』の価値観のもつ特異性を強調する効果がある。

〔問3〕(3)こんなことが、なぜ、〈ひらがな〉の美意識と関係があるのかと問う人もあるだろうか。とあるが、筆者はどのような関係があると考えているか。次のうちから最も適切なものを選べ。

ア　未完成なものがよいという『徒然草』に見られる感覚が、字形を進化させてきた漢字を用いた〈ひらがな〉の美意識に重なる、と考えている。

イ　古びたようなものがよいという『徒然草』に見られる感覚が、外国文化を密《ひそ》かに利用した〈ひらがな〉の美意識と関係がある、と考えている。

ウ　崩れたようなものがよいという『徒然草』に見られる感覚が、字形を崩した漢字を用いた〈ひらがな〉の美意識に通じる、と考えている。

エ　不揃いなものがよいという『徒然草』に見られる感覚が、漢字の一部分だけを利用した〈ひらがな〉の美意識とつながる、と考えている。

〔問4〕(4)平易とあるが、この熟語と同じ構成のものを、本文完結しているのは、かえってその仕事の命が終わることになってよくない」と言う。

　漢字と中国建築が持つ様式美からすれば、こうした価値観はまったく驚くべきことであろう。

　(2)いや、それはヨーロッパの価値観、さらには中国の影響を強く受けていた朝鮮半島の国々、またヨーロッパの影響を強く受けてきた明治以降の近代、現代の日本人からしても、なかなか理解できないことに違いない。

　薄絹が擦り切れた表紙、螺鈿の美しい貝の光がはげ落ちた巻物の軸、本の大きさが揃っていない不格好なひとまとまりの本、天皇の住まいにさえわざと一部を未完成にして残すこと……(3)こんなことが、なぜ、〈ひらがな〉の美意識と関係があるのかと問う人もあるだろうか。

　〈カタカナ〉が「片仮名」で漢字の片側だけを取り、また日本語になりきらない部分を片方だけ残しているという点からすれば、〈ひらがな〉だけでなく、〈カタカナ〉も似たような不格好な日本的なウ美点を備えているとは言えよう。

　しかし、〈ひらがな〉は、それをさらに進めて、擦り切れて、はげ落ち、不格好で、未完成であるという特徴がある。

　「まさか!」と人は言うだろう。

　だが、「平」という言葉にしても、「平和」などという熟語にしてみれば良くも見えるが、じつは、「平凡」などという熟語であれば「ありきたりの」「安っぽい」というあまりいい感じのするものではない意味がある。

　現代では、おおよそ「通俗(4)平易」という意味で「ひらがな」という名称になったとされるが、これも、中国の高尚な文化水準で書かれる漢字漢文に対して「エ幼稚でわかりやすい」という意味であることに変わりはない。

　〈ひらがな〉は、「あ」が「安」、「い」が「以」、「え」が「衣」と、ほぼ全部が漢字の草書体から作られている。

　このことについては、また詳しく述べるが、草書体というのは、秦《しん》の始皇帝《しこうてい》のとき（紀元前二二一年頃）に作られた隷書《れいしょ》を崩した字体で、古代中国のいずれの王朝でも、決して、正式の文書を書く場合に使われるものではなかった。すなわち、〈ひらがな〉は、すでに半分崩れてしまった漢字の形を利用しているということになる。

　このことは、『徒然草』の半分崩れたようなものを美しいとする言葉にまさしくピッタリと合う美意識を表しているのである。

（山口謠司「〈ひらがな〉の誕生」による）

〔注〕　頓阿《とんな》――鎌倉時代の僧。
螺鈿《らでん》の軸――青貝をちりばめ装飾した巻物の軸。
弘融僧都《こうゆうそうず》――鎌倉時代の僧。
内裏《だいり》――天皇の住居。

〔問1〕　(1)生きのぶるわざなり。とあるが、本文の筆者はこれをどのように解釈しているか。次のうちから最も適や。や「などもそれぞれ字数に数えよ。

5

次の文章を読んで、あとの各問に答えよ。（＊印の付いている言葉には、本文のあとに〔注〕がある。）

『徒然草《つれづれぐさ》』（第八十二段）には、次のようなことが記されている。少し長いが、これこそ、〈ひらがな〉というものの性質を考える上で、ひじょうに重要なので(ア)引用したい。

「うすものの(イ)表紙は、とく損ずるがわびしき」と人のいひしに、＊頓阿《とんな》が、「羅《うすもの》は上下《かみしも》はづれ、＊螺鈿《らでん》の軸は貝落ちて後こそいみじけれ」と申し侍《はべ》りしこそ、心まさりて覚えしか。一部とある草子などの、同じやうにもあらぬを見にくしといへど、＊弘融僧都《こうゆうそうず》が、「物を必ず一具《いちぐ》にととのへむとするは、つたなきもののすることなり。不具なるこそよけれ」といひしも、いみじく覚えしなり。

――「薄絹で装幀《そうてい》した本の表紙は、傷みが早くて困る」と嘆く人がいた。それに対して、私の友のひとりである頓阿が、「薄絹の表紙は、上下の縁の部分が擦り切れてほつれている方が、また、巻物の螺鈿の軸は、散りばめた貝がはずれて落ちた後の方が、味わいがあっていいものだ」と言ったのには、感心したのだった。

何冊かをひとまとめにして一部とした草紙などの本で、各冊の大きさなどが不揃《ふぞろ》いだと、みっともないと思うのがふつうだろう。しかし、弘融というお坊さんは仰《おっしゃ》る。「品物をきっちり同じように揃えようとするのは、ものの命がわからない人間のすること。不揃いこそがよいのである」と言ったのにもまた我が意を得た思いがした。

すべて何も皆、ことのととのほりたるはあしきことなり。しのこしたるを、さてうち置きたるは、おもしろく、(1)生きのぶるわざなり。「＊内裏《だいり》造らるるにも必ず作りはてぬ所を残すことなり」と或《あ》る人申し侍りしなり。先賢のつくれる内外《ないげ》の文にも、章段のかけたることのみこそ侍れ。

――すべて、何事も、すべて完全に整い、完結しているのは、かえってその仕事の命が終わることになってよくない。やり残した部分を、そのままに放置してあるのは、味わいも深く、仕事の命を将来に繋《つな》いでやる方法なのである。

「内裏を造営するときも、必ず未完成の部分を残すものだ」とある人が言われたそうである。そう言えば、古代の賢人が書かれたお経や儒学の経典にも章段が欠けたものが少なくない。

作者の吉田兼好は「すべて、何事も、すべて完全に整い、

ア　ヒュームが歴史的な出来事や戦争行為を想定して実証した共感の存在を、進化人類学では、ヒトが類人猿から進化してきた過程を調べることで明らかにしている。

イ　ヒュームがイギリス経験論の視点から実証した共感の存在を、進化人類学では、狩りをするチンパンジーたちの行動の差異を分析することで明らかにしている。

ウ　ヒュームが各自の経験の内省を通して実証した共感の存在を、進化人類学では、チンパンジーとヒトの幼児の集団行動を比較する実験によって明らかにしている。

エ　ヒュームが内観から実証した共感の存在を、進化人類学では、「私たち」という集団認識がチンパンジーにも備わっていると証明することで明らかにしている。

〔問5〕(5)ここに、たとえ倫理の成り立つ基盤が自然のなかに存することが実証されたとしても、なお倫理学が引き受けるべき役目が残っている。とあるが、「倫理学が引き受けるべき役目」とはどのようなことか。次のうちから最も適切なものを選べ。

ア　人間が利他的な行為をしなければならない根拠を追究することで、利他的行為の必然性に対して人々が抱く疑念に、答えていくこと。

イ　現代の科学の実験に基づく実証を内観的な視点から解き明かすことで、倫理の基盤となる感情の存在に、細かな検討を加えていくこと。

ウ　観念的な思索に基づき現代の科学の矛盾を解明することで、人間に対する利己的な存在者というイメージの誤りを、正していくこと。

エ　人間が利他的な行為をするようになった原因を解明することで、共感能力を効果的に発揮できる状況を、人為的に構築していくこと。

〔問6〕本文の構成について説明したものとして、次のうちから最も適切なものを選べ。

ア　感情に関する自説を示した後、哲学と科学の先行研究をもとに、自説を補強している。

イ　一つの主張に対し、新たな疑問点を提示して考察する形で、段階的に論を深めている。

ウ　現代までの研究の成果を取り上げ、問題点を指摘しつつ、末尾で自説を提示している。

エ　哲学的視点と科学的視点を比較し、哲学的視点の優位を主張して、まとめとしている。

〔問7〕ヒュームの主張を踏まえると、人とのかかわりの中で私たちはどうあるべきだとあなたは考えるか。本文を踏まえ、「共感」という言葉を必ず用い、具体的な事例をあげながら、あなたの考えを二〇〇字以内にまとめて書け。なお、書き出しや改行の際の空欄や、、

〔問1〕 (1)とはいえ、この試みには最初から懸念《けねん》がつきまとう。とあるが、「懸念《けねん》」とは具体的にはどのようなものか。次のうちから最も適切なものを選べ。

ア　感情は、倫理的判断を下す際の絶対的な基盤になりうるものだが、賞賛や非難という主観的なものに偏ってしまうのではないかというもの。

イ　感情は、行為者やその状況、行為を受ける人が誰かによって変化するため、倫理的判断の基盤とするには不適切なのではないかというもの。

ウ　感情は、倫理を支える理性を鈍らせてしまうものであるため、平等な判断を誰に対しても行うことができなくなるのではないかというもの。

エ　感情は、非常時であるなら、倫理的判断の基盤として用いるのもしかたないが、日常生活においては好ましくないのではないかというもの。

〔問2〕 (2)したがって、まずは、倫理的判断の基礎になるものとして、誰もがいつでもどこでも同じ事態にたいして同じ反応を示すそういう感情が存在することを証明しなくてはならない。とあるが、ヒュームはどのように証明したのか。次のうちから最も適切なものを選べ。

ア　戦争状態では誰もが自国のあらゆる行為を賞賛することを指摘し、同一の状況では誰でも同じ感情となるのが普通であることを示した。

イ　歴史書を読んだ人々の感情の共通性を見つけ、眼前の出来事ではなく過去の出来事に対してなら誰もが共通の感情をもつことを示した。

ウ　利害関係のない出来事に対する人々の反応を分析し、理性を抑制することで人間は他者に対して普遍的な感情を抱きうることを示した。

エ　歴史的な出来事に対する人間の感情に共通するものを指摘し、無関係な対象への共感の働きが人間にとって普遍的であることを示した。

〔問3〕 (3)だからといって、「相手と同じ気持ちになれ」とまで要求する必要はない。とあるが、なぜか。これを次の□のように説明するとき、[1] と [2] に当てはまる最も適切な表現を、本文中から [1] は五字、[2] は十七字で探し、そのまま抜き出して書け。

> ヒュームによると、相手の置かれた [1] を理性の働きによって詳しく知ることで、[2] ができるようになりさえすればよいから。

〔問4〕 (4)現代では、認知科学、脳神経科学などのさまざまな分野で共感の存在を実証的に説明する試みがなされている。とあるが、本文ではどのように実証されていると述べられているか。次のうちから最も適切なものを選べ。

る。そのために自分が何をすべきかを把握する。いいかえれば、自分の行動にたいする規範的な視点を身につけ、同時にまた、相手が何をすべきかを把握している。それはすなわち、他者を含めた社会的に規範的な視点を身につけているということにほかならない。さらには、やり方の変更を嫌いもする。このことから察せられるように、「この協働作業では、誰もがこうすべきだ」という一般化した規範の視点を、子どもは早い段階で身につけている。

ヒュームが内観によって到達した考えを現代の諸科学は観察と実験によって裏づけているわけだが、こうしたアプローチが論証しようとしているのは、倫理学が成り立つ基盤は人間にもともとそなわっている素質、いいかえれば自然のなかに存しているという考えである。むろん、それはヒトという生物種にその出現時点でそなわっていたものではなく、(ヒュームの時代には今ほど解明されていなかった)進化の過程で生き延びるのに有利な方向へとヒトが適応してきた成果にほかならない。けれども、すでに幼児の段階で身についているほどに、ひとりひとりの個人にとっては自然と呼んでさしつかえない*所与なのである。

とはいえ、倫理の成り立つ基盤が自然のなかにあるということが論証されたとしても、それで個々の人間が現実に倫理的なふるまいをするかどうかは別である。たとえ、共感が素質としてそなわっているとしても、他方で私たちは*ホッブズの描く孤独な利己的存在者たちによる万人の万人にたいする戦いという人間の描像にも相応のリアリティを感じるだろう。だからこそ、誰もが共感能力をもっていると主張したヒュームはまた「他人の立場に身をおいて考えよ」と勧告せざるをえなかった。(5)ここに、たとえ倫理の成り立つ基盤が自然のなかに存することが実証されたとしても、なお倫理学が引き受けるべき役目が残っている。

見方を変えればこうもいえる。倫理の自然化を説明するさまざまな分野の経験科学は「いかにして(how)その事態が生じたか」を解明する営みである。人間において共感能力が発達してきた経緯を理解できれば、その条件を人為的に構築して共感能力をいっそう発揮しやすい状況や性格を形作ることさえも不可能でないかもしれない。ところが、たとえそのように利他的な行為に進みやすい舞台が整ったとしても、依然として人間は「なぜ(why)、自分は今ここでその行為をすべきか、自分がそれをしなくてもいいのではないか」と問うにちがいない。この「なぜ」は科学が究明する問題ではない。倫理学の問題である。

(品川哲彦「倫理学入門」による)

〔注〕
ヒューム——イギリスの哲学者。
讃嘆《さんたん》——感心して、ほめること。
イギリス経験論——十七世紀から十八世紀にかけて、イギリスで栄えた哲学。
所与——あらかじめ与えられているもの。
ホッブズ——イギリスの哲学者。

わっているが、その能力は多くのひとにあって微弱なものであり、善行の遂行と悪行の断念に直結するものではないからだ。では、どうすればよいか。

ヒュームはこう勧める。「当事者の立場に身をおいて考えよ」。このとき状況を知るために理性を働かせる。そのひとがおかれている苦境をくわしく知れば知るほど、たとえ弱々しい共感しかもっていない人間でも共感をかきたてられ、そのひとの役に立つ行為を、しかも理性による把握のもとに状況に適したしかたでする気になり、実際に行なうだろう。(3)だからといって、「相手と同じ気持ちになれ」とまで要求する必要はない。共感を抱いているとしても傍観者が当事者と同じ気持ちになれる保証はない。しかし、それでよいのである。なぜなら、重要なのは、相手のためになることを実行することだからだ。

個別の状況に注視するのは、ヒュームが*イギリス経験論の哲学者だからである。イギリス経験論によれば、生まれつきそなわっている知識はなく、知識は経験をとおして獲得される。普遍的な概念はそれまでの経験から共通の性質を抽出して作られるにすぎない。したがって、人類や人間一般を対象として感情が働くことはない。だから、共感は人類愛や博愛ではない。共感はそのときその場所で苦しんでいる特定のそのひとに向けられるものである。

共感の存在をヒュームは、各人が自分の経験を思い出すように促して、つまり内観にもとづいて論証した。(4)現代では、認知科学、脳神経科学などのさまざまな分野で共感の存在を実証的に説明する試みがなされている。ここでは進化人類学者マイケル・トマセロ（一九五〇―）の知見をみてみよう。

大型類人猿も群れで協力して狩りをする。獲物を追う者、取り囲む者、行く手を阻《はば》む者――だが、その行為を人間の協働作業のように解釈するのは誤りである。チンパンジーでは、それぞれが獲物を捕らえる機会を最大化する行動をしているにすぎない。そうして得られた成果を独占しようと行動し、他の個体の要求や嫌がらせに応じてやむなく相手に譲る。

これにたいして、ヒトの三歳児は、おとなから誘ったゲームをおとなが急にやめるとゲームに戻るように要求し、他のおとなに別のゲームに誘われて前のおとなから離れるときには、わびるかのように、おもちゃを手渡したり、顔をのぞき込んだりしながら去っていく。おとなの行動をみて、おとなのしようとしていることを把握してその手伝いを進んでし、もしおとながそれまでのやり方を変えると、生後一八ヵ月の幼児でも観察されるように、従来のやり方に戻そうとする。さまざまな対照実験をとおして、子どもは協働作業を――それによって得られる利益と無関係に、ときには自分の利益に反しても――維持する行動をすることが明らかになっている。

ヒトの幼児とチンパンジーの違いは、トマセロによれば、自分を含む複数の個体から成る関係を同一の目標を志向する「私たち」として捉える意識の有無にある。ヒトの幼児は、協働しなければその行為の目的が達成できないことを把握すない」という箇所と同じだよね。

C　すると「一年前に比べて、希衣のフォームは明らかに美しくなった。」は「今の希衣は、千帆よりも速い。」と同内容ということか。

B　おもしろいなあ。ほかにもあるかな……。

A　スタート前のカヌーの描写「上空から見ると箱に収まった色鉛筆のようで美しいかもしれない」という所にも言外の意味があるかも。

C　どんな意味？

A　一見すると綺麗に大人しく並んでいる光景のように見えるが、しかし〔 2 〕という意味にも取れないかな？……

D　それ十分成り立つ解釈だね。さて、どれを発表しようか迷うな。

4

次の文章を読んで、あとの各問に答えよ。（*印の付いている言葉には、本文のあとに〔注〕がある。）

行為を倫理的に評価するのも、*ヒュームによれば、究極的には感情である。評価とはその行為にたいする賞賛または非難であり、この両者もまた感情だからだ。こうして倫理的判断を感情にもとづけて説明する倫理理論が試みられる。

(1)とはいえ、この試みには最初から懸念《けねん》がつきまとう。理性で考えるなら、誰もがいつでも同じ結論にたどり着く可能性がまだしも見込めそうだが、感情にはそのような普遍性や安定性は期待できそうにないからだ。同じような事態をみてもその行為者やその行為によって影響を受けるひとが自分自身や自分の家族や友人か、はたまた無縁のひとかによって感情の反応は変わってくる。そのうえ自分自身が他の用務に気をとられていたり疲れていたりすることで、感情は左右される。生活を支える倫理がそのように不安定ではいけない。(2)したがって、まずは、倫理的判断の基礎になるものとして、誰もがいつでもどこでも同じ事態にたいして同じ反応を示すそういう感情が存在することを証明しなくてはならない。

ヒュームはこう説明する。歴史書を読んでいるとしよう。私たちは卑劣な行為に義憤を感じ、立派な行為に*讃嘆《さんたん》する。過去のできごとはもはや私たちの利害と関わりない。それでも是非の区別は変わらない。他国と交戦中だとしよう。立派な行為は敵がしたのであってもあっぱれと思い、非道な行為には味方がしたのであっても眉をひそめる。第三国からみて自国の不利になるそのような事態でも、感情が下す評価は変わらない。一般化すれば、自分の利害になんら関係ないのに、ひとの幸福を見聞きして朗らかな気持ちになり、ひとの身に起きた不幸に心を曇らされた体験は、誰にも覚えがあるにちがいない。だから、ひとの幸福を喜び、不幸を悲しむこの共感（sympathy）という感情は誰にでもあると、ヒュームは結論する。

だがそれなら、世の中はもっとよくなっているはずである。そうならないのは、たしかに共感する能力は誰にでもそなの［　　］のように説明するとき、[1]と[2]に当てはまる表現を、それぞれ**三字以上六字以内**で本文中から抜き出せ。

> ペアとして調子を合わせてきた[1]によって、身体の動きが制限され、かつて目標だった千帆を、進んで[2]くことが出来ないから。

〔問5〕 (5)水色の艇が飛沫を浴びながらゴールラインを越える。とあるが、レース後の登場人物の状況の説明として最も適切なのは、次のうちではどれか。

ア　希衣は、最初は疲労で放心していたが、やがて喜びを自制できなくなり恥ずかしく感じている。

イ　恵梨香は、後続の順位に注目していたが、希衣が実力どおりに千帆に勝ったことを喜んでいる。

ウ　亜美は、希衣に敗れたことを悔しがっているが、艇を揺らさないだけの冷静さは維持している。

エ　千帆は、希衣に負けたことを少し悔しがっているが、上位の大会の出場権を得て満足している。

〔問6〕 次は、A～Dの男女四人の生徒が、本文の特徴について発表するために話し合っている場面である。[1]、[2]に当てはまる最適な表現を、[1]は本文から**一文**で抜き出し、[2]は、**二十字以上二十五字以内**で考えて答えよ。

A　ここでは希衣が主人公だ。

B　そう。内面の描写は希衣についてのものばかりで、他の人物の心情も希衣の視点から描かれてる。表現上の特徴はどうかな？

C　「[1]」という箇所は、擬人法だよね。どんな効果があるだろう？

D　希衣が自分の殻を破った場面だから、今までと違う新しい境地になって勢いづいている様子が効果的に表れているんじゃないかな。

C　確かに、そうだね。

A　他には擬態語も目立つかな。

B　擬態語があると、動作の調子や背景の思いが示されて、鮮明な印象になるね。

A　擬態語の多用は、競技前後の敏感な心理と関係がありそうだ。

D　他にはない？

C　言外に想像させる表現が、あると思った。

B　たとえば、どんなところ？

C　あまり自信がないけれど、「その事実は揺るがない」という表現には、しかし……というニュアンスが隠れている感じがする。

A　……ああ、なるほど。確かに、実力では上なのに、しかし勝てない、というように読めるよね。

D　競技開始後の、「一年前に比べて、希衣のフォームは明らかに美しくなった。」「それなのに」「勝てて水に落ちていないか心配していること。

ブイ――距離やコースを示す標識。

WK―1――女子カヤック一人乗り。カヤックは足を前方に伸ばして座り、両側に水かきのあるパドル（櫂《かい》）で漕ぐカヌー。

孤高の女王――他校の有力選手の異称。

ストレッチャー――カヌーの内部に付けられた足掛け。

〔問1〕 (1)二人だけだった世界は急激に広がり、互いに見えていたものが違ったことに気が付いた。とあるが、「希衣」の「千帆」に対する以前の態度の説明として最も適切なのは、次のうちではどれか。

ア　千帆の存在ばかりに固執して、かたくなに新たなペアを組むことを拒むような態度。

イ　千帆の自主性に配慮しないで、独りよがりにペアの練習で負荷を掛け続けるような態度。

ウ　千帆の実力を過大に評価して、やみくもに競技の成績を伸ばそうと焦《あせ》るような態度。

エ　千帆の思いを考慮しないで、一方的に競技での主役としての活躍を期待するような態度。

〔問2〕 (2)身体《からだ》の表面に緊張感を纏《まと》い、とあるが、この表現の説明として最も適切なのは、次のうちではどれか。

ア　レース直前の千帆は、人を寄せ付けない強い緊迫感に包まれているということ。

イ　レース直前の千帆は、意識的に感覚を抑えて神経を研ぎ澄ましているということ。

ウ　レース直前の千帆は、抑制的で落ち着いた集中力を漂わせているということ。

エ　レース直前の千帆は、身体を動かして集中を高めようとしているということ。

〔問3〕 (3)涙混じりの声が、不意に脳裏に蘇《よみがえ》る。とあるが、なぜか。理由として最も適切なのは、次のうちではどれか。

ア　勝敗に執着する態度に、強い者に負けても気にならないと言っていた恵梨香と矛盾するような気がしたから。

イ　悔し涙さえ流して先輩の甘さを指摘する恵梨香の言葉で、どれほど真剣に伝えたいのかがよく分かったから。

ウ　率直に競技者としての思いを伝える恵梨香の姿に、以前のレースで負けた時の悔しがる様子が重なったから。

エ　先輩に対して堂々と自分の考えを主張する様子で、かつての恵梨香の控えめな態度が思い出され驚いたから。

〔問4〕 (4)それなのに何故《なぜ》、千帆には勝てないのか。とあるが、「希衣」が考えている「千帆に勝てない」理由を、次亜美《あみ》と、ずっと前にいる恵梨香だ。亜美は昔から荒れた環境に強かった。風が強い日、水量が多く波が荒れる日、気温が低い日。皆が調子を落とすタイミングでも、彼女のタイムはほとんど変わらない。驚異的なペース維持能力が、宍戸《しど》亜美の強さだ。

だが、今日のようなカヌー日和にはその特性は発揮されない。視界の端に亜美の姿を捉えながら、希衣はゆっくりと加速していく。それに合わせるように亜美も同じだけ速度を上げた。互いが互いを牽制《けんせい》しながら、付かず離れずで二艇は進む。

距離を教えるブイの色が赤く変わる。残り一〇〇メートルのサインだ。

四〇〇メートル地点を通過し、勝負を仕掛けたのは希衣だった。ぐっと踏み込む足に力を入れる。腕も脚も重い。それでも、速度は絶対に落とさない。

六位以内であれば関東大会には出場できる、そんなことは分かっている。一位以外はインターハイには進めない。二位でも三位でも、表彰の順位が変わるだけ。だが、そんなのはどうでもいい。

負けたくない。勝ちたい。一つでもいい順位になりたい！

０．００１秒を縮めるために、これまでの努力はあったのだ。もはや、亜美のことなどどうでも良かった。希衣の目に映るのは、前方にあるゴールだけ。

最後はがむしゃらだった。残された体力を絞り出し、希衣は必死に腕を動かす。(5)水色の艇が飛沫を浴びながらゴールラインを越える。その瞬間、先にゴールしていた恵梨香が歓声を上げた。

「先輩、二位ですよ！」

その言葉に、希衣はようやくパドルを動かす手を止めた。ゴール直後のせいで心臓はバクバクしているし、耳はなんだかくぐもって聞こえるし、呼吸はずっと荒いままだ。右手の甲を頬に押し付けると、肌がやけに熱かった。

「希衣に負けたぁ！」

続いてゴールした亜美が、地団太を踏むようにゴトゴトと艇を揺らしている。激しく動いても艇が傾く気配が一切ないのは流石《さすが》といったところだろうか。

その後、後ろにいた選手たちが続々とゴールする。四位になった千帆は汗と飛沫でベタベタになった顔を手で拭うと、花が綻ぶように小さく笑った。

「ようやく負けたよ。」

深い感慨の込められた声に、希衣も思わず頬を緩める。

「うん、勝った。私、千帆に勝ったよ。」

自分では抑えていたつもりだったのに、興奮で声が上擦った。

（武田綾乃「君と漕ぐ4」による）

〔注〕フォア――四人で漕《こ》ぐカヌーの競技。

スタンバイスペース――競技の各レーンに入る前の待機場所。

落ちていないだろうか――競技用カヌーは安定性が悪いため、バランスを崩しそう、恵梨香は言った。同じレースに出艇する相手に掛けるには相応《ふさわ》しくない台詞だった。

いつの間にか目元に滲《にじ》んでいた汗を手で拭い、希衣は＊ストレッチャーに掛けた足先を軽く丸めた。グー、パー、と繰り返していく内に、硬直していた身体がほぐれていく。

「それ、湧別《ゆうべつ》さんにも勝てって言ってる？」

「勿論《もちろん》。まぁ、負ける気はしないですけど。」

「私だって負ける気はないよ。」

「じゃあ問題ないですね。」

話は終わったとばかりに、恵梨香が前へ向き直る。希衣もまた、ゴールへと目を向けた。

レースの開始が近付き、艇を揃える為《ため》の指示がひっきりなしに飛び交っていた。レースに参加する選手たちは、誰もが同じラインに立っている。スタートの位置は平等で、誰にでも勝つ可能性が残されている。

「Ready」

響く声に、希衣はパドルを構える。足の裏に力を込め、大きく息を吸いこむ。

「set」

身体が動く。度重なる練習によって染《し》み付いたフォームが、いつの間にか再現される。

「go!」

その刹那《せつな》、パドルが水を薙《な》いだ。跳ね上げられた水の粒が周囲にまき散らされる。

ロケットスタートは千帆の得意技だ。短距離の方に適性がある彼女は、最初の加速がとにかく上手《うま》い。しかし、体力がないためにそのスピードを維持できない。

希衣は唇の端を舌で舐《な》める。最初に出遅れるのは想定内、問題はそこからどうやって自分のペースに持って行くかだ。

パドルを動かす。ストレッチャーを踏み込む。激しく動く上半身と下半身が、綺麗《きれい》に連動しているのを感じる。一年前に比べて、希衣のフォームは明らかに美しくなった。(4)それなのに何故《なぜ》、千帆には勝てないのか。その理由を、希衣は心のどこかで察している。

隣を進む千帆を見ると、そのペースに合わせようと身体が勝手に動いてしまう。ペアだった頃の無意識の習慣が、今もなお身体の内側を蝕《むしば》んでいるのかもしれない。あの頃、希衣は千帆みたいになりたかった。千帆のように、速く。

二〇〇メートル地点に差し掛かった時には、前を進んでいた千帆の艇に追いついていた。希衣の乗る水色の艇の先端が、滑らかに水面を切り開いていく。千帆の赤い艇と、希衣の水色の艇がピタリと横並びになる。

躊躇《ためら》いは、一瞬だった。

水面に深く差し込んでいたパドルを引き抜く。一段とピッチを上げ、推進力へと結びつける。明確な自分の意思で、希衣は千帆の艇を追い抜いた。

ピタリと横並びだった二つの艇のシルエットが徐々に形を変えていく。希衣の視界に、もう赤い艇は入らない。長細い艇首が、ぐんぐんと新しい道を切り開く。

三〇〇メートル地点で、前を進むのは二艇。第六レーンの

「な、なに?」

「いや、ぼーっとしてたので。そろそろレース始まりますよ。」

「あぁ、うん。」

予選レースで一位だった恵梨香は、一番真ん中の第五レーンを割り当てられた。希衣はその右隣の第四レーン、さらに右の第三レーンに千帆がいる。第九レーンの舞奈とは距離がある。レースが始まったらすぐに視界に入らなくなるだろう。

「発艇、三分前。発艇、三分前。選手は発艇線二〇メートル後方で艇を揃《そろ》えてください。」

アナウンスが聞こえ、それぞれの艇が自分のレーンへと移動する。赤、青、水色、黄色。カラフルなスプリント艇が並ぶ様は、上空から見ると箱に収まった色鉛筆のようで美しいかもしれない。

艇の先端——艇首を目視で揃えるのは新人には難度が高い。ゆっくりと艇を前進させながら、希衣は第九レーンの舞奈がいる方向に顔を向けた。*落ちていないだろうかと心配に思い、すぐにその思考を追い払う。舞奈はもう立派な選手だ、過保護に扱うのは失礼だろう。

ふぅ、と深く息を吐き出す音が希衣の右隣りから聞こえてくる。レース前、千帆は静かだ。(2)身体《からだ》の表面に緊張感を纏《まと》い、ゴールに向かって意識を集中させている。

希衣は目を凝らす。快晴の空の下、等間隔に並んだ*ブイの奥にぼんやりとゴールが見えている。

「鶴見先輩。」

もう一度名を呼ばれ、希衣は驚いて左側へ顔を向けた。*ＷＫ—1のレース直前に恵梨香が話しかけて来ることは珍しい。

「なに?今はぼーっとしてないけど——。」

「負けるって、悔しいことですよ。」

希衣の言葉を遮り、恵梨香がピシャリと言い放つ。咄嗟《とっさ》に息を呑《の》んだ希衣から、恵梨香は目を逸《そ》らさなかった。

「負けたらいつだって悔しいよって、前に先輩が言ったんじゃないですか。負けるのが当たり前だと思ってる状態はおかしいと思います。」

「当たり前ってワケじゃないよ。本当に、いつも全力でやってる。」

「嘘《うそ》ですよ。心の底から勝ちたいって思ってない。そういう態度、私は許せないです。」

偽りのない本心に、ガツンと頭を殴られた。ピンク色のキャップを目深《まぶか》に被《かぶ》り直し、恵梨香はパドルの先端で水面を叩《たた》いた。水飛沫《みずしぶき》が上がり、そしてすぐに消える。

——悔しいです。先輩、私、やっぱり悔しい。

(3)涙混じりの声が、不意に脳裏に蘇《よみがえ》る。それまで負けてもなんとも思わないと言っていた恵梨香が、関東大会のＷＫ—1決勝レース後に吐いた台詞《せりふ》だ。*孤高の女王に実力でねじ伏せられ、恵梨香は悔しさに身を震わせていた。

「勝ってください。」

〈国語〉

時間五〇分　満点一〇〇点

【注意】答えは特別の指示のあるもののほかは、各問のア・イ・ウ・エのうちから、最も適切なものをそれぞれ一つずつ選んで、その記号を書きなさい。また、答えに字数制限がある場合には、、や。や「などもそれぞれ一字と数えなさい。

1

次の各文の――を付けた漢字の読みがなを書け。

(1) ひもで結った小包。
(2) 頑是ない子ども。
(3) 役務の提供。
(4) 家畜を殖やす。
(5) 時期尚早の決断。

2

次の各文の――を付けたかたかなの部分に当たる漢字を楷書で書け。

(1) 実力のタカが知れる。
(2) ズに乗る。
(3) コウミョウ心。
(4) みんなに可愛がられるショウブン。
(5) リヒキョクチョクを明確にする。

3

次の文章を読んで、あとの各問に答えよ。（*印の付いている言葉には、本文のあとに〔注〕がある。）

高校生になって、二人でカヌー部を立ち上げた。二年生になり、恵梨香《えりか》と舞奈《まいな》が入部してきた。(1)二人だけだった世界は急激に広がり、互いに見えていたものが違ったことに気が付いた。

だから希衣《きえ》は、千帆《ちほ》にヒーローの役割を押し付けることをやめた。勝手に期待して、身勝手な振る舞いをしていたのは希衣だった。千帆は千帆の生き方があるのだから、それを尊重すべきだったのだ。

それから、二人は良い関係を取り戻した。文部科学大臣杯では一時的にペアを復活したし、*フォアを始めてからはペア以外の関係性も生まれた。希衣は千帆に発破を掛けるのではなく自分の記録を伸ばすことに専念するようになったし、その結果、明らかに能力は飛躍した。

今の希衣は、千帆よりも速い。数字が証明しているのだ、その事実は揺るがない。

「鶴見《つるみ》先輩。」

掛けられた声が、思考に耽《ふけ》っていた希衣の意識を引き戻した。ハッとして顔を上げると、いつの間にか艇は*スタンバイスペースに入っていた。

恵梨香がじっとこちらを見ている。

2022年度

解答と解説

《2022年度の配点は解答欄に掲載してあります。》

＜数学解答＞

1　〔問1〕 $1+2\sqrt{15}$　〔問2〕 $x=-\dfrac{1}{2}$, $y=\dfrac{1}{3}$

〔問3〕 0, $\dfrac{7}{2}$　〔問4〕 $\dfrac{11}{32}$　〔問5〕 右図

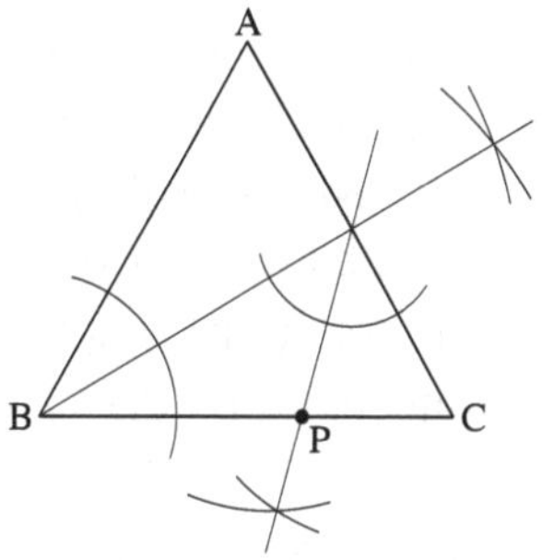

2　〔問1〕 $-2a^2 \leqq y \leqq 0$　〔問2〕 (1) $t=\dfrac{4}{3}$(途中の式や計算は解説参照)　(2) (a, pを用いて表すと)$\dfrac{9}{2}a^3p+\dfrac{9}{4}a^3$, (最も小さい値は)54

3　〔問1〕 141度　〔問2〕 (1) HI：AD＝1：3
(2) 解説参照

4　〔問1〕 (1) $\dfrac{16}{5}$cm　(2) $16+8\sqrt{6}$ cm²(図や途中の式は解説参照)　〔問2〕 $\dfrac{7}{3}$cm

○配点○

1　各5点×5　2　〔問1〕 5点　〔問2〕 (1) 12点　(2) 各4点×2
3　〔問1〕 7点　〔問2〕 (1) 8点　(2) 10点
4　〔問1〕 (1) 7点　(2) 10点　〔問2〕 8点　計100点

＜数学解説＞

1　(数・式の計算, 平方根, 連立方程式, 2次方程式, 確率, 数の性質, 作図)

〔問1〕 $\dfrac{\sqrt{5}+\sqrt{3}}{\sqrt{2}}=a$, $\dfrac{\sqrt{5}-\sqrt{3}}{\sqrt{2}}=b$とおくと, $a+b=\dfrac{\sqrt{5}+\sqrt{3}}{\sqrt{2}}+\dfrac{\sqrt{5}-\sqrt{3}}{\sqrt{2}}=\dfrac{2\sqrt{5}}{\sqrt{2}}=\sqrt{10}$, $a-b=\dfrac{\sqrt{5}+\sqrt{3}}{\sqrt{2}}-\dfrac{\sqrt{5}-\sqrt{3}}{\sqrt{2}}=\dfrac{2\sqrt{3}}{\sqrt{2}}=\sqrt{6}$, $ab=\dfrac{\sqrt{5}+\sqrt{3}}{\sqrt{2}}\times\dfrac{\sqrt{5}-\sqrt{3}}{\sqrt{2}}=\dfrac{(\sqrt{5}+\sqrt{3})(\sqrt{5}-\sqrt{3})}{(\sqrt{2})^2}=\dfrac{(\sqrt{5})^2-(\sqrt{3})^2}{2}=\dfrac{5-3}{2}=1$だから, $\left(\dfrac{\sqrt{5}+\sqrt{3}}{\sqrt{2}}\right)^2+\left(\dfrac{\sqrt{5}+\sqrt{3}}{\sqrt{2}}\right)\left(\dfrac{\sqrt{5}-\sqrt{3}}{\sqrt{2}}\right)-\left(\dfrac{\sqrt{5}-\sqrt{3}}{\sqrt{2}}\right)^2=a^2+ab-b^2=a^2-b^2+ab=(a+b)(a-b)+ab=\sqrt{10}\times\sqrt{6}+1=\sqrt{60}+1=2\sqrt{15}+1$

〔問2〕 $\begin{cases}\dfrac{1}{2}x-\dfrac{1}{4}y=-\dfrac{1}{3}\cdots① \\ 2x+6y=1\cdots②\end{cases}$ とする。①の両辺に2と4と3の最小公倍数の12をかけて, $6x-3y=-4\cdots③$　③×2＋②より, $(6x-3y)\times2+(2x+6y)=-4\times2+1$　$14x=-7$　$x=-\dfrac{1}{2}$　これを②に代入して, $2\times\left(-\dfrac{1}{2}\right)+6y=1$　$-1+6y=1$　$y=\dfrac{1}{3}$　よって, 連立方程式の解は, $x=-\dfrac{1}{2}$, $y=\dfrac{1}{3}$

〔問3〕 2次方程式$(2x-1)^2-6=5(2x-1)$　$2x-1=M$とおくと, $M^2-6=5M$　$M^2-5M-6=0$　$(M+1)(M-6)=0$　Mを$2x-1$にもどして, $\{(2x-1)+1\}\{(2x-1)-6\}=0$　$2x(2x-7)=0$　$2x=0$よ

り，$x=0$　$2x-7=0$より，$x=\frac{7}{2}$

〔問4〕　箱の中から1枚のカードを取り出し，取り出したカードを箱に戻すという操作を2回繰り返すとき，できる2桁の自然数の個数は，十の位の数が1～8の8通り，そのおのおのに対して，一の位の数が1～8の8通りの$8\times8=64$(個)　このうち，できた2桁の自然数が3の倍数となるのは12，15，18，21，24，27，33，36，42，45，48，51，54，57，63，66，72，75，78，81，84，87の22個。よって，求める確率は$\frac{22}{64}=\frac{11}{32}$

〔問5〕（着眼点）角の二等分線と線分の比の定理を利用する。∠ABCの二等分線と辺ACの交点をDとすると，二等辺三角形の頂角の二等分線は，底辺を垂直に二等分するから，△BCDは30°，60°，90°の直角三角形で，3辺の比は$2:1:\sqrt{3}$である。これより，$BD:CD=\sqrt{3}:1$であり，∠BDCの二等分線と辺BCの交点をPとすると，角の二等分線と線分の比の定理より，$BP:PC=BD:CD=\sqrt{3}:1$となる。　（作図手順）次の①～④の手順で作図する。　①　点Bを中心とした円を描き，辺AB，BC上に交点をつくる。　②　①でつくったそれぞれの交点を中心として，交わるように半径の等しい円を描き，その交点と点Bを通る直線（∠ABCの二等分線）を引き，辺ACとの交点をDとする。　③　点Dを中心とした円を描き，線分BD，CD上に交点をつくる。　④　③でつくったそれぞれの交点を中心として，交わるように半径の等しい円を描き，その交点と点Dを通る直線（∠BDCの二等分線）を引き，辺BCとの交点をPとする。（ただし，解答用紙には点Dの表記は不要である。）

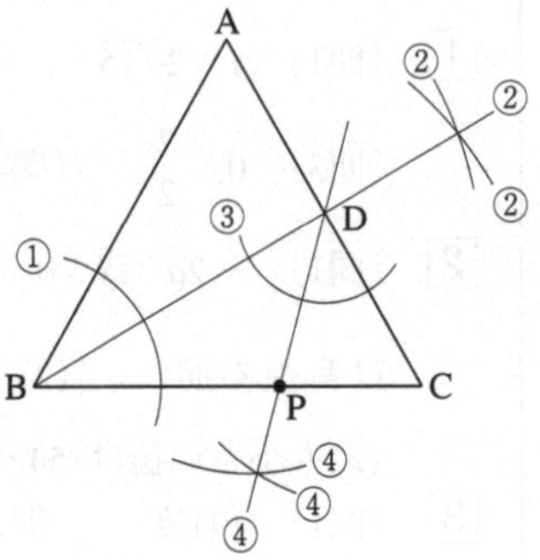

2　（図形と関数・グラフ）

基本　〔問1〕　関数$y=-\frac{1}{2}x^2$がxの変域に0を含むとき，yの変域は，$x=0$で最大値$y=0$，xの変域の両端の値のうち絶対値の大きい方のxの値でyの値は最小になる。$a>0$より，$-2a$の絶対値は$2a$，aの絶対値はaで，$2a>a$より，$x=-2a$で最小値$y=-\frac{1}{2}\times(-2a)^2=-2a^2$　以上より，yの変域は$-2a^2\leqq y\leqq0$

〔問2〕（1）（途中の式や計算）（例）直線CFは，傾きが直線ABと等しく点$C\left(-\frac{2}{3},\ \frac{1}{9}\right)$を通る　ここで，直線ABを　$y=mx+n$　とおき　$A\left(-\frac{2}{3},\ -\frac{2}{9}\right)$，$B\left(\frac{1}{3},\ -\frac{1}{18}\right)$を代入すると　$-\frac{2}{9}=-\frac{2}{3}m+n$…①　$-\frac{1}{18}=\frac{1}{3}m+n$…②　②－①より　傾き　$m=\frac{1}{6}$　したがって　直線CFは　$y=\frac{1}{6}x+q$　とおけ　$C\left(-\frac{2}{3},\ \frac{1}{9}\right)$を代入すると　$\frac{1}{9}=\frac{1}{6}\left(-\frac{2}{3}\right)+q$　より　$q=\frac{2}{9}$　よって　直線CFは，$y=\frac{1}{6}x+\frac{2}{9}$　と表され　点Fのy座標は　$\frac{1}{6}t+\frac{2}{9}$…③　また，点Fは$y=\frac{1}{4}x^2$上の点より　y座標は　$\frac{1}{4}t^2$…④　③，④より　$\frac{1}{4}t^2=\frac{1}{6}t+\frac{2}{9}$　整理して　$9t^2-6t-8=0$　$t=\frac{6\pm\sqrt{324}}{18}=\frac{6\pm18}{18}=-\frac{2}{3},\ \frac{4}{3}$　点Fは点Cと異なる点より　$t=\frac{4}{3}$

重要　（2）　4点A，B，C，Dの座標はそれぞれ$A(-2a,\ -2a^2)$，$B\left(a,\ -\frac{1}{2}a^2\right)$，$C(-2a,\ 4a^2p)$，D($a$,

a^2p)　よって，$\mathrm{S}+\mathrm{T}=\frac{1}{2}\times\mathrm{CA}\times$(点Aの$x$座標の絶対値)$+\frac{1}{2}\times\mathrm{DB}\times$(点Bの$x$座標の絶対値)$=\frac{1}{2}\times\{4a^2p-(-2a^2)\}\times2a+\frac{1}{2}\times\left\{a^2p-\left(-\frac{1}{2}a^2\right)\right\}\times a=\frac{9}{2}a^3p+\frac{9}{4}a^3$　また，$\mathrm{S}+\mathrm{T}=\frac{9}{2}a^3p+\frac{9}{4}a^3=\frac{9}{4}a^3(2p+1)=9a\times\left(\frac{a}{2}\right)^2\times(2p+1)$より，$a$，$p$がともに自然数のとき，S＋Tの値が自然数になるのはaが偶数のときであり，S＋Tの最も小さい値は，$a=2$，$p=1$のとき，$\mathrm{S}+\mathrm{T}=9\times2\times\left(\frac{2}{2}\right)^2\times(2\times1+1)=54$

3 (角度，線分の長さの比，図形の証明)

基本　〔問1〕　直径に対する円周角は90°だから，∠BPC＝90°より，点Pは辺BCを直径とし，中心がDの円周上にある。よって，BD＝CDより，△BDPは∠DBP＝∠DPBの二等辺三角形であることを考慮すると，△BDPの内角と外角の関係から，$\angle\mathrm{APB}=\angle\mathrm{DBP}+\angle\mathrm{BDP}=\frac{\angle\mathrm{PDC}}{2}+(180^\circ-\angle\mathrm{PDC})=\frac{78^\circ}{2}+(180^\circ-78^\circ)=141^\circ$

やや難　〔問2〕　(1)　平行線と線分の比についての定理を用いると，BI：ID＝BF：FA＝2：1…①　仮定より，BD：DC＝1：1＝3：3…②　①，②より，BI：ID：DC＝2：1：3　PD：FI＝DC：IC＝3：(1＋3)＝3：4　$\mathrm{PD}=\frac{3}{4}\mathrm{FI}$　HI：PD＝BI：BD＝2：(2＋1)＝2：3　$\mathrm{HI}=\frac{2}{3}\mathrm{PD}=\frac{2}{3}\times\frac{3}{4}\mathrm{FI}=\frac{1}{2}\mathrm{FI}$…③　FI：AD＝BI：BD＝2：(2＋1)＝2：3　$\mathrm{AD}=\frac{3}{2}\mathrm{FI}$…④　③，④より，$\mathrm{HI}:\mathrm{AD}=\frac{1}{2}\mathrm{FI}:\frac{3}{2}\mathrm{FI}=1:3$

(2)　(証明)(例)BE//JC，BJ//ECより四角形BJCEは平行四辺形である。また，辺BCは平行四辺形BJCEの対角線で，仮定から点Dは辺BCの中点だから，BD＝CDより，点Dは平行四辺形BJCEの対角線の交点である。点Jと点Eは平行四辺形BJCEの頂点だから，点Jと点Eを結ぶと，線分JEは平行四辺形BJCEの対角線なので，点Dを通る。したがって　DJ＝ED…①　△CABにおいて　仮定より　点Dと点Eはそれぞれ辺CBと辺CAの中点なので　ED//AB，$\mathrm{ED}=\frac{1}{2}\mathrm{AB}$　また，点Fは辺ABの中点なので，AF＝BFより　$\frac{1}{2}\mathrm{AB}=\mathrm{AF}$　したがって　AF//ED，AF＝ED　①より　AF//DJ，AF＝DJ　よって，1組の対辺が平行で長さが等しいので　四角形AFJDは平行四辺形である。

4 (空間図形，切断，体積，線分和の最短の長さ)

〔問1〕　(1)　EP＝$x$cmとするとき，立体P－BFGの体積は，$\frac{1}{3}\times\triangle\mathrm{BFG}\times\mathrm{PF}=\frac{1}{3}\times\left(\frac{1}{2}\times\mathrm{FG}\times\mathrm{BF}\right)\times(\mathrm{EF}-\mathrm{EP})=\frac{1}{3}\times\left(\frac{1}{2}\times8\times8\right)\times(8-x)=\frac{32}{3}(8-x)\mathrm{cm}^3$　これが立体ABCD－EFGHの体積の$\frac{1}{10}$倍の$\frac{8^3}{10}\mathrm{cm}^3$になるとき，$\frac{32}{3}(8-x)=\frac{8^3}{10}$　これを解いて，$x=\frac{16}{5}$

重要　(2)　(図や途中の式)(例)立体PGCBの展開図の一部を考えて，点Qは線分BGと線分CPの交点である。ここで，CB＝CG＝8，$\mathrm{PB}=\mathrm{PG}=\sqrt{4^2+8^2}=4\sqrt{5}$で△PBGと△CBGは二等辺三角形なので，QはBGの中点で，CP⊥BGである。$\mathrm{CQ}^2=8^2-(4\sqrt{2})^2$　より　$\mathrm{CQ}=4\sqrt{2}$　$\mathrm{PQ}^2=(4\sqrt{5})^2-(4\sqrt{2})^2$　より　$\mathrm{PQ}=4\sqrt{3}$　よって　$\triangle\mathrm{PQG}+\triangle\mathrm{CQB}=$四角形$\mathrm{PGCB}\times\frac{1}{2}=\left(\mathrm{BG}\times\mathrm{CQ}\times\frac{1}{2}+\mathrm{BG}\times\mathrm{PQ}\times\frac{1}{2}\right)\times\frac{1}{2}=\mathrm{BG}(\mathrm{CQ}+\mathrm{PQ})\times\frac{1}{4}=8\sqrt{2}\,(4\sqrt{2}+4\sqrt{3})\times\frac{1}{4}$

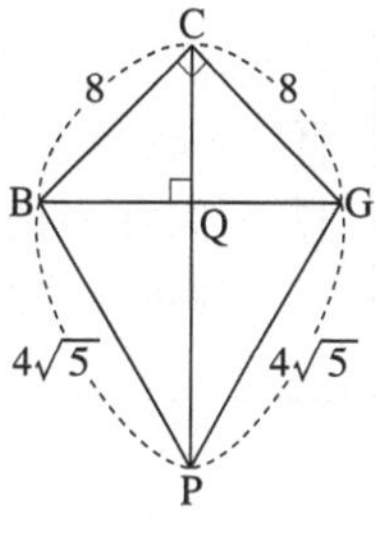

$=16+8\sqrt{6}$

やや難　〔問2〕 辺EF，辺GHの中点をそれぞれR，Sとし，線分MPと辺BFとの交点をT，線分LPと面BFGCとの交点をUとする。また，点Uから辺FGへ垂線UVを引き，点Tから線分UVへ垂線TWを引く。立体N－LMPと立体I－LMPの体積が等しいとき，△LMPを共通の底面と考えると高さが等しいから，線分NI//平面LMPである。また，線分NIと線分TUはともに面BFGC上にあり，かつ，線分TUは線分NIと平行な平面LMP上にもあるから，NI//TUとなる。平行線と線分の比についての定理を用いると，TF：ME＝FP：EP＝(24－8)：24＝2：3　TF＝$\frac{2}{3}$ME＝$\frac{8}{3}$cm　UV：LS＝VP：SP＝FP：RP＝(24－8)：(24－4)＝4：5　UV＝$\frac{4}{5}$LS＝$\frac{32}{5}$cm　TW：RS＝FV：RS＝FP：RP＝(24－8)：(24－4)＝4：5　TW＝$\frac{4}{5}$RS＝$\frac{32}{5}$cm　NI//TUのとき，△NGI∽△TWUとなるから，NG：IG＝TW：UW＝TW：(UV－WV)＝TW：(UV－TF)＝$\frac{32}{5}:\left(\frac{32}{5}-\frac{8}{3}\right)=12:7$　よって，IG＝$\frac{7}{12}$NG＝$\frac{7}{12}\times 4=\frac{7}{3}$(cm)

★ワンポイントアドバイス★

[2]〔問2〕(1)では，△AEC＝△AEFとなるとき，AB//CFであることに着目することがポイントである。[3]〔問1〕では，点Pが辺BCを直径とする円周上にあること着目することがポイントである。

＜英語解答＞

[1]　〔問題A〕　＜対話文1＞　ア　　＜対話文2＞　ウ　　＜対話文3＞　イ
　〔問題B〕　＜Question 1＞　エ　　＜Question 2＞　They are interesting.

[2]　〔問1〕　イ　〔問2〕　カ　〔問3〕　make our planet cool　〔問4〕　ア　〔問5〕　ウ
　〔問6〕　イ　〔問7〕　opening a parasol　〔問8〕　ウ
　〔問9〕　始めの2語　If everyone　　終わりの2語　any problem　〔問10〕　エ

[3]　〔問1〕　エ　〔問2〕　never　〔問3〕　ア　〔問4〕　イ
　〔問5〕　〔質問A〕　She learned that pet animals have special powers.　She now understands how much Snow helped the little girl in the car.
　〔質問B〕　It means that the kitten should belong to the little girl, not Lisa, and the cat is now at her side.
　〔問6〕　オ，カ　〔問7〕　エ

○配点○

[1]　各4点×5　　[2]　各4点×10(問9完答)

[3]　〔問1〕～〔問4〕　各4点×4　〔問5〕　各8点×2
　〔問6〕　各3点×2　　他　2点　　　(満点)100点

＜英語解説＞

1　(リスニングテスト)

放送台本の和訳は，2022年度都立共通問題36ページに掲載。

2　(会話文問題：語句解釈，文整序，語句整序，内容吟味，語句補充・選択，要旨把握，進行形，比較，前置詞，現在完了，分詞，接続詞，不定詞，関係代名詞)

(全訳)*オリヴァはアメリカに住んでいる高校生だ。彼は，彼の友人で，日本人高校生のカナと彼女の弟のジュンとオンラインで話をしている。オリヴァは日本で彼女らの近所に住んでいた。*

オリヴァ(以下O)：こんにちは！　元気ですか。／カナ(以下K)：私は少し疲れています。東京は暑すぎます。／O：わかります。(1)暑い天候が私たちの生活の一部になっていますね。／ジュン(以下J)：気候変動のためですか？／O：ええ。地球上の気温上昇は，厳しい天候の要因の1つです。／J：この暑い天候を生き残るためには，私は何かしなければなりません。／K：ジュン，あなたはいつも自分自身のことばかり考えているわね。えーと，オリヴァ，ここ日本では，日光から自分自身を守るために日傘を使っている人々がますます増えています。日傘を開くような困難を伴わないで，地球を冷やすことができれば，良いですよね。／O：ちょっと待って！ (2)-a[D]そのことで，興味深いプロジェクトを私は思い出しました。／J：日傘についてですか？／O：日傘のように日陰を作ることについてです。それはアメリカでの新しい研究プロジェクトです。科学者たちが，地球に巨大な日傘を作り出すことを考えているのです。／K：興味深いですね。(2)-b[C]SFみたいだわ。／O：そうですね。これらの科学者たちは私たちの惑星を涼しくするために，化学物質を使おうとしています。／J：彼らは化学物質から日傘を作ろうとしているのですか。(2)-c[A]信じられないです。／K：それを使って，どうやって地球を冷却するのかしら。／O：成層圏に化学物質の分子を置こうとしているのです。それらにより，日光の一部が地球に到達することが遮断されるでしょう。／K：なるほど。これらの分子が日傘のように機能するということですね。／O：それは，ソーラージオエンジニアリングと呼ばれる技術なのです。／K：ソーラージオエンジニアリング？　(2)-d[B]初めて耳にするわ。／O：このソーラージオエンジニアリング・プロジェクトの科学者たちは，自然界で起きた出来事から学んでいるのです。／K：もっと教えてください。／O：彼らは火山噴火から学んでいます。過去には，巨大な火山噴火により，地球の平均気温が約0.6度下がり，そのような低温状態が2年間続きました。／J：たった0.6度ですか？　(3)大差ないと思うのですが。／O：それは違いますね，ジュン。気温は毎日上がったり，下がったりするので，たとえば，1度の差は大きくはありません。(4)けれども，平均気温の小さな変動は，大きな意味を持っているのです。／J：わかりました。それでは，ソーラージオエンジニアリングは，大いに期待できるのですね。／O：でも，その技術はすぐには使うことができません。それを実際に使う前に，知らなければならない多くのことがあるので，科学者たちはたくさん研究する必要があるのです。成層圏に特別の気球を飛ばす計画があります。成層圏に化学物質を置くためにそれを使おうとしています。／J：驚くべきことですね。／O：科学者はすでに実験でどの化学物質を使うかを決めています。／J：それは何ですか。／O：炭酸カルシウムです。それは腹痛に対するいくつかの種類の薬など，私たちの周囲の多くのものに使われているので，危険とは思えません。／K：ソーラージオエンジニアリングは実際に十分に効果的になるのでしょうか。／O：科学者はそう言っていて，彼らはまたその結果がすぐに現れるとも述べています。／K：(5)私には，それは話が出来過ぎているように思えるわ。／O：実際，この実験に反対している人々が多くいます。／J：なぜですか。／O：えーと，1つの理由は，ソーラージオエンジニアリングは，気候変動の解決策にはなりえないからです。／K：どういうことですか。／O：それは大気から二酸化炭素を除去できないのです。単に地球を少しだけ涼しくすることになるでしょう。／J：地球を冷却するのは良いことですよね。／O：ジュン，それはそんな単純な話ではないかもしれません。(6)アもしその技術を使い始めたら，それを永遠に使い続けなければならないそうです。ウ私たちの惑星を冷却するために使われる炭酸カルシウムは，1年も経過しないうちに消滅してしまうでしょう。エ一方で，二酸化炭素は1,000年か，それ以上，大気中にとどまるかもしれません。オ大気圏に化学物質を置くのを突然やめたら，世界の気温は再び上昇するかもしれず，自然環境を破壊することになるでしょう。／K：なるほど。それは問題ですね。／O：産業革命前の時代より，世界の気温は1度すでに上昇したと言われています。私たちは気温上昇を1.5度までに抑える必要があります。／J：もしできなければ，どうなりますか。／K：多くの国，特に貧しい国が多大な被害をこうむるかもしれません。／J：気候変動を抑制するために，(7)日傘を広げるような簡潔な方法があれば良いのですが。／O：ソーラージオエンジニアリング・プロジェクトの科学者の1人が，私たちの将来を本当に心配していると述べていて，また，科学者として，私たちの気候の推移を変えるあらゆる種類の方法を考える必要があると言っています。／J：気候変動を終わらせる方法を探し出そうというのは，科学者にとっては，当然のことですね。／K：2050年までには，世界中の多くの国や都市が，二酸化炭素の排出をゼロにまで削減することを公言しました。東京はその1つで，都庁は「ゼロ排出東京」と呼ばれる報告書を作成しました。／O：あなたはそれを読みましたか。／K：私は社会の授業でその1部を読んだだけです。その中に(8)非常に興味深いグラフがありました。そのタイトルは「東京の温室効果ガス排出量部門別構成比」です。／J：難しそうですね。／K：二酸化炭素を最も多く排出しているのはどの部門か予測してみてください。／J：もちろん，工場です！／O：私はそう思いません。多くの人々が東京に住み，働いているけれど，そこにはそんなに多くの大きな工場はありません。／K：オリヴァ，あなたの言う通りです。工場のようなA部門からの二酸化炭素の排出は10％以下でした。／J：それでは，どの部門が最も多く排出しているのですか。／K：それは会社，レストラン，そして，学校のようなB部門です。／J：なるほど。東京には多くのそのような施設がありますね。／K：その通りです。そして，私にとって最も興味深かったのは，2番目にランキングされた部門でした。それは，C部門，家庭からの排出です。それらの排出は，車，バス，そしてトラックのようなD部門のそれをも上回っていました。／J：えーと，ということは…／K：ええ，そのことは，気候変動を止めるには，リサイクルや植物を植えるなど，私たちが家庭で行うことが非常に重要だということです。／J：気候変動への戦いは，政府や大企業の仕事だと思っていましたが，それは私個人の仕事でもあるのですね。／K：ジュン，とてもいいわね。今すぐに行動にとりかかるべきだわ。／O：ジュン，最初の一歩として，あなたは何をするつもりですか。／J：そうですね，私たちの行動が世界を変えうるということを，友達に告げようと思います。／O：素晴らしいですね。カナ，あなたはいかがですか。／K：実は，私はすでに始めています。私は肉をより少なく，野菜をより多く食べようとしています。／O：私が尊敬しているある有名な科学者は，70億以上の人々が暮らす世界では，私たちの個々はバケツの中のしずくです，と語っていました。でも，(9)しずくが十分ならば，いかなるバケツでもいっぱいに満たすことができますね。／K：その言葉は気に入りました。／J：素晴らしい言葉ですね。世界の皆が協力したら，私たちはいかなる問題も解決できます。／O：その通りです。カナ，ジュン，あなたたちと話をして楽しかったです。／K：私も楽しい時間を過ごすことができました。ありがとう。それでは，また。／J：さようなら，オリヴァ。／O：さようなら。

基本　〔問1〕 (1)「暑い天候が私たちの生活の一部になってきています」とほぼ意味が同じなのは，イ「暑い天候がより一般的になってきています」。common「ふつうの，ありふれた，共通の」他の選択肢は次の通り。ア「暑い天候がより伝統的になってきています」 ウ「暑い天候がより驚くべきものになってきています」 エ「暑い天候がより特別になってきています」is becoming 進行形　more traditional／more common／more surprising／more special ← <more + 長い語の原級>比較級「より～」

基本　〔問2〕 (2)-a K：<ここ日本では，日光から自分自身を守るために日傘を使っている人々が増えている。日傘を開くなど，困難を伴わないで，地球を冷やすことができれば，良いだろう。> → O：<ちょっと待って！ (2)-a[D]そのことで興味深いプロジェクトを思い出しました。> remind A of B「AにBを思い出させる」<比較級 + and + 比較級>「ますます～」protect A from B「AをBから守る」without「～なしで」 (2)-b O：<それはアメリカでの新しい研究プロジェクトだ。科学者が地球に巨大な日傘を作り出すことを考えている。> → K：<興味深い。(2)-b[C]SFみたいだ。> (2)-C O：<これらの科学者たちは私たちの惑星を涼しくするために，化学物質を使おうとしている。> → J：<彼らは化学物質から日傘を作ろうとしているのか。(2)-C[A]信じられない。> make A B「AをBの状態にする」 (2)-d O：<それは，ソーラージオエンジニアリングと呼ばれる技術だ。> → K：<ソーラージオエンジニアリング？ (2)-d[B]初めて耳にする。> I've never heard ～ ← <have + 過去分詞> 現在完了（経験）a technology called solar geoengineering ← <名詞 + 過去分詞 + 他の語句>「～された名詞」過去分詞の形容詞的用法

やや難　〔問3〕 下線部(3)は「（わずか0.6度？）大差があるとは思わない」の意。make a difference「差が生じる」正解は，(I don't think it can) make our planet cool (enough.)「私たちの惑星が十分に冷却されるとは思わない」。 (2)-b の直後のオリヴァのセリフを参照。

重要　〔問4〕 (However,) small changes of the average temperature mean a lot (.) 語句整序の前に，「気温は毎日上下変動しているので，例えば，1度の違いは大差ない」という趣旨の文があり，however「しかしながら」という語に続く箇所を完成させるので，完成文の意味を予測しながら考えるとよい。～, so…「～だ，それで[だから]…である」

やや難　〔問5〕「K：ソーラージオエンジニアリングは実際に十分に効果的になるのでしょうか。／O：科学者はそう言っていて，彼らはまたその結果がすぐに現れるとも，述べています。／K：(5)それは話が出来過ぎているように思えます。(I think that sounds too great.)／O：実は，この実験に反対している多くの人々がいます」過度を表すtoo greatの意味に留意すること。正解は，ウ「ソーラージオエンジニアリングには，良い点のみあると信じるのは困難だ」。<It is + 形容詞 + to不定詞>「～［不定詞］するのは…［形容詞］だ」他の選択肢は次の通り。ア「多くの人々がソーラージオエンジニアリングの実験を支持しているのは真実だ」 イ「私たちはソーラージオエンジニアリングに対して多くの期待を抱いているというのは真実だ」 エ「科学者がソーラージオエンジニアリングに気球を使おうとしているということを信じるのは難しい」

やや難　〔問6〕 対話文の流れに合わない内容は，イ「私たちは二酸化炭素の量を増やそうとしていて，そうすることは不可能である」。<It is + 形容詞 + to不定詞>「～［不定詞］することは…［形容詞］である」calcium carbonate used to cool ～ ← <名詞 + 過去分詞 + 他の語句>「～された名詞」過去分詞の形容詞的用法

やや難　〔問7〕「気候変動を抑制するために (7) のような単純な方法があると良いのだが」a simple wayをヒントとして考えること。正解は，たとえとしてそれまでに使われてきたopening a parasol「日傘をひろげること」。<I wish + S + 過去の助動詞> 現実ではないことを願望する表現。

重要　〔問8〕 A部門の工場は10％以下，最も排出量が多いのは，B部門の会社，レストラン，学校で，2

番目に多いのが，C部門の家庭で，D部門の車，バス，トラックを上回っている，という対話内容から考えること。less than「～より少ない」most ← many／muchの最上級「最も(多くの)」more ← many／muchの比較級「より多い[多く]」

基本　〔問9〕(9)「十分にしずくがたまれば，いかなるバケツも一杯にすることができる」とほぼ同じ内容を表しているのは，ジュンのせりふIf everyone in the world works together, we can solve any problem.「世界のすべての人が協力すれば，いかなる問題も解決することができる」である。

重要　〔問10〕①「最近，多くの人々が日傘を使っているので，東京は涼しくなっている」(×) 言及なし。②「暑い天気から人々を守る方法を考えている，とジュンは言った」(×) 言及なし。③「ソーラージオエンジニアリング・プロジェクトの科学者は，太陽光を部分的に遮るために，現在，日傘を使っている」(×) 日傘を使って日陰を作るというのはたとえで，実際に日傘を用いているわけではない。④「実験では，大気圏に化学物質を置くために気球を使おうとしている」(○) オリヴァは，They have a plan to send a special balloon to the stratosphere. They are going to use it to put a chemical in the stratosphere. と述べている。⑤「実験で使われる化学物質は二酸化炭素と同じくらい危険であろう」(×) 実験に使用される化学物質は炭酸カルシウムで，それは腹痛に対する薬など，私たちの周囲の多くのものに使われているので，危険とは思えない，と述べられているので，不適。the chemical used in ～ ← ＜名詞 + 過去分詞 + 他の語句＞「～された名詞」過去分詞の形容詞的用法　～, so…「～だ，だから[それで]…である」⑥「世界中の多くの政府が二酸化炭素の排出量を2050年のレベルにまで削減するために，努力している」(×) 正しくは，カナが Many countries and cities around the world have promised to cut their CO_2 emissions to zero by 2050.「多くの国や都市は，2050年までに二酸化炭素をゼロに削減することを約束した」と述べている。by「～までには」⑦「家庭で人々が行うことは気候変動を抑止することができる，とカナは述べている」(○) カナはthings we do at home such as recycling or growing plants are very important to stop climate changeと述べており，一致する。things▼people [we] do ← ＜先行詞(+ 目的格の関係代名詞) + 主語 + 動詞＞「～ [主語]が… [動詞]する先行詞」目的格の関係代名詞の省略　⑧「世界にはとても多くの人々がいるので，誰も重要なことはできない，とオリヴァは述べている」(×) 言及ナシ。so ～ that…「とても～なので…だ」

3　(長文読解問題・物語：文の挿入，語句補充・記述・選択，語句解釈，自由・条件英作文，要旨把握，単語の発音，助動詞，比較，関係代名詞，進行形，接続詞，受動態)

(全訳)こんにちは，私の名前はリサ・スミスです。私の友達は私をリサと呼びます。私は15歳です。私はカナダの小さな町に両親と私の兄[弟]と暮らしています。先日，重大なことが起きて，動物のペットには特別の力があることに気づきました。なぜ動物が特別な力を有していると私は考えるのでしょうか。その理由をお伝えしましょう。

私は中学生です。私は毎日学校と家を歩いて往復しています。私は学校まで歩くのを楽しんでいて，およそ30分かかります。ある暖かい春の日に，学校から自宅へ帰る途中で，ある小さな友達が私についてきました。この友達はいかなる他の友達とも異なっていました。彼女はとても小さかったのです。「なんてかわいい子猫でしょう！」彼女はいかなる身元を示すしるしも身に着けていませんでした。「彼女はのら猫かしら」と私は思いました。彼女はずっと私についてきました。私が家に到着すると，彼女は私のすぐ後ろにいました。

その晩，両親が仕事から帰ってくると，子猫を見て驚きました。友人が私にその猫をくれた，と私は彼らに告げましたが，それはうそでした。私の両親には，私がうそをついていることがわかっていました。私の両親は猫が大好きでしたが，持ち主を探し出して，彼女を返すべきだ，と私に言いました。私は持ち主のことを考えるべきだ，と彼らは主張しました。「私は何をするべきだろうか」と私は考えました。私は町内新聞での告知をすることを思いつきました。でも，それは私が最もしたくないことでした。「もし町内新聞に告知を掲載したら，彼女の持ち主が現れるかもしれない」と私は考えました。その子猫はとてもかわいかったのです。私は「(1)なぜ彼女の持ち主が彼女をそれほど欲しがらないかが，わからない」と思い始めました。私は彼女を失いたくなかったのです。

私の兄[弟]は，その子猫はおそらく生後約6か月である，と言いました。その猫は瞬く間に私たちになつきました。夕食後，彼女は私の足の上に上り，私たちと一緒にテレビを見ました。その頃にはもう，私は両親に彼女を飼いたいと懇願しました。

その週が終わる頃までには，その新しい猫は私たち家族の一部になりました。彼女はとても賢くて，私になつきました。私の両親の猫に関する気持ちが変わり出しました。私の父は私に言いました。「リサ，誰もこの猫を探していないと思うよ。さあ，別の生命に対する責任感を君は抱く時が来た。これは重要なことを学ぶ良い機会となるだろう。将来，親になった時に，必要なことを学ぶことになるよ」

翌週，私の中の何かが，私に町内新聞を確認するように告げました。ある非常に小さな告知が私の目に飛び込んできました。それを見て，私は驚きました。私の家の近くのある女性が彼女の行方不明になった猫を探していました。私の手は震えました。その女性に電話をすべきだとわかっていましたが，私は電話を手にすることができませんでした。代わりに，その告知を目にしていない，と思い込もうとしました。私は素早くその新聞を私の部屋の押し入れに投げ入れて，宿題を続けました。私はそのことについて私の両親に対して，決して一言も話をしませんでした。

私たちはその子猫に名前をつけました。彼女は雪のように真っ白だったので，彼女をスノーと呼ぶことにしました。私が机で勉強していると，彼女はおとなしかったですが，私が庭へ行くと，彼女は私についてきて，彼女と遊ぶようにおねだりしました。私が皿を洗っていると，彼女は私に手を貸してくれるために，そこにいました(あるいは，(猫の)足と言うべきでしょうか)

この完全な絵にはたった1つの問題がありました。町内新聞のあの告知のことが忘れられなかったのです。ある日，実際に何をするべきか，私は考え始めました。心の中では，あの女性に電話をかけるべきだ，ということを理解していました。彼女は本当に自分の猫に再び会いたいのである，ということが，私にはわかっていました。私は「私たちのスノーはあの女性が会いたい猫なのだろうか」と考えました。その晩，私はよく眠れませんでした。

翌朝，例の告知のことについて両親に話をして，ようやく，自分の電話でその番号を押し始めました。心の中では，誰も返事をしないことを願っていましたが，誰かが応答しました。「もしもし」それは若い女性の声でした。私は猫について彼女に説明して，彼女は私に多くの質問をしました。彼女はぜひ訪問したいと言いました。電話をかけた後，私はとても落ち着きませんでした。両親に私のそばにいて欲しいと頼みました。

私は両親と共に台所のテーブルについていました。奇跡が起きることを望んでいました。スノーはずっと私の足元に座っていて，時々，あのかわいらしい目で私を見上げました。(3)彼女は何かがおかしい，ということに気づいていました。

数分経過しないうちに，例の女性が玄関にやって来ました。私は窓越しに彼女を見ました。彼女は手に地図を持って，そこに立っていました。彼女は表玄関のドアをノックしました。「すみませんが，こちらはスミス夫妻のお宅ですか」彼女は尋ねました。彼女がドアを再びノックした時に，いくつもの[1000の]考えが心に思い浮かびました。私は彼女に「(4)すみませんが，住所が間違っています」と言うことは可能でした。でも，遅すぎたのです；私の母がドアを開けたのです。私も自分の恐怖と対面するためにそこへ出ていきました。

女性はスノーを見て，その表情が変わりました。彼女の顔に大きな笑みが広がるのが見えました。「ここよ，ルーシー」彼女は呼びかけました。「お嬢ちゃん，私の元においで」その時，その猫が女性によってルーシーと呼ばれていることがわかりました。猫は女性の声を聞いて，とてもうれしそうでした。彼女がその女性のものであることは明白でした。

涙が出ました。私は何もできませんでした。私はスノーと逃げ出したかったのです。でも代わりに，私は少しだけ微笑み，私の両親がその若い女性を招き入れました。

若い女性はすでにスノーを両腕に抱え上げていました。彼女は自分の財布を開けると，私の両親にいくらかのお金を渡そうとしました。

「面倒をおかけしました」と彼女は言いました。

私の両親は首を振りました。私の母は「いいえ，受け取れません。彼女は私たちにとって喜びでした。私たちこそあなたにお金をお支払いするべきなのです」と言いました。それを聞いて，女性は微笑み，スノーを再び抱きしめました。

スノーはその女性と再会して本当に喜んでいました。彼女らが帰宅する時が来たことを私は悟りました。私は表玄関のドアを開けました。女性が立ち去る時に，幼い少女が父親といることに気づきました。その少女は車の前部座席に座っていました。少女が子猫を見ると，彼女の顔に大きな笑みが浮かぶのが見えました。少女は「ここにおいで，ルーシー」と言いました。

私がしゃべり出す前に，女性が説明を始めました。「私の家族は先月この町に引っ越してきました。車の中にいる少女が私の娘です。彼女はこの町の誰とも知り合いではなかったので，毎日，とても寂しい思いをしていました。彼女は猫が大好きなのを夫と私が知って，ルーシーを彼女に与えたのです」

女性は続けました。「ルーシーがいなくなった時に，私の娘は非常にショックを受けました。彼女は一日中泣きました。彼女はずっと自室にこもったままでした。毎日，彼女はルーシーに会いたいと言っていました。この新しい土地でルーシーが彼女にとって唯一の友達なのです。彼女はあの子猫と特別なきずなでつながれていたのです」

突然，私は自分のことだけしか考えていなかったことに気づきました。私の心はあの小さな少女の元にありました。車が走り去るのを見て，私の顔の笑みはまさに本物となりました。自分は正しいことを行ったことがわかっていました。あの子猫はまさしく適切な場所にいるということを知りました。(5)私は，あの猫から重要なことを学んだのです。

重要　〔問1〕　持ち主がなかなか名乗り出ない状況から適切な挿入文を考えること。「『もし町内新聞に告知を掲載したら，彼女の持ち主が現れるかもしれない』と私は考えました。その子猫はとてもかわいかったのです。私は『(1)エなぜ彼女の持ち主が彼女をそれほど欲しがらないかが，理解できない』と考え始めました。私は彼女を失いたくなかったのです」他の選択肢は次の通り。ア「彼女の持ち主を見つけ出して，できるだけ早く彼女を返さなければならない」（×）後続文につながらない。<have + to不定詞>「〜しなければならない，に違いない」<as 〜 as + 主語 + can>「できるだけ〜」　イ「今，学校の図書館へ行って，新聞を確認しなければならない」（×）後続文につながらない。　ウ「なぜ私の友人が私にそのようなかわいい猫をくれたのか，その理由を私はぜひ知りたかった」（×）猫との出会いは，その猫がついてきただけで，友人からもらったわけではない。

やや難　〔問2〕　告知を見ていない，と思い込もうとしたことや，新聞を押し入れに投げ入れた行為等から考えること。この時点では，告知に関しては，決して両親に知られたくなかったのである。

基本　〔問3〕 (3)「スノーは何かがおかしいことに気づいた」。正解は，ア「スノーは何かが起きることを感じた」。← Something is wrong.「どこか具合が悪い，調子が悪い，故障して」<be動詞 + going + to不定詞>「～するつもりだ，しそうだ」他の選択肢は次の通り。イ「スノーはひどい間違いをしたと思った」 ウ「スノーは私に対して申し訳ないと感じるべきだと思った」should「すべきである，のはずだ」 エ「スノーは，私たちがもっと注意深く考えるべきだと感じた」

重要　〔問4〕 状況より，子猫の真の持ち主が現れるのではないかと動揺していることや，スノーと離れたくないので，持ち主が出現して欲しくないと心の奥底では念じていることなどを，行間から読み取ること。正解は，探している猫がいる家ではない，ということを表現しようとした，イ「残念ですが，住所が間違っています」。他の選択肢は次の通りだが，前述の説明により，不適。ア「こんにちは，ようこそ。どうぞドアを開けてください」 ウ「ごめんなさい，ルーシーについては何も知りません」この時点でルーシーという名前についてはわかっていないので，不可。 エ「どなたですか。母がすぐに参ります」

やや難　〔問5〕 (全訳)「私はスノーから重要なことを学びました。今，スノーはここにいません。私は本当に彼女がいなくて寂しいです。とても彼女と再会したいですが，私は正しいことをした，ということがわかっています。子猫は今，適切な場所にいます。今，私は世の中を異なった方法で見ることができます」

〔質問A〕：リサは彼女の日記に「スノーから重要なことを学んだ」と書きました。彼女は猫から何を学びましたか。(模範解答訳)「彼女は動物のペットが特別な力を持っていることを学びました。彼女は今，どれだけスノーが車の中の幼い少女を手助けしたかを理解しています」猫から学んだことを20語以上の英語で書く自由・条件英作文。

〔質問B〕：リサは彼女の日記に「子猫は今適切な場所にいる」と書きました。この文はどのようなことを意味していますか。(模範解答訳)「それは，子猫がリサではなくて，幼い少女の元にいるべきであって，その猫は今彼女のそばにいる，ということを意味しています」子猫は適切な場所にいる，ということの意味を20語以上の英文で説明する問題。

重要　〔問6〕 ア「毎日，リサは彼女の小さな友達と一緒に中学まで歩く。学校へ行くのに約30分費やす」(×) 記述なし。<spend + 時 + -ing>「～して時を費やす」 イ「最初，リサの両親はリサがまだ子供で猫を飼うべきでないと考えて，その猫を持ち主に返すように言った」(×) 記述なし。ウ「ついに，猫を探している女性に会うことにリサは同意したので，彼女の母親がその女性に電話をした」(×) 電話をしたのはリサ自身なので，不適(第9段落)。a woman who was looking for ← <先行詞 + 主格の関係代名詞who + 動詞>「～［動詞］する先行詞」<be動詞 + -ing>進行形「～しているところだ」look for「～を探す」～, so…「～だ，だから[それで]…である」 エ「やって来た女性はその猫の持ち主だった。彼女は『ありがとう』と言い，リサの両親へいくらかのお金を渡した」(×) 女性はお金を差し出そうとしたが，リサの両親は首を振って，断った(第14段落～第16段落)。the woman who came ← <先行詞 + 主格の関係代名詞who + 動詞>「～［動詞］する先行詞」 オ「真っ白だったので，その子猫はリサによってスノーと呼ばれたが，同じ猫は車の中の少女によってルーシーと呼ばれた」(○) 第7段落の第2文と第17段落の最後の文に一致。call A B「AをBと呼ぶ」<A + be動詞 + called B>「AはBと呼ばれる」カ「車内の少女にとって，その猫は町で唯一の友人だった。彼女はそこで慣れていなかったので，彼女にはそこには他の友人が全くいなかった」(○) 第19段落第5文に一致。

基本　〔問7〕 エ　heart「心臓，心」のみ[a:r]，あとは[ə:r](learn「学ぶ」，word「単語」，perfect「完全な」，girl「少女」)。

★ワンポイントアドバイス★

[2]〔問10〕と[3]の〔問6〕の内容真偽問題は，限られた時間内で真偽を見極めなくてはならない。思い込みは排して，キーワード等を目印に本文の該当箇所を素早く参照して，直に真偽を判断することが必要である。

＜国語解答＞

[1]　(1)　ゆ(った)　(2)　がんぜ　(3)　えきむ　(4)　ふ(やす)　(5)　じきしょうそう

[2]　(1)　高　(2)　図　(3)　功名　(4)　性分　(5)　理非曲直

[3]　〔問1〕　エ　〔問2〕　ウ　〔問3〕　ウ　〔問4〕　1　無意識の習慣　2　追い抜
〔問5〕　イ
〔問6〕　1　長細い艇首が，ぐんぐんと新しい道を切り開く。　2　選手たちは，真剣な緊張感の中で，しのぎを削っている(25字)

[4]　〔問1〕　イ　〔問2〕　エ　〔問3〕　1　個別の状況　2　相手のためになることを実行すること
〔問4〕　ウ　〔問5〕　ア　〔問6〕　イ
〔問7〕　(例)　世の中がよりよくなるためには，一人ひとりが実際に協働する経験を多く積むことで共感能力を高めることが必要だと思う。
　私は吹奏楽部に所属していたが，以前友人とうまくいかずに苦しい経験をした。その経験があるから，今では誰かが同じようにうまくいかずに苦しんでいる時，苦しみを理解し共感できている。経験が豊かになればなるほど，他者への想像力が働き，共感にもとづく倫理的判断ができるようになるのではないか。(196字)

[5]　〔問1〕　イ　〔問2〕　エ　〔問3〕　ウ　〔問4〕　エ　〔問5〕　ア

○配点○
[1]　各2点×5　[2]　各2点×5　[3]　〔問4〕・〔問6〕　各2点×4　他　各4点×4
[4]　〔問3〕　各2点×2　〔問7〕　12点　他　各4点×5　[5]　各4点×5　計100点

＜国語解説＞

[1]　(知識－漢字の読み書き)

(1)「結」には「ケツ・むす(ぶ)・ゆ(う)・ゆ(わえる)」という読みがある。 (2)「頑是ない」は，幼くて物事の良しあしがわからない様子を言う。 (3)「役務」は，他人のために労力を提供すること。 (4)「殖」の音読みは「ショク」で，「繁殖」「養殖」などの熟語を作る。 (5)「時期尚早」は，行う時期として早すぎるという意味の四字熟語。

[2]　(知識－漢字の読み書き)

(1)「高が知れる」は，大した程度ではないとわかるという意味。 (2)「図に乗る」は，思う通りに事が進むので，いい気になってつけ上がる様子。 (3)「功名心」は，手柄をたてて有名になろうという気持ち。 (4)「性分」は，生まれつきの性質という意味。 (5)「理非曲直」は，道理に合っているかいないか，正しいか正しくないか，ということ。

3 (小説ー情景・心情，内容吟味，文脈把握)

基本 〔問1〕 傍線部(1)の後の部分から，以前の希衣が「千帆にヒーローの役割を押し付け」ていたこと，「勝手に期待して」いたこと，「千帆の生き方」を「尊重」していなかったことが読み取れるので，このことをふまえたエが正解。アは，以前は部員が二人だけで「新たなペア」を組むことが不可能だったので誤り。イとウは，「ヒーローの役割」や「期待」の説明として不適切である。

〔問2〕 傍線部(2)の前後の「静か」「ゴールに向かって意識を集中させている」と合致するウが正解。「纏う」の説明として「強い緊迫感」は合わないので，アは不適切。イは，「意識的に感覚を抑えて」が本文から読み取れない。エは「身体を動かして」が不適切である。

〔問3〕 恵梨香は，先輩である希衣に対して，「負けるって，悔しい」「負けるのが当たり前だと思ってる状態はおかしい」などと，競技者としての思いを率直にぶつけた。希衣はその姿を見て，恵梨香が関東大会の決勝で負けて「悔しさに身を震わせていた」ときのことを思い出している。正解はウ。希衣が思い出したのは恵梨香の「涙混じりの声」であり，「負けても気にならない」と言っていたころの恵梨香ではないので，アは不適切。恵梨香はこの場面では涙を流していないので，イは誤り。エは，「かつての恵梨香の控えめな態度」が本文にない内容である。

〔問4〕 1　希衣は，千帆のペースに合わせることが「無意識の習慣」になっている。　2　希衣は，もっと速く進めるときも千帆のペースに合わせてしまい，追い抜くことが出来ないのである。

重要 〔問5〕 アは，「恥ずかしく感じている」が本文から読み取れない。イは，希衣が本来の実力を発揮して二位になったことを喜ぶ恵梨香の説明として適切である。ウは，亜美は「艇を揺らしている」ので誤り。エは，千帆の「花が綻ぶように小さく笑った」ことや「深い感慨の込められた声」から「悔しがっている」様子は読み取れないので，不適切である。

やや難 〔問6〕 1 「希衣が自分の殻を破った場面」「今までと違う新しい境地になって勢いづいている様子」という説明に対応する「長細い艇首が，ぐんぐんと新しい道を切り開く。」を抜き出す。この文では，「艇首」を意志をもつ人間に見立てる擬人法が用いられている。　2 「上空から見ると……かもしれない」は，実際には違うというニュアンスを含む表現である。選手たちは，ただ大人しく並んでいるのではなく，勝ちたいという思いを胸に，緊張して真剣にレースに臨んでいる。

4 (論説文ー内容吟味，文脈把握，段落・文章構成，作文)

基本 〔問1〕 傍線部(1)の後の部分から，「感情」には「誰もがいつでも同じ結論にたどり着く」ような「普遍性や安定性」が期待できないということが読み取れる。感情にもとづいた倫理的判断は，人や状況によって変化すると考えられるのである。このことと合致するイが正解。アは，「絶対的な基盤になりうる」が本文と合わない。ここでは感情を倫理的判断の基盤とすることについて述べているので，ウの「倫理を支える理性」という説明は不適切。エの非常時と日常生活の対比は，本文にない内容である。

〔問2〕 ヒュームは，歴史書に書いてある過去のできごとに対しても感情が下す評価が変わらないことを指摘し，自分の利害と無関係なことに共感する感情が誰にでもあるという結論を出した。このことをまとめて述べているのは，エである。アの「戦争状態」に限定した説明は誤り。イは，共感の感情の対象が過去の出来事に限定されている点が不適切。ウの「理性を抑制すること」は，ヒュームの証明には含まれない内容である。

〔問3〕 1　ヒュームは「そのひとがおかれている苦境」を理性によって知ることを勧めている。「五字」という指定があるので，同じ意味を表す「個別の状況」を次の段落から抜き出す。　2　空欄2の後の「……さえすればよい」という表現に注目し，傍線部(3)の二つ後の文の「重要なのは，相手のためになることを実行することだからだ。」から抜き出す。

〔問4〕　進化人類学者トマセロは，観察と実験によって，チンパンジーの行動は自分の利益を最大化するためのものであるが，ヒトの幼児の行動は「協働作業」であり，幼児は一般化した規範の視点を身につけているという知見を得た。これは，倫理学が成り立つ基盤が人間にもともとあることの論証であり，ヒュームの「内観によって到達した考え」を裏づけるものである。このことを述べたウが正解。アとイは，ヒュームの「内観」の指摘がなく，進化人類学のチンパンジーとヒトの比較にも触れていないので誤り。エは，「集団認識がチンパンジーに備わっている」という説明が誤りである。

重要　〔問5〕　共感が人間の素質として備わっているとしても，個々の人間は利己的なふるまいをするかもしれない。人間が共感能力を発揮して利他的なふるまいをするためには相応の理由が必要であり，その理由を究明することが倫理学の役目なのである。正解はア。イによって「感情の存在」が実証されても，倫理学の役目が果たされたとは言えない。ウの「現代の科学の矛盾」は，本文にない内容。エの状況が整ったとしても，利他的な行為をする理由は必要なので，倫理学の役目は終わっていない。

〔問6〕　本文は，「行為を倫理的に評価するのは感情である」という主張に対し，「感情に普遍性や安定性は期待できるか」という疑問を提示する。そして，ヒュームの哲学やトマセロの進化人類学的知見をもとに考察する形で論を深めているので，イが正解となる。筆者が冒頭で示しているのはヒュームの説なので，「自説」とするアは誤り。本文は「研究の成果」の歴史を述べたものではないので，ウは不適切。本文は「哲学的視点の優位を主張」していないので，エは誤りである。

やや難　〔問7〕　設問の条件をよく読み，条件に従って書くこと。本文のヒュームの主張を踏まえ，「人とのかかわりの中で私たちはどうあるべきか」ということについての自分の考えを200字以内で書く。指定語句の「共感」を必ず入れて書くこと。書き終わったら必ず読み返して，誤字・脱字や表現の不自然なところは改める。

5　(古文を含む論説文ー内容吟味，熟語の構成)

〔問1〕　傍線部(1)の主語は「しのこしたるを，さてうち置きたるは」であり，現代語訳の「やり残した部分を，そのままに放置してあるのは」に対応する。「生きのぶるわざ」の現代語訳は「命を将来に繋いでやる方法」である。この内容と合致するのはイである。アとエの「発想」は「わざ」の解釈として不適切。ウの「評価」は，本文にない内容である。

重要　〔問2〕　傍線部(2)は，「ヨーロッパ」「中国」「朝鮮半島の国々」「明治以降の近代，現代の日本人」が『徒然草』とは異なる価値観をもつとしている。他の多くのものを引き合いにだして『徒然草』の価値観が特異性をもっていることを強調しているので，このことを説明したエが正解となる。アは，「『徒然草』の価値観」が「中国文化の影響を受けている」としている点が誤り。イは，視点が日本国内に限定されているので不十分。ウは，『徒然草』の価値観が「中世でも全く新しい価値観に基づくものであった」かどうかは本文から読み取れないので，不適切である。

〔問3〕　本文最後の，ひらがなの「すでに半分崩れてしまった漢字の形を利用している」ことが，「『徒然草』の半分崩れたようなものを美しいとする言葉」に「ピッタリと合う美意識を表している」という説明と合致するウが正解。アは，字形の「進化」とひらがなを結びつけている点が不適切。イは「外国文化を密かに利用した」がひらがなの説明として誤り。エは，カタカナにも共通する内容なので，〈ひらがな〉の美意識とするには不十分である。

基本　〔問4〕　傍線部(4)「平易」は似た意味の漢字の組み合わせ，ア「引用」は前の漢字が後の漢字を修飾するもの，イ「表紙」は前の漢字が後の漢字を修飾するもの，ウ「美点」は前の漢字が後の漢字を修飾するもの，エ「幼稚」は似た意味の漢字の組み合わせなので，エが正解。

やや難　〔問5〕『徒然草』の中で，兼好は，頓阿の考えには「心まさりて覚えしか」，弘融僧都の考えには「いみじく覚えしなり」と賛同を示し,「すべて何も皆，ことのととのほりたるはあしきことなり」という独自の見解を加えている。したがって，アが正解となる。「兼好の友人たちの言葉」に「当時の知識人の考え方の特徴が現れている」という指摘は本文にないので，イは不適切。ウの「物を大切に扱うこと」とひらがなの成立に共通した思想は認められない。エの「昔から伝わる言葉の意味の重要性」は，『徒然草』の本文に引用されている部分には暗示されていない。

★ワンポイントアドバイス★

字数制限のある問題は，「〇〇字で」「〇〇字以内で」「〇〇字以上〇〇字以内で」といった指定のしかたを確認する。空欄に当てはめる問題の場合は，前後の語句とのつながりにも注意しよう。

MEMO

大切なことはメモしておこうネ！

2021年度

★★★★★★★★★★★★★★★★★★★★★★★

入　試　問　題

●くわしい解説……37ページ

＜数学＞

時間 50 分　満点 100 点

【注意】答えに根号が含《ふく》まれるときは，根号を付けたまま，分母に根号を含まない形で表しなさい。
また，根号の中を最も小さい自然数にしなさい。

1 次の各問に答えよ。

〔問1〕 $-\left(\dfrac{\sqrt{6}-\sqrt{3}}{3}\right)^2-\dfrac{2}{9}\sqrt{3}\div\left(-\sqrt{\dfrac{2}{3}}\right)$ を計算せよ。

〔問2〕 連立方程式 $\begin{cases} 2x+4y=3 \\ \dfrac{3}{10}x-\dfrac{1}{2}y=1 \end{cases}$ を解け。

〔問3〕 二次方程式 $2\left(x-\dfrac{1}{4}\right)^2-3=x^2+\dfrac{1}{8}$ を解け。

〔問4〕 箱の中に 1，2，3 の数字を 1 つずつ書いた 3 枚のカード$\boxed{1}$，$\boxed{2}$，$\boxed{3}$が入っている。

箱の中から 1 枚カードを取り出し，取り出したカードを箱に戻すという作業を 3 回繰り返す。

1 回目に取り出したカードに書かれた数字を a，2 回目に取り出したカードに書かれた数字を b，3 回目に取り出したカードに書かれた数字を c とするとき，$a^2+b^2+c^2 \leqq 14$ となる確率を求めよ。

ただし，どのカードが取り出されることも同様に確からしいものとする。

〔問5〕 3 つの連続した奇数を小さい方から順に a，b，c とする。
$b^2=2025$ のとき，a と c の積 ac の値を求めよ。

〔問6〕 右の図1は，点 A を頂点，線分 BC を直径とする円 O を底面とする円すいで，点 A と点 O を結んだ線分 AO は円すいの高さである。

点 D は $\overset{\frown}{BC}$ 上にあり，$\overset{\frown}{BD}=\overset{\frown}{CD}$ である。線分 AB 上にあり，点 A，点 B のいずれにも一致《いっち》しない点を E とし，線分 AC 上にあり，点 A，点 C のいずれにも一致しない点を F，円すいの側面上の 3 点 D，F，E を通るように結んだ曲線を ℓ とする。

図 1

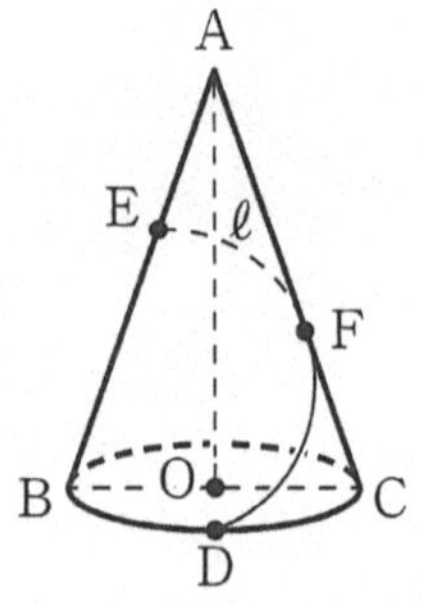

図2が図1の側面の展開図であるとき，解答欄《かいとうらん》に示した図をもとにして，曲線ℓの長さが最小になるような点Fを，定規とコンパスを用いて作図によって求め，点Fの位置を示す文字Fもかけ。

ただし，作図に用いた線は消さないでおくこと。

図2

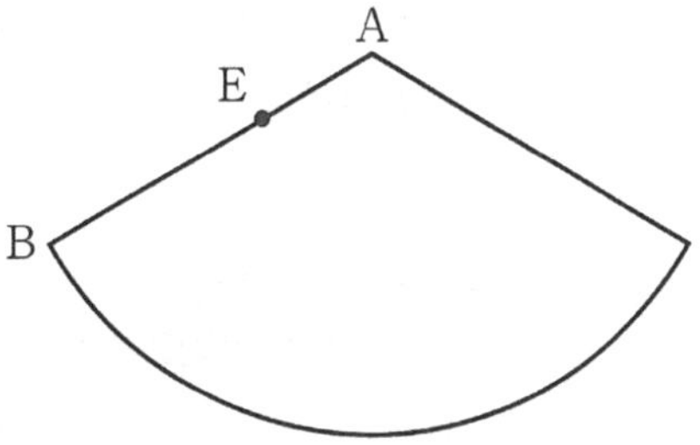

2　右の図1で，点Oは原点，曲線ℓは関数$y=ax^2$ $(a>0)$のグラフを表している。

原点から点(1，0)までの距離，および原点から点(0，1)までの距離をそれぞれ1cmとする。

次の各問に答えよ。

図1

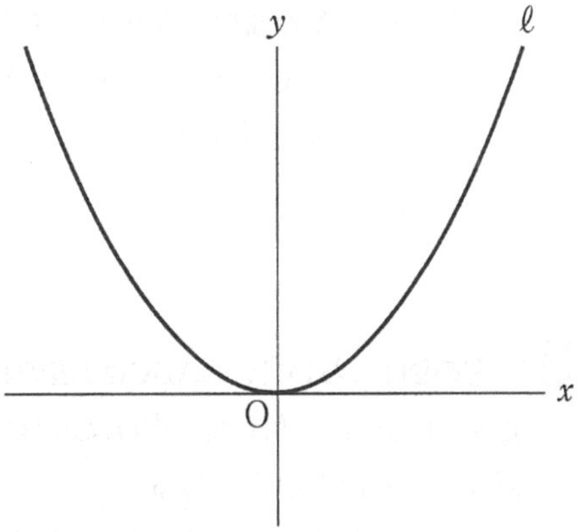

〔問1〕　関数$y=ax^2$について，xの変域が$-3 \leqq x \leqq 4$であるとき，yの変域を不等号とaを用いて

□ $\leqq y \leqq$ □ で表せ。

〔問2〕　右の図2は，図1において，y軸上にあり，y座標がp $(p>0)$である点をPとし，点Pを通り，傾き$-\frac{1}{2}$の直線をm，曲線ℓと直線mとの交点のうち，x座標が正の数である点をA，x座標が負の数である点をBとし，点Oと点A，点Oと点Bをそれぞれ結んだ場合を表している。

次の(1)，(2)に答えよ。

図2

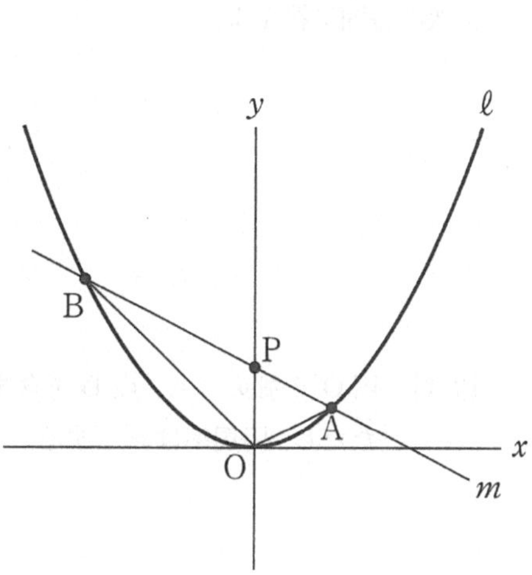

〔1〕 $p=\frac{3}{2}$，点Bのx座標が－4であるとき，△OABの面積は何cm^2か。

ただし，答えだけでなく，答えを求める過程がわかるように，途中の式や計算なども書け。

〔2〕 $a=\frac{1}{4}$とする。

右の図3は図2において，曲線ℓ上にあり，x座標が5である点をCとし，点Aと点C，点Bと点Cをそれぞれ結んだ場合を表している。

△OABの面積を$S\mathrm{cm}^2$，△CBAの面積を$T\mathrm{cm}^2$とする。

S：T＝4：7であるとき，pの値を求めよ。

図3

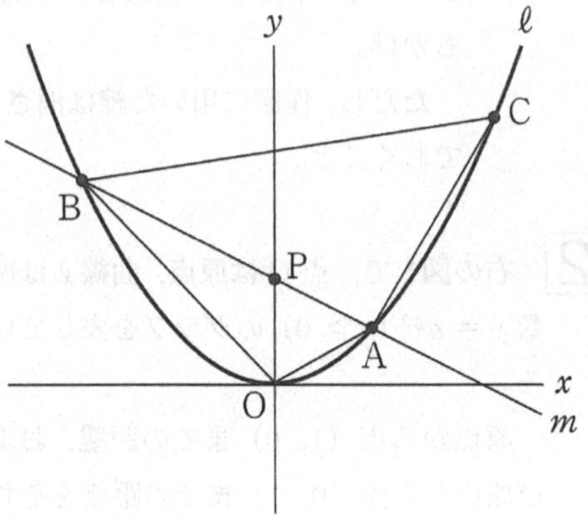

3

右の図1において，△ABCは1辺の長さが10cmの正三角形で，点Oは辺ACを直径とする円の中心である。

辺BCと円Oとの交点をDとし，線分BDを直径とする円の中心をO′とする。

円O′と辺ABとの交点のうち，点Bと異なる点をEとする。

次の各問に答えよ。

図1

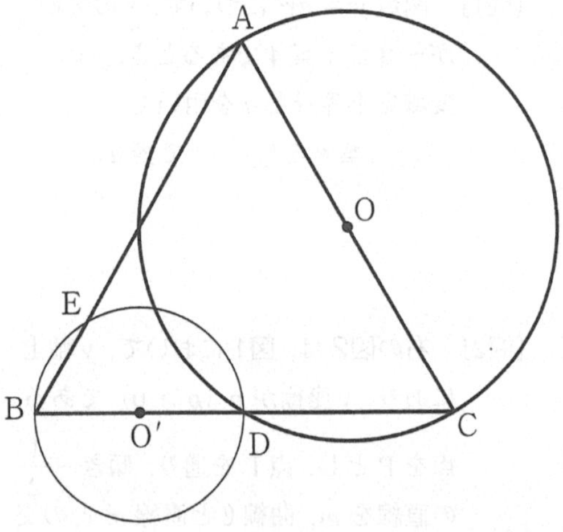

〔問1〕 円O′の弧のうち，点Dを含まない$\overset{\frown}{\mathrm{BE}}$の長さは何cmか。

ただし，円周率はπとする。

〔問2〕　右の図2は，図1において，円Oと円O′の交点のうち，点Dと異なる点をPとし，点Aと点D，点Aと点P，点Bと点P，点Cと点P，点Dと点Pをそれぞれ結んだ場合を表している。

△PDA∽△PBCであることを証明せよ。

図2

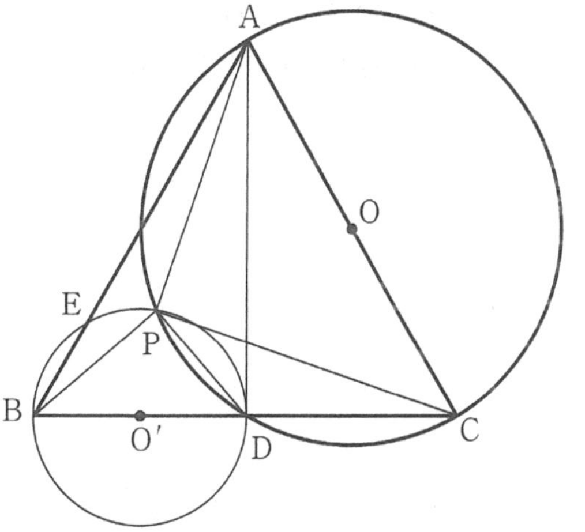

〔問3〕　図2において，点Oと点D，点Oと点P，点O′と点Pをそれぞれ結んだ場合を考える。四角形OPO′Dの面積は，△ABCの面積の何倍か。

4　右の図1に示した立体ABCD－EFGHは，CD＝3cm，BC＝BFの直方体であり，頂点Cと頂点Fを結んだ線分CFの長さは4cmである。

頂点Dと頂点Eを結んだ線分DEを，Eの方向に延ばした直線上にあり，DP＞DEとなるような点をPとする。

線分CF上にある点をQとする。

次の各問に答えよ。

図1

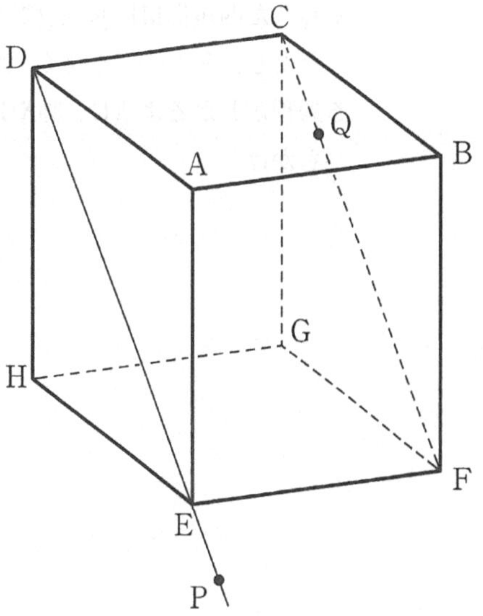

〔問1〕　右の図2は，図1において，点Pと点Qを結んだ場合を表している。

∠FQP＝30°のとき，PQの長さは何cmか。

図 2

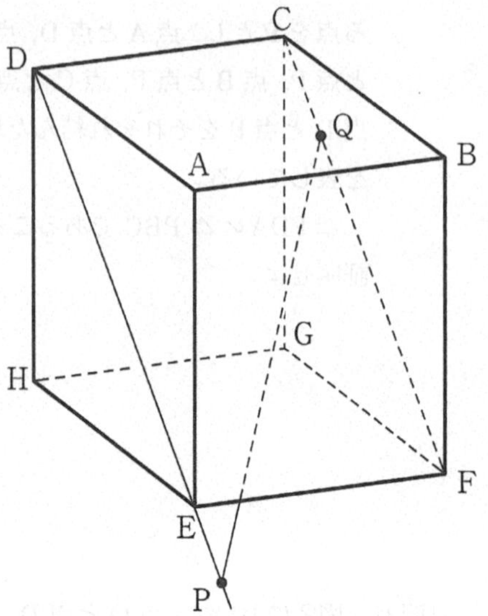

〔問2〕　右の図3は，図1において，頂点Cと点P，頂点Eと点Qをそれぞれ結び，線分CPと線分EQとの交点をI，線分CPと辺EFとの交点をJとした場合を表している。

DP＝6cm，FQ＝3cmのとき，▒で塗《ぬ》られた四角形IJFQの面積は何cm^2か。

ただし，答えだけでなく，答えを求める過程がわかるように，図や途中の式などもかけ。

図 3

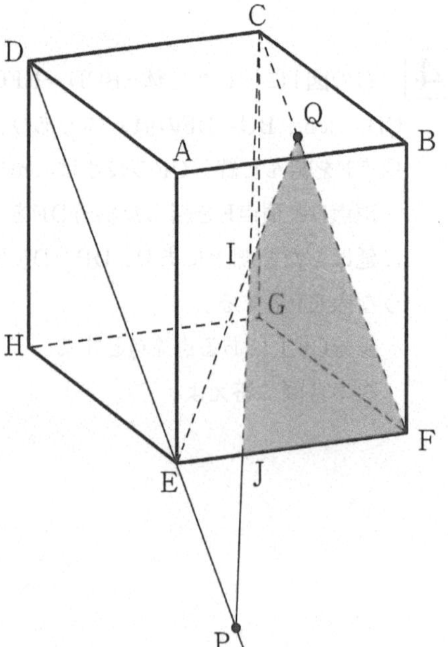

〔問3〕　右の図4は，図2において，線分PQと辺EFとの交点をK，線分PQをQの方向に延ばした直線と辺DCをCの方向へ延ばした直線との交点をLとし，頂点Hと頂点C，頂点Hと点P，頂点Hと点Q，頂点Hと点K，頂点Hと点Lをそれぞれ結んだ場合を表している。

∠DPQ＝45°，立体H－CDEKQの体積が立体H－DPLの体積の$\frac{4}{5}$倍のとき，DPの長さは何cmか。

図 4

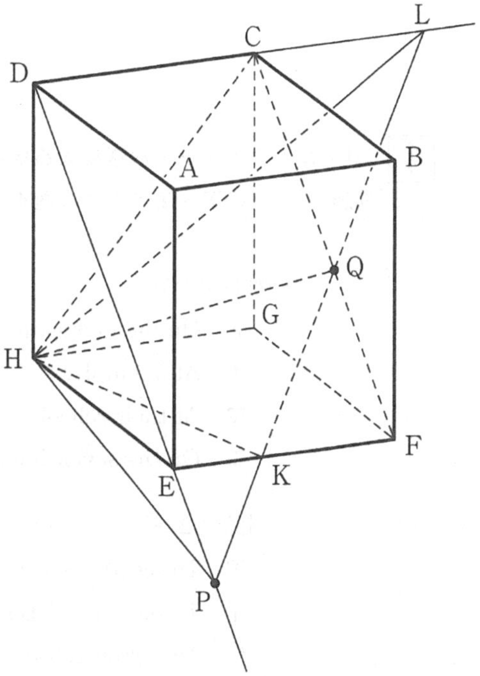

<英語>

時間　50分　　満点　100点

※リスニングテストの音声は弊社HPにアクセスの上，
音声データをダウンロードしてご利用ください。

1 リスニングテスト（放送による指示に従って答えなさい。）

〔問題A〕 次のア～エの中から適するものをそれぞれ一つずつ選びなさい。

<対話文1>

ア On the highest floor of a building.
イ At a temple.
ウ At their school.
エ On the seventh floor of a building.

<対話文2>

ア To see Mr. Smith.
イ To return a dictionary.
ウ To borrow a book.
エ To help Taro.

<対話文3>

ア At eleven fifteen.
イ At eleven twenty.
ウ At eleven thirty.
エ At eleven fifty-five.

〔問題B〕 < Question1 >では，下のア～エの中から適するものを一つ選びなさい。
< Question2 >では，質問に対する答えを英語で書きなさい。

< Question1 >

ア For six years.　　イ For three years.
ウ For two years.　　エ For one year.

< Question2 >

（15秒程度，答えを書く時間があります。）

2　次の対話の文章を読んで，あとの各問に答えなさい。
（＊印のついている単語・語句には，本文のあとに〔注〕がある。）

Ken and Tom go to the same high school in the U.S.A. Ken is a student from Japan. One Sunday afternoon, they are in a department store and have just finished shopping.

Ken : It's already six o'clock. We're going to be late.

Tom : Let's hurry home.

Ken : Oh, no! All the elevators have gone.

Tom : What a bad luck!

Ken : And, the elevators are so slow. They should [(1)].

Tom : There are already three elevators in this department store, but (2) all of them are arriving at the 1st floor. *At least one elevator should be up here. Actually, I often have the same experience.

Ken : Me, too! Why does it happen?

Tom : Are we just unlucky? Let's ask Mr.Jones. I'm sure he knows something about it.

Ken : That's a good idea.

The next day, Ken and Tom visit Mr.Jones, a science teacher after school.

Tom : Hello, can we talk for a minute?

Ken : We need your help.

Mr.Jones : Sure.

Sana : Hi, Tom.

Tom : Hi, Sana. Ken, this is Sana. She's a student from *Saudi Arabia.

Ken : Nice to meet you.

Sana : Nice to meet you, too.

Mr.Jones : How can I help you?

Ken : We went shopping at a department store yesterday. When we were trying to catch an elevator on the 10th floor, all the elevators were arriving at the 1st floor and we had to wait so long.

Tom : There were three elevators, and we often have the same experience.

Ken : We want to know why it happens.

Mr.Jones : Well, do you think it happens *by chance?

Tom : I think so.

Mr.Jones takes a piece of paper and starts to draw Chart I.

Mr.Jones　:　Look at (3)Chart Ⅰ.　Elevators X, Y, and Z move *clockwise along the *edge of the circle.　When they go up, they move along the left side of the circle, and when they go down, they move along the right side of the circle.

Ken　:　I see.

Mr.Jones　:　Now, they're on the 2nd, 6th, and 8th floor.　Elevators X and Z are going down, and elevator Y is going up.　If we draw a line from the center of the circle to each of elevators X, Y, and Z, we can *divide the circle into three.　Then we have three *angles of 120° in the circle.

Sana　:　If all the elevators in the circle move at the same speed and keep these angles, we don't have to wait so long, right?

Mr.Jones　:　Yes, but the elevators sometimes get close to each other.

Ken　:　How does that happen?

Mr.Jones　:　Let's say many people finish lunch at the 10th floor restaurants and are waiting for elevator Y to get down to the 1st floor.　Do you know what happens?

Tom　:　Many people take elevator Y.　So, it has a [　(4)-a　] stop both on the 10th floor and on the 1st floor because they get in or out.

Mr.Jones　:　How about elevators X and Z?

Sana　:　Many people take elevator Y, and fewer people take elevators X and Z.

Ken　:　Then, elevators X and Z travel [　(4)-b　] and get close to elevator Y.

Mr.Jones　:　That's right.

Tom　:　Do you know how to solve this problem?

Mr.Jones　:　Some companies work very hard to solve it.

Sana　:　I hear they're trying to increase the speed of elevators and make them bigger to carry more people at the same time.

Mr.Jones　:　Yes, and there is another way to solve it.

Tom　:　[　(5)-a　]

Mr.Jones　:　It's by improving elevator *algorithms.

Ken　:　Elevator algorithms?

Mr.Jones　:　They're how elevators are *controlled.

Ken　:　Controlled?　If we *press an elevator button, the elevator closest to us comes, right?

Mr.Jones : Of course it does, but it's not so simple when there are two or more elevators in a building and many people are waiting on different floors.

Sana : How are they controlled?

Mr.Jones : Elevators today are controlled by several *factors.

Tom : Can you tell us more about the factors?

Mr.Jones : Sure. I'll tell you about three important factors. The first factor is *average waiting time.

Tom : (6)It's【① all the ② important ③ people ④ about ⑤ for ⑥ to ⑦ waiting ⑧ think】 the elevator and reduce the time.

Mr.Jones : The second factor is *rate of long waiting.

Sana : What's that?

Mr.Jones : It's the rate of people waiting on each floor for more than one minute.

Ken : (5)-b

Mr.Jones : People start to get angry when they wait for more than one minute.

Sana : (5)-c

Mr.Jones : The third factor is how many times elevators stop when they move up and down.

Tom : Does it make any difference?

Mr.Jones : If the number of floor stops are reduced, we can travel faster.

Sana : Now I know why (7)they pass floors when they're full.

Mr.Jones : Some of these factors are *simulated by computers.

Ken : Simulated?

Mr.Jones : Yes, the computers know how many people use the elevators and when people use them.

Tom : Wow.

Mr.Jones : I'll give you a quiz.

Mr.Jones starts to draw Chart Ⅱ

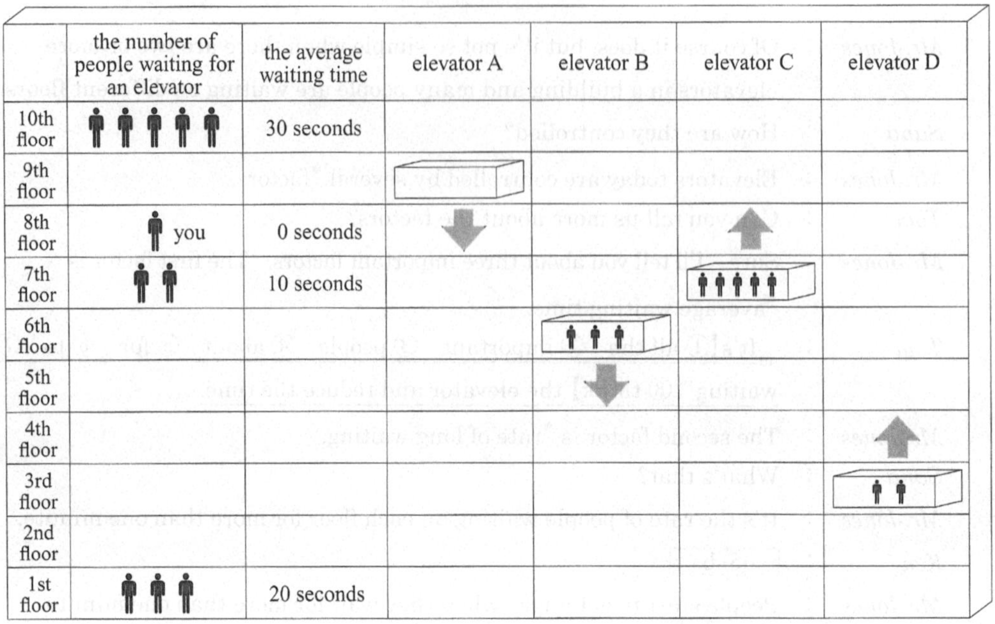

Chart II

- All the elevators move at the same speed, and each of them can carry five people at the same time.
- Elevators A and B are going down and elevators C and D are going up.
- All the people in elevator C are going straight up to the 10th floor.
- All the people in elevator D are going straight up to the 9th floor.
- Three people are waiting on the 1st floor to go straight up to the 10th floor.
- Two people are waiting on the 7th floor to go straight down to the 1st floor.
- Five people are waiting on the 10th floor to go straight down to the1st floor.

Mr.Jones : Let's say you are on the 8th floor and have just pressed the elevator button to go down to the 1st floor in an elevator. The elevator getting closer to you will stop at your floor, but it doesn't stop at your floor when your waiting time is shorter than the average waiting time of the people on the 7th or 9th floor. Also, it doesn't stop when it's full. Which elevator will stop at your floor?

Everyone is thinking quietly.

Tom : I understand.

Sana : Me, too.

Ken : Maybe, (8) ?

Mr.Jones : That's right. Today, elevators are improving more.

Ken : (5)-d

Mr.Jones : In some places, we can find elevators with *screen panels. If we press a floor button on the screen panels before we get in the elevator, they show us which elevator to take. People move and take the elevator shown on the screen panel.

Tom : That way, people going to the same floor can be collected on the same elevator. We can travel faster because the number of floor stops will be reduced.

Ken : Amazing!

Mr.Jones : People designing elevators must know about *cultural differences and use different systems and programs in different countries.

Tom : Why do they have to do that?

Mr.Jones : Tell me about elevators in your country or how people use them.

Sana : In my country, many people take an elevator at *certain hours several times a day for *religious reasons, so we need elevators to carry a large number of people quickly at the same time.

Ken : In Japan, when people are waiting for an elevator, they usually stand in line, so some elevators in Japan show which elevator is coming next.

Tom : In the U.S., we keep more space between people, so we have bigger elevators.

Sana : (9) So many countries, so many customs.

Tom : When we create something, it's important to know how it works and understand what people in different cultures do and think.

Ken : Let's study more about the things around us and different cultures.

〔注〕 at least　少なくとも　　Saudi Arabia　サウジアラビア
by chance　偶然　　clockwise　時計回りに
edge　端　　divide　分ける　　angle　角度
algorithm　アルゴリズム　　control　制御《せいぎょ》する　　press　押す
factor　要因　　average　平均の　　rate　率
simulate　シミュレーションをする　　screen panel　スクリーンパネル
cultural　文化的な　　certain　ある特定の　　religious　宗教的な

〔問1〕 本文の流れに合うように，[(1)] に英語を入れるとき，最も適切なものは次の中ではどれか。

ア increase the number of stores
イ increase the number of elevators
ウ reduce the number of elevators
エ reduce the number of stores

〔問2〕 (2)all of them are arriving at the 1st floor とあるが，その内容を次のように書き表すとすれば，[ ] の中にどのような英語を入れるのがよいか。本文中の連続する３語で答えなさい。

all of them are [ ] the 1st floor.

〔問3〕 (3)Chart Ⅰ を表している図として適切なものは次の中ではどれか。

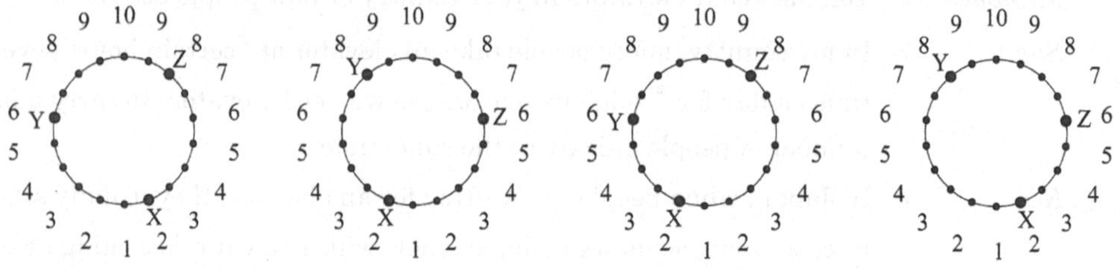

ア イ ウ エ

The numbers from 1 to 10 show the floors of the building. X, Y, and Z are the elevators.

〔問4〕 [(4)-a] と [(4)-b] の中に入る単語・語句の組み合せとして最も適切なものは次の中ではどれか。

	(4)-a	(4)-b
ア	shorter	more slowly
イ	shorter	faster
ウ	longer	faster
エ	longer	more slowly

〔問5〕 (5)-a と (5)-d の中に，それぞれ次のA～Dのどれを入れるのがよいか。その組み合せとして最も適切なものは下のア～カの中ではどれか。

A　Like what?

B　How do they do it?

C　Why is it important?

D　That's interesting.

	(5)-a	(5)-b	(5)-c	(5)-d
ア	A	B	D	C
イ	A	C	B	D
ウ	A	D	C	B
エ	B	A	C	D
オ	B	C	D	A
カ	B	D	A	C

〔問6〕 (6)It's【① all the　② important　③ people　④ about　⑤ for　⑥ to　⑦ waiting　⑧ think】 the elevator and reduce the time. とあるが，本文の流れに合うように，【　　】内の単語・語句を正しく並べかえたとき，２番目と５番目と７番目にくるものの組み合わせとして最も適切なものは次のア～カの中ではどれか。

	２番目	５番目	７番目
ア	⑤	③	⑧
イ	⑤	⑥	④
ウ	⑤	⑦	⑧
エ	⑥	①	⑦
オ	⑥	⑤	③
カ	⑥	⑦	①

〔問7〕 (7)they pass floors when they're full とあるが，この理由として最も適切なものは次の中ではどれか。

ア　If elevators stop at every floor, they can travel faster.

イ　If elevators stop at fewer floors, they can travel faster.

ウ　When elevators are full, people don't want to take them.

エ　When elevators are full, people try to take them.

〔問8〕 本文の流れに合うように， (8) の中に入るものは次の中ではどれか。

ア elevator A

イ elevator B

ウ elevator C

エ elevator D

〔問9〕 (9)So many countries, so many customs. とあるが，その表す意味とほぼ同じ表現は次の中ではどれか。

ア There are so many countries and customs that we should design the same kind of elevator.

イ There are so many countries and customs in the world that it is difficult to tell the differences.

ウ People in different countries must follow the custom of their own country.

エ People in different countries have different ways of thinking and doing things.

〔問10〕 本文の内容と合っているものを，次のア～カの中から一つ選びなさい。

ア Tom and Ken went shopping at the department store but they couldn't find the elevators.

イ When Tom and Ken were going home, they found only one elevator was on the 10th floor.

ウ Some companies are trying to make faster and bigger elevators to improve the algorithms.

エ Rate of long waiting is the rate of elevators waiting on each floor for more than one minute.

オ Mr.Jones says some of the factors controlling elevators today are simulated by computers.

カ Mr.Jones says some elevators have screen panels and the panels show which floor to go to.

3

次の文章を読んで，あとの各問に答えなさい。
（＊印の付いている単語・語句には，本文のあとに〔注〕がある。）

My name is Ogawa Misaki. I teach Japanese at a high school in *Vancouver. Every year, in my first Japanese lesson, I tell my students about myself and my experiences, and I explain why I became a teacher of Japanese. I hope that my story will give some messages to my new students. I believe that learning Japanese will be a very good experience for them. This is my story.

After graduating from university, I became a music teacher at a junior high school in Japan, and I was asked to be a soccer *club adviser. I thought that it would be *impossible because the soccer club was for boys and I didn't like any sports. However, I knew that the soccer club members loved soccer and their club, and I decided to be the club adviser.

I had to understand the soccer rules, and the members helped me. With them, I learned about players and great teams around the world. I also learned about the history of soccer, and I became interested in different cultures. Then, I began to travel abroad, and I thought about living in a different country.

After the third-year members left the team in May, the first-year and second-year members needed to choose the next club captain. They asked Vance to be the captain because he was an excellent *goalkeeper and always practiced very hard. He liked teaching how to play soccer better, and he was respected by his teammates. [(1)-a], he didn't say yes. He said, "I moved here from Canada last April, and I can't speak Japanese well. In addition to the language problem, I'm shy, and I have never been a captain or a leader." The other members encouraged Vance. I said, "I didn't think I would be this club adviser, and (2)I didn't think I could. But now I'm happy in this new situation." Finally, Vance became the team captain.

Our team was not strong, but there were 20 wonderful members. Some were quite good soccer players, and others were not so good at playing soccer. Each had a different and important *role. [(1)-b], Yuta was one of the good soccer players. He always tried to understand what the other members were thinking and find ways to solve problems. Though Taro was not a very good player, he was good at *tactics. He learned tactics through watching soccer games all over the world on TV and on the Internet, and he shared the tactics with his teammates. I was sure that they would build a stronger team with their different *strengths and ideas.

Vance believed that it was necessary for the members to practice harder. He became angry when the team lost the games or his teammates didn't practice hard. He couldn't express his ideas clearly in Japanese, and he was often *irritated. His teammates were afraid of Vance, and they couldn't speak to Vance easily. The communication between them got worse, and they kept losing all the games. [(3)]

Vance was so shocked, and he learned that everyone thinks in different ways.

[(1)-c], Vance talked with his teammates more often than before, and they tried to find better ways to be stronger. They started to *exchange their ideas more. The members tried to use English, and Vance made a big effort to learn Japanese. They understood that they needed to communicate well with each other to build a stronger team. They respected each other's differences, and they talked a lot to practice in more *effective ways. The communication improved a lot, and the team became much stronger than before.

The next July, our team lost the game against the strongest team in the area. That was the last game for Vance and the other third-year students. After the last game, Vance said to his teammates, "(4) Now I know that the things 【① make ② are ③ strong ④ exchanging ⑤ not only ⑥ our team ⑦ but also ⑧ practicing hard ⑨ to】 ideas. Thank you for supporting me all the time." Yuta said, "Everyone here has learned something important in life through soccer and our club activities." Vance said, "We have become stronger because we have communicated well with each other. And now, I'm not shy at all!" Everyone laughed.

I was glad that each club member tried something new and learned something from their experiences. Vance learned that effective leadership begins with effective [(5)]. Using English was a new and quite difficult situation for the club members. However, most of them became more interested in English and started learning it harder.

I learned that we can have a new world through trying something new. Soccer was quite new to me, and it changed my life. Before I became a soccer club adviser, I never traveled to foreign countries. I started visiting soccer stadiums in various countries, and I made a lot of friends through traveling. After working as a music teacher for ten years, I decided to work and live abroad.

[(1)-d], the club members showed me the importance of communication. I realized that we have to communicate well with other people to grow up as a person. I thought of becoming a teacher of Japanese in a foreign country because language has a strong *connection with communication. To teach at a high school in a foreign country, I thought that it would be the best way to study at a university in that same country. I was interested in Vancouver because Vance often talked about it. I learned that people in Vancouver respect each other's differences and they like to study languages different from their own language. So, (6) I came here.

After my story, I say to my students, "I'm always trying and learning new things, and my life is richer because of this. I have had a lot of new experiences such as being a soccer club adviser, studying at a university abroad, and working in a foreign country. (7)I believe that having another language is having a new life. When you communicate well with various people, your world will be bigger."

〔注〕　Vancouver　バンクーバー（カナダの都市）　club adviser　部活動の顧問
impossible　不可能な　goalkeeper　ゴールキーパー
role　役割　tactics　戦術　strength　長所
irritated　いらいらして　exchange　交換する
effective　効果的な　connection　結びつき

〔問 1〕 [(1)-a] ～ [(1)-d] の中に，それぞれ次のＡ～Ｄのどれを入れるのがよいか。その組み合わせとして最も適切なものは下のア～カの中ではどれか。

Ａ　After that
Ｂ　Also
Ｃ　For example
Ｄ　At first

	(1)-a	(1)-b	(1)-c	(1)-d
ア	A	B	D	C
イ	A	C	B	D
ウ	C	B	D	A
エ	C	D	A	B
オ	D	C	A	B
カ	D	C	B	A

〔問2〕 (2)I didn't think I could とあるが，Ms.Ogawa がこのように考えた理由として最も適切なものは次の中ではどれか。

ア　I didn't think of becoming a soccer club adviser because I wanted to teach Japanese.
イ　I didn't like sports and I could not take care of a soccer club for boys.
ウ　I understood that each member in the soccer club loved soccer so much.
エ　I knew that I would be a soccer club adviser before I became a music teacher.

〔問3〕 [(3)] の中には次の①～④の文が入る。本文の流れに合うように正しく並べかえたとき，その組み合わせとして最も適切なものは下のア～エの中ではどれか。

①　"Vance, now you should know that everyone is different, "　said Yuta.

② One day, Taro finally cried out to Vance, “We can’t enjoy playing soccer with you!”

③ Another member said, “I want to be a doctor in the future, and I need more time to study.”

④ Some other members said that they also couldn’t.

ア ① → ③ → ④ → ②
イ ① → ④ → ② → ③
ウ ② → ③ → ④ → ①
エ ② → ④ → ③ → ①

〔問4〕 (4)Now I know that the things【① make ② are ③ strong ④ exchanging ⑤ not only ⑥ our team ⑦ but also ⑧ practicing hard ⑨ to】ideas.とあるが，本文の流れに合うように，【 】内の単語・語句を正しく並べかえたとき，2番目と5番目と8番目にくるものの組み合わせとして最も適切なものは次のア～カの中ではどれか。

	2番目	5番目	8番目
ア	①	②	⑦
イ	①	②	⑧
ウ	①	③	②
エ	⑤	①	⑦
オ	⑤	③	⑥
カ	⑤	④	⑥

〔問5〕 本文中の[(5)]の中にどのような英語を入れるのがよいか。本文中の１語で答えなさい。

〔問6〕 (6)I came hereの内容を，語句を補って書き表したものとして最も適切なものは次の中ではどれか。

ア I chose Vancouver because I was interested in Vance’s stories and I found a strong connection between culture and language.

イ I chose Vancouver because people here like to learn foreign languages to respect their own language and culture.

ウ I came here because people in Vancouver respect differences in each person and they like to learn foreign languages.

エ　I came here because I wanted to grow up as a person and study music abroad after making a lot of friends around the world.

〔問7〕 (7)I believe that having another language is having a new life. とあるが，Ms.Ogawa がバンクーバーの生徒に伝えたい内容を次のように書き表すとすれば，［(7)-a］と［(7)-b］の中にそれぞれどのような英語を入れるのがよいか。［(7)-a］は本文中の連続する2語，［(7)-b］は本文中の連続する3語で答えなさい。ただし，［(7)-a］には another 及び new を使ってはならない。

I believe that ［(7)-a］ will show you ［(7)-b］.

〔問8〕 本文の内容と合っているものを，次のア～カの中から一つ選びなさい。

ア　At first, Ms.Ogawa didn't know the soccer rules, and she read soccer rule books by herself without anyone's help.

イ　Vance was sometimes upset before becoming a captain because he wanted his teammates to practice harder.

ウ　Ms.Ogawa was interested in foreign countries and wanted to go abroad before she became a soccer club adviser.

エ　Vance learned the most important lesson because he always made a big effort to solve problems by himself.

オ　Ms.Ogawa started traveling abroad and visiting various stadiums because she wanted to make a lot of friends.

カ　Ms.Ogawa experienced a lot of new things after she became a music teacher at a junior high school in Japan.

〔問9〕 この文章を読んで，下の英文の指示にこたえる英文を30語以上40語程度の英語で書きなさい。英文は二つ以上になってもかまいません。ただし，部活動や語学学習に関わる活動を用いてはいけません。「.」「,」などは，語数に含めません。これらの符号は，解答用紙の下線部と下線部の間に入れなさい。

Imagine that you will experience something new to improve your communication skills. Write one of your ideas. What do you want to experience? And why do you think that it will improve your communication skills?

るということ。

イ　芭蕉の考えを理解する上で、縁と興に即して概念化すれば、どんなものでも趣のあるものとなりえるという、明恵に語った西行の言葉が参考にできるということ。

ウ　芭蕉の考えを理解する上で、信仰心に基づく人や自然との出会いによって、良い句は生まれてくるという、土芳に語った芭蕉の言葉が参考にできるということ。

エ　明恵上人の考えを理解する上で、風雅に必要なものは、詩歌の中に伝統を詠み込むことであるという、明恵に語った西行の言葉が参考にできるということ。

〔問5〕本文の内容に合致《がっち》するものとして、次のうちから最も適切なものを選べ。

ア　『笈の小文』に見られる芭蕉の文学観は、直接西行から得たとは言い切れないものの、先行者として西行の影響を受けている。

イ　『野ざらし紀行』に見られる芭蕉の理念は、芸道の根底を貫くものを追求した、西行への敬愛の念によって生み出されている。

ウ　『三冊子』に見られる土芳の文学観は、「静」と「動」という観念によって、宇宙の諸現象を静止・定着させるということである。

エ　『明恵上人伝記』に見られる西行の理念は、芸術的真理を追求しつつ、人を思いやる心を持って和歌を完成するということである。

真言が成ってはじめてものはものである
――言葉で本質をとらえることによって、ものは意味をもつということ。

俳諧《はいかい》――芭蕉がつくる俳句などのこと。

〔問1〕 (1)造化《ぞうか》にしたがひて四時《しいじ》を友とす。とあるが、筆者はどのように解釈《かいしゃく》しているか。次のうちから最も適切なものを選べ。

ア　芭蕉のいう風雅とは、自然に従い、四季を友として生み出されるものだということ。

イ　芭蕉のいう風雅とは、四季の流れに随順し、季節にあう句を詠むものだということ。

ウ　芭蕉のいう風雅とは、自然の真髄《しんずい》を自身で見定めることで、生まれるものだということ。

エ　芭蕉のいう風雅とは、自然の風物そのものに即して、素直な句を詠むものだということ。

〔問2〕 (2)重要なのは、そこに逆説が介在していることである。とあるが、どういうことか。次のうちから最も適切なものを選べ。

ア　おのれの眼《め》と心のすべてをあげて自然を見出《みいだ》すことが大切であるのに、同時に見たままの写実的な表現をしなければならないということ。

イ　自分の感覚と感性にもとづいて自然の美を見出しながらも、自分自身を無にすることで、作品として定着させなければならないということ。

ウ　自分が感じたままの素直な気持ちを言語化しながらも、同時に人々を感動させるような至高の言葉を選んで使わねばならないということ。

エ　実際には美しい風景などそれほど多くは実在していないのに、自然の美という理念の確立のために、多くの詩を詠まねばならないということ。

〔問3〕 (3)瞬間的な機縁を重んずる思想 とあるが、どういうことか。次のうちから最も適切なものを選べ。

ア　美しい言葉で読者を感動させた一瞬にしか詩は成立しない、と芭蕉は考えていたということ。

イ　変動する諸現象を統一した一瞬でなければ詩は成立しない、と芭蕉は考えていたということ。

ウ　句と信仰が一致した一瞬でなければ詩は成立しない、と芭蕉は考えていたということ。

エ　決定的な一瞬を捉《とら》えることでしか詩は成立しない、と芭蕉は考えていたということ。

〔問4〕 (4)補助線を引いてみる とあるが、どういうことか。次のうちから最も適切なものを選べ。

ア　明恵上人の考えを理解する上で、自然との出会いによる感動を即興で句にし、記憶《きおく》に留めることが大切だという、土芳に語った芭蕉の言葉が参考にでき

べし」

> 対象の本質が光のように心にきらめいたら、その印象のまだ消えないうちに句作すべきだ。　『三冊子』

——光を見たその一瞬に事が成らないなら、それは駄目《だめ》なのであり、消え失《う》せるしかないのである。

芭蕉のこの教えの中に、*明恵《みょうえ》に語った西行の言葉が遠く交響しているように聞こえる。西行はものの「詩人」ではなく「心」の「詩人」だったといえるが、それだけにものと「心」の関係に思いをひそめた。即物的にものが在るのではない、*真言が成ってはじめてものはものである

——「華《はな》を読めども、実《げ》に華と思ふ事なく、月を詠《えい》ずれども、実に月と思はず、只此《ただかく》の如《ごと》くして縁に随《したが》ひ興に随ひ読み置く処なり」

> 歌は、現実の花や月をきっかけにして詠《よ》むのではあるが、歌の言葉はあくまでも概念であって、実体としての花や月のことではない。言語世界は実物世界から独立しているのだから、このことを心得て、心を自由にして詠むのがよいのだ。　『明恵上人伝記《みょうえしょうにんでんき》』

——縁と興にしたがって詠めば、花ならぬ花も花となり、月ならぬ月も月となるという(4)補助線を引いてみることがここで許されるだろう。こう考えると虚実の反転という逆説性を媒介《ばいかい》にした西行の歌論は、『笈の小文』や『三冊子』からうかがい知りうる芭蕉の*俳諧《はいかい》論——静と動の融合一致《ゆうごういっち》、瞬間の重視、光への志向——に呼びかけている。

（高橋英夫「西行」による）

〔注〕
伊勢《いせ》——旧国名。現在の三重県の大半に相当する。
吉野——奈良県南部の地名。
『野ざらし紀行』——芭蕉の書いた作品。『笈《おい》の小文《こぶみ》』も同じ。
外宮《げくう》——伊勢神宮を構成する社の一つ。
『千載集《せんざいしゅう》』——平安時代末期の『千載和歌集』のこと。
神路山——三重県伊勢市にある伊勢神宮南方の山。
釈迦《しゃか》——仏教の開祖。
西行庵《さいぎょうあん》——西行の仮住まい。
景慕《けいぼ》——仰ぎ慕《した》うこと。
宗祇《そうぎ》・雪舟《せっしゅう》・利休《りきゅう》——芭蕉以前の著名な風雅人。連歌の宗祇、墨絵《すみえ》の雪舟、茶の湯の利休。
把捉《はそく》する——しっかりとつかまえること。
服部土芳《はっとりとほう》——江戸《えど》時代の俳人。芭蕉の弟子。『三冊《さんぞう》子《し》』は服部土芳の俳諧論書。
法《のり》——仏教の教え。
随縁随興《ずいえんずいきょう》——出会いと興趣に従って歌を詠むこと。
明恵《みょうえ》——鎌倉《かまくら》時代の僧《そう》。『明恵上人伝記《みょうえしょうにんでんき》』は明恵の言行をつづった本。

絵画の道で雪舟のしたこと、茶の道で利休のしたこと、それぞれの携《たずさ》わった道は別々だが、その人々の芸道の根底を貫《つらぬ》いているものは同一である。その上、風雅というものは、天地自然に則《のっと》って、四季の移り変わりを友とするものである。見るものすべてが花であり、思うことすべてが月でないものはない。人は見るものが花のような優雅さを持たないならば、野蛮《やばん》な人々と同様であり、心に思うところが花のような優雅さでないならば、鳥獣の類《たぐい》である。だから、野蛮な人々や、鳥獣のような境涯《きょうがい》から抜け出て、天地自然に則り、天地自然に帰一《きいつ》せよというのである。

「風雅」とは、芭蕉によれば造化（「自然」）に随順することにはじまり、四時、すなわち春夏秋冬という「自然」の折々のあらわれを自分の「友」とすることによって醸《かも》し出されてゆくものである。しかし自然は即物的にものとして、外在としてそこにただ在るのではない。「風雅」の眼《め》と心とをもって見、また思うのでなければならない。「見る処花にあらずといふ事なし。おもふ所月にあらずといふ事なし」なのだ。それが「造化にしたがひ、造化にかへ」ることにほかならない。人間は自然に随順し、最後は自然に帰着してゆくのである。

(2)重要なのは、そこに逆説が介在していることである。人間はおのれを無たらしめて、自然の一部に化してゆくのだが、そのことを反面からみれば、人間はおのれの眼と心のすべてをあげて自然を見出《みいだ》し、自然に帰する道をさぐり当てなければならない。おのれを自然の中で無化することによって、風雅の最高最純の輝き、煌《きら》めきの一瞬を*把捉《はそく》するのでなければならない。おのれを「無」に帰することと「風雅」を実現すること――この二つのものの間に横たわる逆説に堪《た》えられなければ「風雅」は成立しようがない。

この文学観――自己と「風雅」の対応でもあれば反・対応でもあるようなもの――を、芭蕉が直接に西行から得たというふうには言えないだろう。具体的な証拠などはなく、実証はできないからである。また、西行の和歌のどれがそういう文学観の具現となっていたのかということも、そう簡単には言えないようなところがある。そうであっただけ、『笈の小文』の西行言及は、理念的になりすぎていた観もなくはない。しかし芭蕉が「風雅」という詩の成立を、閃《ひら》めきの一瞬をとらえることによってのみ可能であると考えていたのは明らかで、それは弟子*服部土芳《はっとりとほう》の『三冊子《さんぞうし》』の一節からもはっきり読み取れるものだが、こういう(3)瞬間的な機縁を重んずる思想の先人のひとりに、和歌と「*法《のり》」の一致《いっち》を求め、「*随縁随興《ずいえんずいきょう》」を説いた西行がいたことは否定しようがなかった。

芭蕉はここで「静」と「動」という観念を導入して語っている。宇宙の諸現象の変幻は動で、この動が「風雅」のたねとすれば、それを「見とめ聞きとめ」て「定着」の形で静止させなければならないのだ。この静止は動かない自然のようなものとは異《こと》なるが、それだけではなく、「静」の成就《じょうじゅ》のためには一瞬の決定的な時というものがある。

「物の見えたるひかり、いまだ心に消えざる中に言ひとむ偏《かたよ》ることなく対比的に論を展開している。

ア　aとb　イ　bとf　ウ　cとd

エ　aとe　オ　bとe

〔問7〕　現代の情報環境下に生きる私たちは、どのようなことに留意するべきだと考えるか。本文を踏まえ、あなたの考えを二〇〇字以内にまとめて書け。なお、書き出しや改行の際の空欄《くうらん》や、、や。や「なども それぞれ字数に数えよ。

5

次の文章を読んで、あとの各問に答えよ。なお、本文の前では、松尾芭蕉《まつおばしょう》が西行を慕《した》い、その影響を受けていることが述べられている。［　　］内は、本文に引用されている古文の現代語訳を補ったものである。（＊印の付いている言葉には、本文のあとに〔注〕がある。）

芭蕉がはじめから西行を究極的な場所に位置づけていたとはいえない。比較的《ひかく》早い時期では、貞享《じょうきょう》元年（一六八四）から翌年にかけて東海、＊伊勢《いせ》、＊吉野、奈良《なら》、京都をめぐる『＊野ざらし紀行』の旅がなされているが、その中に次のように「西行」があらわれる。

＊外宮《げくう》参拝のところで芭蕉が思い出している歌「また上もなき峰《みね》の松風」は、西行の『＊千載集《せんざいしゅう》』に入った一首

「深く入りて神路《かみじ》の奥をたづぬればまた上もなき峰の松風」

［深く入って＊神路山の奥を尋《たず》ねてみると、＊釈迦《しゃか》が教えを説いたこの上ない峰《みね》、霊鷲山《りょうじゅせん》の松のこずえを吹く風がここにも吹いているよ。］

で、和歌の引用は西行への敬意である。神宮に近い西行谷で芋《いも》を洗う女たちの情景でも、吉野＊西行庵《さいぎょうあん》近くの湧水《ゆうすい》「とくとくの清水」でも、西行＊景慕《けいぼ》の念は明らかである。しかしこれらはまだ西行を景物の中でとらえているとしか言えない。

貞享四年（一六八七）からの旅を記した紀行『笈《おい》の小文《こぶみ》』にいたって、芭蕉にとっての西行は景物から切り離され、象徴的存在となる。実はそこでの西行は理念化されすぎていたかもしれないのだが、『笈の小文』の冒頭《ぼうとう》、芭蕉はおのれを風に破れやすいうすもの「風羅坊《ふうらぼう》」と自己規定してから、次のように記した。

西行の和歌における、＊宗祇《そうぎ》の連歌における、＊雪舟《せっしゅう》の絵における、＊利休《りきゅう》が茶における、其貫道《そのかんどう》する物は一《いつ》なり。しかも風雅におけるもの、(1)造化《ぞうか》にしたがひて四時《しじ》を友とす。見る処《ところ》花にあらずといふ事なし。おもふ所月にあらずといふ事なし。像《かたち》花にあらざる時は夷狄《いてき》にひとし。心花にあらざる時は鳥獣に類《るい》す。夷狄を出《い》で、鳥獣を離れて、造化にしたがひ、造化にかへれとなり。

［和歌の道で西行のしたこと、連歌の道で宗祇のしたこと、

よう習慣づけること。

〔問3〕 (3)「書く」ことと「読む」こと とあるが、これについて次の [　] のように説明するとき、[1] と [2] に当てはまる最も適切な表現を、本文中から [1] は二十九字、[2] は三十字で探し、そのまま抜き出して書け。

> 現代に求められる新しい「読む」力とは、[1] 力であり、また現代に求められる新しい「書く」力とは、[2] 発信を可能にする力のことである。

〔問4〕 (4)「共感」の「いいね」の外側にある。とあるが、どういうことか。次のうちから最も適切なものを選べ。

ア　以前からあった価値観の表明にすぎない、ある情報に対する賛同の意思表示とは、異なるということ。

イ　他人の意見に対して、自分の価値観に基づいた論評をするような発信とは、異なるということ。

ウ　他者の発信に対して、賛同の意思表示をするだけではなく、時には否定的な意見の発信をしていくこと。

エ　他者の意見に迎合するだけではなく、他者の意見をもとに、自分の利益となる発信をしていくこと。

〔問5〕 本文で対比されている「他人の物語」と「自分の物語」の違いについて、次の [　] のように説明するとき、[　] に当てはまる表現を、必ず本文中の語句を用いて、二十字以上二十五字以内で書け。

> 自己以外の何かについて、[　] がなされているかどうかという違い。

〔問6〕 この文章の構成、内容の説明として適切なものはどれとどれか。正しい組み合わせを、後のア～オの選択肢の中から一つ選べ。

a　新しい情報発信のあり方という主要な論点について、言葉を変えながら繰り返し論じている。

b　発信が日常となった現代の情報環境を中心にしつつ、時代を超えた普遍的《ふへんてき》主張に論が進んでいる。

c　現代のSNSの状況を分析し、その問題点を指摘《してき》したうえで、若い人々に警鐘を鳴らしている。

d　報道と批評を比較《ひかく》することで、対象との距離感を設定しにくいという批評の問題点を指摘している。

e　論の序盤《じょばん》では、問いを投げかけることを重ねて論点を深めながら、段階的に論を進めている。

f　異なる立場の主張にも触れながら、特定の立場に結びつくことはない。何かについて書くこと（批評）は、自己幻想と自己の外側にある何か（世界）の関係性について言葉にすることだ。それは不可避《ふかひ》に自己幻想の肥大するこの時代に、より必要とされる言葉なのだ。

（宇野常寛「遅いインターネット」による）

〔注〕プラットフォーム――個人が情報発信などを行う際に用いるSNSなどのこと。

タイムライン――インターネット上の投稿サイトなどにおいて、投稿者の発言が時系列に並んでいるもの。

僕がスロージャーナリズムのように「報道」に主眼をおかない――情報の価値を十分に吟味《ぎんみ》し、掘《ほ》り下げてから発信するスロージャーナリズムと同様に、筆者も単に事実を発信するだけの報道では足りないと考えているということ。

ソーシャルブックマーク――インターネット上でお気に入りのウェブサイトが登録、公開されている場所。

大喜利――お題に従って参加者がひねりや洒落《しゃれ》をきかせた回答を行いあうこと。

自己幻想――自分について自分が抱いている思い込み。

〔問1〕(1)この世界の「流れ」に逆らうことなのだ。とあるが、なぜか。次のうちから最も適切なものを選べ。

ア　インターネットの普及により、現代では読む訓練をするための情報環境が失われてしまったから。

イ　現代の情報環境下では、読むことと書くことを区別せずに同時に学んでいくことが理想的だから。

ウ　書く環境が充実した結果、現代では書くことの延長線上に読むことを身につける道筋が一般的だから。

エ　読むことと書くことのパワーバランスの変化により、読むことが特殊《とくしゅ》な価値をもつ行為になったから。

〔問2〕(2)往復運動とあるが、どういうことか。次のうちから最も適切なものを選べ。

ア　脊髄反射的に書く習慣の上に、多量の文章を読むことを加えて、しだいに良く書くことができるように訓練すること。

イ　思ったままをすぐ書くのではなく、良質な発信を目指した読む経験を踏まえて、改めて書くように訓練すること。

ウ　読むことではなく、書くことを訓練の起点としていくことで、素早く情報発信ができるように習慣づけること。

エ　読むことと書くことを並行して訓練することで、両者を自由に行き来しながら、良質な発信が行えるれた問いに答えることしかできない。しかし対象をある態度で「読み」、そこから得られたものを「書く」ことで人間はあたらしく問いを設定することができる。そうすることで、世界の見え方を変えることができる。

　あらたな問いを生む発信は、既に存在する価値への「共感」の外側にある。人々はインターネットである情報を与えられ、それに「共感」すると「いいね」する。このとき、その人の内面に変化は起きない。それがよいと予《あらかじ》め思っていたからこそ「いいね」する。しかし問いを立てる発信は違う。国会を取り巻くデモ隊と、それを取り締まる機動隊のどちらに「共感」するかという回答を行う発信は世界を少しも変えはしない。しかしそこに人出を見込んでアンパン屋を出す人々の視点を導入することで、あらたな問いが生まれる。世界の見え方が変わるのだ。

　こうした価値の転倒《てんとう》は、(4)「共感」の「いいね」の外側にある。人間は「共感」したときではなくむしろ想像を超えたものに触れたときに価値転倒を起こす。そして世界の見え方が変わるのだ。

　そして価値転倒をもたらすのは「報道」の役目ではない。*僕がスロージャーナリズムのように「報道」に主眼をおかない理由がここにある。事実を報じることは前提として必要だ。しかしそれだけでは足りない。僕たちはその事実に対してどのように接するのか。その距離感と侵入角度《しんにゅうかくど》を変えるための言葉が必要なのだ。そして様々な距離と角度から対象を眺め、接することではじめて人間はその事物に対しあたらしい問いを設定することができるのだ。そう、その行為に僕はいま改めて「批評」という言葉を充《あ》てたい。「報道」が伝えることができるのは、ある事実の一側面だ。そして「批評」はその事実の一側面と、自己との関係性を考える行為だ。距離感と進入角度を試行錯誤《しこうさくご》し続ける行為だ。「報道」は世界のどこかで生まれた「他人の物語」を伝える。報道を受信した人々はそれを解釈《かいしゃく》して「自分の物語」として再発信する。このとき与えられた問いにYESかNOか、0か1かを表明することだけでは世界は貧しくなる。このときあたらしく問いを立て直し「共感する／しない」という二者択一の外側に世界を広げるためには「批評」の言葉が必要なのだ。「批評」とは自分以外の何かについての思考だ。それは小説や映画についてでも構わない。料理や家具についてでも構わない。それは、対象と自分との関係性を記述する行為だ。そこから生まれた思考で、世界の見え方を変える行為だ。最初から想定している結論を確認《かくにん》して、考えることを放棄《ほうき》して安心する行為ではなく、考えることそのものを楽しむ行為だ。ニュースサイトのコメント欄《らん》や*ソーシャルブックマークへの投稿で*大喜利のように閉じた村の中でポイントを稼《かせ》ぐことで満たされるのではなく、よく読み、よく考えること、ときに迷い袋小路《ふくろこうじ》に佇《たたず》むことそのものを楽しむ行為だ。

　誰かが批評を書くとき、書かなくとも批評に触れて世界への接し方が変わるとき、それは紛《まぎ》れもなく自分が発信する自分の物語の発露《はつろ》になる。しかしそれはあくまで自分についての言葉ではない。自分の物語でありながら*自己幻想には直接常になっている。そして（本などのまとまった文章を）「読む」ことのほうが特別な非日常になっている。これまで僕たちは「読む」ことの延長線上に「書く」ことを身につけてきた。しかし、これから社会に出る若い人々の多くはそうはならない。彼ら／彼女らの多くはおそらく「書く」ことに「読む」ことより慣れている。現代の情報環境下に生きる人々は、読むことから書くことを覚えるのではなく、書くことから読むことを覚えるほうが自然なのだ。これは現代の人類が十分に「読む」訓練をしないままに、「書く」環境を手に入れてしまっていることを意味する。だが、かつてのように読むこと「から」書くというルートをたどることは、もはや難しい。それは僕たちの生きている(1)この世界の「流れ」に逆らうことなのだ。

　ではどうするのか。現代において多くの人は日常的に、脊髄《せきずい》反射的に、たいした思慮《しりょ》も検証もなく「書いて」しまう。ならば「読む」ことと同時に「書く」ことを始めるしかない。いや、より正確には訓練の起点は「書く」ことになるはずだ。まずは*プラットフォームの促《うなが》す脊髄反射的な発信ではない良質な発信を動機づけ、その過程で「書く」ためには「読む」ことが必要であることを認識《にんしき》させる。そして「読む」訓練を経た上でもう一度「書く」ことへの挑戦を求める。「読む」ことではなく「書く」ことを起点にした(2)往復運動を設計する必要があるのだ。

　ではこの時代に求められているあたらしい「書く」「読む」力とは何か。たとえば能力は高くないけれど、なにか社会に物を申したいという気持ちだけは強い人がいまインターネットで発言しようとするとき、彼／彼女はその問題そのものではなく*タイムラインの潮目のほうを読んでしまう。そしてＹＥＳかＮＯか、どちらに加担すべきかだけを判断してしまう。

　タイムラインの潮目を読むのは簡単だ。その問題そのもの、対象そのものに触れることもなく、多角的な検証も背景の調査も必要なくＹＥＳかＮＯかだけを判断すればよいのだから。しかし、具体的にその対象そのものを論じようとすると話はまったく変わってくる。そこには対象を解体し、分析《ぶんせき》し、他の何かと関連付けて化学反応を起こす能力が必要となる。

　そして価値のある情報発信とは、ＹＥＳかＮＯかを述べるのではなく、こうしてその対象を「読む」ことで得られたものから、自分で問題を設定することだ。単にこれを叩《たた》く／褒《ほ》めるのが評価経済的に自分に有利か、不利かを考えるのではなく、その対象の投げかけに答えることで、新しく問題を設定することだ。ある記事に出会ったときにその賛否どちらに、どれくらいの距離《きょり》で加担するかを判断するのではなく、その記事から着想して自分の手であたらしく問いを設定し、世界に存在する視点を増やすことだ。既に存在している問題の、それも既に示されている選択肢（大抵《たいてい》の場合それは二者択一である）に答えを出すのではなく、あらたな問いを生むことこそが、世界を豊かにする発信だ。

(3)「書く」ことと「読む」ことを往復することの意味はここにある。単に「書く」ことだけを覚えてしまった人は、与えら

ウ　忘れていた幼い頃《ころ》の思い出が現前するような確かな感覚にとらわれたが、すぐに色あせてしまうときめきなのだと、理性的に思い直したから。

エ　恒太の呟《つぶや》きから高校野球への思いを共有していると疑っていない響きを感じたが、自分の心は変わったのだと、まだ知られたくなかったから。

〔問4〕 (4)多分コレは、〝後ろめたい〟のだ。とあるが、「後ろめたい」気持ちは本文のどんなところに表れているか。これを次の［　］のように説明するとき、［1］と［2］に当てはまる表現を、［1］は十七字、［2］は十一字で、それぞれ本文中から抜き出して書け。

［1］したり、［2］たりするところ。

〔問5〕 本文の「凪」の描写の説明として最も適切なのは、次のうちではどれか。

ア　外の開放的な雰囲気を表しながら、人物の心情の比喩としても機能する、二重の表現意図が読み取れる。

イ　季節の変わり目の微妙な変化を表すとともに、人物の心の動きと連動する、象徴的な意味が読み取れる。

ウ　若者たちの物語にふさわしい、初夏の若々しくさわやかな雰囲気を、自然に醸《かも》し出す効果が読み取れる。

エ　表面的主題と別に、はかない人間の思惑と悠久の自然を対比する、もう一つの隠れた主題が読み取れる。

〔問6〕 本文における「春菜」の思いの推移を順に表すものとして最も適切なのは、次のうちではどれか。

ア　不安感→安堵《あんど》感→一時逃れ→罪悪感→憂鬱《ゆううつ》

イ　憂鬱→不安感→安堵感→罪悪感→一時逃れ

ウ　不安感→憂鬱→安堵感→一時逃れ→罪悪感

エ　憂鬱→安堵感→一時逃れ→不安感→罪悪感

4

次の文章を読んで、あとの各問に答えよ。（＊印の付いている言葉には、本文のあとに〔注〕がある。）

「書く」こと、「発信する」ことはもはや僕たちの日常の生活の一部だ。この四半世紀で、「読む」ことと「書く」ことのパワーバランスは大きく変化した。前世紀まで「読む」ことと「書く」ことでは前者が基礎で後者が応用だった。「読む」ことが当たり前の日常の行為《こうい》で「書く」というのは非日常の特別な行為だった。しかし現代では多くの人にとっては既にインターネットに文章を「書く」ことのほうが当たり前の日の奥が、ズクズクと鈍く痛んだ。
心地悪い。コレは何の痛みだろう？
そう考えて、違うと感じた。
心地悪いのではない。(4)多分コレは、〝後ろめたい〟のだ。
いつから話題に出さないようにしていたそれを、突然掘《ほ》り返されてごまかし切れなかった。今はコンクールが一番。
その一言を、どうしても恒太には伝えることができないでいる。

（和泉実希「空までとどけ」による）

〔問1〕(1)演奏の場。とあるが、この言葉についての説明として最も適切なのは、次のうちではどれか。

ア　先生と先輩のやり取りから、何のために演奏するのかと、音楽の本質的なあり方について目を向け始めたことを暗示する言葉。

イ　先生と先輩が交《か》わした会話を思い出すことで、険悪な雰囲気《ふんいき》から無意識に離れたいと、自分の世界にひたる転換点となる言葉。

ウ　先生の言葉によって、全国大会と壮行会のどちらの場の重要性も無視できないと、決めかねて迷っていることを象徴する言葉。

エ　先生の発言を受けて、コンクールだけでなく聴衆《ちょうしゅう》に聞いてもらう演奏にも意味があると、改めて認識《にんしき》するきっかけとなる言葉。

〔問2〕(2)影が気がついたように春菜を見た。とあるが、この表現の意味の説明として最も適切なのは、次のうちではどれか。

ア　春菜は学校で少し心が重くなる出来事があったけれど、親しい知り合いに会ってほっとしているということが、比喩を用いて強調されている。

イ　春菜は影が誰なのかすぐに認識できたけれど、相手もすでに春菜だと認識しているということが、擬《ぎ》人法《じんほう》を用いて生き生きと表現されている。

ウ　春菜は見慣れて自然に認識できるけれど、影は暗くて本来誰だか特定できない程度のものだということが、擬人法で効果的に表現されている。

エ　春菜は相手が誰なのかはっきりわかっているけれど、これからの展開の予測はできないということが、比喩によって間接的に表現されている。

〔問3〕(3)それを消すように、数度瞬《まばた》きを繰り返した。とあるが、その理由の説明として最も適切なのは、次のうちではどれか。

ア　恒太の言葉でかつて憧れた高校野球の光景がありありと目に浮かんだが、今の自分には過去の思いだと、現実に戻って打ち消そうとしたから。

イ　夏の強い陽射《ひざ》しと大きな歓声に対するかつての思いが鮮明に浮かんだが、今から考えると稚拙《ちせつ》な憧れだったと、慌《あわ》てて振り払《はら》おうとしたから。

「なぁ、春菜も楽しみだろ、甲子園。」
問われてドキリとする。鼓動《こどう》がほんの少し早くなる。首筋を、足の隙間《すきま》を流れていく風が冷たい。
春菜は、「うん、そうだね。」と答えて微笑《ほほえ》んでみせる。その口もとを上げてみせるが、上手《うま》く笑えていないような気がしてすぐに笑顔《えがお》を引っ込めた。
「春菜の夢だもんな。甲子園でブラスバンドの演奏。」
恒太はやはり真面目だ。真面目で、ロマンチスト。きれいな目で見つめられるとドキリとする。それは色っぽいものではなくて、自分の中に隠している何かを見据《みす》えられているような、そんな感覚だ。
春菜は妙な居心地の悪さを感じて口を開く。
「恒ちゃんだって、本当に野球好きだよね。」
言いながら、歩く速度が早くなる。恒太より少し前に出る。なんとなく、顔を見られたくないと思ってしまった。
「さっきだって自主練してたんでしょ？子どものころからずっと同じことを続けるってすごいことだよ。私にはきっと無理だもん。」
言ってから、自分の言葉に頷《うなず》く。自分には無理。現に今だって、吹奏楽部にはいるけれど、野球の応援なんかよりコンクールの方がずっと大切だ。自分は、何一つとして曲げずに持っているものはないのかもしれない。
そう思った時、うしろで恒太が立ち止まる気配を感じて、春菜も足を止める。振り返ると、恒太が春菜を見つめていた。
その表情は、悲しみとともに、どこか怒りを含んでいるようにも見える。
「俺は、別に自分がすごいなんて思わない。」
抑揚《よくよう》のない恒太の声は、心無しか普段よりも低い。それが、春菜を不安にさせる。
「俺は、ただ好きだから自分のために続けてるだけだ。努力なんて自分で使う言葉じゃないけどさ、春菜は努力ってなんだと思ってる？」
恒太の言葉の意味をどうとればいいのかわからなかった。わからず、答えられない。
「春菜さ、〝努力〟って〝才能〟かなんかだと思ってない？」
風が吹く。鳥肌が立つ。肌寒い。恒太の目が、冷たい。返す言葉が見つからず、恒太を見つめていた。やがて、恒太はゆっくりと歩き出し、春菜の横を通り過ぎて行く。それを見ることも呼び止めることも、追いかけることもできず、春菜はただ、立ちすくんでいた。
どのくらいそうしていただろう。
もう、恒太は見えないところまで行ってしまっただろうか？
振り返りたい気持ちを抑えて考える。確認《かくにん》したいけれど、怖くてできなかった。
怖い？何が怖いの？
自分に問う。
――〝努力〟って〝才能〟かなんかだと思ってない？
恒太の言葉が、頭の中で反復される。
その声に含まれた温度まで、リアルに再現してしまう。胸そのまま、なんとなく気分が沈んだまま部活を終えて、春菜は帰り道の土手をゆっくり歩いていた。

　ぼんやりと空を仰ぎ見る。夕方の六時を過ぎているのに、まだわずかに橙色《だいだいいろ》を残していた。気候はだいぶ暖かくなってきたけれど、やはり夕暮れ近くになるとほんの少し肌寒い。ゆっくり流れていく大きな風の塊《かたまり》を含《ふく》んで、スカートが膨らんだ。

　春菜はそれを押さえてふと、視界の隅に人影をとらえる。少し広い河川敷《かせんしき》がある。だいぶ日が傾いているため、光の当たらない河川敷はほとんど黒い影にしか見えない。それでも、そのシルエットが誰であるのか春菜にはわかる。幼いころから見てきた影だ。

　やがて人影がゆっくり土手の坂を上がって来る。上がり切る数メートル手前で、(2)影が気がついたように春菜を見た。

「恒ちゃん。」

「なんだ、春菜か。」

表情はよく見えないけれど、そういって笑ったのがわかる。

　恒太が土手を上り切るのを待って、二人で歩き出す。帰りが一緒になるのは珍《めずら》しい。子どものころほど一緒に過ごすことは多くない。けれど、こうしてたまに顔を合わせれば普通に会話ができる距離《きょり》は変わらない。それになんとなくほっとする。

「もうすぐ夏だなぁ。」

「そうだね。恒ちゃんまた黒くなっちゃうね。」

「言うなよ。多少は気にしてるんだから。」

おかしくて笑ってしまう春菜を、恒太はじとりと睨《にら》みつけてから同じように笑う。

　恒太の肌は決して元から色素が濃《こ》い方ではない。子どものころの写真に写る恒太は春菜よりも色白だ。恒太の肌の色は、長年続けてきた練習での日焼けによるところが大きい。

　春菜は、恒太を真面目だと思う。決して勇祐のように特別な才能に恵まれたわけではないが、同じように幼いころから野球が好きで、いつもひとりで自主トレをしていた。よく兄のあとをついていた恒太も、そのときだけは河川敷の橋の下や家から少し離れた空き地など、あまり人に見られないところを選んで、ひとりで練習をするのだ。努力を惜《お》しまないところも、そこを人に見せようとしないところも昔から変わらない。

　春菜は、恒太のそんな頑張り屋な部分がすごいと思うし、羨《うらや》ましくもある。

「ちょっと夏っぽくなって来たな。」

　五月に入り日もだいぶ延びていた。空気は緑の香《かお》りを含み夏が近いと教えている。

「ちょっと気が早いけど。甲子園、楽しみだな。」

　恒太が独り言のように呟《つぶや》く。ふっと一瞬、幼いころに見た情景が浮かぶ。

　照りつける陽射《ひざ》しと、白い光と大きな声援《せいえん》。

　今でもはっきりと覚えている。(3)それを消すように、数度瞬《まばた》きを繰り返した。

　いつの間にか一歩分前に出ていた恒太が春菜を振り返る。

うしても練習場がスカスカに見えた。

「おーい、みんな一度手を止めて集まってくれ。」

石川の声が音楽室に響く。音がやみ、楽器をその場に置いて全員が中央へ集まる。練習用に机を動かしているためにできた教室の真ん中のスペースにみんなが座り、石川を見た。

そんな部員をぐるりと見渡してから、石川が口を開く。

「みんなは秋のコンクールに向けて頑張ってると思うが、夏から秋にかけてはいろんなイベントがあるな。文化部にとってはいろんなコンクールがある。それと同じように夏の運動部と言えば夏の大会だ。」

そう言った石川をつまらなそうに見つめ返す部員たちの中から、声が上がる。

「壮行会《そうこうかい》ってことですか？」

言ったのは三年生の先輩だ。あまり嬉しそうな顔ではない。春菜には、その理由もなんとなくわかるような気がした。

「流石《さすが》に三年は察しがいいなぁ。まぁ毎年恒例《こうれい》のことではあるんだが、今年も吹奏楽部が入退場と、各部に送る激励の演奏をすることになってる。」

石川の言葉を聞いて、二年生、三年生はあからさまに嫌そうな顔をする。

「そんなのに時間潰してる暇《ひま》ないですよ。」

誰かが言った。

「まぁ、そう言うなよ。他の部だって頑張ってるわけだし、一種の演奏の場だと思えばいいだろう？」

「そこでの演奏のために、全国大会の演奏の場を逃したら意味ないじゃないですか。」

すぐに切り返されて石川は困ったように首のうしろをかく。

(1)演奏の場。

確かにそう考えればやってみるのも意外と楽しいかもしれない。演奏をしている時、周囲の反応を見るのは嫌いではない。時々クラスメイトから「吹奏楽部が練習してるあの曲って何？」と聞かれると、不思議と嬉しかったりする。

「だいたい、他の部のために私たちだけが時間を潰されるなんて納得いきません。」

そう言ったのは部長だ。彼女の言葉に賛同するように全員がうなずく。

石川が小さく息をつく。それは、どこか苛《いら》ついているように見えて、意外だなと春菜は思った。

石川は温厚《おんこう》で、よほどのことがない限り厳しく叱りつけるような怒り方は決してしない教師だ。もちろん苛立ちを生徒に見せることもない。

「いいか。確かにコンクールは大事だが君たちは中学生だ。部活自体が学校教育の一環として存在していることを忘れてないか。もちろん全部を新しい曲にする必要はないし、一年生の歓迎会や文化祭なんかで何度もやってるノリのいい曲を入れてもいい。俺《おれ》もできるだけ負担にならない構成を考えるから。」

石川の言葉に、部員たちはまだ納得いかない様子だ。春菜は、そんな空気にどこかで気持ちが落ちて行く感覚を覚えた。

〈国語〉

時間五〇分　満点一〇〇点

【注意】答えは特別の指示のあるもののほかは、各問のア・イ・ウ・エのうちから、最も適切なものをそれぞれ一つずつ選んで、その記号を書きなさい。また、答えに字数制限がある場合には、、や。や「などもそれぞれ一字と数えなさい。

1

次の各文の――を付けた漢字の読みがなを書け。

(1) 堆積した残土。

(2) 版図を広げる。

(3) 自己を卑下する。

(4) コマ回しに興じる少年。

(5) 一念発起して留学する。

2

次の各文の――を付けたかたかなの部分に当たる漢字を楷書《かいしょ》で書け。

(1) 円高によるサエキ。

(2) ドウに入った演技。

(3) 思いあたるフシがある。

(4) 彼にイチジツの長を認める。

(5) キソウテンガイな方法。

3

次の文章を読んで、あとの各問に答えよ。

〔中学二年の園田春菜《そのだはるな》は吹奏楽部でトランペットを吹いている。一年上の吉川恒太《よしかわこうた》は、家が近く保育園も同じで、幼時には一緒にいるのが当然の存在だった。勇祐《ゆうすけ》は恒太の一つ上の兄で野球の強豪校《きょうごうこう》に進学している。〕

春菜が吹奏楽部に入部したのには、子どものころの憧《あこが》れが大きなきっかけになっていた。

とは言え、それは本当に昔のことだ。当時はまだ吹奏楽という部活があることも知らなかったのではないだろうか。春菜の通っていた小学校には吹奏楽クラブがなかった。中学では吹奏楽部に入ろうとなんとなく思い、そのまま入部してしまった。

それでも、自分たちが県大会に出場できたときは本当に嬉《うれ》しかったのだ。

春菜自身、いつの間にか子どものころの憧れよりも、目の前の目標の方が大事になっている。県大会出場、そして突破。目指すは全国大会。それが今、自分がここにいる理由なのだ。

窓の外へ目を向ける。グラウンドに点々と散らばる生徒の姿が見える。陸上部、サッカー部。そして、グラウンドの隅《すみ》の野球部に目が留まる。

人数が少ないためか、三階から見下ろすように眺めるとど

2021年度

解　答　と　解　説

《2020年度の配点は解答欄に掲載してあります。》

＜数学解答＞

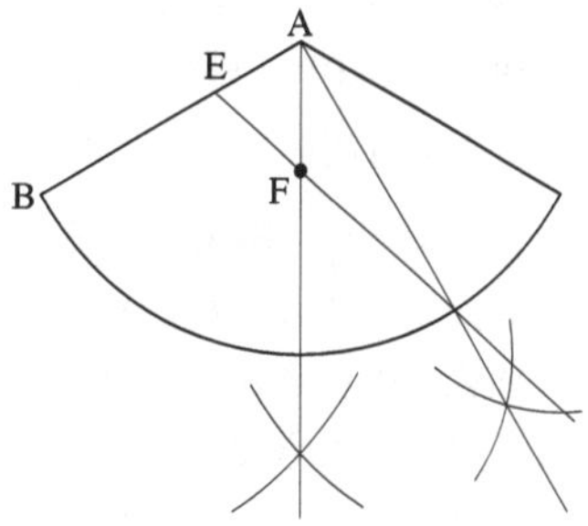

1 〔問1〕 $-1+\sqrt{2}$　〔問2〕 $x=\frac{5}{2}$, $y=-\frac{1}{2}$

〔問3〕 $\frac{1\pm\sqrt{13}}{2}$　〔問4〕 $\frac{17}{27}$

〔問5〕 2021　〔問6〕 右図

2 〔問1〕 $0\leqq y\leqq 16a$

〔問2〕 (1) $\frac{30}{7}\mathrm{cm}^2$(途中の式や計算は解説参照)

(2) $\frac{35}{11}$

3 〔問1〕 $\frac{5}{6}\pi$ cm　〔問2〕 解説参照　〔問3〕 $\frac{1}{4}$倍

4 〔問1〕 6cm　〔問2〕 $\frac{7}{2}\mathrm{cm}^2$(図や途中の式は解説参照)

〔問3〕 5cm

○配点○

1 〔問6〕 6点　他　各5点×5　2 〔問1〕 6点　〔問2〕(1) 10点　(2) 7点

3 〔問1〕 6点　〔問2〕 10点　〔問3〕 7点

4 〔問1〕 6点　〔問2〕 10点　〔問3〕 7点　計100点

＜数学解説＞

1 (数・式の計算，平方根，連立方程式，二次方程式，確率，方程式の応用，作図)

〔問1〕 乗法公式$(a-b)^2=a^2-2ab+b^2$より，$\left(\frac{\sqrt{6}-\sqrt{3}}{3}\right)^2=\frac{(\sqrt{6})^2-2\times\sqrt{6}\times\sqrt{3}+(\sqrt{3})^2}{9}=\frac{3-2\sqrt{2}}{3}$だから，$-\left(\frac{\sqrt{6}-\sqrt{3}}{3}\right)^2-\frac{2}{9}\sqrt{3}\div\left(-\sqrt{\frac{2}{3}}\right)=\frac{-3+2\sqrt{2}}{3}-\frac{2\sqrt{3}}{9}\times\left(-\frac{\sqrt{3}}{\sqrt{2}}\right)=-1+\sqrt{2}$

〔問2〕 $\begin{cases}2x+4y=3\cdots①\\ \frac{3}{10}x-\frac{1}{2}y=1\cdots②\end{cases}$ とする。②の両辺に10をかけて，$3x-5y=10\cdots③$　①×3－③×2より，$12y-(-10y)=9-20$　$22y=-11$　$y=-\frac{1}{2}$　これを①に代入して，$2x+4\times\left(-\frac{1}{2}\right)=3$　$2x-2=3$　$x=\frac{5}{2}$　よって，連立方程式の解は，$x=\frac{5}{2}$，$y=-\frac{1}{2}$

〔問3〕 $\left(x-\frac{1}{4}\right)^2=x^2-\frac{1}{2}x+\frac{1}{16}$より，二次方程式$2\left(x-\frac{1}{4}\right)^2-3=x^2+\frac{1}{8}$は，$2\left(x^2-\frac{1}{2}x+\frac{1}{16}\right)-3=x^2+\frac{1}{8}$　整理して，$x^2-x-3=0\cdots①$　二次方程式$ax^2+bx+c=0$の解は，$x=\frac{-b\pm\sqrt{b^2-4ac}}{2a}$で求められるから，$x=\frac{-(-1)\pm\sqrt{(-1)^2-4\times1\times(-3)}}{2\times1}=\frac{1\pm\sqrt{13}}{2}$

〔問4〕 一般に，ことがらAについて，(Aの起こる確率)＋(Aの起こらない確率)＝1が成り立つ。したがって，これより，(Aの起こらない確率)＝1－(Aの起こる確率)が成り立つから，$(a^2+$

$b^2+c^2 \leqq 14$となる確率）$=1-$（$a^2+b^2+c^2>14$となる確率）である。箱の中から1枚のカードを取り出す作業を3回繰り返すとき，すべてのカードの取り出し方は$3\times3\times3=27$通り。このうち，$a^2+b^2+c^2>14$となる取り出し方は，$(a,\ b,\ c,\ a^2+b^2+c^2)=(1,\ 3,\ 3,\ 19)$，$(2,\ 2,\ 3,\ 17)$，$(2,\ 3,\ 2,\ 17)$，$(2,\ 3,\ 3,\ 22)$，$(3,\ 1,\ 3,\ 19)$，$(3,\ 2,\ 2,\ 17)$，$(3,\ 2,\ 3,\ 22)$，$(3,\ 3,\ 1,\ 19)$，$(3,\ 3,\ 2,\ 22)$，$(3,\ 3,\ 3,\ 27)$の10通り。よって，求める確率は$1-\frac{10}{27}=\frac{17}{27}$

〔問5〕　3つの連続した奇数を小さい方から順にa，b，cとするから，aとcはbを使って，$a=b-2$，$c=b+2$と表される。よって，$ac=(b-2)(b+2)=b^2-4=2025-4=2021$

〔問6〕　(着眼点)問題図2のおうぎ形の弧を弧BB′とすると，弧$\mathrm{BC}=\frac{1}{2}$弧BB′，弧$\mathrm{BD}=\frac{3}{4}$弧BB′であり，おうぎ形の中心角の大きさは弧の長さに比例することから，$\angle\mathrm{BAC}=\frac{1}{2}\angle\mathrm{BAB'}$，$\angle\mathrm{BAD}=\frac{3}{4}\angle\mathrm{BAB'}$である。つまり，線分ACは∠BAB′の二等分線であり，線分ADは∠CAB′の二等分線である。また，曲線ℓの長さが最小になるのは，展開図上で点Fが線分DE上にあるときである。　(作図手順)　次の①～③の手順で作図する。　①　点B，B′をそれぞれ中心として，交わるように半径の等しい円を描き，その交点と点Aを通る直線(∠BAB′の二等分線)を引き，弧BB′との交点をCとする。　②　点C，B′をそれぞれ中心として，交わるように半径の等しい円を描き，その交点と点Aを通る直線(∠CAB′の二等分線)を引き，弧CB′との交点をDとする。　③　直線DEを引き，∠BAB′の二等分線との交点をFとする。(ただし，解答用紙には点B′，C，Dの表記は不要である。)

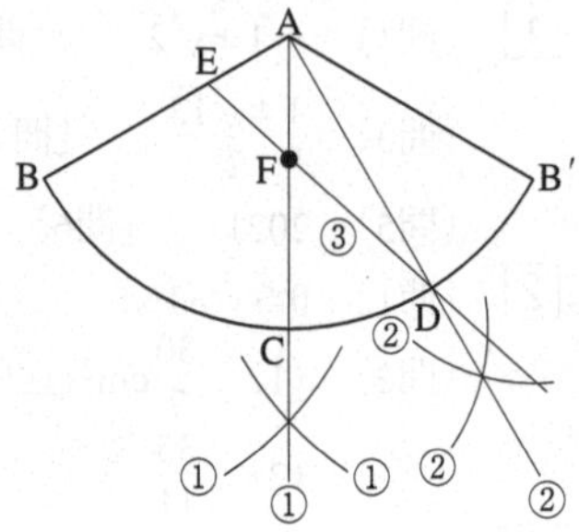

2　(図形と関数・グラフ)

基本　〔問1〕　関数$y=ax^2$がxの変域に0を含むときのyの変域は，$a>0$なら，$x=0$で最小値$y=0$，xの変域の両端の値のうち絶対値の大きい方のxの値でyの値は最大になる。また，$a<0$なら，$x=0$で最大値$y=0$，xの変域の両端の値のうち絶対値の大きい方のxの値でyの値は最小になる。本問はxの変域に0を含み，$a>0$の場合だから，$x=0$で最小値$y=0$，xの変域の両端の値のうち絶対値の大きい方の$x=4$で最大値$y=a\times4^2=16a$となる。以上より，yの変域は$0\leqq y\leqq 16a$である。

〔問2〕　(1)　(途中の式や計算)(例)曲線ℓの式を求める。$p=\frac{3}{2}$より直線mの式は　$y=-\frac{1}{2}x+\frac{3}{2}$…①　点Bの$x$座標が$-4$なので，①より　$\mathrm{B}\left(-4,\ \frac{7}{2}\right)$　これが曲線ℓ上にあるから，$\frac{7}{2}=a(-4)^2$　すなわち　$a=\frac{7}{32}$　よって，曲線ℓの式は　$y=\frac{7}{32}x^2$　次に点Aのx座標を求める。点Aのx座標をt $(t>0)$とする。点Aは曲線ℓ上にあるから　$\mathrm{A}\left(t,\ \frac{7}{32}t^2\right)$…②　ここで，点Aは直線$m$上であるから①，②より　$\frac{7}{32}t^2=-\frac{1}{2}t+\frac{3}{2}$　整理すると　$7t^2+16t-48=0$　$t>0$なので　$t=\frac{12}{7}$　よって　$\mathrm{A}\left(\frac{12}{7},\ \frac{9}{14}\right)$　したがって，△ABCの面積は　$\frac{1}{2}\times\frac{3}{2}\times\left\{\frac{12}{7}-(-4)\right\}=\frac{30}{7}(\mathrm{cm}^2)$

重要　(2)　点Cは$y=\frac{1}{4}x^2$上にあるから，そのy座標は$y=\frac{1}{4}\times5^2=\frac{25}{4}$　よって，$\mathrm{C}\left(5,\ \frac{25}{4}\right)$　点Cを通り，直線mに平行な直線をnとすると，その傾きは$-\frac{1}{2}$だから，直線nの式を$y=-\frac{1}{2}x+b$とおいて，点Cの座標を代入すると，$\frac{25}{4}=-\frac{1}{2}\times5+b$　$b=\frac{35}{4}$　直線nの式は$y=-\frac{1}{2}x+\frac{35}{4}$　これより，直線n

とy軸との交点をQとするとQ$\left(0,\ \frac{35}{4}\right)$　$m/\!/n$だから，平行線と面積の関係より，△QBA＝△CBA　よって，△OAB：△QBA＝△OAB：△CBA＝S：T＝4：7…①　点A，Bからy軸へ垂線AH，BIを引くと，$\triangle\mathrm{OAB}=\triangle\mathrm{OAP}+\triangle\mathrm{OBP}=\frac{1}{2}\times\mathrm{PO}\times\mathrm{AH}+\frac{1}{2}\times\mathrm{PO}\times\mathrm{BI}=\frac{1}{2}\times\mathrm{PO}\times(\mathrm{AH}+\mathrm{BI})=\frac{1}{2}p(\mathrm{AH}+\mathrm{BI})$　$\triangle\mathrm{QBA}=\triangle\mathrm{QAP}+\triangle\mathrm{QBP}=\frac{1}{2}\times\mathrm{QP}\times\mathrm{AH}+\frac{1}{2}\times\mathrm{QP}\times\mathrm{BI}=\frac{1}{2}\times\mathrm{QP}\times(\mathrm{AH}+\mathrm{BI})=\frac{1}{2}\left(\frac{35}{4}-p\right)(\mathrm{AH}+\mathrm{BI})$　よって①より，$\triangle\mathrm{OAB}:\triangle\mathrm{QBA}=\frac{1}{2}p(\mathrm{AH}+\mathrm{BI}):\frac{1}{2}\left(\frac{35}{4}-p\right)(\mathrm{AH}+\mathrm{BI})=4:7$　$p:\left(\frac{35}{4}-p\right)=4:7$　$4\left(\frac{35}{4}-p\right)=7p$　これを解いて，$p=\frac{35}{11}$

3 (円の性質，弧の長さ，相似の証明，面積比)

基本　〔問1〕　直径に対する円周角は90°だから，∠ADC＝90°より，AD⊥BC　正三角形ABCをAB＝ACの二等辺三角形とみると，二等辺三角形の頂角からの垂線は底辺を2等分するから，$\mathrm{BD}=\frac{\mathrm{BC}}{2}=\frac{10}{2}=5\mathrm{cm}$　よって，$\mathrm{BO'}=\frac{\mathrm{BD}}{2}=\frac{5}{2}\mathrm{cm}$　△EBO′はO′B＝O′Eで，底角が∠EBO′＝60°の二等辺三角形だから正三角形。よって，∠BO′E＝60°　以上より，点Dを含まない弧BEの長さは，$2\pi\times\mathrm{BO'}\times\frac{60°}{360°}=2\pi\times\frac{5}{2}\times\frac{60°}{360°}=\frac{5}{6}\pi$ (cm)

〔問2〕　(証明)(例)△PDAと△PBCにおいて　円Oの$\overset{\frown}{\mathrm{PD}}$に対する円周角の大きさは等しいので∠PAD＝∠PCB…①　また，∠DPA＝90°＋∠DPC…②　∠BPC＝90°＋∠DPC…③　②，③より∠DPA＝∠BPC…④　①，④より　2組の角がそれぞれ等しいので　△PDA∽△PBC

やや難　〔問3〕　直線BPと辺ACとの交点をF，直線CPと辺ABとの交点をGとする。△PBDの面積を$2S$とすると，$\triangle\mathrm{PBC}=\frac{\mathrm{BC}}{\mathrm{BD}}\triangle\mathrm{PBD}=\frac{10}{5}\times 2S=4S$　△PBD∽△PCAで，相似比はBD：AC＝5：10＝1：2だから，面積比は，△PBD：△PCA＝1^2：2^2＝1：4　△PCA＝4△PBD＝$8S$　△PBCと△PCAで，それぞれの底辺を線分PCと考えると，底辺を共有する三角形の面積比は，高さの比に等しいから，△PBC：△PCA＝BG：AG＝$4S$：$8S$＝1：2　$\mathrm{BG}=\mathrm{AB}\times\frac{\mathrm{BG}}{\mathrm{AB}}=\mathrm{AB}\times\frac{\mathrm{BG}}{\mathrm{BG}+\mathrm{AG}}=\mathrm{AB}\times\frac{1}{1+2}=\frac{1}{3}\mathrm{AB}$　△ABF≡△BCGを考慮すると，△PBAと△PBCで，それぞれの底辺を線分PBと考えると，底辺を共有する三角形の面積比は，高さの比に等しいから，$\triangle\mathrm{PBA}:\triangle\mathrm{PBC}=\mathrm{AF}:\mathrm{CF}=\mathrm{AF}:(\mathrm{AC}-\mathrm{AF})=\mathrm{BG}:(\mathrm{AB}-\mathrm{BG})=\frac{1}{3}\mathrm{AB}:\left(\mathrm{AB}-\frac{1}{3}\mathrm{AB}\right)=1:2$　$\triangle\mathrm{PBA}=\frac{1}{2}\triangle\mathrm{PBC}=2S$　以上より，$\triangle\mathrm{ABC}=\triangle\mathrm{PBC}+\triangle\mathrm{PCA}+\triangle\mathrm{PBA}=4S+8S+2S=14S$，$\triangle\mathrm{ODC}=\frac{\mathrm{OC}}{\mathrm{AC}}\triangle\mathrm{ADC}=\frac{\mathrm{OC}}{\mathrm{AC}}\times\frac{\mathrm{DC}}{\mathrm{BC}}\triangle\mathrm{ABC}=\frac{5}{10}\times\frac{5}{10}\times 14S=\frac{7}{2}S$だから，(四角形OPO′Dの面積)＝$\triangle\mathrm{ABC}-\triangle\mathrm{APO}-\triangle\mathrm{PBA}-\triangle\mathrm{PBO'}-\triangle\mathrm{ODC}=\triangle\mathrm{ABC}-\frac{\mathrm{AO}}{\mathrm{AC}}\triangle\mathrm{PCA}-\triangle\mathrm{PBA}-\frac{\mathrm{BO'}}{\mathrm{BD}}\triangle\mathrm{PBD}-\triangle\mathrm{ODC}=14S-\frac{1}{2}\times 8S-2S-\frac{1}{2}\times 2S-\frac{7}{2}S=\frac{7}{2}S$

(四角形OPO′Dの面積)÷$\triangle\mathrm{ABC}=\frac{7}{2}S\div 14S=\frac{1}{4}$　四角形OPO′Dの面積は，△ABCの面積の$\frac{1}{4}$倍である。(補足説明1)　△PBD∽△PCAの証明　△PBDと△PCAで，直径に対する円周角は90°だから，∠BPD＝∠CPA＝90°…①　△PDA∽△PBCより，∠PDA ＝∠PBD…②　弧APに対する円周角なので，∠PDA＝∠PCA…③　②，③より，∠PBD＝∠PCA…④　①，④より，2組の角がそれぞれ等しいので，△PBD

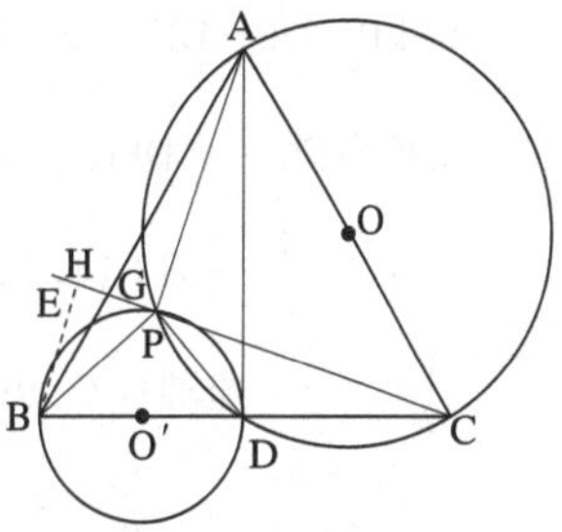

∽△PCA (補足説明2) △PBC：△PCA＝BG：AGの説明 前ページの図のように，点Bから直線CPへ垂線BHを引く。AP⊥CP，BH⊥CPより，AP//BHだから，平行線と線分の比についての定理を用いると，△PBC：△PCA＝$\left(\frac{1}{2}\times PC\times BH\right):\left(\frac{1}{2}\times PC\times AP\right)$＝BH：AP＝BG：AG (補足説明3) △ABF≡△BCGの証明△ABFと△BCGで，△ABCは正三角形だから，AB＝BC…⑤ ∠BAF＝∠CBG＝60°…⑥ △PBD∽△PCAより，∠PBD＝∠PCA よって，∠ABF＝∠ABC－∠PBD＝∠ACB－∠PCA＝∠BCG…⑦ ⑤，⑥，⑦より，1組の辺とその両端の角がそれぞれ等しいので，△ABF≡△BCG

4 (空間図形，線分の長さ，面積，体積比)

重要 〔問1〕 線分PQを，直線CFを対称の軸として対称移動したとき，点Pが移動した点をR，直線CFと線分PRとの交点をSとすると，△PQRは，∠PQR＝2∠FQP＝2×30°＝60°，PQ＝RQの二等辺三角形だから，正三角形である。対称移動では，対応する点を結んだ線分は，対称の軸と垂直に交わり，その交点で2等分されるから，PQ＝PR＝2PS＝2CD＝2×3＝6(cm)

〔問2〕 (図や途中の式)(例)四角形IJFQ＝△EFQ－△EJI △EFQ＝3×3×$\frac{1}{2}=\frac{9}{2}$ △EJI＝$\frac{1}{3}$×△EFI＝$\frac{1}{3}\times\left(\frac{2}{3}\times\triangle EFQ\right)=\frac{2}{9}\times\triangle EFQ=\frac{2}{9}\times\frac{9}{2}=1$

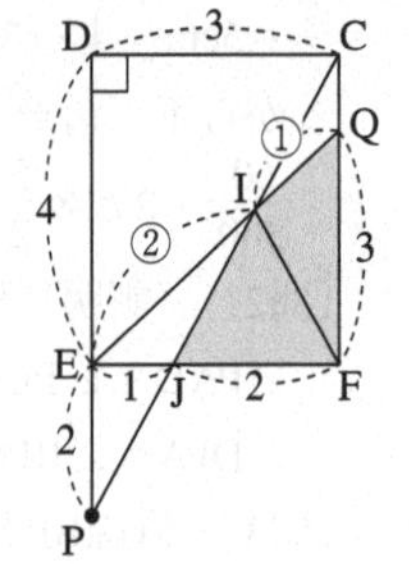

よって，求める面積は 四角形IJFQ＝△EFQ－△EJI＝$\frac{9}{2}-1=\frac{7}{2}$($cm^2$)
(補足説明)CD//EJだから，平行線と線分の比についての定理を用いると，EJ：EF＝EJ：CD＝EP：DP＝(DP－DE)：DP＝(DP－CF)：DP＝(6－4)：6＝1：3 △EJIと△EFIで，高さが等しい三角形の面積比は，底辺の長さの比に等しいから，△EJI：△EFI＝EJ：EF＝1：3 △EJI＝$\frac{1}{3}$×△EFI
また，CQ//EPだから，平行線と線分の比についての定理を用いると，QI：EI＝CQ：EP＝(CF－FQ)：(DP－DE)＝(CF－FQ)：(DP－CF)＝(4－3)：(6－4)＝1：2 △EFIと△EFQで，高さが等しい三角形の面積比は，底辺の長さの比に等しいから，△EFI：△EFQ＝EI：EQ＝EI：(QI＋EI)＝2：(1＋2)＝2：3 △EFI＝$\frac{2}{3}$×△EFQ

やや難 〔問3〕 立体H-CDEKQと立体H-DPLの底面をそれぞれ五角形CDEKQと△DPLと考えると，頂点Hを共有するから，それぞれの立体の高さは等しい。これより，立体H-CDEKQの体積が立体H-DPLの体積の$\frac{4}{5}$倍のとき，五角形CDEKQの面積が△DPLの面積の$\frac{4}{5}$倍である。DP＝$x$cmとすると，∠PDL＝90°，∠DPL＝45°より，△DPLは直角二等辺三角形であり，DP＝DL＝$x$cmである。同様に考えて，△CQLと△EPKも直角二等辺三角形だから，CQ＝CL＝DL－CD＝$(x-3)$cm，EK＝EP＝DP－DE＝$(x-4)$cmである。以上より，△DPL＝$\frac{1}{2}$×DP×DL＝$\frac{1}{2}x^2$(cm^2) (五角形CDEKQの面積)＝△DPL－△CQL－△EPK＝$\frac{1}{2}x^2-\frac{1}{2}$×CQ×CL－$\frac{1}{2}$×EP×EK＝$\frac{1}{2}x^2-\frac{1}{2}(x-3)^2-\frac{1}{2}(x-4)^2=\frac{1}{2}(-x^2+14x-25)$$cm^2$ (五角形CDEKQの面積)＝△DPL×$\frac{4}{5}$より，$\frac{1}{2}(-x^2+14x-25)=\frac{1}{2}x^2\times\frac{4}{5}$ 整理して，$9x^2-70x+125=0$ 解の公式を用いて，$x=\frac{-(-70)\pm\sqrt{(-70)^2-4\times9\times125}}{2\times9}=\frac{70\pm20}{18}$ $x=\frac{25}{9}$，5 ここで，DP＞DEであるから，x＝DP＝5cm

★ワンポイントアドバイス★

3〔問3〕では，相似な三角形の面積比が相似比の2乗に等しいことや，高さが等しい三角形や底辺を共有する三角形の面積比が，どの線分の比に等しいかに着目することがポイントである。

＜英語解答＞

1　〔問題A〕＜対話文1＞　ア　＜対話文2＞　エ　＜対話文3＞　ウ
〔問題B〕＜Question 1＞　イ　＜Question 2＞　To tell her about their school.

2　〔問1〕　イ　〔問2〕　getting closer to　〔問3〕　ア　〔問4〕　ウ　〔問5〕　オ
〔問6〕　エ　〔問7〕　イ　〔問8〕　エ　〔問9〕　エ　〔問10〕　オ

3　〔問1〕　オ　〔問2〕　イ　〔問3〕　エ　〔問4〕　ア　〔問5〕　communication
〔問6〕　ウ　〔問7〕(7)-a　learning Japanese　(7)-b　a new world
〔問8〕　カ
〔問9〕　(例)　I want to read picture books to little children as volunteer activities. I will have to explain things easily and clearly to them. I will also need to talk with their parents. So, I will be able to improve my communication skills.

○配点○

1　各4点×5　2　各4点×10　3　〔問9〕　8点　他　各4点×8(問7完答)　計100点

＜英語解説＞

1　(リスニングテスト)

放送台本の和訳は，2021年度都立共通問題35ページに掲載。

2　(会話文問題：語句補充・選択，内容吟味，語句整序，語句解釈，要旨把握，助動詞，進行形，比較，接続詞，前置詞，動名詞，不定詞，分詞，間接疑問文，現在完了)

(全訳)

(第1場面)　*ケンとトムはアメリカの同じ高校へ通っている。ケンは日本からの学生だ。ある日曜日の午後に，彼らはデパートにいて，ちょうど買い物を終えたところである。*

ケン(以下K)：すでに6時だね。遅くなっちゃうね。／トム(以下T)：急いで帰ろう。／K：あっ，嫌になっちゃう。すべてのエレベーターが行っちゃった。／T：なんて運が悪いのだろう。／K：それに，エレベーターはとてもゆっくりだね。(1)エレベーターの数を増やすべきだね。／T：このデパートでは，すでに3基のエレベーターがあるけれど，(2)そのすべてが1階に着こうとしているよ。少なくとも，1基のエレベーターはここまで上がってくるべきだよね。実は，僕は同様の体験をしょっちゅうしているよ。／K：ぼくもそうだよ！　なぜこのようなことが起こるのだろう。／T：単に不運なだけじゃあないかなあ。ジョーンズ先生に聞いてみよう。先生ならこのことについて何か知っているに違いない。／K：それは良い考えだね。

(第2場面)　*翌日，ケンとトムは，放課後，理科の教師であるジョーンズ先生のもとを訪れた。*

T：こんにちは，少しの間お話できますでしょうか。／K：私たちは先生の力が必要です。／ジョーンズ先生(以下J)：もちろんです。／サナ(以下S)：こんにちは，トム。／T：こんにちは，サナ。ケン，こちらはサナさん。彼女はサウジアラビアからの留学生です。／K：お会いできてうれしいです。／S：こちらこそ。／J：君らの用件は何ですか。／K：昨日，僕たちはデパートへ行きました。10階でエレベーターに乗ろうとしていると，すべてのエレベーターが1階に向かってしまい，僕たちは長い間待たなければなりませんでした。／T：3基のエレベーターがあるのに，同じようなことを何度も僕らは経験しているのです。／K：なぜこのようなことが起きるのか，その理由が知りたいのです。／J：そうですね，君らは偶然そのようなことが起きていると思っていますか。／T：僕はそう思います。

（第3番面）　*ジョーンズ先生は1枚の紙を手にして，図1を書き始める。*

J：(3)図1を見て下さい。エレベーターX，Y，Zは円の端に沿って時計回りに動きます。上昇するときには，円の左側に沿って動き，下降するときには，円の右側に沿って動きます。／K：了解です。／J：今，エレベーターは2階，6階，そして，8階にあります。エレベーターXとZは下降し，エレベーターYは上昇します。もし円の中心からX，Y，Zの各エレベーターに線を引くと，円は3分割されます。つまり，円内に3つの120度の角度(の図形)ができる状況にあります。／サナ：円内の全てのエレベーターが同じ速度で動き，これらの角度が維持されれば，そんなに長く待つ必要はないわけですね。／J：ええ，でも，時にはエレベーターが互いに接近してしまうのです。／K：なぜそのようなことが起きるのですか。／J：例えば，多くの人が10階のレストランで昼食を食べ終えて，1階に降りるためにエレベーターYを待っていると仮定しましょう。どうなると思いますか。／T：多くの人々がエレベーターYに乗ります。よって，乗り降りのために，10階と1階の双方で，エレベーターは(4)-aより長い停止を余儀なくされます。／J：エレベーターX，Zはどうなりますか。／S：多くの人がエレベーターYに乗り，エレベーターXとZを利用する人は少なくなりますね。／K：そうなると，エレベーターXとZの(4)-b速度が増し，エレベーターYに接近するわけですね。／J：その通りです。T：先生はどうすればこの問題が解消されるか，お分かりですか。／J：この問題を解消しようと懸命に努力している企業があります。／S：エレベーターの速度を速め，一度に運搬できる人を増やすためにエレベーターを大きくしようと試みている，ということは耳にしました。／J：ええ，そして，この問題を解決する別の方法があるのです。／T：(5)-a B どうするのですか。／J：エレベーターのアルゴリズムを向上させるのです。／K：エレベーター・アルゴリズムですか？／J：エレベーターの制御法のことです。／K：制御ですか？　エレベーターのボタンが押されれば，最も近いエレベーターが来るだけではないのですか。／J：もちろん，そうですが，1つの建物に2基以上のエレベーターがある，あるいは，多くの人々が異なった階にいる時には，そんなに単純にはいかないのです。／S：どうやって制御されるのですか。／J：現在，エレベーターはいくつかの要因により制御されています。／T：それらの要因に関して，もう少し話してもらえませんか。／J：もちろんです。3つの重要な要因について話しましょう。最初の要因は，平均待ち時間です。／T：(6)エレベーターを待つ全ての人々について考えたり，時間を減らしたりするには，平均待ち時間は大切ですよね。／J：2番目の要因は，長く待つ率です。／S：それは何ですか。／J：1分以上各階で人々が待っている率のことです。／S：(5)-b C なぜそれは重要なのですか。／J：1分間以上待つと，人々はいらいらし出すからです。／S：(5)-c D それは興味深いですね。／J：3番目の要因は，上昇，下降する際に，エレベーターが何回停止するかという点です。／T：何か違いが生じるのですか。／J：停止階数が少なくなれば，速く移動できますよね。／S：これで，満員だとエレベーターがフロアー間を通り過ぎる理由がわかりました。／J：いくつかの要因はコンピューターでシミュレーションされています。／K：シミュレーションとは？／J：

ええ，コンピューターは，何名の人々がエレベーターを利用するか，そしていつ利用するかがわかっている，ということです。／T：すごいですね。／J：あるクイズを出しましょう。

（第4場面）*ジョーンズ先生が図2を書き始める。*

・すべてのエレベーターが同速度で動いていて，各エレベーターは同時に5人の人々まで運ぶことができる。
・エレベーターA，Bは下降しており，エレベーターC，Dは上昇している。
・エレベーターCのすべての人々は，直接10階まで向かおうとしている。
・エレベーターDのすべての人々は，直接9階まで向かおうとしている。
・10階へ直接向かうために，1階で3人の人々が待っている。
・1階まで直接向かうために，7階で2人の人々が待っている。
・1階まで直接向かうために，10階で5人の人々が待っている。

J：あなたが8階にいて，エレベーターで1階に向かおうとちょうどボタンを押したと仮定します。あなたに接近しているエレベーターがあなたのいる階で止まることになりますが，7階と9階の人たちの平均待ち時間よりも短いと，エレベーターはあなたのいる階に止まりません。また，満員だと停止しません。どのエレベーターがあなたの階に止まりますか。

（第5場面）*みんなが黙って考えている。*

T：わかりました。／S：私もわかったわ。／K：おそらく，(8)[エ]エレベーターDです。／J：その通りです。現在，エレベーターはもっと進化しているのです。／(5)-d[A]どのように(進化しているの)ですか。／J：場所によっては，スクリーンパネルを装備したエレベーターを見かけることがあります。エレベーターに乗る前に，スクリーンパネル上の階数ボタンを押すと，どのエレベーターに乗ればよいかが表示されます。スクリーンパネルに表示されたエレベーターまで移動して，乗ればよいわけです。／T：そうすれば，同じ階に向かう人々が同一のエレベーターに集められることになります。停止階数が減れば，速く移動できるというわけですね。／K：驚いたなあ。／J：エレベーターを設計する人たちは，文化的差異を理解して，異なった国においては，違うシステムやプログラムを用いなければなりません。／T：なぜそうしなければならないのですか。／J：あなたたちの国のエレベーターについて，あるいは，その使われ方について，述べてください。／S：私の国では，宗教的理由で，1日に数回ある特定の時間に，多くの人々がエレベーターを使うので，同時に多くの人々を迅速に運ぶことが可能なエレベーターが必要なのです。／K：日本では，エレベーターを待つ際に，通常，人々が1列に並ぶので，次にどのエレベーターが来るかを表示する(エレベーター)システムが(日本には)存在します。／T：アメリカでは，人と人の間により空間が保たれる傾向があるので，エレベーターが大型になります。／S：(9)多くの国が存在し，多くの習慣があるのですね。／T：何かを作り出す時に，どのように機能するのか，そして，異なった文化では，人々がどのように行動し，考えるか，を理解することは重要です。／K：周囲の事柄や異なった文化についてもっと目を向けましょう。

基本　〔問1〕 ケン：「エレベーターはとても遅いです。 (1) べきです」文脈より，正解は，イ「エレベーターの数を増やすべきです」。その他の選択肢は次の通りだが，いずれも文脈に合わない。ア「店の数を増やすべきだ」 ウ「エレベーターの数を減らすべきだ」 エ「店の数を減らすべきだ」 should「すべきだ／するはずだ」 increase ⇔ decrease

やや難　〔問2〕 下線部(2)は「それらの全てが1階に到着しようとしている」の意。正解の getting closer to は，第4場面のジョーンズ先生のせりふに含まれている。<be動詞 + 現在分詞[原形 + -ing]> 進行形「～しているところだ／しようとしている」(進行・近い未来) arrive at「～に

到着する」 get close to「～に接近する」 closer ← close の比較級

やや難　〔問3〕（指示文の訳）「1から10の数字は建物の階数を示す。X，Y，Zはエレベーター」図1の説明（第3場面の第1・2番目のジョーンズ先生のせりふ参照）として，以下のことが挙げられている。1）エレベーターX，Y，Zは円の周辺を時計回りに動き，円の右半分は下り，左半分は上りを示す。2）エレベーターX・Zは下降して，エレベーターYは上昇している。3）円の中心から各エレベーターに線を引くと，3分割され，どの部分も角度が120度となる。以上の条件をすべて満たしている図アが正解。

基本　〔問4〕「多くの人々がエレベーターYに乗る。よって，乗り降りのために，10階と1階の双方でエレベーターは［(4)-a］停止を余儀なくされる」多くの人がいると乗り降りに時間がかかるという事実から考えること。正解は「より長い」(longer)。longer ⇔ shorter ＜原級 + -er＞（規則変化の比較級）「より～」 ＜～. So…＞「～である。だから[それで]…だ」「多くの人がエレベーターYに乗り，エレベーターXと Zを利用する人は少なくなる」→「そうなると，エレベーターXとZは［(4)-b］動き，エレベーターYに接近する」利用者が少ないと乗り降りに時間がかからなくなり，利用者が多く，乗り降りに時間がかかるエレベーターに接近することになる。正解は，「より速く」(faster)。faster ⇔ more slowly

基本　〔問5〕(5)-a ジョーンズ先生：「それを解決する別の方法がある」→ トム：［(5)-a］→ ジョーンズ先生：「エレベーターのアルゴリズムを向上させる」トムの空所のせりふを聞いて，ジョーンズ先生は具体策を述べていることから考えること。正解は，B「どうするのですか(How do they do it ?)」。＜There + be動詞 + S ～＞「Sがある」 by improving ← ＜前置詞 + 動名詞[原形 + -ing]＞　(5)-b／(5)-c ジョーンズ先生：「2番目の要因は，長く待っている率だ」→ サナ：「それは何か」→ ジョーンズ先生：「1分以上各階で人々が待つ率だ」→ ケン：［(5)-b］→ ジョーンズ先生：「1分以上待つと，人々は怒り出すからだ」→［(5)-c］　(5)-bの質問を受けて，理由を述べていることに注目すること。(5)-bには，C「なぜそれは重要なのですか(Why is it important ?)が当てはまる。(5)-cには，D「それは興味深い(That's interesting.)」がふさわしい。the rate of people waiting ← 動名詞の主語＜名詞・代名詞の目的格[所有格] + 動名詞＞　＊名詞の所有格 → ＜名詞 + 's＞　more than「～以上」 (5)-d ジョーンズ先生：「現在，エレベーターはもっと進化している」→ ケン：［(5)-d］　空所のケンのせりふを受けて，ジョーンズ先生は具体例を語っていることから考える。正解は，A「どのように(進化している)のか(Like what ?)」。are improving ← ＜be動詞 + 現在分詞[原形 + -ing]＞　進行形「～しているところだ」

重要　〔問6〕(It's) important / to / think / about / all the / people / waiting / for (the elevator and reduce the time.) ＜It is + 形容詞 + 不定詞[to + 原形].＞「～[不定詞]することは…[形容詞]だ」 ＜名詞 + 現在分詞 + 他の語句＞「～している名詞」現在分詞の形容詞的用法 ＜all + the + 名詞＞ wait for「～を待つ」

基本　〔問7〕下線部(7)を含む英文は「今，満員だとエレベーターが階を通り過ぎる理由がわかった」の意なので，直前にその理由が記されていることになる。直前の文は「停止階の数が減れば，速く移動できる」。よって，正解は，イ「エレベーターがより少ない階で停止すれば，速く移動することが可能となる」。I know why they pass floors ～(Why do they pass floors ?) ← 疑問文が他の文に組み込まれる(間接疑問文)と，＜疑問詞 + 主語 + 動詞＞の語順になる。fewer「より少ない」← fewの比較級　faster「より速い」← fast の比較級　他の選択肢は次の通り。ア「もしエレベーターがあらゆる階で止まれば，速く移動できる」(×)　実際にはより時間がかかる。ウ「エレベーターが満員だと，人々はそれを利用したくない」(×)　満員だと利用できない。

エ「エレベーターが満員だと，人々はそれに乗ろうとする」(×)　ウと同じ理由で不可。

やや難　〔問8〕 ジョーンズ先生のクイズの指示(第4場面最終発言)は以下の通り。「あなたが8階にいて，エレベーターで1階に向かおうとちょうどボタンを押したとする。最も接近しているエレベーターがあなたの階に止まることになるが，7,9階の人たちの平均待ち時間よりも短い，あるいは，満員(5名)だと，エレベーターはあなたのいる階に止まらない。どのエレベーターがあなたの階に止まるか」平均待ち時間が7階より，自分のいる8階の方が短いので，9階から下降しているエレベーターAは通過してしまう。下りのエレベーターBは現在6階なので，考慮外。エレベーターCは7階から上昇しているが，5名乗車しており満員なので，8階に停止せずに通過してしまう。よって，正解は，エレベーターD。

基本　〔問9〕 下線部(9)は「多くの国が存在し，多くの習慣がある」の意。さらに，直後で，トムが「異なった文化では，人々がどう行動して，どう考えるかを理解することは重要だ」と述べているのを参考にすること。正解は，エ「異なった国の人々は，違う考え方や物のやり方を有する」。他の選択肢は次の通りだが，前出の説明により，すべて不可。ア「とても多くの国や習慣があるので，同じ種類のエレベーターを設計するべきだ」<so ～ that …>「とても～なので…」 should「～するべきだ／きっと～に違いない」 イ「世界にはとても多くの国と習慣があるので，その差を区別するのは難しい」<It is ＋ 形容詞 ＋ 不定詞[to ＋ 原形]>「～[不定詞]することは…[形容詞]だ」 ウ「異なった国の人々は自身の国の習慣に従わなければならない」must「～しなければならない／に違いない」 <所有格＋own＋名詞>「自身の名詞」

重要　〔問10〕 ア「トムとケンはデパートに買い物に行ったが，エレベーターを見つけることができなかった」(×)　第1場面のケンの2番目のせりふ All the elevators have gone. より，エレベーターの乗り場がわからなかったわけではないことが，明らかである。go shopping「買い物へ行く」 could ← canの過去形　<have[has]+ 過去分詞> 現在完了(完了・結果・継続・経験)　イ「トムとケンは帰宅しようとした際に，10階に1基のエレベーターしかないことに気づいた」(×)　第1場面のケンの2番目のせりふに All the elevators have gone. とあるので，1基もなかったことになる。<have[has] ＋ 過去分詞>現在完了(完了・結果・継続・経験)　were going home ← <be動詞 ＋ 現在分詞[原形 ＋ -ing]> 進行形「～しているところだ」 ウ「アルゴリズムを改良しようと，より速く，より大きなエレベーターを作成しようとしている会社がある」(×)　第3場面で，アルゴリズム(制御法)という言葉が出てくるが，エレベーターを適切に制御することで，混雑を回避し，適切にエレベーターを分配するために，アルゴリズムを向上させようとしている企業がある，といった文脈で使われているので，不一致。are trying ←<be動詞 ＋ 現在分詞[原形 ＋ -ing]> 進行形「～しているところだ」 to improve「改良するために」← 不定詞[to ＋ 原形]の目的を示す副詞的用法「～するために」 エ「長時間の待機率は，各階で1分間以上エレベーターが待つ割合を指す」(×)　第3場面で，rate of long waiting は，「各階で1分間以上人々が待つ割合」を指す，と説明されている。the rate of people[elevators] waiting on each floor ← <前置詞＋動名詞の意味上の主語[所有格／目的格]＋動名詞[原形＋-ing]> more than「～以上」 オ「ジョーンズ先生によると，今日，エレベーターを制御している要素のいくつかは，コンピューターによりシミュレーションされている」(○)　第3場面の最後から3番目のジョーンズ先生のせりふに，Some of these factors are simulated by computers. とあり，一致している。<be 動詞 ＋ 過去分詞> 受け身「～される／されている」 カ「ジョーンズ先生によると，スクリーンパネル装備のエレベーターがあり，パネルがどの階に向かうかを示している」(×)　スクリーンパネル装備のエレベーターに関するジョーンズ先生の説明(第5場面2番目のジョーンズ先生のせりふ)は，they show which elevator to take となっており，どのエレベーターに乗ればよいかを示してくれるのである。＜which(＋名詞)＋不定詞[to＋原形]＞「どの～を…すればよいか」

3 **(長文読解問題・エッセイ：語句補充・選択・記述，語句解釈，文整序，語句整序，要旨把握，条件英作文，不定詞，受動態，比較，前置詞，動名詞，助動詞，分詞，接続詞)**

(全訳)

①私の名前はオガワ・ミサキです。私はヴァンクーバーの高校で日本語を教えています。毎年，私の最初の日本語の授業では，私自身や私の経験について生徒に話をして，なぜ自分が日本語教師になったか，その理由を説明しています。自分が語る話が，新しい生徒にとって何らかのメッセージになることを願っています。日本語を学ぶことが，彼らにとって非常に良い体験になると信じています。以下が，私が生徒に語っている話です。

②大学を卒業すると，私は日本の中学で音楽教師となり，サッカー部の顧問になることを要請されました。サッカー部は男子だけの部で，私はどのスポーツも好きにはなれなかったので，顧問になるのは無理だ，と考えました。しかしながら，サッカー部員がサッカーや部のことを愛していることを知り，クラブ顧問になる決意をしました。

③私はサッカーのルールを理解しなければならず，部員たちが私を支援してくれました。彼らと一緒に，世界中の選手やチームについて学びました。また，サッカーの歴史も学び，異文化に興味をもつようになりました。そして，外国旅行をするようになり，違った国で生活することを夢見るようになりました。

④5月に3年生部員がチームを離れた後に，1年生と2年生の部員は新しい主将を選ぶ必要がありました。彼らはヴァンスに主将になることを要請しました。彼は素晴らしいゴールキーパーで，常に練習に熱心だったからです。彼はサッカーが上達する方法を教えることが好きで，部員から尊敬されていました。(1)-a[D]当初，彼は引き受けるとは言いませんでした。「4月にカナダからここに引っ越してきたので，僕は日本語がうまく話せません。言語の問題に加えて，僕は内気で，キャプテンとか，リーダーになったことはこれまで1度もありません」というのが彼の返事でした。他の部員たちはヴァンスを激励しました。私は「私はこの部の顧問になるなんて，全く考えていなくて，(2)出来ないと思っていました。でも，今では，この状況にいて幸せです」ようやく，ヴァンスは部の主将になったのです。

⑤我がチームは強豪ではありませんでしたが，20名の素晴らしい部員が所属していました。非常に優れたサッカー選手がいる一方で，それほどサッカーが上手くない部員もいました。各自が個別の大切な役割を担っていました。(1)-b[C]例えば，ユウタは優秀なサッカー選手の1人でした。彼は常に他のメンバーが何を考えているかを理解し，問題の解決法を探ろうとしました。タロウはそれほど優れた選手ではなかったけれども，戦術に長けていました。彼はテレビやインターネットを通じて世界中のサッカーの試合を見ることで，戦術を学び，そうした作戦を部員たちと共有していました。違った長所や考え方がより強いチームを構成することになるであろう，と私は確信していました。

⑥部員がそれまで以上に熱心に練習する必要がある，とヴァンスは信じていました。チームが敗れたり，部員が懸命に練習をしなかったりすると，彼は怒りました。彼は日本語ではっきりと自分の考えを表現できず，しばしばいら立っていました。部員はヴァンスのことを恐れて，彼に気安く話しかけることができませんでした。彼らの間の意思伝達が滞り，試合があるごとに負け続けるようになりました。(3)②ある日，ついにタロウはヴァンスに向かって叫びました。「君と一緒にサッカーをしていても楽しめないよ」④他の何人かの部員たちも，同様に楽しむことができない，と発

言しました。③別のある部員は「将来僕は医者になりたいので，勉強をする時間が必要だよ」と言いました。①「さあ，君は皆が違うということを知るべきなのだ，ヴァンス」とユウタは発言しました。ヴァンスはとても衝撃を受けて，みんなが異なった考え方をする，ということを知りました。

⑦(1)-c A その後，ヴァンスは以前よりも部員ともっと頻繁に話をするようになり，彼らはより強くなろうと，より良い方法を発見しようとしたのです。彼らはそれまで以上にもっと自分らの考えを交換し合うようになりました。部員たちは英語を使おうとしましたし，ヴァンスは日本語を学ぼうと大いに努力しました。より強いチームを作るには，互いに十分に意思疎通をする必要があることを，彼らは理解しました。互いの違いを尊重して，より効果的な方法で練習するために，彼らは沢山話し合いました。意思疎通がはるかに図られるようになり，チームはとても強くなりました。

⑧翌7月に，我々のチームは地区の最強のチームに負けました。それはヴァンスと他の3年生にとって最終試合となりました。最終試合の後に，ヴァンスは他の部員に告げました。(4)「チームを強くするのは，激しい練習だけではなくて，考えていることを伝え合うことだ，と僕はようやく気づきました。ずっと僕を支えてくれてありがとう」ユウタは「サッカーと部活動を通じて，人生で大切なことを各自が学びました」と述べました。「僕らが強くなったのは，互いに意思疎通が上手くいったからです。そして，今，僕は引っ込み思案なんかではまるでない」とヴァンスが言ったのです。みんなが笑いました。

⑨各部員が何か新しいことに挑み，自身の経験より何かを学んだことを，私は喜ばしく思いました。指導力を有効に発揮するには，効果的な(5)意思伝達から始まることをヴァンスは知ったのです。英語を使うことは，部員にとって新たな，非常に困難な状況でした。しかしながら，彼らのほとんどが，それまでよりも英語に興味を持ち，熱心に学び始めたのでした。

⑩何か新しいことに挑むことで，私たちには新しい世界が広がりうるのだ，ということを私は知りました。サッカーは私にとっては全く未知のことで，私の生活は一変しました。サッカー部の顧問になるまで，私は1度も海外を旅行したことはありませんでした。私は，様々な国々のサッカースタジアムを訪ねるようになり，旅行することで，多くの友人ができました。10年間音楽教師として働いた後に，海外で働き，暮らすことを決断したのです。

⑪(1)-d A また，部員は私に意思疎通の重要性を示してくれました。人として成長するには，他の人と上手く意思疎通をとらなければならない，ということに気づきました。言語は意思伝達と強い結びつきがあるので，私は外国で日本語教師になろうと思いました。外国の高等学校で教えるためには，その国の大学で勉強するのが最善の方法だろうと私は考えたのです。私がヴァンクーバーに興味があったのは，ヴァンスがその地のことをしばしば話題にしていたからです。ヴァンクーバーの人々は他者との違いを尊重して，自身の言語とは異なる言葉を学ぶことに興味をもっている，ということを知りました。だから，(6)私はここにやって来たのです。

⑫私の話の後に，自身の生徒に以下のような話をしています。「私は常に新しいことに挑み，学ぼうとしていて，それゆえに，私の生活はより豊かなものになっています。サッカー部顧問，外国の大学で学ぶこと，そして，外国で働くことなど，私は数多くの新しい経験を積んできました。(7)別の言語を習得することは新しい生活をおくることになります。さまざまな人々と上手く意思疎通ができれば，みなさんの世界はより広がるでしょう」

基本

〔問1〕 (1)-a「彼らはヴァンスに主将になるように頼んだ。～ [(1)-a]，彼は引き受けるとは言わなかった。～他の部員はヴァンスを激励した。～ようやくヴァンスは主将になった」正解は，D At first「最初は」<ask + 人 + 不定詞[to + 原形]>「人に～することを求める」 (1)-b「～20名の素晴らしい部員がいた。～個々が異なった大切な役割を担っていた。 [(1)-b]，ユウタは

〜。タロウは〜。」空所以降，ユウタやタロウのチーム内での役割について具体例が記されているので，正解は，C For example「例えば」。　(1)-c「ヴァンスはとても衝撃を受けて，みんなが独自の考え方をするということを知った。(1)-c，ヴァンスは以前よりも部員ともっと頻繁に話をするようになり，彼らはより強くなるために，より良い方法を探し出そうとした」空所の前で記載された件をきっかけに，ヴァンスの部員に接する姿勢が変化していることに注目。正解は，A After that「その後」。was shocked「衝撃を受けた」← <be動詞 + 過去分詞> 受動態「〜される」 more often「より頻繁に」 better「もっと良い／もっと良く」good／wellの比較級
　(1)-d「新しいことに挑戦することで，新たな世界が開かれるということを知った。〜10年間音楽教師として働いた後に，海外で働き，暮らすことを決断した。(1)-d，部員は私に意思疎通の重要性を示してくれた。人として成長するには，他の人と上手く意思疎通をとらなければならないことに気づいた。言語は意思伝達と強い結びつきがあるので，外国で日本語教師になろうと思った」空所以降で，海外で暮らすことの意義が付加的に説明されている。よって，正解は，情報の追加を意味する B Also「さらに」がふさわしい。through trying／after working／of becoming ← <前置詞 + 動名詞>　<decide + 不定詞[to + 原形]>「〜することを決意する」
　<have +不定詞[to + 原形]>「〜しなければならない／にちがいない」

基本　〔問2〕 下線部(2)I didn't think I could. は be this club advisor が省略されており，「部の顧問になれるとは思わなかった」の意。その理由は第2段落2文目で「サッカー部は少年のためのクラブで，私はどのスポーツも好きではなかった」と答えていることから考えること。正解は，イ「私はスポーツが好きではなくて，少年のためのサッカー部の面倒を見ることができなかった」。could ← can の過去形　take care of「〜の世話をする／〜に気を付ける」 would 過去の時点からの未来を表す助動詞 ← will(未来を表す助動詞)の過去形　他の選択肢は次の通り。ア「日本語を教えたかったので，サッカー部の顧問になることが考えられなかった」(×)　上記の説明より不可。<want + 不定詞[to + 原形]>「〜したい」 think of becoming ← <前置詞 + 動名詞>　ウ「サッカー部の各部員は，サッカーがとても好きだ，ということを私は理解していた」(×)　最終的に部員の情熱におされる形で顧問職を引き受けたので，不可。　エ「音楽の教員になる前に，サッカー部の顧問になることを知っていた」(×)　本文の事実に反する。

重要　〔問3〕 文整序問題。以下，正解の論旨の展開を示す。「部員はヴァンスのことを恐れて，彼に気安く話しかけることができなかった。彼らの間の意思伝達が滞り，試合に負け続けた」→ ②「ある日，ついにタロウはヴァンスに向かって叫んだ。『君と一緒にサッカーをしても楽しめないよ』」→ ④「他の部員も楽しむことができないと述べた」→ ③「別のある部員は『将来僕は医者になりたいので，勉強をする時間がもっと必要だ』と述べた」→ ①「『ヴァンス，君は皆が違うということを知るべきだ』とユウタが言った」→「ヴァンスはとても衝撃を受けて，みんなが独自の考え方をするということを知った」<be動詞 + afraid of>「〜を恐れる」 get worse「悪化する」← worse(bad／badly／illの比較級)　<keep + 現在分詞[原形 + -ing]>「〜し続ける」 one day「ある日」 enjoy + 動名詞[原形 + -ing]「〜して楽しむ」 another「もう1つの，もう1人の，別の」 should「すべきだ／きっと〜だ」

重要　〔問4〕 (Now I know that the things) to make our team strong are not only practicing hard but also exchanging (ideas.) the things to make ← <名詞 + 不定詞[to + 原形]> 不定詞の形容詞的用法「〜するための名詞」 <make A B>「AをBの状態にする」 <not only A but also B>「AばかりでなくてBもまた」 practicing ← 動名詞[原形 + -ing]「〜すること」動詞を名詞化。

やや難　〔問5〕 空所(5)を含む英文は「指導力を有効に発揮するには，効果的な (5) から始まることを

ヴァンスは知った」の意。第7・8段落や空所(5)の後続文で，エヴァンズや他の部員が互いに意思疎通を図ろうと努力する過程で，チームがまとまり，強くなっていったことが記されている点から考えること。答えは，communication「意思疎通」。

基本　〔問6〕 下線部(6)を含む文は「だから，私はここにやって来た」の意。文構造上(～. So…「～である。だから…」)，作者がヴァンクーバーに来た動機は，前文に「ヴァンクーバーの人々は他の人の違いを尊重して，自身の言語とは異なる言葉を学ぶことが好きである，ということを知った」と記されている。よって，正解は，ウ「ヴァンクーバーの人々は各自の違いを尊重して，外国語を学ぶことが好きなので，私はここにやって来た」。<one's own + 名詞>「～自身の名詞」 他の選択肢は次の通りだが，下線部が理由としてふさわしくないので，不可。　ア「私がヴァンクーバーを選んだのは，ヴァンスの話に興味を持ち，文化と言語の間に強い結びつきを見出したからだ」<be interested in>「～に興味をもっている」　イ「自身の言語と文化を尊重するために，当地の人々は外国語を学ぶことを好んでいるので，私はヴァンクーバーを選んだ」<like + 不定詞[to + 原形]>「～することが好き」　to respect「～を尊重するために」← 副詞的用法(目的)「～するために」　エ「私がここに来たのは，人として成長して，世界中で多くの友人をつくった後に，外国で音楽を勉強したかったからである」<want + 不定詞[to + 原形]>「～したい」 grow up「成長する」　after making ← <前置詞 + 動名詞[原形 + -ing]>

やや難　〔問7〕 下線部(7)は「別の言語を習得することは新しい生活をおくることになる，と私は信じている」の意。having another language → learning Japanese(第1段落5文)　a new life → a new world(第10段落1文)　空所に当てはめる語句は，語数と本文中に用いられているものという制限があるので，注意。

重要　〔問8〕 ア「最初，オガワ先生はサッカーのルールを知らず，誰の助けも借りずに独力でサッカーのルール・ブックを読んだ」(×)　第3段落1文に「サッカーのルールを理解しなければならず，部員が助けてくれた(the members helped me)」と記されている。by oneself「ひとりぼっちで，ひとりで」　<had + 不定詞[to + 原形]>「～しなければならなかった」　イ「ヴァンスはチームメイトにそれまで以上により熱心に練習することを望んだので，キャプテンになる前に，自身，気が動転することがあった」(×)　ヴァンスがいらいらしたのは，キャプテンに就任後，試合に負けたり，部員が練習を熱心に取り組まなかったり，日本語ではっきりと自己表現ができなかったりした際である(第6段落1～3文)。be upset ← <be動詞 + 過去分詞>「～される」受動態　before becoming ← <前置詞 + 動名詞[原形 + -ing]> <want + 人 + 不定詞[to + 原形]>「人に～して欲しい」　harder ← hard「硬い／難しい／一生懸命／激しく」の比較級 <It is + 形容詞 + for + S + 不定詞[to + 原形]>「Sが～[不定詞]するのは…[形容詞]だ」 ウ「サッカー部顧問になる前に，オガワ先生は外国に興味があり，海外に行きたかった」(×)　オガワ先生が異文化に興味を持ち，海外旅行を始めたのは，サッカー部の顧問になったことがきっかけで，その経緯は，サッカー部の顧問になって以降のことが記されている第3段落3・4文に詳しい。<be動詞[become]+ interested in>「～に興味がある[興味をもつ]」　<want + 不定詞[to + 原形]>「～したい」　about living ← <前置詞 + 動名詞[原形 + -ing]>　エ「常に自身で問題を解決しようと少なからぬ努力をすることで，ヴァンスは最も重要な教訓を学んだ」(×)　第7段落で，過去の反省より，ヴァンスが他の部員との意思疎通を図ろうとしたことが，述べられている。the most important「最も重要な」← important の最上級　by oneself「ひとりぼっちで，ひとりで」　more often「より頻繁に」　better「より良い／より良く」good／wellの比較級　more「もっと多く(の)」many／muchの比較級　オ「多くの友人をつくりたかったので，オガワ先生は外国を旅行し，様々なスタジアムを訪れるようになった」(×)　海外を訪れるようになったきっかけは，サッカーの歴史を学び，異文化に興味をもつようになったからであり(第3段落3・4文)，多くの友人ができたのは，海外旅行をした結果である(第10段落最後から2文目)。started <u>traveling</u>／about <u>living</u>／through <u>traveling</u> ← 動名詞[原形＋-ing]「～すること」 ＜want＋不定詞[to＋原形]＞「～したい」 ＜become interested in＞「～」に興味をもつ」 began <u>to travel</u> ← 不定詞の名詞的用法「～すること」 カ「日本の中学で音楽の先生になった後に，オガワ先生は多くのことを経験した」(○) 第2段落1文，第12段落2文に一致。a lot of「多くの～」 after graduating／such as being[studying／working] ← ＜前置詞＋動名詞[原形＋-ing]＞ such as「～のような」 being ← be動詞の動名詞

やや難 〔問9〕 (指示文の訳)「意思伝達の能力を向上させるために，何か新しいことに取り組むこととする。あなたの考えを1つ書きなさい。何を経験したいのだろうか。そして，なぜそのことがあなたの意思伝達能力を向上させることになるとあなたは考えるのか」 (解答例訳)「ボランティア活動として，幼い子供たちに絵本を読みたい。彼らに簡単ではっきりと説明しなければならないだろう。彼らの親と話す必要もあるだろう。従って，私の意思伝達能力を高めることができるであろう」 語数(30語以上40語程度)やテーマ，英文の指示等の条件をみたす英文を書くこと。

★ワンポイントアドバイス★

2〔問3〕のChart 1を正しく表している図を選ぶ問題は，複数の情報源から解答につながる情報を見つけ出す能力が問われている。4つ挙げられている図の違いに注目しながら，英文の説明に一致したものを選ぶことになる。

＜国語解答＞

1 (1) たいせき　(2) はんと　(3) ひげ　(4) きょう(じる)　(5) いちねんほっき

2 (1) 差益　(2) 堂　(3) 節　(4) 一日　(5) 奇想天外

3 〔問1〕 エ　〔問2〕 ウ　〔問3〕 ア　〔問4〕 1 きれいな目で見つめられるとドキリと　2 妙な居心地の悪さを感じ　〔問5〕 イ　〔問6〕 エ

4 〔問1〕 ウ　〔問2〕 イ　〔問3〕 1 対象を解体し，分析し，他の何かと関連付けて化学反応を起こす　2 自分の手であたらしく問いを設定し，世界に存在する視点を増やす

〔問4〕 ア

〔問5〕 (例) 自己との関係性の中でとらえ直し，自分なりの解釈　〔問6〕 エ

〔問7〕 (例) 現代の情報環境の中で私達は安易な情報発信をしがちであり，ともすれば発信は他者の意見の反復あるいはただの否定に終わり，発信者自身の姿も見えない。有意義な情報発信のために必要なのは，発信を行う自分自身との関わりである。目にした意見と自分自身がどのように関係し，どうあらねばならないのか，そのことを吟味できるようになることが重要だと思った。日頃から自分を取り巻く社会や人々に関心を持ち続けたいと考える。

5 〔問1〕 ア　〔問2〕 イ　〔問3〕 エ　〔問4〕 イ　〔問5〕 ア

○配点○

1 各2点×5　2 各2点×5　3 〔問4〕 各2点×2　他 各4点×5

4 〔問3〕 各2点×2　〔問7〕 12点　他 各4点×5　5 各4点×5　計100点

＜国語解説＞

1 (知識ー漢字の読み書き)

(1)「堆積」は，積み重なるという意味。 (2)「版図」は，国の領土のこと。 (3)「卑下」は，自分を必要以上に劣った者としてふるまうこと。 (4)「興」には，「コウ・キョウ・おこ(る)・おこ(す)」という読みがある。 (5)「一念発起」は，考えを改めて何かをやろうとするという意味。

2 (知識ー漢字の読み書き)

(1)「差益」は，為替の変動などによる差し引きの利益のこと。 (2)「堂」は，上の点の向きに注意。 (3)「思いあたる節」は，思いあたる点ということ。 (4)「一日の長」は，少しだけ優れているという意味。 (5)「奇想天外」は，思いも寄らないほど変わっている様子を表す。

3 (小説ー情景・心情，内容吟味，文脈把握)

基本 〔問1〕 傍線部(1)の直後の「確かにそう考えれば〜嬉しかったりする」をもとに考える。春菜は他の部員と同様，壮行会よりもコンクールの方が大事だと思っていたが，先生の言葉で他の人に演奏を聴いてもらうよさに気づいた。正解はエである。アの「音楽の本質的なあり方」は，この場面には無関係。イは「会話を思い出す」が不適切。先生と先輩の会話は進行中である。ウは「迷っている」が不適切。「全員がうなずく」という描写に示されるように，春菜も部長の言葉に賛同している。

〔問2〕「光の当たらない河川敷」で，「影」が誰であるのか春菜にわかったのは，それが「幼いころから見てきた影」だったからである。このことを説明したウが正解。アは，傍線部(2)の表現で「ほっとしていること」は強調できないので不適切。イは，恒太が春菜だと認識したのは声を聞いた後なので誤り。エは，傍線部(2)がこれからの展開を示唆しているとはいえないので，不適切である。

〔問3〕 傍線部？の「それ」は，「子どものころに憧れた高校野球の情景」を指しており，「瞬き」は打ち消すための動作である。春菜は，幼いころの夢をはっきり覚えていたが，今目指すものはコンクールだという認識を新たにしているので，アが正解となる。イは「稚拙な憧れ」が不適切。「稚拙」だから振り払おうとしたのではなく，目標が変わったのである。ウは，「すぐに色あせてしまうときめき」「理性的」がこの場面に合わない表現。エは，「瞬き」は自分の思いを打ち消そうとする行為であり，恒太を意識したものではないので不適切である。

〔問4〕 傍線部(3)の「後ろめたい」は，罪悪感を表す言葉である。恒太が子どものころからずっと野球の練習を続けていることを「すごい」と思う反面，自分の目標が変わってしまったことを悪いことのように感じた。そのため，「きれいな目で見つめられるとドキリと」したり，「妙な居心地の悪さを感じ」たりして，話題を変えたのである。

やや難 〔問5〕「気候はだいぶ暖かくなってきたけれど〜ほんの少し肌寒い」「空気は緑の香りを含み夏が近いと教えている」「風が吹く。鳥肌が立つ。肌寒い。」という風の描写は，春から夏へと移り変わる季節を表すとともに，春菜の心情とも連動しているので，イが正解となる。アは，「開放的な雰囲気」「心情の比喩」があてはまらない描写もあるので不適切。ウは，「肌寒い」「鳥肌」などは「初夏の若々しくさわやかな雰囲気」を表しているとは言えない。エの人間と自然の対比は，的外れな説明である。

重要 〔問6〕 部活中に「気持ちが落ちて行く感覚」を味わい，帰り道でも「気分が沈んだまま」(憂鬱)だった春菜は，恒太と会って「なんとなくほっとする」(安堵感)。しかし，恒太が幼いころの夢の話をすると話題を変える(一時逃れ)。恒太は「冷たい」目で去って行き，春菜は「怖い」と感じる(不安感)。そして，胸の奥の痛みは「心地悪さ」ではなく，「後ろめたさ」であることに気づく(罪悪感)。この変化を順に表したエが正解である。

4 (論説文－内容吟味，文脈把握，段落・文章構成，作文)

基本 〔問1〕「現代では～『書く』ことのほうが当たり前の日常になっている」「現代の情報環境下に生きる人々は～書くことから読むことを覚えるほうが自然なのだ」と合致するウが正解。アは，「読む訓練」の環境は失われていないので誤り。イは，「読むことと書くこととを区別せずに」が本文の内容と合わない。エは，「『流れ』に逆らうこと」の説明になっていないので，不適切である。

〔問2〕「往復運動」は，「書く」ことを起点とする。「良質な発信の動機づけ→『読む』訓練→『書く』ことへの挑戦」という流れを説明したイが正解となる。アは「脊髄反射的に書く習慣」を肯定し，「読む」訓練を多読に限定しているので不適切。ウは，「良質な発信」ではなく「素早く情報発信できること」を目標にしているので誤り。エは「並行して訓練する」が「往復運動」の説明になっていない。

重要 〔問3〕1 「読む」ことについては，第4段落で「具体的にその対象そのものを論じようとする」ための力として，「対象を解体し，分析し，他の何かと関連付けて化学反応を起こす能力」と説明されている。 2 「書く」ことについては，第5段落で「価値のある情報発信」として，「対象を『読む』ことで得られたものから，自分で問題を設定する」(29字)，「対象の投げかけに答えることで，新しく問題を設定する」(25字)，「自分の手であたらしく問いを設定し，世界に存在する視点を増やす」(30字)などと説明されている。指定字数の30字に合う部分を抜き出す。

〔問4〕「いいね」は「それがよいと予め思っていたから」するものである。これを「以前からあった価値観の表明」と説明するアが正解である。「いいね」は「自分の価値観に基づいた論評」ではないので，イは誤り。「外側にある」は「共感しない」ということではなく，異なる視点から世界を見ることなので，ウとエは不適切である。

〔問5〕「報道」が伝える事実の一側面は「他人の物語」である。これに対し，「報道」を受信した人々がそれを解釈して再発信したものは「自分の物語」であり，そこには対象と自分との関係性を記述する「批評」の言葉が必要となる。「自己との関係性」「解釈」などの語句を用いて20～25字で書くこと。

〔問6〕aは，この文章は「書く」「発信」などの語句を用いて「新しい情報発信のあり方」について説明しているので正しい。bは，本文は現代の情報環境下で必要とされることについての主張であり，「時代を超えた」ものではないので不適切。cは，この文章の目的は「若い人々に警鐘を鳴らす」ことではなく，新しい情報発信のあり方を提案することなので不適切。dは，筆者が「報道」に主眼をおかず「批評」を楽しむ行為と捉えていることと合わない。eは，第2段落「ではどうするのか」，第3段落「ではこの時代に求められているあたらしい『書く』『読む』力とは何か」という問いを重ねて論を進めていることと合致する。fは，「異なる立場の主張」は示されていないので不適切。したがって，aとeが適切であり，エが正解となる。

やや難 〔問7〕設問の条件をよく読み，条件に従って書くこと。本文の「現代の情報環境」についての説明を踏まえ，留意すべきだと考えることをわかりやすく書く。書き終わったら必ず読み返して，誤字・脱字や表現の不自然なところは改める。

5 (古文・和歌を含む論説文－内容吟味，古文の口語訳)

基本 〔問1〕傍線部(1)の部分に対応する現代語訳は「天然自然に則って，四季の移り変わりを友とするものである」なので，これと合致するアが正解。イは「天然自然」「友」の意味が反映されていない。ウの「自然の真髄を自身で見定める」は，筆者の解釈と合わない。エは「四時」(＝四季)に触れていないので，不適切である。

〔問2〕「逆説」という語句に注目すると，後の部分に「おのれを『無』に帰することと『風雅』を実現すること――この二つのものの間に横たわる逆説」とある。「風雅」は「おのれの眼と心のすべてをあげて自然を見出」すことであるから，「風雅」と「無」の両方を説明するイが正解。他の選択肢は「おのれを『無』に帰すること」が欠けているので，誤りである。

重要　〔問3〕「瞬間的な機縁」は，後に「一瞬の決定的な時」と言い換えられている。『三冊子』の表現では「物の見えたるひかり，いまだ心に消えざる中」ということである。「決定的な一瞬を捉える」と説明するエが正解。アの「読者」の「感動」，イの「諸現象」の「統一」，ウの「信仰」は，『三冊子』の引用部分から読み取ることができない。

〔問4〕「補助線を引く」は，図形問題などで新たに線を引いて解答を導きやすくすることを言う。ここでは，筆者が芭蕉の考えを理解するために，西行が明恵に語った「華を読めども，実に華と思ふことなく…」という言葉を「縁と興にしたがって詠めば，花ならぬ花も花となり…」と捉え直し，「見る処花にあらずといふ事なし…」という『笈の小文』の俳諧論との関連を考察している。このことを説明したイが正解。「明恵上人の考えを理解する」ことが目的ではないので，アとエは誤り。ウの「信仰心」は，本文の西行の言葉からも芭蕉の言葉からも読み取れない。

やや難　〔問5〕アは，本文最後の「西行の歌論」が「芭蕉の俳諧論」に呼びかけているという説明と合致する。イの『野ざらし紀行』の理念は，本文に書かれていない。ウの『三冊子』の内容は，弟子の土芳が芭蕉の教えをまとめたものであり，土芳自身の文学観とは言えない。エは，『明恵上人伝記』から「人を思いやる心」の重要性は読み取れないので，不適切である。

★ワンポイントアドバイス★

漢字の問題を解くには，語句の知識が必要である。簡単な漢字でも，その使い方を知らなければ書くことができない。ふだんから意識して，慣用的な表現や四字熟語の知識を身につけておくようにしたい。

都立国立高等学校

2020年度

入　試　問　題

●くわしい解説……37ページ

＜数学＞

時間　50分　　満点　100点

【注意】 答えに根号が含まれるときは，根号を付けたまま，分母に根号を含まない形で表しなさい。また，根号の中を最も小さい自然数にしなさい。

1 次の各問に答えよ。

〔問1〕 $\frac{1}{\sqrt{3}}\left(2-\frac{5}{\sqrt{3}}\right)-\frac{(\sqrt{3}-2)^2}{3}$ を計算せよ。

〔問2〕 連立方程式 $\begin{cases} \frac{4x+y-5}{2}=x+0.25y-2 \\ 4x+3y=-6 \end{cases}$ を解け。

〔問3〕 右の図のように，3つの袋A, B, Cがあり，袋Aの中には1, 2, 3の数字が1つずつ書かれた3個の玉が，袋Bの中には1, 2, 3, 4の数字が1つずつ書かれた4個の玉が，袋Cの中には1, 2, 3, 4, 5の数字が1つずつ書かれた5個の玉が入っている。

3つの袋A, B, Cから同時に玉をそれぞれ1つずつ取り出す。

このとき，取り出した3つの玉に書かれた数の和が7になる確率を求めよ。

ただし，3つの袋それぞれにおいて，どの玉が取り出されることも同様に確からしいものとする。

〔問4〕 右の**図1**に示した立体ABCDは，1辺の長さが6cmの正四面体である。

辺AB上にある点をP, Q, 辺CD上にある点をMとする。

点Pと点M, 点Qと点Mをそれぞれ結ぶ。

AP＝2cm, BQ＝2cm, CM＝3cmとするとき，次の(1), (2)に答えよ。

図1

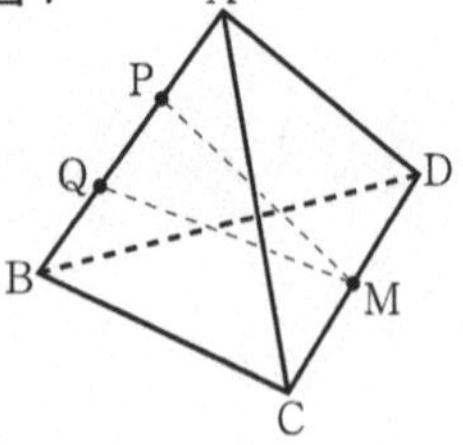

(1) 次ページの**図2**は**図1**において，平面ABM上にある辺ABおよび点P, 点Qを表している。

解答欄に示した図をもとにして，**図1**の平面ABM上にある△PQMを定規とコンパスを用いて作図せよ。

また，頂点Mの位置を示す文字Mも書け。

ただし，作図に用いた線は消さないでおくこと。

図2

(2)　右の図3は図1において，辺AD上に点Rをとり，点Pと点R，点Rと点Mをそれぞれ結んだ場合を表している。

PR＋RM＝ℓ cmとする。

ℓ の値が最も小さくなるとき，ℓ の値を求めよ。

図3

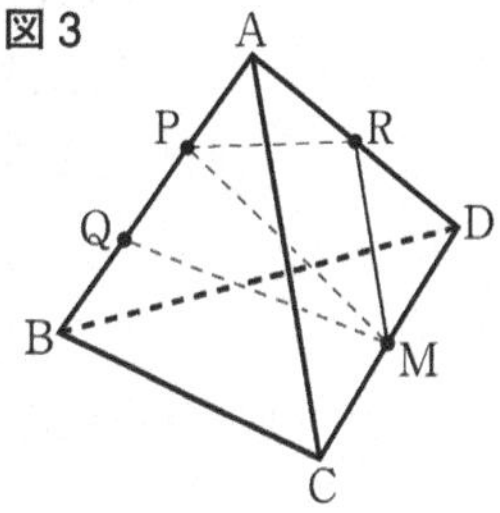

2

右の図1で，点Oは原点，曲線 f は関数 $y=-\frac{1}{2}x^2$ のグラフを表している。

原点から点(1，0)までの距離，および原点から点(0，1)までの距離をそれぞれ1cmとする。

次の各問に答えよ。

図1

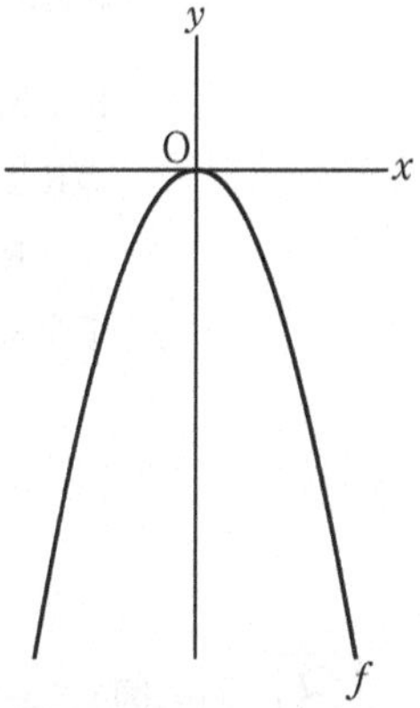

〔問1〕　関数 $y=-\frac{1}{2}x^2$ において，x の変域が $-2\leqq x\leqq 4$ であるとき，y の最大値から最小値を引いた値を求めよ。

〔問2〕 右の**図2**は**図1**において，x軸上にあり，x座標が正の数である点をA，曲線f上にあり，x座標が正の数である点をPとし，点Oと点P，点Aと点Pをそれぞれ結んだ場合を表している。OP＝PAのとき，次の(1)，(2)に答えよ。

図2

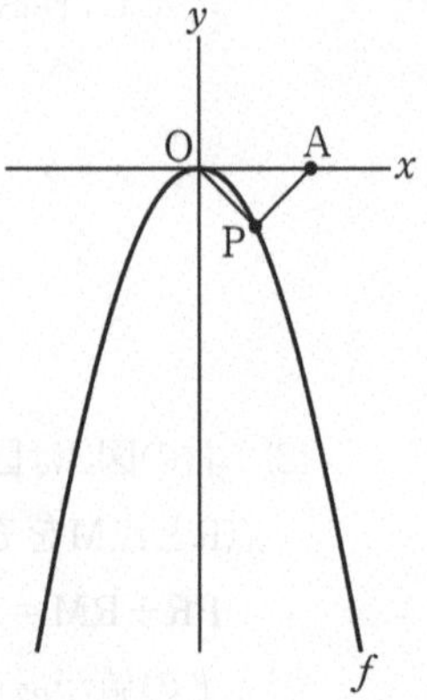

(1) ∠OPA＝90°であるとき，OPの長さは何cmか。
ただし，答えだけではなく，答えを求める過程がわかるように，途中の式や計算なども書け。

(2) 右の**図3**は**図2**において，点Aを通りx軸に垂直な直線上にある点で，y座標が$\frac{15}{2}$である点をQ，直線APと曲線fとの交点のうち，点Pと異なる点をR，点Qと点Rを通る直線と曲線fとの交点のうち点Rと異なる点をSとした場合を表している。

RS：SQ＝3：2

であるとき，点Pのx座標を求めよ。

図3

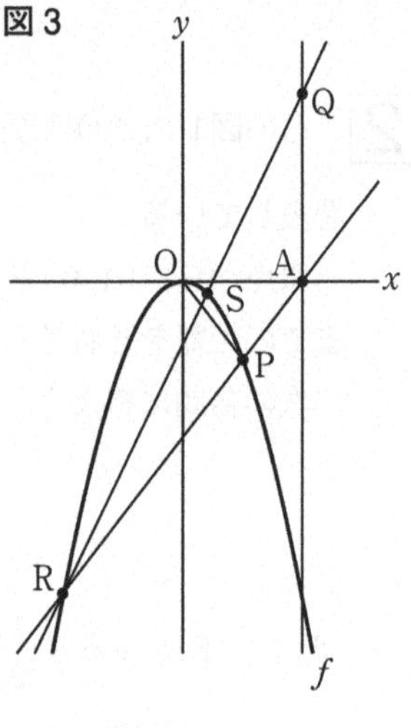

3 右の**図1**において，△ABCは，∠BACが鈍角で，AB＝ACの二等辺三角形である。

辺AB，BC，CAの中点をそれぞれL，M，Nとする。

点Pは線分CN上にある点で，頂点Cと点Nのいずれにも一致しない。

点Qは線分ABを直径とする円と直線PMとの交点のうちMと異なる点である。

次の各問に答えよ。

図1

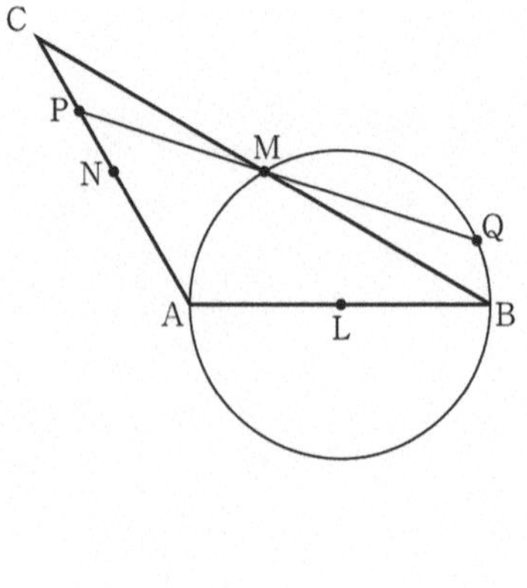

〔問１〕　右の**図2**は，**図1**において，点Mと点L，点Lと点Qをそれぞれ結んだ場合を表している。
∠MLQ＝96°のとき，∠APMの大きさは何度か。

図2

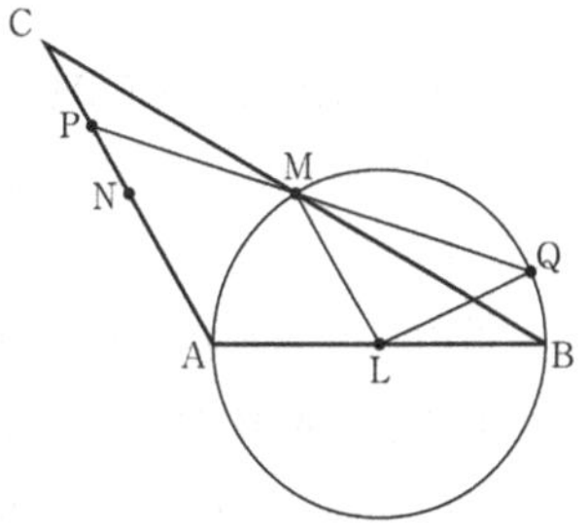

〔問２〕　右の**図3**は，**図1**において，直線PQと直線ABの交点をRとし，点Lと点Q，点Mと点Nをそれぞれ結んだ場合を表している。
次の(1)，(2)に答えよ。

図3

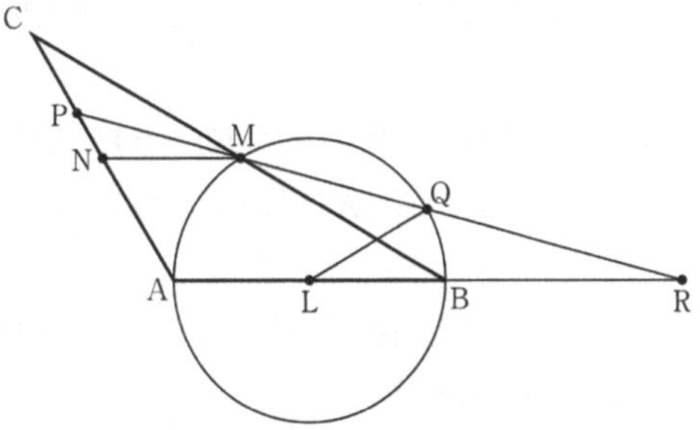

(1)　∠PMC＝∠PMNであるとき，
△CPM∽△LQR
[　　　　]であることを次のように証明した。
[　　　　]の部分では，∠PCM＝∠QLRを示している。
に当てはまる証明の続きを解答欄に書き，この証明を完成させなさい。

【証明】
△CPM と △LQR において

はじめに，∠PMC ＝ ∠QRL であることを示す。
仮定より
∠PMC ＝ ∠PMN　…　①
また，△ABC において点 M と点 N はそれぞれ辺 BC，辺 AC の中点である。
したがって，中点連結定理より
MN ∥ AB
よって
MN ∥ AR
平行線の同位角は等しいので
∠PMN ＝ ∠QRL　…　②
①，②より
∠PMC ＝ ∠QRL　…　(ア)

次に，∠PCM ＝ ∠QLR であることを示す。
ここで，∠PMC ＝ ∠a とおく。

したがって
∠PCM ＝ ∠QLR　…　(イ)

(ア)，(イ)より，２組の角がそれぞれ等しいので，
△CPM ∽ △LQR　【終】

(2)　**図3**において，CP＝PN，∠BAC＝120°，AB＝8cmであるとき，線分PRは何cmか。

4 右の**図1**に示した立体ABCD—EFGHは，1辺の長さが2cmの立方体である。

立方体ABCD—EFGHにおいて，線分AEをAの方向に伸ばした直線上にあり，AE＝AOとなる点をOとする。

点Pは，頂点Aを出発し，正方形ABCDの辺上を頂点A, B, C, D, A, B, C, …の順に通り，毎秒1cmの速さで動く点である。点Qは，点Pが頂点Aを出発するのと同時に頂点Hを出発し，正方形EFGHの辺上を頂点H, E, F, G, H, E, F, …の順に通り，毎秒2cmの速さで動く点である。

点Oと点P，点Pと点Q，点Qと点Oをそれぞれ結ぶ。

点Pが頂点Aを出発してからの時間をt秒とする。

図1

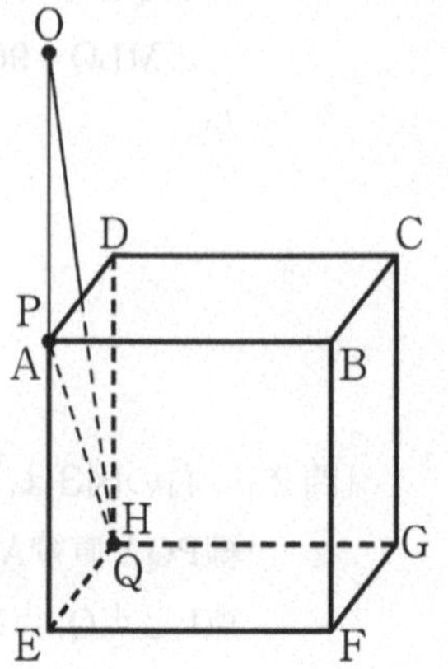

例えば，**図2**は**図1**において，t＝1のときの点P，点Qの位置を表している。

次の各問に答えよ。

図2

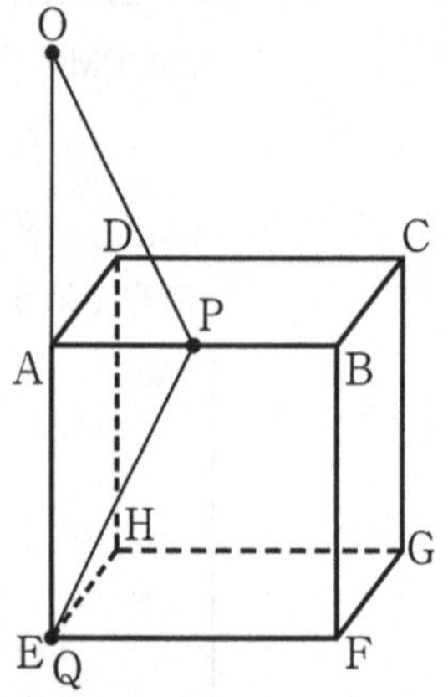

〔問１〕 tは7以下の自然数とする。

直線PQが直線OEとねじれの位置にあるときのtの値をすべて求めよ。

〔問２〕 円周率をπとする。

t＝2のとき，△OPQを直線OEを軸として1回転させてできる立体の体積は何cm^3か。

ただし，答えだけではなく，答えを求める過程が分かるように，図や途中の式などもかけ。

〔問３〕 t＝3のとき，点O，点P，点Q，点Fの4点を頂点とする立体OPQFと立方体ABCD—EFGHが重なる部分の体積を$V cm^3$，立方体ABCD—EFGHの体積を$W cm^3$とする。VはWの何倍か。

＜英語＞　時間　50分　満点　100点

※リスニングテストの音声は弊社HPにアクセスの上，
音声データをダウンロードしてご利用ください。

1　リスニングテスト(放送による指示に従って答えなさい。)

〔問題A〕　次のア～エの中から適するものをそれぞれ**一つずつ**選びなさい。

＜対話文1＞

ア　Tomorrow.
イ　Next Monday.
ウ　Next Saturday.
エ　Next Sunday.

＜対話文2＞

ア　To call Ken later.
イ　To leave a message.
ウ　To do Bob's homework.
エ　To bring his math notebook.

＜対話文3＞

ア　Because David learned about *ukiyoe* pictures in an art class last weekend.
イ　Because David said some museums in his country had *ukiyoe*.
ウ　Because David didn't see *ukiyoe* in his country.
エ　Because David went to the city art museum in Japan last weekend.

〔問題B〕＜Question1＞では，下のア～エの中から適するものを**一つ**選びなさい。
＜Question2＞では，質問に対する答えを英語で書きなさい。

<Question1>

ア　In the gym.
イ　In the library.
ウ　In the lunch room.
エ　In front of their school.

＜Question2＞　(15秒程度，答えを書く時間があります。)

2

次の対話の文章を読んで，あとの各問に答えなさい。
(*印の付いている単語・語句には，本文のあとに〔注〕がある。)

Dan is visiting his aunt, Ann, and his cousins, Bee and Cal, in New York for the summer.Dan lived in the U.S. after he was born, and goes to high school in Japan. He is going back to Japan next week, and he is talking with his cousins.

Bee: After three weeks here, you're leaving next week. Are you excited?

Dan: Not really. In fact, I'd like to stay longer.

Cal: Why is that? You miss Japan, right?

Dan: I do, but I haven't finished writing a math report. (1)That makes me so nervous. I've readsome books and collected information on math, but I cannot decide the topic. I've been worried about it the whole summer, and I am worried even now.

Bee: I see. Can you tell us more about your homework?

Dan: Our math teacher told us to write a math report. (2)We have to write【 ① about ② interested ③ in ④ will ⑤ something ⑥ make ⑦ that ⑧ children 】learning math. I cannot decide what to write in my report.

Bee: Then, why don't you ask our mom to help you?

Dan: Your mom, Ann?

Cal: Oh, that's a good idea. She is an engineer now, but taught math at a high school before she married.

Dan: I didn't know that.

Bee: She's doing something in the garden now, but I'm sure she has some time.

Bee goes to the garden and returns with Ann.

Ann: OK, Dan. Bee told me about your homework. I understand you want my help.

Dan: Right. (3)Do you have any good ideas?

Ann: Well, first, I'd like to ask you. Do you like math?

Dan: Yes. I became more interested in math after I learned that math is very useful in our life.

Ann: That's a good point. So, tell me this. Where is math necessary in daily life?

Bee: Shopping. Preparing food....

Cal: Playing music. Sports....

Dan: Understanding time, calendar....

Ann: Very good. Our world is full of math, so (4)it is very important to teach young kids the [　　] of math.

Bee: Can you tell us how?

Ann: Well, if we're interested in something, it's easier to learn. So, we have to find a way to make math more exciting for many kids.

Cal: That sounds very difficult.

x	1	6
3	y	7
4	z	2

Ann: Actually, there are a lot of ways to do this.

Dan: Could you tell me more?

Ann: OK. I think that doing math *puzzles is a good start.

Cal: What are those? I don't like math, so even puzzles sound boring.

Ann: That's too bad, but believe me. Have you ever heard of the "*magic square?"

Dan: No, never.

Ann: OK. I will explain it. Look at this. You see some *missing numbers in a 3×3 box. You use each of the numbers, 1–9. In a magic square, the total of numbers in *any row, column, or diagonal is the same. Here, the total is 15. Try this!

A few minutes pass.

Ann: All right, everyone. Have you solved it?

Everyone: Yes.

Bee: [(5) - a], I checked what were the missing numbers. They are 5, 8, 9.
[(5) - b], I used simple addition. x + 3 + 4 = 15. x + 1 + 6 = 15.
[(5) - c], x is 8. [(5) - d], I found the other two missing numbers.

Dan: Great! I'm sure kids will like it.

Ann: Actually, magic squares are not only for kids. There are a lot of people who love them.

You can do this puzzle anywhere with just a piece of paper and a pencil.

Cal: Wow! I don't have to use anything special.

Ann: That's right. I'll show you another interesting puzzle. This is almost the same as the magic square. It's called a "*word square."

The same words are *spelled across and down. Let's try this. You can find all the words in an English dictionary. I'll give you hints.

1			
2			
3			
4			

1. not quick　　2. parents' (　　　) for their children

3. almost the same meaning as "above"　　4. (　　　) you busy yesterday?

Dan: I got it! (6)The answers are like this, right?

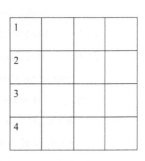

Ann: You did it.

Cal: I'm getting more interested in puzzles. Kids can even learn words by studying math.

Ann: Now, I'd like to talk about one person. I guess all of you know the story *"Alice'sAdventures in Wonderland."

Bee: I read it, and I also saw the movie. I really enjoyed it.

Dan: I thought the book was very funny.

Ann: Then, do you know who wrote that story?

Cal: *Lewis Carroll?

Ann: Yes, and he was a very famous *mathematician. He liked to play with words. For example, he found a way to remember $\pi = 3.1415926$. The number of letters in each word of "May I have a large *container of coffee?" *matches the numbers in π, so Carroll liked to say this expression many times.

Bee: This is my first time to hear that.

Ann: Here, I'd like to show *the doublet, one of his excellent puzzles, to you. You are given a start word and an end word. You must *gradually change the start word into the end word by changing only one letter *at a time, and you have to get a new word with each letter change. Every word must be a real word.

Cal: A word game. I like that.

Ann: I'll give you an example. Take your "cat" to "bed." The answer is like this.
CAT → BAT → BET → BED

Dan: He is really a *genius!

Ann: OK, everyone. Try one of the doublets Lewis Carroll made. Change ***TEARS*** into ***SMILE***. You cannot use a person's name. You cannot use a place name.

TEARS → SEARS → [(7)] → _ _ _ R _ → STALE → STILE → SMILE
(6 changes)

Cal: I solved it. This puzzle is quite surprising.

Dan: The doublet is very good for learning how to think clearly and checking what words you know.

Ann: I'll show you another example. In this doublet, Carroll needed six changes to make FOUR to FIVE. However, in math you just add one to change four to five, like this. Each letter shows a different number.

```
   F O U R
+    O N E
----------
   F I V E
```

You can show this addition is correct by using numbers. This is one of the answers.

$$\begin{array}{r} 9\ 2\ 3\ 0 \\ +\quad 2\ 5\ 1 \\ \hline 9\ 4\ 8\ 1 \end{array}$$

Cal:　Amazing!

Ann:　Can you explain this? R + E = E, so R is 0. If you *substitute 1 for E, E is 1. And?

Bee:　[(8) - a]

Cal:　[(8) - b]

Dan:　[(8) - c]

Bee:　[(8) - d]

Ann:　Excellent! This is called "*ALPHAMETICS." What do you think? Math puzzles are exciting, right?

Bee:　Yes. They are one of the excellent ways to make kids interested in math, and they can learn its joy. (9)<u>A long journey of 1,000 kilometers comes from a single step.</u>

Cal:　I've decided to try various math puzzles. When you are interested in something, it *motivates you.

Dan:　Everyone, thank you very much for your help. These puzzles are surprising. Now, I know what I should write about. I am ready to go home and finish my report!

Everybody laughs.

〔注〕 puzzle　パズル　　magic square　魔方陣（正方形を使った数字のパズル）
missing　欠けている　　any row, column, or diagonal　どの縦・横・対角線でも
word square　マス目に単語を埋めるパズル　　spelled　つづられている
"Alice's Adventures in Wonderland"　「不思議の国のアリス」
Lewis Carroll　ルイス・キャロル　　mathematician　数学者
container　容器　　match　一致している　　the doublet　ダブレットという単語ゲーム
gradually　段階的に　　at a time　一度に　　genius　天才
substitute　代入する　　ALPHAMETICS 覆面算（計算式の全部または一部の数字を文字か記号に置き換えたもので，それをもとの数字に戻すパズル）
motivate　意欲をかき立てる

〔問1〕 (1)<u>That makes me so nervous.</u> とあるが，このとき Dan が考えている内容として最も適切なものは次の中ではどれか。

ア　My summer math report is so difficult that I'd like to ask my cousins and aunt to help me.

イ　I'm really worried about my math homework because I don't think I'll be able to finish it before summer vacation ends.

ウ　I'm not missing Japan, and I'd like to stay here longer to do my summer math homework.

エ　When I think about my math report, I feel very sad because I haven't done anything yet.

〔問2〕 (2)<u>We have to write【 ① about ② interested ③ in ④ will ⑤ something ⑥ make ⑦ that ⑧ children 】learning math.</u> とあるが，本文の流れに合うように，【 】内の単語を正しく並べかえたとき，2番目と6番目と8番目にくるものの組み合せとして最も適切なものは次のア～カの中ではどれか。

	2番目	6番目	8番目
ア	①	⑥	③
イ	①	⑧	②
ウ	⑤	⑦	①
エ	⑤	⑧	③
オ	⑧	⑤	①
カ	⑧	⑦	①

〔問3〕 (3)<u>Do you have any good ideas?</u> とあるが，その内容を次のように書き表すとすれば，[　　　] の中にどのような英語を入れるのがよいか。本文中の**連続する6語**で答えなさい。

Please give me some advice. I'd like to [　　　] in my summer math report.

〔問4〕 (4)<u>it is very important to teach young kids the [　　　] of math.</u> とあるが，本文の内容から判断して，[　　　] の中にどのような英語を入れるのがよいか。本文中の**4文字以内の1語**で答えなさい。

〔問5〕 (5) - a ～ (5) - d の中に，それぞれ次のA～Dのどれを入れるのがよいか。その組み合せとして最も適切なものは下の**ア**～**カ**の中ではどれか。

A　In this way　　B　Then　　C　First　　D　So

	(5)-a	(5)-b	(5)-c	(5)-d
ア	A	C	B	D
イ	A	D	C	B
ウ	C	A	B	D
エ	C	B	D	A
オ	D	A	C	B
カ	D	C	B	A

〔問6〕 (6)<u>The answers are like this</u> とあるが，ここで説明されているパズルの完成図の一部を示したものとして正しいものは次の**ア**～**カ**の中ではどれか。

ア

1			
2	I		
3		A	
4			

イ

1			
2		V	
3	B		
4			

ウ

1			
2	V		
3		V	
4			

エ

1			
2		O	
3	W		
4			

オ

1			
2	O		
3		E	
4			

カ

1			
2		L	
3	E		
4			

〔問7〕 本文の説明から判断して (7) に入る適切な英単語を書きなさい。ただし，(7) の次に来る単語の4文字目はRである。

〔問8〕 (8)-a ～ (8)-d の中に，それぞれ次のA～Dのどれを入れるのがよいか。その組み合せとして最も適切なものは下のア～カの中ではどれか。

A And, if you substitute 5 for N, N is 5. Then, V is 8.

B Finally, if you substitute 9 for F, F is 9.

C If you substitute 3 for U, U is 3.

D If you substitute 2 for O, O is 2. Then, I is 4.

	(8)-a	(8)-b	(8)-c	(8)-d
ア	A	B	C	D
イ	A	C	D	B
ウ	C	D	B	A
エ	C	A	D	B
オ	D	A	C	B
カ	D	C	B	A

〔問9〕 (9)A long journey of 1,000 kilometers comes from a single step. とあるが，その表す意味とほぼ同じ表現は，次の中ではどれか。

ア You have to walk up the steps and practice a lot to get something you want.

イ It is necessary to walk with a quick step to find something excellent.

ウ Taking the first step is necessary for reaching a goal.

エ Experience is the most important in every step you make.

〔問10〕 本文の内容と合っているものを，次のア～カの中から**一つ**選びなさい。

ア This summer, Dan went back to the U.S. and spent two weeks with his aunt's family.

イ Ann worked as an engineer before she married and then became a high school math teacher.

ウ Dan doesn't like math, but he has to write a summer math report before school starts again.

エ Everyone can enjoy a magic square easily, and people need only a pencil and a special piece of paper to play a magic square.

オ Lewis Carroll is both a writer and a mathematician, and thought of an expression to remember π .

カ At the end of the story, everybody laughed because Dan said something funny and because he finished writing a math report.

3 次の文章を読んで，あとの各問に答えなさい。
(* 印のついている単語・語句には，本文のあとに〔注〕がある。)

I grew up in a family of six. When I was young, my parents worked very hard from morning to night. So, my big sister took care of my little sisters and me. She did everything she could do for us. However, when I was twelve, she got married and left home. We were *at a loss. My little sisters and I could not cook at all, so my mother had to cook dinner after the long hard day's work. I knew it was quite hard for her. One evening, I decided to cook for the first time in my life to help her. Before my parents came home, I started cooking by myself. I put some *miso* and *tofu* into hot water. I also *fried rice, vegetables and eggs. The fried rice and the miso soup did not taste good, but my parents and sisters said, "You are a good cook, Eiji!" and ate them all with a big smile. (1)I felt very proud. I wanted to see their happy smiles again and became interested in cooking.

When I was in high school, I experienced several *part — time jobs. Working as a student was very hard, but I enjoyed meeting and talking with various people. I learned people have different *values. I had various wonderful experiences at different jobs. One of them was carrying heavy boxes of food into the kitchens of restaurants. One day, I carried lots of fresh vegetables to a popular French restaurant. The cooks were preparing and *dishing up food in a very careful way. I asked them, "Do you really need to do this? Does it really taste different?"
The *chef said, "Yes, it does. When we think about the customers and make every effort for them, they understand us and give us happy smiles. (2)If we don't, the meal will taste different, and our customers will soon realize the difference." I looked at their customers. They were all enjoying their meals and talking with *staff members with big smiles. That reminded me of my first time cooking. I thought it would be great to see people's smiles every day. Then I decided to be a cook.

After high school, I went to a cooking school for a year, and then went to France to learn more. In France, I met various people and various local foods. Everything I saw looked *sophisticated and beautiful. It was a very exciting experience for me. After coming back to Tokyo, I started to work at a very popular hotel restaurant. I worked quite *efficiently(3)thanks to my experiences in my high school days. I was also *skillful. Just in five years, I became the *sous — chef of the restaurant. I was quite sure that I had excellent cooking skills. I worked harder to cook better meals. I wanted the other staff members to work as hard and efficiently as I did. I also wanted the chef to do his best for us. I really believed that I was doing everything right.

However, one day, we made a serious *mistake at a very important party. Actually, it was not my mistake, but one of my *coworkers said to the chef that it was, and the chef believed that.I was very shocked. I decided to leave the hotel restaurant, and started to work at a small restaurant. I tried hard to cook meals as well as I did at the famous hotel restaurant, but it was difficult because we could not pay much money for better food. My coworkers were all nice, but they were not very skillful and looked *lazy. I tried to teach them how to cook well and how to work efficiently, but they did not listen to me. I was at a loss. I often said to my wife, Fumi, "If they follow my advice, our restaurant will soon become very popular. (4)I don't understand why they don't listen to me."

One Sunday, I went shopping with Fumi and went into a restaurant for lunch. A staff member brought a *hamburg steak to the man sitting next to us. It was only with carrots, with nothing else. I said quietly to Fumi, "It looks like one for a child, not for an adult. They should do their best to make a more delicious hamburg steak and dish it up in a more sophisticated way."However, the man looked very happy to see the plate. He started to eat it, and suddenly said,"This is it!" I was surprised, and asked him, "What's so special about it?" He said, "It may not look so special to you, but it is to me. I came here with my parents forty years ago for my tenth birthday, and I loved their hamburg steak. Today I told about that to a staff member. Guess what happened. This is dished up in *exactly the same way, and tastes exactly the same! I hear they usually make it in a more sophisticated way, but (5)this is exactly the one I want today." I looked around. It was an old but well cleaned restaurant. All the customers looked happy with their meals. There were only three staff members, but all of them were working efficiently. Everybody was smiling. I *regretted my words to Fumi.

After lunch, I had a chance to talk with the chef. He said, "(6)One man's treasure may be another man's waste. We just always think about other people's feelings." His words reminded me of my school days and my stay in France. At that time I had a great time talking with various people and learning various values.However, after I began working, I started pushing my opinion on people around me. Now I know I could not work well with my coworkers at both restaurants because of this reason.

The next morning, I talked with the other staff members about my plans for a better restaurant, and asked them to tell me theirs. (7)I【 ① had ② almost ③ to find ④ was surprised ⑤ their own plans ⑥ them ⑦ all of ⑧ that 】. They just had ideas that were different from mine. I believed that they were lazy, but I was wrong. They just did not have enough skills to realize those ideas. From that day, we have a meeting twice a week to *exchange our opinions.I also began to watch and listen to my coworkers and customers to guess what they want. Now more people smile at me, and I have a busier but happier life. Someday I want to have my own restaurant that is full of smiles.

〔注〕 at a loss　途方にくれて　fry　炒める　part－time job　アルバイトの仕事
value　価値観　dish up　盛りつける　chef　料理長　staff member　従業員
sophisticated　洗練された　efficiently　効率よく　skillful　腕の良い
sous－chef　副料理長　mistake　失敗　coworker　同僚　lazy　怠け者の
hamburg steak　ハンバーグ　exactly　まったく　regret　後悔する
exchange　交換する

〔問1〕 (1)I felt very proud. とあるが，Eiji がこのような感情を抱いた理由として最も適切なものは次の中ではどれか。

ア　He was able to cook fried rice and miso soup well because their big sister taught him before.

イ　He was able to cook for the first time in his life and saw his family members' smiles.

ウ　The dinner he cooked for the first time was not very good, so his family left some.

エ　The dinner he cooked for the first time was delicious because his mother helped him.

〔問2〕 (2)If we don't, the meal will taste different, and our customers will soon realize the difference. とあるが，その内容として最も適切なものは次の中ではどれか。

ア　If we do not buy fresh vegetables for the customers, they will like the meal.

イ　If we do not talk to the customers with a big smile, they will like the meal.

ウ　If we do not prepare the meal in a careful way, the customers will not like it.

エ　If we do not give the customers happy smiles, they will not like the meal.

〔問3〕 (3)thanks to my experiences in my high school days. とあるが，その内容として最も適切なものは次の中ではどれか。

ア　because in France I met various people and various sophisticated local foods

イ　because as a part－time job I carried food into the kitchens of homes in the town

ウ　because in high school I worked as a cook at a popular French restaurant

エ　because through part－time jobs I talked to many people and learned many things

〔問4〕 (4)I don't understand why they don't listen to me. とあるが，このとき Eiji が考えた内容として最も適切なものは次の中ではどれか。

ア　They should follow my advice if they want our restaurant to become very popular.

イ　They are not lazy, but they need to pay me more money to be better cooks.

ウ　I want them to understand that they cook better and work more efficiently than me.

エ　I'm afraid that my advice may not be very helpful to our restaurant.

〔問5〕　(5)this is exactly the one I want today. とあるが，店がこのような形で料理を提供することができるのはなぜか，その理由を次のように書き表すとすれば，の中にどのような英語を入れるのがよいか。本文中の**連続する10語**で答えなさい。

The staff members of the restaurant are people who can ＿＿＿＿ .

〔問6〕　(6)One man's treasure may be another man's waste. とあるが，ここで the chef が言いたい内容として最も適切なものは次の中ではどれか。

ア　People have different ideas and different values.

イ　Find something special in other people's words.

ウ　You must always find your goal by yourself.

エ　The most important thing may be right before you.

〔問7〕　(7)I【 ① had ② almost ③ to find ④ was surprised ⑤ their own plans ⑥ them ⑦ all of ⑧ that 】. とあるが，本文の流れに合うように，【 】内の単語・語句を正しく並べかえたとき，2番目と5番目と7番目にくるものの組み合せとして最も適切なものは次のア～カの中ではどれか。

	2番目	5番目	7番目
ア	①	④	⑦
イ	③	②	⑥
ウ	③	⑦	①
エ	⑤	⑦	④
オ	⑧	①	②
カ	⑧	⑤	③

〔問8〕　本文の内容と合っているものを，次の**ア～カ**の中から一つ選びなさい。

ア　After high school, Eiji went to France to learn more about cooking, and became the sous － chef of a very popular restaurant there.

イ　Eiji decided to be a cook because he was very skillful and found that learning different cultures and values was interesting.

ウ　Eiji's boss did not believe that the mistake at the party was Eiji's, but Eiji left the restaurant for all the other staff members.

エ　When Eiji started working at the small restaurant, his coworkers did not listen to him because he just pushed his opinion on them.

オ　Eiji said to Fumi that the staff members of the restaurant should listen to the customers, but later he felt sorry about that.

カ　Eiji now watches people around him because he wants useful information for the new restaurant he has opened.

〔問9〕 この文章を読んで，下の英文の指示にこたえる英文を**30語以上40語程度の英語**で書きなさい。英文は**二つ以上**になってもかまいません。ただし，本文中の例をそのまま用いてはいけません。「.」「,」などは，語数に含めません。これらの符号は，解答用紙の下線部と下線部の間に入れなさい。

Imagine you and your classmates have to decide what to do for the school festival. You are the leader. You have already talked about it many times for a long time. However, everyone has a different opinion, and you cannot decide. What will you do to solve this problem as a leader? Write one of your own ideas. Explain what you want to do, and why you want to do it.

しい成都の趣きが人々により深く印象付けられる結果となっているということ。

ア　一般には自然描写に優れていると言われるが、大切な家族を描写することによって、草堂の杜甫の詩は成立しているから。

イ　人生への焦燥を感じながらも、鋭い観察眼を備えた恵まれた才能によって、草堂での杜甫の詩は編まれたものであるから。

ウ　不幸な境遇の中、人生をかけて家族のことを大切にした思いを表現する情熱ゆえに、草堂での杜甫の描写は成立したから。

エ　単に才能だけでなく、波乱の人生の中で不安定な環境であったからこそ、草堂での杜甫の詩は生まれてきた面もあるから。

〔問4〕　(4)南京久客耕南畝　北望傷神坐北窓とあるが、本文の筆者はこれをどのように解釈しているか。次のうちから最も適切なものを選べ。

ア　たまたま成都で足を止めた上流階級の私にとって、慣れない畑仕事はつらいだけであり、かつての豊かな暮らしがしのばれる。

イ　上流階級であった私が旅先の成都で畑を耕すことになり、北の山々を見上げても、心の痛みはいっそう増すばかりである。

ウ　異郷の地の成都で田畑を耕しながら都に思いをはせて暮らしていると、知識人としての誇りがゆさぶられることもある。

エ　成都の町から北側にそびえ立つ山々を見上げていると、そこには知識人でさえもすがりたくなる神仏が鎮座している。

〔問5〕　(5)＊トポスとしての浣花草堂は、人々が杜甫を憶《おも》うよすがとなっている。とあるが、これはどういうことか。次のうちから最も適切なものを選べ。

ア　詩に描かれた浣花草堂という場のイメージは、苦難の多い中でも家族とともに穏やかな生活を送ることもあった詩人として、人々が杜甫に想《おも》いを寄せる手がかりとなっているということ。

イ　詩に描かれた浣花草堂という場のイメージは、その苦難の人生を詩によって明らかにしようとする意思を感じさせ、人々が杜甫を思いおこすのにふさわしい理由になっているということ。

ウ　浣花草堂という場所があることによって、家族とのつながりを実感する杜甫の姿の印象が強まり、詩作に没頭していた故郷とは異なる姿を人々が想起するきっかけになっているということ。

エ　浣花草堂という場所があることによって、人事と自然の交錯する杜甫の詩の価値が高まり、故郷とは異なる美湘江《しょうこう》・耒陽《らいよう》——中国の地名。
トポス——ギリシャ語で「場所」を意味する語。

〔問1〕 (1)浣花の語も、そうした成都のイメージと結びついて選ばれたとあるが、これはどういうことか。次のうちから最も適切なものを選べ。

ア　浣花ということばは、花をあらうという意味で、成都の異名の錦官城で作られた錦織の布の模様のような、雨に濡れた淡い色の町のイメージで詩に使われてきたものであるということ。

イ　浣花ということばは、杜甫の「春夜喜雨」の詩のイメージから生まれたものであり、成都が雨の中咲き誇る花のような姿にとらえられることから詩に使われてきたものであるということ。

ウ　浣花ということばは、成都を流れる川で錦を洗うことから生まれたもので、錦が蜀の名産であり錦城は成都の異名であることを踏まえたはるか昔から使われていたものであるということ。

エ　浣花ということばは、雨にぬれた花によって彩《いろど》られたという意味で、まるで錦織りの布であるかのような成都の町のイメージと重ね合わせて詩に使われていたものであるということ。

〔問2〕 (2)草堂の杜甫の自足は、そうではないところに意味があるし、そうではないからこそ、人々に読みつがれている。とあるが、これはどういうことか。次のうちから最も適切なものを選べ。

ア　草堂での杜甫の暮らしは、悟りを開いたような落ち着きを感じさせるものであり、自然の中で家族を支えとしながら心豊かに制作された詩であるために、人々は魅力を感じるということ。

イ　草堂での杜甫の暮らしは、俗事にまどわされることもあったが、家族とともに慎《つつ》ましく穏やかな日常生活を送る充足感が詩に表われているところに、人々は魅力を感じるということ。

ウ　草堂での杜甫の暮らしは、短い間であったが慎ましやかな幸福を家族と共有し、その生活が本当の隠者暮らしのようであったという点に、人々が魅力を感じているということ。

エ　草堂での杜甫の暮らしは、外界とは独立した空間で本物の自足を求めるものであったが、実際の詩にはこっけいな趣が感じられ、そこに人々は魅力を感じているということ。

〔問3〕 (3)たんなる安逸の空間では、おそらくこうした描写は生まれなかった。とあるが、なぜか。次のうちから最も適切なものを選べ。

だ故郷を思うだけではなく、*士大夫《したいふ》としての意識が心を傷ましめているのだと知れる。そうした生活の中で、妻と小舟に乗り、子どもは水浴びをするのが夏の楽しみ。蝶々《ちょうちょう》も蓮《はす》の花も、もとからそうであったそのままに、つがいで飛び、つがいで咲く。お茶やらさとうきびの汁やら、家にあるのものを携えれば、土瓶のかめでも玉に劣りはしない。

　愁《うれ》いは愁いとして、楽しみは楽しみとして、蝶や蓮を見ながら、自分たち家族もまたあるがままに生きていることを記そうとしている。

「江村」とは、中間の妻子と自然の句の配置がちょうど反対になっているけれども、人事と自然の交錯が印象づけられる結果となっていよう。繰り返しになるが、どちらかがどちらかの表象というのではない。人事も自然も、そこにそうあるものとして並べられているのである。

　先に述べたように、七六五年、杜甫は草堂を後にする。浣花の流れは錦江となり、さらに岷江、長江《ちょうこう》と続く。川の流れは気ままな興ではなく情勢の不安と人生の焦燥に迫られて東へ向かう杜甫を載せた。

　そしてわずか五年後の大暦五年（七七〇）、長江から南の*湘江《しょうこう》へと川をさかのぼって*耒陽《らいよう》にまで至ったところで、杜甫は病のために舟中で死を迎える。

　草堂に居をかまえて以来、その生活をぐるりとめぐり、家族のいこいの場でもあった浣花の流れに、杜甫は深い愛着を示した。故郷の河南《かなん》とは肌合いの違う長江上流の川のおもむきに魅了されたのかもしれない。その死について、魅了のままに川に身をゆだねたのだと言いなしてしまえば、感傷に過ぎるきらいはあるけれども。(5)*トポスとしての浣花草堂は、人々が杜甫を憶《おも》うよすがとなっている。杜甫自身が「久客」と言うように、大きく見れば旅の途中でありながら、そこに生活を組み立て、人生を営もうとしている詩人のすがたは、故郷に帰って自足する隠者よりも、かえって心に響く。成都が浣花草堂を得たのは、錦官城にまさるものであったとせねばなるまい。

（齋藤希史「詩のトポス　人と場所をむすぶ漢詩の力」による）

〔注〕浣花渓《かんかけい》——河川名。中国四川省成都の西にある。
杜甫《とほ》——中国唐代の詩人。
成都《せいと》——中国四川省の省都。
錦《にしき》——金糸・銀糸など種々の色糸を用いて華やかな文様を織りだした絹織物。
蜀《しょく》——中国四川省の別称。
縁語——ここでは、意味の上で関連することば。
隠棲《いんせい》——俗世を離れて静かに暮らすこと。
岷江《びんこう》——成都を流れ、やがて長江に合流する川。
梓州《ししゅう》——中国の地名。
久客《きゅうかく》——旅を多くしている人。
中原《ちゅうげん》——古代中国の中央部で、河南省一帯。黄河中流から下流にかけての地帯。
士大夫《したいふ》——古代中国における上流階級の人。知識人。

者暮らしを手伝わせているんですよ、まあ、わたしなどはそんなところです、隠者のまねごとですな。

そう読めば、結びもまた、自然な感慨として受け取れる。病気がちのこの身、薬があればそれでけっこう、ほかに何かを求めようとて、そりゃ無理だとわかってますよ。

人によっては、ほんとうの自足とはそういうものではないと言うかもしれない。すべてに不満はなく、まるで悟りを開いたかのように、何があっても心を波立たせない精神こそが自足だと。しかし(2)草堂の杜甫の自足は、そうではないところに意味があるし、そうではないからこそ、人々に読みつがれている。もとより安閑ではないが、諦念とも少し違う。むしろモザイクのように、小さな感情のかけらがあちこちに埋めこまれているような、そんな感覚に誘われる。

杜甫が草堂で暮らしていた時期は、意外に短い。永泰元年（七六五）には、*岷江《びんこう》を船で下り、蜀を去る。その間には、成都に生じた混乱を恐れて、*梓州《ししゅう》へ一年ほど避難している。あれこれ足し算すれば、杜甫が落ち着いて草堂で暮らしたのは三年半といったところだろうか。そこで書かれ、今にのこされた詩は二百首あまり。その多寡よりも、草堂にモザイクを埋めていくような詩のありかたが、そのすみかを詩によって縁どろうとした杜甫の意思を感じさせる。

草堂の杜甫の詩は自然描写においてすぐれる、もしくは画期をなすと説明されることが多い。たしかに、ここで取り上げた数首からだけでも、類型的な表象を脱した観察眼のするどさとあたたかさは感得される。しかしそれもまた、草堂をめぐる空間であればこそ、仔細《しさい》に描かれ、そこにそうあるものとして置かれる。そこにそうあるものであることを示すためには、そのありかたを微細に描写するのがもっとも適切であり、そしてそれを善くする条件を杜甫はそなえていた。杜甫の才能というだけではない。(3)たんなる安逸の空間では、おそらくこうした描写は生まれなかった。

その意味では、妻も子も、そして杜甫自身も、そこにそうあるものとして区別はない。

(4)南京久客耕南畝　北望傷神坐北窓
昼引老妻乗小艇　晴看稚子浴清江
倶飛蛺蝶元相逐　並蔕芙蓉本自双
茗飲蔗漿携所有　瓷甖無謝玉為缸

南京《なんけい》の*久客《きゅうかく》南畝《なんぼ》を耕し、北望《ほくぼう》して神《こころ》を傷《いた》め北窓《ほくそう》に坐《ざ》す。昼は老妻を引いて小艇《しょうてい》に乗り、晴れには稚子《ちし》の清《せい》江《こう》に浴するを看《み》る。倶《とも》に飛ぶ蛺蝶《たては》は元《も》と相《あ》い逐《お》い、蔕《へた》を並ぶ芙蓉《ふよう》は本《も》と自《おのずか》ら双《なら》ぶ。茗飲蔗漿《めいいんしょうしょう》有る所を携《たずさ》えれば、瓷甖《しおう》は玉《ぎょく》を缸《かめ》と為《な》すに謝《しゃ》する無し。

「進艇（艇を進む）」。上元二年（七六一）の作、季節は夏。南京は、成都のこと。北望は、はるかかなたの*中原《ちゅうげん》を望んで。南畝と北窓は、農地と書斎の対比にもなっており、た暁に紅《くれない》の湿れる処《ところ》を看《み》れば、花は錦官城に重からん。

ここには、生産物としての錦というよりも、街全体が錦であるかのようなイメージがある。雨に濡《ぬ》れた春の花によって綾《あや》なされた街。水で洗われた錦さながらの美しさをうたう。

となると、(1)浣花の語も、そうした成都のイメージと結びついて選ばれたものかもしれない。草堂がかまえられたのは錦江の上流、かつての錦官城から少しさかのぼったところである。濯錦（錦を濯《そそ》ぐ）の＊縁語として浣花（花を浣《あら》う）はつりあう。もちろん、杜甫がこの地に住む以前から、浣花渓の称があった可能性を否定できるものではないが、少なくとも詩にそれを登場させたのは、杜甫が最初である。

草堂をめぐる杜甫の詩には、「浣花村」「浣花橋」「浣花竹」などの語も見える。杜甫は自分の住もうとする土地を浣花と呼びなすことで、成都という街のかたわらに安逸の世界を作ろうとしたのだろう。

草堂での杜甫は、のびやかな時間を家族と過ごし、それを詩に描く。

清江一曲抱村流　長夏江村事事幽
自去自来梁上燕　相親相近水中鷗
老妻画紙為棋局　稚子敲針作釣鉤
多病所須唯薬物　微軀此外更何求

清江《せいこう》一曲村を抱《いだ》いて流れ、長夏江村《ちょうかこうそん》事事《じじ》幽《ひそ》かなり。自《おのずか》ら去り自ら来《きた》る梁上《りょうじょう》の燕《つばめ》、相《あ》い親しみ相い近づく水中の鷗《かもめ》。老妻《ろうさい》は紙に画《えが》いて棋局《ききょく》を為《つく》り、稚子《ちし》は針を敲《たた》いて釣《つり》鉤《ばり》を作る。多病《たへい》須《ま》つ所は唯《た》だ薬物《やくもつ》、微軀《びく》此の外《ほか》に更に何をか求めん。

「江村」。上元元年（七六〇）、草堂を建てた年の夏の作。川はぐるりと村をめぐって流れる。夏の長い日の静かな村。杜甫が草堂のある場所を気に入っていたのは、まるで堀がめぐるように、川が村を囲んで流れていたこともあったのではと想像する。翌年に書かれた七言律詩「客至（客《きゃく》至《いた》る）」は「舎南舎北皆春水《しゃなんしゃほくみなしゅんすい》」と始められ、草堂の地はたしかに川の湾曲部の内側にあった。外界とはつながりつつも、そこは一つの独立した空間であり、草堂だけではなく村全体が、隠棲《いんせい》の場だったのである。

そうした空間で、いま目の前にあるのは、巣との往復に忙しい燕、川で群れながら泳いでいる鷗。小さな集団の平和な営み。

草堂の内へと目をやれば、妻は紙に線を引いて碁盤を作り、子どもは針をたたいて釣りばりを作る。碁も釣りも隠者らしい営みではあるが、その道具を作る手伝いを家族がしているという描写は、杜甫ならではのものだ。たぶんそれはリアリズムとかそういうことではない。日常生活の活写などでもない。むしろ、戯画的なおもむきがここには感じられ、七言のリズムもそれを助けている。妻や子にありあわせの材料で隠が主体でも命令の形式をとることを、特に強調する意図。

イ　類似の例を挙げて、法律の条文では、命令の主体が表現されないことを、より明確にする意図。

ウ　同様の例を挙げて、法律の背後に存在する立法の主体は、自己の存在を隠蔽することを、暗示する意図。

エ　性質の違う例を挙げて、近代的な法律でも、神と同等の権威性が必要なことを、示唆する意図。

〔問6〕　この文章の構成、内容の説明として適切なものはどれとどれか。正しい組み合わせを、後のア～オの選択肢から一つ選べ。

a　一般になじみの薄い法律論を展開しながらも、著名なことわざ等を引用して親しみやすく説明をしている。

b　法律の条文を対象としながら、分析の過程では他の分野の文体との共通点も視野に入れている。

c　日本と欧米それぞれの文化的背景を念頭に置いて、法律に表れた文体の相違を指摘している。

d　最近の法律の条文を例にし、標準的な文体と時代に合わせて変化する文体とを論じている。

e　全体を起承転結の流れで構成し、一貫した観点で法律の文体を分析している。

f　法律の条文を大きく二つの異なる視点から分析し、文体の特徴について考察している。

ア　aとf　　イ　bとe　　ウ　cとd

エ　aとe　　オ　bとf

〔問7〕　この文章で指摘されている法律の文章の特徴を一点挙げ、そうした特徴を踏まえて、法律の文章についてどう思うか、あなたの考えを二〇〇字以内で書け。なお、書き出しや改行の際の空欄や、や。や「なども それぞれ字数に数えよ。

5

次の文章を読んで、あとの各問に答えよ。＊印の付いている言葉には、本文のあとに〔注〕がある。）

今日では＊浣花渓《かんかけい》は広く知られた川の名で、＊杜甫《とほ》がここに建てた草堂もしばしば浣花草堂と称されるのだけれども、じつはその地名を杜甫以前の文献に見いだすことは難しい。浣花は川の名であるというよりは、その形容ということになる。

＊成都《せいと》を流れる川を錦江《きんこう》と称するのは、そこで＊錦《にしき》を洗うからだ。

役所としての錦官は唐代にはすでになかったが、錦が＊蜀《しょく》の名産であることにかわりはなく、錦官城あるいは錦城は成都の異名ともなった。

杜甫の五言律詩「春夜喜雨（春夜雨を喜ぶ）」は、錦官城の名で結ばれる。

暁看紅湿処　花重錦官城

他方で、人間の側は、その全体を一挙に把握するというわけにゆかない。いま目にしている箇所を読み、解釈し、理解するばかりだ。そうしている間にも、いま自分が読みつつある法令は、残る全体と関係しながら、そこに在る。そして、法律が他のことばと違うのは、それが対象とするすべての人の行いに関係しているということだ。

（山本貴光「文体の科学」による）

〔注〕『老子』――古代中国の思想書。
モーセの十戒――モーセが神から与えられた十箇条の戒め。

〔問1〕(1)法律とはなかなか大変な役割を持った文章だ。とあるが、どういう点が「大変な役割」なのか。次のうちから最も適切なものを選べ。

ア　法律は、成文法を根源とする場合、全ての事態を想定した完全な文書として固定しなければならない点。

イ　法律は、人間が犯す未知の違反行為を、可能な限り網羅して制定しなければならない点。

ウ　法律は、社会に起きる多様な個別の事例を、既成の条文によって判断しなければならない点。

エ　法律は、前例となる判決例を根源とする場合、現実の事態に適合する過去の例を探さなければならない点。

〔問2〕(2)法律のことばは、世界を切り分けるとあるが、これをわかりやすく言い換えた**三十八字**の表現を本文から探し、その始めと終わりの**五字**を書け。

〔問3〕(3)こう書くことで、論理的な階層の区別がなされている。とあるが、本文における「若しくは」と「又は」の使い分けの説明を踏まえて、次の［　］の文の波線部を、「若しくは」と「又は」を必ず使って言い換えよ。

今後の天候によって、明日の体育祭は、一日か二日順延になるか、中止になる。

〔問4〕(4)この文からは人間の姿や匂いが消されている。とあるが、それを筆者はなぜだと考えているか。その理由を次の［　］のように説明するとき、［　］に当てはまる表現を、必ず本文中の語句を用いて、**二十五字以上、二十六字以内**で書け。

法律は、［　　　　］から。

〔問5〕(5)そういえばとあるが、ここで筆者はどのような意図で論を進めようとしていると言えるか。次のうちから最も適切なものを選べ。

ア　対照的な例を挙げて、法律の文体は、人間以外の存在

だろう。

しかし、実際の条文のように、立法者という人間（あるいは人間の集団）が文面から姿を消すとどうなるか。もう一度原文を見てみよう。

この法律は（中略）高度情報通信社会の健全な発展に寄与することを目的とする。

あたかも法律そのものが、なにか自律した存在のように感じられてこないだろうか。そこまで想像しないにしても、(4)この文からは人間の姿や匂いが消されている。そのことを強調して言えば、これはいわゆる非人称の文であろう。「雨が降る」のように、人間が主語ではない文と似ている。

同じように第三条も眺め直してみよう。

第三条　何人《なんぴと》も、不正アクセス行為をしてはならない。

こちらはこの法律が人びとに禁ずることを示している。「してはならない」という命令文だ。命令文の主語は誰か。誰が全員に命令しているのか。ここも仮に主語を「立法者」としてみる。

立法者は、何人も、不正アクセス行為をしてはならないと命ずる。

これが省略なしの形であろう。しかし、実際には最前見たように、もともとの条文では、命令の主体は表現されていない。ある人間（あるいは人間の集団）が禁じているという文脈は隠れて、やはり非人称の形になっている。

(5)そういえば、古い法律の一つであるモーセの十戒の逸話では、「汝《なんじ》殺すなかれ」といった命令が刻まれた石板を神から与えられたのだった。これなどは、まさに人ならぬ神からの命令という形をとっていたわけである。

こうした非人称の文体は、後に見る科学の文体にも通じる。科学の場合は、自然の性質に関する発見が文章として報じられるわけだが、その際、発見された知識の記述は非人称で書かれることが多い。つまり、法律も科学も、特定の個人から離れて、誰にでも当てはまる普遍的なものとして書かれる必要があるために、本来そこにいるはずの人間の姿が隠されるのではないか。もう少し言えば、特定の個人が話者とならないのだから、対話体は選べず、独話体となる。しかし、特定の個人が語る独話体ではなく、語り手が姿を隠す独話体、非人称の独話体という、この言葉面《ことばづら》だけを見ると矛盾しているような文体が選ばれるのである。

非人称独話体で書かれる法律の文章には、もう一つ面白い特徴がある。法令全体は、私たちがそのうちのどの部分を読んでいようが、あるいは読まずにお茶を飲んでのほほんとしているときであれ、寝ている間であれ、それらの法令が有効である限り、その全体が一挙に存在し、擬人的に言うことをお許しいただければ、同時に稼働《かどう》しているのである。

「影像」と「音声」が「又は」で並置され、「影像」に関連する「身体の全部」と「（身体の）一部」が「若しくは」で並置されているのである。この論理に関わることばの使い分けは、法律の読み方を教える教科書を開けば、たいてい載っている基本的な事柄であるらしいのだ。そして、凄《すさ》まじいことには、そのつもりで法律文書を見るとこの形式が徹底されているのが分かる。

　こうした努力は、ひとえに人間やその行為やその結果として生じる出来事全体を、法律の目的に沿って区別するために発展したものだ。なにしろ条件が具体的過ぎると、それとちょっとでも違うものは対象にならず漏らしてしまうことになるし、さりとて条件が抽象的過ぎると、今度は運用次第でなんでもかんでも引っかかってしまいかねない。『*老子』にある「天網恢々《てんもうかいかい》疎にして漏らさず」というかたちで人口に膾炙《かいしゃ》していることばも、もとは天（自然）について言ったものだが、抽象と具象のあいだで文章を整えて、もって社会の百般を規定する法律にとっても、理想のあり方を指しているのではないか。

　さらにもう一点、独話体として見た場合、法律の文章がどのような特徴を備えているかということを観察してみよう。

　まず、主語に注目してみたい。今回眺めている条文のうち、第二条は定義なので置くとして、第一条（目的）と第三条（不正アクセス行為の禁止）を、そのつもりで見直してみる。まずは第一条から。

　第一条　この法律は（中略）高度情報通信社会の健全な発展に寄与することを目的とする。

　第一条は、先にも見たように法律の目的を謳《うた》ったものだ。一見すると、この文の主語は「この法律」である。しかし、ここには直接書かれていない前提が背後に潜んでいる。というのも、法律は人がつくるものであって、それ自体が生物のように主体とはならないからだ。当たり前のことながら、法律にはそれを定めた人間がいる。それを明示するなら、次のようになるだろうか。

　この法律は（中略）寄与することを目的として、立法者によって定められた。

これをさらに書き改めればこうなる。

　立法者は、この法律を（中略）寄与することを目的として定めた。

　もちろん、すべての条文は、同様にそれを立法した主体によって定められたものだ（立法の過程はさまざまにせよ）。だから、わざわざ条文ごとにそう書かなくても、別のところで誰が立法するのかという手続きや法律の条文が制定される過程がはっきり定められていればよい、ということにもなるだ。とりわけ成文法主義（制定法主義、文書で制定された成文法を最も重要な法律の源と考える主義）を採る日本のような場合はなおのこと。世の中では日々数え切れないほど、さまざまなことが起きている。具体的な出来事はどれ一つとして同じということがない。それにもかかわらず、次から次へと持ち上がる人間同士の問題を、必要に応じてすでに書かれた文章によって判断するというのだから、思えば大変なことである。これに対して判例法主義（前例である裁判の判決例を最も重要な法律の源と考える主義）を採る国では、ウエイトを個別具体的な事例のほうに置いている。要するに、法律の文章そのものというよりは、それを使ってどのように解釈・判断したかという前例を重視するという発想だ。

いずれにしても、法律を文書として固定する必要がある（時に改訂されるとしても）。そこで、無際限に生じる人間社会の出来事（自然の出来事による影響も含まれる）のうちから、どのような行為を法律の対象とするかをきちんと区別する必要がある。なおかつ、法律が有効であるためには、該当する対象について、可能な限り漏れのない規定が目指されることになる。今回俎上《そじょう》に載せている「不正アクセス禁止法」で言えば、ネット経由でコンピュータを使うことのうち、どこの誰のどのような行いが禁止の対象となるのかが問題だ。つまり、(2)法律のことばは、世界を切り分けることを使命としている。このことは「不正アクセス禁止法」の第三条第一項と罰則を定めた第八条を合わせてみると見やすい。

まず第三条第一項には「何人《なんぴと》も、不正アクセス行為をしてはならない」とある。「何人も」であるから、この法律が対象とするすべての人間が規制の対象だ。そのうえで処罰されるのは誰かといえば、第八条に「次の各号の一に該当する者は、一年以下の懲役又は五十万円以下の罰金に処する」とある。詳しい条件は置くとして、文は「その条件を満たした者が罰せられる」というかたちをしている。つまり、「この法律の対象となるすべての人間のうち、第八条の条件を満たす者は罰する」という次第。

これは禁止を定める法律の典型的なかたちで、「もしAを満たしたら、Bとする（if A then B）」という条件文である。このように書かれた文は、対象全体を「Aを満たす者」と「それ以外（Aを満たさない者）」とに区別する。条件がさらに複雑になる場合もあれば、一見してそのように書かれていなくとも結果的にはIF―THEN形式の条文もある。

また、法律の世界では、対象をきっちり区別するために、論理学で言うところの「かつ（AND）」と「または（OR）」の使い分けが細かくなされている。例えば、第二条第二項第二号に「当該利用権者等の身体の全部若《も》しくは一部の影像又は音声を用いて」とある。この「若しくは」と「又は」がどのように使い分けられているか、お分かりだろうか。この例は意味から類推しやすいかもしれない。実は(3)こう書くことで、論理的な階層の区別がなされている。カッコを使って書けばこうなる。

（「身体の全部」若しくは「一部」の）影像又は音声

神的なダメージは緩和されたが、七瀬先輩の数々の的確な指摘によって突きつけられた現実からはもはや目を背けられないのだと思い知らされている。

〔問5〕(5)僕は何度か寝返りを打ち、起き上がると、ゴミ箱から丸めた入部届を拾い上げた。とあるが、その理由の説明として最も適切なのは、次のうちではどれか。

ア　七瀬先輩が、「僕」の作品の良い所を教えてくれたのは、まだまだ完成度は低いが、これから磨けばいくらでも良くなるということを、「僕」に気づかせようとしたのかもしれないと前向きになれたから。

イ　厳しく批判された「僕」の作品の中にも、胸に響く言葉があることを教えてくれた七瀬先輩の言葉に困惑しながらも、夢中で小説を書いていた頃の気持ちを思い出し、この先のことを決めかねていたから。

ウ　七瀬先輩の感想によって、「僕」の作品にも人から認められるような所があるのだということを理解し、今後も書き続けることに不安はあるが、もう一度自分の手で小説を書き上げてみようと思えたから。

エ　「僕」の作品に対する七瀬先輩の感想が、単なる否定的な批判であるのか、それとも実は「僕」への激励であるのかが判断できず、入部届の走り書きをもう一度見て、心の中を整理してみようと思ったから。

〔問6〕本文の特徴について説明したものとして最も適切なのは、次のうちではどれか。

ア　先輩である七瀬が「僕」の書いた小説について語った手紙文がそのまま挿入され、そのコメントに心が折れそうになりながらも小説に関する自分の複雑な心に向き合う「僕」の様子が一人称で語られている。

イ　小説を書くということに、かつては夢中になっていたが、今では自信を無くしてしまった「僕」の内面が、前半の「ガラスの向こう」や後半の「広げてしわを伸ばし」などによって間接的に表現されている。

ウ　後輩の光太郎の力になろうと、あえてきつい表現で批判していた七瀬の本当の気持ちを表すために、七瀬の手紙の最後の一文をそれまでの手紙文とは別に一行だけで挿入し読み手への印象が強められている。

エ　「檻のなかの熊のように、部屋のなかをぐるぐる歩き回った」や「ニンジャなんだろうか、と、半ば本気で疑っていた。」などの表現には、七瀬の手紙に動転して、思考が停止した「僕」の様子が表されている。

4

次の文章を読んで、あとの各問に答えよ。(＊印の付いている言葉には、本文のあとに〔注〕がある。)

考えてみれば(1)法律とはなかなか大変な役割を持った文章

〔問2〕 (2)ベッドに腰かけて深夜ラジオを聴き、携帯ゲームを少しだけやって、日付があたらしくなったころ、ふたたび便せんを手に取る。とあるが、その理由の説明として最も適切なのは、次のうちではどれか。

ア　自宅で気をまぎらわせているうちに少しずつ冷静になり、七瀬先輩の感想が、否定的な内容ばかりであると考えるのは、自分の思い過ごしなのかもしれないと楽観的になれたから。

イ　ラジオを聴いたりゲームをしたりするという自分の好きなことをすることで前向きな気持ちになり、七瀬先輩からの感想が、自分のことを褒めた内容なのではないかと思ったから。

ウ　普段の行動をしながら昼間の学校での出来事を思い返してみると、新入部員がせっかく書き上げた小説に対して、厳しく批評する感想を七瀬先輩は書かないだろうと思えたから。

エ　自分の心を落ち着かせるための拠《よ》り所となる深夜ラジオや携帯ゲームによって、七瀬先輩の感想への恐怖が緩み、しっかりと向き合うことで良い方に捉えられると開き直れたから。

〔問3〕 (3)今日は小説を読ませてくれてありがとう。とあるが、なぜ七瀬先輩はお礼を述べるのか。その理由を次の［　　］のように説明したとき、［　　］にあてはまる最も適切な表現を、本文中から二十字で探し、そのまま抜き出して書け。

> 「僕」の書いた小説を読んで、その小説の中の［　　　　　　　　］から。

〔問4〕 (4)脳内でゆるキャラたちに助けをもとめたが、彼らは満身創痍《まんしんそうい》の僕に向かって首を横に振るばかりだ。とあるが、このときの「僕」の様子の説明として最も適切なのは、次のうちではどれか。

ア　七瀬先輩の感想によって、「僕」の予想していたよりもはるかに具体的に小説の表現の甘さを浮き彫りにされ、本来「僕」を救ってくれるはずの脳内のゆるキャラたちにまで、見放されてしまっている。

イ　これまで「僕」を何度も救ってきてくれた無二の存在であるゆるキャラたちの心なごむ光景に今回も救いを求めたが、七瀬先輩からの言葉は鋭く「僕」の心に突き刺さり、回復不可能な状態になっている。

ウ　「僕」の傷ついた心をなごませてもらおうと、今回もゆるキャラたちの光景にすがろうと思ったが、それでは何も解決しないので、自分の力で厳しい現実を乗り越えなければならないのだと覚悟している。

エ　ゆるキャラたちの心なごむ光景で、一度は「僕」の精

て、どこか一カ所でも胸にひびく言葉があれば、それはいい小説だったなと。以上が私の感想です。ありがとう。

便せんをめくると、最後に白色の紙があった。高橋の最初の点だけ打った入部届《にゅうぶとどけ》だ。端の空白部分に、先輩の筆跡による走り書きがある。だけどその一文を見なかったことにして、丸めてゴミ箱に捨てた。音を立てながらベッドに横たわる。

耳をすますと、弟の部屋から話し声が聞こえてきた。だれかと電話をしているらしい。友人とだろうか。それとも恋人とだろうか。

先輩の感想に混乱していた。ほとんどは辛辣な言葉だったけれど、それでも最後には救いがあった。中学二年生のとき夢中で書いていた日々のことを思い出す。

(5)僕は何度か寝返りを打ち、起き上がると、ゴミ箱から丸めた入部届を拾い上げた。広げてしわを伸ばし、先輩の走り書きをながめる。

まだ、書きたいという気持ちは残ってる？

そりゃあもちろん書きたいですよ。だけど書けないんですよ。七瀬先輩に言いたかった。

小説を書こうと決めたとき、僕はやる気にあふれていた。何かをしようと自ら奮い立ったのは、人生で初めてのことだった。それなのに、その物語はすぐさま途切れてしまった。

(中村航　中田永一「僕は小説が書けない」による)

〔注〕籠絡《ろうらく》――他人をうまくまるめこむこと。

〔問1〕(1)自己嫌悪《けんお》に陥りながらあと数十分で日付が変わるというタイミングだった。とあるが、この時の「自己嫌悪」を説明したものとして最も適切なのは、次のうちではどれか。

ア　心の一番奥底に残っていた自分への期待をこめて小説を書いたはずだったが、その小説が先輩からの評価で傷つけられるかもしれないと思い、その「期待」すらも捨ててしまった自分への嫌悪。

イ　七瀬先輩がわざわざ時間を割いて「僕」の小説を読んでくれたのに、手厳しい感想を聞かされることに怖さを感じて、先輩から逃げるように立ち去り、その後も先輩に会えなかった自分への嫌悪。

ウ　自分が書いた小説を、一度も良い作品であると思ったことがなかったが、自分の小説を読んでくれた七瀬先輩から、ひょっとしたら良い評価をもらえるかもしれないと勘違いした自分への嫌悪。

エ　小説を書いて先輩に見せるにあたって、自分の作品に強い自信をもって臨んでいたはずなのに、いざ先輩から小説の感想を聞かされることになると、恐れて目をそむけてしまった自分への嫌悪。

されました。あまりにもひどい文章に、頭痛がしてきて、吐き気をこらえるのが大変だったのです。数行を読んだ時点で思いました。私の時間を返してほしい、と。

　手紙はまだ続いていたけれど、ひざから崩れおちた。時間を返してもらいたがるの、早くないですか先輩。目をつむり、みぞおちあたりに押し寄せてくるショックの波をやりすごそうとする。忘れよう。現実逃避をしろ。自分に言い聞かせる。

　少し前にテレビのバラエティで見た、ゆるキャラたちが大縄跳びをする企画を脳内再生した。一体のゆるキャラが縄にひっかかって転び、首のつなぎめから中の人を露出させてしまった。しかし、他のゆるキャラたちが全員一丸となって壁を作り、中の人がカメラに映るのを阻止していた。ゆるキャラたちのなんともなごむ光景のおかげで僕の精神的ダメージが散らされた。続きを読むことにした。読みたくはないけれど。

　高橋くんがあの小説を書いたのは中学二年生のときだったそうですね。それなら納得です。あのように痛々しい文章のことを、世間では「中二病」などと言い表すのです。作中で日が暮れるときの表現が特に忘れられません。「赤き光が地に沈み、夜の帳《とばり》が翼を広げ、世界を暗い闇の懐《ふところ》の奥深くへと覆い隠した……」などと書いてありましたが、鼻で笑ってしまいました。しかもまったくおなじ表現が三回も出てきましたね。日没の度にそれを読まされる読者の気分が想像できますか？　もっとシンプルで読みやすい表現のほうが好まれると思いますよ？

(4)脳内でゆるキャラたちに助けをもとめたが、彼らは満身創《まんしんそう》痍《い》の僕に向かって首を横に振るばかりだ。確かにそうだ。心をなごませてくれたってもう遅い。僕は先輩に言いたかった。しかたないじゃないか！　中学二年の僕は、それが格好いいと思っていたんだから！

　もちろん、凝った表現を多用して小説を書いたって私はいいと思います。吐き気をこらえたなどと書いてしまいましたが、それは冗談です。高橋くんの小説には、他にもいくつかの欠点がありました。例えば会話が冗長です。登場人物の書きわけもできていないし、だれがどの台詞《せりふ》をしゃべっているのかもよくわかりません。一人称だったのが、急に三人称になったりと、混乱させられます。文法の間違いも頻出し、途中で読むのをやめようかと思ったくらいです。だけど、最後まで読んでよかったです。

　主人公が旅に出発するとき、家族にわかれを告げるシーンがありましたね。私はそこで、ほろりとさせられました。気取った文章に対する、それまでのいらつきも、すっかり消えました。そこに描かれていた、旅立つ少年の内面に、普遍的なものを感じたのです。部員獲得のためにほめているわけではありません。もしもそうだったとしたら、欠点なんか指摘しません。私は思うのです。どんなに駄目なところがあったっ入って自分の部屋で(1)自己嫌悪《けんお》に陥りながらあと数十分で日付が変わるというタイミングだった。明日の準備でもするかと鞄《かばん》を開けてみると、見知らぬ封筒が入っていた。それを握りしめながら、僕は檻《おり》のなかの熊のように、部屋のなかをぐるぐる歩き回った。

どういうことだろう。一体、これはどういうことなんだろう。

封筒の表に、〝高橋光太郎くんへ〟という文字と〝佐野七瀬〟という文字があった。これは七瀬先輩から僕への手紙で間違いない。だけどこんなもの、いつの間に、ここに入れたのだろう。

ニンジャなんだろうか、と、半ば本気で疑っていた。諜報《ちょうほう》はするわ、*籠絡《ろうらく》はするわで、あの人の行動は名探偵というよりニンジャじみている。女の人だから〝くノ一〟なのかもしれないけど、そんなことはどうでもよかった。彫刻刀の刃先には『く』形と『ノ』形と『一』形があって、それらを板に刺すと、〝くノ一〟という文字が彫れるけど、そんなことはもっとどうでもよかった。

なかなか読む勇気が出なくて、封筒を持ったまま部屋のなかを歩き続けた。だけど読まないわけにはいかない。七瀬先輩からの手紙ということは、小説の感想なのだろう。昼休みが終わったとき、僕はＰＣ室から逃げるように走り去ってしまった。あの後、授業の内容そっちのけで、どうしよう、とばかり考えていた。いくらなんでも、逃げ去るってのは幼稚すぎた。放課後になり、図書室に行けば先輩に会えるかと思って行ったけど、会えなかった。文芸部が活動しているという実習室Ｂに行ってみようかとも思ったけど、そこまでの勇気は出なかった。なのにいつの間にか、この手紙が鞄に入っていた。

封筒には四つ葉のクローバーの形をした小さなシールで封がされている。決意した僕は、シールをはがす。便せんが数枚入っている。

よし、少し休憩をしよう。僕は台所で水を飲んだ。(2)ベッドに腰かけて深夜ラジオを聴き、携帯ゲームを少しだけやって、日付があたらしくなったころ、ふたたび便せんを手に取る。そのころには、ひとつの思いが胸の中に生じていた。

そんなに辛辣な感想は書かれていないんじゃないかな。

七瀬先輩は僕に文芸部へ入部してほしいはずだ。それなら、僕が文芸というものから離れていかないように、たとえ小説がひどかったとしても、そこはオブラートにくるんだような物言いでやさしく書いてくれているはずだ。むしろ執筆意欲がわいてくるように、ほめてくれているかもしれない。僕がほめられて伸びるタイプだというのを、もっともっと十分にアピールしておけばよかった。さあ、心軽やかに読んでみよう。

高橋光太郎くんへ

(3)今日は小説を読ませてくれてありがとう。感想を聞かせたかったけれど、高橋くんが逃げてしまったので、お手紙で伝えることにしました。高橋くんの小説に、私はすっかり驚か

〈国語〉

時間　五〇分　満点　一〇〇点

【注意】答えは、**特別の指示**のあるもののほかは、各問の**ア・イ・ウ・エ**のうちから、最も適切なものをそれぞれ**一つずつ**選んで、その記号を書きなさい。また、答えに字数制限がある場合には、**、や。や「などもそれぞれ一字と数えなさい。**

1

次の各文の――を付けた漢字の読みがなを書け。

(1) 熟れた果実。

(2) 窯元に勤める。

(3) 突然の訃報に驚く。

(4) 鋳物工場を見学する。

(5) 仏像の天蓋を掃除する。

2

次の各文の――を付けたかたかなの部分に当たる漢字を楷書で書け。

(1) 剣術のシナン。

(2) オモテを上げて、相手を見る。

(3) ジンジュツを施す。

(4) 理想をツイキュウする。

(5) 材木をイッケンの長さに切る。

3

次の文章を読んで、あとの各問に答えよ。（＊印の付いている言葉には、本文のあとに〔注〕がある。）

高校一年生の高橋光太郎は、自分の心の中にタマネギのように何層もの皮を作って、落ち込んだり傷ついたりする自分を護ってきた。ある日、光太郎を文芸部に勧誘している二年生の佐野七瀬が、光太郎の書いた小説を読むことになった。光太郎は、ガラス張りのPC室で小説を読み終えようとしている七瀬の姿を廊下から見ている。

何層にも積み重なった皮の一番奥には、〝期待〟が残っている。自分とか、自分の創り出す世界に期待する気持ちが、本当は僕のなかにもまだ残っている。

ガラスの向こうの時間が、静かに流れた。やがて最後まで小説を読んだらしい七瀬先輩が顔を上げ、ふう、と、息をつくような仕草をする。何かを思案しているような表情にも見えるし、何も感じていないような表情にも見える。僕の小説を読んで、七瀬先輩は何を思ったのだろう。

期待してしまったぶんだけ、恐怖の感情が押し寄せてきた。これはヒドい小説だ。社会性が全くない。読まなければよかった。私の時間を返してほしい。私の時間を返してほしい。私の時間を返してほしい。

そのとき昼休みの終了を告げるチャイムが鳴った。我に返ったように体を動かした七瀬先輩と目が合う。先輩は驚いたような表情をする。BGMみたいなチャイムの音が終わる。プリントを片手に七瀬先輩が立ち上がる。

僕は自分の教室に向かって、逃げるように走り出した。

その封筒に気付いたのは帰宅して夕飯を食べてお風呂《ふろ》にも

2020 年 度

解 答 と 解 説

《2020年度の配点は解答欄に掲載してあります。》

＜数学解答＞

1　〔問1〕　$-4+2\sqrt{3}$　〔問2〕　$x=\frac{3}{2}$，$y=-4$

〔問3〕　$\frac{11}{60}$　〔問4〕　(1)　右図　(2)　$\ell=\sqrt{31}$

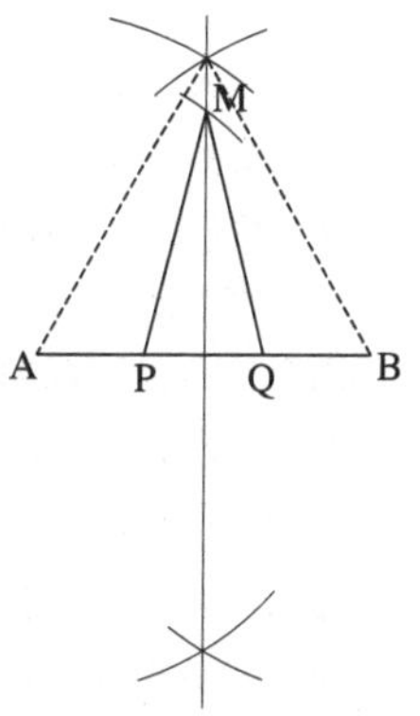

2　〔問1〕　8

〔問2〕　(1)　$2\sqrt{2}$cm(途中の式や計算は解説参照)

(2)　$\frac{5}{2}$

3　〔問1〕　42度　〔問2〕　(1)　解説参照　(2)　$6\sqrt{7}$cm

4　〔問1〕　$t=3$，4，6，7

〔問2〕　$\frac{16}{3}\pi$ cm^3(図や途中の式は解説参照)　〔問3〕　$\frac{1}{8}$倍

○配点○

1　各5点×5　**2**　〔問1〕　7点　〔問2〕　(1)　10点　(2)　8点

3　〔問1〕　7点　〔問2〕　(1)　10点　(2)　8点

4　〔問1〕　7点　〔問2〕　10点　〔問3〕　8点　計100点

＜数学解説＞

1　(数・式の計算，平方根，連立方程式，確率，作図，線分和の最短の長さ)

〔問1〕　分配法則を使って，$\frac{1}{\sqrt{3}}\left(2-\frac{5}{\sqrt{3}}\right)=\frac{1}{\sqrt{3}}\times 2-\frac{1}{\sqrt{3}}\times\frac{5}{\sqrt{3}}=\frac{2}{\sqrt{3}}-\frac{1\times 5}{\sqrt{3}\times\sqrt{3}}=\frac{2\times\sqrt{3}}{\sqrt{3}\times\sqrt{3}}-\frac{5}{3}$ $=\frac{2\sqrt{3}}{3}-\frac{5}{3}=\frac{2\sqrt{3}-5}{3}$　また，乗法公式$(a-b)^2=a^2-2ab+b^2$を利用して，$(\sqrt{3}-2)^2=$ $(\sqrt{3})^2-2\times\sqrt{3}\times 2+2^2=3-4\sqrt{3}+4=7-4\sqrt{3}$だから，$\frac{1}{\sqrt{3}}\left(2-\frac{5}{\sqrt{3}}\right)-\frac{(\sqrt{3}-2)^2}{3}=$ $\frac{2\sqrt{3}-5}{3}-\frac{7-4\sqrt{3}}{3}=\frac{(2\sqrt{3}-5)-(7-4\sqrt{3})}{3}=\frac{2\sqrt{3}-5-7+4\sqrt{3}}{3}=\frac{-12+6\sqrt{3}}{3}=-4+2\sqrt{3}$

〔問2〕　$\begin{cases}\frac{4x+y-5}{2}=x+0.25y-2\cdots① \\ 4x+3y=-6\cdots②\end{cases}$　とする。①は　$\frac{4x+y-5}{2}=x+\frac{1}{4}y-2$　と書きかえられるから，両辺を4倍して　$2(4x+y-5)=4x+y-8$　整理して　$4x+y=2\cdots③$　②－③より，$2y=-8$　$y=-4$　これを③に代入して，$4x-4=2$　$x=\frac{3}{2}$　よって，連立方程式の解は，$x=\frac{3}{2}$，$y=-4$

〔問3〕　袋Aから玉を1つ取り出すときの取り出し方は，①，②，③の3通り。袋Bから玉を1つ取り出すときの取り出し方は，①，②，③，④の4通り。袋Cから玉を1つ取り出すときの取り出し方は，①，②，③，④，⑤の5通りだから，3つの袋A，B，Cから同時に玉をそれぞれ1つずつ取り出すときの全ての取り出し方は3×4×5＝60通り。このうち，取り出した3つの玉に書かれた数の和が7になるのは，（袋A，袋B，袋C）＝（①，①，⑤），（①，②，④），（①，③，③），（①，④，②），（②，①，④），（②，②，③），（②，③，②），（②，④，①），（③，①，③），（③，②，②），（③，③，①）の11通り。よって，求める確率は　$\frac{11}{60}$

〔問4〕

(1)　（着眼点）　△ABMはAM＝BMの二等辺三角形であり，辺AM，BMの長さは，辺ABを一辺とする正三角形の高さに等しい。　（作図手順）次の①～④の手順で作図する。

①　点A，Bをそれぞれ中心として，交わるように半径ABの円を描き，その交点をS，Tとする。（△ABSは正三角形）

②　直線ST（辺ABの垂直二等分線）を引き，辺ABとの交点をOとする。

③　点Aを中心として，半径SO（辺ABを一辺とする正三角形の高さ）の円を描き，直線STとの交点をMとする。　④　辺PM，QMを引く。（ただし，解答用紙には点O，S，Tの表記は不要である。）

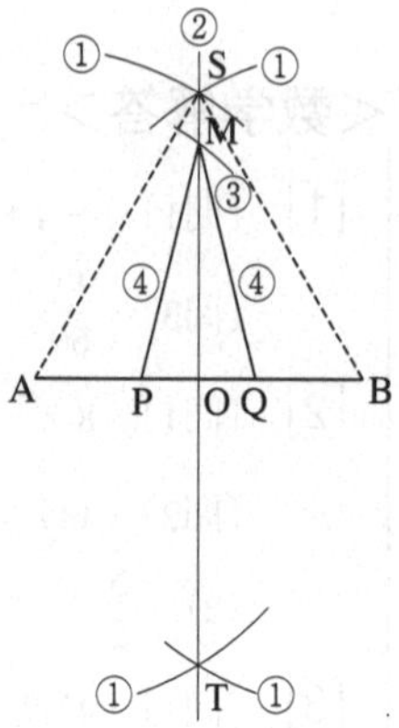

(2)　右図に正四面体ABCDの展開図の一部を示す。ℓの値が最も小さくなるのは，展開図上で点Rが線分PM上にあるときで，このときのℓの値は線分PMの長さに等しい。右図で，PS⊥AD，TM⊥AD，PT//ADとする。△APSと△DMUは30°，60°，90°の直角三角形で，3辺の比は$2:1:\sqrt{3}$だから，$AS=\frac{1}{2}AP=\frac{1}{2}\times2=1$cm，$PS=\sqrt{3}AS=\sqrt{3}\times1=\sqrt{3}$cm，$DU=\frac{1}{2}DM=\frac{1}{2}\times3=\frac{3}{2}$cm，$MU=\sqrt{3}DU=\sqrt{3}\times\frac{3}{2}=\frac{3\sqrt{3}}{2}$cm

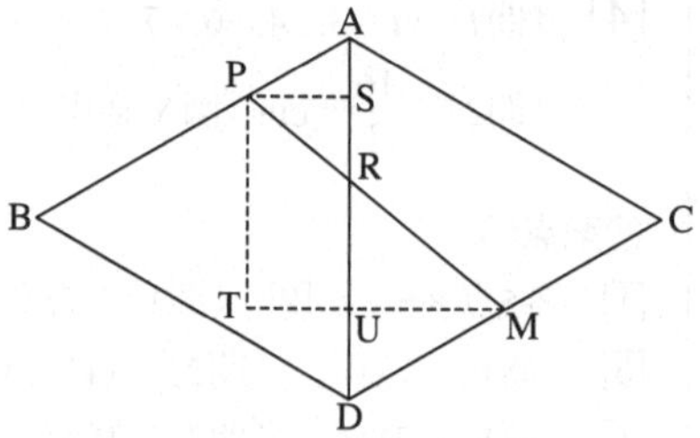

△PMTで三平方の定理を用いると，$PM=\sqrt{PT^2+MT^2}=$

$\sqrt{SU^2+MT^2}=\sqrt{(AD-AS-DU)^2+(MU+PS)^2}=\sqrt{\left(6-1-\frac{3}{2}\right)^2+\left(\frac{3\sqrt{3}}{2}+\sqrt{3}\right)^2}=\sqrt{31}$cm

以上より，ℓの値が最も小さくなるとき，ℓの値は$\sqrt{31}$cm

2　（図形と関数・グラフ）

〔問1〕　xの変域に0が含まれているから，yの最大値は0。$x=-2$のとき，$y=-\frac{1}{2}\times(-2)^2=-2$　$x=4$のとき，$y=-\frac{1}{2}\times4^2=-8$　よって，yの最小値は-8　以上より，xの変域が$-2\leqq x\leqq4$であるとき，yの最大値から最小値を引いた値は$0-(-8)=8$

重要　〔問2〕(1)　（途中の式や計算）（例）　点Pのx座標をpとすると，点Pのy座標は$-\frac{1}{2}p^2$である。OP＝PAであるから，△OPAは直角二等辺三角形である。よって，∠AOP＝45°　このとき，点Pのx座標とy座標の絶対値は等しくなるから　$\frac{1}{2}p^2=p$　よって　$p^2-2p=0$　$p>0$であるから　$p=2$　したがって　P(2，−2)　よって　$OP=\sqrt{2^2+(-2)^2}=2\sqrt{2}$

やや難　(2)　前問(1)と同様，$P\left(p,\ -\frac{1}{2}p^2\right)$とすると，△OPAはOP＝PAの二等辺三角形であることから，A$(2p,\ 0)$である。また，$Q\left(2p,\ \frac{15}{2}\right)$である。点Rの$x$座標を$r$とすると，$R\left(r,\ -\frac{1}{2}r^2\right)$である。

線分APの傾き$=\frac{0-\left(-\frac{1}{2}p^2\right)}{2p-p}=\frac{1}{2}p\cdots$①　線分PRの傾き$=\frac{-\frac{1}{2}p^2-\left(-\frac{1}{2}r^2\right)}{p-r}=\frac{-\frac{1}{2}(p+r)(p-r)}{p-r}$

$=-\frac{1}{2}(p+r)$…②　線分APの傾きと線分PRの傾きは等しいから，①，②より，$\frac{1}{2}p=-\frac{1}{2}(p+r)$
これをrについて解いて，$r=-2p$　よって，R$(-2p,\ -2p^2)$　点R，Sからx軸へ垂線RB，SCを引く。また，点Q，R，Sからy軸へ垂線QD，RE，SFを引く。平行線と線分の比の定理より，BC：CA＝EF：FD＝RS：SQ＝3：2　CA＝AB×$\frac{2}{3+2}=\{2p-(-2p)\}\times\frac{2}{5}=\frac{8}{5}p$　FD＝DE×$\frac{2}{3+2}=\left\{\frac{15}{2}-(-2p^2)\right\}\times\frac{2}{5}=\frac{4}{5}p^2+3$　よって，(点Sのx座標)＝(点Qのx座標)－CA＝$2p-\frac{8}{5}p=\frac{2}{5}p$
(点Sのy座標)＝(点Qのy座標)－FD＝$\frac{15}{2}-\left(\frac{4}{5}p^2+3\right)=\frac{9}{2}-\frac{4}{5}p^2$　点Sは$y=-\frac{1}{2}x^2$上の点だから，$\frac{9}{2}-\frac{4}{5}p^2=-\frac{1}{2}\left(\frac{2}{5}p\right)^2$　整理して　$p^2=\frac{225}{36}$　$p>0$より，$p=\sqrt{\frac{225}{36}}=\frac{5}{2}$

3 （角度，相似の証明，線分の長さ）

基本　〔問1〕　△ABCはAB＝ACの二等辺三角形だから，∠ABC＝∠ACB　つまり，∠LBM＝∠ACB…①　△LBMはLB＝LMの二等辺三角形だから，∠LBM＝∠LMB…②　①，②より，∠ACB＝∠LMBで同位角が等しいからLM//AC　△LQMがLQ＝LMの二等辺三角形であることを考慮すると，LM//ACより平行線の同位角は等しいから，∠APM＝∠LMQ＝(180°－∠MLQ)÷2＝(180°－96°)÷2＝42°

重要　〔問2〕(1)　(証明)　(例)　次に，∠PCM＝∠QLRであることを示す。ここで，∠PMC＝∠aとおく。仮定より　∠CMN＝2∠PMC　すなわち　∠CMN＝2∠a　MN//ARより，平行線の同位角は等しいので　∠CMN＝∠CBA　また，△ABCは二等辺三角形なので　∠CBA＝∠BCA　よって　∠BCA＝2∠a　すなわち　∠PCM＝2∠a…③　対頂角は等しいので　∠PMC＝∠QMB＝∠a　円周角の定理より　∠QMB＝$\frac{1}{2}$∠QLB　したがって　∠QLB＝2∠QMB＝2∠a　すなわち　∠QLR＝2∠a…④　③，④より　∠PCM＝∠QLR　したがって　∠PCM＝∠QLR…(イ)

(2)　AC＝AB＝8cm　点Nが辺ACの中点であることと，CP＝PNより，CP＝PN＝2cm　△ABCにおいて点Mと点Nはそれぞれ辺BC，辺ACの中点であるから，中点連結定理より，MN//AB，MN＝$\frac{1}{2}$AB＝$\frac{1}{2}\times8=4$cm　平行線と線分の比の定理より，MN：AR＝PN：PA　AR＝$\frac{\text{MN}\times\text{PA}}{\text{PN}}=\frac{\text{MN}\times(\text{AC}-\text{CP})}{\text{PN}}=\frac{4\times(8-2)}{2}=12$cm　点Pから直線ARへ垂線PHを引く。△APHは30°，60°，90°の直角三角形で，3辺の比は2：1：$\sqrt{3}$だから，AH＝$\frac{1}{2}$PA＝$\frac{1}{2}\times6=3$cm，PH＝$\sqrt{3}$AH＝$\sqrt{3}\times3=3\sqrt{3}$cm　以上より，△PRHで三平方の定理を用いると，PR＝$\sqrt{\text{PH}^2+\text{HR}^2}=\sqrt{(3\sqrt{3})^2+(3+12)^2}=6\sqrt{7}$cm

4 （空間図形，動点，ねじれの位置，体積，体積比）

基本　〔問1〕　空間内で，平行でなく，交わらない2つの直線はねじれの位置にあるという。辺AB，BC，CD，DAの中点をそれぞれI，J，K，Lとする。$t=1$のとき，直線PQは直線IEと一致し直線OEと交わる。$t=2$のとき，直線PQは直線BFと一致し直線OEと平行である。$t=3$のとき，直線PQは直線JGと一致し直線OEとねじれの位置にある。$t=4$のとき，直線PQは直線CHと一致し直線OEとねじれの位置にある。$t=5$のとき，直線PQは直線KEと一致し直線OEと交わる。$t=6$のとき，直線PQは直線DFと一致し直線OEとねじれの位置にある。$t=7$のとき，直線PQは直線LGと一致し直線OEとねじれの位置にある。以上より，直線PQが直線OEとねじれの位置にあるときのtの値は　$t=3$，4，6，7　である。

〔問2〕　(図や途中の式)　(例)　△OAPを直線OEを軸として1回転させてできる円すいの体積をV_1cm^{3}とする。正方形AEQPを直線OEを軸として1回転させてできる円柱の体積をV_2cm^{3}とする。

△OEQを直線OEを軸として1回転させてできる円すいの体積をV_3cm³とする。$V_1=\frac{1}{3}\times\pi\times AP^2\times OA=\frac{8}{3}\pi$

$V_2=\pi\times EQ^2\times PQ=8\pi$　$V_3=\frac{1}{3}\times\pi\times EQ^2\times OE=\frac{16}{3}\pi$　よって，求める体積は，$V_1+V_2-V_3=\frac{8}{3}\pi+8\pi-\frac{16}{3}\pi=\frac{16}{3}\pi$

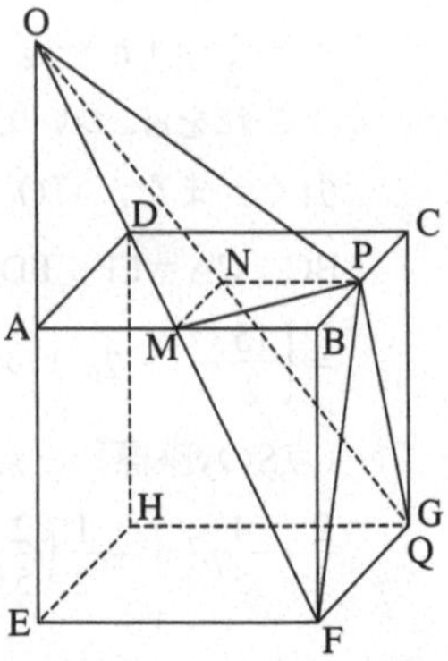

やや難　〔問3〕　$t=3$のときを右図に示す。立体OPQFは底面が△PQFで，高さがEFの三角錐である。また，立体OPMNは底面が△PMNで，高さがAOの三角錐である。AM//EF，MN//FGで，平行線と線分の比の定理より，AM：EF＝AO：OE＝1：2　NO：NG＝MO：MF＝AO：AE＝1：1　点Mは線分AB，OFそれぞれの中点であり，点Nは線分OGの中点である。△OFGで中点連結定理より，$MN=\frac{1}{2}FG=\frac{1}{2}\times2=1$cm　よって，四角形BPNMは，BP//MN，BP＝MN，∠MBP＝90°の四角形だから長方形である。以上より，立体OPQFと立方体ABCD－EFGHが重なる部分の体積は　V＝(三角錐OPQF)－(三角錐OPMN)$=\frac{1}{3}\times\triangle PQF\times EF-\frac{1}{3}\times\triangle PMN\times AO=\frac{1}{3}\times\left(\frac{1}{2}\times FG\times BF\right)\times EF-\frac{1}{3}\times\left(\frac{1}{2}\times MN\times BM\right)\times AO=\frac{1}{3}\times\left(\frac{1}{2}\times2\times2\right)\times2-\frac{1}{3}\times\left(\frac{1}{2}\times1\times1\right)\times2=1\text{cm}^3$

$V\div W=1\div2^3=\frac{1}{8}$より，$V$は$W$の$\frac{1}{8}$倍である。

★ワンポイントアドバイス★

②〔問2〕(1)では，△OPAが直角二等辺三角形であることから，その性質を利用することがポイントである。③〔問2〕(1)では，弧BQに対する円周角と中心角の関係に着目することがポイントである。

＜英語解答＞

① 〔問題A〕＜対話文1＞　ウ　＜対話文2＞　エ　＜対話文3＞　イ
〔問題B〕＜Question 1＞　ウ　＜Question 2＞　They should tell a teacher.

② 〔問1〕　イ　〔問2〕　エ　〔問3〕　know what I should write about
〔問4〕　joy　〔問5〕　エ　〔問6〕　オ　〔問7〕　STARS
〔問8〕　エ　〔問9〕　ウ　〔問10〕　オ

③ 〔問1〕　イ　〔問2〕　ウ　〔問3〕　エ　〔問4〕　ア
〔問5〕　think about the customers and make every effort for them
〔問6〕　ア　〔問7〕　ウ　〔問8〕　エ
〔問9〕　(解答例)　I will talk with my friends about good points and bad points of each plan. Then we will know which points are important and which are not. By talking about each plan like this, we can choose the best plan. (40 words)

○配点○

① 各4点×5　② 各4点×10
③ 〔問1〕～〔問8〕　各4点×8　〔問9〕　8点　　計100点

＜英語解説＞

1　(リスニングテスト)

放送台本の和訳は，2020年度都立共通問題37ページに掲載。

2　(会話文問題：語句解釈，指示語，語句整序，語句補充・選択・記述，文整序，内容吟味，要旨把握，受動態，助動詞，現在完了，動名詞，不定詞，進行形，比較，関係代名詞，分詞，間接疑問文，接続詞)

(全訳)ダンは，夏にニューヨークにいる彼の叔母アン，彼の従兄弟ビーとカルを訪問している。ダンは産まれた後にアメリカに住んでいたが，(現在)日本の高校に通っている。彼は翌週日本に戻ることになっていて，従兄弟たちと話しをしている。

ビー(以下B)：あなたはここに3週間滞在して，来週出発するのね。わくわくしているのではないかしら。／ダン(以下D)：いや，そうでもないね。実は，もっと長く滞在したいなあ。／カル(以下C)：それってなぜ？　日本が懐かしいでしょう。／D：そうだけれど，数学の宿題を書き終えていないのさ。(1)そのことで僕はとても神経過敏になっているんだ。本を数冊読んで，数学に関する情報を集めたけれど，題材が決定できていない。ひと夏中ずっとそのことが心配で，今でもそうだよ。／B：なるほど。私たちにもっとあなたの宿題のことを話してくれないかしら。／D：数学の先生が僕たちに数学のレポートを書くように言ったんだ。(2)算数を学ぶことに子供達が興味を抱くような何かを，僕たちは書かなければならない。レポートで何を書いたら良いかを決められないんだ。／B：それでは，私たちの母に手伝ってくれるように頼んでみない？／D：アン，君らのお母さんにかい？／C：あっ，それは良い考えだね。現在，彼女は技術者だけれど，結婚するまでは，高校で数学を教えていたんだ。／D：それは知らなかったなあ。／B：今，母は庭で何かをしているけれど，きっと少しは時間があると思うわ。

ビーが庭に行き，アンと一緒に戻ってくる。

アン(以下A)：良いわよ，ダン。ビーが私にあなたの宿題のことを話してくれたわ。あなたは，私の助けを求めているということね。／D：その通りです。(3)何か良い考えはありますか。／A：そうね，まず，あなたに尋ねたいことがあるわ。あなたは数学が好きかしら。／D：はい。数学は私たちの生活においてとても役に立つということを知ってからは，より興味を持ちました。／A：それは重要な点ね。じゃあ，私に言ってみて。日常生活のどこで数学は必要なのかしら。／B：買い物。食事の準備・・・／C：音楽の演奏。スポーツ・・・／D：時間を理解することや暦・・・／A：とても良いわね。私たちの世界は数学で満ちあふれているわ。だから，(4)幼い子供達に算数の喜びを伝えるのは重要なのね。／B：私たちにその方法を教えてくれないかしら。／A：そうね，何かに興味があると，学びやすいわね。だから，多くの子供達にとって，算数をより関心のあるものにする術を，私たちは見つけなければならないの。／C：それはとても難しそうだなあ。／A：実は，それを実現するための多くの方法があるのよ。／D：もう少し詳しく教えてくれませんか。／A：わかったわ。算数のパズルをすることは，良いきっかけになるのではないかしら。／C：それって何？　僕は数学が好きではないので，パズルでさえも退屈なものに思えるのだけれど。／A：それは気の毒だわ，でも，私を信じてね。あなたたちは‘魔方陣’という言葉を聞いたことがあるかしら。／D：いいえ，一度もありません。／A：いいわ。説明しましょう。これを見てね。縦横3つずつのマス目に，欠けている数字があるでしょう。1から9までの各数字を使うのよ。魔方陣では，数字の合計がどの縦・横・対角線においても，同じでなければならないの。ここでは合計は15ね。さあ，やってみて！

数分間経過。

A：良いですか，みんな。解けましたか。／一同：はい。／B：(5)−a [C]まず，欠けている数字が何かを確認したわ。それらは，5，8，9よね。(5)−b [B]それから，単純な足し算を用いたの。X + 3 + 4 = 15. X + 1 + 6 = 15 (5)−c [D]よって，Xは8となるでしょう。(5)−d [A]このようにして，残りの他の欠けている数字も見つけたわ。／D：すごいなあ。きっと子供達は気に入るでしょうね。／A：実は，魔方陣は子供達だけのものではないのよ。魔方陣が好きな人々はたくさんいるわ。紙1枚と1本の鉛筆だけで，どこでもこのパズルを取り組むことが出来るでしょう。／C：うわぁ！　特別なものを使う必要はないね。／A：その通り。別の面白いパズルを紹介しましょうね。これはほぼ魔方陣と同じものなの。‘マス目に単語を埋めるパズル’と呼ばれているわ。同一単語が横断して，そして，上から下へと綴られるの。これに挑戦してみてね。全ての単語は英語の辞書に載っているわよ。ヒントを出しましょう。1. 速くない　2. 子供に対する親の(　)　3. “above”『～の上に』とほぼ同じ意味　4. (　)you busy yesterday ?『昨日あなたは忙しかったですか』／D：わかった！ (6)答えはこのようですよね。／A：よくできたわね。／C：だんだんパズルに興味がわいてきたよ。子供達は算数を学ぶことで，言葉を覚えることさえできるのだね。／A：さて，一人の人物について話をしたいの。あなたたちはみんな‘不思議の国のアリス’の話を知っているでしょう。／B：本を読んだし，映画も見たわ。とても面白かったわね。／D：僕はあの本はとても面白いと思いました。／A：それでは，誰がこの物語を書いたか知っているかしら。／C：ルイス・キャロルではないかなあ。／A：その通り，そして，彼は非常に有名な数学者だったのよ。彼は言葉で遊ぶことが好きだった。例えば，$\pi = 3.1415926$の覚え方を見つけたの。” May I have a large container of coffee ?”(コーヒーの大きな容器をいただいても良いですか)の各単語の文字数とπの数字が一致しているので，キャロルこの表現を何度も繰り返すのが好きだったのよ。／B：その話を聞くのは私にとって初めてだわ。／A：ここで，彼の素晴らしいパズルの一つ，ダブレットという単語ゲームを紹介したいと思うわ。最初と最後の単語が与えられるのよ。一度に一文字だけ変更して，段階的に最初の単語を最後の単語へと変換していかなければならなくて，それぞれの文字変換で新しい単語が獲得される必要があるのよ。各語は実存する単語でなくてはならないわ。／C：単語ゲームだね。僕は好きだよ。／A：例を挙げるね。あなたの ”cat”(猫)を ”bed”(ベッド)へ連れて行ってね。答えはこんな感じ。

CAT(猫)→ BAT(コウモリ)→ BET(賭ける)→ BED(ベッド)

D：彼は本当に天才ですね。／A：いいわね，みんな。ルイス・キャロルが作ったダブレットの一つに挑戦してみてね。*TEARS*「涙」を*SMILE*「笑み／ほほ笑む」に変えてみてね。人名は使えないわ。地名も不可よ。

TEARS(涙)→ SEARS(sear「あぶる」の3人称単数のsが付いた形) → (7) STARS (star「星」の複数形)→ STARE「見つめる」→ STALE「新鮮でない／新鮮味がなくなる」→ STILE「踏み越し台／回転木戸」→ SMILE「笑み／ほほ笑む」(6つの変化)

C：僕は解けたよ。このパズルには本当にびっくりさせられるね。／D：ダブレットは，明確に考える方法を学び，どの単語を知っているかを確認するために，非常に有効ですね。／A：別の例を挙げてみるわね。このダブレットにおいては，FOUR「4」をFIVE「5」にするために，キャロルは6つの変化を課したのよ。でも，このように，算数では4を5にするには1を加えるだけでしょう。各文字が異なった数字を示しているのよ。

```
   FOUR
+   ONE
-------
   FIVE
```

この足し算が正しいということを，数字を用いて表すことができるの。これが解法のひとつね。

```
   9230
+   251
-------
   9481
```

C：驚きだね！／A：これを説明することができるかしら。R＋E＝E，だからRは0でしょう。もし1をEの代わりに代入すると，Eは1となる。それから？／B：(8)－a C 3をUの代わりに代入すれば，Uは3となる。／C：(8)－b A そして，5をNの代わりに代入すれば，Nは5。だから，Vは8だね。／D；(8)－c D 2をOの代わりに代入すれば，Oは2。だから，Iは4です。／B：(8)－d B 最後に，Fの代わりに9を代入すると，Fは9となるわ。／A：すばらしいわ！　これは‘覆面算’と呼ばれているのよ。どう思う？　算数パズルは興味深いでしょう。／B：そうね。算数パズルは，子供たちに算数が面白いと思ってもらうための効果的な方法の一つで，彼らは算数の楽しさを体験することができるわ。(9)1,000キロの長い旅路もたった一歩から始まるのよ。／C：僕は，さまざまな算数パズルに挑戦してみることにしたよ。何かに興味を持てば，そのことで意欲がかき立てられるよね。／D：みなさん，手助けをしてくれて，本当に感謝しています。これらのパズルはすばらしいですね。さて，僕は何について書くべきかがつかめました。これで，いつでも帰宅して，自分のレポートを書き終える準備が整いました。

みんなが笑う。

基本　〔問1〕下線部(1)は「そのことで僕はとても精神過敏になっている」の意。that[そのこと]は前文「まだ数学のレポートを書き終えていない」を指す。したがって，正解は，イ「私は数学の宿題のことが本当に心配だ。というのは，夏休みが終わる前に，それを終えることができるとは思っていないので」(○)。make A B「AをBの状態にする」 <be動詞＋worried about>「～のことを心配している」 <be動詞＋able＋不定詞[to＋原形]>「～できる」 × will can → <will be able＋不定詞[to＋原形]>「～出来るだろう」(未来の可能性) haven't finished writing「書き終えていない」← 現在完了 <have[has]＋過去分詞>(完了・経験・継続・結果) 動名詞 <原形＋-ing>「～すること」 他の選択肢は次の通り。ア「夏の数学レポートはとても難しいので，従兄弟と叔母に自分を助けてくれるように頼みたい」(×) 数学のレポートの題材が決まっていない(ダンの2番目のせりふ参照)とは述べているが，難易度については触れていない。また，この時点で，伯母が数学に精通していて宿題の手助けになる，ということはダンには知らされていないので，不適。so ～ that …「とても～なので…だ」 <'d[would]＋like＋不定詞[to＋原形]>「～したいのですが」 ウ「私は日本に帰りたいとは思っていなくて，数学の宿題をするためにここにもっと長く滞在したい」(×) 「宿題を終えていない」のは事実だが(ダンの第2番目のせりふ参照)，「宿題を終えるために滞在したい」とは述べていない。また，ダンは日本を懐かしくは感じている。(カルの最初のせりふ＆ダンの2番目のせりふ参照)miss「～しそこなう／を逃す／がいない[ない]ので寂しく思う」 I'm not missing Japan ← <be動詞＋現在分詞[原形＋-ing]> 進行形「～しているところだ」 <I'd like＋不定詞[to＋原形]>「私は～したい」 longer「より長い」← long の比較級　to do my summer math homework ← 不定詞の副詞的用法(目的)「～するために」 エ「私の数学のレポートについて考えるときに，何もしていないので，非常に悲しく感じている」(×) nervous「びくびくしている」とかworried「心配して」とは述べているが，sad「悲しい」とは述べていない。haven't done ← <have[has]＋not＋過

去分詞> 現在完了の否定形(完了・継続・結果・経験)　not ～ any「全く～ない」

重要　〔問2〕 (We have to write)about something that will make children interested in(learning math.) <have[has]+ 不定詞[to + 原形]>「～しなければならない／にちがいない」 something that will make ← <先行詞 + 主格の関係代名詞 that + 動詞>「～ [動詞]する先行詞」 <make + A + B[形容詞・分詞]>「AをBの状態にする」 <interested in>「～に興味を持っている」 in learning ← <前置詞 + 動名詞[原形 + -ing]>　前置詞の後ろに動詞がくる場合には動名詞になる。

やや難　〔問3〕 空所補充設問の英文は「どうか助言を下さい。私は夏の数学の宿題で□たいのです」の意。下線部(3)に至るまでの論旨は以下の通り。「アン：ビーが私にあなたの宿題のことを話してくれた。あなたは私の助けを求めているのね。／ダン：その通りです。 (3)何か良い考えはありますか」また，ダンは冒頭で「宿題の題材が決まっていない」という悩みを打ち明けている。(ダンの第2の発言参照)以上より，正解は，(I'd like to)know what I should write about(in my summer math report.) の6語(ダンの最後のせりふ参照)。(完成文の和訳)「助言を下さい。夏の数学の宿題で何について書くべきかを知りたい。」<'d[would]like + 不定詞[to + 原形]>「～したいのですが」 know what I should write about ～ ← What should I write about ? 間接疑問文(疑問文が他の文に組み込まれた形)では<疑問詞 + 主語 + 動詞>の語順になるので注意。 should「～すべきだ／に違いない」

やや難　〔問4〕 下線部(4)を含む文は「私たちの世界は算数で満ちているので，算数の□を幼い子供たちに教えるのは非常に重要だ」の意。文意から肯定的な意味を表す名詞を文中から探すこと。正解は，joy「喜び」(最後のビーのせりふ参照)。<It is + 形容詞 + 不定詞[to + 原形]>「～[不定詞]することは･･･[形容詞]だ」

基本　〔問5〕 以下の文脈を確認のこと。「(5)-a C まず，欠けている数字が何かを確認した。それらは5，8，9。(5)-b B それから，単純な足し算を用いたわ。x + 3 + 4 = 15．x + 1 + 6 = 15． (5)-c D よって，xは8となる。(5)-d A このようにして，残りの他の欠けている数字も見つけた」 <～．So …>「～。それで[だから]…だ」

やや難　〔問6〕 word square(マス目に単語を埋めるパズル)を完成させる問題。まず，本文からルール(The same words are spelled across and down.『横切って，上下に同一単語が綴られる』)を確認すること。その上で以下のヒントを参考にマス目を埋めていく。(ヒント)1「速くない」→ slow「遅い」 2 parents' love for their children「子供への親の愛」 3 above「～の上に」とほぼ同じ意味 → over 4 Were you busy yesterday ? 2人称のbe動詞の過去形を入れれば良い。以上からマス目は以下のようになる。

1 S	L	O	W
2 L	O	V	E
3 O	V	E	R
4 W	E	R	E

やや難　〔問7〕 まず，ダブレットのルールを確認すること。「最初と最後の単語が与えられる。一度に一文字だけ変更して，段階的に最初の単語を最後の単語へと変換する。一回の変換で実存する単語が得られる必要がある」(空所(7)からさらに2つ前のアンの発言参照)当設問では，最初の語がtears「涙」，最後の語がsmile「笑み／笑う」。SEARS → (7) → _ _ _ R _ → STALE なので，空所の次の語は，STARE「じっと見つめる」。したがって，空所(7)は，STARS「星(の複数形)」となる。

基本　〔問8〕 パズルの法則を理解して説明を選択肢から選び，完成させる問題。

FOUR　　　　9230
\+ ONE　→　+ 251
FIVE　　　　9481

左のアルファベット１文字1文字に，右の数式の同位置にある数字を当てはめる規則を理解して，その説明文を文整序の形式で完成させる。接続詞 if「もし～ならば」

基本　〔問9〕 下線部(9)の文字通りの意味は「1,000キロの長い旅は，たった一歩から由来する」。前文には「算数パズルは，子供たちに算数に興味をもってもらうのに良い方法の一つで，算数の喜びを学ぶことができる」とあるので，下線部はこのことを比喩的に表していることになる。したがって，正解はウ「最初の第一歩を踏み出すことが，ゴールに到着するのには必要だ」。come from「～出身である／に由来する」 taking a first step／reaching a goal ← 動名詞 ＜原形 + -ing＞「～すること」他の選択肢は次の通りだが，下線を付した箇所が文意上不適。ア「欲しいものを入手するには，階段を歩いて昇り，たくさん練習しなければならない」(×) ＜have [has]+ 不定詞[to + 原形]＞「しなければならない／にちがいない」 a lot「とても，ずいぶん，たいへん」 to get「得るために」← 不定詞[to + 原形]の副詞的用法(目的)「～するために」 something ▼ you want ← 目的格の関係代名詞の省略 ＜先行詞 +(目的格の関係代名詞)+ 主語 + 動詞＞「～［主語］が…［動詞］する先行詞」 イ「何か素晴しいものを見つけるためには，素早い歩調で歩く必要がある」(×) ＜It is + 形容詞 + 不定詞[to + 原形]＞「～［不定詞］することは…［形容詞］だ」 to find「見つけるために」← 不定詞[to + 原形]の副詞的用法(目的)「～するために」 エ「あなたが踏み出すひと踏みごとに，経験は最も重要だ」(×) the most important「最も重要な」← important の最上級 長い語の比較級[最上級]＜more[most]+ 原形＞ every step ▼ you make ←目的格の関係代名詞の省略 ＜先行詞 +(目的格の関係代名詞) + 主語 + 動詞＞「～［主語］が･･･[動詞]する先行詞」

重要　〔問10〕 ア「この夏にダンはアメリカへ戻り，彼の叔母の家族と一緒に2週間過ごした」(×) ダンが叔母宅で過ごしたのは3週間である。(ビーの最初のせりふ参照)you're leaving next week「あなたは来週出発することになっている」← 進行形 ＜be動詞 + 現在分詞[原形 + -ing]＞(進行／近い未来)「～しているところだ／することになっている」 イ「アンは結婚前に技術士として働いていて，そして，数学教師になった」(×) アンは結婚前に数学を教えていたが，現在は技術技師である。(カルの2番目のせりふ参照) ウ「ダンは数学が好きではないが，学校が始まる前に，夏の数学のレポートを書かなければならない」(×) アンの「数学が好きか」という質問に，ダンは肯定で答えている。(アンの2番目のせりふとそれに対するダンの応答参照)＜have [has]+ 不定詞[to + 原形]＞「～しなければならない／にちがいない」 more interested「より興味がある」← interested の比較級 長い語の比較級 ＜more + 原級＞ interested in「～に興味がある」 エ「みんなが魔方陣を簡単に楽しむことが出来て，魔方陣をするには，一枚の紙と一本の鉛筆のみが必要である」(×) 「魔方陣は子供だけのものではなくて，愛好者は多く，一枚の紙と一本の鉛筆のみを用いてこのパズルに取り組める」(第3場面のアンの第2のせりふ)とは述べられているが，易しいという難易度への言及はなし。 オ「ルイス・キャロルは作家兼数学者で，π を覚えるための表現を思いついた」(○) ルイス・キャロルが不思議の国のアリスを書いた著者であることや著名な数学者であることが，第3場面で述べられている。both A and B「AとBの両方」 thought ← think「考える」の過去形 think of「～を想像する，思い浮かべる」 カ「この物語の最後で，みんなは笑った。というのは，ダンがおかしなことを発言して，数学のレポートを書き終えたから」(×) 最後に笑った場面の直前で，誰かが何か面白いことを発言したという事実は認められず，状況から，むしろみんなが会話に満足をして笑っている，というように解釈される。また，最後にダンが「帰宅して，レポートを終える準備ができている」と述べているので，不一致。something funny ← ＜－thing ＋ 形容詞＞の語順になる。finished writing ← 動名詞[原形 ＋ -ing]「～すること」＜be動詞 ＋ ready ＋ 不定詞[to ＋ 原形]＞「～する準備ができている／喜んで～する」

3　(長文読解問題・物語：語句解釈，内容吟味，条件英作文，指示語，語句整序，要旨把握，助動詞，分詞，関係代名詞，接続詞，前置詞，間接疑問文，不定詞，比較，現在完了)

(全訳)私は6人家族で育った。私が若かった頃，両親は朝から晩まで一生懸命働いていた。したがって，姉が私の幼い姉妹たちや私の面倒をみてくれた。彼女はわたしたちのためにできうることを全て行ってくれた。しかし，私が12歳の時に，彼女は結婚して家を離れた。私たちは途方に暮れた。幼い姉妹や私は料理が全くできなかったので，終日の過酷な長時間労働の後に，母は夕食を料理せざるをえなかったのである。そのことが母にとって非常に大変なことが私にはわかっていた。ある晩，彼女を助けるために，人生で初めて料理をつくる決意をした。両親が帰宅する前に，自身で料理を開始した。味噌と豆腐を熱湯に入れた。米，野菜，そして，卵を炒めもした。炒めたご飯[チャーハン]と味噌汁は美味しくはなかったが，両親や姉妹たちは「エイジは料理が上手だね」と言って，大きな笑みを浮かべて，それらを残さずに食べてくれた。(1)私は自分自身のことを非常に誇らしく思った。彼女らの笑みを再び見たくて，私は料理をすることに興味を持つようになった。

私は高校生になって，いくつかのアルバイトを経験した。学生として働くことは非常に大変だったが，さまざまな人々と出会い，話をすることは楽しかった。人々により価値観はさまざまである，ということを私は学んだ。私は，異なった業種で色々な素晴らしい経験を積んだ。その一つが，食品が入った重い箱をいくつもレストランの台所へ運ぶというものだった。ある日，私は大量の生野菜を人気のあるフランス料理店へ届けた。料理人たちが準備，及び，非常に注意深く食べ物を盛り付けているところだった。私は彼らに尋ねた。「本当にこのことをする必要があるのですか？実際，これで味が変わるのでしょうか」料理長は次のように答えた。「ええ，変わりますよ。お客様のことを考えて，あらゆる努力をすることで，お客様は私どものことを理解されて，幸せそうな笑みが私どもへ向けられるのです。(2)もし私どもがそうしないと，食事の味は変わり，お客様はその違いをすぐに認識されるものなのです」私は彼らの客を眺めた。彼らはみんな食事を楽しみ，顔中に笑みをたたえて，従業員と話をしていた。その光景は，私が初めて料理をした時のことを思い出させてくれた。毎日，人々の笑顔を見るのは，素晴らしいことだろうと私は考えた。そこで，私は料理人になる決意をした。

高校を卒業後，私は1年間料理学校へ通ってから，もっと学びを深めるためにフランスへ向かった。フランスでは，さまざまな人々と出会い，地域における数々の食べ物に遭遇した。目にするものがすべて，洗練されていて，美しかった。それは私にとって非常にわくわくするような体験だった。東京に戻ると，私は非常に人気のあるホテルのレストランで働き始めた。(3)高校時代の経験のおかげで，私はとても効率よく働くことができた。同時に，私の料理の腕前も確かなものだった。わずか5年間で，私はそのレストランの副料理長になった。自身が素晴らしい調理の技術を有しているということを確信していた。より優れた料理を調理するために，私は以前よりもさらに懸命に働くようになった。他の従業員にも私と同様に，効率よく，かつ，熱心に働いて欲しい，というのが，私の願いだった。料理長にも私たちのために最善を尽くして欲しいと思った。自分がやることは万事正しい，と心底信じていた。

だが，ある日，とても大切なパーティーで私たちは重大な失敗を犯した。実は，それは私の過ちではなかったが，私の同僚の一人が料理長にそのように[私の失敗であると]告げて，料理長はそのことを信じてしまった。そのことは私にとって衝撃だった。私はそのホテルのレストランを辞めることを決意して，小さなレストランで働き始めた。有名なホテルにおいてと同じように，私は良い食事を提供しようと懸命に務めたが，それは困難なことだった。より食材を求めて高額の費用を費やすことができなかったからだ。私の同僚はみんな親切だったが，料理の腕前が非常に優れていたわけではなく，怠惰であるように思えた。優れた調理法やいかに効率よく働くか，ということを彼らに示そうとしたが，彼らは私の話に耳を傾けようとしなかった。私は困惑した。私は妻のフミにしばしば打ち明けた。「私の助言に従えば，我々のレストランはすぐに流行るだろうに。(4)なぜ彼らは私の話を聞かないかが，理解できないよ」

ある日曜日に，フミと一緒に買い物へ行き，昼食を食べようと，あるレストランへ向かった，一人の従業員が，私たちの隣に座っていた男性にハンバーグを給仕した。それにはニンジンのみが添えられているだけで，他のものは一切なかった。私は静かにフミに言った。「あれは子供のためであって，大人に対するものには見えないね。もっと美味しいハンバーグにして，より洗練されたやり方で盛り付けをするために，最善を尽くすべきだね」しかしながら，男性はその料理を見て，とても満足そうだった。彼は食べ始めると，突然口を開いた。「これだ！」私は驚いて彼に尋ねた。「何がそんなに特別なのでしょうか」彼は答えた。「あなたにとってはそのようには見えないかもしれませんが，私にとっては特別なものなのです。40年前，自分の10歳の誕生日の際に，私は両親と一緒にここにやって来て，この店のハンバーグがとても気に入ったのです。今日は，そのことを従業員さんに話をさせていただきました。すると，何が起きたと思います？　ここにあるものは，(当時と)全く同じように盛り付けと味付けがなされているのです。通常は，より洗練されたやり方で調理されるようなのですが，(5)これがまさしく私が本日求めていたものなのです」私は周囲を見回した。年季は入っているが，清掃がよく行き届いたレストランだった。すべての客が食事に満足しているようだった。3人の従業員しかいなかったが，彼らはみんな，効率よく働いていた。みんなが笑っていた。フミに伝えた言葉は言うべきではなかった，と私は後悔した。

昼食後，私は料理長と話をする機会に恵まれた。彼は次のように話をした。「(6)一人の人物にとっての宝物は，他の人には無駄や浪費になりうるのです。私たちは常にただ，他の人たちの気持ちというものを考えるようにしています」彼の言葉により，自分の学生時代やフランスにおける滞在中の記憶がよみがえった。当時，様々な人々と話をして，多種の価値観を学ぶことが，私にとって貴重な体験だった。しかし，働き始めると，私は自己の考えを周囲の人々へ押し付けるようになった。このことが原因で，双方のレストランにおいて，同僚と上手くやっていくことができなかったのである。

翌朝，レストランを改善するために私が考えた計画を他の従業員に話をしたうえで，彼ら自身の考えを聞かせて欲しいと伝えた。(7)彼らのほとんどが自分自身の考えを持っていることを知って，私は驚いた。彼らは私とは異なる考えをしていただけだったのである。彼らが怠けている，と私は考えたが，それはまちがいだった。自分らの考えを実現するための十分な技能を，彼らは身につけていないだけだ。その日を境として，私たちは意見を交換する目的で，週に2回話し合いの場を設けている。私も同僚と顧客をよく観察して，彼らの話に耳を傾けて，彼らが望んでいることを推し量るようになった。現在では，私に対して微笑んでくれる人々の数が増えて，以前にも増して，忙しくも，幸せな生活を送っている。いつの日か，笑顔があふれる自分自身のレストランを持ちたいと願っている。

基本　〔問1〕　下線部(1)は「私はとても誇らしく感じた」。ア「以前，彼の姉が彼に教えてくれたので，彼はチャーハンと味噌汁を上手く調理することができた」(×)　第1段落7文に「妹も私も全く料理をしなかった」と述べられており，チャーハンと味噌汁は美味しくなかった(第1段落の最後から3文目参照)と記されているので，不一致。＜be動詞 + able + 不定詞[to + 原形]＞「～することができる」 fried rice「炒められたご飯[チャーハン]」← 過去分詞の形容詞的用法 ＜過去分詞 + 名詞＞「～された名詞」 could「できた」← can の過去形　イ「彼は人生で初めて料理をすることができて，彼の家族の笑顔を見た」(○)　第1段落9文目に「人生で初めて料理をする決意をした」とあり，同段落の最後から3文目に「(両親や姉妹たちは)大きな笑みを浮かべてすべて食べた」と書かれているので，本文に一致している。for the first time「初めて」 with a big smile ← with「～と一緒に／を使って／を持って，身につけて」 ウ「彼が初めて料理した夕食はあまりおいしくはなかったので，彼の家族は少し残した」(×)　第1段落最後から3文目に ate them all「すべて食べた」と書かれている。the dinner ▼ he cooked「彼が料理した夕食」← 目的格の関係代名詞の省略　＜先行詞 +(目的格の関係代名詞)+ 主語 + 動詞＞「～[主語]が…[動詞]する先行詞」 ～, so …「～，だから[それで]…」 left ← leave「～を去る／を残す，置き忘れる」の過去形　エ「彼が初めて料理した夕食は，彼の母親が手伝ってくれたので，美味しかった」(×)「両親が帰る前に一人で調理を始めた」(第1段落10文)とあり，母が手伝ったという記述もなくて，「美味しくなかった(did not taste good)」(第1段落最後から3文目参照)と記されている。

やや難　〔問2〕 下線部(2)は「もし我々がそうしないと，食事は異なった味となり，我々の客はその違いをすぐに認識するだろう」の意。if we don't,「もし我々がしないと」の省略箇所は，前文における think about the customers and make every effort for them[customers]「客のことを考えて，彼らのためにあらゆる努力をする」。したがって，正解は，ウ「もし我々が食事を注意深い方法で準備しないと，客は(それを)美味しいと思わない[好まない]だろう」。＜客のことを考え，あらゆる努力をしないと＞＝＜食事を注意深い方法で準備しないと＞／＜客は違いに気づく＞＝＜客は好まない＞　make an effort「努力する」 ＜taste + 形容詞＞「～の味がする」他の選択肢は次の通り。ア「たとえ新鮮な野菜を客のために購入しなくとも，客はその食事を気に入るだろう」(×)　野菜購入は，文脈上該当しない。if「もし～ならば／たとえ～でも」 イ「顔中に笑みを浮かべて客に話しかけなければ，彼らはそのことを良いとは思わないだろう」(×) talk to「～に話しかける」 if ～ not「もし～でなければ」／エ「もし我々が客に対して楽しそうに笑わなければ，彼らは食事を気に入らないだろう」give A B「AにBを与える」イ・エ共に下線部の条件が違う。正解ウの解説参照。

やや難　〔問3〕 下線部(3)を含む文は「高校時代の経験のおかげで，私は非常に効率よく働けた」の意。働きかたに結び付くような高校時代のエピソードは，複数のバイトを経験したということで，様々な人々との出会いや異なった価値の獲得について言及されている(第2段落1～3文参照)。よって正解は，エ「アルバイトを通じて，私は多くの人々に話しかけて，たくさんのことを学んだ」。thanks to「～のおかげで」 days「時代，時機」 through「～を通り抜ける／じゅう／を終えて／を通じて」 talk to「～に話しかける」 ＜enjoy + 動名詞[原形 + -ing]＞「～することを楽しむ」他の選択肢は次の通り。ア「フランスでは，私はさまざまな人々と出会い，地域ごとの洗練された食べ物に遭遇した」(×)　フランスへ行ったのは，高校卒業後に，調理学校で学んだ後である。(第3段落1文参照)。sophisticated food ← 過去分詞の形容詞的用法 ＜過去分詞 + 名詞＞「～される名詞」 イ「アルバイトの仕事として，食べ物を町の家庭の台所へ搬入した」(×)　食材の配送はレストランである(第2段落5文参照)。また，彼は種々のバイトを経験しており，一つの特定の業務が，後の仕事上の効率に結び付いたとは考えづらい。carrying heavy boxes ～

「重い箱を運ぶこと」← 動名詞[原形 + -ing]「～すること」 ウ「高校では人気のあるフランスレストランで料理人として働いた」(×)言及なし。前置詞 as の場合「～として／の時に／のような」

基本 〔問4〕 下線部(4)を含む箇所は「私の助言に従えば，レストランはすぐに流行るだろう。(4)なぜ彼らは私の話を聞かないかを理解できない」の意。したがって，正解は，ア「レストランをとても流行らせたいなら，彼らは私の助言に従うべきだ」。understand why they don' t listen to me ← Why don' t they listen to me ? 間接疑問文(疑問文が他の文に組み込まれた形)<疑問詞 + 主語 + 動詞>の語順になる。should「～するべきだ／にちがいない」 <want + 人 + 不定詞[to + 原形]>「人に～［不定詞］して欲しい」他の選択肢は次の通り。イ「彼らは怠惰ではないが，彼らはより優れた料理人になるために，私にもっと賃金を支払うべきだ」(×) 賃金は文脈上そぐわない。more「もっと多く(の)」← many／much の比較級 better「もっと良い／もっと良く」← good／well の比較級 ウ「他の同僚たちは，自分よりも調理を上手くこなし，より効率よく働いているということを，私は彼らに理解して欲しい」(×) 同僚の調理技能の低さや効率の悪さを指摘しているので，不可。(第4段落下線部(4)の4文前参照)。cook better ← well の比較級 more efficiently「より効率的に」← 長い語の比較級 <more + 原級> エ「自分の助言は自分たちのレストランにそんなに役に立たないかもしれない」(×) 著者は自己の助言がレストランの繁盛につながると信じていた。正解アの解説参照。I'm afraid「残念だが～だと思う」 may「～してもよい／かもしれない」 helpful to「～に役立つ，の助けになる」

やや難 〔問5〕 下線部(5)は「これがまさしく本日私が求めているものだ」の意で，客の欲求に真摯に対応した店のサービスへの満足の声である。適語を補充するべき空所を含む英文は「そのレストランの従業員は□できる人々である」の意。客の要望に細かに応じるサービスを提供できる人物像を想像しながら，空所に当てはまる10語を，本文より探すことになる。正解は，第2段落最後から7文目の think about the customers and make every effort for them「(レストランの従業員は)客について考えて，あらゆる努力をすること(ができる人々である)」。one = <a[an] + 単数名詞> 前に述べられた数えられる単数名詞の代用 people who can think ～ ← <先行詞(人)+ 主格の関係代名詞 who + 動詞>「～［動詞］する人」 make an effort「努力する」

基本 〔問6〕 下線部(6)は「一人の人物の宝物は別の人物にとって無駄・浪費になりうる」の意。人物により価値観が違う，ということなので，正解は，ア「人々は異なった考えや価値を有する」。他の選択肢は次の通り。イ「他の人々の言葉に何か特別なものを見つけなさい」(×) ウ「常に自分自身で目標を見つけなければならない」(×) must「～しなければならない／ちがいない」 by oneself「独力で，ひとりで／一人きりで」 エ「最も重量なことはあなたには正しいかもしれない」(×)the most important「最も重要な」important の最上級 ←長い語の最上級 <most + 原級> may「～してもよい／かもしれない」

重要 〔問7〕 (I) were surprised to find that almost all of them had their own plans(.)「彼らのすべての人がほとんど，自身の計画を持っているというのを知って，驚いている」<be動詞 + 感情を表す語句 + 不定詞[to + 原形]>「～［不定詞］して，ある感情がわきあがる」 almost「ほとんど，おおかた，もう少しで」 <one's own + 名詞>「自分自身の名詞」

重要 〔問8〕 ア「高校を卒業後，エイジは料理をもっと本格的に学ぶために，フランスへ行き，現地［フランス］の非常に人気のあるレストランで，副料理長になった」(×) 副料理長になったのは，フランスから帰国後，日本の人気あるホテルレストランにおいてである。(第3段落8文参照) to learn「学ぶために」← 不定詞[to + 原形]の副詞的用法(目的)「～するために」 more「もっと多い／もっと多く」many／muchの比較級 イ「エイジが料理人になる決意をしたのは，腕前が卓越していたということと，異なった文化や価値を学ぶことが興味深いと気づいたから」（×）　エイジが料理人になる決意をしたのは，（料理人になって）毎日人々の笑みを見るのが素晴らしいだろう，と思ったからである。（第2段落最後から1・2番目の文参照）learning different cultures ～ ← 動名詞［原形 + -ing］「～すること」　＜It is + 形容詞 + 不定詞［to + 原形］＞「～［不定詞］するのは･･･［形容詞］だ」　would（過去の時点での未来を表す助動詞）← 未来を表す助動詞 will の過去形　ウ「パーティーでの過ちはエイジによるものだ，とはエイジの上司は信じなかったが，他の従業員のためにエイジはレストランを去った」（×）　パーティーでの過ちは，エイジが犯したわけではないが，エイジの過失だという同僚の報告を上司は鵜呑みしてしまった。（第4段落2文参照）　エ「エイジが小さなレストランで働き始めた時に，自己の意見を周囲に押し付けるばかりだったので，彼の同僚は彼の言うことを聞かなかった」（○）　第4段落最後から4文目と第6段落最後から2文目に一致。started working ← 動名詞［原形 + -ing］「～すること」 push A on B「AをBに押し付ける」　オ「レストランの従業員は客の話を聞くべきだとエイジはフミに言ったが，後に彼はそのことを後悔した」（×）　エイジが自分の話を聞くべきだと言ったの同僚である。（第4段落最後から2文目参照）should「～するべきだ／きっと～だろう」 feel sorry about「～をすまなく［残念に］思って」　felt「感じた」← feel の過去形　カ「エイジは開店した新しいレストランに対して役に立つ情報を求めて，現在，彼の周囲の人々を注視している」（×）　最終文から，エイジはまだ店を所有していないことが明らかである。the new restaurant ▼ he has opened ← 目的格の関係代名詞の省略　＜先行詞 +（目的格の関係代名詞）+ 主語 + 動詞＞「～［主語］が…［動詞］する先行詞」　has opened ← ＜have［has］+ 過去分詞＞　現在完了（完了・経験・継続・結果）　＜one's own + 名詞＞「～自身の名詞」　my own restaurant that is full ← ＜先行詞 + 主格の関係代名詞 that + 動詞＞「～［動詞］する先行詞」 full of「～で一杯」

やや難　〔問9〕（指示文全訳）「あなたと級友が学校［文化］祭で，何をするかを決定しなければならないと仮定しよう。あなたがまとめ役だ。あなたたちは既にそのことに関して長期間に渡り何度も話をしてきた。しかし，各自が異なった意見を持っており，決めることができない。まとめる立場として，この問題を解決するには，あなたは何をするだろうか。あなた自身の考えを一つ書きなさい。何をしたいか，そして，なぜそうしたいかを説明しなさい」＜have［has］+ 不定詞［to + 原形］＞「～しなければならない／に違いない」　＜what + 不定詞［to + 原形］＞「何をするか」 have already talked「すでに話してきた」← 現在完了　＜have［has］+ 過去完了＞（完了・経験・継続・結果）　Explain what you want to do, and why you want to do it. ← What do you want to do ?／Why do you want to do it ?　間接疑問文（疑問文が他の文に組み込まれた形）＜疑問詞 + 主語 +動詞＞ の語順に注意。

（解答例全訳）私は，各計画の良い点と悪い点について友達と話をするつもりである。そうすれば，どの点が重要で，どの点がそうではないかということが，明らかになるだろう。このように各計画について話をすることで，最高の計画を選ぶことができる。

★ワンポイントアドバイス★

大問3の問9を取り上げる。本文中の作者の仕事における悩みの打開策をヒントとして，当設問の文化祭の話し合いを円滑に進める方法を，語数条件を充たしながら，文法や語いにできるだけ誤りがない英文に仕上げること。

<国語解答>

1　(1)　う(れた)　(2)　かまもと　(3)　ふほう　(4)　いもの　(5)　てんがい

2　(1)　指南　(2)　面　(3)　仁術　(4)　追求　(5)　一間

3　〔問1〕　イ　〔問2〕　ア　〔問3〕　旅立つ少年の内面に，普遍的なものを感じた(から)
〔問4〕　エ　〔問5〕　イ　〔問6〕　ア

4　〔問1〕　ウ　〔問2〕　(始)人間やその　(終)て区別する
〔問3〕　(例)　一日若しくは二日順延になるか，又は中止になる。　〔問4〕　(例)　誰にも当てはまる普遍的なものとして書かれる必要がある(から)　〔問5〕　イ　〔問6〕　オ
〔問7〕　(例)　法律の文章の特徴としては，個人の認識に関わらず，すべての条文が常に存在し，稼働しているということが挙げられる。種類も量も多く，更新される法令について，必要な分野以外は，法律の専門家でない限り，認識することは難しいし，現実的でもないと思う。だが新しく作られる法令について，その必要性や妥当性に関心をもつことは，必要だと思う。メディア等の助けを借りて，新しい法令に敏感でありたいと思った。(193字)

5　〔問1〕　エ　〔問2〕　イ　〔問3〕　エ　〔問4〕　ウ　〔問5〕　ア

○配点○

1　各2点×5　2　各2点×5　3　各4点×6　4　〔問7〕　12点　他　各4点×6
5　各4点×5　計100点

<国語解説>

1　(知識－漢字の読み書き)

(1)「熟」の音読みは「ジュク」で，「熟れる」は「熟す」と同じ意味。　(2)「窯元」は陶磁器の製造元のこと。　(3)「訃報」は，人が亡くなった知らせ。　(4)「鋳物」は，金属を溶かして型に入れて作った器物。　(5)「天蓋」は，仏像などの上にかざすかさのようなもの。

2　(知識－漢字の読み書き)

(1)「指南」は，武術などを教え導くこと。　(2)　この場合の「面」は，顔という意味。　(3)「仁術」は，人としての思いやりを施す方法という意味で,「医は仁術」のように使われる。　(4)「追求」を同音異義語の「追及」「追究」と混同しない。　(5)「間」は長さの単位で，一間は約1.8メートル。

3　(小説―情景・心情，内容吟味，文脈把握)

基本　〔問1〕　この「自己嫌悪」は，その日の自分の行動に対する心情である。昼休みが終わったとき,「僕」は七瀬先輩から「ヒドい小説だ」と言われるのではないかという「恐怖」を感じて「逃げるように走り去っ」たが，放課後，「逃げ去るってのは幼稚すぎた」と反省し，先輩を探しに行ったが会えなかった。このことを説明したイが正解。「期待」を捨てたことによる嫌悪ではないので，アは誤り。ウのような「勘違い」やエのような「自信」は本文から読み取れないので，不適切である。

〔問2〕「休憩」は，七瀬先輩の批評を読む前の，ラジオやゲームなど小説とは無関係なことで気をまぎらわせる行動を指している。その結果，「僕」は冷静に「そんなに辛辣な感想は書かれていないんじゃないかな」と思うようになり，七瀬先輩の感想を読む勇気が出てきたのである。正解

はア。イの「前向きな気持ち」まではいっていない。ウの「昼間の学校での出来事を思い返し」たことによる行動ではない。エの「開き直れた」は，この後の「僕」の「ショック」と矛盾するので，不適切である。

〔問3〕「ありがとう」と言ったのは，七瀬先輩が「僕」の小説の中に「胸にひびく言葉」を見つけて「いい小説」だと思ったからである。具体的には「旅立つ少年の内面に，普遍的なものを感じた」と説明されている。

重要 〔問4〕「僕」の行動，手紙の内容，心情の変化を見ていくと，手紙を読みはじめる→辛辣な感想→「ショックの波」→「ゆるキャラたち」でなごんでやりすごす→手紙の続きを読む→さらに厳しく的確な感想→「満身創痍」→ゆるキャラでは解決しない，となっている。現実を突きつけられて呆然とする「僕」の様子を説明するエが正解。アは，「本来『僕』を救ってくれるはずのゆるキャラ」という表現が不適切。イは，「これまで『僕』を何度も救ってきてくれた無二の存在」が，本文から読み取れない内容である。この段階では「覚悟」はできていないので，ウは不適切である。

やや難 〔問5〕 傍線部(5)は，「先輩の感想に混乱して」あれこれと思い悩んでいた「僕」が，夢中で小説を書いていた日々のことを思い出してとった行動である。この内容を合っているのはイである。アの「前向きになれた」やウの「もう一度自分の手で小説を書き上げてみようと思った」は，後の「書きたいですよ。だけど書けないんですよ。」という思いにつながらない。「僕」が入部届を拾い上げたのは，七瀬先輩の感想を判断するためではないので，エは不適切である。

〔問6〕 アの，七瀬の手紙文がそのまま挿入され，「僕」の様子が一人称で語られているという指摘が正しいので，これが正解となる。「ガラスの向こう」は，「僕」と七瀬の心理的な距離を示しており，「小説を書くということ」との関わりから「僕」の内面を表現しているとは言えないので，イは不適切。1行だけで挿入されているのは「手紙の最後の一文」ではなく入部届の「走り書き」なので，ウは誤り。エの表現からは，「僕」の思考が混乱している様子が読み取れるが，「思考が停止した」とは言えないので，エは不適切である。

4 （論説文－内容吟味，文脈把握，段落・文章構成，短文作成，作文）

基本 〔問1〕「大変」という語句に注目して傍線部(1)の後を見ると，「世の中では日々数えきれないほど，さまざまなことが起きている。～それにもかかわらず～すでに書かれた文章によって判断するというのだから，思えば大変なことである。」とある。この内容を言い換えたウが正解である。アは成文法主義，エは判例法主義に限定した説明になっているので不十分。次の段落に「いずれにしても」とあるように，どちらも「大変」なのである。イは，「未知の違反行為」では本文の「さまざまなこと」の説明にならないし，「制定」には「すでに」の内容が含まれないので，不適切である。

重要 〔問2〕 傍線部(2)以降の本文では，法律のことばが「世界を切り分ける」ものであることの例を挙げ，「こうした努力は，ひとえに人間やその結果として生じる出来事全体を，法律の目的に沿って区別するために発展したものだ。」とまとめている。このまとめの部分から「人間やその」と「て区別する」を抜き出して書く。

〔問3〕「若しくは」「又は」は，二つのうちどちらかを選ぶことを示す接続詞であるが，法律の世界では使い方が異なる。破線部をカッコを使って書くと「(一日か二日順延になる)か，中止になる」となるから，カッコの中の選択を「若しくは」，外の選択を「又は」で示し，「一日若しくは二日順延になるか，又は中止になる。」のように書けばよい。

重要 〔問4〕 非人称の文体が使われる理由については，後で科学の文体を引き合いにして「法律も科学も，特定の個人から離れて，誰にでも当てはまる普遍的なものとして書かれる必要がある」と書かれている。この内容を制限字数に収まるように書き換える。

〔問5〕「そういえば」は，前の内容から連想した話題を提起するときに使う言葉である。ここでは，モーセの十戒という別の法律の例を挙げ，法律の条文に命令の主体が表現されていないことを明確にしている。正解はイ。モーセの十戒は「対照的な例」とは言えないので，アは誤り。ウの「立法の主体」が自己の存在を「隠蔽する」という指摘は的外れ。エの「権威性」は，本文にない内容である。

〔問6〕 a「天網恢々疎にして漏らさず」は「著名なことわざ等」と言えるかもしれないが，「親しみやすく」する効果はないので，不適切。　b　分析の過程では，「科学の文体」との共通点を視野に入れている。適切な説明である。　c「日本」と「欧米」の対比はしていないので，不適切な説明である。　d「時代に合わせて変化する文体」の説明はないので，不適切。　e　本文の構成は起承転結ではなく，法律の文体について「一貫した観点」で分析しているとは言えないので，不適切である。　f　本文は，法律の条文を「区別」「非人称」の２点から分析・考察しているので，適切である。したがって，適切な選択肢はbとfであり，正解はオとなる。

やや難　〔問7〕 設問の条件をよく読み，条件に従って書くこと。本文で指摘されている「法律の文体の特徴」と「自分の考え」を関係づけて，わかりやすく書く。書き終わったら必ず読み返して，誤字・脱字や表現の不自然なところは改める。

5 （漢詩を含む論説文―内容吟味，古文の口語訳）

基本　〔問1〕「浣花」は，「花をあらう」ことから「雨に濡れた春の花によって綾なされた街」という成都のイメージと結びついており，「少なくとも詩にそれを登場させたのは，杜甫が最初である」と書かれている。正解はエ。錦は注にあるように華やかな文様の織物なので，「淡い色」と説明するアは誤り。成都は花によって錦のように彩られた街として描かれているので，イの「花のような姿」という説明は不適切。ウは「浣花」ということばが「はるか昔から使われていた」としているので，誤りである。

重要　〔問2〕 傍線部(2)の「そうではない」は，杜甫が「何があっても心を波立たせない精神」ではなかったこと，すなわち周囲の状況に心を波立たせていたことを指している。それでも家族と共に「隠者のまねごと」を楽しんでいる様子を描いているところに，人々は魅力を感じるのである。「俗事にまどわされることもあった」と指摘するイが正解である。アの「悟りを開いたような落ち着き」，ウの「本当の隠者暮らし」，エの「本物の自足」は，いずれも「そうではない」の内容を誤って捉えている。

〔問3〕「草堂をめぐる空間であればこそ」「杜甫の才能というだけではない」という表現に注目する。「草堂」は草ぶきの粗末な家のことで，不遇な暮らしを表す。エの「不安定な環境」がこれにあたる。アは「大切な家族」が的外れ。イは「才能」のみに焦点をあてており，不十分。ウの「情熱」は，本文にない内容である。

〔問4〕「ただ故郷を思うだけではなく，士大夫としての意識が心を傷ましめているのだ」という本文の説明に注目する。「士大夫としての意識」に対応するのは，ウの「知識人としての誇り」である。アは「ただ故郷を思う」内容であり，不適切。イは成都を「旅先」としている点が不適切。「大きく見れば旅の途中」であったが，杜甫はそこで生活を組み立てようとしていた。エの「神仏」については，詩には描かれていない。

やや難　〔問5〕「よすが」は，頼り，助けという意味。浣花草堂は，杜甫が不遇のうちにも家族と共に「隠者のまねごと」をして穏やかに暮らしたことを想起させる手がかりとなっている。このことを説明するアが正解。イは「その苦難の人生を詩によって明らかにしようとする意思」がここまでの文脈と合わない。ウの「詩作に没頭していた故郷」の根拠は，本文に書かれていない。成都は，杜甫の故郷である河南とは対比されていないので，エは不適切である。

★ワンポイントアドバイス★

「抜き出し」と「書き換え」の違いに注意。「本文中の語句を用いて」という問題の場合，本文中の語句を使うことはもちろん必要だが，本文の表現をそのまま抜き出すのではなく，条件に合わせてアレンジすることが必要である。

東京都公立高等学校

2024年度

★★★★★★★★★★★★★★★★★★★★★★★

共通問題（理科・社会）

2024年度

●くわしい解説……31ページ

＜理科＞

時間　50分　　満点　100点

1　次の各問に答えよ。

〔問１〕　水素と酸素が結び付いて水ができるときの化学変化を表したモデルとして適切なのは，下のア～エのうちではどれか。

ただし，矢印の左側は化学変化前の水素と酸素のモデルを表し，矢印の右側は化学変化後の水のモデルをそれぞれ表すものとする。また，●は水素原子１個を，○は酸素原子１個を表すものとする。

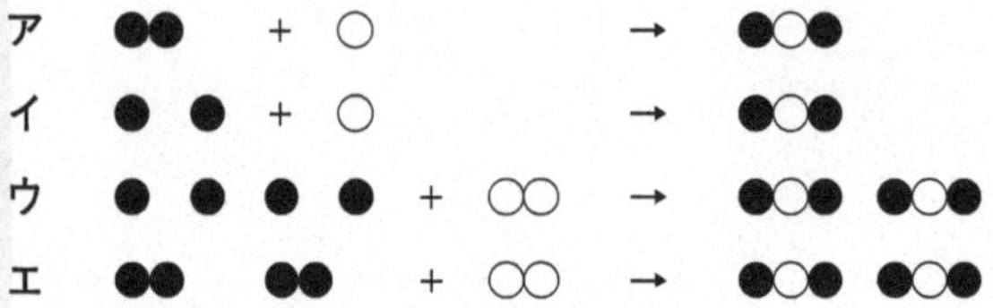

〔問２〕　図１のように，発泡ポリスチレンのコップの中の水に電熱線を入れた。電熱線に６Ｖの電圧を加えたところ，1.5Aの電流が流れた。このときの電熱線の抵抗の大きさと，電熱線に６Ｖの電圧を加え５分間電流を流したときの電力量とを組み合わせたものとして適切なのは，次の表のア～エのうちではどれか。

図１

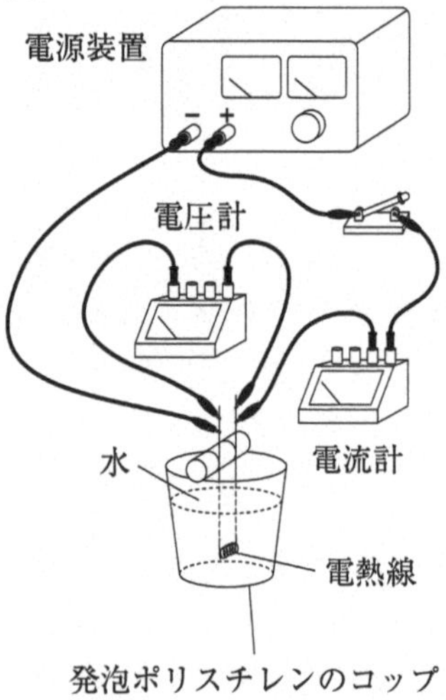

	電熱線の抵抗の大きさ〔Ω〕	電熱線に６Ｖの電圧を加え５分間電流を流したときの電力量〔J〕
ア	4	450
イ	4	2700
ウ	9	450
エ	9	2700

〔問３〕　次のＡ～Ｅの生物の仲間を，脊椎《せきつい》動物と無脊椎動物とに分類したものとして適切なのは，下の表のア～エのうちではどれか。

Ａ　昆虫類　　Ｂ　魚類　　Ｃ　両生類　　Ｄ　甲殻類　　Ｅ　鳥類

	脊椎動物	無脊椎動物
ア	Ａ，Ｃ，Ｄ	Ｂ，Ｅ
イ	Ａ，Ｄ	Ｂ，Ｃ，Ｅ
ウ	Ｂ，Ｃ，Ｅ	Ａ，Ｄ
エ	Ｂ，Ｅ	Ａ，Ｃ，Ｄ

〔問4〕 図2は，ヘリウム原子の構造を模式的に表したものである。原子核の性質と電子の性質について述べたものとして適切なのは，下のア～エのうちではどれか。

図2

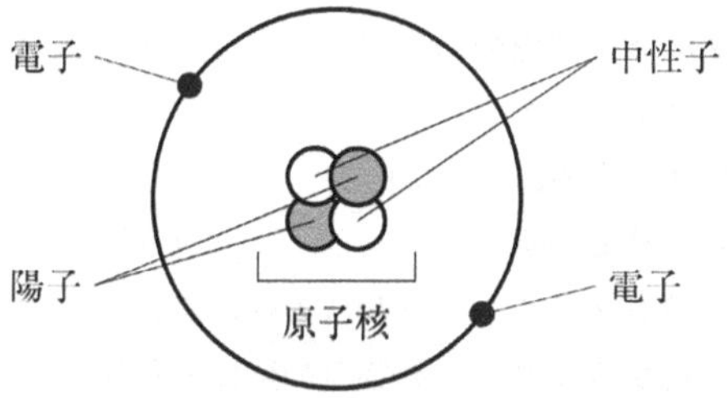

ア　原子核は，プラスの電気をもち，電子は，マイナスの電気をもつ。

イ　原子核は，マイナスの電気をもち，電子は，プラスの電気をもつ。

ウ　原子核と電子は，共にプラスの電気をもつ。

エ　原子核と電子は，共にマイナスの電気をもつ。

〔問5〕 表1は，ある日の午前9時の東京の気象観測の結果を記録したものである。また，表2は，風力と風速の関係を示した表の一部である。表1と表2から，表1の気象観測の結果を天気，風向，風力の記号で表したものとして適切なのは，下のア～エのうちではどれか。

表1

天気	風向	風速〔m/s〕
くもり	北東	3.0

表2

風力	風速〔m/s〕
0	0.3未満
1	0.3以上1.6未満
2	1.6以上3.4未満
3	3.4以上5.5未満
4	5.5以上8.0未満

ア

イ

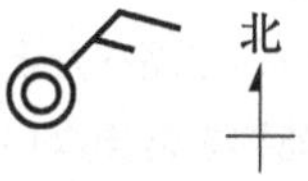

ウ

エ

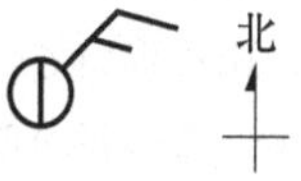

〔問6〕 ヒトのヘモグロビンの性質の説明として適切なのは，次のうちではどれか。

ア　ヒトのヘモグロビンは，血液中の白血球に含まれ，酸素の少ないところでは酸素と結び付き，酸素の多いところでは酸素をはなす性質がある。

イ　ヒトのヘモグロビンは，血液中の白血球に含まれ，酸素の多いところでは酸素と結び付き，酸素の少ないところでは酸素をはなす性質がある。

ウ　ヒトのヘモグロビンは，血液中の赤血球に含まれ，酸素の少ないところでは酸素と結び付き，酸素の多いところでは酸素をはなす性質がある。

エ　ヒトのヘモグロビンは，血液中の赤血球に含まれ，酸素の多いところでは酸素と結び付き，酸素の少ないところでは酸素をはなす性質がある。

2　生徒が，岩石に興味をもち，調べたことについて科学的に探究しようと考え，自由研究に取り組んだ。生徒が書いたレポートの一部を読み，次の各問に答えよ。

＜レポート１＞　身近な岩石に含まれる化石について

河原を歩いているときに様々な色や形の岩石があることに気付き，河原の岩石を観察したところ，貝の化石を見付けた。

身近な化石について興味をもち，調べたところ，建物に使われている石材に化石が含まれるものもあることを知った。そこで，化石が含まれているいくつかの石材を調べ，表１のようにまとめた。

表１

石材	含まれる化石
建物Ａの壁に使われている石材ａ	フズリナ
建物Ｂの壁に使われている石材ｂ	アンモナイト
建物Ｂの床に使われている石材ｃ	サンゴ

〔問１〕　＜レポート１＞から，化石について述べた次の文章の ① と ② にそれぞれ当てはまるものを組み合わせたものとして適切なのは，下の表の**ア**～**エ**のうちではどれか。

表１において，石材ａに含まれるフズリナの化石と石材ｂに含まれるアンモナイトの化石のうち，地質年代の古いものは ① である。また，石材ｃに含まれるサンゴの化石のように，その化石を含む地層が堆積した当時の環境を示す化石を ② という。

	①	②
ア	石材ａに含まれるフズリナの化石	示相化石
イ	石材ａに含まれるフズリナの化石	示準化石
ウ	石材ｂに含まれるアンモナイトの化石	示相化石
エ	石材ｂに含まれるアンモナイトの化石	示準化石

＜レポート２＞　金属を取り出せる岩石について

山を歩いているときに見付けた緑色の岩石について調べたところ，クジャク石というもので，この石から銅を得られることを知った。不純物を含まないクジャク石から銅を得る方法に興味をもち，具体的に調べたところ，クジャク石を加熱すると，酸化銅と二酸化炭素と水に分解され，得られた酸化銅に炭素の粉をよく混ぜ，加熱すると銅が得られることが分かった。

クジャク石に含まれる銅の割合を，実験と資料により確認することにした。

まず，不純物を含まない人工的に作られたクジャク石の粉0.20gを理科室で図１のように加熱し，完全に反応させ，0.13gの黒色の固体を得た。次に，銅の質量とその銅を加熱して得られる酸化銅の質量の関係を調べ，表２（次のページ）のような資料にまとめた。

図１

表2

銅の質量〔g〕	0.08	0.12	0.16	0.20	0.24	0.28
加熱して得られる酸化銅の質量〔g〕	0.10	0.15	0.20	0.25	0.30	0.35

〔問2〕 <レポート2>から，人工的に作られたクジャク石の粉0.20gに含まれる銅の割合として適切なのは，次のうちではどれか。

ア 20%　　**イ** 52%　　**ウ** 65%　　**エ** 80%

<レポート3>　石英について

山を歩いているときに見付けた無色透明な部分を含む岩石について調べたところ，無色透明な部分が石英であり，ガラスの原料として広く使われていることを知った。

ガラスを通る光の性質に興味をもち，調べるために，空気中で図2のように方眼紙の上に置いた直方体のガラスに光源装置から光を当てる実験を行った。光は，物質の境界面Q及び境界面Rで折れ曲がり，方眼紙に引いた直線Lを通り過ぎた。光の道筋と直線Lとの交点を点Pとした。なお，図2は真上から見た図であり，光源装置から出ている矢印（—▶—）は光の道筋と進む向きを示したものである。

図2

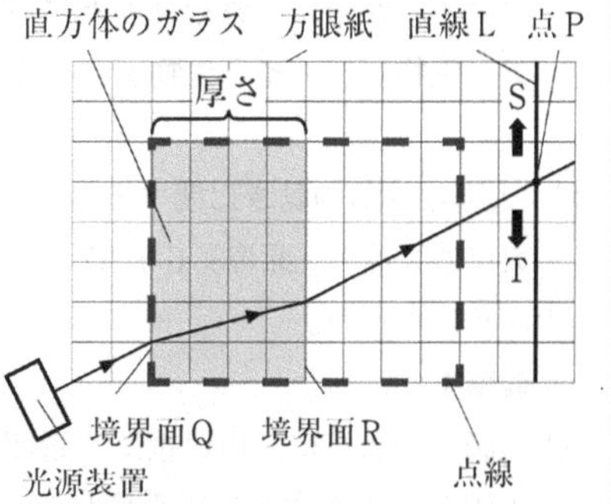

〔問3〕 <レポート3>から，図2の境界面Qと境界面Rのうち光源装置から出た光が通過するとき入射角より屈折角が大きくなる境界面と，厚さを2倍にした直方体のガラスに入れ替えて同じ実験をしたときの直線L上の点Pの位置の変化について述べたものとを組み合わせたものとして適切なのは，下の表の**ア**～**エ**のうちではどれか。

ただし，入れ替えた直方体のガラスは，<レポート3>の直方体のガラスの厚さのみを変え，点線（▬ ▬）の枠に合わせて設置するものとする。

	光源装置から出た光が通過するとき入射角より屈折角が大きくなる境界面	厚さを2倍にした直方体のガラスに入れ替えて同じ実験をしたときの直線L上の点Pの位置の変化について述べたもの
ア	境界面Q	点Pの位置は，Sの方向にずれる。
イ	境界面R	点Pの位置は，Sの方向にずれる。
ウ	境界面Q	点Pの位置は，Tの方向にずれる。
エ	境界面R	点Pの位置は，Tの方向にずれる。

<レポート4>　生物由来の岩石について

河原を歩いているときに見付けた岩石について調べたところ，その岩石は，海中の生物の死がいなどが堆積してできたチャートであることを知った。海中の生物について興味をもち，調べたところ，海中の生態系を構成する生物どうしは，食べたり食べられたりする関係でつながっていることが分かった。また，ある生態系を構成する生物どうしの数量的な関係は，図3のように，ピラミッドのような形で表すことができ，食べられる側の生物の数のほうが，食べる側の生物の数よりも多くなることも分かった。

図3

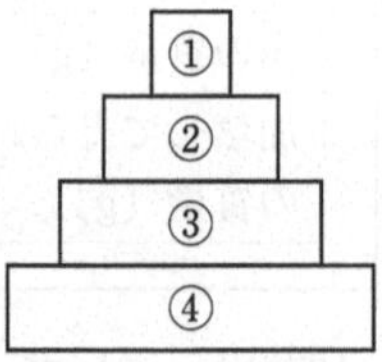

［問4］　生物どうしの数量的な関係を図3のように表すことができるモデル化した生態系Ⅴについて，＜資料＞のことが分かっているとき，＜**レポート4**＞と＜**資料**＞から，生態系Ⅴにおいて，図3の③に当てはまるものとして適切なのは，下の**ア**～**エ**のうちではどれか。

＜**資料**＞
生態系Ⅴには，生物w，生物x，生物y，生物zがいる。生態系Ⅴにおいて，生物wは生物xを食べ，生物xは生物yを食べ，生物yは生物zを食べる。

ただし，生態系Ⅴにおいて，図3の①，②，③，④には，生物w，生物x，生物y，生物zのいずれかが，それぞれ別々に当てはまるものとする。

ア　生物w　　**イ**　生物x　　**ウ**　生物y　　**エ**　生物z

3　太陽と地球の動きに関する観察について，次の各問に答えよ。

東京のX地点（北緯35.6°）で，ある年の6月のある日に＜**観察1**＞を行ったところ，＜**結果1**＞のようになった。

＜**観察1**＞

(1)　図1のように，白い紙に，透明半球の縁と同じ大きさの円と，円の中心Oで垂直に交わる線分ACと線分BDをかいた。かいた円に合わせて透明半球をセロハンテープで白い紙に固定した。

(2)　N極が黒く塗られた方位磁針を用いて点Cが北の方角に一致するよう線分ACを南北方向に合わせ，透明半球を日当たりのよい水平な場所に固定した。

図1

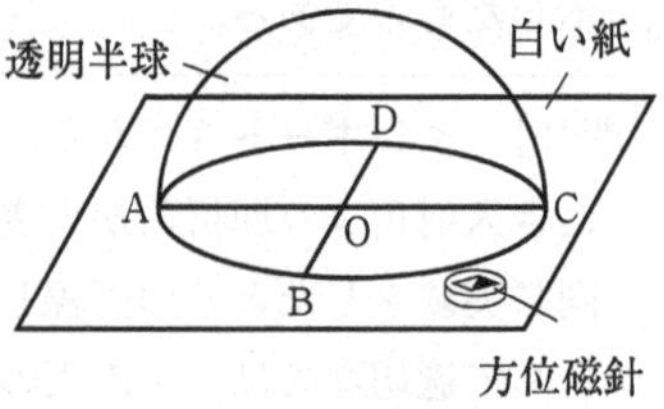

(3)　8時から16時までの間，2時間ごとに，油性ペンの先の影が円の中心Oと一致する透明半球上の位置に•印と観察した時刻を記録した。

(4)　(3)で記録した•印を滑らかな線で結び，その線を透明半球の縁まで延ばして，東側で交わる点をE，西側で交わる点をFとした。

(5)　(3)で2時間ごとに記録した透明半球上の•印の間隔をそれぞれ測定した。

＜**結果1**＞

(1)　＜**観察1**＞の(3)と(4)の透明半球上の記録は図2のようになった。

(2)　＜**観察1**＞の(5)では，2時間ごとに記録した透明半球上の•印の間隔はどれも5.2cmであった。

図2

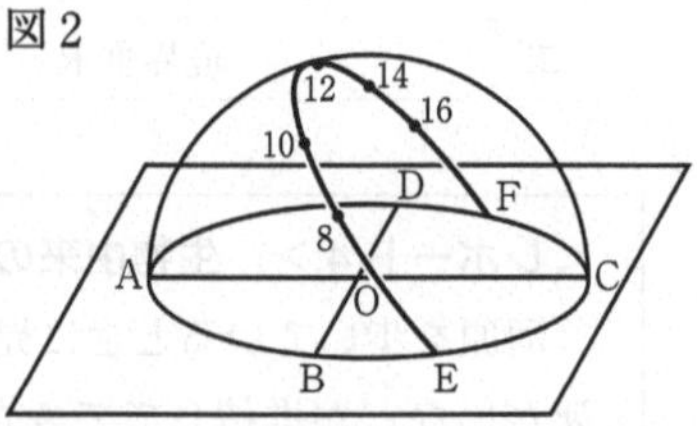

〔問１〕　＜**結果１**＞の(1)から，＜**観察１**＞の観測日の南中高度をＲとしたとき，Ｒを示した模式図として適切なのは，下の**ア**～**エ**のうちではどれか。

ただし，下の**ア**～**エ**の図中の点Ｐは太陽が南中した時の透明半球上の太陽の位置を示している。

ア

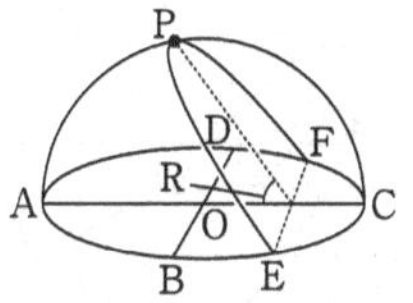

イ

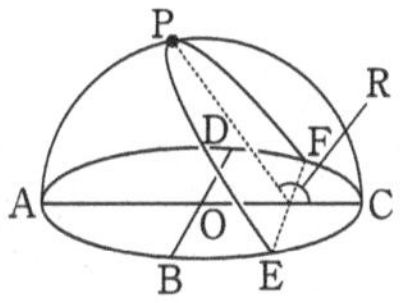

ウ

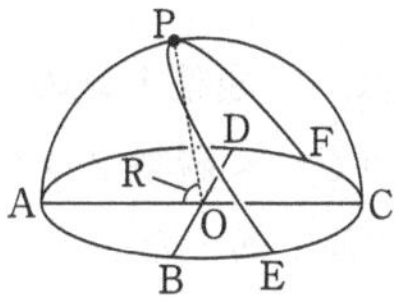

エ

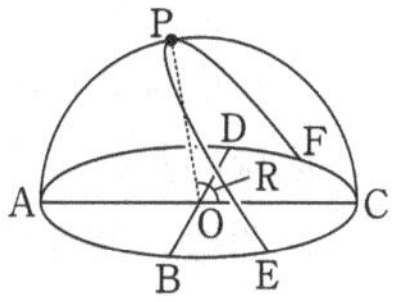

〔問２〕　＜**結果１**＞の(2)から，地球上での太陽の見かけ上の動く速さについてどのようなことが分かるか。「２時間ごとに記録した透明半球上の•印のそれぞれの間隔は，」に続く形で，理由も含めて簡単に書け。

〔問３〕　図３は，北極点の真上から見た地球を模式的に表したものである。点Ｊ，点Ｋ，点Ｌ，点Ｍは，それぞれ東京のＸ地点（北緯35.6°）の６時間ごとの位置を示しており，点Ｊは南中した太陽が見える位置である。地球の自転の向きについて述べた次の文章の ① ～ ④ に，それぞれ当てはまるものを組み合わせたものとして適切なのは，後の表の**ア**～**エ**のうちではどれか。

図３

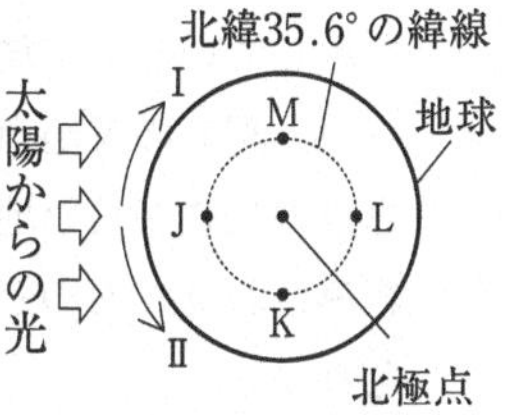

＜**結果１**＞の(1)から，地球上では太陽は見かけ上， ① に移動して見えることが分かる。また，図３において，東の空に太陽が見えるのは点 ② の位置であり，西の空に太陽が見えるのは点 ③ の位置である。そのため地球は， ④ の方向に自転していると考えられる。

	①	②	③	④
ア	西の空から東の空	K	M	I
イ	東の空から西の空	K	M	II
ウ	西の空から東の空	M	K	I
エ	東の空から西の空	M	K	II

次に，東京のＸ地点（北緯35.6°）で，＜**観察１**＞を行った日と同じ年の９月のある日に＜**観察２**＞を行ったところ，＜**結果２**＞（次のページ）のようになった。

＜**観察２**＞

(1)　＜**観察１**＞の(3)と(4)の結果を記録した図２（前のページ）のセロハンテープで白い紙に固定した透明半球を準備した。

(2)　Ｎ極が黒く塗られた方位磁針を用いて点Ｃが北の方角に一致するよう線分ＡＣを南北方向に合わせ，透明半球を日当たりのよい水平な場所に固定した。

(3)　８時から16時までの間，２時間ごとに，油性ペンの先の影が円の中心Ｏと一致する透明半球上の位置に▲印と観察した時刻を記録した。

(4)　(3)で記録した▲印を滑らかな線で結び，その線を透明半球の縁まで延ばした。

(5)　＜観察１＞と＜観察２＞で透明半球上にかいた曲線の長さをそれぞれ測定した。

＜結果２＞

(1)　＜観察２＞の(3)と(4)の透明半球上の記録は図４のようになった。

(2)　＜観察２＞の(5)では，＜観察１＞の(4)でかいた曲線の長さは約37.7cmで，＜観察２＞の(4)でかいた曲線の長さは約33.8cmであった。

図４

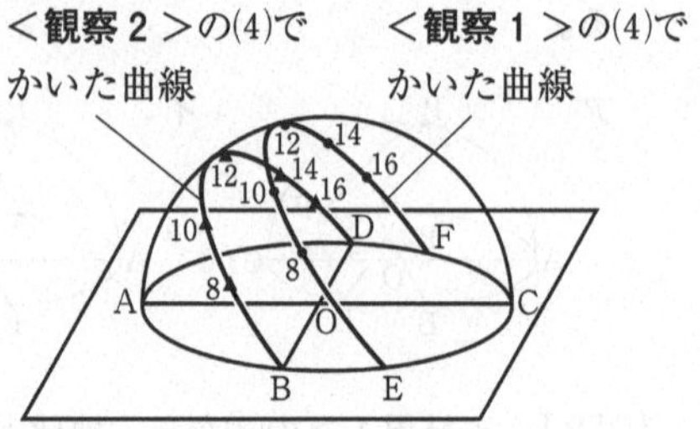

〔問４〕　図５は，＜観察１＞を行った日の地球を模式的に表したものである。図５のＸ地点は＜観察１＞を行った地点を示し，図５のＹ地点は北半球にあり，Ｘ地点より高緯度の地点を示している。＜結果２＞から分かることを次の①，②から一つ，図５のＸ地点とＹ地点における夜の長さを比較したとき夜の長さが長い地点を下の③，④から一つ，それぞれ選び，組み合わせたものとして適切なのは，下のア～エのうちではどれか。

図５

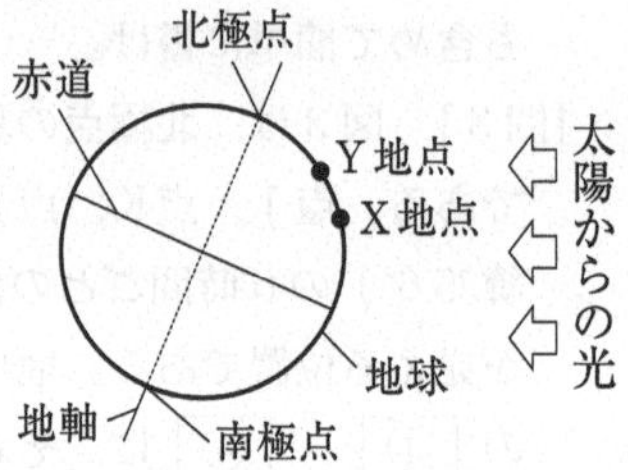

①　日の入りの位置は，＜観察１＞を行った日の方が＜観察２＞を行った日よりも北寄りで，昼の長さは＜観察１＞を行った日の方が＜観察２＞を行った日よりも長い。

②　日の入りの位置は，＜観察１＞を行った日の方が＜観察２＞を行った日よりも南寄りで，昼の長さは＜観察２＞を行った日の方が＜観察１＞を行った日よりも長い。

③　Ｘ地点

④　Ｙ地点

ア　①，③　　イ　①，④　　ウ　②，③　　エ　②，④

4　植物の働きに関する実験について，次の各問に答えよ。
＜実験＞を行ったところ，＜結果＞のようになった。

＜実験＞

(1)　図１のように，２枚のペトリ皿に，同じ量の水と，同じ長さに切ったオオカナダモＡ，オオカナダモＢを用意した。オオカナダモＡ，オオカナダモＢの先端付近の葉をそれぞれ１枚切り取り，プレパラートを作り，顕微鏡で観察し，細胞内の様子を記録した。

図１

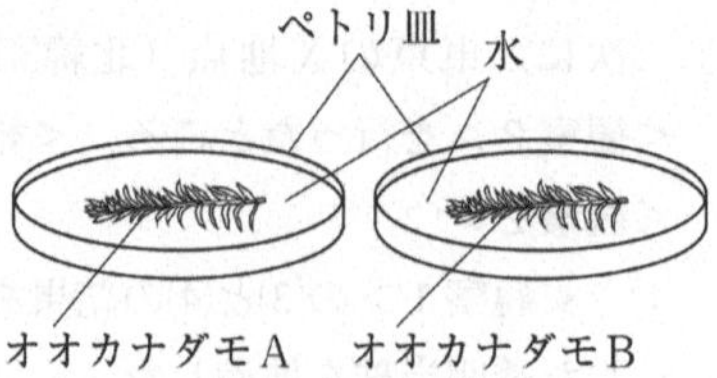

(2)　図２のように，オオカナダモＡ，オオカナダモＢを，20℃の条件の下で，光が当たらない場所に２日間置いた。

図２

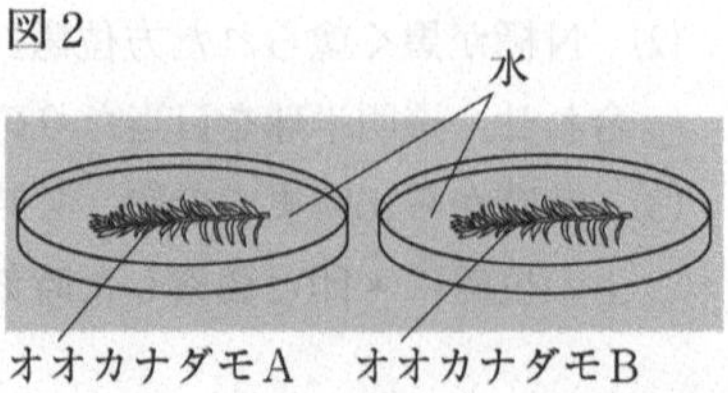

(3)　２日後，オオカナダモＡ，オオカナダモＢの先端付近の葉をそれぞれ１枚切り取り，熱湯に浸した後，温

めたエタノールに入れ，脱色した。脱色した葉を水で洗った後，ヨウ素液を1滴落とし，プレパラートを作り，顕微鏡で観察し，細胞内の様子を記録した。

(4)　(2)で光が当たらない場所に2日間置いたオオカナダモBの入ったペトリ皿をアルミニウムはくで覆い，ペトリ皿の内部に光が入らないようにした。

(5)　図3のように，20℃の条件の下で，(2)で光が当たらない場所に2日間置いたオオカナダモAが入ったペトリ皿と，(4)でアルミニウムはくで覆ったペトリ皿を，光が十分に当たる場所に3日間置いた。

(6)　3日後，オオカナダモAとオオカナダモBの先端付近の葉をそれぞれ1枚切り取った。

図3

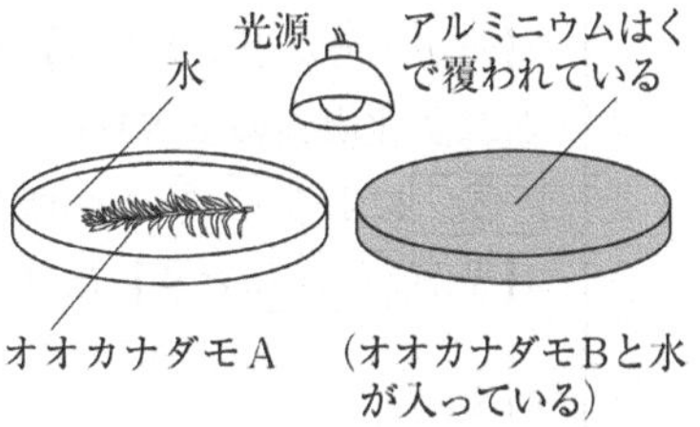

(7)　(6)で切り取った葉を熱湯に浸した後，温めたエタノールに入れ，脱色した。脱色した葉を水で洗った後，ヨウ素液を1滴落とし，プレパラートを作り，顕微鏡で観察し，細胞内の様子を記録した。

＜結果＞

(1)　＜**実験**＞の(1)のオオカナダモAとオオカナダモBの先端付近の葉の細胞内には，緑色の粒がそれぞれ多数観察された。

(2)　＜**実験**＞の(3)のオオカナダモの先端付近の葉の細胞内の様子の記録は，表1のようになった。

表1

オオカナダモAの先端付近の葉の細胞内の様子	オオカナダモBの先端付近の葉の細胞内の様子
＜**実験**＞の(1)で観察された緑色の粒と同じ形の粒は，透明であった。	＜**実験**＞の(1)で観察された緑色の粒と同じ形の粒は，透明であった。

(3)　＜**実験**＞の(7)のオオカナダモの先端付近の葉の細胞内の様子の記録は，表2のようになった。

表2

オオカナダモAの先端付近の葉の細胞内の様子	オオカナダモBの先端付近の葉の細胞内の様子
＜**実験**＞の(1)で観察された緑色の粒と同じ形の粒は，青紫色に染色されていた。	＜**実験**＞の(1)で観察された緑色の粒と同じ形の粒は，透明であった。

〔問1〕　＜**実験**＞の(1)でプレパラートを作り，顕微鏡で観察をする準備を行う際に，プレパラートと対物レンズを，最初に，できるだけ近づけるときの手順について述べたものと，対物レンズが20倍で接眼レンズが10倍である顕微鏡の倍率とを組み合わせたものとして適切なのは，次の表の**ア**～**エ**のうちではどれか。

	顕微鏡で観察をする準備を行う際に，プレパラートと対物レンズを，最初に，できるだけ近づけるときの手順	対物レンズが20倍で接眼レンズが10倍である顕微鏡の倍率
ア	接眼レンズをのぞきながら，調節ねじを回してプレパラートと対物レンズをできるだけ近づける。	200倍
イ	顕微鏡を横から見ながら，調節ねじを回してプレパラートと対物レンズをできるだけ近づける。	200倍
ウ	接眼レンズをのぞきながら，調節ねじを回してプレパラートと対物レンズをできるだけ近づける。	30倍
エ	顕微鏡を横から見ながら，調節ねじを回してプレパラートと対物レンズをできるだけ近づける。	30倍

［問２］　<実験>の(6)で葉を切り取ろうとした際に，オオカナダモＡに気泡が付着していることに気付いた。このことに興味をもち，植物の働きによる気体の出入りについて調べ，<資料>にまとめた。

> **<資料>**
>
> 【光が十分に当たるとき】と【光が当たらないとき】の植物の光合成や呼吸による，酸素と二酸化炭素の出入りは，図４の模式図のように表すことができる。図４から，植物の ⑤ による ③ の吸収と ④ の放出は，【光が ① とき】には見られるが，【光が ② とき】には見られない。
>
> 図４
>
> 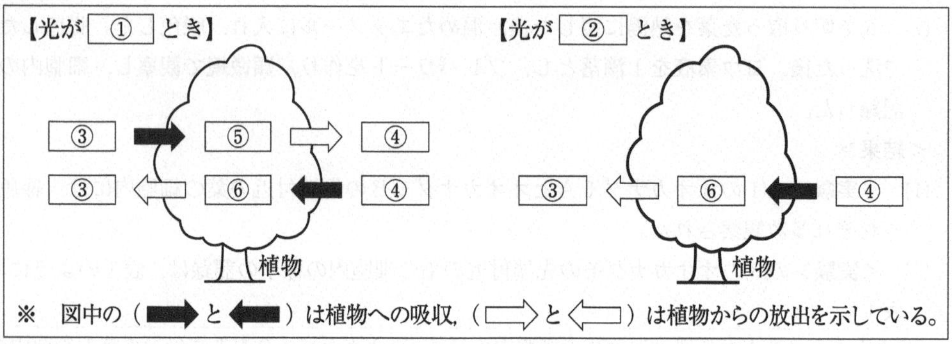
>

<資料>の ① ～ ⑥ にそれぞれ当てはまるものを組み合わせたものとして適切なのは，次の表のア～エのうちではどれか。

	①	②	③	④	⑤	⑥
ア	十分に当たる	当たらない	二酸化炭素	酸素	光合成	呼吸
イ	十分に当たる	当たらない	酸素	二酸化炭素	呼吸	光合成
ウ	当たらない	十分に当たる	二酸化炭素	酸素	光合成	呼吸
エ	当たらない	十分に当たる	酸素	二酸化炭素	呼吸	光合成

［問３］　<結果>の(1)～(3)から分かることとして適切なのは，次のうちではどれか。

ア　光が十分に当たる場所では，オオカナダモの葉の核でデンプンが作られることが分かる。

イ　光が十分に当たる場所では，オオカナダモの葉の核でアミノ酸が作られることが分かる。

ウ　光が十分に当たる場所では，オオカナダモの葉の葉緑体でデンプンが作られることが分かる。

エ　光が十分に当たる場所では，オオカナダモの葉の葉緑体でアミノ酸が作られることが分かる。

5　水溶液に関する実験について，あとの各問に答えよ。

<実験１>を行ったところ，<結果１>（次のページ）のようになった。

<実験１>

(1)　ビーカーＡ，ビーカーＢ，ビーカーＣにそれぞれ蒸留水（精製水）を入れた。

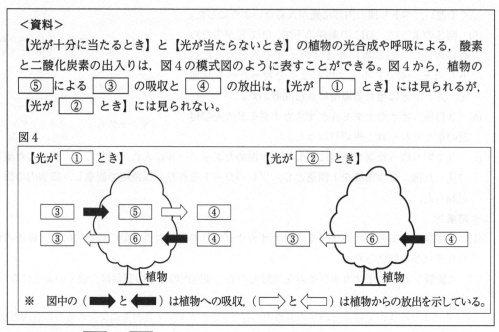

⑵　ビーカーBに塩化ナトリウムを加えて溶かし，５％の塩化ナトリウム水溶液を作成した。ビーカーCに砂糖を加えて溶かし，５％の砂糖水を作成した。

⑶　図１のように実験装置を組み，ビーカーAの蒸留水，ビーカーBの水溶液，ビーカーCの水溶液に，それぞれ約３Ｖの電圧を加え，電流が流れるか調べた。

図１

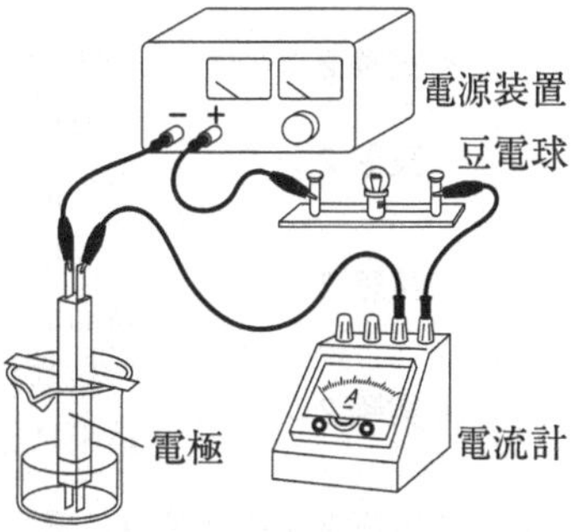

＜結果１＞

ビーカーA	ビーカーB	ビーカーC
電流が流れなかった。	電流が流れた。	電流が流れなかった。

〔問１〕　＜結果１＞から，ビーカーBの水溶液の溶質の説明と，ビーカーCの水溶液の溶質の説明とを組み合わせたものとして適切なのは，次の表のア～エのうちではどれか。

	ビーカーBの水溶液の溶質の説明	ビーカーCの水溶液の溶質の説明
ア	蒸留水に溶け，電離する。	蒸留水に溶け，電離する。
イ	蒸留水に溶け，電離する。	蒸留水に溶けるが，電離しない。
ウ	蒸留水に溶けるが，電離しない。	蒸留水に溶け，電離する。
エ	蒸留水に溶けるが，電離しない。	蒸留水に溶けるが，電離しない。

次に，＜実験２＞を行ったところ，＜結果２＞のようになった。

＜実験２＞

⑴　試験管A，試験管Bに，室温と同じ27℃の蒸留水（精製水）をそれぞれ５ｇ（５cm^3）入れた。次に，試験管Aに硝酸カリウム，試験管Bに塩化ナトリウムをそれぞれ３ｇ加え，試験管をよくふり混ぜた。試験管A，試験管Bの中の様子をそれぞれ観察した。

⑵　図２のように，試験管A，試験管Bの中の様子をそれぞれ観察しながら，ときどき試験管を取り出し，ふり混ぜて，温度計が27℃から60℃を示すまで水溶液をゆっくり温めた。

⑶　加熱を止め，試験管A，試験管Bの中の様子をそれぞれ観察しながら，温度計が27℃を示すまで水溶液をゆっくり冷やした。

⑷　試験管A，試験管Bの中の様子をそれぞれ観察しながら，さらに温度計が20℃を示すまで水溶液をゆっくり冷やした。

⑸　⑷の試験管Bの水溶液を１滴とり，スライドガラスの上で蒸発させた。

図２

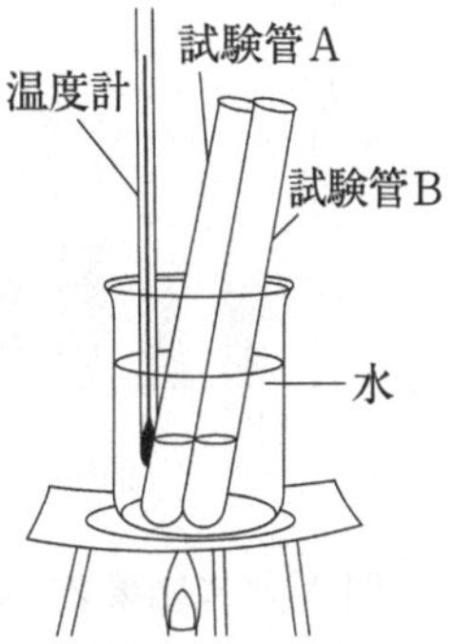

＜結果２＞

⑴　＜実験２＞の⑴から＜実験２＞の⑷までの結果は次のページの表のようになった。

	試験管Aの中の様子	試験管Bの中の様子
<**実験2**>の(1)	溶け残った。	溶け残った。
<**実験2**>の(2)	温度計が約38℃を示したときに全て溶けた。	<**実験2**>の(1)の試験管Bの中の様子に比べ変化がなかった。
<**実験2**>の(3)	温度計が約38℃を示したときに結晶が現れ始めた。	<**実験2**>の(2)の試験管Bの中の様子に比べ変化がなかった。
<**実験2**>の(4)	結晶の量は，<**実験2**>の(3)の結果に比べ増加した。	<**実験2**>の(3)の試験管Bの中の様子に比べ変化がなかった。

(2)　<**実験2**>の(5)では，スライドガラスの上に白い固体が現れた。

さらに，硝酸カリウム，塩化ナトリウムの水に対する溶解度を図書館で調べ，<**資料**>を得た。

<**資料**>

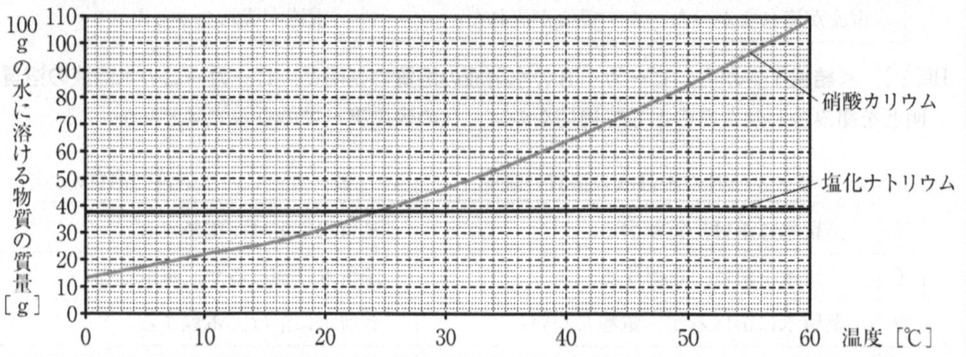

〔問2〕　<**結果2**>の(1)と<**資料**>から，温度計が60℃を示すまで温めたときの試験管Aの水溶液の温度と試験管Aの水溶液の質量パーセント濃度の変化との関係を模式的に示した図として適切なのは，次のうちではどれか。

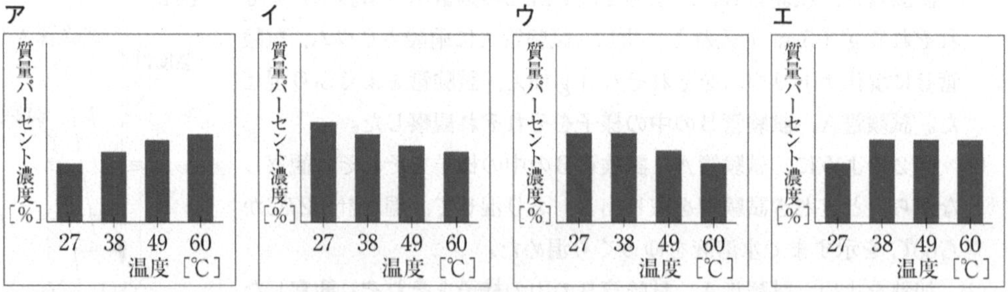

〔問3〕　<**結果2**>の(1)から，試験管Bの中の様子に変化がなかった理由を，温度の変化と溶解度の変化の関係に着目して，「<**資料**>から，」に続く形で，簡単に書け。

〔問4〕　<**結果2**>の(2)から，水溶液の溶媒を蒸発させると溶質が得られることが分かった。試験管Bの水溶液の温度が20℃のときと同じ濃度の塩化ナトリウム水溶液が0.35gあった場合，<**資料**>を用いて考えると，溶質を全て固体として取り出すために蒸発させる溶媒の質量として適切なのは，次のうちではどれか。

ア　約0.13g　　**イ**　約0.21g　　**ウ**　約0.25g　　**エ**　約0.35g

6 力学的エネルギーに関する実験について，次の各問に答えよ。
ただし，質量100ｇの物体に働く重力の大きさを１Ｎとする。

＜**実験１**＞を行ったところ，＜**結果１**＞のようになった。

＜**実験１**＞

⑴　図１のように，力学台車と滑車を合わせた質量600ｇの物体を糸でばねばかりにつるし，基準面で静止させ，ばねばかりに印を付けた。その後，ばねばかりをゆっくり一定の速さで水平面に対して垂直上向きに引き，物体を基準面から10㎝持ち上げたとき，ばねばかりが示す力の大きさと，印が動いた距離と，移動にかかった時間を調べた。

図１

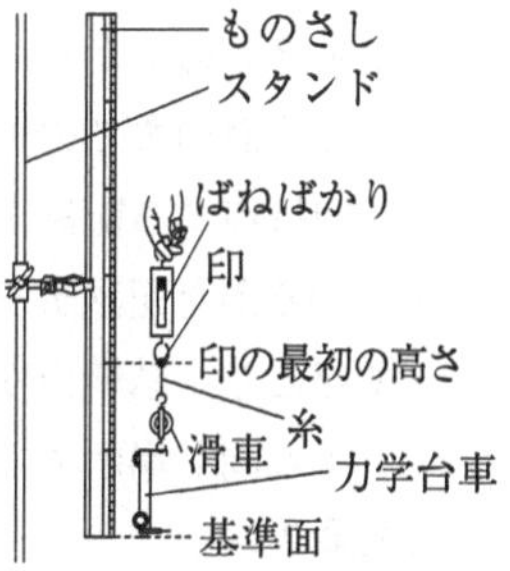

⑵　図２のように，⑴と同じ質量600ｇの物体を，一端を金属の棒に結び付けた糸でばねばかりにつるし，⑴と同じ高さの基準面で静止させ，ばねばかりに印を付けた。その後，ばねばかりをゆっくり一定の速さで水平面に対して垂直上向きに引き，物体を基準面から10㎝持ち上げたとき，ばねばかりが示す力の大きさと，印が動いた距離と，移動にかかった時間を調べた。

図２

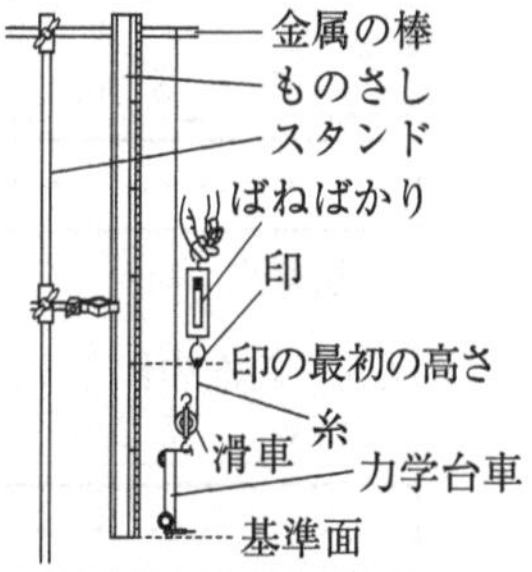

＜**結果１**＞

	ばねばかりが示す力の大きさ〔N〕	印が動いた距離〔cm〕	移動にかかった時間〔s〕
＜**実験１**＞の⑴	6	10	25
＜**実験１**＞の⑵	3	20	45

〔問１〕　＜**結果１**＞から，＜**実験１**＞の⑴で物体を基準面から10㎝持ち上げたときに「ばねばかりが糸を引く力」がした仕事の大きさと，＜**実験１**＞の⑵で「ばねばかりが糸を引く力」を作用としたときの反作用とを組み合わせたものとして適切なのは，次の表の**ア**～**エ**のうちではどれか。

	「ばねばかりが糸を引く力」がした仕事の大きさ〔J〕	＜**実験１**＞の⑵で「ばねばかりが糸を引く力」を作用としたときの反作用
ア	0.6	力学台車と滑車を合わせた質量600gの物体に働く重力
イ	6	力学台車と滑車を合わせた質量600gの物体に働く重力
ウ	0.6	糸がばねばかりを引く力
エ	6	糸がばねばかりを引く力

次に，＜**実験２**＞を行ったところ，＜**結果２**＞のようになった。（次のページ）

＜**実験２**＞

⑴　図３のように，斜面の傾きを10°にし，記録テープを手で支え，力学台車の先端を点Ａの位置にくるように静止させた。

図３

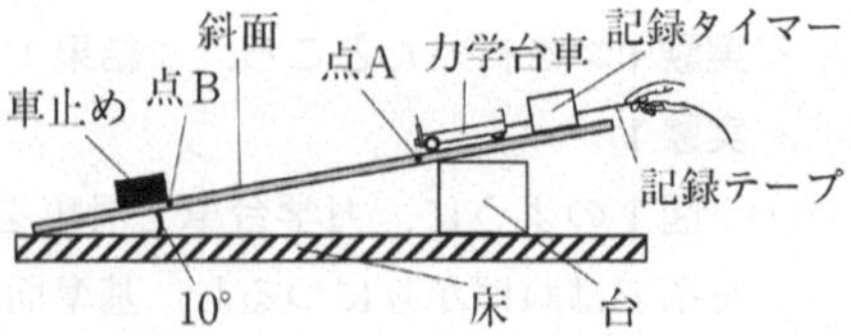

⑵　記録テープから静かに手をはなし，力学台車が動き始めてから，点Ｂの位置にある車止めに当たる直前までの運動を，１秒間に一定間隔で50回打点する記録タイマーで記録テープに記録した。

⑶　⑵で得た記録テープの，重なっている打点を用いずに，はっきり区別できる最初の打点を基準点とし，基準点から５打点間隔ごとに長さを測った。

⑷　⑴と同じ場所で，同じ実験器具を使い，斜面の傾きを20°に変えて同じ実験を行った。

＜**結果２**＞

図４　斜面の傾きが10°のときの記録テープ

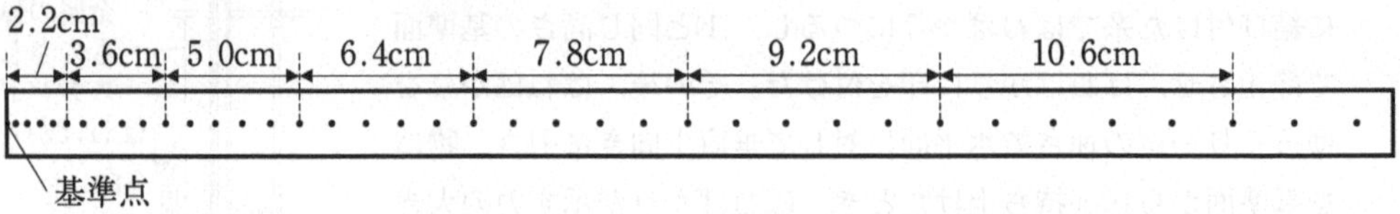

図５　斜面の傾きが20°のときの記録テープ

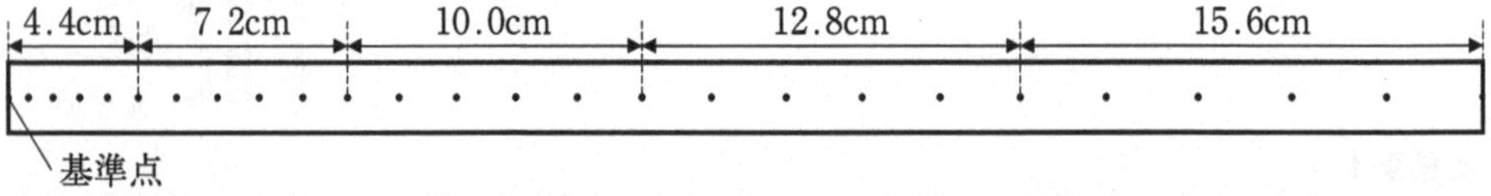

〔問２〕　＜**結果２**＞から，力学台車の平均の速さについて述べた次の文章の ① と ② にそれぞれ当てはまるものとして適切なのは，下のア～エのうちではどれか。

> ＜**実験２**＞の⑵で，斜面の傾きが10°のときの記録テープの基準点が打点されてから0.4秒経過するまでの力学台車の平均の速さをＣとすると，Ｃは ① である。また，＜**実験２**＞の⑷で，斜面の傾きが20°のときの記録テープの基準点が打点されてから0.4秒経過するまでの力学台車の平均の速さをＤとしたとき，ＣとＤの比を最も簡単な整数の比で表すとＣ：Ｄ＝ ② となる。

	ア	イ	ウ	エ
①	16cm/s	32cm/s	43cm/s	64cm/s
②	1：1	1：2	2：1	14：15

〔問３〕　＜**結果２**＞から，＜**実験２**＞で斜面の傾きを10°から20°にしたとき，点Ａから点Ｂの直前まで斜面を下る力学台車に働く重力の大きさと，力学台車に働く重力を斜面に平行な（沿った）方向と斜面に垂直な方向の二つの力に分解したときの斜面に平行な方向に分解した力の大きさとを述べたものとして適切なのは，次のうちではどれか。

ア　力学台車に働く重力の大きさは変わらず，斜面に平行な分力は大きくなる。

イ　力学台車に働く重力の大きさは大きくなり，斜面に平行な分力も大きくなる。

ウ　力学台車に働く重力の大きさは大きくなるが，斜面に平行な分力は変わらない。

エ　力学台車に働く重力の大きさは変わらず，斜面に平行な分力も変わらない。

〔問４〕　＜**実験１**＞の位置エネルギーと＜**実験２**＞の運動エネルギーの大きさについて述べた次の文章の［①］と［②］にそれぞれ当てはまるものを組み合わせたものとして適切なのは，下の表の**ア**～**エ**のうちではどれか。

＜**実験１**＞の(1)と(2)で，ばねばかりをゆっくり一定の速さで引きはじめてから25秒経過したときの力学台車の位置エネルギーの大きさを比較すると［①］。

＜**実験２**＞の(2)と(4)で，力学台車が点Aから点Bの位置にある車止めに当たる直前まで下ったとき，力学台車のもつ運動エネルギーの大きさを比較すると［②］。

	①	②
ア	＜**実験１**＞の(1)と(2)で等しい	＜**実験２**＞の(2)と(4)で等しい
イ	＜**実験１**＞の(1)と(2)で等しい	＜**実験２**＞の(4)の方が大きい
ウ	＜**実験１**＞の(1)の方が大きい	＜**実験２**＞の(2)と(4)で等しい
エ	＜**実験１**＞の(1)の方が大きい	＜**実験２**＞の(4)の方が大きい

＜社会＞

時間　50分　満点　100点

1　次の各問に答えよ。

〔問１〕 次の地形図は，2017年の「国土地理院発行２万５千分の１地形図（取手《とりで》）」の一部を拡大して作成した地形図上に●で示したA点から，B～E点の順に，F点まで移動した経路を太線（━━）で示したものである。次のページの**ア**～**エ**の写真と文は，地形図上のB～E点の**いずれか**の地点の様子を示したものである。地形図上のB～E点のそれぞれに当てはまるのは，次のページの**ア**～**エ**のうちではどれか。

（編集の都合で90％に縮小してあります。）

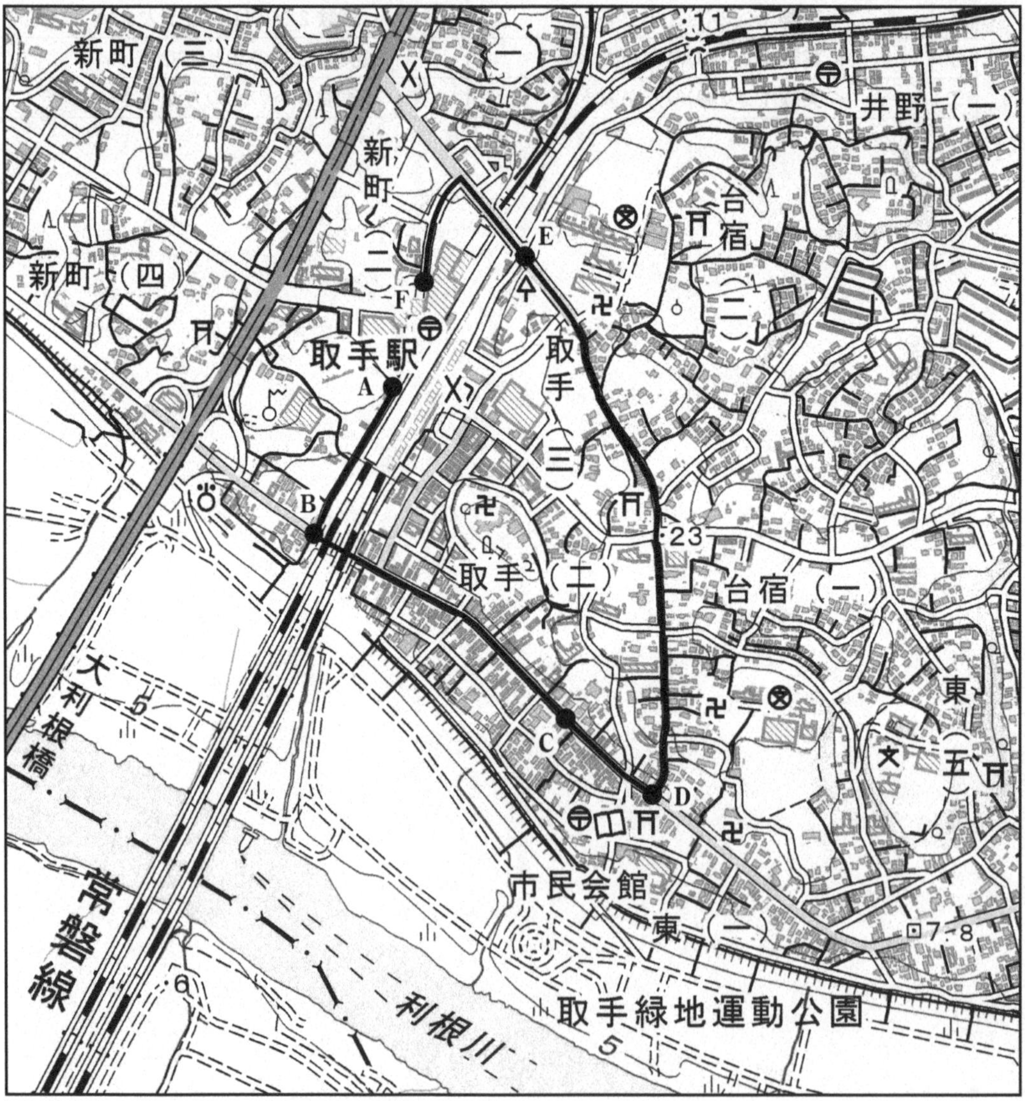

ア

この地点から進行する方向を見ると，鉄道の線路の上に橋が架けられており，道路と鉄道が立体交差していた。

イ

この地点から進行する方向を見ると，道路の上に鉄道の線路が敷設《ふせつ》されており，道路と鉄道が立体交差していた。

ウ

丁字形《ていじけい》の交差点であるこの地点に立ち止まり，進行する方向を見ると，登り坂となっている道の両側に住宅が建ち並んでいた。

エ

直前の地点から約470m進んだこの地点に立ち止まり，北東の方向を見ると，宿場の面影を残す旧取手宿本陣表門《きゅうとりでしゅくほんじんおもてもん》があった。

〔問２〕　次の文で述べている決まりに当てはまるのは，下のア～エのうちのどれか。

戦国大名が，領国を支配することを目的に定めたもので，家臣が，勝手に他国から嫁や婿を取ることや他国へ娘を嫁に出すこと，国内に城を築くことなどを禁止した。

ア　御成敗式目《ごせいばいしきもく》　　イ　大宝律令《たいほうりつりょう》　　ウ　武家諸法度《ぶけしょはっと》　　エ　分国法《ぶんこくほう》

〔問３〕　次の文章で述べているものに当てはまるのは，下のア～エのうちのどれか。

衆議院の解散による衆議院議員の総選挙後に召集され，召集とともに内閣が総辞職するため，両議院において内閣総理大臣の指名が行われる。会期は，その都度，国会が決定し，２回まで延長することができる。

ア　常会　　イ　臨時会　　ウ　特別会　　エ　参議院の緊急集会

2　次の略地図を見て，あとの各問に答えよ。

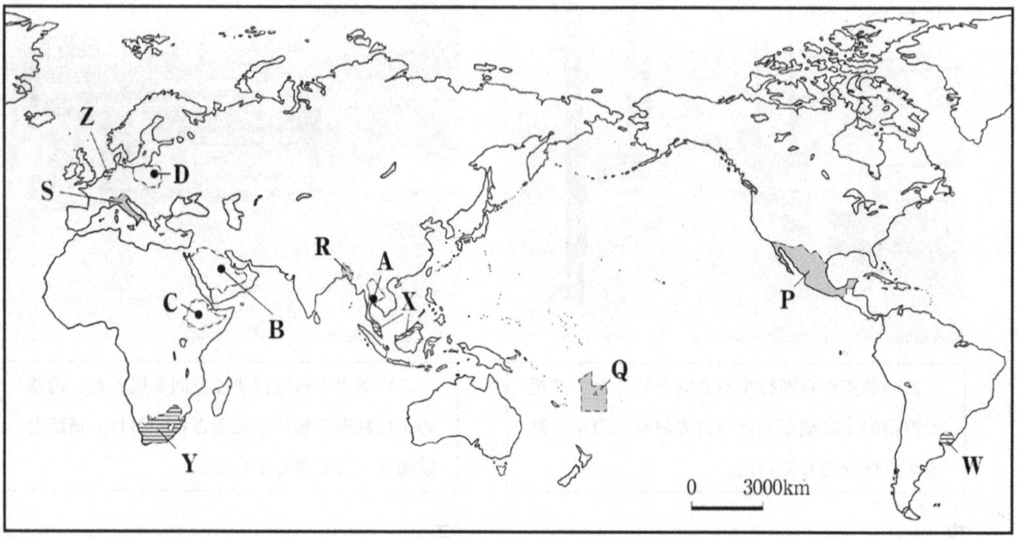

〔問１〕　略地図中のＡ～Ｄは，それぞれの国の首都の位置を示したものである。次のⅠの文章は，略地図中のＡ～Ｄのいずれかの首都を含む国の自然環境と農業についてまとめたものである。Ⅱのア～エのグラフは，略地図中のＡ～Ｄのいずれかの首都の，年平均気温と年降水量及び各月の平均気温と降水量を示したものである。Ⅰの文章で述べている国の首都に当てはまるのは，略地図中のＡ～Ｄのうちのどれか，また，その首都のグラフに当てはまるのは，Ⅱのア～エのうちのどれか。

Ⅰ

> 首都は標高約2350ｍに位置し，各月の平均気温の変化は年間を通して小さい。コーヒー豆の原産地とされており，2019年におけるコーヒー豆の生産量は世界第５位であり，輸出額に占める割合が高く，主要な収入源となっている。

Ⅱ

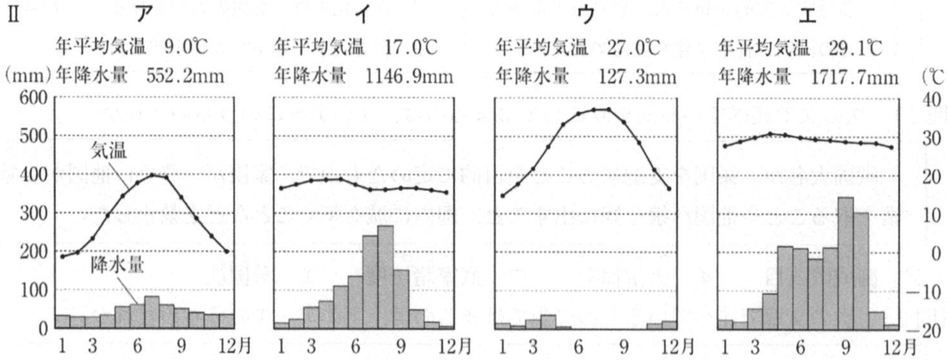

（「理科年表」令和５年より作成）

〔問２〕　次の表の**ア～エ**は，前のページの略地図中に　　　で示した**P～S**の**いずれか**の国の，2019年における米，小麦，とうもろこしの生産量，農業と食文化の様子についてまとめたものである。略地図中の**P～S**のそれぞれの国に当てはまるのは，次の表の**ア～エ**のうちではどれか。

	米（万ｔ）	小麦（万ｔ）	とうもろこし（万ｔ）	農業と食文化の様子
ア	25	324	2723	○中央部の高原ではとうもろこしの栽培が行われ，北西部ではかんがい農業や牛の放牧が行われている。 ○とうもろこしが主食であり，とうもろこしの粉から作った生地を焼き，具材を挟んだ料理などが食べられている。
イ	149	674	628	○北部の平野では冬季に小麦の栽培が行われ，沿岸部では柑橘《かんきつ》類やオリーブなどの栽培が行われている。 ○小麦が主食であり，小麦粉から作った麺に様々なソースをあわせた料理などが食べられている。
ウ	0.6	－	0.1	○畑ではタロいもなどの栽培が行われ，海岸沿いの平野ではさとうきびなどの栽培が行われている。 ○タロいもが主食であり，バナナの葉に様々な食材と共にタロいもを包んで蒸した料理などが食べられている。
エ	5459	102	357	○河川が形成した低地では雨季の降水などを利用した稲作が行われ，北東部では茶の栽培が行われている。 ○米が主食であり，鶏やヤギの肉と共に牛乳から採れる油を使って米を炊き込んだ料理などが食べられている。

（注）－は，生産量が不明であることを示す。

（「データブック オブ・ザ・ワールド」2022年版などより作成）

〔問３〕　次のⅠとⅡ（次のページ）の表の**ア～エ**は，略地図中に　　　で示した**W～Z**の**いずれか**の国に当てはまる。Ⅰの表は，2001年と2019年における日本の輸入額，農産物の日本の主な輸入品目と輸入額を示したものである。Ⅱの表は，2001年と2019年における輸出額，輸出額が多い上位３位までの貿易相手国を示したものである。次のページのⅢの文章は，略地図中の**W～Z**の**いずれか**の国について述べたものである。Ⅲの文章で述べている国に当てはまるのは，略地図中の**W～Z**のうちのどれか，また，ⅠとⅡの表の**ア～エ**のうちのどれか。

Ⅰ

		日本の輸入額（百万円）	農産物の日本の主な輸入品目と輸入額（百万円）		
ア	2001年	226492	植物性原材料　18245	ココア　4019	野菜　3722
	2019年	343195	豚肉　17734	チーズ等　12517	植物性原材料　6841
イ	2001年	5538	羊毛　210	米　192	チーズ等　31
	2019年	3017	牛肉　1365	羊毛　400	果実　39
ウ	2001年	338374	とうもろこし　12069	果実　9960	砂糖　5680
	2019年	559098	果実　7904	植物性原材料　2205	野菜　2118
エ	2001年	1561324	パーム油　14952	植物性原材料　2110	天然ゴム　2055
	2019年	1926305	パーム油　36040	植物性原材料　15534	ココア　15390

（財務省「貿易統計」より作成）

Ⅱ

		輸出額（百万ドル）	輸出額が多い上位3位までの貿易相手国		
			1位	2位	3位
ア	2001年	169480	ドイツ	イギリス	ベルギー
	2019年	576785	ドイツ	ベルギー	フランス
イ	2001年	2058	ブラジル	アルゼンチン	アメリカ合衆国
	2019年	7680	中華人民共和国	ブラジル	アメリカ合衆国
ウ	2001年	27928	アメリカ合衆国	イギリス	ドイツ
	2019年	89396	中華人民共和国	ドイツ	アメリカ合衆国
エ	2001年	88005	アメリカ合衆国	シンガポール	日本
	2019年	240212	中華人民共和国	シンガポール	アメリカ合衆国

（国際連合「貿易統計年鑑」2020などより作成）

Ⅲ

この国では農業の機械化が進んでおり，沿岸部の砂丘では花や野菜が栽培され，ポルダーと呼ばれる干拓地では酪農が行われている。

2001年と比べて2019年では，日本の輸入額は2倍に届いてはいないが増加し，輸出額は3倍以上となっている。2019年の輸出額は日本に次ぎ世界第5位となっており，輸出額が多い上位3位までの貿易相手国は全て同じ地域の政治・経済統合体の加盟国となっている。

3 次の略地図を見て，あとの各問に答えよ。

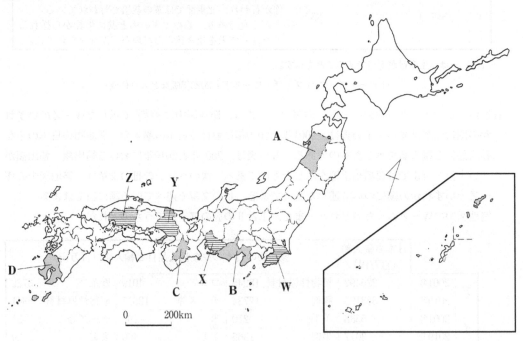

〔問1〕 次のページの表のア～エの文章は，略地図中に　　で示した，A～Dのいずれかの県の，自然環境と第一次産業の様子についてまとめたものである。A～Dのそれぞれの県に当てはまるのは，次の表のア～エのうちではどれか。

	自然環境と第一次産業の様子
ア	○南東側の県境付近に位置する山を水源とする河川は，上流部では渓谷を蛇行しながら北西方向に流れた後，流路を大きく変えて西流し，隣接する県を貫流して海に注いでいる。 ○南東部は，季節風の影響などにより国内有数の多雨地域であり，木材の生育に適していることから，古くから林業が営まれ，高品質な杉などが生産されていることが知られている。
イ	○北側の3000m級の山々が連なる山脈は，南北方向に走っており，東部の半島は，複数の火山が見られる山がちな地域であり，入り組んだ海岸線が見られる。 ○中西部にある台地は，明治時代以降に開拓され，日当たりと水はけがよいことから，国内有数の茶の生産量を誇っており，ブランド茶が生産されていることが知られている。
ウ	○南側の県境付近に位置する山を水源とする河川は，上流部や中流部では，南北方向に連なる山脈と山地の間に位置する盆地を貫流し，下流部では平野を形成して海に注いでいる。 ○南東部にある盆地は，夏に吹く北東の冷涼な風による冷害の影響を受けにくい地形の特徴などがあることから，稲作に適しており，銘柄米が生産されていることが知られている。
エ	○二つの半島に挟まれた湾の中に位置する島や北東側の県境に位置する火山などは，現在でも活動中であり，複数の離島があり，海岸線の距離は約2600kmとなっている。 ○水を通しやすい火山灰などが積もってできた台地が広範囲に分布していることから，牧畜が盛んであり，肉牛などの飼育頭数は国内有数であることが知られている。

〔問２〕　次のⅠの表の**ア～エ**は，略地図中に▤で示した**W～Z**の**いずれか**の県の，2020年における人口，県庁所在地の人口，他の都道府県への従業・通学者数，製造品出荷額等，製造品出荷額等に占める上位３位の品目と製造品出荷額等に占める割合を示したものである。次のⅡの文章は，Ⅰの表の**ア～エ**の**いずれか**の県の工業や人口の様子について述べたものである。Ⅱの文章で述べている県に当てはまるのは，Ⅰの**ア～エ**のうちのどれか，また，略地図中の**W～Z**のうちのどれか。

Ⅰ

	人口（万人）	県庁所在地の人口（万人）	他の都道府県への従業・通学者数（人）	製造品出荷額等（億円）	製造品出荷額等に占める上位３位の品目と製造品出荷額等に占める割合（％）
ア	628	97	797943	119770	石油・石炭製品(23.1)，化学(17.2)，食料品(13.3)
イ	280	120	26013	89103	輸送用機械(32.8)，鉄鋼(11.2)，生産用機械(9.7)
ウ	547	153	348388	153303	化学（13.6），鉄鋼（11.0），食料品（10.8）
エ	754	233	88668	441162	輸送用機械(53.0)，電気機械(7.7)，鉄鋼(4.9)

（2021年経済センサスなどより作成）

Ⅱ

○湾に面した沿岸部は，1950年代から埋め立て地などに，製油所，製鉄所や火力発電所などが建設されており，国内最大規模の石油コンビナートを有する工業地域となっている。
○中央部及び北西部に人口が集中しており，2020年における人口に占める他の都道府県への従業・通学者数の割合は，１割以上となっている。

［問３］ 次の資料は，2019年に富山市が発表した「富山市都市マスタープラン」に示された，富山市が目指すコンパクトなまちづくりの基本的な考え方の一部をまとめたものである。資料から読み取れる，将来の富山市における日常生活に必要な機能の利用について，現状と比較し，自宅からの移動方法に着目して，簡単に述べよ。

現状

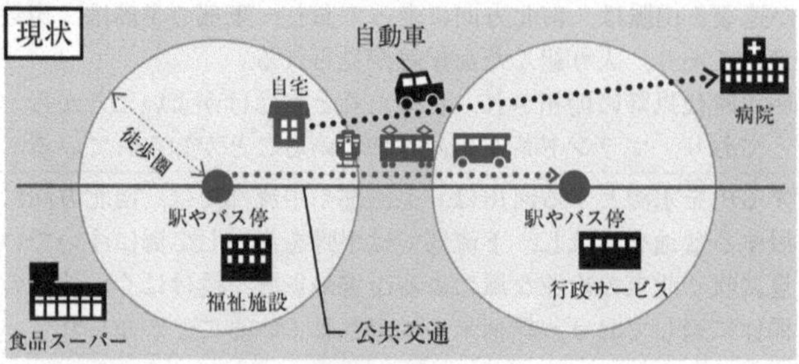

・公共交通のサービス水準が不十分で利用しにくい。
・駅やバス停を中心とした徒歩圏に日常生活に必要な機能がそろっていない。
・自動車を利用しないと生活しづらい。

こう変えたい

将来

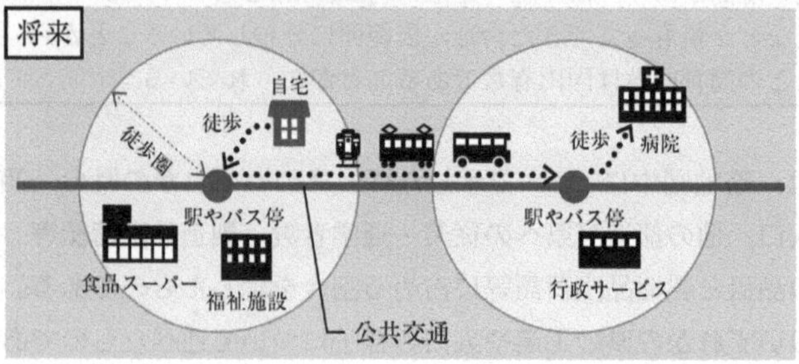

・公共交通のサービス水準が向上して利用しやすい。
・駅やバス停を中心とした徒歩圏に日常生活に必要な機能がそろっている。

（注）
・日常生活に必要な機能とは，行政サービス，福祉施設，病院，食品スーパーである。
・公共交通のサービス水準とは，鉄道・路面電車・バスの運行頻度などである。

（「富山市都市マスタープラン」より作成）

4 次の文章を読み，あとの各問に答えよ。

海上交通は，一度に大量の人や物を輸送することができることから，社会の発展のために重要な役割を果たしてきた。

古代から，各時代の権力者は，(1)周辺の国々へ使節を派遣し，政治制度や文化を取り入れたり，貿易により利益を得たりすることなどを通して，権力の基盤を固めてきた。時代が進むと，商人により，貨幣や多様な物資がもたらされ，堺《さかい》や博多《はかた》などの港が繁栄した。

江戸時代に入り，幕府は海外との貿易を制限するとともに，(2)国内の海上交通を整備し，全国的な規模で物資の輸送を行うようになった。開国後は，(3)諸外国との関わりの中で，産業が発展し，港湾の開発が進められた。

第二次世界大戦後，政府は，経済の復興を掲げ，海上交通の再建を目的に，造船業を支援した。(4)現在でも，外国との貿易の大部分は海上交通が担《にな》い，私たちの生活や産業の発展を支えている。

〔問1〕 (1)周辺の国々へ使節を派遣し，政治制度や文化を取り入れたり，貿易により利益を得たりすることなどを通して，権力の基盤を固めてきた。とあるが，次のア～エは，飛鳥《あすか》時代から室町時代にかけて，権力者による海外との交流の様子などについて述べたものである。時期の古いものから順に記号を並べよ。

ア　混乱した政治を立て直すことを目的に，都を京都に移し，学問僧として唐《とう》へ派遣された最澄《さいちょう》が帰国後に開いた密教を許可した。

イ　将軍を補佐する第五代執権《しっけん》として，有力な御家人を退けるとともに，国家が栄えることを願い，宋《そう》より来日した禅僧の蘭渓道隆《らんけいどうりゅう》を開山と定め，建長寺《けんちょうじ》を建立《こんりゅう》した。

ウ　明《みん》へ使者を派遣し，明の皇帝から「日本国王」に任命され，勘合《かんごう》を用いて朝貢《ちょうこう》の形式で行う貿易を開始した。

エ　隋《ずい》に派遣され，政治制度などについて学んだ留学生を国博士《くにはかせ》に登用し，大化の改新における政治制度の改革に取り組ませた。

〔問2〕 (2)国内の海上交通を整備し，全国的な規模で物資の輸送を行うようになった。とあるが，次のⅠの文章は，河村瑞賢《かわむらずいけん》が，1670年代に幕府に命じられた幕府の領地からの年貢《ねんぐ》米の輸送について，幕府に提案した内容の一部をまとめたものである。Ⅱの略地図は，Ⅰの文章で述べられている寄港地などの所在地を示したものである。ⅠとⅡの資料を活用し，河村瑞賢が幕府に提案した，幕府の領地からの年貢米の輸送について，輸送経路，寄港地の役割に着目して，簡単に述べよ。

Ⅰ

○陸奥《むつ》国信夫《しのぶ》郡（現在の福島県）などの幕府の領地の年貢米を積んだ船は，荒浜《あらはま》を出航したあと，平潟《ひらかた》，那珂湊《なかみなと》，銚子《ちょうし》，小湊《こみなと》を寄港地とし，江戸に向かう。

○出羽《でわ》国（現在の山形県）の幕府の領地の年貢米を積んだ船は，酒田《さかた》を出航したあと，小木《おぎ》，福浦《ふくら》，柴山《しばやま》，温泉津《ゆのつ》，下関《しものせき》，大阪，大島《おおしま》，方座《ほうざ》，安乗《あのり》，下田《しもだ》を寄港地とし，江戸に向かう。

○寄港地には役人を置き，船の発着の日時や積荷の点検などを行う。

Ⅱ

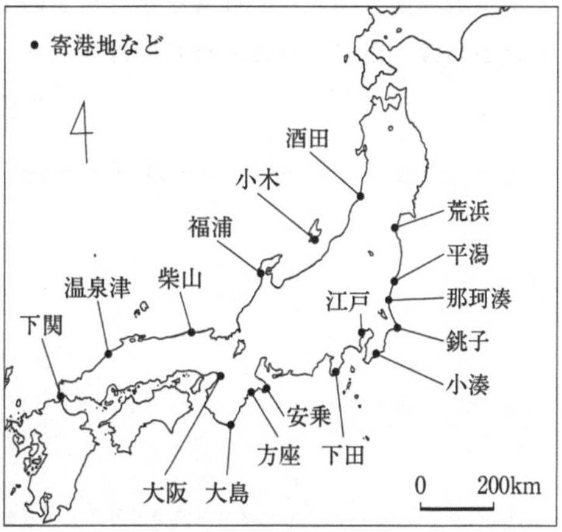

〔問3〕 (3)諸外国との関わりの中で，産業が発展し，港湾の開発が進められた。とあるが，次のページの略年表は，江戸時代から昭和時代にかけての，外交に関する主な出来事についてまとめたものである。略年表中のA～Dのそれぞれの時期に当てはまるのは，後のア～エのうちではどれか。

ア　四日市《よっかいち》港は，日英通商航海条約の調印により，治外法権が撤廃され，関税率の一部引き上げが可能になる中で，外国との貿易港として開港場に指定された。

イ　東京港は，関東大震災の復旧工事の一環として，関東大震災の2年後に日《ひ》の出《で》ふ頭が完成したことにより，大型船の接岸が可能となった。

ウ　函館《はこだて》港は，アメリカ合衆国との間に締結した和親条約により，捕鯨船への薪《まき》と水，食糧を補給する港として開港された。

エ　三角《みすみ》港は，西南戦争で荒廃した県内の産業を発展させることを目的に，オランダ人技術者の設計により造成され，西南戦争の10年後に開港された。

西暦	外交に関する主な出来事	
1842	●幕府が天保《てんぽう》の薪水給与令を出し，異国船打ち払い令を緩和した。	
		A
1871	●政府が不平等条約改正の交渉などのために，岩倉使節団を欧米に派遣した。	
		B
1889	●大日本帝国憲法が制定され，近代的な政治制度が整えられた。	
		C
1911	●日米新通商航海条約の調印により，関税自主権の回復に成功した。	
		D
1928	●15か国が参加し，パリ不戦条約が調印された。	

〔問４〕　(4)現在でも，外国との貿易の大部分は海上交通が担《にな》い，私たちの生活や産業の発展を支えている。とあるが，次のグラフは，1950年から2000年までの，日本の海上貿易量（輸出）と海上貿易量（輸入）の推移を示したものである。グラフ中のＡ～Ｄのそれぞれの時期に当てはまるのは，後のア～エのうちではどれか。

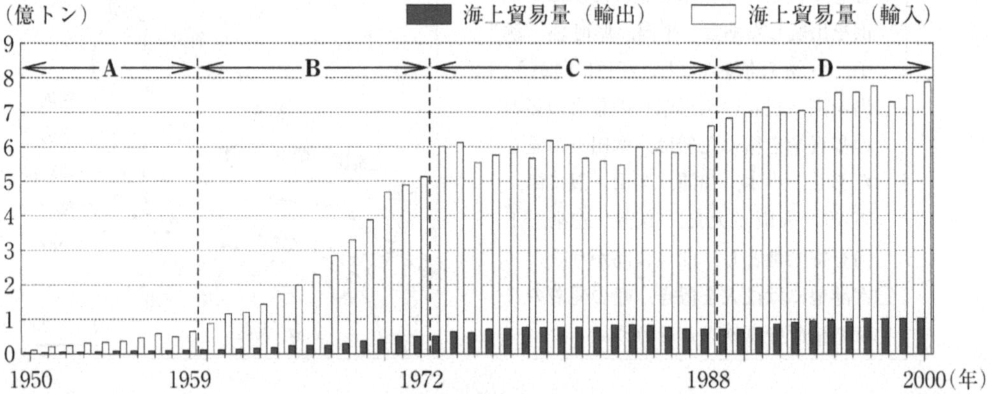

（日本長期統計総覧などより作成）

ア　サンフランシスコ平和条約（講和条約）を結び，国際社会に復帰する中で，海上貿易量は輸出・輸入ともに増加し，特に石油及び鉄鋼原料の需要の増加に伴い，海上貿易量（輸入）の増加が見られた。

イ　エネルギーの供給量において石油が石炭を上回り，海上輸送においてタンカーの大型化が進展する中で，日本初のコンテナ船が就航した他，この時期の最初の年と比較して最後の年では，海上貿易量（輸出）は約４倍に，海上貿易量（輸入）は約６倍に増加した。

ウ　冷たい戦争（冷戦）が終結するとともに，アジアにおいて経済発展を背景にした巨大な海運市場が形成される中で，海上貿易量は輸出・輸入ともに増加傾向にあったが，国内景気の後退や海外生産の増加を要因として，一時的に海上貿易量は輸出・輸入ともに減少が見られた。

エ　この時期の前半は二度にわたる石油価格の急激な上昇が，後半はアメリカ合衆国などとの貿易摩擦の問題がそれぞれ見られる中で，前半は海上貿易量（輸出）が増加し，後半は急速な円高により海上貿易量（輸入）は減少から増加傾向に転じた。

5　次の文章を読み，あとの各問に答えよ。

> 私たちは，家族，学校など様々な集団を形成しながら生活している。(1)一人一人が集団の中で個人として尊重されることが重要であり，日本国憲法においては，基本的人権が保障されている。
>
> 集団の中では，考え方の違いなどにより対立が生じた場合，多様な価値観をもつ人々が互いに受け入れられるよう，合意に至る努力をしている。例えば，国権の最高機関である(2)国会では，国の予算の使途や財源について合意を図るため，予算案が審議され，議決されている。
>
> 国際社会においても，(3)世界の国々が共存していくために条約を結ぶなど，合意に基づく国際協調を推進することが大切である。
>
> 今後も，よりよい社会の実現のために，(4)私たち一人一人が社会の課題に対して自らの考えをもち，他の人たちと協議するなど，社会に参画し，積極的に合意形成に努めることが求められている。

〔問１〕　(1)一人一人が集団の中で個人として尊重されることが重要であり，日本国憲法においては，基本的人権が保障されている。とあるが，基本的人権のうち，平等権を保障する日本国憲法の条文は，次の**ア**～**エ**のうちではどれか。

ア　すべて国民は，健康で文化的な最低限度の生活を営む権利を有する。

イ　すべて国民は，法の下に平等であつて，人種，信条，性別，社会的身分又は門地により，政治的，経済的又は社会的関係において，差別されない。

ウ　何人も，自己に不利益な供述を強要されない。

エ　何人も，裁判所において裁判を受ける権利を奪はれない。

〔問２〕　(2)国会では，国の予算の使途や財源について合意を図るため，予算案が審議され，議決されている。とあるが，次のページのⅠのグラフは，1989年度と2021年度における我が国の一般会計歳入額及び歳入項目別の割合を示したものである。Ⅰのグラフ中の**A**～**D**は，法人税，公債金，所得税，消費税の**いずれか**に当てはまる。次のページのⅡの文章は，Ⅰのグラフ中の**A**～**D**の**いずれか**について述べたものである。Ⅱの文章で述べている歳入項目に当てはまるのは，Ⅰの**A**～**D**のうちのどれか，また，その歳入項目について述べているのは，後の**ア**～**エ**のうちではどれか。

I

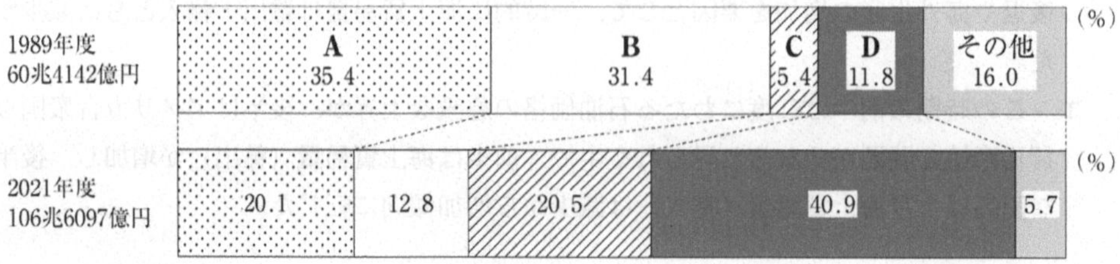

（財務省の資料より作成）

Ⅱ

> 間接税の一つであり，1989年に国民福祉の充実などに必要な歳入構造の安定化を図るために導入され，その後，段階的に税率が引き上げられた。2021年度の歳入額は20兆円を超え，1989年度に比べて６倍以上となっている。

ア　歳入の不足分を賄うため，借金により調達される収入で，元本の返済や利子の支払いなどにより負担が将来の世代に先送りされる。

イ　給料や商売の利益などに対して課され，主に勤労世代が負担し，税収が景気や人口構成の変化に左右されやすく，負担額は負担者の収入に応じて変化する。

ウ　商品の販売やサービスの提供に対して課され，勤労世代など特定の世代に負担が集中せず，税収が景気や人口構成の変化に左右されにくい。

エ　法人の企業活動により得られる所得に対して課され，税率は他の税とのバランスを図りながら，財政事情や経済情勢等を反映して決定される。

〔問３〕　(3)世界の国々が共存していくために条約を結ぶなど，合意に基づく国際協調を推進することが大切である。とあるが，次のⅠの文章は，ある国際的な合意について述べたものである。Ⅱの略年表は，1948年から2019年までの，国際社会における合意に関する主な出来事についてまとめたものである。Ⅰの国際的な合意が結ばれた時期に当てはまるのは，Ⅱの略年表中のア～エのうちではどれか。

Ⅰ

> 地球上の「誰一人取り残さない」ことをスローガンに掲げ，「質の高い教育をみんなに」などの17のゴールと169のターゲットで構成されている。持続可能でよりよい世界を目指し全ての国が取り組むべき国際目標として，国際連合において加盟国の全会一致で採択された。

Ⅱ

西暦	国際社会における合意に関する主な出来事	
1948	●世界人権宣言が採択された。	
		ア
1976	●国際連合において，児童権利宣言の20周年を記念して，1979年を国際児童年とすることが採択された。	
		イ
1990	●「気候変動に関する政府間パネル」により第一次評価報告書が発表された。	
		ウ
2001	●「極度の貧困と飢餓の撲滅」などを掲げたミレニアム開発目標が設定された。	
		エ
2019	●国際連合において，科学者グループによって起草された「持続可能な開発に関するグローバル・レポート2019」が発行された。	

〔問４〕 (4)私たち一人一人が社会の課題に対して自らの考えをもち，他の人たちと協議するなど，社会に参画し，積極的に合意形成に努めることが求められている。とあるが，次のⅠの文章は，2009年に法務省の法制審議会において取りまとめられた「民法の成年年齢の引下げについての最終報告書」の一部を分かりやすく書き改めたものである。Ⅱの表は，2014年から2018年までに改正された18歳，19歳に関する法律の成立年と主な改正点を示したものである。ⅠとⅡの資料を活用し，Ⅱの表で示された一連の法改正における，国の若年者に対する期待について，主な改正点に着目して，簡単に述べよ。

Ⅰ

○民法の成年年齢を20歳から18歳に引き下げることは，18歳，19歳の者を大人として扱い，社会への参加時期を早めることを意味する。

○18歳以上の者を，大人として処遇することは，若年者が将来の国づくりの中心であるという国としての強い決意を示すことにつながる。

Ⅱ

	成立年	主な改正点
憲法改正国民投票法の一部を改正する法律	2014	投票権年齢を満18歳以上とする。
公職選挙法等の一部を改正する法律	2015	選挙権年齢を満18歳以上とする。
民法の一部を改正する法律	2018	一人で有効な契約をすることができ，父母の親権に服さず自分の住む場所や，進学や就職などの進路について，自分の意思で決めることができるようになる成年年齢を満18歳以上とする。

6　次の文章を読み，あとの各問に答えよ。

国際社会では，人，物，お金や情報が，国境を越えて地球規模で移動するグローバル化が進んでいる。例えば，科学や文化などの面では，(1)これまでも多くの日本人が，研究などを目的に海外に移動し，滞在した国や地域，日本の発展に貢献してきた。また，経済の面では，(2)多くの企業が，世界規模で事業を展開するようになり，一企業の活動が世界的に影響を与えるようになってきた。

地球規模の課題は一層複雑になっており，課題解決のためには，(3)国際連合などにおける国際協調の推進が一層求められている。

〔問１〕 (1)これまでも多くの日本人が，研究などを目的に海外に移動し，滞在した国や地域，日本の発展に貢献してきた。とあるが，次のページの表の**ア**～**エ**は，次のページの略地図中に　で示したA～Dの**いずれか**の国に滞在した日本人の活動などについて述べたものである。略地図中のA～Dのそれぞれの国に当てはまるのは，後の表の**ア**～**エ**のうちではどれか。

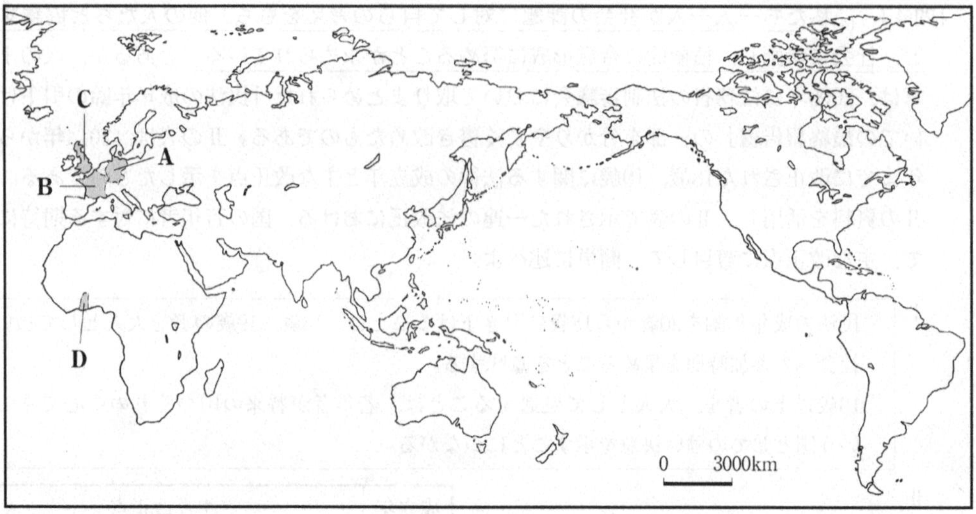

	日本人の活動など
ア	1789年に市民革命が起こったこの国に，1884年から1893年まで留学した黒田清輝《くろだせいき》は，途中から留学目的を洋画研究に変更し，ルーブル美術館で模写をするなどして，絵画の技法を学んだ。帰国後は，展覧会に作品を発表するとともに，後進の育成にも貢献した。
イ	1871年に統一されたこの国に，1884年から1888年まで留学した森鷗外《もりおうがい》は，コレラ菌などを発見したことで知られるコッホ博士などから細菌学を学んだ。帰国後は，この国を舞台とした小説を執筆するなど，文学者としても活躍した。
ウ	1902年に日本と同盟を結んだこの国に，1900年から1903年まで留学した夏目漱石《なつめそうせき》は，シェイクスピアの作品を観劇したり，研究者から英文学の個人指導を受けたりした。帰国後は，作家として多くの作品を発表し，文学者として活躍した。
エ	ギニア湾岸にあるこの国に，1927年から1928年まで滞在した野口英世《のぐちひでよ》は，この国を含めて熱帯地方などに広まっていた黄熱病《おうねつびょう》の原因を調査し，予防法や治療法の研究を行った。功績を記念し，1979年にこの国に野口記念医学研究所が設立された。

〔問2〕 (2)多くの企業が，世界規模で事業を展開するようになり，一企業の活動が世界的に影響を与えるようになってきた。とあるが，次のページのⅠの略年表は，1976年から2016年までの，国際会議に関する主な出来事についてまとめたものである。次のページのⅡの文は，Ⅰの略年表中のア～エのいずれかの国際会議について述べたものである。Ⅱの文で述べている国際会議に当てはまるのは，Ⅰの略年表中のア～エのうちのどれか。

Ⅰ

西暦	国際会議に関する主な出来事
1976	●東南アジア諸国連合（ＡＳＥＡＮ《アセアン》）首脳会議がインドネシアで開催された。……………………**ア**
1993	●アジア太平洋経済協力（ＡＰＥＣ《エイペック》）首脳会議がアメリカ合衆国で開催された。…………………**イ**
1996	●世界貿易機関（ＷＴＯ）閣僚会議がシンガポールで開催された。
2008	●金融・世界経済に関する首脳会合（Ｇ20サミット）がアメリカ合衆国で開催された。…………**ウ**
2016	●主要国首脳会議（Ｇ７サミット）が日本で開催された。…………………………………………………**エ**

Ⅱ

アメリカ合衆国に本社がある証券会社の経営破綻などを契機に発生した世界金融危機（世界同時不況，世界同時金融危機）と呼ばれる状況に対処するために，初めて参加国の首脳が集まる会議として開催された。

〔問３〕 (3)国際連合などにおける国際協調の推進が一層求められている。とあるが，次のⅠのグラフ中の**ア**～**エ**は，1945年から2020年までのアジア州，アフリカ州，ヨーロッパ州，南北アメリカ州の**いずれか**の州の国際連合加盟国数の推移を示したものである。Ⅱの文章は，Ⅰのグラフ中の**ア**～**エ**の**いずれか**の州について述べたものである。Ⅱの文章で述べている州に当てはまるのは，Ⅰの**ア**～**エ**のうちのどれか。

Ⅰ（国数）

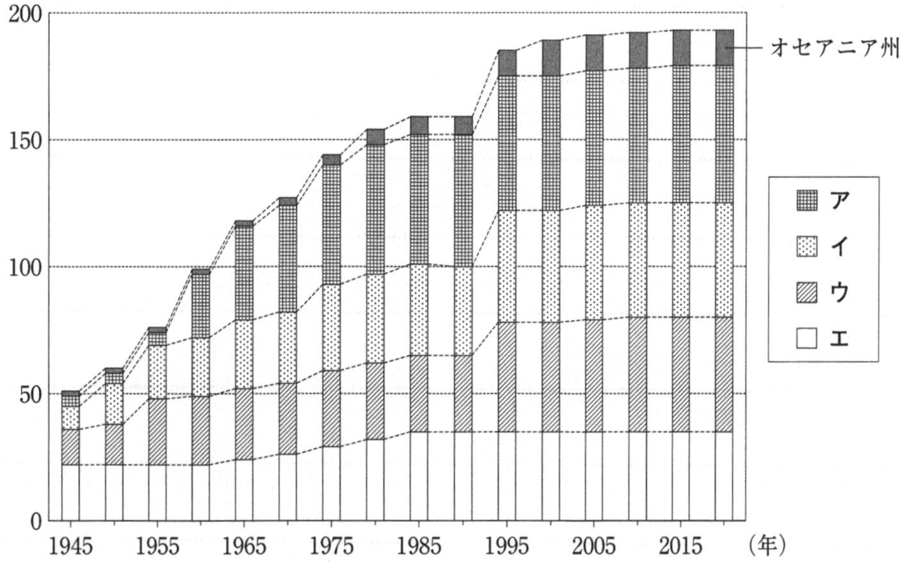

（国際連合広報センターのホームページより作成）

Ⅱ

○国際連合が設立された1945年において，一部の国を除き他国の植民地とされており，民族の分布を考慮しない直線的な境界線が引かれていた。

○国際連合総会で「植民地と人民に独立を付与する宣言」が採択された1960年に，多くの国が独立し，2020年では，50か国を超える国が国際連合に加盟している。

MEMO

大切なことはメモしておこうネ！

2024年度

解　答　と　解　説

《2024年度の配点は解答用紙集に掲載してあります。》

＜理科解答＞

1　〔問1〕　エ　〔問2〕　イ　〔問3〕　ウ　〔問4〕　ア　〔問5〕　イ　〔問6〕　エ

2　〔問1〕　ア　〔問2〕　イ　〔問3〕　エ　〔問4〕　ウ

3　〔問1〕　ウ　〔問2〕　2時間ごとに記録した透明半球上の・印のそれぞれの間隔は，どれも等しいため，地球上での太陽の見かけ上の動く速さは一定であることが分かる。
〔問3〕　エ　〔問4〕　ア

4　〔問1〕　イ　〔問2〕　ア　〔問3〕　ウ

5　〔問1〕　イ　〔問2〕　エ　〔問3〕　＜資料＞から，塩化ナトリウムの溶解度は，温度によってほとんど変化しないものであるため。　〔問4〕　ウ

6　〔問1〕　ウ　〔問2〕　①　ウ　②　イ　〔問3〕　ア　〔問4〕　エ

＜理科解説＞

1　(小問集合－物質の成り立ち，化学変化と物質の質量：質量保存の法則，電流：オームの法則・電力量，動物の特徴と分類，原子の成り立ちとイオン：原子の構造，気象要素の観測，動物の体のつくりとはたらき)

〔問1〕　水素，酸素，水は分子として存在する。また，質量保存の法則により，化学変化の前後で，原子の組み合わせは変化するが，原子の種類と数は変化しない。以上により，**水素2分子と酸素1分子が結びついて，水2分子ができるモデル**，エが正解である。

〔問2〕　**電熱線の抵抗の大きさ〔Ω〕**$=\dfrac{6〔V〕}{1.5〔A〕}$=4〔Ω〕である。**電力量〔J〕=6〔V〕×1.5〔A〕×300〔s〕**=9.0〔W〕×300〔s〕=2700〔J〕である。

〔問3〕　**甲殻類はエビ・カニの仲間**であるため無脊椎動物である。よって，魚類，両生類，鳥類が脊椎動物であり，昆虫類と甲殻類が無脊椎動物である。

〔問4〕　原子核はプラスの電気をもつ陽子と，電気をもたない中性子からできているため，**原子核はプラスの電気をもつ。電子はマイナスの電気**をもち，ふつうの状態では**陽子の数と等しい。**

〔問5〕　くもりの**天気記号は◎**であり，風向が北東であるため矢は北東の向きにかく。表1より風速が3.0〔m/s〕であるため，表2より風力は2であり，矢ばねは2本である。よって，**天気図記号**はイである。

〔問6〕　**ヒトのヘモグロビンは**，血液中の赤血球に含まれ，酸素の多いところでは酸素と結び付き，**酸素の少ないところでは酸素をはなす性質**がある。

2　(自由研究－身近な地形や地層・岩石の観察，地層の重なりと過去の様子，化学変化と物質の質量，化学変化：酸化と還元，光と音：光の屈折，自然界のつり合い)

〔問1〕　**フズリナは古生代の示準化石**であり，**アンモナイトは中生代の示準化石**であるため，地質年代の古いものは石材aに含まれるフズリナの化石である。石材cに含まれる**サンゴの化石**は，その化石を含む地層が堆積した当時の環境を示す**示相化石**である。

〔問2〕 不純物を含まないクジャク石の粉0.20gを加熱すると，酸化銅0.13gと二酸化炭素と水に分解される。**得られた酸化銅に炭素をよく混ぜ加熱すると，酸化銅が還元されて銅が得られるが，このときの銅の質量を求める。**表2より，**銅の質量〔g〕：加熱して得られる酸化銅の質量〔g〕＝4：5**，である。酸化銅0.13gに含まれる銅の質量をxgとすると，x〔g〕：0.13〔g〕＝4：5，x〔g〕＝0.104〔g〕，である。よって，クジャク石の粉0.20gに含まれる銅の割合は，**0.104〔g〕÷0.20〔g〕×100**＝52〔%〕，より，52%である。

〔問3〕 図2の境界面RをR_1とすると，光源装置から出た光が通過するとき**入射角より屈折角が大きくなる境界面は境界面R_1**である。厚さを2倍にした直方体のガラスを点線の枠に合わせて入れ替えた場合は，空気側からガラス側に入射して屈折した光を**厚さが2倍になった境界面R_2まで光の道筋をまっすぐ延長して，境界面R_2で屈折するように作図する**と，直線L上の点Pの位置はTの方向にずれる。

〔問4〕 生態系を構成する生物どうしの数量的な関係は，ピラミッドのような形で表すことができ，**食べられる側の生物の数の方が，食べる側の生物の数よりも多くなる。**生態系Vにおいて生物の数が少ないものから順に並べると，生物w＜x＜y＜z，であるため，図3の③はウの生物yである。

3 **(天体の動きと地球の自転・公転：透明半球を用いた太陽の日周経路の観察・北極側から見た地球の自転と太陽の方向に対する地上の方位の変化・地軸の傾きと季節の変化及び緯度の高低による夜の長さ)**

〔問1〕 太陽が天頂より南側で子午線(天頂と南北を結ぶ線)を通過するときの太陽の高度が**南中高度**である。高度は**観察者の位置(円の中心O)**で地平線から太陽までの角度で表す。

〔問2〕 2時間ごとに記録した透明半球上の・印のそれぞれの間隔は，どれも等しいため，地球上での**太陽の見かけ上の動く速さは一定**であることが分かる。

〔問3〕 地球上では太陽は見かけ上，①東から西に移動して見える。それは，**地球が北極側から見て反時計回り，④図3ではⅡの方向に自転しているため**である。**東の空に太陽が見えるのは，②点M**の位置であり，**西の空に太陽が見えるのは，③点K**の位置である。

〔問4〕 ＜観察1＞は夏至の頃であり，＜観察2＞は秋分の頃である。図4より，**日の入りの位置は，＜観察1＞を行った日の方が**＜観察2＞を行った日よりも**北寄り**である。＜結果2＞より，＜観察1＞の(4)でかいた曲線の長さの方が，＜観察2＞の(4)でかいた曲線の長さよりも長いため，**昼の長さは＜観察1＞を行った日の方が**＜観察2＞を行った日よりも**長い**。また，地球が公転面に対して23.4°傾けて公転していることにより，**図5は北極点が太陽の方向に傾いているため，夜の長さはX地点の方がY地点よりも長い。**

4 **(植物の体のつくりとはたらき：光合成の対照実験・光合成の条件，光の明るさと光合成量・呼吸量の関係，生物と細胞：顕微鏡操作)**

〔問1〕 顕微鏡で観察をする準備を行う際に，プレパラートと対物レンズを，最初に，できるだけ近づけるときの手順は，**顕微鏡を横から見ながら，**調節ねじを回してプレパラートと対物レン**ズをできるだけ近づける。**対物レンズが20倍で接眼レンズが10倍である顕微鏡の倍率は，20×10＝200〔倍〕，である。

〔問2〕 植物は昼間など，光の当たるときだけ光合成を行うが，呼吸は光が当たるかどうかに関係なく，昼も夜も行われている。よって，左の図は，**光が①十分に当たる**ときであり，植物の**⑤光合成**による③**二酸化炭素**の吸収と④**酸素**の放出が見られるが，右の図の光が②当たらないときには見られない。左右の図に共通して見られる⑥は呼吸であり，④酸素の吸収と③二酸化炭素の放出が見られる。光が強い日中は，光合成によって出入りする気体の量の方が呼吸によって出入りする量より多いため，光が当たると光合成だけが行われているように見える。

〔問3〕　オオカナダモAとオオカナダモBは対照実験を行うために用意されている。<結果>(1)では，オオカナダモの葉AとBの細胞内に緑色の葉緑体を観察できた。<結果>(2)では，表1から，オオカナダモの葉AとBがヨウ素液に反応しなかったことから，光が当たらない場所に2日間置いたため，オオカナダモの葉AとBが作っていたデンプンはすべてなくなっていたことがわかる。<実験>(5)で，オオカナダモAは光が十分に当たる場所に置き，オオカナダモBはそのペトリ皿を光が当たらないようにアルミはくで覆って，Aと同様に光が十分に当たる場所に置いた。3日後，<実験>(7)による<結果>(3)表2から，対照実験を行った結果，光が十分当たる場所に置いたオオカナダモAの葉緑体にのみ，青紫色に染色されたヨウ素液への反応があらわれたことから，光が十分に当たる場所では，オオカナダモの葉の葉緑体で，デンプンが作られることが分かる。

5　(水溶液：溶質と溶媒・飽和水溶液・溶解度曲線の温度変化にともなう水溶液の濃度の変化・溶質の取り出し，水溶液とイオン：電離・電解質と非電解質)

〔問1〕　砂糖を水にとかすと，砂糖水ができる。この場合，砂糖のように，とけている物質を溶質，水のように，溶質をとかす液体を溶媒という。溶質が溶媒にとけた液全体を溶液という。溶媒が水である溶液を水溶液という。ビーカーBの水溶液の溶質である塩化ナトリウムは電解質であるため，蒸留水に溶け，電離する。ビーカーCの水溶液の溶質である砂糖は非電解質であるため，蒸留水に溶けるが，電離しない。

〔問2〕　水100gに物質を溶かして飽和水溶液にしたとき，溶けた溶質の質量〔g〕の値を溶解度という。資料の溶解度曲線は，溶解度と温度との関係を表している。<実験2>(1)では試験管Aに27℃の蒸留水5gと硝酸カリウム3gを入れたが，水溶液の温度による溶質の溶け方の変化について溶解度曲線を用いて考察するには，試験管Aには27℃の蒸留水100gを入れ，同じ濃度になるように硝酸カリウム60gを加えたとして考察する。27℃のときの溶解度は41であるため，溶け残ると考察でき，<実験2>の(1)の結果と一致する。溶解度が60になり，飽和の状態になるのは38℃である。27℃から38℃までは硝酸カリウムが溶ける質量は少しずつ増加するため，質量パーセント濃度〔%〕は増加し，38℃で飽和して濃度は最大になる。38℃から60℃まで水溶液の温度が上昇しても質量パーセント濃度〔%〕は一定である。

〔問3〕　試験管Bの水溶液の温度を27℃から60℃まで上昇させても，その後，27℃，20℃とゆっくり冷やしても，試験管の中の様子に変化がなかったのは，資料から，塩化ナトリウムの溶解度は，温度によってほとんど変化しないものであるためである。

〔問4〕　試験管Bの塩化ナトリウム水溶液の温度が20℃のとき，溶解度は約38であり，溶質である塩化ナトリウムの濃度は，38〔g〕÷(100〔g〕+38〔g〕)×100≒28〔%〕，である。水溶液0.35gのうち，溶質の質量が28%であるため，溶媒である水の質量は72%である。よって，溶質を全て固体として取り出すために蒸発させる溶媒の質量は，0.35〔g〕×0.72≒0.25〔g〕，より，約0.25gである。

6　(力と物体の運動：斜面上での台車の運動，力のつり合いと合成・分解：斜面上の台車に働く力の分解と作用・反作用の法則，力学的エネルギー：位置エネルギーと運動エネルギー，仕事とエネルギー)

〔問1〕「ばねばかりが糸を引く力」がした仕事の大きさ〔J〕=6〔N〕×0.1〔m〕=0.6〔J〕である。ばねばかりが糸に引く力(作用)を加えると，同時に，ばねばかりは糸から大きさが同じで逆向きの引く力(反作用)を受ける。よって，「ばねばかりが糸を引く力」を作用としたときの反作用は，「糸がばねばかりを引く力」である。

〔問2〕 ①　記録タイマーは1秒間に50回打点するから，0.1秒間に5回打点する。よって，0.4秒経過するまでの力学台車の平均の速さ〔cm/s〕$=\dfrac{2.2+3.6+5.0+6.4\,〔\mathrm{cm}〕}{0.4\,〔\mathrm{s}〕}=43\,〔\mathrm{cm/s}〕$である。
②　0.4秒経過するまでの力学台車の移動距離は，斜面の傾きが図4の10°では17.2cmでありその速さをC，図5の20°では34.4cmでありその速さをDとしたとき，同じ時間でDの移動距離はCの2倍であったため，CとDの比は1：2である。

〔問3〕　斜面を下る力学台車に働く重力の大きさは変わらない。斜面の傾きを大きくしていくほど，重力の斜面に平行な分力は大きくなり，重力の斜面に垂直な分力は小さくなる。

〔問4〕 ①　ばねばかりを引きはじめてから25秒経過したときの力学台車の位置エネルギーを比較する。<結果1><実験1>の(1)図1では，力学台車は基準面から10cmの高さであり，<実験1>の(2)図2では，糸を引く速さは，動滑車を使った場合は物体を引く力の大きさが半分になるためか，少し大きくなっているが，25秒間で印が動いた距離は<実験1>の(1)とほぼ同じであると考えると，動滑車を用いたので物体は引いた距離の半分しか上がらないため，力学台車は基準面から約5cmの高さにしかならない。表のデータからは，一定の速さで45秒間引くと力学台車は基準面から10cmの高さになるので，25秒間では，$\dfrac{10\,〔\mathrm{cm}〕\times 25\,〔\mathrm{s}〕}{45\,〔\mathrm{s}〕}\fallingdotseq 5.6\,〔\mathrm{cm}〕$，と計算できる。よって，力学台車の位置エネルギーの大きさは，<実験1>の(1)の方が大きい。　②　運動エネルギーは力学台車の速さが速いほど大きく，〔問2〕から力学台車の速さは斜面の角度が大きい方が速いため，<実験2>の(4)の方が大きい。

<社会解答>

1　〔問1〕 B イ　C エ　D ウ　E ア　〔問2〕 エ　〔問3〕 ウ

2　〔問1〕 (略地図中のA～D) C　(Ⅱのア～エ) イ　〔問2〕 P ア　Q ウ　R エ　S イ　〔問3〕 (略地図中のW～Z) Z　(ⅠとⅡのア～エ) ア

3　〔問1〕 A ウ　B イ　C ア　D エ　〔問2〕 (Ⅰのア～エ) ア　(略地図中のW～Z) W　〔問3〕 自動車を利用しなくても，公共交通を利用することで，日常生活に必要な機能が利用できる。

4　〔問1〕 エ→ア→イ→ウ　〔問2〕 太平洋のみを通る経路と，日本海と太平洋を通る経路で，寄港地では積荷の点検などを行い，江戸に輸送すること。　〔問3〕 A ウ　B エ　C ア　D イ　〔問4〕 A ア　B イ　C エ　D ウ

5　〔問1〕 イ　〔問2〕 (ⅠのA～D) C　(ア～エ) ウ　〔問3〕 エ　〔問4〕 投票権年齢，選挙権年齢，成年年齢を満18歳以上とし，社会への参加時期を早め，若年者が将来の国づくりの中心として積極的な役割を果たすこと。

6　〔問1〕 A イ　B ア　C ウ　D エ　〔問2〕 ウ　〔問3〕 ア

<社会解説>

1　(地理的分野―日本地理－地形図の見方，歴史的分野―日本史時代別－鎌倉時代から室町時代，―日本史テーマ別－法律史，公民的分野―国の政治の仕組み)

〔問1〕 B地点　地形図によれば，B地点からC地点に向かうと，すぐに鉄道との立体交差を通過す

る。B地点はイである。　C地点　C地点からD地点の長さは，地形図上では2cm弱である。この地形図の**縮尺**は，2万5千分の1である。それにより，実際の距離を計算すれば，2.0(cm)×25,000＝50,000(cm)＝約500(m)である。説明文の470mとほぼ合致する。C地点はエである。D地点　D地点は丁(てい)字形の交差点であり，進行する方向には道の両側に住宅地が見られる。D地点はウである。　E地点　E地点からF地点に向かうには，鉄道の上を道路が通る立体交差があるとの説明文があり，地形図と合致する。E地点はアである。

〔問2〕 **中世**から**近世**へ移り変わるころには，**下剋上**の風潮が強まり，実力のあるものが上の者を倒して**戦国大名**へとのし上がって行った。**戦国大名**が，自分の領国を治めるために制定したのが，**分国法**である。分国法の内容としては，家臣の統制など具体的なものが多い。家臣間の争いを禁じた**喧嘩両成敗**の規定が多くの分国法に見られる。分国法としては，今川氏の今川仮名目録，武田氏の甲州法度などが有名である。なお，アの**御成敗式目**は，1232年に鎌倉幕府によって定められたもの，イの**大宝律令**は，701年に朝廷によって定められたもの，ウの**武家諸法度**は江戸時代に幕府によって定められたものである。

〔問3〕 **日本国憲法**第54条によって定められる，**衆議院**の解散による衆議院議員総選挙後の30日以内に召集しなければならない国会を，**特別会**または**特別国会**という。特別国会が召集されると，日本国憲法第67条にあるように，「内閣総理大臣を，国会議員の中から国会の議決で，これを指名する。この指名は，他のすべての案件に先だって，これを行う。」ことになっている。

2 **(地理的分野—世界地理－気候・人々のくらし・産業・貿易)**

〔問1〕 まず，A～Dの国・都市を確定する。Aはタイの首都バンコク，Bはサウジアラビアの首都リャド，Cはエチオピアの首都アディスアベバ，Dはポーランドの首都ワルシャワである。Ⅰの文章は，「標高2350m」「コーヒーの生産量世界第5位」との記述から，エチオピアの首都アディスアベバだとわかる。解答はCである。アディスアベバは，**標高**2000m以上の高地にあるため，年間を通して最高気温25℃前後，最低気温15℃前後である。**降雨量**は**小雨季**(2月～5月)，**大雨季**(6月～9月)，**乾季**(10月～1月)に分かれるが，全体として降雨量は多くはない。Ⅱの中では，イの**雨温図**がアディスアベバを表している。

〔問2〕 まず，P～Sの国を確定する。Pはメキシコ，Qはフィジー，Rはバングラデシュ，Sはイタリアである。アは，「**とうもろこし**が主食であり，(中略)生地に具材を挟んだ料理などが食べられている。」(この料理はトルティーヤである)との記述からPのメキシコであるとわかる。イは，地中海性気候を生かした**農業**を行うSのイタリアについての説明であるとわかる。冬は気温10度前後で，雨が少なく，夏は気温が高く，雨がほとんど降らないのが，**地中海性気候**の特徴である。地中海沿岸部では，気候を生かして，夏は乾燥に強いオレンジやオリーブやぶどうなどの作物を栽培し，冬は北部を中心に小麦を栽培している。ウは，「**タロイモ**が主食であり」「バナナの葉に様々な食材と共にタロイモを包んで蒸した料理(以下略)」との記述から，Qのフィジーであるとわかる。エは，**雨季**の降水に依存して米を大量に生産し，米を主食とするところから，Rのバングラデシュであるとわかる。上記により，正しい組み合わせは，Pア・Qウ・Rエ・Sイとなる。

〔問3〕 まず，W～Zの国を確定する。Wはウルグアイ，Xはマレーシア，Yは南アフリカ共和国，Zはオランダである。Ⅲの文章の「ポルダー」とは，低湿地の干拓によって造成した土地のことを言い，普通はオランダやベルギーの干拓地のことを指す。したがって，Ⅲの文章で述べている国は，Zのオランダである。また，オランダは，2001年から2019年で輸出額は3倍以上となり，輸出額では世界第5位となっている。輸出相手国は**EU**加盟国が多くを占めている。Ⅰ表・Ⅱ表では，アである。

[3] (地理的分野―日本地理－地形・農林水産業・気候・工業・交通)

〔問1〕 まず，A～Dの県を確定する。Aは秋田県，Bは静岡県，Cは奈良県，Dは鹿児島県である。次にア～エの県を確定する。アは，「国内有数の多雨地域」「古くから林業が営まれ，高品質な杉などが生産されている」等の文から，吉野杉の産地であるCの奈良県であるとわかる。イは，「北側の3000m級の山々」が**南アルプス**を指すところから，静岡県であるとわかる。また，「国内有数の茶の生産量」との記述からも，イが静岡県であるとわかる。ウは，文中の河川が秋田県の雄物川を指す。日本海側に位置するため，夏の「**やませ**」による冷害の影響を受けにくく，「あきたこまち」等の**銘柄米**が生産されていることから，秋田県であることがわかる。エは，二つの半島が大隅半島と薩摩半島であり，この二つの半島に囲まれているのが**活火山**の桜島である。**牧畜**が盛んであることからも，エが鹿児島県であることがわかる。上記により，正しい組み合わせは，Aウ・Bイ・Cア・Dエとなる。

〔問2〕 まず，W～Zの県を確定する。Wは千葉県，Xは愛知県，Yは兵庫県，Zは広島県である。ア～エのうち，人口に占める他の都道府県への従業・通学者の割合が1割以上となっているのは，アの千葉県である。また，国内最大規模の**石油コンビナート**を有するのは，京葉工業地域の千葉県である。Ⅱの文章に当てはまるのは，アである。千葉県は，上記で明らかなように，略地図中のW～Zのうち，Wに当たる。

〔問3〕 徒歩で利用できるところに，食品スーパー・福祉施設等の機能をそろえ，また，徒歩圏外のところでも，自動車でなく，電車やバスなどの**公共交通**を利用して，行政サービス・病院など日常生活に必要な機能が利用できるようになる。上記のような趣旨を簡潔にまとめて解答すればよい。

[4] (歴史的分野―日本史時代別－古墳時代から平安時代・鎌倉時代から室町時代・安土桃山時代から江戸時代・明治時代から現代，―日本史テーマ別－文化史・政治史・経済史・外交史・社会史)

〔問1〕 ア **桓武天皇**が，混乱した政治を立て直すことを目的に，都を京都に移したのは，794年のことである。 イ **鎌倉幕府**の将軍を補佐する第五代**執権北条時頼**は，有力な御家人を退ける一方，**建長寺**を建立した。建長寺の建立は1253年である。 ウ **室町幕府**の三代将軍**足利義満**が明に使者を派遣し，**勘合貿易**を始めたのは1404年である。 エ **隋**から帰国した留学生を**国博士**とし，645年に始まる**大化改新**の改革に取り組ませたのは，**中大兄皇子**(のちの**天智天皇**)である。したがって，時代の古い順に並べると，エ→ア→イ→ウとなる。

〔問2〕 江戸前期の17世紀に，**河村瑞賢**は奥州荒浜から太平洋のみを通り江戸に至る**東回り航路**と，出羽酒田から日本海・瀬戸内海を通って，太平洋に出て江戸に至る**西回り航路**の両者を整えた。寄港地では積荷の点検などを行い，**年貢米**や各地の特産品を江戸に輸送することを実現した。以上の趣旨を簡潔にまとめて記せばよい。

〔問3〕 ア 四日市港は**日英通商航海条約**により，1899年に開港地に指定された。 イ 東京港では**関東大震災後**に復旧工事が行われ，震災の2年後の1925年に日の出ふ頭が完成した。 ウ 函館港は**日米和親条約**により1854年に開港され，薪・水・食糧の補給地となった。 エ 熊本の三角港は，**西南戦争**10年後の1887年にオランダ人技術者の設計により造成され，開港された。よって，略年表と照らし合わせれば，Aウ・Bエ・Cア・Dイとなる。

〔問4〕 ア 1951年に**サンフランシスコ平和条約**が結ばれ，特に海上貿易(輸入)の増加がみられた。 イ エネルギー源が**石炭**から**石油**へ転換する**エネルギー革命**が起こったのは1950年代以降である。 ウ 米ソ首脳が**マルタ島**で会談し，**冷戦終結**を宣言したのが，1989年のことであり，一時的に海上貿易量の減少がみられた。 エ 二度にわたる石油価格の急激な上昇とは，1973年の第一次石油危機と1979年の**第二次石油危機**のことを指す。この時期には海上貿易量の増加がみられた。したがって，正しい組み合わせは，Aア・Bイ・Cエ・Dウとなる。

5 (公民的分野―基本的人権・財政・国際社会との関わり・民主主義)

〔問1〕 アは，**日本国憲法**第25条の条文であり，**社会権**の中の**生存権**である。ウは，憲法第38条の条文であり，**自由権**の中の**身体の自由**である。エは，憲法第32条の条文であり，**請求権**である。残されたイが，憲法第14条に示された**平等権**である。

〔問2〕 ⅠのAは**法人税**，Bが**所得税**，Cが**消費税**，Dが**公債金**である。Ⅱの文章で説明されているのは消費税であり，Cである。また，ア・イ・ウ・エのうち，アは公債金，イは所得税，エは法人税についての説明である。消費税を正しく説明しているのは，ウである。消費税は，1989年に導入された。**3%→5%→8%→10%**と税率が変更されるにしたがって，税収が増えてきた。消費税は，年収が低いほど，税負担の割合が高いという**逆進性**がある。

〔問3〕 2015年にニューヨークで開催された**「国連持続可能な開発に関するサミット」**において採択された世界共通の17の目標が，**持続可能な開発目標(SDGs)**である。目標の例をあげれば「貧困をなくそう」「飢餓をゼロに」「質の高い教育をみんなに」「ジェンダー平等を実現しよう」「エネルギーをみんなに　そしてクリーンに」「気候変動に具体的な対策を」など，世界の様々な問題を根本的に解決し，すべての人たちにとってより良い世界をつくるために設定されたものである。時期はエである。

〔問4〕 **投票権年齢**，**選挙権年齢**，**成年年齢**をそれぞれ満20歳から満18歳以上へと引き下げることにより，政治・社会への参加時期を2年間早めることが実現されてきた。これにより，若年者自らが大人であることを自覚し，自分の考えを持ち，他者と協議し，社会に参画して積極的に合意形成に努め，若年者が将来の国づくりの中心として積極的な役割を果たすことが期待されている。上記のような趣旨のことを簡潔にまとめて解答すればよい。

6 (歴史的分野―日本史時代別－明治時代から現代，―日本史テーマ別－文化史，―世界史－経済史・政治史)

〔問1〕 はじめに，A～Dの国を確定する。Aはドイツ，Bはフランス，Cはイギリス，Dはガーナである。1789年に**市民革命**が起こったのはフランスであり，アの**黒田清輝**は1880年代から1890年代にかけてこの国に留学して，**洋画**を学んだ。1871年に統一されたのはドイツであり，イの**森鷗外**は1884年から1888年まで留学し，**細菌学**を学んだ。1902年に日本と**日英同盟**を結んだのはイギリスであり，ウの**夏目漱石**は1900年から1902年までイギリスに留学し，英文学を学んだ。現在のガーナにあたる西アフリカで，1927年から1928年にかけて，エの**野口英世**は**黄熱病**の研究に努めた。したがって，正しい組み合わせは，Aイ・Bア・Cウ・Dエである。

〔問2〕 2008年9月に，**アメリカ合衆国**の投資銀行である**リーマン・ブラザーズ**が破綻したことに端を発して，**リーマン・ショック**といわれる**世界金融危機**が発生した。日本でも大幅に景気が後退し，**実質経済成長率**はマイナスとなった。リーマンショックに対処するため，同年11月にワシントンで第一回**G20サミット**が開催された。このG20は，各国の**首脳**(大統領・首相・国王・国家主席等)のみが集まる初めての国際会議として開催された。正解はウである。

〔問3〕 19世紀までにヨーロッパ諸国により**植民地**とされていたアフリカ各地で，**第二次世界大戦**後に**独立運動**が活発になり，1960年前後に一斉に独立を達成した。特に1960年は，17か国が独立をし，**「アフリカの年」**といわれる。これらの独立をした国々が**国際連合**に加盟したために，1960年前後はアフリカ州の国々の加盟国数が急激に増えた。Ⅱの文章は，アフリカ州について述べている。Ⅰのグラフのうち，1960年前後に国連加盟国数が急激に増えているのはアであり，アフリカ州がアである。

2024年度英語 リスニングテスト

〔放送台本〕

これから，リスニングテストを行います。リスニングテストは，全て放送による指示で行います。リスニングテストの問題には，問題Aと問題Bの二つがあります。問題Aと，問題Bの＜Question 1＞では，質問に対する答えを選んで，その記号を答えなさい。問題Bの<Question 2> では，質問に対する答えを英語で書きなさい。英文とそのあとに出題される質問が，それぞれ全体を通して二回ずつ読まれます。問題用紙の余白にメモをとってもかまいません。答えは全て解答用紙に書きなさい。

〔問題A〕

問題Aは，英語による対話文を聞いて，英語の質問に答えるものです。ここで話される対話文は全部で三つあり，それぞれ質問が一つずつ出題されます。質問に対する答えを選んで，その記号を答えなさい。では，＜対話文1＞を始めます。

Tom: Satomi, I heard you love dogs.
Satomi: Yes, Tom. I have one dog. How about you?
Tom: I have two dogs. They make me happy every day.
Satomi: My dog makes me happy, too. Our friend, Rina also has dogs. I think she has three.
Tom: Oh, really?
Satomi: Yes. I have an idea. Let's take a walk with our dogs this Sunday. How about at four p.m.?
Tom: OK. Let's ask Rina, too. I can't wait for next Sunday.

Question: How many dogs does Tom have?

＜対話文2＞を始めます。

John: Our grandfather will be here soon. How about cooking spaghetti for him, Mary?
Mary: That's a nice idea, John.
John: Good. We can use these tomatoes and onions. Do we need to buy anything?
Mary: We have a lot of vegetables. Oh, we don't have cheese.
John: OK. Let's buy some cheese at the supermarket.
Mary: Yes, let's.
John: Should we buy something to drink, too?
Mary: I bought some juice yesterday. So, we don't have to buy anything to drink.

Question: What will John and Mary buy at the supermarket?

＜対話文3＞を始めます。

Jane: Hi, Bob, what are you going to do this weekend?
Bob: Hi, Jane. I'm going to go to the stadium to watch our school's baseball game on Sunday afternoon.
Jane: Oh, really? I'm going to go to watch it with friends, too. Can we go to the stadium together?
Bob: Sure. Let's meet at Momiji Station. When should we meet?
Jane: The game will start at two p.m. Let's meet at one thirty at the station.
Bob: Well, why don't we eat lunch near the station before then?
Jane: That's good. How about at twelve?
Bob: That's too early.
Jane: OK. Let's meet at the station at one.
Bob: Yes, let's do that.

Question: When will Jane and Bob meet at Momiji Station?
これで問題Aを終わり，問題Bに入ります。

〔英文の訳〕
〔問題A〕
＜対話文1＞
トム　：サトミ，あなたは犬が大好きだと聞きましたよ。
サトミ：はい，トム。私は犬を1匹飼っています。あなたは？
トム　：私は2匹飼っています。彼らは毎日私を幸せにしてくれます。
サトミ：私の犬も私を幸せにしてくれます。友達のリナも犬を飼っています。彼女は3匹飼っていると思います。
トム　：へえ，本当に？
サトミ：はい。考えがあります。この日曜日に一緒に犬を散歩しましょう。午後の4時はどうですか？
トム　：オーケー。リナにも聞きましょう。次の日曜日が待ちきれません。
質問：トムは何匹の犬を飼っていますか？
答え：イ　2匹。
＜対話文2＞
ジョン　：おじいちゃんがもうすぐここに来るよ。彼にスパゲッティを作るのはどうだろう，メアリー？
メアリー：それはいいアイディアね，ジョン。
ジョン　：いいね。このトマトと玉ねぎを使えるね。何か買う必要あるかな？
メアリー：野菜はたくさんあるね。ああ，チーズがないよ。
ジョン　：オーケー。スーパーでチーズを買おう。
メアリー：うん，そうしよう。
ジョン　：何か飲み物も買うべきかな？
メアリー：昨日ジュースを買ったよ。だから飲み物を買う必要はないよ。
質問：ジョンとメアリーはスーパーで何を買いますか？

答え：ウ　チーズ。

<対話文3>

ジェイン：こんにちは，ボブ。この週末は何をするつもりですか？

ボブ　　：こんにちは，ジェイン。日曜日の午後に学校の野球の試合を見にスタジアムに行くつもりです。

ジェイン：あら，本当？　私も友達と一緒に行くつもりです。一緒にスタジアムへ行ってもいいですか？

ボブ　　：もちろん。モミジ駅で会いましょう。いつ会いましょうか？

ジェイン：試合は午後2時に始まります。1時半に駅で会いましょう。

ボブ　　：ええと，その前に駅のそばでランチを食べるのはどうですか？

ジェイン：それはいいですね。12時はどうですか？

ボブ　　：それは早すぎます。

ジェイン：オーケー。じゃあ1時に駅で会いましょう。

ボブ　　：はい，そうしましょう。

質問：ジェインとボブはいつモミジ駅で会いますか？

答え：エ　1時。

〔放送台本〕

〔問題B〕

これから聞く英語は，ある動物園の来園者に向けた説明です。内容に注意して聞きなさい。あとから，英語による質問が二つ出題されます。<Question 1> では，質問に対する答えを選んで，その記号を答えなさい。<Question 2> では，質問に対する答えを英語で書きなさい。なお，<Question 2>のあとに，15 秒程度，答えを書く時間があります。では，始めます。

Good morning everyone. Welcome to Tokyo Chuo Zoo. We have special news for you. We have a new rabbit. It's two months old. It was in a different room before. But one week ago, we moved it. Now you can see it with other rabbits in "Rabbit House." You can see the rabbit from eleven a.m. Some rabbits are over one year old. They eat vegetables, but the new rabbit doesn't.

In our zoo, all the older rabbits have names. But the new one doesn't. We want you to give it a name. If you think of a good one, get some paper at the information center and write the name on it. Then put the paper into the post box there. Thank you.

<Question 1>　How old is the new rabbit?

<Question 2>　What does the zoo want people to do for the new rabbit?

〔英文の訳〕

〔問題B〕

みなさん，おはようございます。東京中央動物園へようこそ。みなさんに特別なニュースがあります。新しいウサギがいます。生後2か月のウサギです。以前は違う部屋にいました。しかし1週間前に移動しました。「ウサギハウス」で他のウサギと一緒にそのウサギを見ることができます。午前11時からそのウサギを見ることができます。1歳以上のウサギもいます。彼らは野菜を食べますが，その新しいウサギは食べません。

私たちの動物園では全ての年上のウサギには名前があります。しかしその新しいウサギには名前がありません。みなさんにそのウサギに名前をつけてもらいたいです。いい名前を思いついたら，インフォメーションセンターで紙をもらってそれに名前を書いてください。そしてそこにあるポストボックスに紙を入れてください。ありがとうございました。

質問1：新しいウサギは何歳ですか？

答え　：ア　生後2か月。

質問2：動物園は新しいウサギのために人々に何をしてもらいたいですか？

答え　：(例)それに名前をつけること。

MEMO

大切なことはメモしておこうネ！

東京都公立高等学校

2023年度

★★★★★★★★★★★★★★★★★★★★★★★

共通問題（理科・社会）

2023年度

●くわしい解説……29ページ

＜理科＞

時間　50分　　満点　100点

1　次の各問に答えよ。

〔問１〕　次のＡ～Ｆの生物を生産者と消費者とに分類したものとして適切なのは，下の表の**ア**～**エ**のうちではどれか。

Ａ　エンドウ　　Ｂ　サツマイモ　　Ｃ　タカ　　Ｄ　ツツジ　　Ｅ　バッタ　　Ｆ　ミミズ

	生産者	消費者
ア	Ａ，Ｂ，Ｄ	Ｃ，Ｅ，Ｆ
イ	Ａ，Ｄ，Ｆ	Ｂ，Ｃ，Ｅ
ウ	Ａ，Ｂ，Ｅ	Ｃ，Ｄ，Ｆ
エ	Ｂ，Ｃ，Ｄ	Ａ，Ｅ，Ｆ

〔問２〕　図１の岩石Ａと岩石Ｂのスケッチは，一方が玄武岩であり，もう一方が花こう岩である。岩石Ａは岩石Ｂより全体的に白っぽく，岩石Ｂは岩石Ａより全体的に黒っぽい色をしていた。岩石Ａと岩石Ｂのうち玄武岩であるものと，玄武岩のでき方とを組み合わせたものとして適切なのは，下の表の**ア**～**エ**のうちではどれか。

図１

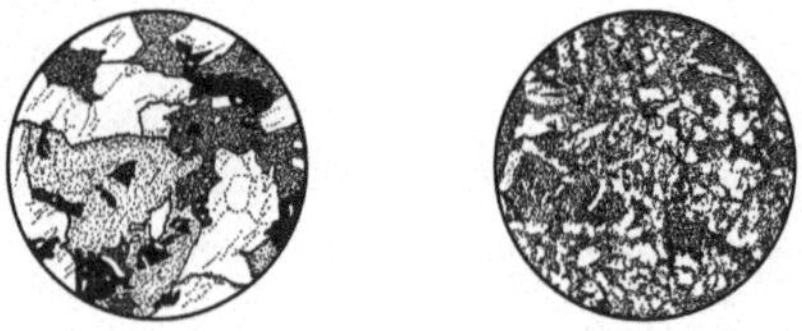

岩石Ａ　　　　岩石Ｂ

	玄武岩	玄武岩のでき方
ア	岩石Ａ	マグマがゆっくりと冷えて固まってできた。
イ	岩石Ａ	マグマが急激に冷えて固まってできた。
ウ	岩石Ｂ	マグマがゆっくりと冷えて固まってできた。
エ	岩石Ｂ	マグマが急激に冷えて固まってできた。

〔問３〕　図２のガスバーナーに点火し，適正な炎の大きさに調整したが，炎の色から空気が不足していることが分かった。炎の色を青色の適正な状態にする操作として適切なのは，あとの**ア**～**エ**のうちではどれか。

図２

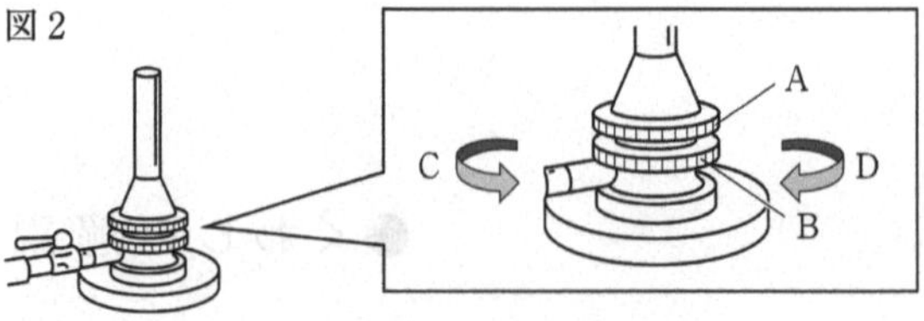

ア　Ａのねじを押さえながら，Ｂのねじを Ｃの向きに回す。

イ　Aのねじを押さえながら，Bのねじを Dの向きに回す。

ウ　Bのねじを押さえながら，Aのねじを Cの向きに回す。

エ　Bのねじを押さえながら，Aのねじを Dの向きに回す。

〔問４〕 図３のように，凸レンズの二つの焦点を通る一直線上に，物体（光源付き），凸レンズ，スクリーンを置いた。

凸レンズの二つの焦点を通る一直線上で，スクリーンを矢印の向きに動かし，凸レンズに達する前にはっきりと像が映る位置に調整した。図３のA点，B点のうちはっきりと像が映るときのスクリーンの位置と，このときスクリーンに映った像の大きさについて述べたものとを組み合わせたものとして適切なのは，下の表の**ア**～**エ**のうちではどれか。

図３

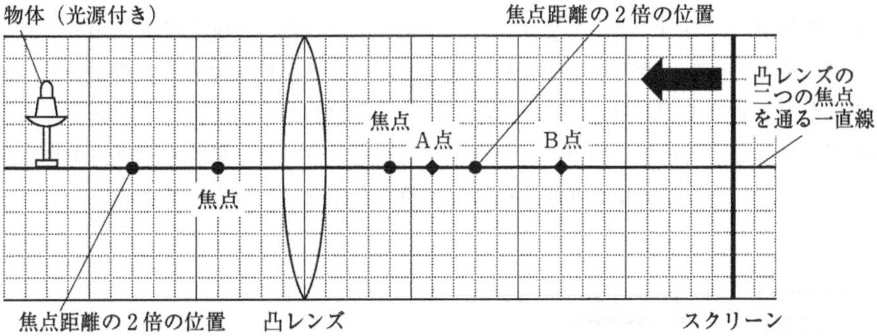

	スクリーンの位置	スクリーンに映った像の大きさについて述べたもの
ア	A点	物体の大きさと比べて，スクリーンに映った像の方が大きい。
イ	A点	物体の大きさと比べて，スクリーンに映った像の方が小さい。
ウ	B点	物体の大きさと比べて，スクリーンに映った像の方が大きい。
エ	B点	物体の大きさと比べて，スクリーンに映った像の方が小さい。

〔問５〕 次のA～Dの物質を化合物と単体とに分類したものとして適切なのは，次の表の**ア**～**エ**のうちではどれか。

A　二酸化炭素

B　水

C　アンモニア

D　酸素

	化合物	単体
ア	A，B，C	D
イ	A，B	C，D
ウ	C，D	A，B
エ	D	A，B，C

〔問６〕 図４はアブラナの花の各部分を外側にあるものからピンセットではがし，スケッチしたものである。図４のA～Dの名称を組み合わせたものとして適切なのは，次のページの表の**ア**～**エ**のうちではどれか。

図４

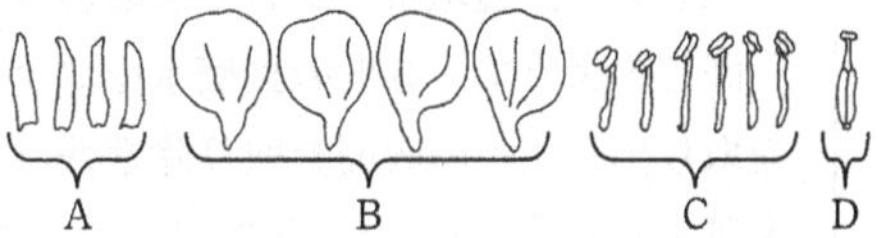

	A	B	C	D
ア	がく	花弁	めしべ	おしべ
イ	がく	花弁	おしべ	めしべ
ウ	花弁	がく	おしべ	めしべ
エ	花弁	がく	めしべ	おしべ

2　生徒が，南極や北極に関して科学的に探究しようと考え，自由研究に取り組んだ。生徒が書いたレポートの一部を読み，次の各問に答えよ。

<レポート1>　雪上車について

雪上での移動手段について調べたところ，南極用に設計され，−60℃でも使用できる雪上車があることが分かった。その雪上車に興味をもち，大きさが約40分の1の模型を作った。

図1のように，速さを調べるために模型に旗（◀）を付け，1mごとに目盛りをつけた7mの直線コースを走らせた。旗（◀）をスタート地点に合わせ，模型がスタート地点を出発してから旗（◀）が各目盛りを通過するまでの時間を記録し，表1にまとめた。

図1

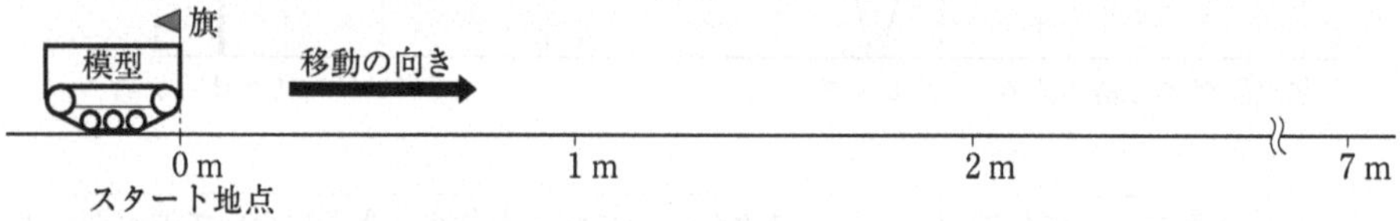

表1

移動した距離〔m〕	0	1	2	3	4	5	6	7
通過するまでの時間〔秒〕	0	19.8	40.4	61.0	81.6	101.7	122.2	143.0

〔問1〕　<レポート1>から，模型の旗（◀）が2m地点を通過してから6m地点を通過するまでの平均の速さを計算し，小数第三位を四捨五入したものとして適切なのは，次のうちではどれか。

ア　0.02m／s　　イ　0.05m／s　　ウ　0.17m／s　　エ　0.29m／s

<レポート2>　海氷について

北極圏の海氷について調べたところ，海水が凍ることで生じる海氷は，海面に浮いた状態で存在していることや，海水よりも塩分の濃度が低いことが分かった。海氷ができる過程に興味をもち，食塩水を用いて次のようなモデル実験を行った。

図2のように，3％の食塩水をコップに入れ，液面上部から冷却し凍らせた。凍った部分を取り出し，その表面を取り除き残った部分を二つに分けた。その一つを溶かし食塩の濃度を測定したところ，0.84％であった。また，もう一つを3％の食塩水に入れたところ浮いた。

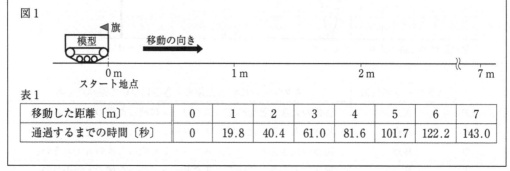

図2

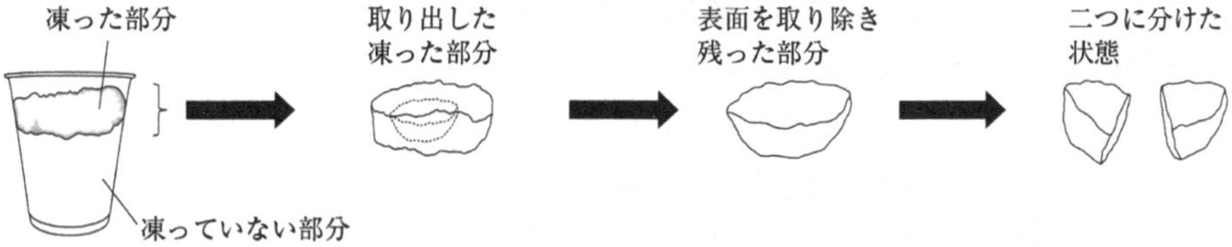

〔問2〕 **＜レポート2＞**から，「3％の食塩水100gに含まれる食塩の量」に対する「凍った部分の表面を取り除き残った部分100gに含まれる食塩の量」の割合として適切なのは，下の ① の**ア**と**イ**のうちではどれか。また，「3％の食塩水の密度」と「凍った部分の表面を取り除き残った部分の密度」を比べたときに，密度が大きいものとして適切なのは，下の ② の**ア**と**イ**のうちではどれか。ただし，凍った部分の表面を取り除き残った部分の食塩の濃度は均一であるものとする。

① **ア**　約13％　　**イ**　約28％

② **ア**　3％の食塩水　　**イ**　凍った部分の表面を取り除き残った部分

＜レポート3＞　生物の発生について

水族館で，南極海に生息している図3のようなナンキョクオキアミの発生に関する展示を見て，生物の発生に興味をもった。発生の観察に適した生物を探していると，近所の池で図4の模式図のようなカエル（ニホンアマガエル）の受精卵を見付けたので持ち帰り，発生の様子をルーペで継続して観察したところ，図5や図6の模式図のように，細胞分裂により細胞数が増えていく様子を観察することができた。なお，図5は細胞数が2個になった直後の胚《はい》を示しており，図6は細胞数が4個になった直後の胚を示している。

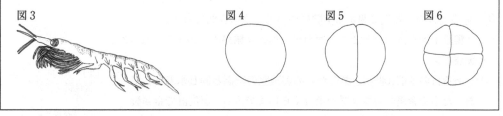

図3

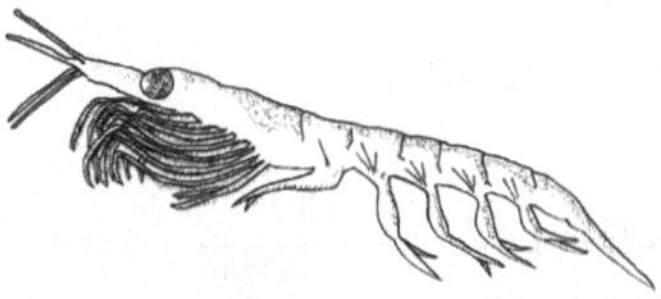

図4

図5

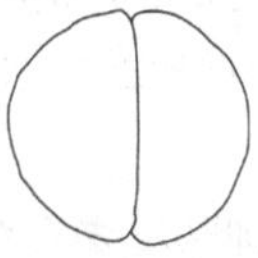

図6

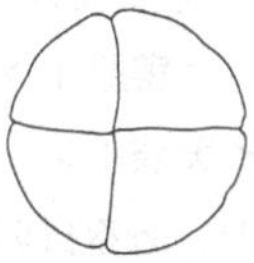

〔問3〕 **＜レポート3＞**の図4の受精卵の染色体の数を24本とした場合，図5及び図6の胚に含まれる合計の染色体の数として適切なのは，次の表の**ア**～**エ**のうちではどれか。

	図5の胚に含まれる合計の染色体の数	図6の胚に含まれる合計の染色体の数
ア	12本	6本
イ	12本	12本
ウ	48本	48本
エ	48本	96本

<レポート4>　北極付近での太陽の動きについて

北極付近での天体に関する現象について調べたところ，1日中太陽が沈まない現象が起きることが分かった。1日中太陽が沈まない日に北の空を撮影した連続写真には，図7のような様子が記録されていた。

地球の公転軌道を図8のように模式的に表した場合，図7のように記録された連続写真は，図8のAの位置に地球があるときに撮影されたことが分かった。

図7

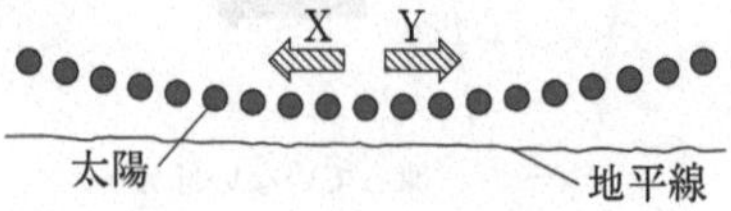

図8

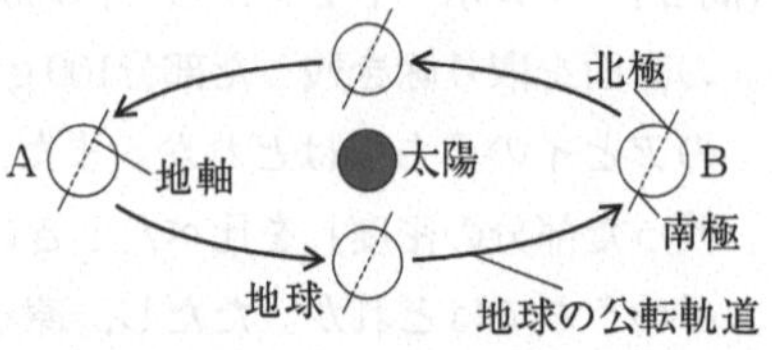

〔問4〕　**<レポート4>**から，図7のXとYのうち太陽が見かけ上動いた向きと，図8のAとBのうち日本で夏至となる地球の位置とを組み合わせたものとして適切なのは，次の表の**ア**～**エ**のうちではどれか。

	図7のXとYのうち太陽が見かけ上動いた向き	図8のAとBのうち日本で夏至となる地球の位置
ア	X	A
イ	X	B
ウ	Y	A
エ	Y	B

3　露点及び雲の発生に関する実験について，次の各問に答えよ。

<実験1>を行ったところ，次のページの**<結果1>**のようになった。

<実験1>

(1)　ある日の午前10時に，あらかじめ実験室の室温と同じ水温にしておいた水を金属製のコップの半分くらいまで入れ，温度計で金属製のコップ内の水温を測定した。

(2)　図1のように，金属製のコップの中に氷水を少しずつ加え，水温が一様になるようにガラス棒でかき混ぜながら，金属製のコップの表面の温度が少しずつ下がるようにした。

(3)　金属製のコップの表面に水滴が付き始めたときの金属製のコップ内の水温を測定した。

図1

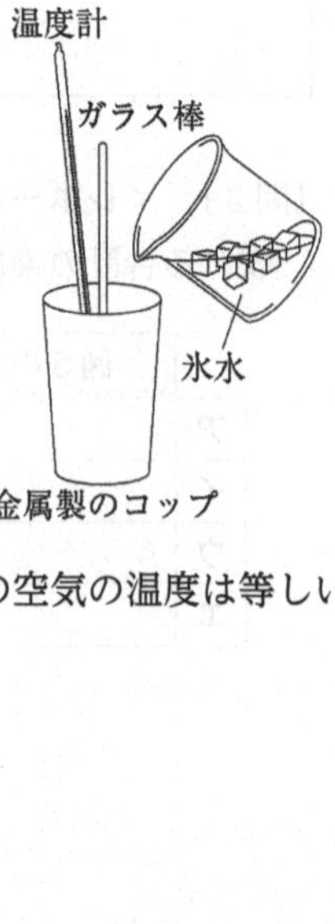

(4)　**<実験1>**の(1)～(3)の操作を同じ日の午後6時にも行った。

なお，この実験において，金属製のコップ内の水温とコップの表面付近の空気の温度は等しいものとし，同じ時刻における実験室内の湿度は均一であるものとする。

＜結果1＞

	午前10時	午後6時
＜**実験1**＞の(1)で測定した水温〔℃〕	17.0	17.0
＜**実験1**＞の(3)で測定した水温〔℃〕	16.2	12.8

〔問1〕　＜**実験1**＞の(2)で，金属製のコップの表面の温度が少しずつ下がるようにしたのはなぜか。簡単に書け。

〔問2〕　図2は，気温と飽和水蒸気量の関係をグラフに表したものである。

図2

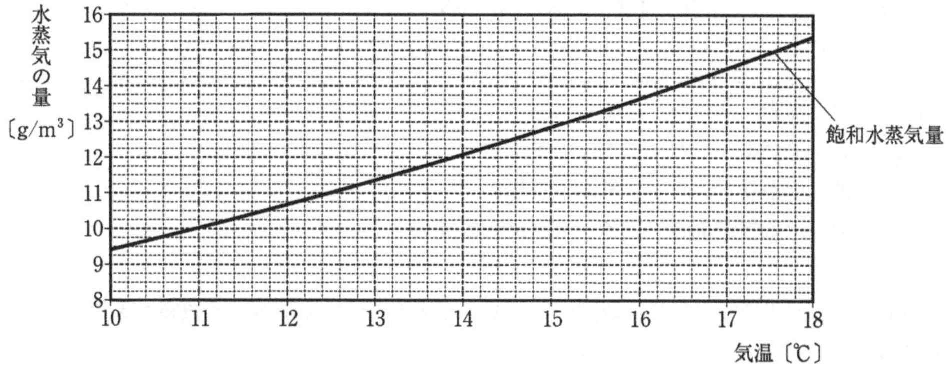

＜**結果1**＞から，午前10時の湿度として適切なのは，下の ① のアとイのうちではどれか。また，午前10時と午後6時の実験室内の空気のうち，$1\ m^3$に含まれる水蒸気の量が多い空気として適切なのは，下の ② のアとイのうちではどれか。

① **ア**　約76%　　**イ**　約95%

② **ア**　午前10時の実験室内の空気　　**イ**　午後6時の実験室内の空気

次に＜**実験2**＞を行ったところ，次のページの＜**結果2**＞のようになった。

＜**実験2**＞

(1)　丸底フラスコの内部をぬるま湯でぬらし，線香のけむりを少量入れた。

(2)　図3のように，ピストンを押し込んだ状態の大型注射器とデジタル温度計を丸底フラスコに空気がもれないようにつなぎ，装置を組み立てた。

(3)　大型注射器のピストンをすばやく引き，すぐに丸底フラスコ内の様子と丸底フラスコ内の温度の変化を調べた。

(4)　＜**実験2**＞の(3)の直後，大型注射器のピストンを元の位置まですばやく押し込み，すぐに丸底フラスコ内の様子と丸底フラスコ内の温度の変化を調べた。

図3

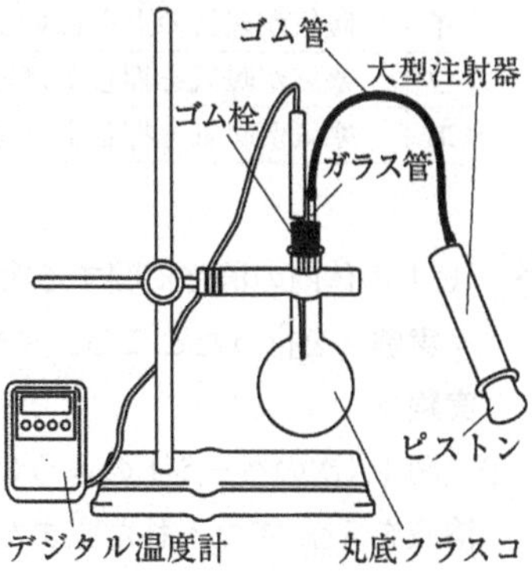

<結果２>

	<実験２>の(3)の結果	<実験２>の(4)の結果
丸底フラスコ内の様子	くもった。	くもりは消えた。
丸底フラスコ内の温度	26.9℃から26.7℃に変化した。	26.7℃から26.9℃に変化した。

〔問３〕 <結果２>から分かることをまとめた次の文章の ① ～ ④ にそれぞれ当てはまるものとして適切なのは，下のアとイのうちではどれか。

> ピストンをすばやく引くと，丸底フラスコ内の空気は ① し丸底フラスコ内の気圧は ② 。その結果，丸底フラスコ内の空気の温度が ③ ，丸底フラスコ内の ④ に変化した。

① ア 膨張　　イ 収縮
② ア 上がる　　イ 下がる
③ ア 上がり　　イ 下がり
④ ア 水蒸気が水滴　　イ 水滴が水蒸気

さらに，自然界で雲が生じる要因の一つである前線について調べ，<資料>を得た。

<資料>

次の文章は，日本のある場所で寒冷前線が通過したときの気象観測の記録について述べたものである。

> 午前６時から午前９時までの間に，雨が降り始めるとともに気温が急激に下がった。この間，風向は南寄りから北寄りに変わった。

〔問４〕 <資料>から，通過した前線の説明と，前線付近で発達した雲の説明とを組み合わせたものとして適切なのは，次の表のア～エのうちではどれか。

	通過した前線の説明	前線付近で発達した雲の説明
ア	暖気が寒気の上をはい上がる。	広い範囲に長く雨を降らせる雲
イ	暖気が寒気の上をはい上がる。	短時間に強い雨を降らせる雲
ウ	寒気が暖気を押し上げる。	広い範囲に長く雨を降らせる雲
エ	寒気が暖気を押し上げる。	短時間に強い雨を降らせる雲

4 ヒトの体内の消化に関する実験について，次の各問に答えよ。

<実験>を行ったところ，<結果>のようになった。

<実験>

(1) 図１（次のページ）のように，試験管Ａ，試験管Ｂ，試験管Ｃ，試験管Ｄに0.5％のデンプン溶液を５ cm^3 ずつ入れた。また，試験管Ａ，試験管Ｃには唾液を１ cm^3 ずつ入れ，試験管Ｂ，試験管Ｄには水を１ cm^3 ずつ入れた。

(2) 図２（次のページ）のように，試験管Ａ，試験管Ｂ，試験管Ｃ，試験管Ｄを約40℃に保った水に10分間つけた。

⑶　図3のように，試験管A，試験管Bにヨウ素液を入れ，10分後，溶液の色の変化を観察した。

⑷　図4のように，試験管C，試験管Dにベネジクト液と沸騰石を入れ，その後，加熱し，1分後，溶液の色の変化を観察した。

図1

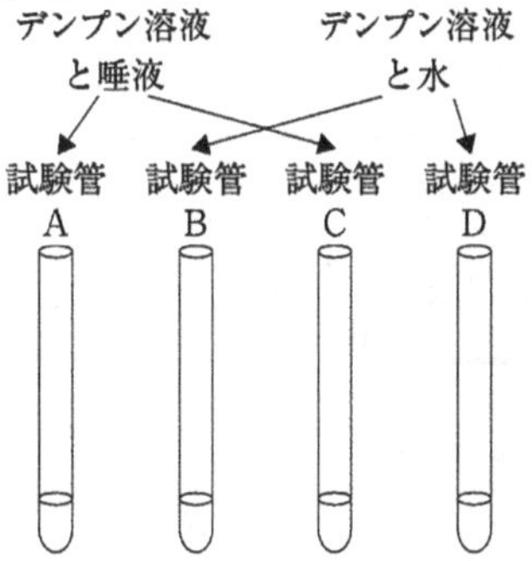

図2

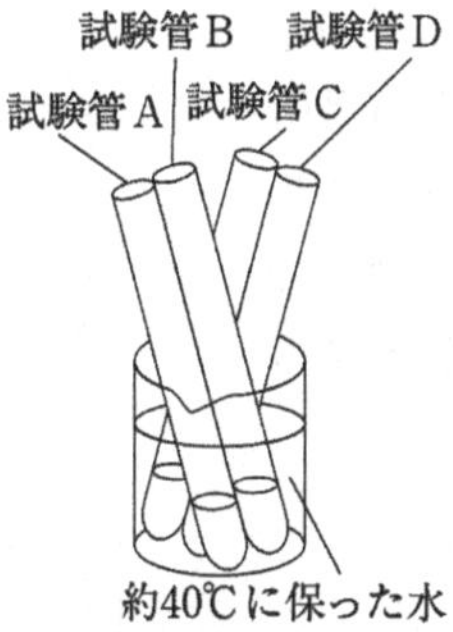

図3

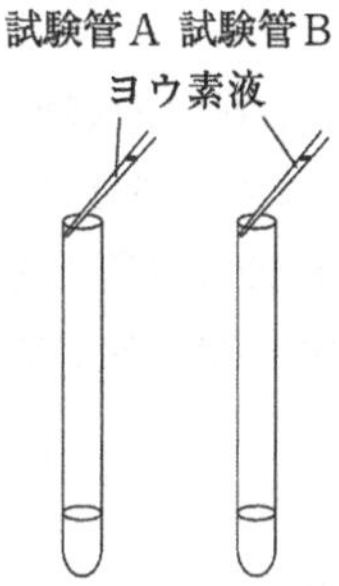

図4

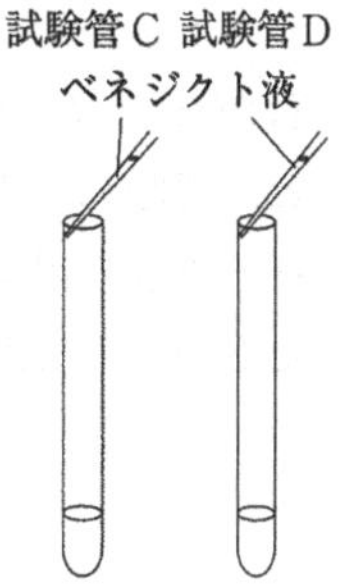

<結果>

	試験管A	試験管B	試験管C	試験管D
色の変化	変化しなかった。	青紫色になった。	赤褐色になった。	変化しなかった。

〔問1〕　<結果>から分かる唾液のはたらきについて述べたものとして適切なのは，次のうちではどれか。

ア　試験管Aと試験管Bの比較から，唾液にはデンプンをデンプンではないものにするはたらきがあることが分かり，試験管Cと試験管Dの比較から，唾液にはデンプンをアミノ酸にするはたらきがあることが分かる。

イ　試験管Aと試験管Dの比較から，唾液にはデンプンをデンプンではないものにするはたらきがあることが分かり，試験管Bと試験管Cの比較から，唾液にはデンプンをアミノ酸にするはたらきがあることが分かる。

ウ　試験管Aと試験管Bの比較から，唾液にはデンプンをデンプンではないものにするはたらきがあることが分かり，試験管Cと試験管Dの比較から，唾液にはデンプンをブドウ糖がいくつか結合した糖にするはたらきがあることが分かる。

エ　試験管Aと試験管Dの比較から，唾液にはデンプンをデンプンではないものにするはたらきがあることが分かり，試験管Bと試験管Cの比較から，唾液にはデンプンをブドウ糖がいくつか結合した糖にするはたらきがあることが分かる。

〔問2〕　消化酵素により分解されることで作られた，ブドウ糖，アミノ酸，脂肪酸，モノグリセリドが，ヒトの小腸の柔毛で吸収される様子について述べたものとして適切なのは，あとのうちではどれか。

ア　アミノ酸とモノグリセリドはヒトの小腸の柔毛で吸収されて毛細血管に入り，ブドウ糖と脂肪酸はヒトの小腸の柔毛で吸収された後に結合してリンパ管に入る。

イ　ブドウ糖と脂肪酸はヒトの小腸の柔毛で吸収されて毛細血管に入り，アミノ酸とモノグリセリドはヒトの小腸の柔毛で吸収された後に結合してリンパ管に入る。

ウ　脂肪酸とモノグリセリドはヒトの小腸の柔毛で吸収されて毛細血管に入り，ブドウ糖とアミノ酸はヒトの小腸の柔毛で吸収された後に結合してリンパ管に入る。

エ　ブドウ糖とアミノ酸はヒトの小腸の柔毛で吸収されて毛細血管に入り，脂肪酸とモノグリセリドはヒトの小腸の柔毛で吸収された後に結合してリンパ管に入る。

〔問３〕 図５は，ヒトの体内における血液の循環の経路を模式的に表したものである。図５のＡとＢの場所のうち，ヒトの小腸の毛細血管から吸収された栄養分の濃度が高い場所と，細胞に取り込まれた栄養分からエネルギーを取り出す際に使う物質とを組み合わせたものとして適切なのは，次の表の**ア**～**エ**のうちではどれか。

図５

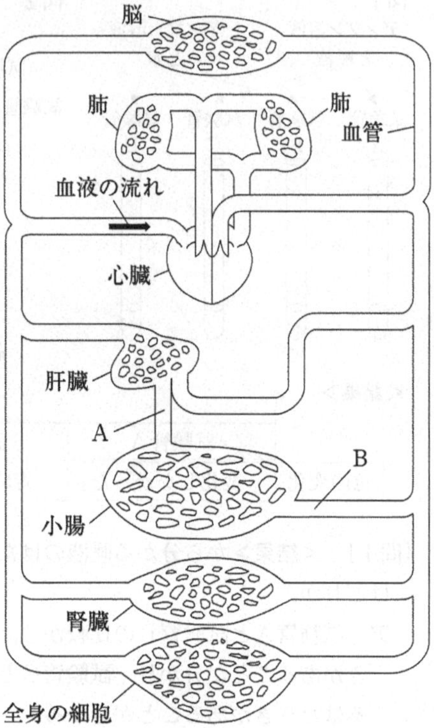

	栄養分の濃度が高い場所	栄養分からエネルギーを取り出す際に使う物質
ア	A	酸素
イ	A	二酸化炭素
ウ	B	酸素
エ	B	二酸化炭素

5　水溶液の実験について，次の各問に答えよ。

＜実験１＞を行ったところ，**＜結果１＞**のようになった。

＜実験１＞

(1)　図１のように，炭素棒，電源装置をつないで装置を作り，ビーカーの中に５％の塩化銅水溶液を入れ，3.5Vの電圧を加えて，３分間電流を流した。

電流を流している間に，電極Ａ，電極Ｂ付近の様子などを観察した。

(2)　**＜実験１＞**の(1)の後に，それぞれの電極を蒸留水（精製水）で洗い，電極の様子を観察した。

電極Ａに付着した物質をはがし，その物質を薬さじでこすった。

図１

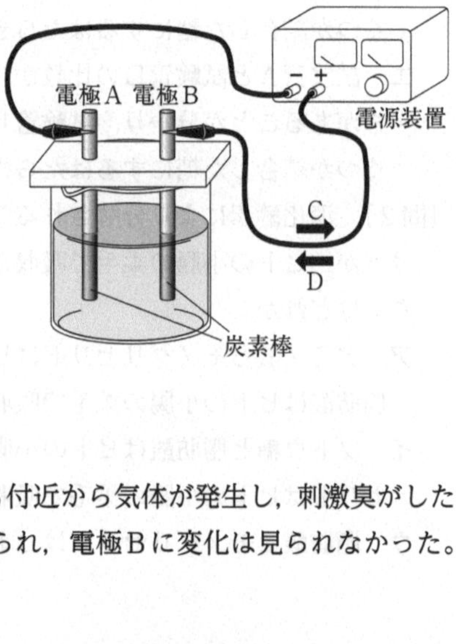

＜結果１＞

(1)　**＜実験１＞**の(1)では，電極Ａに物質が付着し，電極Ｂ付近から気体が発生し，刺激臭がした。

(2)　**＜実験１＞**の(2)では，電極Ａに赤い物質の付着が見られ，電極Ｂに変化は見られなかった。

その後，電極Aからはがした赤い物質を薬さじでこすると，金属光沢が見られた。

次に＜**実験２**＞を行ったところ，＜**結果２**＞のようになった。

＜**実験２**＞

⑴　図１のように，炭素棒，電源装置をつないで装置を作り，ビーカーの中に５％の水酸化ナトリウム水溶液を入れ，3.5Vの電圧を加えて，3分間電流を流した。

電流を流している間に，電極Aとその付近，電極Bとその付近の様子を観察した。

⑵　＜**実験２**＞の⑴の後，それぞれの電極を蒸留水で洗い，電極の様子を観察した。

＜**結果２**＞

⑴　＜**実験２**＞の⑴では，電流を流している間に，電極A付近，電極B付近からそれぞれ気体が発生した。

⑵　＜**実験２**＞の⑵では，電極A，電極B共に変化は見られなかった。

〔問１〕　塩化銅が蒸留水に溶けて陽イオンと陰イオンに分かれた様子を表したモデルとして適切なのは，下の**ア**～**オ**のうちではどれか。

ただし，モデルの●は陽イオン１個，○は陰イオン１個とする。

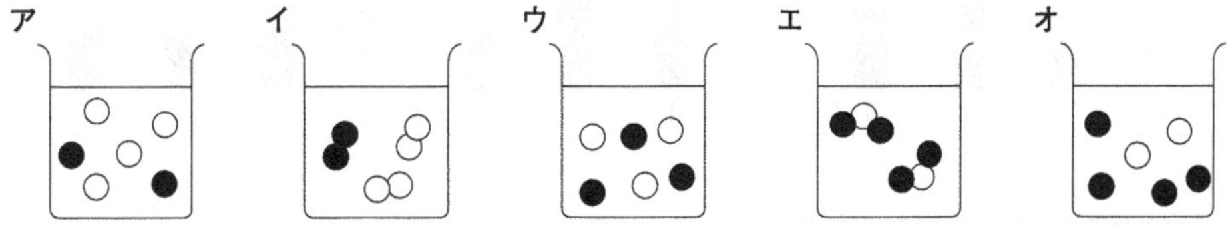

〔問２〕　＜**結果１**＞から，電極Aは陽極と陰極のどちらか，また，回路に流れる電流の向きはCとDのどちらかを組み合わせたものとして適切なのは，次の表の**ア**～**エ**のうちではどれか。

	電極A	回路に流れる電流の向き
ア	陽極	C
イ	陽極	D
ウ	陰極	C
エ	陰極	D

〔問３〕　＜**結果１**＞の⑴から，電極B付近で生成された物質が発生する仕組みを述べた次の文の［①］と［②］にそれぞれ当てはまるものを組み合わせたものとして適切なのは，下の表の**ア**～**エ**のうちではどれか。

塩化物イオンが電子を［①］，塩素原子になり，塩素原子が［②］，気体として発生した。

	①	②
ア	放出し（失い）	原子１個で
イ	放出し（失い）	２個結び付き，分子になり
ウ	受け取り	原子１個で
エ	受け取り	２個結び付き，分子になり

［問４］　＜結果１＞から，電流を流した時間と水溶液中の銅イオンの数の変化の関係を模式的に示した図として適切なのは，下の ① のア～ウのうちではどれか。また，＜結果２＞から，電流を流した時間と水溶液中のナトリウムイオンの数の変化の関係を模式的に示した図として適切なのは，下の ② のア～ウのうちではどれか。

①

ア　　イ　　ウ

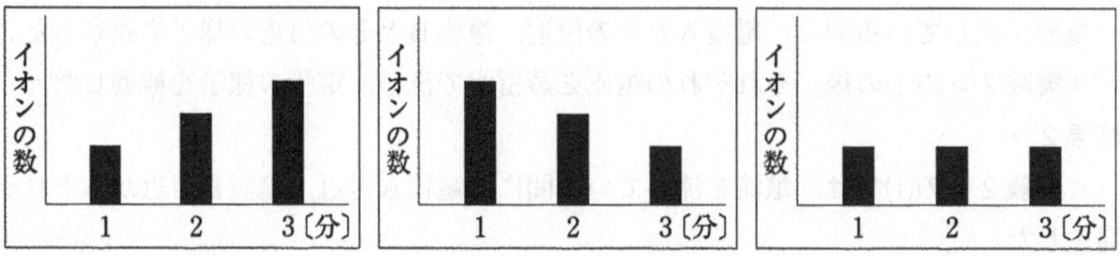

②

ア　　イ　　ウ

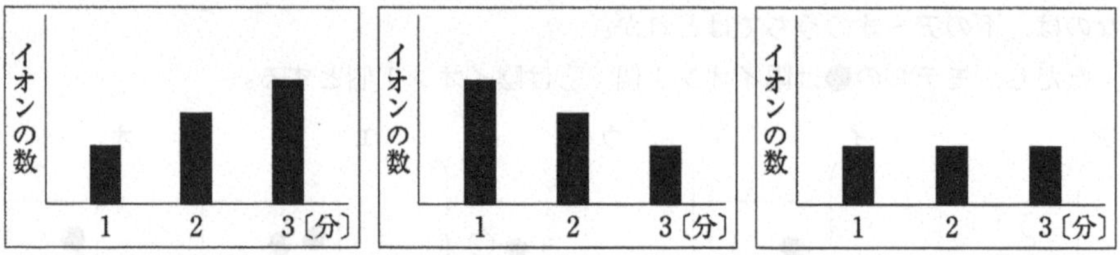

6　電流の実験について，次の各問に答えよ。

＜実験＞を行ったところ，次のページの＜結果＞のようになった。

＜実験＞

(1)　電気抵抗の大きさが５Ωの抵抗器Xと20Ωの抵抗器Y，電源装置，導線，スイッチ，端子，電流計，電圧計を用意した。

(2)　図１のように回路を作った。電圧計で測った電圧の大きさが1.0V，2.0V，3.0V，4.0V，5.0Vになるように電源装置の電圧を変え，回路を流れる電流の大きさを電流計で測定した。

(3)　図２のように回路を作った。電圧計で測った電圧の大きさが1.0V，2.0V，3.0V，4.0V，5.0Vになるように電源装置の電圧を変え，回路を流れる電流の大きさを電流計で測定した。

図１

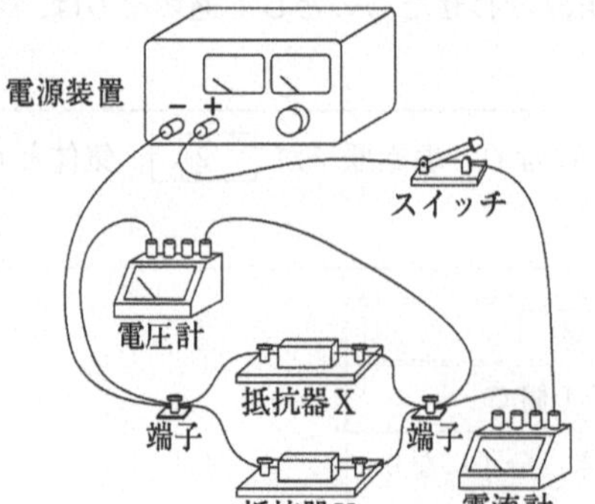

図２

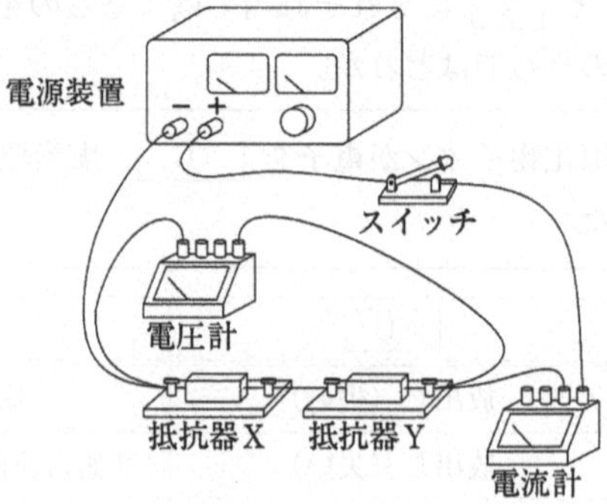

＜結果＞

＜実験＞の(2)と＜実験＞の(3)で測定した電圧と電流の関係をグラフに表したところ，図3のようになった。

図3

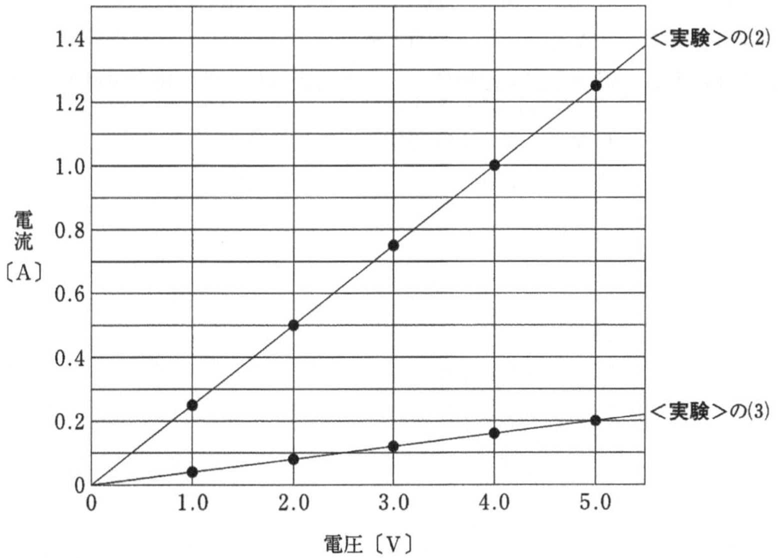

〔問1〕　＜結果＞から，図1の回路の抵抗器Xと抵抗器Yのうち，「電圧の大きさが等しいとき，流れる電流の大きさが大きい方の抵抗器」と，＜結果＞から，図1の回路と図2の回路のうち，「電圧の大きさが等しいとき，流れる電流の大きさが大きい方の回路」とを組み合わせたものとして適切なのは，次の表のア～エのうちではどれか。

	電圧の大きさが等しいとき，流れる電流の大きさが大きい方の抵抗器	電圧の大きさが等しいとき，流れる電流の大きさが大きい方の回路
ア	抵抗器X	図1の回路
イ	抵抗器X	図2の回路
ウ	抵抗器Y	図1の回路
エ	抵抗器Y	図2の回路

〔問2〕　＜結果＞から，次のA，B，Cの抵抗の値の関係を表したものとして適切なのは，下の**ア**～**カ**のうちではどれか。

A　抵抗器Xの抵抗の値

B　抵抗器Xと抵抗器Yを並列につないだ回路全体の抵抗の値

C　抵抗器Xと抵抗器Yを直列につないだ回路全体の抵抗の値

ア　A＜B＜C　　**イ**　A＜C＜B　　**ウ**　B＜A＜C

エ　B＜C＜A　　**オ**　C＜A＜B　　**カ**　C＜B＜A

〔問3〕　＜結果＞から，＜実験＞の(2)において抵抗器Xと抵抗器Yで消費される電力と，＜実験＞の(3)において抵抗器Xと抵抗器Yで消費される電力が等しいときの，図1の回路の抵抗器Xに加わる電圧の大きさをS，図2の回路の抵抗器Xに加わる電圧の大きさをTとしたときに，最も簡単な整数の比でS：Tを表したものとして適切なのは，次のア～オのうちではどれか。

ア　1：1　**イ**　1：2　**ウ**　2：1　**エ**　2：5　**オ**　4：1

〔問4〕　図2の回路の電力と電力量の関係について述べた次の文の □ に当てはまるものとして適切なのは，下の**ア**～**エ**のうちではどれか。

> 回路全体の電力を9Wとし，電圧を加え電流を2分間流したときの電力量と，回路全体の電力を4Wとし，電圧を加え電流を □ 間流したときの電力量は等しい。

ア　2分　**イ**　4分30秒　**ウ**　4分50秒　**エ**　7分

＜社会＞

時間　50分　　満点　100点

1　次の各問に答えよ。

〔問１〕　次の発表用資料は，地域調査を行った神奈川県鎌倉《かまくら》市の亀《かめ》ヶ《が》谷坂切通《やつざかきりどおし》周辺の様子をまとめたものである。発表用資料中の＜地形図を基に作成したA点→B点→C点の順に進んだ道の傾斜を模式的に示した図＞に当てはまるのは，次のページのア～エのうちではどれか。

発表用資料

鎌倉の切通《きりどおし》を調査する(亀ヶ谷坂切通班)

○調査日　　令和４年９月３日（土）　天候　晴れ

○集合場所・時間　北鎌倉《きたかまくら》駅・午前９時

○調査ルート　　＜亀ヶ谷坂切通周辺の地形図＞に示したA点→B点→C点の順に進んだ。

＜亀ヶ谷坂切通の位置＞

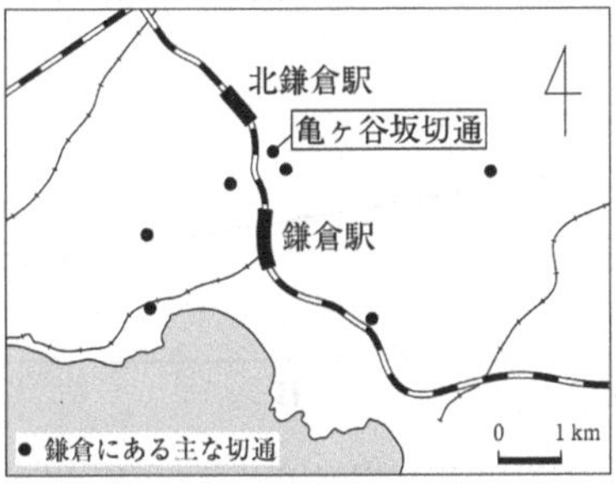

＜亀ヶ谷坂切通周辺の地形図＞

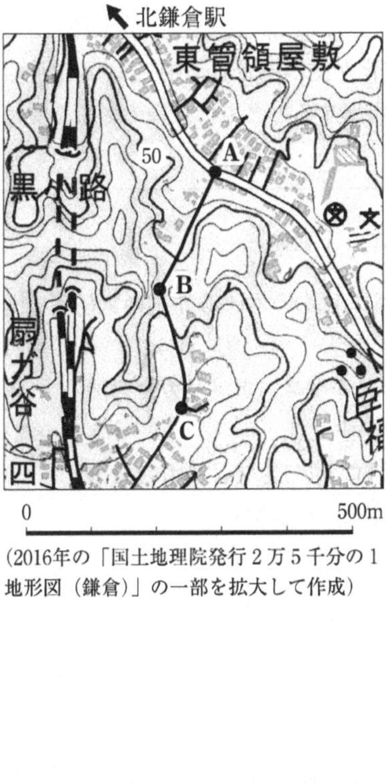

(2016年の「国土地理院発行２万５千分の１地形図（鎌倉)」の一部を拡大して作成)

＜A点，B点，C点　それぞれの付近の様子＞

A点　亀ヶ谷坂切通の方向を示した案内板が設置されていた。

B点　切通と呼ばれる山を削って作られた道なので，地層を見ることができた。

C点　道の両側に住居が建ち並んでいた。

＜B点付近で撮影した写真＞

＜地形図を基に作成したA点→B点→C点の順に進んだ道の傾斜を模式的に示した図＞

＜調査を終えて＞
○切通は，谷を利用して作られた道で，削る部分を少なくする工夫をしていると感じた。
○道幅が狭かったり，坂道が急であったりしていて，守りが堅い鎌倉を実感することができた。
○徒歩や自転車で通る人が多く，現在でも生活道路として利用されていることが分かった。

ア

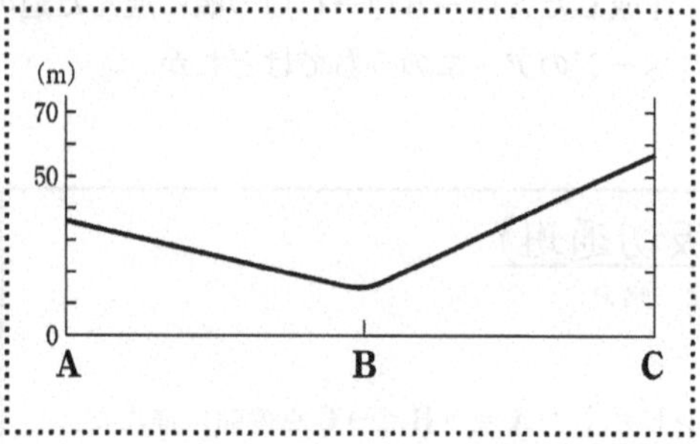

イ

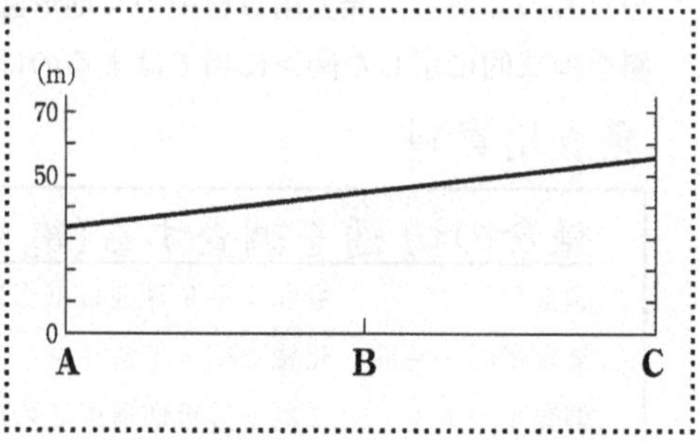

ウ

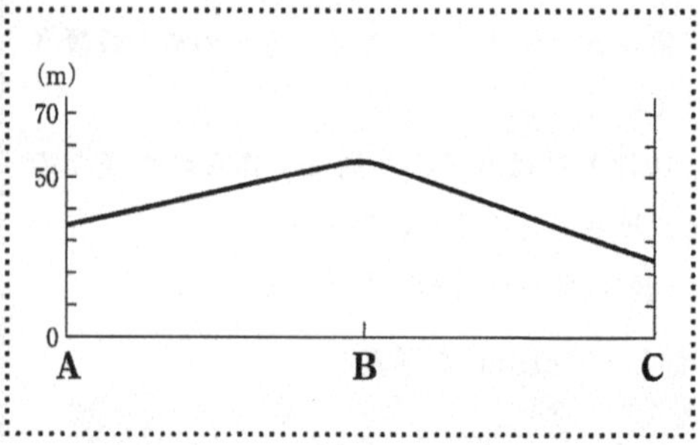

エ

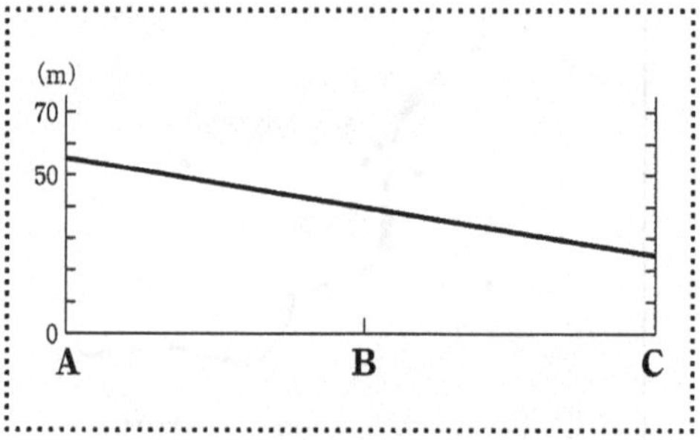

〔問２〕　次の文で述べている人物に当てはまるのは，下のア～エのうちのどれか。

大名や都市の豪商の気風を反映した壮大で豪華な文化が生み出される中で，堺《さかい》出身のこの人物は，全国統一を果たした武将に茶の湯の作法を指導するとともに，禅の影響を受けたわび茶を完成させた。

ア　喜多川歌麿《きたがわうたまろ》　**イ**　栄西《えいさい》《ようさい》　**ウ**　尾形光琳《おがたこうりん》　**エ**　千利休《せんのりきゅう》

〔問３〕　2022年における国際連合の安全保障理事会を構成する国のうち，５か国の常任理事国を全て示しているのは，次のア～エのうちのどれか。

ア　中華人民共和国，フランス，ロシア連邦（ロシア），イギリス，アメリカ合衆国
イ　インド，フランス，ケニア，イギリス，アメリカ合衆国
ウ　中華人民共和国，ケニア，ノルウェー，ロシア連邦（ロシア），アメリカ合衆国
エ　ブラジル，インド，フランス，ノルウェー，ロシア連邦（ロシア）

2　次の略地図を見て，あとの各問に答えよ。

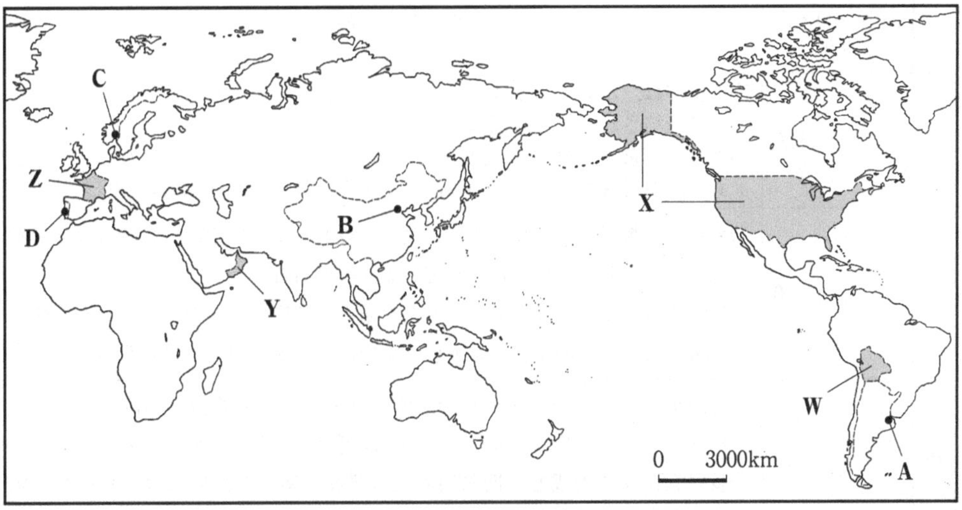

〔問１〕　次のⅠの文章は，略地図中にＡ～Ｄで示した**いずれか**の都市の商業などの様子についてまとめたものである。Ⅱの**ア**～**エ**のグラフは，略地図中のＡ～Ｄの**いずれか**の都市の，年平均気温と年降水量及び各月の平均気温と降水量を示したものである。Ⅰの文章で述べている都市に当てはまるのは，略地図中のＡ～Ｄのうちのどれか，また，その都市のグラフに当てはまるのは，Ⅱの**ア**～**エ**のうちのどれか。

Ⅰ

> 夏季は高温で乾燥し，冬季は温暖で湿潤となる気候を生かして，ぶどうやオリーブが栽培されている。国産のぶどうやオリーブは加工品として販売され，飲食店では塩漬けにされたタラをオリーブ油で調理した料理などが提供されている。

Ⅱ

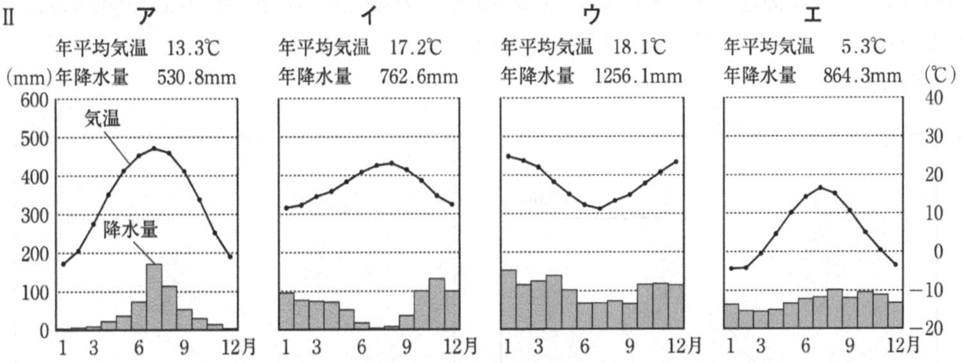

（「理科年表」令和４年より作成）

〔問２〕　次のページの表の**ア**～**エ**は，略地図中に　　で示したＷ～Ｚの**いずれか**の国の，2019年における一人当たりの国民総所得，小売業などの様子についてまとめたものである。略地図中のＷ～Ｚのそれぞれの国に当てはまるのは，次の表の**ア**～**エ**のうちではどれか。

	一人当たりの国民総所得（ドル）	小売業などの様子
ア	3520	○市場では，ポンチョや強い紫外線を防ぐ帽子，この地方が原産で傾斜地などで栽培された様々な種類のじゃがいもが販売されている。 ○キリスト教徒の割合が最も多く，先住民の伝統的な信仰との結び付きがあり，農耕儀礼などに用いる品々を扱う店舗が立ち並ぶ町並が見られる。
イ	42290	○キリスト教徒（カトリック）の割合が最も多く，基本的に日曜日は非労働日とされており，休業日としている店舗がある。 ○首都には，ガラス製のアーケードを備えた商店街（パサージュ）や，鞄《かばん》や洋服などの世界的なブランド店の本店が立ち並ぶ町並が見られる。
ウ	65910	○高速道路（フリーウエー）が整備されており，道路沿いの巨大なショッピングセンターでは，大量の商品が陳列され，販売されている。 ○多民族国家を形成し，同じ出身地の移民が集まる地域にはそれぞれの国の料理を扱う飲食店や物産品を扱う店舗が立ち並ぶ町並が見られる。
エ	14150	○スークと呼ばれる伝統的な市場では，日用品に加えて，なつめやし，伝統衣装，香料などが販売されている。 ○イスラム教徒の割合が最も多く，断食《だんじき》が行われる期間は，日没後に営業を始める飲食店が立ち並ぶ町並が見られる。

（注）一人当たりの国民総所得とは，一つの国において新たに生み出された価値の総額を人口で割った数値のこと。

（「データブック オブ・ザ・ワールド」2022年版より作成）

〔問３〕　次のⅠの略地図は，2021年における東南アジア諸国連合（ＡＳＥＡＮ《アセアン》）加盟国の2001年と比較した日本からの輸出額の増加の様子を数値で示したものである。Ⅱの略地図は，2021年における東南アジア諸国連合（ＡＳＥＡＮ）加盟国の2001年と比較した進出日本企業の増加数を示したものである。次のページのⅢの文章で述べている国に当てはまるのは，次のページのア～エのうちのどれか。

Ⅰ

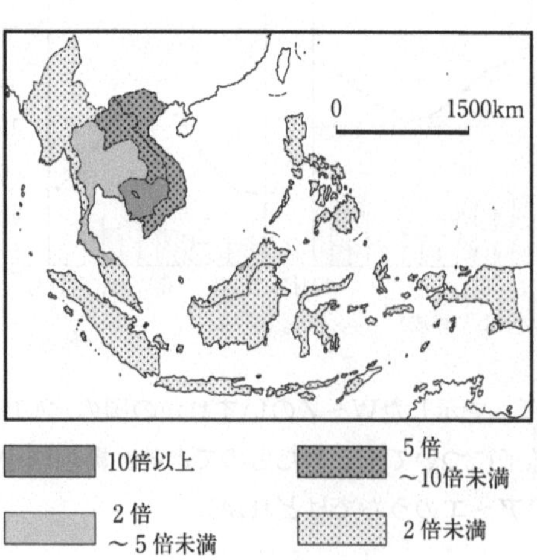

（財務省「貿易統計」より作成）

Ⅱ

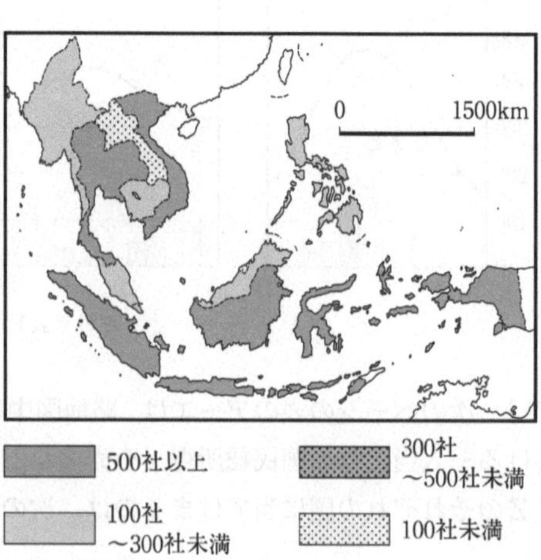

（「海外進出企業総覧2022（国別編）」などより作成）

Ⅲ

1945年の独立宣言後，国が南北に分離した時代を経て，1976年に統一された。国営企業中心の経済からの転換が図られ，現在では外国企業の進出や民間企業の設立が進んでいる。 2001年に約2164億円であった日本からの輸出額は，2021年には約２兆968億円となり，2001年に179社であった進出日本企業数は，2021年には1143社へと増加しており，日本との結び付きを強めている。首都の近郊には日系の自動車工場が見られ，最大の人口を有する南部の都市には，日系のコンビニエンスストアの出店が増加している。

ア　インドネシア　　**イ**　ベトナム　　**ウ**　ラオス　　**エ**　タイ

3　次の略地図を見て，あとの各問に答えよ。

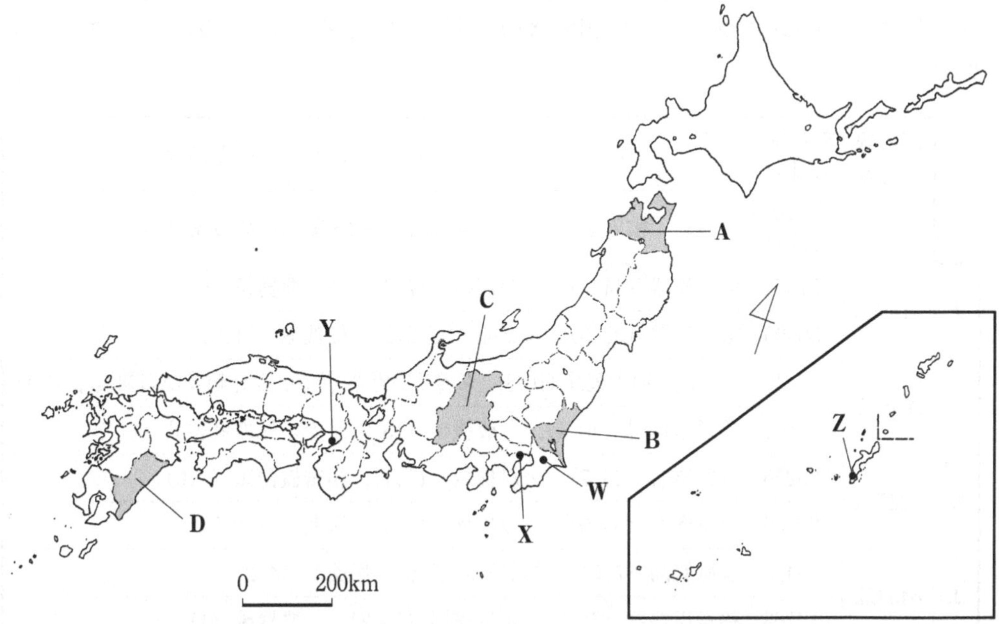

〔問１〕　次の表の**ア**～**エ**の文章は，略地図中に　　　で示した，A～Dの**いずれか**の県の，自然環境と農産物の東京への出荷の様子についてまとめたものである。A～Dのそれぞれの県に当てはまるのは，あとの表の**ア**～**エ**のうちではどれか。

	自然環境と農産物の東京への出荷の様子
ア	○平均標高は1132mで，山脈が南北方向に連なり，フォッサマグナなどの影響によって形成された盆地が複数見られる。 ○東部の高原で他県と比べ時期を遅らせて栽培されるレタスは，明け方に収穫後，その日の正午頃に出荷され，東京まで約５時間かけて主に保冷トラックで輸送されている。
イ	○平均標高は100mで，北西部には山地が位置し，中央部から南西部にかけては河川により形成された平野が見られ，砂丘が広がる南東部には，水はけのよい土壌が分布している。 ○南東部で施設栽培により年間を通して栽培されるピーマンは，明け方に収穫後，その日の午後に出荷され，東京まで約３時間かけてトラックで輸送されている。

ウ	○平均標高は402mで，北西部に山地が位置し，中央部から南部にかけて海岸線に沿って平野が広がっている。 ○平野で施設栽培により年間を通して栽培されるきゅうりは，明け方に収穫後，翌日に出荷され，東京まで１日以上かけてフェリーなどで輸送されている。
エ	○平均標高は226mで，西部には平野が広がり，中央部に位置する火山の南側には水深が深い湖が見られ，東部の平坦な地域は夏季に吹く北東の風の影響で冷涼となることがある。 ○病害虫の影響が少ない東部で栽培されるごぼうは，収穫され冷蔵庫で保管後，発送日の午前中に出荷され，東京まで約10時間かけてトラックで輸送されている。

（国土地理院の資料より作成）

〔問２〕　次の表の**ア**～**エ**は，前のページの略地図中に**W**～**Z**で示した成田国際空港，東京国際空港，関西国際空港，那覇空港の**いずれか**の空港の，2019年における国内線貨物取扱量，輸出額及び輸出額の上位３位の品目と輸出額に占める割合，輸入額及び輸入額の上位３位の品目と輸入額に占める割合を示したものである。略地図中の**X**の空港に当てはまるのは，次の表の**ア**～**エ**のうちのどれか。

	国内線貨物取扱量（t）	輸出額（億円）	輸出額の上位３位の品目と輸出額に占める割合（%）
		輸入額（億円）	輸入額の上位３位の品目と輸入額に占める割合（%）
ア	14905	51872	電気機器（44.4），一般機械（17.8），精密機器類（6.4）
		39695	電気機器（32.3），医薬品（23.2），一般機械（11.6）
イ	204695	42	肉類及び同調製品（16.8），果実及び野菜（7.5），魚介類及び同調製品（4.4）
		104	輸送用機器（40.1），一般機械（15.9），その他の雑製品（11.3）
ウ	22724	105256	電気機器（23.7），一般機械（15.1），精密機器類（7.0）
		129560	電気機器（33.9），一般機械（17.4），医薬品（12.3）
エ	645432	3453	金属製品（7.5），電気機器（5.0），医薬品（4.2）
		12163	輸送用機器（32.3），電気機器（18.2），一般機械（11.8）

（国土交通省「令和２年空港管理状況調書」などより作成）

〔問３〕　次のⅠの資料は，国土交通省が推進しているモーダルシフトについて分かりやすくまとめたものである。Ⅱのグラフは，2020年度における，重量１ｔの貨物を１㎞輸送する際に，営業用貨物自動車及び鉄道から排出される二酸化炭素の排出量を示したものである。Ⅲの略地図は，2020年における貨物鉄道の路線，主な貨物ターミナル駅，七地方区分の境界を示したものである。Ⅰ～Ⅲの資料から読み取れる，⑴「国がモーダルシフトを推進する目的」と⑵「国がモーダルシフトを推進する上で前提となる，七地方区分に着目した貨物鉄道の路線の敷《ふ》設《せつ》状況及び貨物ターミナル駅の設置状況」の二点について，それぞれ簡単に述べよ。

（Ⅰの資料，Ⅱのグラフ，Ⅲの略地図は次のページにあります。）

Ⅰ

○モーダルシフトとは，トラックなどの営業用貨物自動車で行われている貨物輸送を，貨物鉄道などの利用へと転換することをいう。転換拠点は，貨物ターミナル駅などである。

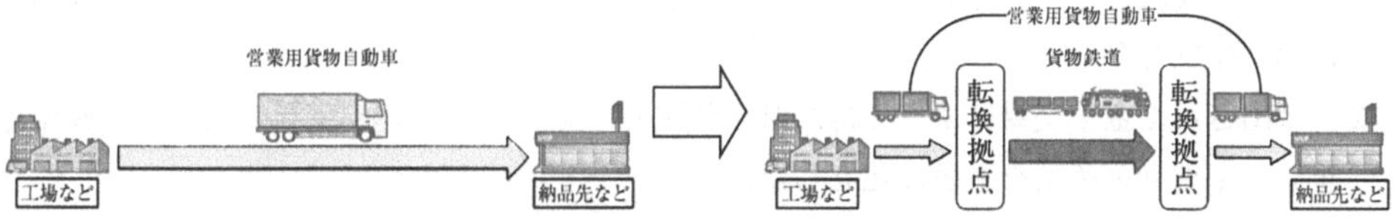

（国土交通省の資料より作成）

Ⅱ

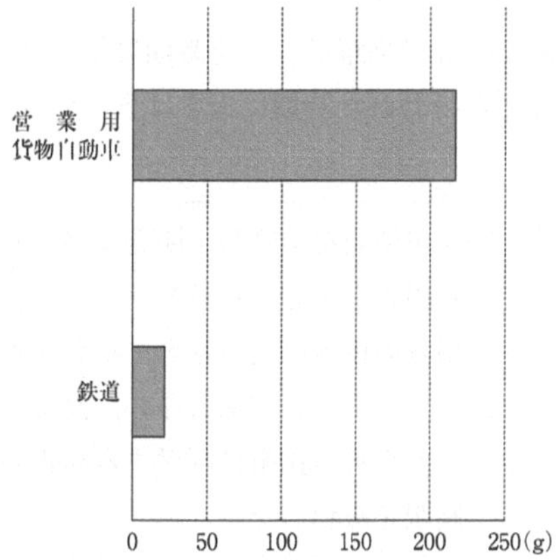

（国土交通省の資料より作成）

Ⅲ

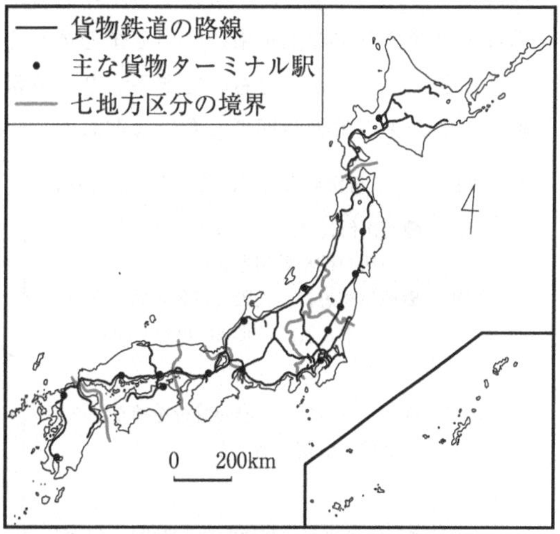

（国土交通省の資料などより作成）

4　次の文章を読み，あとの各問に答えよ。

私たちは，いつの時代も最新の知識に基づいて生産技術を向上させ，新たな技術を生み出すことで，社会を発展させてきた。

古代から，各時代の権力者は，(1)統治を継続することなどを目的に，高度な技術を有する人材に組織の中で役割を与え，寺院などを築いてきた。

中世から近世にかけて，農業においても新しい技術が導入されることで生産力が向上し，各地で特産物が生産されるようになった。また，(2)財政再建を行う目的で，これまで培《つちか》ってきた技術を生かし，新田開発などの経済政策を実施してきた。

近代以降は，政府により，(3)欧米諸国に対抗するため，外国から技術を学んで工業化が進められた。昭和時代以降は，(4)飛躍的に進歩した技術を活用し，社会の変化に対応した新たな製品を作り出す企業が現れ，私たちの生活をより豊かにしてきた。

〔問1〕　(1)統治を継続することなどを目的に，高度な技術を有する人材に組織の中で役割を与え，寺院などを築いてきた。とあるが，あとの**ア**～**エ**は，飛鳥《あすか》時代から室町時代にかけて，各時代の権力者が築いた寺院などについて述べたものである。時期の古いものから順に記号を並べよ。

ア　公家《くげ》の山荘を譲り受け，寝殿造《しんでんづくり》や禅宗様《ぜんしゅうよう》の様式を用いた三層からなる金閣《きんかく》を京都の北山《きたやま》に築いた。

イ　仏教の力により，社会の不安を取り除き，国家の安泰を目指して，3か年８回にわたる鋳造の末，銅製の大仏を奈良の東大寺《とうだいじ》に造立《ぞうりゅう》した。

ウ　仏教や儒教の考え方を取り入れ，役人の心構えを示すとともに，金堂《こんどう》などからなる法隆寺《ほうりゅうじ》を斑鳩《いかるが》に建立《こんりゅう》した。

エ　産出された金や交易によって得た財を利用し，金ぱく，象牙や宝石で装飾し，極楽浄土を表現した中尊寺金色堂《ちゅうそんじこんじきどう》を平泉《ひらいずみ》に建立した。

〔問２〕　(2)財政再建を行う目的で，これまで培《つちか》ってきた技術を生かし，新田開発などの経済政策を実施してきた。とあるが，次のⅠの略年表は，安土《あづち》・桃山《ももやま》時代から江戸時代にかけての，経済政策などに関する主な出来事についてまとめたものである。Ⅱの文章は，ある時期に行われた経済政策などについて述べたものである。Ⅱの経済政策などが行われた時期に当てはまるのは，Ⅰの略年表中の**ア**～**エ**の時期のうちではどれか。

Ⅰ

西暦	経済政策などに関する主な出来事	
1577	●織田信長《おだのぶなが》は，安土の城下を楽市とし，一切の役や負担を免除した。	
		ア
1619	●徳川秀忠《とくがわひでただ》は，大阪を幕府の直轄地とし，諸大名に大阪城の再建を命じた。	
		イ
1695	●徳川綱吉《とくがわつなよし》は，幕府の財政を補うため，貨幣の改鋳を命じた。	
		ウ
1778	●田沼意次《たぬまおきつぐ》は，長崎貿易の輸出品である俵物《たわらもの》の生産を奨励した。	
		エ
1841	●水野忠邦《みずのただくに》は，物価の上昇を抑えるため，株仲間《かぶなかま》の解散を命じた。	

Ⅱ

○新田開発を奨励し，開発に当たり商人に出資を促し，将軍と同じく，紀伊《きい》藩出身の役人に技術指導を担《にな》わせた。

○キリスト教に関係しない，漢文に翻訳された科学技術に関係する洋書の輸入制限を緩和した。

〔問３〕　(3)欧米諸国に対抗するため，外国から技術を学んで工業化が進められた。とあるが，次の**ア**～**ウ**は，明治時代に操業を開始した工場について述べたものである。略地図中のA～Cは，**ア**～**ウ**の**いずれか**の工場の所在地を示したものである。**ア**～**ウ**について，操業を開始した時期の古いものから順に記号を並べよ。また，略地図中のBに当てはまるのは，次の**ア**～**ウ**のうちではどれか。

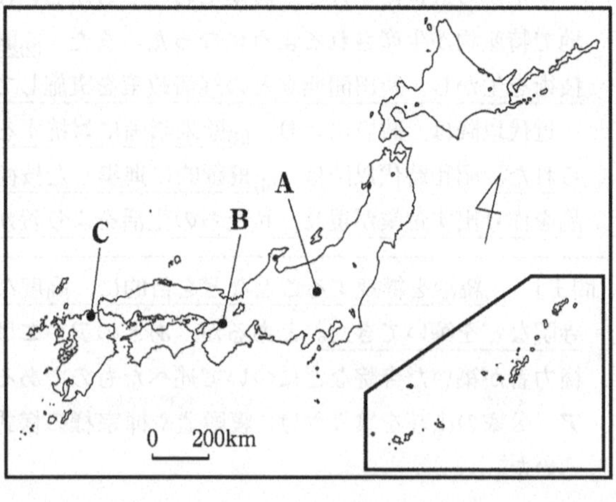

ア　実業家が発起人となり，イギリスの技術を導入し設立され，我が国における産業革命の契機となった民間の紡績会社で，綿糸の生産が開始された。

イ　国産生糸の増産や品質の向上を図ることを目的に設立された官営模範製糸場で，フランスの技術を導入し生糸の生産が開始された。

ウ　鉄鋼の増産を図ることを目的に設立された官営の製鉄所で，国内産の石炭と輸入された鉄鉱石を原材料に外国人技術者の援助を受けて鉄鋼の生産が開始された。

〔問4〕　(4)飛躍的に進歩した技術を活用し，社会の変化に対応した新たな製品を作り出す企業が現れ，私たちの生活をより豊かにしてきた。とあるが，次の略年表は，昭和時代から平成時代にかけて，東京に本社を置く企業の技術開発に関する主な出来事についてまとめたものである。略年表中のA～Dのそれぞれの時期に当てはまるのは，下のア～エのうちではどれか。

西暦	東京に本社を置く企業の技術開発に関する主な出来事	
1945	●造船会社により製造されたジェットエンジンを搭載した飛行機が，初飛行に成功した。	
1952	●顕微鏡・カメラ製造会社が，医師からの依頼を受け，日本初の胃カメラの実用化に成功した。	A
1955	●通信機器会社が，小型軽量で持ち運び可能なトランジスタラジオを販売した。	
		B
1972	●計算機会社が，大規模集積回路を利用した電子式卓上計算機を開発した。	
		C
1989	●フィルム製造会社が，家電製造会社と共同開発したデジタルカメラを世界で初めて販売した。	
		D
2003	●建築会社が，独立行政法人と共同して，不整地歩行などを実現するロボットを開発した。	

ア　地価や株価が上がり続けるバブル経済が終わり，構造改革を迫られ，インターネットの普及が急速に進み，撮影した写真を送信できるカメラ付き携帯電話が初めて販売された。

イ　連合国軍最高司令官総司令部（GHQ）の指令に基づき日本政府による民主化政策が実施され，素材，機器，測定器に至る全てを国産化した移動無線機が初めて製作された。

ウ　石油危機により，省エネルギー化が進められ，運動用品等に利用されていた我が国の炭素素材が，航空機の部材として初めて使用された。

エ　政府により国民所得倍増計画が掲げられ，社会資本の拡充の一環として，速度を自動的に調整するシステムを導入した東海道新幹線が開業した。

5　次の文章を読み，あとの各問に答えよ。

企業は，私たちが消費している財（もの）やサービスを提供している。企業には，国や地方公共団体が経営する公企業と民間が経営する私企業がある。(1)私企業は，株式の発行や銀行からの融資などにより調達した資金で，生産に必要な土地，設備，労働力などを用意し，利潤を得ることを目的に生産活動を行っている。こうして得た財やサービスの価格は，需要量と供給量との関係で変動するものや，(2)政府や地方公共団体により料金の決定や改定が行われるものなどがある。

私企業は，自社の利潤を追求するだけでなく，(3)国や地方公共団体に税を納めることで，社会を支えている。また，社会貢献活動を行い，社会的責任を果たすことが求められている。

(4)日本経済が発展するためには，私企業の経済活動は欠かすことができず，今後，国内外からの信頼を一層高めていく必要がある。

〔問1〕　(1)私企業は，株式の発行や銀行からの融資などにより調達した資金で，生産に必要な土地，設備，労働力などを用意し，利潤を得ることを目的に生産活動を行っている。とあるが，経済活動の自由を保障する日本国憲法の条文は，次のア～エのうちではどれか。

ア　すべて国民は，法の下に平等であつて，人種，信条，性別，社会的身分又は門地により，政治的，経済的又は社会的関係において，差別されない。

イ　何人も，法律の定める手続によらなければ，その生命若《も》しくは自由を奪はれ，又はその他の刑罰を科せられない。

ウ　すべて国民は，法律の定めるところにより，その能力に応じて，ひとしく教育を受ける権利を有する。

エ　何人も，公共の福祉に反しない限り，居住，移転及び職業選択の自由を有する。

〔問２〕　⑵政府や地方公共団体により料金の決定や改定が行われるものなどがある。とあるが，次の文章は，令和２年から令和３年にかけて，ある公共料金が改定されるまでの経過について示したものである。この文章で示している公共料金に当てはまるのは，下のア～エのうちではどれか。

○所管省庁の審議会分科会が公共料金の改定に関する審議を開始した。（令和２年３月16日）
○所管省庁の審議会分科会が審議会に公共料金の改定に関する審議の報告を行った。（令和２年12月23日）
○所管省庁の大臣が審議会に公共料金の改定に関する諮問を行った。（令和３年１月18日）
○所管省庁の審議会が公共料金の改定に関する答申を公表した。（令和３年１月18日）
○所管省庁の大臣が公共料金の改定に関する基準を告示した。（令和３年３月15日）

ア　鉄道運賃　　イ　介護報酬　　ウ　公営水道料金　　エ　郵便料金（手紙・はがきなど）

〔問３〕　⑶国や地方公共団体に税を納めることで，社会を支えている。とあるが，次の表は，企業の経済活動において，課税する主体が，国であるか，地方公共団体であるかを，国である場合は「国」，地方公共団体である場合は「地」で示そうとしたものである。表のＡとＢに入る記号を正しく組み合わせているのは，次のア～エのうちのどれか。

	課税する主体
企業が提供した財やサービスの売上金から経費を引いた利潤にかかる法人税	Ａ
土地や建物にかかる固定資産税	Ｂ

	ア	イ	ウ	エ
Ａ	地	地	国	国
Ｂ	国	地	地	国

〔問４〕　⑷日本経済が発展するためには，私企業の経済活動は欠かすことができず，今後，国内外からの信頼を一層高めていく必要がある。とあるが，次のページのⅠの文章は，2010年に開催された法制審議会会社法制部会第１回会議における資料の一部を分かりやすく書き改めたものである。次のページのⅡの文は，2014年に改正された会社法の一部を分かりやすく書き改めたもので

ある。Ⅲのグラフは，2010年から2020年までの東京証券取引所に上場する会社における，具体的な経営方針等を決定する取締役会《とりしまりやくかい》に占める，会社と利害関係を有しない独立性を備えた社外取締役の人数別の会社数の割合を示したものである。Ⅰ～Ⅲの資料を活用し，2014年に改正された会社法によりもたらされた取締役会の変化について，社外取締役の役割及び取締役会における社外取締役の人数に着目して，簡単に述べよ。

Ⅰ

○現行の会社法では，外部の意見を取り入れる仕組を備える適正な企業統治を実現するシステムが担保されていない。

○我が国の上場会社等の企業統治については，内外の投資者等から強い懸念《けねん》が示されている。

Ⅱ

これまでの会社法では，社外取締役の要件は，自社又は子会社の出身者等でないことであったが，親会社の全ての取締役等，兄弟会社の業務執行取締役等，自社の取締役等及びその配偶者の近親者等でないことを追加する。

Ⅲ

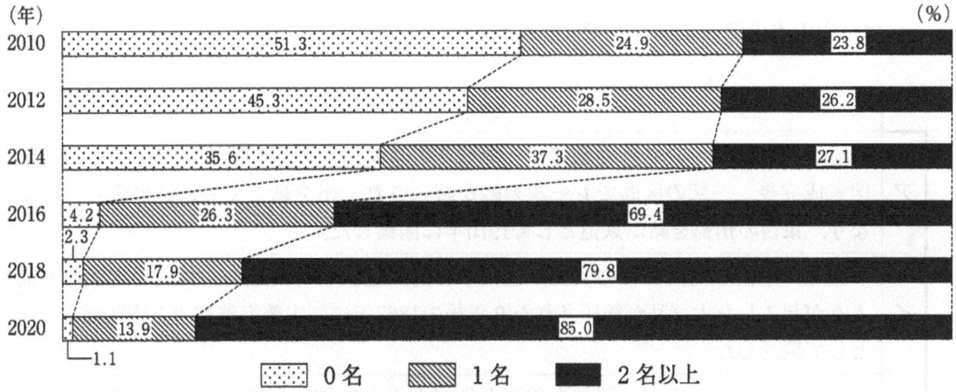

(注) 四捨五入をしているため，社外取締役の人数別の会社数の割合を合計したものは，100%にならない場合がある。

(東京証券取引所の資料より作成)

6 次の文章を読み，次のページの略地図を見て，あとの各問に答えよ。

(1)1851年に開催された世界初の万国博覧会は，蒸気機関車などの最新技術が展示され，鉄道の発展のきっかけとなった。1928年には，国際博覧会条約が35か国により締結され，(2)テーマを明確にした国際博覧会が開催されるようになった。

2025年に大阪において「いのち輝く未来社会のデザイン」をテーマとした万国博覧会の開催が予定されており，(3)我が国で最初の万国博覧会が大阪で開催された時代と比べ，社会の様子も大きく変化してきた。

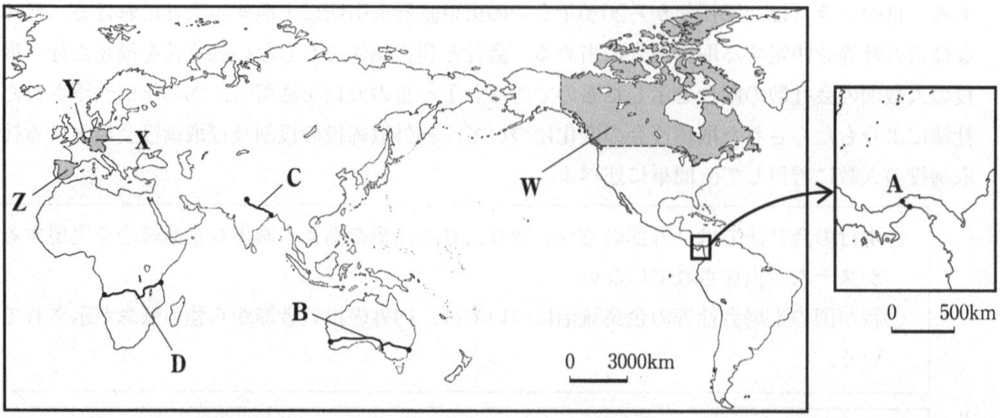

〔問１〕　(1)1851年に開催された世界初の万国博覧会は，蒸気機関車などの最新技術が展示され，鉄道の発展のきっかけとなった。とあるが，略地図中に•━━•で示したＡ～Ｄは，世界各地の主な鉄道の路線を示したものである。次の表のア～エは，略地図中にＡ～Ｄで示した**いずれか**の鉄道の路線の様子についてまとめたものである。略地図中のＡ～Ｄのそれぞれの鉄道の路線に当てはまるのは，次の表のア～エのうちではどれか。

	鉄道の路線の様子
ア	植民地時代に建設された鉄道は，地域ごとにレールの幅が異なっていた。1901年の連邦国家成立後，一部の区間でレールの幅が統一され，州を越えての鉄道の乗り入れが可能となり，東西の州都を結ぶ鉄道として1970年に開業した。
イ	綿花の輸出や内陸部への支配の拡大を目的に建設が計画され，外国の支配に不満をもつ人々が起こした大反乱が鎮圧された９年後の1867年に，主要港湾都市と内陸都市を結ぶ鉄道として開通した。
ウ	二つの大洋をつなぎ，貿易上重要な役割を担《にな》う鉄道として，1855年に開業した。日本人技術者も建設に参加した国際運河が1914年に開通したことにより，貿易上の役割は低下したが，現在では観光資源としても活用されている。
エ	1929年に内陸部から西側の港へ銅を輸送する鉄道が開通した。この鉄道は内戦により使用できなくなり，1976年からは内陸部と東側の港とを結ぶ新たに作られた鉄道がこの地域の主要な銅の輸送路となった。2019年にこの二本の鉄道が結ばれ，大陸横断鉄道となった。

〔問２〕　(2)テーマを明確にした国際博覧会が開催されるようになった。とあるが，次のページのⅠの略年表は，1958年から2015年までの，国際博覧会に関する主な出来事についてまとめたものである。次のページのⅡの文章は，Ⅰの略年表中のＡ～Ｄの**いずれか**の国際博覧会とその開催国の環境問題について述べたものである。Ⅱの文章で述べている国際博覧会に当てはまるのは，Ⅰの略年表中のＡ～Ｄのうちのどれか，また，その開催国に当てはまるのは，略地図中に▒▒で示したＷ～Ｚのうちのどれか。

Ⅰ

西暦	国際博覧会に関する主な出来事
1958	●「科学文明とヒューマニズム」をテーマとした万国博覧会が開催された。…………………………A
1967	●「人間とその世界」をテーマとした万国博覧会が開催された。……………………………………B
1974	●「汚染なき進歩」をテーマとした国際環境博覧会が開催された。
1988	●「技術時代のレジャー」をテーマとした国際レジャー博覧会が開催された。
1992	●「発見の時代」をテーマとした万国博覧会が開催された。…………………………………………C
2000	●「人間・自然・技術」をテーマとした万国博覧会が開催された。…………………………………D
2015	●「地球に食料を，生命にエネルギーを」をテーマとした万国博覧会が開催された。

Ⅱ

この博覧会は，「環境と開発に関するリオ宣言」などに基づいたテーマが設定され，リオデジャネイロでの地球サミットから８年後に開催された。この当時，国境の一部となっている北流する国際河川の東側に位置する森林（シュヴァルツヴァルト）で生じた木々の立ち枯れは，偏西風などにより運ばれた有害物質による酸性雨が原因であると考えられていた。

〔問３〕 (3)我が国で最初の万国博覧会が大阪で開催された時代と比べ，社会の様子も大きく変化してきた。とあるが，次のⅠの**ア**～**エ**のグラフは，1950年，1970年，2000年，2020年の**いずれか**の我が国における人口ピラミッドを示したものである。次のページのⅡの文章で述べている年の人口ピラミッドに当てはまるのは，Ⅰの**ア**～**エ**のうちのどれか。

Ⅰ

ア

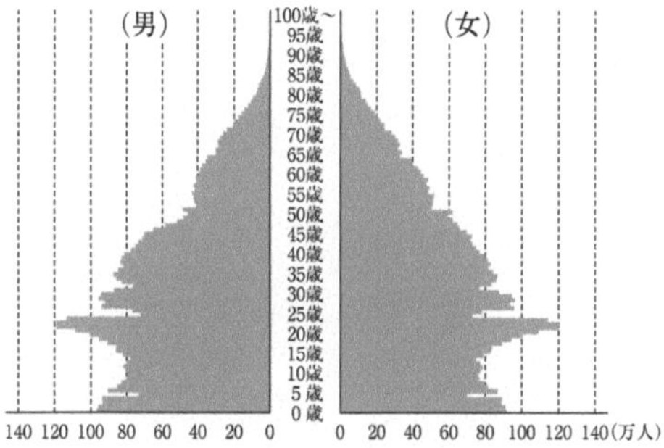

イ

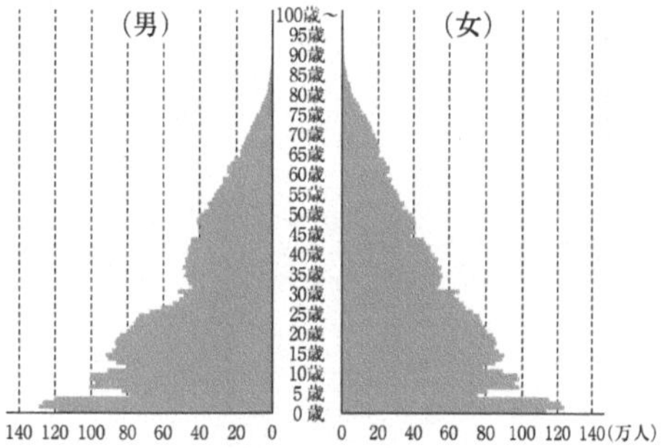

ウ

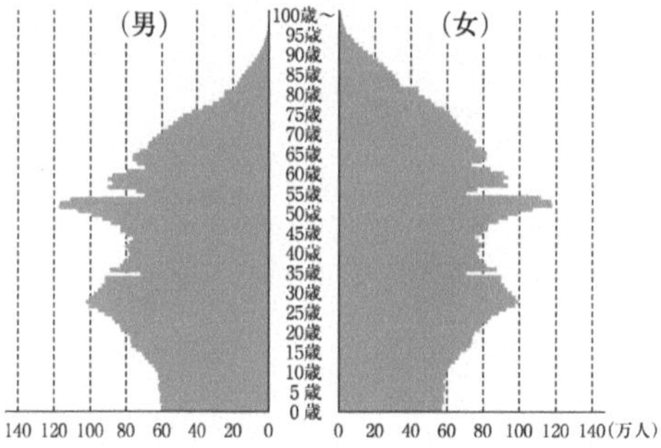

エ

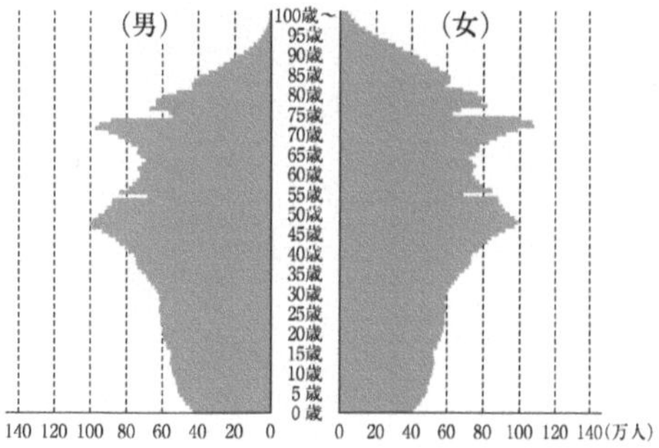

（2020年国勢調査などより作成）

Ⅱ

○我が国の人口が１億人を突破して３年後のこの年は，65歳以上の割合は７％を超え，高齢化社会の段階に入っている。

○地方から都市への人口移動が見られ，郊外にニュータウンが建設され，大阪では「人類の進歩と調和」をテーマに万国博覧会が開催された。

2023年度

解 答 と 解 説

《2023年度の配点は解答用紙集に掲載してあります。》

＜理科解答＞

1 〔問1〕 ア　〔問2〕 エ　〔問3〕 ウ　〔問4〕 イ　〔問5〕 ア　〔問6〕 イ
2 〔問1〕 イ　〔問2〕 ① イ　② ア　〔問3〕 エ　〔問4〕 ウ
3 〔問1〕 水滴が付き始める瞬間の温度を正確に読み取るため。　〔問2〕 ① イ　② ア
〔問3〕 ① ア　② イ　③ イ　④ ア　〔問4〕 エ
4 〔問1〕 ウ　〔問2〕 エ　〔問3〕 ア
5 〔問1〕 ア　〔問2〕 エ　〔問3〕 イ　〔問4〕 ① イ　② ウ
6 〔問1〕 ア　〔問2〕 ウ　〔問3〕 ウ　〔問4〕 イ

＜理科解説＞

1 (小問集合－自然界のつり合い，火山活動と火成岩：火山岩，身のまわりの物質とその性質：ガスバーナーの操作，光と音：凸レンズによってできる像，物質の成り立ち，植物の体のつくりとはたらき：花のつくり)

〔問1〕 **生産者は光合成を行い，みずから有機物をつくり出すことができる生物**であり，消費者はほかの生物から有機物を得る生物である。よって，生産者は**葉緑体**があるエンドウ，サツマイモ，ツツジである。消費者はタカ，バッタ，ミミズである。

〔問2〕 **玄武岩**はマグマが冷え固まって岩石になった火成岩であり，火成岩のうち，上昇したマグマが地表に近い地下や，溶岩のように地表にふき出て急激に冷えて固まってできた**火山岩**である。**斑状組織でカンラン石やキ石のような有色鉱物を多く含むため**，岩石は**黒っぽい**。

〔問3〕 ガスバーナーに点火し，適正な炎の大きさに調整した後，**空気不足になっている炎を青色の適正な状態にする操作は，Bのガス調節ねじを押さえながら，Aの空気調節ねじだけをCの向きに回して少しずつ開き**，青色の安定した炎にする。

〔問4〕 図3において，光の進み方を作図する。物体から光軸に平行に凸レンズに入った光は，屈折した後，反対側の焦点を通る。凸レンズの中心を通った光は，そのまま直進する。スクリーンの位置がA点にあると，2つの直線の交点がスクリーン上にくるため，はっきりと像が映る。作図から，物体の大きさと比べて，スクリーンに映った像の方が小さいことが分かる。

〔問5〕 **単体は1種類の元素からできている物質であり，2種類以上の元素からできている物質が化合物である**。よって，A 二酸化炭素の化学式はCO_2，B 水の化学式はH_2O，C アンモニアの化学式はNH_3，D 酸素の化学式はO_2であるため，化合物はA，B，Cであり，単体はDである。

〔問6〕 アブラナの花のつくりは，外側から，A がく，B 花弁，C おしべ，D めしべである。

2 (自由研究－力と物体の運動：平均の速さ，身のまわりの物質とその性質：密度，水溶液：濃度，力のつり合いと合成・分解：浮力，生物の成長と生殖：発生，天体の動きと地球の自転・公転：白夜の太陽の見かけの動き)

〔問1〕 平均の速さ〔m/s〕$= \dfrac{6〔\mathrm{m}〕-2〔\mathrm{m}〕}{122.2〔\mathrm{s}〕-40.4〔\mathrm{s}〕} = 0.048\cdots〔\mathrm{m/s}〕 \fallingdotseq 0.05〔\mathrm{m/s}〕$である。

〔問2〕 (凍った部分の表面を取り除き残った部分100gに含まれる食塩の量)÷(3%の食塩水100gに含まれる食塩の量)×100＝(100g×0.0084)÷(100g×0.03)×100＝28，よって，28%である。食塩水の上部に浮いた凍った部分の表面を取り除き残った部分に含まれる食塩の量は，3%の食塩水の28%であるため，3%の食塩水の方が密度が大きいと言える。このことは，**食塩水を凍らせると，凍った部分が浮くのは，凍って密度が小さくなった部分にかかる重力より，凍った部分より密度が大きい食塩水からの水圧による浮力のほうが大きい**ことからもわかる。

〔問3〕 図4，5，6は，**カエルの受精卵が体細胞分裂により細胞の数をふやして胚になる過程**である。体細胞分裂であるため，**分裂を何回くり返しても，ひとつひとつの細胞の染色体の数は変わらない。**よって，図5の胚に含まれる細胞の和は2個であるため，合計の染色体の和は、24本×2＝48本，である。同様にして，図6の胚に含まれる細胞の和は4個であるため，合計の染色体の和は、24本×4＝96(本)，である。

〔問4〕 地軸を中心に太陽が北側へとまわってきたとき，図7の**北の空では，向かって右方向が東**であるため，**太陽は見かけ上，東方向に向かって上昇するように動く**。よって，太陽が見かけ上動いた向きはYである。日本で**夏至**となる地球の位置は，**北緯35°付近にある日本で太陽の南中高度が最も高く**，日の出と日の入りの位置が北寄りになり，日照時間が最も長くなるAである。

3 (気象要素の観測：金属製のコップによる露点の測定実験と湿度の計算，天気の変化：雲の発生に関する実験と寒冷前線)

〔問1〕 **金属製のコップの表面の温度が少しずつ下がるようにしたのは，「水滴が付き始める瞬間の温度を正確に読み取るため。」**である。

〔問2〕 午前10時に測定した水温は，同じ時刻の実験室の室温と等しいので，午前10時の実験室内の気温は17.0℃である。また，金属製のコップの表面に水滴がつき始めたときの金属製のコップ内の水温が露点であり，**この場合，露点16.2℃における飽和水蒸気量が，実際に午前10時の実験室内の1m³の空気に含まれる水蒸気の質量〔g/m³〕**である。よって，湿度〔%〕＝$\frac{\text{1m}^3\text{の空気に含まれる水蒸気の質量〔g/m}^3\text{〕}}{\text{その空気と同じ気温での飽和水蒸気量〔g/m}^3\text{〕}}$×100，から，午前10時の湿度〔%〕＝$\frac{13.8\text{〔g/m}^3\text{〕}}{14.5\text{〔g/m}^3\text{〕}}$×100≒95.2〔%〕である。午後6時も同じ気温であるため，露点が高いほうが1m³の空気に含まれる水蒸気の量が多いので，結果1の表から，午前10時の実験室内の空気である。

〔問3〕 <実験2>は雲を発生させる実験装置である。「ピストンをすばやく引くと，丸底フラスコ内の空気は**膨張し**，丸底フラスコ内の**気圧は下がる。**その結果，丸底フラスコ内の**空気の温度が下がり露点に達し**，丸底フラスコ内の**水蒸気が水滴に変化**した。」そのため，丸底フラスコ内はくもった。自然界では**雲**である。

〔問4〕 寒冷前線は，**寒気が**暖気の下にもぐりこみ，**暖気を押し上げながら進んでいく。**暖気が急激に上空高くに押し上げられ，強い上昇気流が生じて**積乱雲**が発達するため，**短時間に強い雨が**降り，**強い風**がふくことが多い。

4 (動物の体のつくりとはたらき：消化の対照実験・柔毛での吸収・血液の循環・細胞の呼吸)

〔問1〕 試験管AとBは，**ヨウ素液**との反応により，**唾液がデンプンをデンプンではないものに変えるはたらき**があるのか否か比較して調べる**対照実験**である。試験管CとDは，**ベネジクト液を加えて加熱する**ことにより，唾液にはデンプンをブドウ糖がいくつか結合した**糖に変えるはたらき**があるのか否か比較して調べる対照実験である。

〔問2〕 消化酵素により分解されることで作られた，**ブドウ糖とアミノ酸**はヒトの小腸の**柔毛**で吸収されて**毛細血管**に入り，**脂肪酸とモノグリセリド**はヒトの小腸の柔毛で吸収された後に**結合し**

てリンパ管に入る。

〔問3〕 心臓の左心室から送り出された血液はBの動脈を通って小腸の毛細血管に入る。毛細血管で栄養分を吸収し，小腸から肝臓へと向かう血液が流れるAの肝門脈を通って肝臓に運ばれる。よって，栄養分の濃度が高い場所は，Aである。細胞による呼吸については，血液の成分である血しょうがしみ出て組織液となり，養分や酸素を細胞に届ける。からだを構成しているひとつひとつの細胞では，届いた酸素を使い，養分からエネルギーが取り出される。このとき，二酸化炭素と水ができる。

5 (水溶液とイオン・原子の成り立ちとイオン：塩化銅の電気分解の仕組み・イオンの粒子モデル・化学式，物質の成り立ち：水の電気分解，気体の発生とその性質)

〔問1〕 <実験1>は塩化銅の電気分解である。塩化銅が水に溶けて電離したようすを化学式を使って表すと，$CuCl_2 \rightarrow Cu^{2+}+2Cl^-$，であり，陽イオンの数：陰イオンの数＝1：2，である。よって，モデルはアである。

〔問2〕 電極Aは，電源装置の－端子に接続しているので陰極である。また，実験結果から，陽イオンとなっていた銅が付着していたことから，電極Aは，陰極であると言える。回路に流れる電流の向きは，電源装置の＋端子から出て－端子に入る向きであると決められているので，Dである。

〔問3〕 陽極である電極B付近からは，刺激臭がする気体である塩素が生成された。塩素の気体が発生する仕組みは，「塩化物イオンCl^-が，電子を放出し(失い)，塩素原子になり，塩素原子が2個結びつき，分子になり，気体として発生した。」である。

〔問4〕 <結果1>は塩化銅の電気分解の結果であり，銅イオンCu^{2+}は，陰極から電子を2個受けとり，銅原子Cuになり，陰極に金属となって付着するため，電流を流した時間が長くなるほど，水溶液中の銅イオンの数は減少する。よって，グラフはイである。<結果2>は水の電気分解の結果であり，5%の水酸化ナトリウム水溶液を加えたのは，電流が流れやすくするためであり，水酸化ナトリウムそのものは分解されないので，電流を流した時間が長くなっても，水溶液中のナトリウムイオンの数は変化しない。よって，グラフはウである。水の電気分解の化学反応式は，$2H_2O \rightarrow 2H_2+O_2$，であり，陰極である電極A付近から発生した気体は水素で，陽極である電極Bから発生した気体は酸素である。

6 (電流：電圧と電流と抵抗・電力・電力量)

〔問1〕 オームの法則により，$電流=\frac{電圧}{抵抗}$であるから，電圧の大きさが等しいとき，5Ωの抵抗器Xの方が，20Ωの抵抗器Yよりも大きい電流が流れる。また，<結果>図3のグラフから，電圧の大きさが等しいとき，<実験>の(2)図1の並列回路の方が，<実験>の(3)図2の直列回路よりも大きい電流が流れる。

〔問2〕 抵抗器Xと抵抗器Yを並列につないだ回路全体の抵抗をR_Pとすると，$\frac{1}{R_P[\Omega]}=\frac{1}{5[\Omega]}+\frac{1}{20[\Omega]}$より，$R_P[\Omega]=4[\Omega]$である。抵抗器Xと抵抗器Yを直列につないだ回路全体の抵抗をR_Sとすると，$R_S[\Omega]=5[\Omega]+20[\Omega]=25[\Omega]$である。抵抗Xは5Ωであるため，ウが適切である。

〔問3〕 <結果>の図3グラフから，<実験>の(2)並列回路では2.0Vのとき0.5Aであり，電力[W]＝2.0[V]×0.5[A]＝1.0[W]である。<実験>の(3)直列回路では5.0Vのとき0.2Aであり，電力[W]＝5.0[V]×0.2[A]＝1.0[W]である。このとき，抵抗器Xと抵抗器Yで消費される電力は1.0Wで等しい。図1の並列回路では，各抵抗の両端の電圧は電源の電圧に等しいため，抵抗器Xに加わる電圧の大きさSは，2.0Vである。図2の直列回路を流れる電流の大きさはどこでも等しいため，抵抗器Xに加わる電圧の大きさTは，T〔V〕＝0.2〔A〕×5〔Ω〕＝1.0〔V〕である。よって，S：T＝2：1である。

〔問4〕　回路全体の電力を9Wとし，電圧を加え電流を2分間流したときの**電力量**〔J〕＝9〔W〕×120〔s〕＝1080〔J〕である。回路全体の電力を4Wとし，電圧を加え電流をt秒間流したときの電力量1080〔J〕＝4〔W〕×t〔s〕である。よって，t〔s〕＝270〔s〕であるから，電流を4分30秒間流したときである。

＜社会解答＞

1　〔問1〕　ウ　〔問2〕　エ　〔問3〕　ア

2　〔問1〕　略地図中のA～D　D　Ⅱのア～エ　イ　〔問2〕　W　ア　X　ウ　Y　エ　Z　イ　〔問3〕　イ

3　〔問1〕　A　エ　B　イ　C　ア　D　ウ　〔問2〕　エ　〔問3〕　(1)　(目的)　貨物輸送で生じる二酸化炭素の排出量を減少させるため。　(2)　(敷設《ふせつ》状況及び設置状況)　全ての地方に貨物鉄道の路線と貨物ターミナル駅がある。

4　〔問1〕　ウ→イ→エ→ア　〔問2〕　ウ　〔問3〕　(時期)　イ→ア→ウ　(略地図)　ア　〔問4〕　A　イ　B　エ　C　ウ　D　ア

5　〔問1〕　エ　〔問2〕　イ　〔問3〕　ウ　〔問4〕　適正な企業統治を実現する役割をになう社外取締役の要件が追加され，取締役会に外部の意見がより反映されるよう，社外取締役を2名以上置く会社数の割合が増加した。

6　〔問1〕　A　ウ　B　ア　C　イ　D　エ

〔問2〕　Ⅰの略年表中のA～D　D　略地図中のW～Z　X　〔問3〕　ア

＜社会解説＞

1　**(地理的分野―日本地理－地形図の見方，歴史的分野―日本史時代別－安土桃山時代から江戸時代，―日本史テーマ別－文化史，公民的分野―国際社会との関わり)**

〔問1〕　縮尺2万5千分の1の**地形図**では，**等高線**は**標高差**10mごとに引かれている。等高線を手がかりに見ると，A地点は標高約40m，B地点は約60m，C地点は約30mである。したがって，ウの図が適当である。

〔問2〕　安土桃山時代の茶人で，**千家流**茶道の創始者であるのが**千利休**(せんのりきゅう)である。堺の出身で，幼少のころから**茶の湯**に親しみ，**武野紹鴎**(たけのじょうおう)に師事して茶の湯を学び，**わび茶**を大成させた。織田信長と豊臣秀吉に続けて仕えたが，最後は秀吉に切腹を命じられた。

〔問3〕　国際の平和と安全の維持について,主要な責任を有するのが，**国際連合**の**安全保障理事会**である。具体的には，紛争当事者に対して，紛争を平和的手段によって解決するよう要請したり，平和に対する脅威の存在を決定し，平和と安全の維持と回復のために勧告を行うこと，経済制裁などの非軍事的強制措置及び軍事的強制措置を決定すること等を，その主な権限とする。しかし，**アメリカ・イギリス・フランス・ロシア・中国**の5か国の**常任理事国**が1か国でも反対すると，決議ができないことになっている。常任理事国は**拒否権**を持っていることになる。なお，日本は10か国ある非常任理事国の一つである(2023年現在)。

2 (地理的分野―世界地理－都市・気候・人々のくらし・産業)

〔問1〕 まず，A～Dの国・都市を確定する。Aはアルゼンチンのブエノスアイレス，Bは中国の北京，Cはノルウェーのオスロ，Dはポルトガルのリスボンである。Ⅰの文章は，**地中海性気候**のポルトガルのリスボンについての説明である。夏は気温が30度近く，雨がほとんど降らず，冬は気温10度前後で，夏に比べて雨が多いのが，地中海性気候の特徴である。雨温図のイである。地中海沿岸部の，ポルトガル・スペイン・イタリア・ギリシャ等の国では，気候を生かして夏は乾燥に強いオレンジやオリーブやぶどうなどの作物を，冬は小麦を栽培している。

〔問2〕 まず，W～Zの国を確認する。Wはボリビア，Xはアメリカ合衆国，Yはオマーン，Zはフランスである。かつてスペインの植民地であり，「キリスト教徒の割合が最も多い」「この地方が原産で傾斜地などで栽培された様々な種類のじゃがいも」との記述から，アは，ボリビアである。「高速道路が整備され」「多民族国家を形成し」との一節から，また，**一人当たりの国民総所得**が最も多いウがアメリカ合衆国である。「代表的市場はスークと呼ばれる」「断食が行われる」の一節から，エは**イスラム教徒**の最も多いオマーンである。「**キリスト教徒**(**カトリック**)の信者の割合が最も多く」「日曜日は非労働日とされており休日とする店舗がある」という記述から，イはフランスである。よって正しい組み合わせは，Wア　Xウ　Yエ　Zイとなる。

〔問3〕 1967年に設立され，現在はタイ・インドネシア・ベトナム・フィリピン・マレーシア・ブルネイ・シンガポール・ラオス・ミャンマー・カンボジアの10か国から構成されているのが，**ASEAN**(東南アジア諸国連合)である。ASEANの中で，ベトナムは，独自の歴史を持っている。フランス・アメリカが援助する**資本主義**の南ベトナム共和国と，中国・ソ連が援助する**社会主義**のベトナム民主共和国(北ベトナム)が対立し，**ベトナム戦争**へと発展した。1964年には，アメリカが**北爆**を開始し，ベトナム戦争は本格化したが，最終的に北ベトナムが勝利し，1976年に**南北ベトナムが統一**された。こうして成立したベトナムは，中国や韓国と比べて，労働者の月額平均賃金が安価であり，生産コストを抑えられるために，ベトナムに進出する日本企業数が大幅に増加しているのである。

3 (地理的分野―日本地理－農林水産業・工業・貿易・交通)

〔問1〕 まず，A～Dの県名を確定する。Aは青森県，Bは茨城県，Cは長野県，Dは宮崎県である。次にア～エの都道府県を確定する。アは，「**フォッサマグナ**」「レタスの**抑制栽培**」等の語句から，長野県の説明であるとわかる。イは，「**施設栽培**により年間を通して栽培されるピーマン」「東京まで3時間」との記述から，**近郊農業**を行う茨城県であるとわかる。ウは，「**施設栽培**により年間を通して栽培されるきゅうり」「フェリーで1日以上」との記述から，宮崎県についての説明であるとわかる。エは，「ごぼうは(中略)東京まで約10時間かけてトラックで輸送」との記述から，青森県であるとわかる。青森県はごぼうの生産量全国第1位である。したがって正しい組み合わせは，Aがエの青森県，Bがイの茨城県，Cがアの長野県，Dがウの宮崎県となる。

〔問2〕 まず，W～Zの空港を確定する。Wは**成田国際空港**，Xは**東京国際空港**(羽田空港)，Yは**関西国際空港**，Zが**那覇空港**である。このうち輸出入額の一番小さいZが，空港規模の最も小さい那覇空港であり，表中のイである。日本で最大の輸出入のある空港はWの成田国際空港であり，表中のウである。関西国際空港は，医薬品の輸入が多いのが特徴であり，表中のアである。残るエが東京国際空港である。なお，東京国際空港では医薬品は輸出の第3位である。

〔問3〕 (1) 〔目的〕 **モーダルシフト**とは，トラック等の自動車で行われている貨物輸送を環境負荷の小さい鉄道や船舶の利用へと転換することをいい，それによって貨物輸送で生じる**温暖化**の原因となる**二酸化炭素**の排出量を減少させることを目的として行われる。上記のような趣旨を簡潔にまとめればよい。 (2) 〔敷設状況及び設置状況〕 七地方区分の全ての地方に，貨物鉄道の路線と貨物ターミナル駅があることを指摘し簡潔に述べればよい。「全ての地方」「貨物鉄道」「貨物ターミナル駅」の語句を必ず使うことに注意して解答する必要がある。

4 **(歴史的分野―日本史時代別－古墳時代から平安時代・鎌倉時代から室町時代・安土桃山時代から江戸時代・明治時代から現代，―日本史テーマ別－文化史・政治史・技術史・経済史)**

〔問1〕 ア **室町幕府**の3代将軍である**足利義満**は，**南北朝**を統一した後，1397年に**金閣**を建立した。金閣は1950年に放火により焼失し，現在の金閣は再建されたものである。 イ 奈良の**平城京**を中心にして8世紀に花開いた貴族文化・仏教文化を，**聖武天皇**のときの元号である「天平」から**天平文化**と呼ぶ。天平文化は，**遣唐使**を通じて盛唐の影響を強く受けていた。さらにシルクロードを通じて，国際色豊かな文化が花開いていた。一方，奈良時代の社会は疫病が流行り，大きな戦乱が起こるなど混乱していた。聖武天皇は，国家を守るという仏教の**鎮護国家**の働きに頼ろうとし，都に**東大寺**と**大仏**を，諸国に**国分寺**・国分尼寺を建立させた。大仏造立の詔は743年に出され，開眼供養は752年に行われた。 ウ **飛鳥時代**には，**聖徳太子**によって，603年に**冠位十二階の制**が定められ，604年には**憲法十七条**が定められた。また607年には**遣隋使**が派遣され，同年に**法隆寺**が建立された。 エ 12世紀に**奥州平泉**を本拠地とし，豊富だった金(きん)や馬を利用して勢力を築き上げ，**中尊寺金色堂**を建立したのは，**奥州藤原氏**である。奥州藤原氏は，1189年に源頼朝によって滅ぼされた。したがって時期の古い順に並べると，ウ→イ→エ→アとなる。

〔問2〕 資料Ⅱは，江戸幕府の8代将軍**徳川吉宗**が，**享保の改革**の際に行った1726年の**新田**検地条目と1720年の**洋書輸入の制限緩和**について述べている。よって，資料Ⅰのウの時期に該当する。

〔問3〕 (時期) ア 1882年に，**渋沢栄一**らの主唱で大阪に近代的設備を備えた**大阪紡績会社**(現在の東洋紡)が設立された。 イ **富岡製糸場**は，**殖産興業**政策の一環として，1872年に群馬県に建設された，日本で最初の**官営模範工場**である。フランス人技師が招かれ，全国から多くの**工女**を集めて操業を開始した。富岡製糸場は，2014年に**UNESCO**(国連教育科学文化機関)によって**世界遺産**に登録された。 ウ この製鉄所は，北九州に建設された官営の**八幡製鉄所**である。この製鉄所は中国から輸入される鉄鉱石を原料とし，近くの炭田から採掘される石炭を燃料として生産するのに適した場所として，北九州に建設された。操業は1901年に開始された。八幡製鉄所は，日本の鉄鋼の生産高の大部分を占めるようになり，13％強だった日本の鉄鋼の自給率を3倍近くまで高めた。したがって，操業を開始した時期の古い順に並べると，イ→ア→ウとなる。 (略地図) Bは大阪であり，大阪紡績会社について述べているアに該当する。

〔問4〕 Aの時期にあたるのは，イである。この時期の前半には日本を占領する**GHQ**(連合国最高司令官総司令部)によって**財閥解体・農地改革**など様々な日本民主化政策がとられていた。Bの時期にあたるのは，エである。1960年に**池田勇人内閣**は，実質国民総生産を10年以内に2倍にすることを目標とする**「国民所得倍増計画」**を閣議決定し，政策を実施した。また，この時期には東海道新幹線が開業した。Cの時期にあたるのは，ウである。1973年に第4次**中東戦争**を機に，**OPEC**(石油輸出国機構)の各国が石油価格を大幅に引き上げた。このことにより，世界経済全体が大きな混乱に陥ったことを，**石油危機**という。1979年には，第2次石油危機があった。Dにあたるのは，アである。土地や株式に対する投資が増大し，実際の価値以上に地価や株価が異常に高くなる現象を，**バブル経済**という。1986年末に始まったバブル経済が崩壊したのは，1991年である。バブル崩壊後は，景気が後退し，構造改革が進んだ。よって組み合わせは，Aイ・Bエ・Cウ・Dアである

5　(公民的分野―基本的人権・財政・経済一般)

〔問1〕　アは，**法の下の平等**を定めた**日本国憲法**第14条である。イは，**生命及び自由の保障**について定めた日本国憲法第31条である。ウは，**教育を受ける権利**について定めた日本国憲法第26条である。ア・イ・ウのどれも経済活動の自由とは関係がない。エが，日本国憲法第21条の，**居住・移転・職業選択の自由**であり，**経済活動の自由を保障**する条文である。これが経済活動の自由を保障した条文とは分かりにくいので注意が必要である。

〔問2〕　様々な料金の中で，その決定や変更に国会・政府・地方自治体が関わっているものを**公共料金**と呼ぶ。資料の診療報酬や介護報酬といった医療関連の公共料金は，所轄省庁の審議会・分科会での審議を経て，所轄省庁である厚生労働省の大臣が発議し，国が決定するものである。

〔問3〕　**法人税**は国税であり，**固定資産税**は**地方税**である。したがって，正しい組み合わせはウである。

〔問4〕　2014年に会社法が改正され，適正な**企業統治**を実現する役割をになう**社外取締役**の条件が追加された。これにより**取締役会**に外部の意見がより反映されるよう，社外取締役を2名以上置く会社数の割合が，2014年の20％台から2020年の80％台まで増加した。このような趣旨のことを簡潔にまとめればよい。

6　(歴史的分野―世界史－政治史，公民的分野―公害・環境問題，地理的分野―日本地理－人口)

〔問1〕　略地図上のAは，「国際運河が1914年に開通した」との記述から，パナマの鉄道だとわかる。ウの文章と合致する。略地図上のBは，「1901年に連邦国家が成立した」との記述から，オーストラリアの鉄道だとわかる。さらに「州を越え東西の州都を結ぶ鉄道が，1970年に開業した」との記述から，アの文章と合致する。略地図上のCは，「大反乱が鎮圧された9年後の1867年」との記述が，1857年に起こり翌年鎮圧された**インド大反乱**を指し，インドの鉄道だとわかる。文章のイと合致する。略地図上のDは，「2019年にこの2本の鉄道が結ばれ，大陸横断鉄道となった」に該当し，エの文章と合致する。よって組み合わせは，Aウ・Bア・Cイ・Dエとなる。

〔問2〕　1992年に，**「国連持続可能な開発会議」**がブラジルのリオデジャネイロで開催された。その8年後の2000年にドイツのハノーバーで，**万国博覧会**が開催された。当時のドイツでは，南西部の**シュバルツバルトの森**と呼ばれる地域で，強い酸を含む酸性雨の影響で多くの木々が突然枯れる現象が起こっていた。Ⅰの略年表のDである。また，ドイツの位置は略地図上のXである。

〔問3〕　Ⅱの文章は，大阪で万国博覧会が開催された年であるから，1970年である。1970年は**少子高齢化社会**の段階に入り，65歳以上の人口が7％を超えている。該当する**人口ピラミッド**は，アである。なお，人口ピラミッドのイは1950年，ウは2000年，エは2020年である。

2023年度英語　リスニングテスト

〔放送台本〕

これから，リスニングテストを行います。リスニングテストは，全て放送による指示で行います。リスニングテストの問題には，問題Aと問題Bの二つがあります。問題Aと，問題Bの＜Question1＞では，質問に対する答えを選んで，その記号を答えなさい。問題Bの＜Question2＞では，質問に対する答えを英語で書きなさい。英文とそのあとに出題される質問が，それぞれ全体を通して二回ずつ読まれます。問題用紙の余白にメモをとってもかまいません。答えは全て解答用紙に書きなさい。

〔問題A〕

問題Aは，英語による対話文を聞いて，英語の質問に答えるものです。ここで話される対話文は全部で三つあり，それぞれ質問が一つずつ出題されます。質問に対する答えを選んで，その記号を答えなさい。では，＜対話文1＞を始めます。

Meg: Hi, Taro. What did you do last Sunday?
Taro: Hi, Meg. I went to my grandmother's house to have a birthday party.
Meg: That's nice.
Taro: In the morning, I wrote a birthday card for her at home. Then I visited her and gave her the card. She looked happy. After that, she made some tea for me.
Meg: That sounds good.
Taro: In the evening, my sisters, mother, and father brought a cake for her.
Meg: Did you enjoy the party?
Taro: Yes, very much.

Question: Why did Taro go to his grandmother's house?

＜対話文2＞を始めます。

Satomi: Hi, John. I've been looking for you. Where were you?
John: I'm sorry, Satomi. I was very busy.
Satomi: I went to your classroom in the morning and during lunch time. What were you doing then?
John: Early in the morning, I gave water to flowers in the school garden. After that, I did my homework in my classroom.
Satomi: Oh, you did. How about during lunch time? I went to your room at one o'clock.
John: After I ate lunch, I went to the library. That was at about twelve fifty. I read some history books there for twenty minutes and came back to my room at one fifteen.

Question: What was John doing at one o'clock?

＜対話文3＞を始めます。

Jane: Hi, Bob. I'm happy that I can come to the concert today.
Bob: Hi, Jane. Yes. Me, too.
Jane: How did you get here today?
Bob: Why? I came by bike from home.
Jane: This morning, I watched the weather news. I think it'll be rainy this afternoon.
Bob: Oh, really? I'll have to go home by train and bus. What should I do with my bike?
Jane: After the concert, I will keep it at my house. We can walk to my house.
Bob: Thank you.
Jane: You're welcome. And you can use my umbrella when you go back home from my house.

Question: How did Bob get to the concert from home today?

〔英文の訳〕

［問題A］

＜対話文1＞

メグ　：こんにちは，タロウ。この前の日曜日は何をしましたか。
タロウ：こんにちは，メグ。誕生会をするために祖母の家に行きました。
メグ　：それはいいですね。
タロウ：午前中，家で彼女への誕生日カードを書きました。そして彼女を訪れそのカードを彼女に渡しました。彼女は嬉しそうでした。その後私に紅茶をいれてくれました。
メグ　：いいですね。
タロウ：夜に姉[妹]たちと母，父が彼女にケーキを持ってきました。
メグ　：パーティーは楽しかったですか。
タロウ：はい，とても。
質問：タロウはなぜ彼の祖母の家に行きましたか。
答え：ア　誕生会をするため。

＜対話文2＞

サトミ：こんにちは，ジョン。あなたを探していたんです。どこにいたんですか。
ジョン：ごめんなさい，サトミ。とても忙しかったんです。
サトミ：午前中と昼食の時間にあなたの教室に行きました。そのときは何をしていたんですか。
ジョン：午前中の早い時間に学校の庭の花に水をあげました。そのあと教室で宿題をしました。
サトミ：ああ，そうだったんですね。昼食の時間はどうでしたか。1時にあなたの教室へ行きました。
ジョン：昼食を食べたあと図書館へ行きました。それが大体12時50分でした。そこで20分歴史の本をいくつか読んで1時15分に教室に戻りました。
質問：ジョンは1時に何をしていましたか。
答え：エ　彼は歴史の本をいくつか読んでいました。

<対話文3>

ジェイン：こんにちは，ボブ。今日はコンサートに来られてうれしいです。
ボブ　　：こんにちは，ジェイン。はい，僕もです。
ジェイン：今日はどうやってここに来ましたか。
ボブ　　：なんでですか？　家から自転車で来ました。
ジェイン：今朝天気予報を見ました。今日の午後は雨だと思います。
ボブ　　：え，本当ですか？　電車とバスで家に帰らなければならないでしょうね。自転車をどうしたらいいでしょうか。
ジェイン：コンサートのあとに私の家に置いておきますよ。私たちは家まで歩けます。
ボブ　　：ありがとうございます。
ジェイン：どういたしまして。そして私の家から帰るときには私のカサを使っていいですよ。
質問：今日ボブはどのようにして家からコンサートまで来ましたか。
答え：ウ　彼は自転車でそこに来ました。

〔放送台本〕

〔問題B〕

これから聞く英語は，外国人のEmily先生が，離任式で中学生に向けて行ったスピーチです。内容に注意して聞きなさい。あとから，英語による質問が二つ出題されます。<Question1>では，質問に対する答えを選んで，その記号を答えなさい。<Question2>では，質問に対する答えを英語で書きなさい。なお，<Question2>のあとに，15秒程度，答えを書く時間があります。では，始めます。

Hello, everyone. This will be my last day of work at this school. First, I want to say thank you very much for studying English with me. You often came to me and taught me Japanese just after I came here. Your smiles always made me happy. I hope you keep smiling when you study English.

I had many good experiences here. I ran with you in sports festivals, and I sang songs with your teachers in school festivals. I was especially moved when I listened to your songs.

After I go back to my country, I'll keep studying Japanese hard. I want you to visit other countries in the future. I think English will help you have good experiences there. Goodbye, everyone.

<Question1> What made Emily happy?
<Question2> What does Emily want the students to do in the future?

〔英文の訳〕

〔問題B〕

みなさん，こんにちは。今日が私のこの学校で働く最後の日です。まず，私と英語を勉強してくれて本当にありがとうと言いたいです。みなさんは私がここに来てすぐあと，よく私のところに来て日本語を教えてくれました。あなた方の笑顔はいつも私を幸せにしてくれました。みなさんが英語を勉強するときに笑顔でいられることを願っています。

私はここでたくさんのいい経験をしました。体育祭でみなさんと一緒に走り，学園祭では先生方と一緒に歌を歌いました。私はみなさんの歌を聞いたときに特に感動しました。

国に戻ったら日本語を一生懸命勉強し続けるつもりです。将来みなさんには他の国々を訪れて欲しいです。英語がそこでいい経験をするのを手助けしてくれると思います。みなさん，さようなら。

質問1：何がエミリーを幸せにしましたか。

答え　：イ　生徒たちの笑顔。

質問2：エミリーは生徒たちに将来何をしてもらいたいですか。

答え　：(例)他の国々を訪れること。

MEMO

大切なことはメモしておこうネ！

東京都公立高等学校

2022年度

★★★★★★★★★★★★★★★★★★★★★★★★

共通問題（理科・社会）

●くわしい解説……31ページ

＜理科＞

時間　50分　　満点　100点

1　次の各問に答えよ。

〔問1〕 図1は，質量を測定した木片に火をつけ，酸素で満たした集気びんPに入れ，ふたをして燃焼させた後の様子を示したものである。図2は，質量を測定したスチールウールに火をつけ，酸素で満たした集気びんQに入れ，ふたをして燃焼させた後の様子を示したものである。

燃焼させた後の木片と，燃焼させた後のスチールウールを取り出し質量を測定するとともに，それぞれの集気びんに石灰水を入れ，ふたをして振った。

燃焼させた後に質量が大きくなった物体と，石灰水が白くにごった集気びんとを組み合わせたものとして適切なのは，下の表のア～エのうちではどれか。

図1

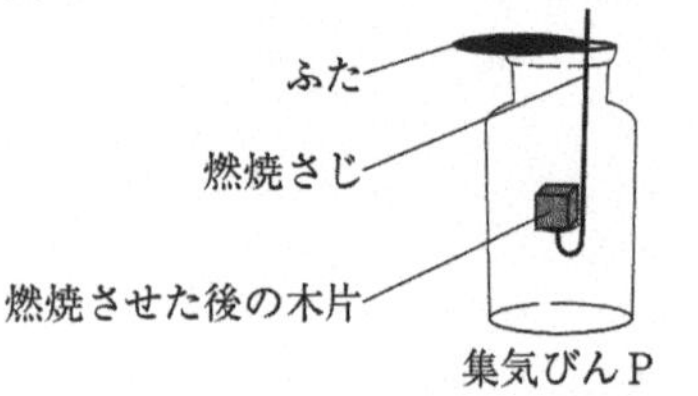

図2

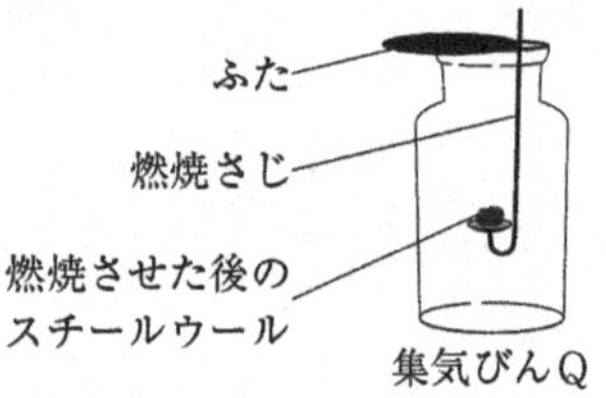

	燃焼させた後に質量が大きくなった物体	石灰水が白くにごった集気びん
ア	木片	集気びんP
イ	スチールウール	集気びんP
ウ	木片	集気びんQ
エ	スチールウール	集気びんQ

〔問2〕 図3は，ヒトの心臓を正面から見て，心臓から送り出された血液が流れる血管と心臓に戻ってくる血液が流れる血管を模式的に表したものである。また，図中の矢印（➡）は全身から右心房に戻る血液の流れを示している。

血管A～血管Dのうち，動脈と，動脈血が流れる血管とを組み合わせたものとして適切なのは，次の表のア～エのうちではどれか。

図3

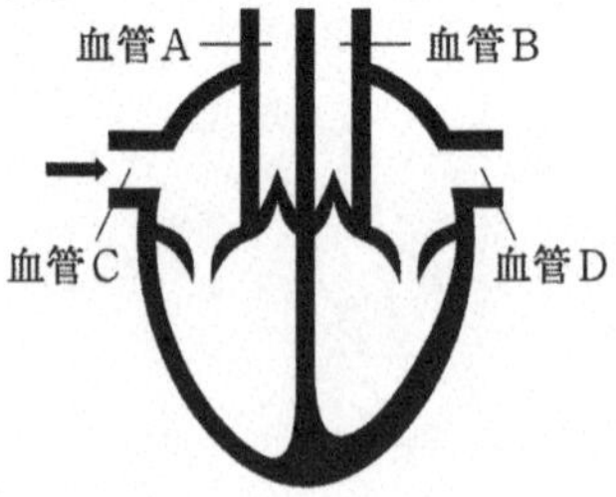

	動脈	動脈血が流れる血管
ア	血管Aと血管B	血管Bと血管D
イ	血管Aと血管B	血管Aと血管C
ウ	血管Cと血管D	血管Bと血管D
エ	血管Cと血管D	血管Aと血管C

〔問3〕 図4は，平らな底に「A」の文字が書かれた容器に水を入れた状態を模式的に表したものである。水中から空気中へ進む光の屈折に関する説明と，観察者と容器の位置を変えずに内側の「A」の文字の形が全て見えるようにするときに行う操作とを組み合わせたものとして適切なのは，下の表のア～エのうちではどれか。

図4

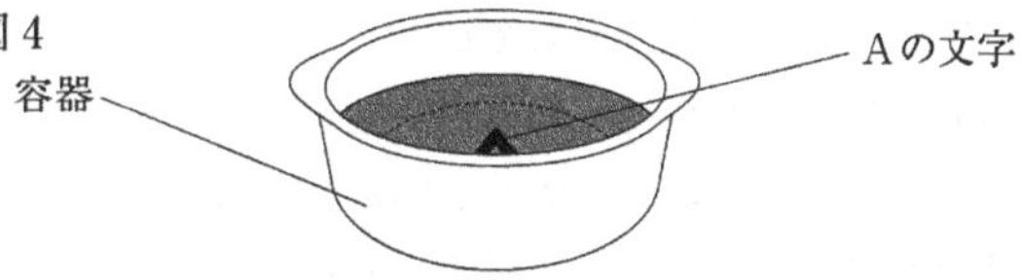

	水中から空気中へ進む光の屈折に関する説明	「A」の文字の形が全て見えるようにするときに行う操作
ア	屈折角より入射角の方が大きい。	容器の中の水の量を減らす。
イ	屈折角より入射角の方が大きい。	容器の中の水の量を増やす。
ウ	入射角より屈折角の方が大きい。	容器の中の水の量を減らす。
エ	入射角より屈折角の方が大きい。	容器の中の水の量を増やす。

〔問4〕 前線が形成されるときの暖気と寒気の動きを矢印（⇨）で模式的に表したものがA，Bである。温暖前線付近の暖気と寒気の動きを次のA，Bから一つ，できた直後の温暖前線付近の暖気と寒気を比較したときに，密度が小さいものを下のC，Dから一つ，それぞれ選び，組み合わせたものとして適切なのは，下の**ア**～**エ**のうちではどれか。

暖気と寒気の動き

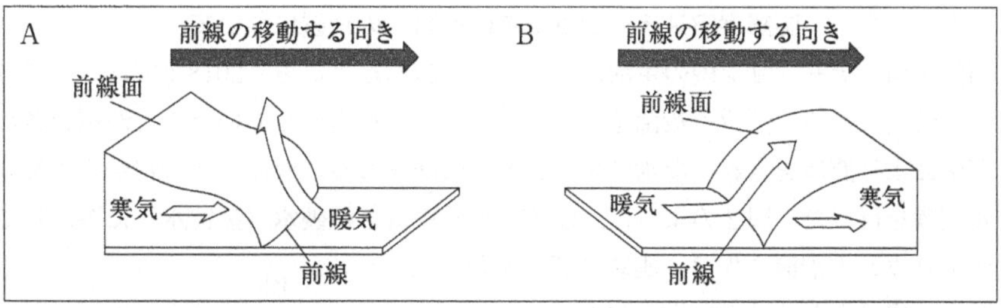

密度が小さいもの

C　暖気	D　寒気

ア　A，C　　**イ**　A，D　　**ウ**　B，C　　**エ**　B，D

〔問5〕 図5は，12Vの電源装置と1.2Ωの抵抗器A，2Ωの抵抗器B，3Ωの抵抗器Cをつないだ回路図である。この回路に電圧を加えたときの，回路上の点p，点q，点rを流れる電流の大きさを，それぞれP〔A〕，Q〔A〕，R〔A〕とした。このときP，Q，Rの関係を表したものとして適切なのは，次のうちではどれか。

図5

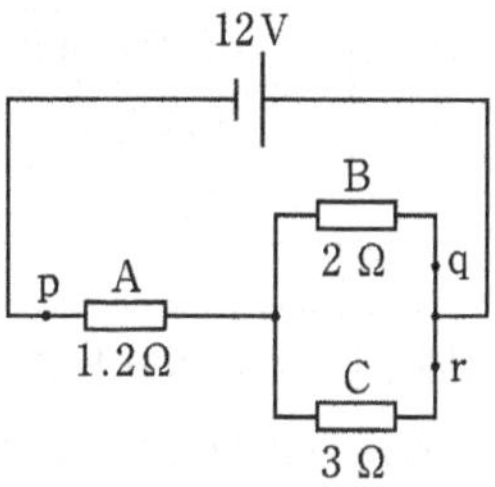

ア　P＜Q＜R　　**イ**　P＜R＜Q

ウ　Q＜R＜P　　**エ**　R＜Q＜P

2　生徒が，国際宇宙ステーションに興味をもち，科学的に探究しようと考え，自由研究に取り組んだ。生徒が書いたレポートの一部を読み，次の各問に答えよ。

＜レポート１＞　日食について

金環日食が観察された日の地球にできた月の影を，国際宇宙ステーションから撮影した画像が紹介されていた。

日食が生じるときの北極星側から見た太陽，月，地球の位置関係を模式的に示すと，図１のようになっていた。さらに，日本にある観測地点Aは，地球と月と太陽を一直線に結んだ線上に位置していた。

図１

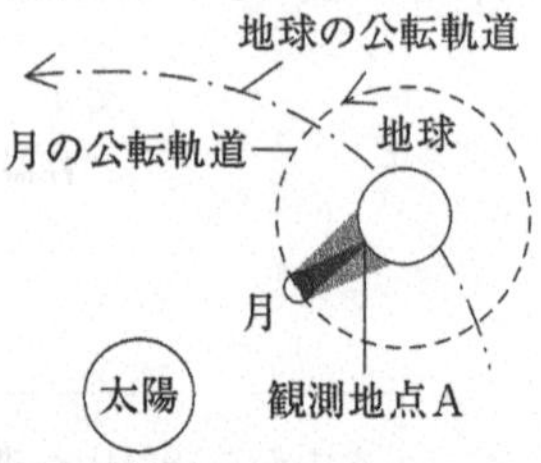

〔問１〕　**＜レポート１＞**から，図１の位置関係において，観測地点Aで月を観測したときに月が真南の空に位置する時刻と，この日から１週間後に観察できる月の見え方に最も近いものとを組み合わせたものとして適切なのは，次の表の**ア**～**エ**のうちではどれか。

	真南の空に位置する時刻	１週間後に観察できる月の見え方
ア	12時	上弦の月
イ	18時	上弦の月
ウ	12時	下弦の月
エ	18時	下弦の月

＜レポート２＞　国際宇宙ステーションでの飲料水の精製について

国際宇宙ステーション内の生活環境に関して調べたところ，2018年では，生活排水をタンクに一時的にため，蒸留や殺菌を行うことできれいな水にしていたことが紹介されていた。

蒸留により液体をきれいな水にすることに興味をもち，液体の混合物から水を分離するモデル実験を行った。図２のように，塩化ナトリウムを精製水（蒸留水）に溶かして５％の塩化ナトリウム水溶液を作り，実験装置で蒸留した。蒸留して出てきた液体が試験管に約１cmたまったところで蒸留を止めた。枝付きフラスコに残った水溶液Aと蒸留して出てきた液体Bをそれぞれ少量とり，蒸発させて観察し，結果を表１にまとめた。

表１

蒸発させた液体	観察した結果
水溶液A	結晶が見られた。
液体B	結晶が見られなかった。

図２

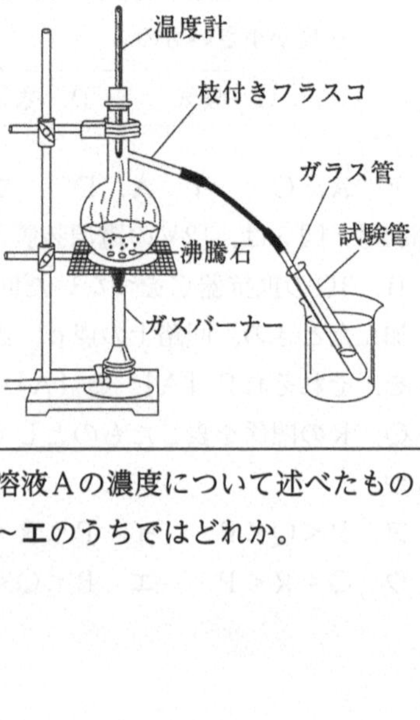

〔問２〕　**＜レポート２＞**から，結晶になった物質の分類と，水溶液Aの濃度について述べたものとを組み合わせたものとして適切なのは，次のページの表の**ア**～**エ**のうちではどれか。

	結晶になった物質の分類	水溶液Aの濃度
ア	混合物	5％より高い。
イ	化合物	5％より高い。
ウ	混合物	5％より低い。
エ	化合物	5％より低い。

<レポート3>　国際宇宙ステーションでの植物の栽培について

国際宇宙ステーションでは，宇宙でも効率よく成長する植物を探すため，図3のような装置の中で植物を発芽させ，実験を行っていることが紹介されていた。植物が光に向かって成長することから，装置の上側に光源を設置してあることが分かった。

植物の成長に興味をもち，植物を真上から観察すると，上下にある葉が互いに重ならないようにつき，成長していくことが分かった。

図3

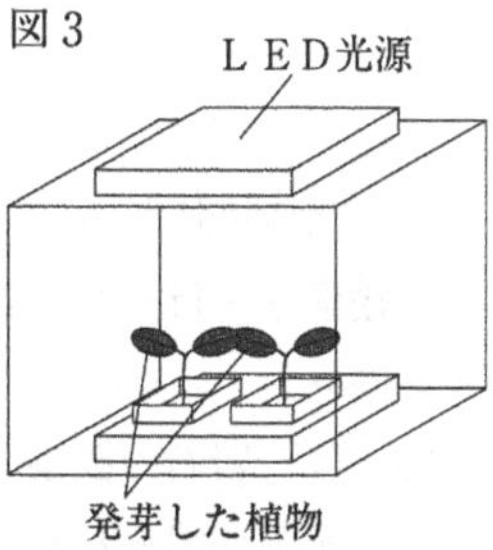

〔問3〕　**<レポート3>**から，上下にある葉が互いに重ならないようにつく利点と，葉で光合成でつくられた養分（栄養分）が通る管の名称とを組み合わせたものとして適切なのは，次の表の**ア**～**エ**のうちではどれか。

	上下にある葉が互いに重ならないようにつく利点	光合成でつくられた養分（栄養分）が通る管の名称
ア	光が当たる面積が小さくなる。	道管
イ	光が当たる面積が小さくなる。	師管
ウ	光が当たる面積が大きくなる。	道管
エ	光が当たる面積が大きくなる。	師管

<レポート4>　月面での質量と重さの関係について

国際宇宙ステーション内では，見かけ上，物体に重力が働かない状態になるため，てんびんや地球上で使っている体重計では質量を測定できない。そのため，宇宙飛行士は質量を測る際に特別な装置で行っていることが紹介されていた。

地球上でなくても質量が測定できることに興味をもち調べたところ，重力が変化しても物体そのものの量は，地球上と変わらないということが分かった。

また，重力の大きさは場所によって変わり，月面では同じ質量の物体に働く重力の大きさが地球上と比べて約6分の1であることも分かった。

図4のような測定を月面で行った場合，質量300gの物体Aを上皿てんびんに載せたときにつり合う分銅の種類と，物体Aをはかりに載せたときの目盛りの値について考えた。

図4

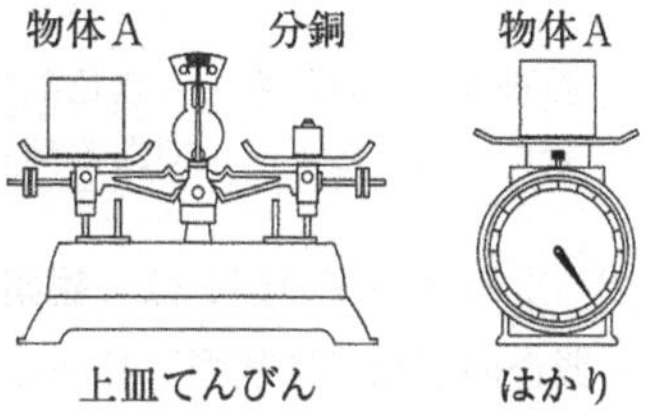

〔問4〕 ＜レポート4＞から，図4のような測定を月面で行った場合，質量300gの物体Aを上皿てんびんに載せたときにつり合う分銅の種類と，物体Aをはかりに載せたときの目盛りの値とを組み合わせたものとして適切なのは，次の表のア～エのうちではどれか。

	上皿てんびんに載せたときにつり合う分銅の種類	はかりに載せたときの目盛りの値
ア	50gの分銅	約50g
イ	50gの分銅	約300g
ウ	300gの分銅	約50g
エ	300gの分銅	約300g

3 岩石や地層について，次の各問に答えよ。

＜観察＞を行ったところ，＜結果＞のようになった。

＜観察＞

図1は，岩石の観察を行った地域Aと，ボーリング調査の記録が得られた地域Bとを示した地図である。

(1) 地域Aでは，特徴的な岩石Pと岩石Qを採取後，ルーペで観察し，スケッチを行い特徴を記録した。

(2) 岩石Pと岩石Qの，それぞれの岩石の中に含まれているものを教科書や岩石に関する資料を用いて調べた。

(3) 地域BにあるX点とY点でのボーリング調査の記録と，この地域で起きた過去の堆積の様子についてインターネットで調べた。

なお，X点の標高は40.3m，Y点の標高は36.8mである。

図1

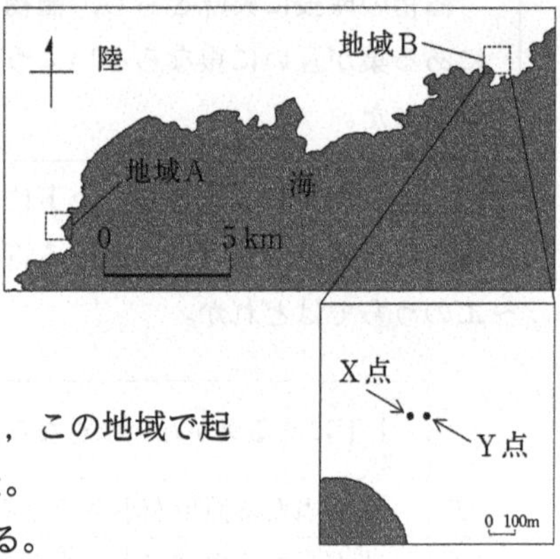

＜結果＞

(1) ＜観察＞の(1)と(2)を，表1のように，岩石Pと岩石Qについてまとめた。

表1

	岩石P	岩石Q
スケッチ		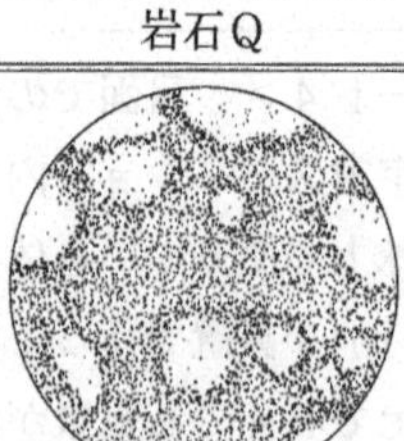
特徴	全体的に黒っぽい色で，小さな鉱物の間に，やや大きな鉱物が散らばっていた。	全体的に灰色で，白く丸いものが多数散らばっていた。
教科書や資料から分かったこと	無色鉱物である長石や，有色鉱物である輝石《きせき》が含まれていた。	丸いものはフズリナの化石であった。

(2) 次のページの図2は＜観察＞の(3)で調べた地域BにあるX点とY点のそれぞれのボーリング調査の記録（柱状図）である。凝灰岩《ぎょうかいがん》の層は同じ時期に堆積している。また，地域Bの地層で

は上下の入れ替わりは起きていないことが分かった。

図2

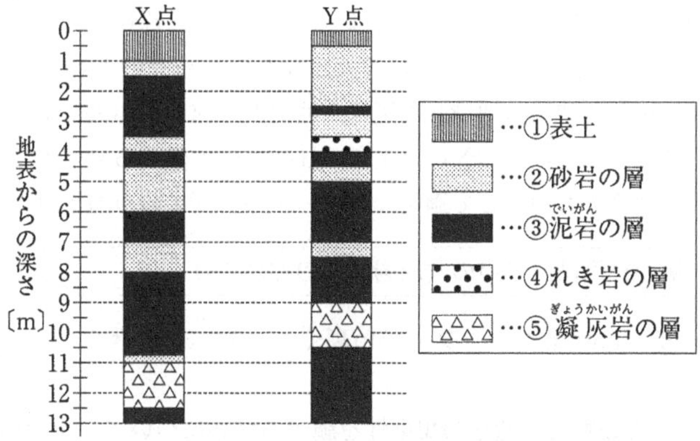

〔問1〕 **＜結果＞**の(1)の岩石Pと**＜結果＞**の(2)の④の層に含まれるれき岩の，それぞれのでき方と，れき岩を構成する粒の特徴とを組み合わせたものとして適切なのは，次の表の**ア**～**エ**のうちではどれか。

	岩石Pとれき岩のそれぞれのでき方	れき岩を構成する粒の特徴
ア	岩石Pは土砂が押し固められてできたもので，れき岩はマグマが冷えてできたものである。	角が取れて丸みを帯びた粒が多い。
イ	岩石Pは土砂が押し固められてできたもので，れき岩はマグマが冷えてできたものである。	角ばった粒が多い。
ウ	岩石Pはマグマが冷えてできたもので，れき岩は土砂が押し固められてできたものである。	角が取れて丸みを帯びた粒が多い。
エ	岩石Pはマグマが冷えてできたもので，れき岩は土砂が押し固められてできたものである。	角ばった粒が多い。

〔問2〕 **＜結果＞**の(1)で，岩石Qが堆積した地質年代に起きた出来事と，岩石Qが堆積した地質年代と同じ地質年代に生息していた生物とを組み合わせたものとして適切なのは，次の表の**ア**～**エ**のうちではどれか。

	岩石Qが堆積した地質年代に起きた出来事	同じ地質年代に生息していた生物
ア	魚類と両生類が出現した。	アンモナイト
イ	魚類と両生類が出現した。	三葉虫（サンヨウチュウ）
ウ	鳥類が出現した。	アンモナイト
エ	鳥類が出現した。	三葉虫（サンヨウチュウ）

〔問3〕 **＜結果＞**の(2)にある泥岩《でいがん》の層が堆積した時代の地域B周辺の環境について述べたものとして適切なのは，次の**ア**～**エ**のうちではどれか。

ア　流水で運搬され海に流れた土砂は，粒の小さなものから陸の近くに堆積する。このことから，泥岩の層が堆積した時代の地域B周辺は，河口から近い浅い海であったと考えられる。

イ　流水で運搬され海に流れた土砂は，粒の大きなものから陸の近くに堆積する。このことから，泥岩の層が堆積した時代の地域Ｂ周辺は，河口から近い浅い海であったと考えられる。

ウ　流水で運搬され海に流れた土砂は，粒の小さなものから陸の近くに堆積する。このことから，泥岩の層が堆積した時代の地域Ｂ周辺は，河口から遠い深い海であったと考えられる。

エ　流水で運搬され海に流れた土砂は，粒の大きなものから陸の近くに堆積する。このことから，泥岩の層が堆積した時代の地域Ｂ周辺は，河口から遠い深い海であったと考えられる。

〔問４〕　<結果>の(2)から，地域ＢのＸ点とＹ点の柱状図の比較から分かることについて述べた次の文の［　　］に当てはまるものとして適切なのは，下のア～エのうちではどれか。

Ｘ点の凝灰岩の層の標高は，Ｙ点の凝灰岩の層の標高より［　　　］なっている。

ア　1.5m高く　　イ　1.5m低く　　ウ　3.5m高く　　エ　3.5m低く

4　植物の花のつくりの観察と，遺伝の規則性を調べる実験について，次の各問に答えよ。

<観察>を行ったところ，<結果１>のようになった。

<観察>

(1)　メンデルの実験で用いられた品種と同じエンドウを校庭で育てた。

(2)　(1)から花を１個採取後，分解しセロハンテープに並べて貼り付けた。

(3)　(1)からさらに花をもう１個採取後，花の内側にある花弁が２枚合わさるように重なっている部分（図１の点線）をカッターナイフで切り，断面を観察して，スケッチした。

図１

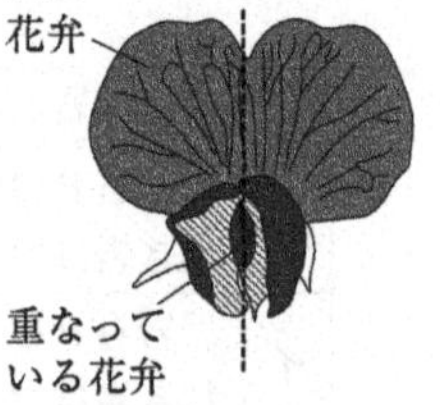

<結果１>

(1)　<観察>の(2)から，図２のようにエンドウの花弁は５枚あり，その１枚１枚が離れていた。

(2)　<観察>の(3)から，図３のように，おしべとめしべは内側の２枚の花弁で包まれていた。また，子房の中には，胚珠《はいしゅ》が見られた。

図２

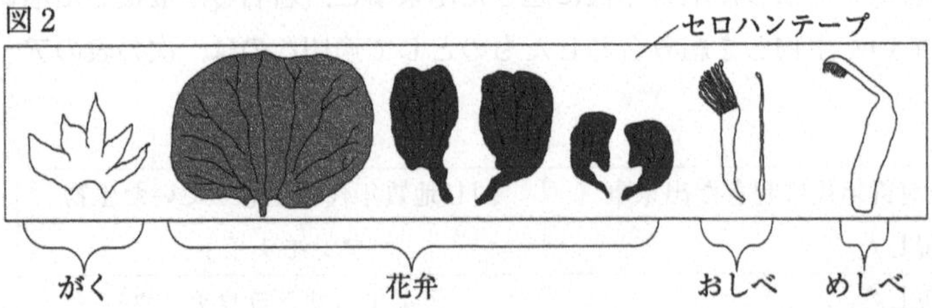

図３

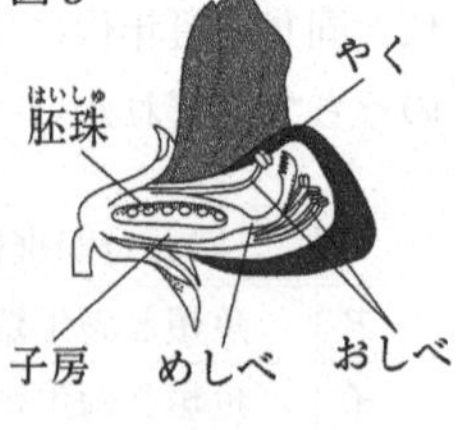

次に，<実験>を行ったところ，<結果２>のようになった。

<実験>

(1)　校庭で育てたエンドウには，草たけ（茎の長さ）の高い個体と低い個体がそれぞれあった。

(2)　草たけが高い個体を１本選び，エンドウが自家受粉し，受精後にできた種子を採取した。

(3)　草たけが低い個体を１本選び，エンドウが自家受粉し，受精後にできた種子を採取した。

(4)　(2)で採取した種子をまいて育て，成長したエンドウの草たけを調べた。

(5)　(3)で採取した種子をまいて育て，成長したエンドウの草たけを調べた。

(6) (4)で調べたエンドウの花で，花粉がつくられる前に，やくを全て取り除いた。

(7) (6)のエンドウの花の柱頭に，(5)で調べたエンドウの花のやくから採取した花粉を付け，受精した後にできた種子を採取した。

(8) (7)で採取した種子をまいて育て，成長したエンドウの草たけを調べた。

＜結果２＞

(1) **＜実験＞**の(4)から，全て草たけの高い個体（図４のP）であった。

(2) **＜実験＞**の(5)から，全て草たけの低い個体（図４のQ）であった。

(3) **＜実験＞**の(8)から，全て草たけの高い個体（図４のR）であった。

図４　**＜実験＞**の模式図

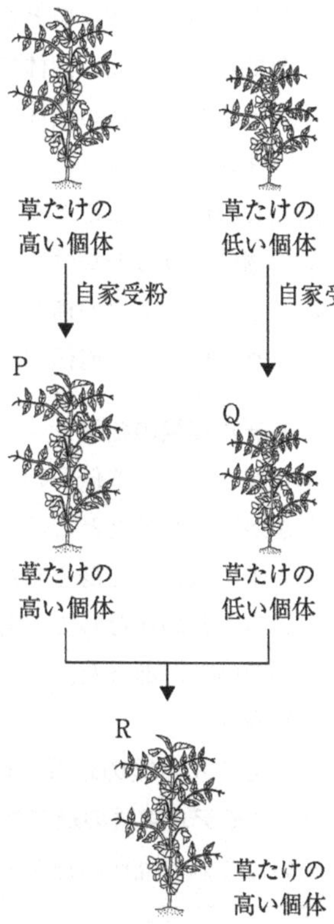

〔問１〕 **＜結果１＞**の(1)の花のつくりをもつ植物の子葉の枚数と，**＜結果１＞**の(2)のように胚珠が子房の中にある植物のなかまの名称とを組み合わせたものとして適切なのは，次の表の**ア**～**エ**のうちではどれか。

	子葉の枚数	胚珠が子房の中にある植物のなかまの名称
ア	１枚	被子植物
イ	１枚	裸子植物
ウ	２枚	被子植物
エ	２枚	裸子植物

〔問２〕 **＜実験＞**の(7)では，花粉から花粉管が伸長し，その中を移動する生殖細胞１個の染色体数は７本である。花粉管の中を移動する生殖細胞のうち１個と合体する細胞と，受精卵１個に含まれる染色体数とを組み合わせたものとして適切なのは，次の表の**ア**～**エ**のうちではどれか。

	花粉管の中を移動する生殖細胞のうち１個と合体する細胞	受精卵１個に含まれる染色体数
ア	卵	７本
イ	卵	14本
ウ	卵細胞	７本
エ	卵細胞	14本

〔問３〕 **＜結果２＞**の(3)の個体で，花粉がつくられる前にやくを全て取り除き，柱頭に**＜結果２＞**の(2)の個体のやくから採取した花粉を付け受精させ，種子を採取した。その種子をまいて育て，成長したエンドウの草たけを調べたときの結果として適切なのは，あとのうちではどれか。

ア　草たけの高い個体数と草たけの低い個体数のおよその比は1：1であった。

イ　草たけの高い個体数と草たけの低い個体数のおよその比は1：3であった。

ウ　全て草たけの高い個体であった。

エ　全て草たけの低い個体であった。

〔問4〕　メンデルが行ったエンドウの種子の形の遺伝に関する実験では，顕性形質の丸形と，潜性形質のしわ形があることが分かった。遺伝子の組み合わせが分からない丸形の種子を2個まき，育てた個体どうしをかけ合わせる**＜モデル実験の結果＞**から，**＜考察＞**をまとめた。

ただし，エンドウの種子が丸形になる遺伝子をA，しわ形になる遺伝子をaとし，子や孫の代で得られた種子は，遺伝の規則性のとおりに現れるものとする。

＜モデル実験の結果＞

(1)　親の代で，遺伝子の組み合わせが分からない丸形の種子を2個まき，育てた個体どうしをかけ合わせたところ，子の代では丸形の種子だけが得られた。

(2)　子の代として得られた丸形の種子を全てまき，育てた個体をそれぞれ自家受粉させたところ，孫の代として，丸形の種子だけが得られた個体と丸形・しわ形の種子が得られた個体の両方があった。

＜考察＞

＜モデル実験の結果＞の(1)で，子の代として得られた丸形の種子の遺伝子の組み合わせは，**＜モデル実験の結果＞**の(2)から，2種類あることが分かる。このことから，親の代としてまいた2個の丸形の種子の遺伝子の組み合わせを示すと □ であることが分かる。

＜考察＞の □ に当てはまるものとして適切なのは，下の**ア**～**ウ**のうちではどれか。

ア　AAとAA　　**イ**　AaとAa　　**ウ**　AAとAa

5　イオンの性質を調べる実験について，次の各問に答えよ。

＜実験1＞を行ったところ，**＜結果1＞**のようになった。

＜実験1＞

(1)　図1のように，ビーカー①に硫酸亜鉛水溶液を入れ，亜鉛板Pを設置した。次に，ビーカー①に硫酸銅水溶液を入れたセロハンの袋を入れ，セロハンの袋の中に銅板Qを設置した。プロペラ付きモーターに亜鉛板Pと銅板Qを導線でつないだ後に金属板の表面の様子を観察した。

(2)　図2のように，簡易型電気分解装置に薄い水酸化ナトリウム水溶液を入れ，電極Rと電極Sを導線で電源装置につなぎ，電圧を加えて電流を流した後に電極の様子を観察した。

図1

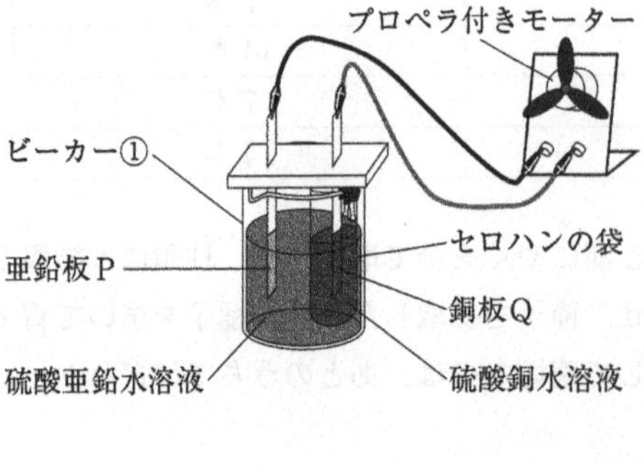

図2

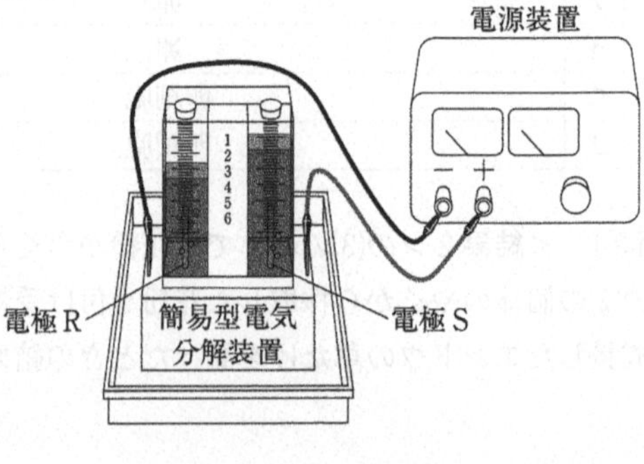

＜結果１＞

⑴　＜実験１＞の⑴でプロペラは回転した。亜鉛板Ｐは溶け，銅板Ｑには赤茶色の物質が付着した。

⑵　＜実験１＞の⑵で電極Ｒと電極Ｓからそれぞれ気体が発生した。

〔問１〕　＜結果１＞の⑴から，水溶液中の亜鉛板Ｐと銅板Ｑの表面で起こる化学変化について，亜鉛原子１個を●，亜鉛イオン１個を●$^{2+}$，銅原子１個を●，銅イオン１個を●$^{2+}$，電子１個を•というモデルで表したとき，亜鉛板Ｐの様子をＡ，Ｂから一つ，銅板Ｑの様子をＣ，Ｄから一つ，それぞれ選び，組み合わせたものとして適切なのは，下の**ア**～**エ**のうちではどれか。

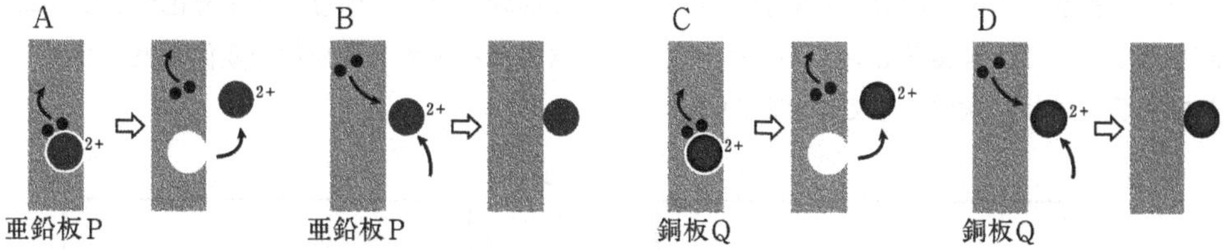

ア　Ａ，Ｃ　　**イ**　Ａ，Ｄ　　**ウ**　Ｂ，Ｃ　　**エ**　Ｂ，Ｄ

〔問２〕　＜結果１＞の⑴と⑵から，ビーカー①内の硫酸亜鉛水溶液と硫酸銅水溶液を合わせた水溶液中に含まれるZn^{2+}の数とCu^{2+}の数のそれぞれの増減と，電極Ｒと電極Ｓでそれぞれ発生する気体の性質とを組み合わせたものとして適切なのは，次の表の**ア**～**カ**のうちではどれか。

	合わせた水溶液に含まれるZn^{2+}の数	合わせた水溶液に含まれるCu^{2+}の数	電極Ｒで発生する気体の性質	電極Ｓで発生する気体の性質
ア	増える。	減る。	空気より軽い。	水に溶けにくい。
イ	増える。	増える。	空気より軽い。	水に溶けやすい。
ウ	増える。	減る。	空気より重い。	水に溶けにくい。
エ	減る。	増える。	空気より軽い。	水に溶けやすい。
オ	減る。	減る。	空気より重い。	水に溶けやすい。
カ	減る。	増える。	空気より重い。	水に溶けにくい。

次に，＜実験２＞を行ったところ，＜結果２＞のようになった。

＜実験２＞

⑴　ビーカー②に薄い塩酸を12㎤入れ，BTB溶液を５滴加えてよく混ぜた。図３は，水溶液中の陽イオンを○，陰イオンを⊗というモデルで表したものである。

⑵　水酸化ナトリウム水溶液を10㎤用意した。

⑶　⑵の水酸化ナトリウム水溶液をビーカー②に少しずつ加え，ガラス棒でかき混ぜ水溶液の様子を観察した。

⑷　⑶の操作を繰り返し，水酸化ナトリウム水溶液を合計６㎤加えると，水溶液は緑色になった。

図３

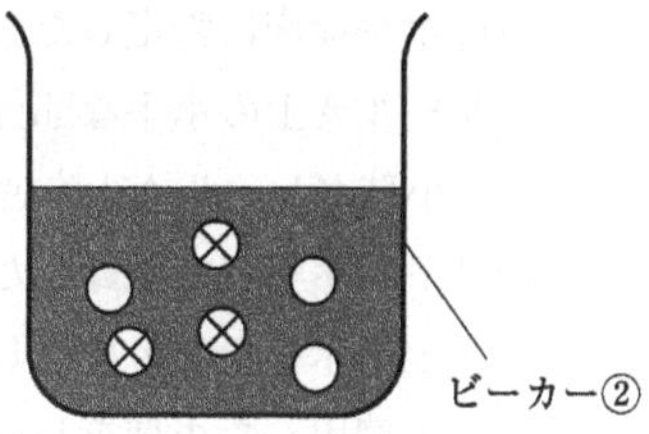

⑸　緑色になった水溶液をスライドガラスに１滴取り，水を蒸発させた後，観察した。

＜結果２＞

スライドガラスには，塩化ナトリウムの結晶が見られた。

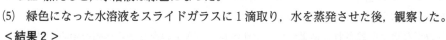

〔問３〕　<実験２>の(4)のビーカー②の水溶液中で起きた化学変化を下の点線で囲まれた<化学反応式>で表すとき，下線部にそれぞれ当てはまる化学式を一つずつ書け。

ただし，<化学反応式>において酸の性質をもつ物質の化学式は（酸）の上の____に，アルカリの性質をもつ物質の化学式は（アルカリ）の上の____に，塩は（塩）の上の____に書くこと。

<化学反応式>　______（酸）　＋　______（アルカリ）　→　______（塩）　＋　______

〔問４〕　<実験２>の(5)の後，<実験２>の(3)の操作を繰り返し，用意した水酸化ナトリウム水溶液を全て加えた。<実験２>の(1)のビーカー②に含まれるイオンの総数の変化を表したグラフとして適切なのは，次のうちではどれか。

ア

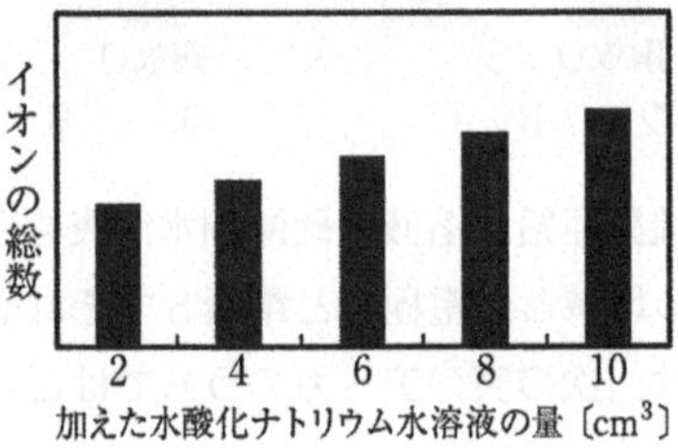

イ

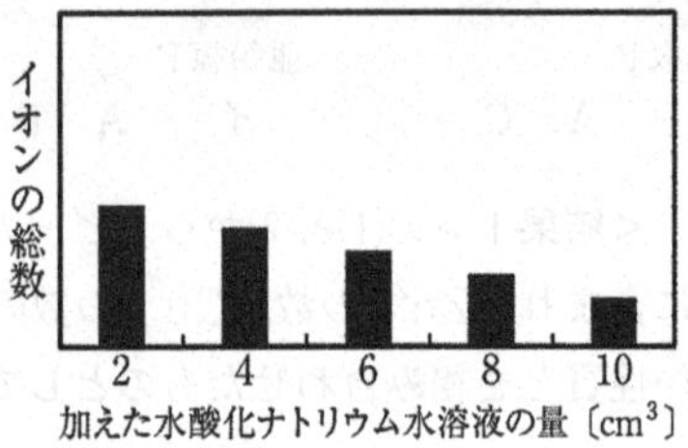

ウ

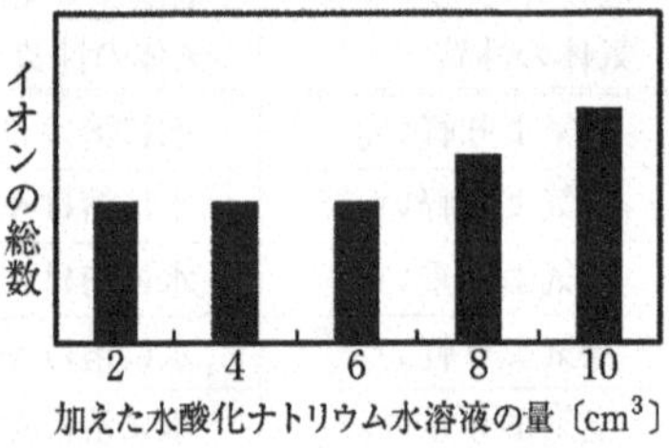

エ

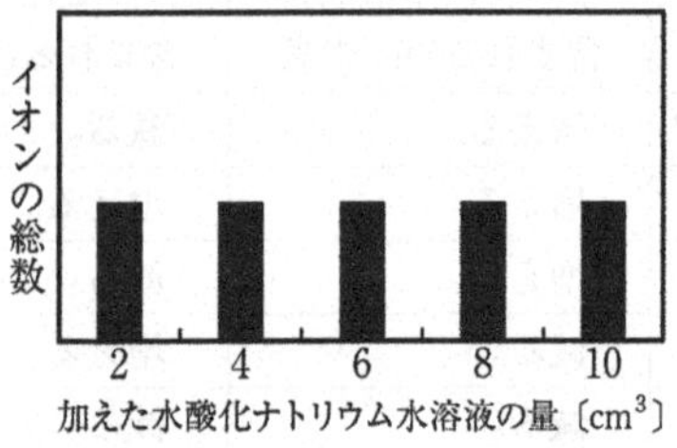

6　物体の運動に関する実験について，次の各問に答えよ。

<実験>を行ったところ，<結果>のようになった。

<実験>

(1)　形が異なるレールＡとレールＢを用意し，それぞれに目盛りを付け，次のページの図１のように水平な床に固定した。

(2)　レールＡ上の水平な部分から９cmの高さの点ａに小球を静かに置き，手を放して小球を転がし，小球がレールＡ上を運動する様子を，小球が最初に一瞬静止するまで，発光時間間隔0.1秒のストロボ写真で記録した。レールＡ上の水平な部分からの高さが４cmとなる点を点ｂ，レールＡ上の水平な部分に達した点を点ｃとした。

(3)　(2)で使用した小球をレールＢ上の水平な部分から９cmの高さの点ｄに静かに置き，(2)と同様の実験をレールＢ上で行った。レールＢ上の水平な部分からの高さが5.2cmとなる点を点ｅ，レールＢ上の水平な部分に達した点を点ｆとした。

(4)　ストロボ写真に記録された結果から，小球がレールＡ上の点ａから運動を始め，最初に一瞬静止するまでの0.1秒ごとの位置を模式的に表すと次のページの図２のようになった。さらに

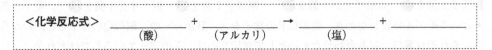

0.1秒ごとに①から⑪まで，順に区間番号を付けた。

(5)　レールBについて，(4)と同様に模式的に表し，0.1秒ごとに①から⑪まで，順に区間番号を付けた。

(6)　レールAとレールBにおいて，①から⑪までの各区間における小球の移動距離を測定した。

図1

レールA

レールB

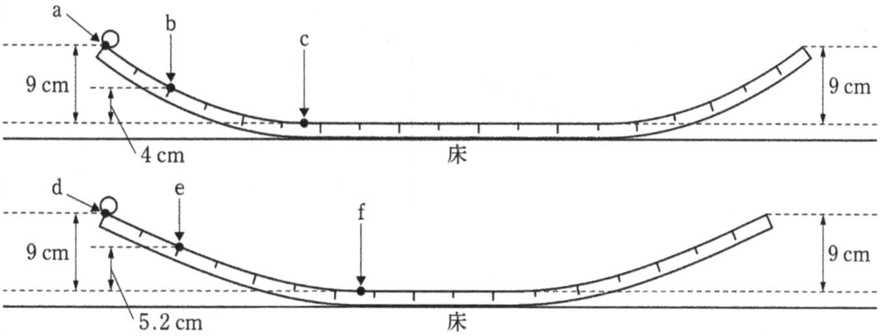

図2

レールA

レールB

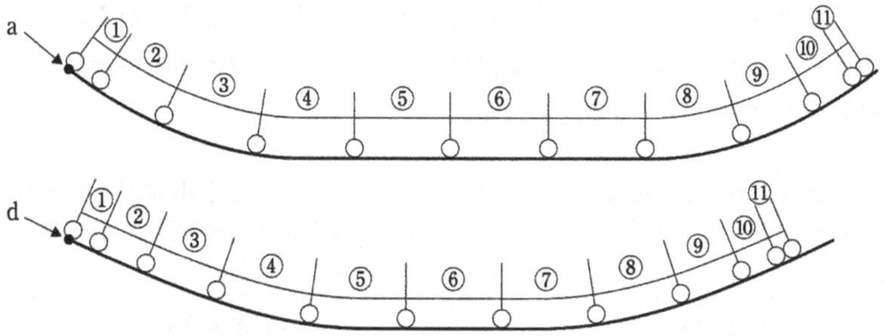

＜結果＞

区間番号	①	②	③	④	⑤	⑥	⑦	⑧	⑨	⑩	⑪
時間〔s〕	0~0.1	0.1~0.2	0.2~0.3	0.3~0.4	0.4~0.5	0.5~0.6	0.6~0.7	0.7~0.8	0.8~0.9	0.9~1.0	1.0~1.1
レールAにおける移動距離〔cm〕	3.6	7.9	10.4	10.9	10.9	10.9	10.8	10.6	9.0	5.6	1.7
レールBにおける移動距離〔cm〕	3.2	5.6	8.0	10.5	10.9	10.9	10.6	9.5	6.7	4.2	1.8

〔問1〕　＜結果＞から，レールA上の⑧から⑩までの小球の平均の速さとして適切なのは，次のうちではどれか。

ア　0.84m/s　　**イ**　0.95m/s　　**ウ**　1.01m/s　　**エ**　1.06m/s

〔問2〕　＜結果＞から，小球がレールB上の①から③まで運動しているとき，小球が運動する向きに働く力の大きさと小球の速さについて述べたものとして適切なのは，次のうちではどれか。

ア　力の大きさがほぼ一定であり，速さもほぼ一定である。

イ　力の大きさがほぼ一定であり，速さはほぼ一定の割合で増加する。

ウ　力の大きさがほぼ一定の割合で増加し，速さはほぼ一定である。

エ　力の大きさがほぼ一定の割合で増加し，速さもほぼ一定の割合で増加する。

〔問3〕　次のページの図3の矢印は，小球がレールB上の⑨から⑪までの斜面上にあるときの小球に働く重力を表したものである。小球が斜面上にあるとき，小球に働く重力の斜面に平行な分力と，斜面に垂直な分力を解答用紙の方眼を入れた図にそれぞれ矢印でかけ。

図３

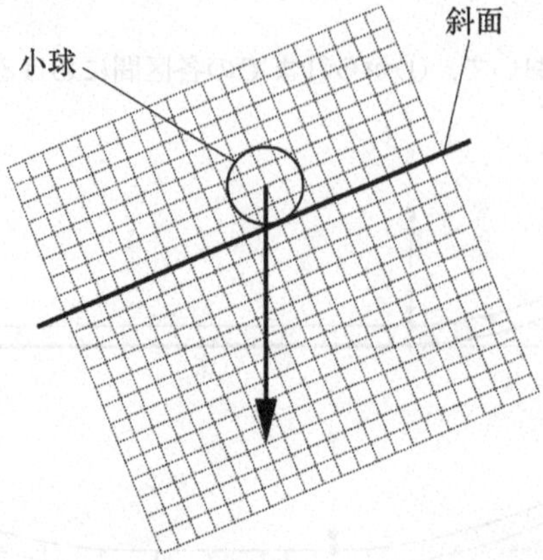

［問４］　＜**実験**＞の(2)，(3)において，点ｂと点ｅを小球がそれぞれ通過するときの小球がもつ運動エネルギーの大きさの関係について述べたものと，点ｃと点ｆを小球がそれぞれ通過するときの小球がもつ運動エネルギーの大きさの関係について述べたものとを組み合わせたものとして適切なのは，次の表の**ア**～**エ**のうちではどれか。

	点ｂと点ｅを小球がそれぞれ通過するときの小球がもつ運動エネルギーの大きさの関係	点ｃと点ｆを小球がそれぞれ通過するときの小球がもつ運動エネルギーの大きさの関係
ア	点ｂの方が大きい。	点ｆの方が大きい。
イ	点ｂの方が大きい。	ほぼ等しい。
ウ	ほぼ等しい。	点ｆの方が大きい。
エ	ほぼ等しい。	ほぼ等しい。

＜社会＞

時間　50分　　満点　100点

1　次の各問に答えよ。

〔問１〕　次の資料は，ある地域の様子を地域調査の発表用としてまとめたものの一部である。次のページのア～エの地形図は，「国土地理院発行２万５千分の１地形図」の一部を拡大して作成した地形図上に●で示したA点から，B点を経て，C点まで移動した経路を太線（━━）で示したものである。資料で示された地域に当てはまるのは，次のページのア～エのうちではどれか。

漁師町の痕跡を巡る　　調査日　令和３年10月２日（土）　天候　晴れ

複数の文献等に共通した地域の特徴

○A点付近の様子

ベカ舟がつながれていた川，漁業を営む家，町役場

○B点付近の様子

にぎやかな商店街，細い路地

〔ベカ舟〕

長さ約4.8m，幅約1.0m，高さ約0.6m

漁師町の痕跡を巡った様子

A点で川に架かる橋から東を見ると，漁業に使うベカ舟がつながれていた川が曲がっている様子が見えた。その橋を渡ると，水準点がある場所に旧町役場の跡の碑があった。南へ約50m歩いて南東に曲がった道路のB点では，明治時代初期の商家の建物や細い路地がいくつか見られた。川に並行した道路を約450m歩き，北東に曲がって川に架かる橋を渡り，少し歩いて北西に曲がって川に並行した道路を約250m直進し，曲がりくねった道を進み，東へ曲がると，学校の前のC点に着いた。

A点（漁業に使うベカ舟がつながれていた川）

B点（明治時代初期の商家の建物が見られる道路）

ア

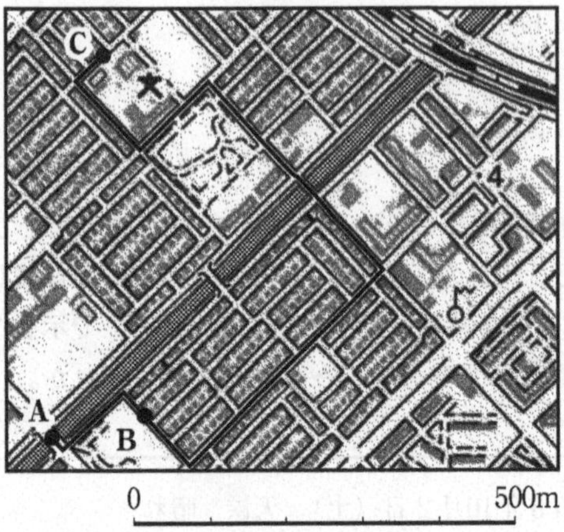

(2019年の「国土地理院発行2万5千分の1地形図(千葉西部)」の一部を拡大して作成)

イ

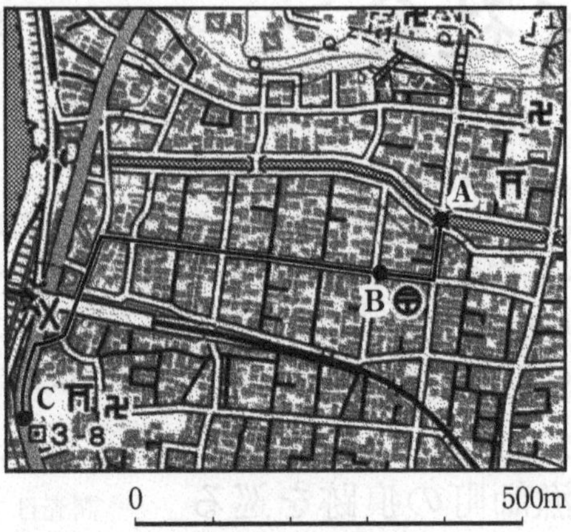

(2019年の「国土地理院発行2万5千分の1地形図(船橋《ふなばし》)」の一部を拡大して作成)

ウ

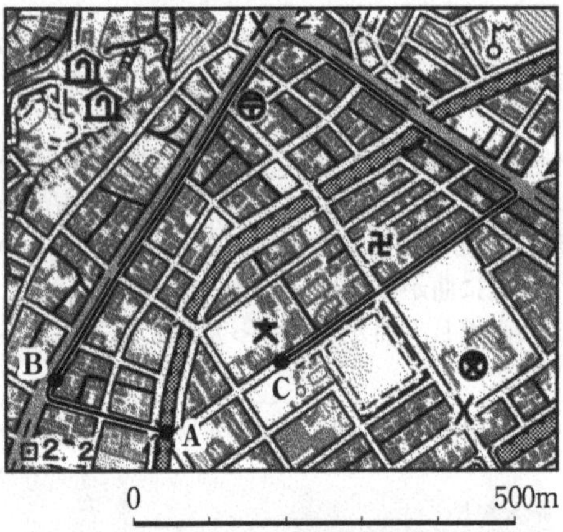

(2020年の「国土地理院発行2万5千分の1地形図(横浜西部)」の一部を拡大して作成)

エ

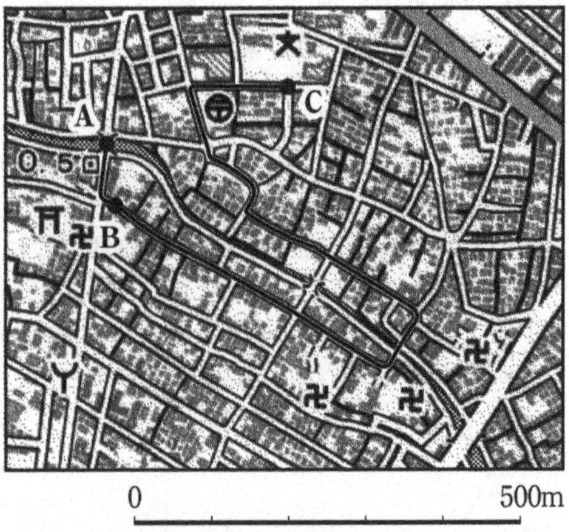

(2015年の「国土地理院発行2万5千分の1地形図(浦安《うらやす》)」の一部を拡大して作成)

〔問2〕　次のページのⅠの略地図中のア～エは，世界遺産に登録されている我が国の主な歴史的文化財の所在地を示したものである。Ⅱの文章で述べている歴史的文化財の所在地に当てはまるのは，略地図中のア～エのうちのどれか。

Ⅰ

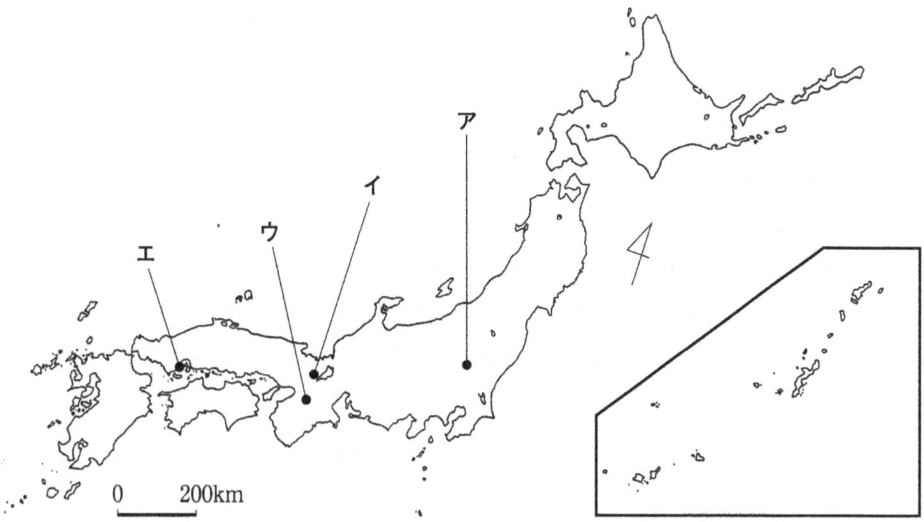

Ⅱ

鑑真《がんじん》によって伝えられた戒律を重んじる律宗《りっしゅう》の中心となる寺院は，中央に朱雀大路《すざくおおじ》が通り，碁盤《ごばん》の目状に整備された都に建立《こんりゅう》された。金堂《こんどう》や講堂などが立ち並び，鑑真和上《がんじんわじょう》坐像《ざぞう》が御影堂《みえいどう》に納められており，1998年に世界遺産に登録された。

〔問３〕　次の文章で述べている司法機関に当てはまるのは，下の**ア**～**エ**のうちのどれか。

都府県に各１か所，北海道に４か所の合計50か所に設置され，開かれる裁判は，原則，第一審となり，民事裁判，行政裁判，刑事裁判を扱う。重大な犯罪に関わる刑事事件の第一審では，国民から選ばれた裁判員による裁判が行われる。

ア　地方裁判所　　**イ**　家庭裁判所　　**ウ**　高等裁判所　　**エ**　簡易裁判所

2　次の略地図を見て，あとの各問に答えよ。

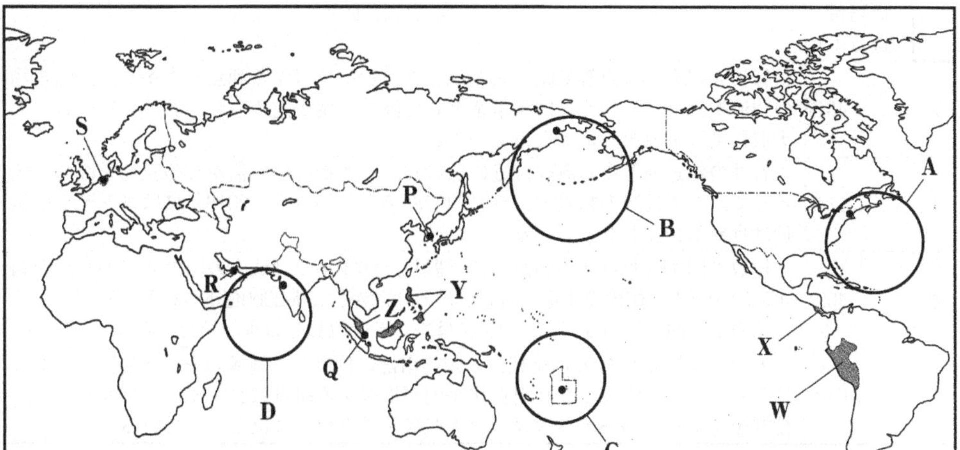

〔問１〕　次のⅠの文章は，略地図中に◯で示したＡ～Ｄの**いずれか**の範囲の海域と都市の様子についてまとめたものである。Ⅱの**ア**～**エ**のグラフは，略地図中のＡ～Ｄの**いずれか**の範囲内に●で示した都市の，年平均気温と年降水量及び各月の平均気温と降水量を示したものである。Ⅰの文章で述べている海域と都市に当てはまるのは，略地図中のＡ～Ｄのうちのどれか，また，その範囲内に位置する都市のグラフに当てはまるのは，Ⅱの**ア**～**エ**のうちのどれか。

Ⅰ

> イスラム商人が，往路は夏季に発生する南西の風とその風の影響による海流を，復路は冬季に発生する北東の風とその風の影響による海流を利用して，三角帆のダウ船で航海をしていた。●で示した都市では，季節風（モンスーン）による雨の到来を祝う文化が見られ，降水量が物価動向にも影響するため，気象局が「モンスーン入り」を発表している。

Ⅱ

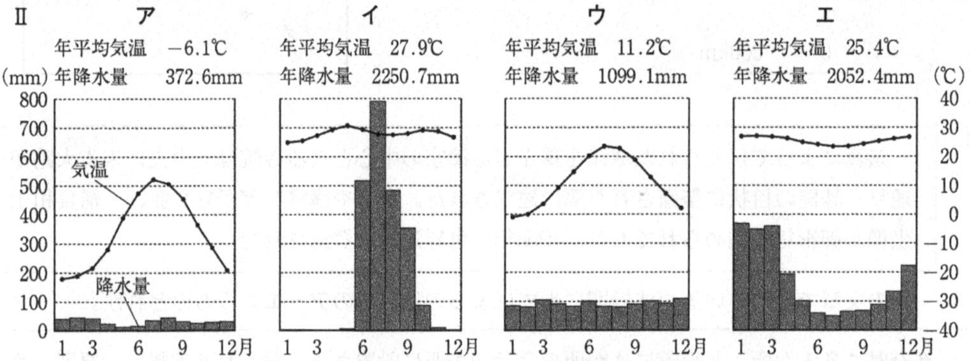

（気象庁のホームページより作成）

〔問２〕　次の表の**ア**～**エ**は，コンテナ埠頭《ふとう》が整備された港湾が位置する都市のうち，略地図中にＰ～Ｓで示した，釜山《プサン》，シンガポール，ドバイ，ロッテルダムの**いずれか**の都市に位置する港湾の，2018年における総取扱貨物量と様子についてまとめたものである。略地図中のＰ～Ｓのそれぞれの都市に位置する港湾に当てはまるのは，次の表の**ア**～**エ**のうちではどれか。

	総取扱貨物量（百万ｔ）	港湾の様子
ア	461	経済大国を最短距離で結ぶ大圏航路上付近に位置する利点を生かし，国際貨物の物流拠点となるべく，国家事業として港湾整備が進められ，2018年にはコンテナ取扱量は世界第６位となっている。
イ	174	石油の輸送路となる海峡付近に位置し，石油依存の経済からの脱却を図る一環として，この地域の物流を担《にな》う目的で港湾が整備され，2018年にはコンテナ取扱量は世界第10位となっている。
ウ	469	複数の国を流れる河川の河口に位置し，2020年では域内の国の人口の合計が約４億5000万人，国内総生産（ＧＤＰ）の合計が約15兆2000億ドルの単一市場となる地域の中心的な貿易港で，2018年にはコンテナ取扱量は世界第11位となっている。
エ	630	人口密度約8000人/km²を超える国の南部に位置し，地域の安定と発展を目的に1967年に５か国で設立され現在10か国が加盟する組織において，ハブ港としての役割を果たし，2018年にはコンテナ取扱量は世界第２位となっている。

（注）国内総生産とは，一つの国において新たに生み出された価値の総額を示した数値のことである。

（「データブック オブ・ザ・ワールド」2021年版などより作成）

〔問３〕　次のⅠとⅡの表の**ア～エ**は，略地図中に　　で示したＷ～Ｚの**いずれか**の国に当てはまる。Ⅰの表は，1999年と2019年における日本の輸入総額，日本の主な輸入品目と輸入額を示したものである。Ⅱの表は，1999年と2019年における輸出総額，輸出額が多い上位３位までの貿易相手国を示したものである。Ⅲの文章は，略地図中のＷ～Ｚの**いずれか**の国について述べたものである。Ⅲの文章で述べている国に当てはまるのは，略地図中のＷ～Ｚのうちのどれか，また，ⅠとⅡの表の**ア～エ**のうちのどれか。

Ⅰ

		日本の輸入総額（億円）	日本の主な輸入品目と輸入額（億円）		
ア	1999年	12414	電気機器　3708	一般機械　2242	液化天然ガス　1749
	2019年	19263	電気機器　5537	液化天然ガス　4920	一般機械　755
イ	1999年	331	金属鉱及びくず　112	非鉄金属　88	飼料　54
	2019年	2683	金属鉱及びくず　1590	液化天然ガス　365	揮発油　205
ウ	1999年	93	一般機械　51	コーヒー　14	植物性原材料　6
	2019年	459	精密機器類　300	電気機器　109	果実　15
エ	1999年	6034	一般機械　1837	電気機器　1779	果実　533
	2019年	11561	電気機器　4228	金属鉱及びくず　1217	一般機械　1105

（「データブック　オブ・ザ・ワールド」2021年版などより作成）

Ⅱ

		輸出総額（億ドル）	輸出額が多い上位３位までの貿易相手国		
			１位	２位	３位
ア	1999年	845	アメリカ合衆国	シンガポール	日本
	2019年	2381	中華人民共和国	シンガポール	アメリカ合衆国
イ	1999年	59	アメリカ合衆国	スイス	イギリス
	2019年	461	中華人民共和国	アメリカ合衆国	カナダ
ウ	1999年	63	アメリカ合衆国	オランダ	イギリス
	2019年	115	アメリカ合衆国	オランダ	ベルギー
エ	1999年	350	アメリカ合衆国	日本	オランダ
	2019年	709	アメリカ合衆国	日本	中華人民共和国

（国際連合貿易統計データベースより作成）

Ⅲ

1946年に独立したこの国では，軽工業に加え電気機器関連の工業に力を注ぎ，外国企業によるバナナ栽培などの一次産品中心の経済から脱却を図ってきた。1989年にはアジア太平洋経済協力会議（ＡＰＥＣ《エイペック》）に参加し，1999年と比較して2019年では，日本の輸入総額は２倍に届かないものの増加し，貿易相手国としての中華人民共和国の重要性が増している。1960年代から日本企業の進出が見られ，近年では，人口が１億人を超え，英語を公用語としていることからコールセンターなどのサービス産業も発展している。

3 次の略地図を見て，あとの各問に答えよ。

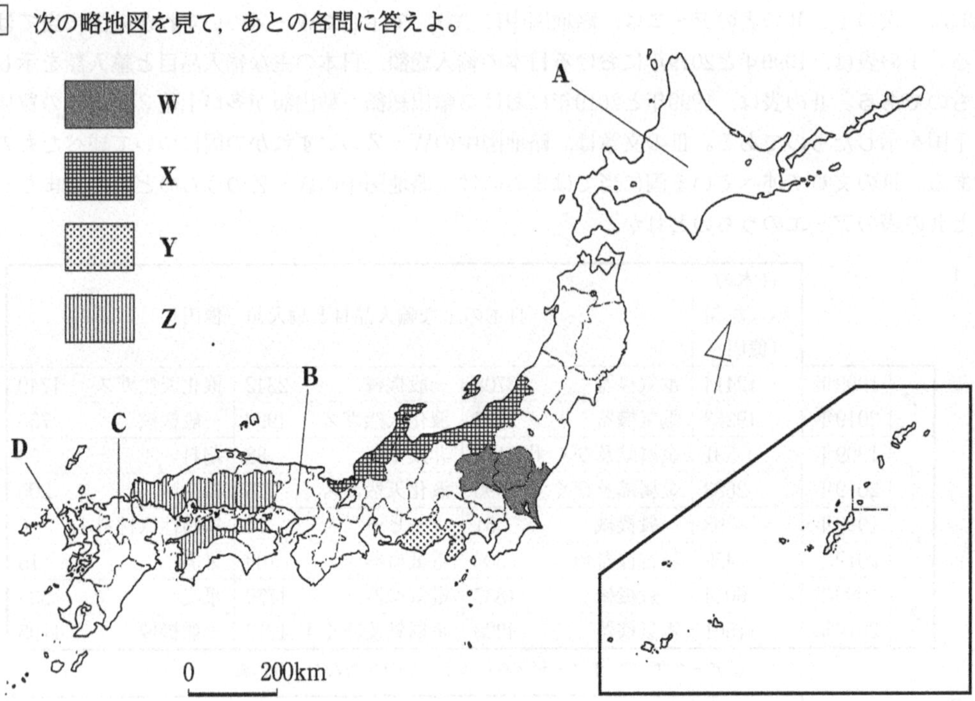

〔問１〕 次の表のア～エは，略地図中にA～Dで示したいずれかの道県の，2019年における鉄鋼業と造船業の製造品出荷額等，海岸線と臨海部の工業の様子についてまとめたものである。A～Dのそれぞれの道県に当てはまるのは，次の表のア～エのうちではどれか。

	製造品出荷額等（億円）		海岸線と臨海部の工業の様子
	鉄鋼	造船	
ア	9769	193	○678kmの海岸線には，干潟や陸と島をつなぐ砂州が見られ，北東部にある東西20km，南北２kmの湾に，工業用地として埋め立て地が造成された。 ○国内炭と中国産の鉄鉱石を原料に鉄鋼を生産していた製鉄所では，現在は輸入原料を使用し，自動車用の鋼板を生産している。
イ	19603	2503	○855kmの海岸線には，北部に国立公園に指定されたリアス海岸が見られ，南部に工業用地や商業用地として埋め立て地が造成された。 ○南部の海岸には，高度経済成長期に輸入原料を使用する製鉄所が立地し，国際貿易港に隣接する岬には，造船所が立地している。
ウ	3954	310	○4445kmの海岸線には，砂嘴《さし》や砂州，陸繋島《りくけいとう》，プレート運動の力が複雑に加わり形成された半島などが見られる。 ○国内炭と周辺で産出される砂鉄を原料に鉄鋼を生産していた製鉄所では，現在は輸入原料を使用し，自動車の部品に使われる特殊鋼を生産している。
エ	336	2323	○4170kmの海岸線には，多くの島や半島，岬によって複雑に入り組んだリアス海岸が見られる。 ○人口が集中している都市の臨海部に，カーフェリーなどを建造する造船所が立地し，周辺にはボイラーの製造などの関連産業が集積している。

（「日本国勢図会」2020/21年版などより作成）

〔問2〕 次のIの**ア**～**エ**のグラフは，略地図中にW～Zで示した**いずれか**の地域の1971年と2019年における製造品出荷額等と産業別の製造品出荷額等の割合を示したものである。IIの文章は，Iの**ア**～**エ**の**いずれか**の地域について述べたものである。IIの文章で述べている地域に当てはまるのは，Iの**ア**～**エ**のうちのどれか，また，略地図中のW～Zのうちのどれか。

I

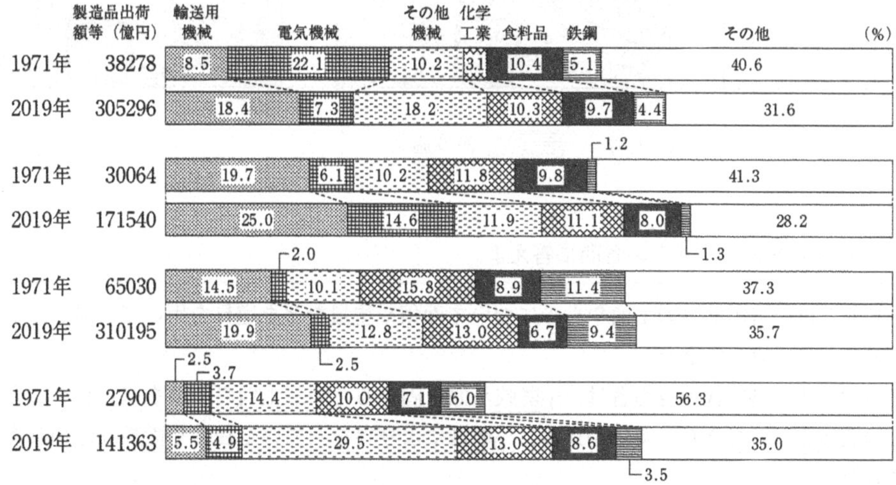

（注）四捨五入をしているため，産業別の製造品出荷額等の割合を合計したものは，100%にならない場合がある。

（2019年工業統計表などより作成）

II

> 絹織物や航空機産業を基礎として，電気機械等の製造業が発展した。高速道路網の整備に伴い，1980年に西部が，1987年に中部が東京とつながり，2011年には1998年開港の港湾と結ばれた。西部の高速道路沿いには，未来技術遺産に登録された製品を生み出す高度な技術をもつ企業の工場が立地している。2019年には電気機械の出荷額等は約2兆円となる一方で，自動車関連の輸送用機械の出荷額等が増加し，5兆円を超えるようになった。

〔問3〕 次のI(1)と次のページのII(1)の文は，1984年に示された福島市と1997年に示された岡山市の太線（━━）で囲まれた範囲を含む地域に関する地区計画の一部を分かりやすく書き改めたものである。I(2)は1984年・1985年のI(3)は2018年の「2万5千分の1地形図（福島北部・福島南部）」の一部を拡大して作成したものである。II(2)は1988年の，II(3)は2017年の「2万5千分の1地形図（岡山南部）」の一部を拡大して作成したものである。IとIIの資料から読み取れる，太線で囲まれた範囲に共通した土地利用の変化について，簡単に述べよ。また，IとIIの資料から読み取れる，その変化を可能にした要因について，それぞれの県内において乗降客数が多い駅の一つである福島駅と岡山駅に着目して，簡単に述べよ。

I

(1) 市の新しい玄関として，今までの住工混在型から商業業務型の土地利用に変更する。

(2)

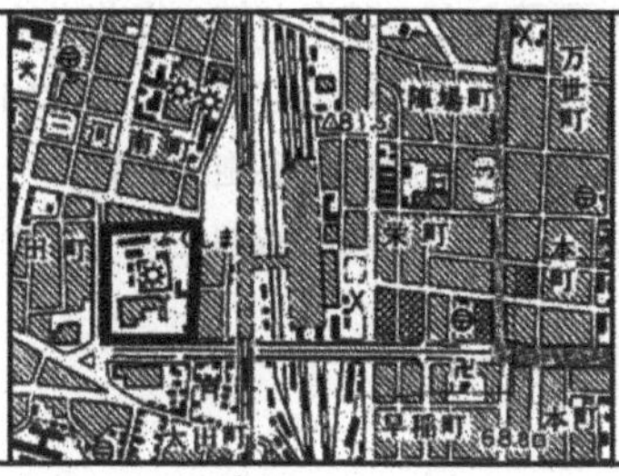

（1984年・1985年）

(3)

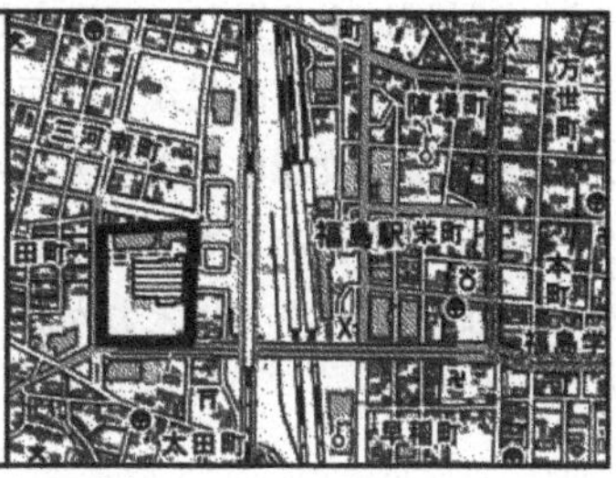

（2018年）

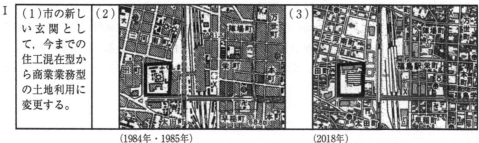

Ⅱ

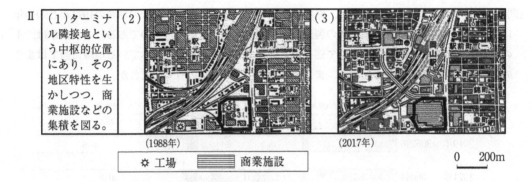

（1）ターミナル隣接地という中枢的位置にあり，その地区特性を生かしつつ，商業施設などの集積を図る。

（2）

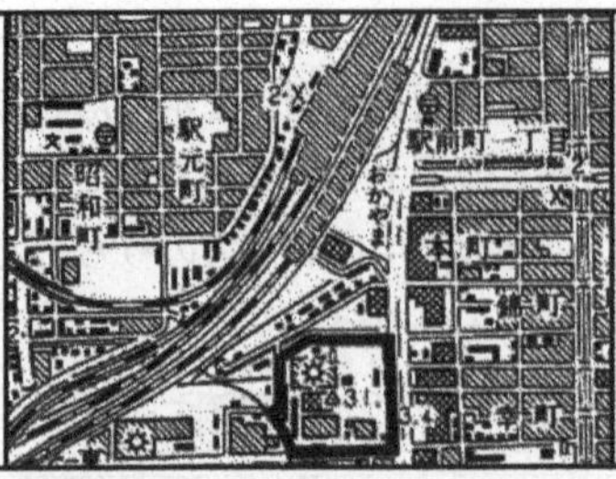

(1988年)

（3）

(2017年)

☼ 工場　　▤ 商業施設

0　200m

4　次の文章を読み，あとの各問に答えよ。

私たちは，身の回りの土地やものについて面積や重量などを道具を用いて計測し，その結果を暮らしに役立ててきた。

古代から，各時代の権力者は，(1)財政基盤を固めるため，土地の面積を基に税を徴収するなどの政策を行ってきた。時代が進み，(2)地域により異なっていた長さや面積などの基準が統一された。

(3)江戸時代に入ると，天文学や数学なども発展を遂げ，明治時代以降，我が国の科学技術の研究水準も向上し，独自の計測技術も開発されるようになった。

第二次世界大戦後になると，従来は計測することができなかった距離や大きさなどが，新たに開発された機器を通して計測することができるようになり，(4)環境問題などの解決のために生かされてきた。

〔問1〕　(1)財政基盤を固めるため，土地の面積を基に税を徴収するなどの政策を行ってきた。とあるが，次のア～エは，権力者が財政基盤を固めるために行った政策の様子について述べたものである。時期の古いものから順に記号を並べよ。

ア　朝廷は，人口増加に伴う土地不足に対応するため，墾田永年私財法《こんでんえいねんしざいほう》を制定し，新しく開墾した土地であれば，永久に私有地とすることを認めた。

イ　朝廷は，財政基盤を強化するため，摂関政治を主導した有力貴族や寺社に集中していた荘園《しょうえん》を整理するとともに，大きさの異なる枡《ます》の統一を図った。

ウ　朝廷は，元号を建武《けんむ》に改め，天皇中心の政治を推進するため，全国の田畑について調査させ，年貢《ねんぐ》などの一部を徴収し貢納させた。

エ　二度にわたる元軍の襲来を退けた幕府は，租税を全国に課すため，諸国の守護に対して，田地面積や領有関係などを記した文書の提出を命じた。

〔問2〕　(2)地域により異なっていた長さや面積などの基準が統一された。とあるが，次のページのⅠの略年表は，室町時代から江戸時代にかけての，政治に関する主な出来事についてまとめたものである。Ⅱの文章は，ある人物が示した検地における実施命令書の一部と計測基準の一部を分かりやすく書き改めたものである。Ⅱの文章が出された時期に当てはまるのは，Ⅰの略年表中の**ア**～**エ**の時期のうちではどれか。

Ⅰ

西暦	政治に関する主な出来事	
1560	●駿河《するが》国（静岡県）・遠江《とおとうみ》国（静岡県）などを支配していた人物が，桶狭間《おけはざま》において倒された。	ア
1582	●全国統一を目指していた人物が，京都の本能寺《ほんのうじ》において倒された。	イ
1600	●関ヶ原《せきがはら》の戦いに勝利した人物が，全国支配の実権をにぎった。	ウ
1615	●全国の大名が守るべき事柄をまとめた武家《ぶけ》諸法度《しょはっと》が定められた。	エ
1635	●全国の大名が，国元《くにもと》と江戸とを1年交代で往復する制度が定められた。	

Ⅱ

【実施命令書の一部】

○日本全国に厳しく申し付けられている上は，おろそかに実施してはならない。

【計測基準の一部】

○田畑・屋敷地は長さ6尺《しゃく》3寸《すん》を1間《けん》とする竿《さお》を用い，5間かける60間の300歩《ぶ》を，1反《たん》として面積を調査すること。

○上田《じょうでん》の石盛《こくもり》は1石《こく》5斗《と》，中田《ちゅうでん》は1石3斗，下田《げでん》は1石1斗，下々田《げげでん》は状況で決定すること。

○升《ます》は京升《きょうます》に定める。必要な京升を準備し渡すようにすること。

〔問3〕 (3)江戸時代に入ると，天文学や数学なども発展を遂げ，明治時代以降，我が国の科学技術の研究水準も向上し，独自の計測技術も開発されるようになった。とあるが，次の**ア**～**エ**は，江戸時代から昭和時代にかけての我が国独自の計測技術について述べたものである。時期の古いものから順に記号を並べよ。

ア　後にレーダー技術に応用される超短波式アンテナが開発された頃，我が国最初の常設映画館が開館した浅草《あさくさ》と，上野《うえの》との間で地下鉄の運行が開始された。

イ　正確な暦を作るために浅草に天文台が設置された後，寛政の改革の一環として，幕府直轄の昌平坂学問所《しょうへいざかがくもんじょ》や薬の調合などを行う医官養成機関の医学館が設立された。

ウ　西洋時計と和時計の技術を生かして，時刻や曜日などを指し示す機能を有する万年自鳴鐘《まんねんじめいしょう》が開発された頃，黒船来航に備えて台場《だいば》に砲台を築造するため，水深の計測が実施された。

エ　中部地方で発生した地震の研究に基づいて大森《おおもり》式地震計が開発された頃，日英同盟の締結を契機に，イギリスの無線技術を基にした無線電信機が開発された。

〔問4〕 (4)環境問題などの解決のために生かされてきた。とあるが，次のページのⅠのグラフは，1965年から2013年までの，東京のある地点から富士山が見えた日数と，大気汚染の一因となる二《に》酸化硫黄《さんかいおう》の東京における濃度の変化を示したものである。Ⅱの文章は，Ⅰのグラフの**ア**～**エ**のいずれかの時期における国際情勢と，我が国や東京の環境対策などについてまとめたものである。Ⅱの文章で述べている時期に当てはまるのは，Ⅰのグラフの**ア**～**エ**の時期のうちではどれか。

Ⅰ

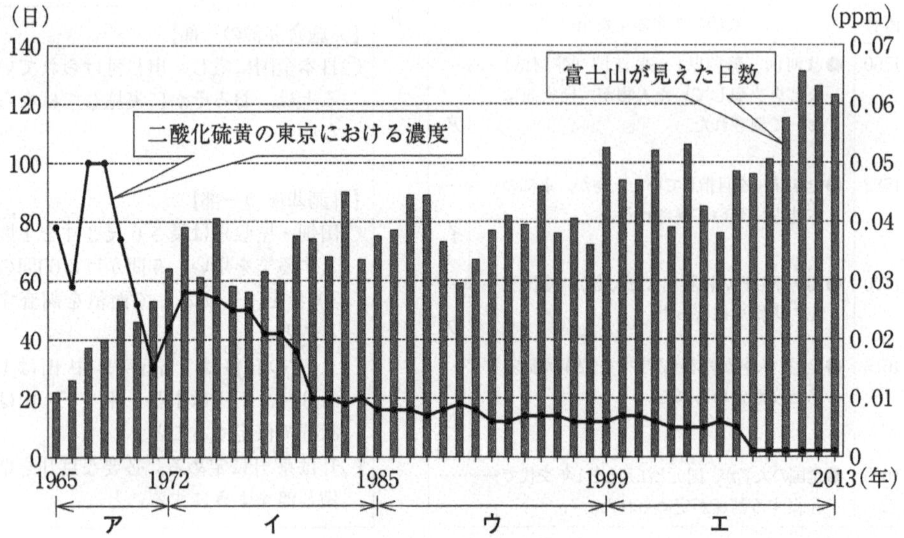

（東京都環境局資料などより作成）

Ⅱ

東ヨーロッパ諸国で民主化運動が高まり，東西ドイツが統一されるなど国際協調の動きが強まる中で，国際連合を中心に地球温暖化防止策が協議され，温室効果ガスの排出量の削減について数値目標を設定した京都議定書が採択された。長野県では，施設建設において極力既存の施設を活用し，自然環境の改変が必要な場合は大会後復元を図った，オリンピック・パラリンピック冬季競技大会が開催され，東京都においては，「地球環境保全東京アクションプラン」を策定し，大気汚染の状況は改善された。この時期には，Ⅰのグラフの観測地点から平均して週１回は富士山を見ることができた。

5　次の文章を読み，あとの各問に答えよ。

明治時代に作られた情報という言葉は，ある事柄の内容について文字などで伝達する知らせを表す意味として現在は用いられている。天気予報や経済成長率などの情報は，私たちの日々の暮らしに役立っている。

日本国憲法の中では，(1)自分の意見を形成し他者に伝える権利が，一定の決まり（ルール）の下で保障されている。

現代の社会は　(2)情報が大きな役割を担《にな》うようになり，情報化社会とも呼ばれるようになった。その後，インターネットの普及は，私たちと情報との関わり方を変えることとなった。

(3)情報が新たな価値を生み出す社会では，企業の中で，情報化を推進し，課題の解決策を示したり，ソフトウェアを開発したりする，デジタル技術を活用できる人材を確保していくことの重要性が増している。また，(4)情報の活用を進め，社会の様々な課題を解決していくためには，新たな決まり（ルール）を定める必要がある。

〔問１〕　(1)自分の意見を形成し他者に伝える権利が，一定の決まり（ルール）の下で保障されている。とあるが，精神（活動）の自由のうち，個人の心の中にある，意思，感情などを外部に明らかにすることを保障する日本国憲法の条文は，次の**ア**～**エ**のうちではどれか。

ア　何人《なんぴと》も，いかなる奴隷的拘束も受けない。又，犯罪に因《よ》る処罰の場合を除いては，その意に反する苦役に服させられない。

イ　思想及び良心の自由は，これを侵してはならない。

ウ　何人も，公共の福祉に反しない限り，居住，移転及び職業選択の自由を有する。

エ　集会，結社及び言論，出版その他一切の表現の自由は，これを保障する。

〔問２〕 (2)情報が大きな役割を担《にな》うようになり，情報化社会とも呼ばれるようになった。とあるが，次のⅠの略年表は，1938年から1998年までの，我が国の情報に関する主な出来事をまとめたものである。Ⅱの文章は，Ⅰの略年表中の**ア**～**エ**の**いずれか**の時期における社会の様子について，①は通信白書の，②は国民生活白書の一部をそれぞれ分かりやすく書き改めたものである。Ⅱの文章で述べている時期に当てはまるのは，Ⅰの略年表中の**ア**～**エ**の時期のうちではどれか。

Ⅰ

西暦	我が国の情報に関する主な出来事	
1938	●標準放送局型ラジオ受信機が発表された。	
1945	●人が意見を述べる参加型ラジオ番組の放送が開始された。	ア
1953	●白黒テレビ放送が開始された。	
1960	●カラーテレビ放送が開始された。	
1964	●東京オリンピック女子バレーボール決勝の平均視聴率が関東地区で66.8%を記録した。	イ
1972	●札幌オリンピック閉会式の平均視聴率が札幌で59.5%を記録した。	
1974	●テレビの深夜放送が一時的に休止された。	ウ
1985	●テレビで文字多重放送が開始された。	
1989	●衛星テレビ放送が開始された。	エ
1998	●ニュースなどを英語で発信するワールドテレビ放送が開始された。	

Ⅱ

①私たちの社会は，情報に対する依存を強めており，情報の流通は食料品や工業製品などの流通，つまり物流と同等あるいはそれ以上の重要性をもつようになった。

②社会的な出来事を同時に知ることができるようになり，テレビやラジオを通じて人々の消費生活も均質化している。また，節約の経験により，本当に必要でなければ買わないで今持っているものの使用期間を長くする傾向が，中東で起きた戦争の影響を受けた石油危機から３年後の現在も見られる。

〔問３〕 (3)情報が新たな価値を生み出す社会では，企業の中で，情報化を推進し，課題の解決策を示したり，ソフトウェアを開発したりする，デジタル技術を活用できる人材を確保していくことの重要性が増している。とあるが，次のページのⅠの文章は，2019年の情報通信白書の一部を分かりやすく書き改めたものである。次のページのⅡのグラフは，2015年の我が国とアメリカ合衆国における情報処理・通信に携わる人材の業種別割合を示したものである。Ⅱのグラフから読み取れる，Ⅰの文章が示された背景となる我が国の現状について，我が国より取り組みが進んでいるアメリカ合衆国と比較して，情報通信技術を提供する業種と利用する業種の構成比の違いに着目し，簡単に述べよ。

Ⅰ

> ○今後，情報通信技術により，企業は新しい製品やサービスを市場に提供することが可能となる。
> ○新たな製品やサービスを次々と迅速に開発・提供していくために，情報通信技術を利用する業種に十分な情報通信技術をもった人材が必要である。

Ⅱ

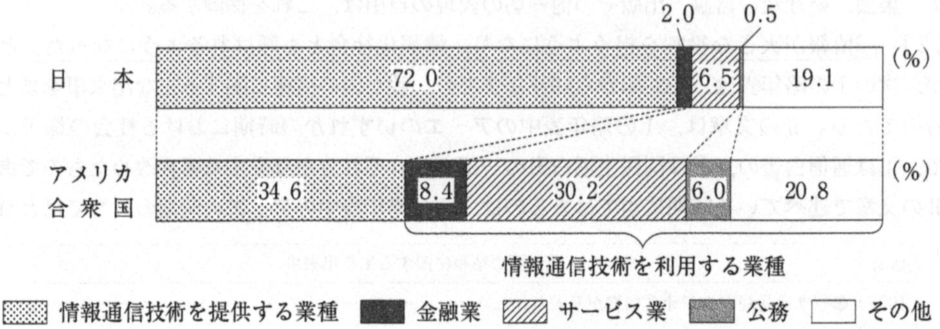

（注）四捨五入をしているため，情報処理・通信に携わる人材の業種別割合を合計したものは，100%にならない場合がある。

（独立行政法人情報処理推進機構資料より作成）

〔問４〕 (4)情報の活用を進め，社会の様々な課題を解決していくためには，新たな決まり（ルール）を定める必要がある。とあるが，次のⅠのＡ～Ｅは，令和３年の第204回通常国会で，情報通信技術を用いて多様で大量の情報を適正かつ効果的に活用することであらゆる分野における創造的かつ活力ある発展が可能となる社会の形成について定めた「デジタル社会形成基本法」が成立し，その後，公布されるまでの経過について示したものである。Ⅱの文で述べていることが行われたのは，下のア～エのうちではどれか。

Ⅰ

> Ａ　第204回通常国会が開会される。（１月18日）
> Ｂ　法律案が内閣で閣議決定され，国会に提出される。（２月９日）
> Ｃ　衆議院の本会議で法律案が可決される。（４月６日）
> Ｄ　参議院の本会議で法律案が可決される。（５月12日）
> Ｅ　内閣の助言と承認により，天皇が法律を公布する。（５月19日）

（衆議院，参議院のホームページより作成）

Ⅱ

> 衆議院の内閣委員会で法律案の説明と質疑があり，障害の有無などの心身の状態による情報の活用に関する機会の格差の是正を着実に図ることや，国や地方公共団体が公正な給付と負担の確保のための環境整備を中心とした施策を行うことを，原案に追加した修正案が可決される。

ア　ＡとＢの間　　イ　ＢとＣの間　　ウ　ＣとＤの間　　エ　ＤとＥの間

6　次の文章を読み，下の略地図を見て，あとの各問に答えよ。

都市には，小さな家屋から超高層建築まで多様な建物が見られ，(1)人々が快適な生活を送るために様々な社会資本が整備されてきた。また，(2)政治の中心としての役割を果たす首都には，新たに建設された都市や，既存の都市に政府機関を設置する例が見られる。

都市への人口集中は，経済を成長させ新たな文化を創造する一方で，(3)交通渋滞などの都市問題を深刻化させ，我が国は多くの国々の都市問題の解決に協力している。

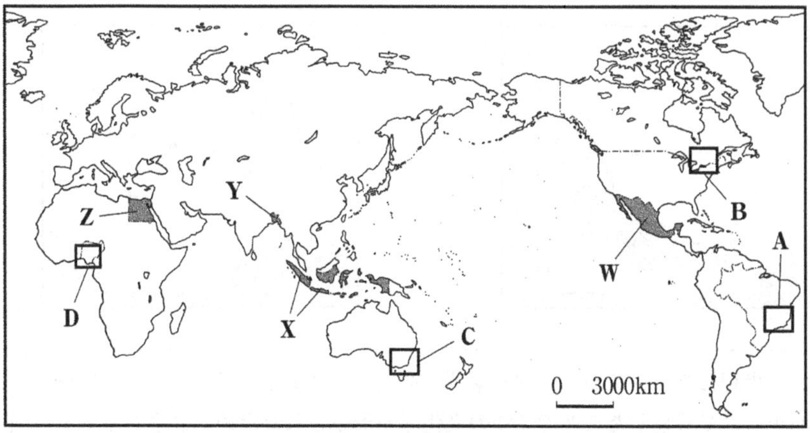

〔問1〕 (1)人々が快適な生活を送るために様々な社会資本が整備されてきた。とあるが，次の**ア**～**エ**の文は，それぞれの時代の都市の様子について述べたものである。時期の古いものから順に記号を並べよ。

ア　ドイツ帝国の首都ベルリンでは，ビスマルクの宰相《さいしょう》任期中に，工業の発展により人口の流入が起き，上下水道が整備され，世界で初めて路面電車の定期運行が開始された。

イ　イギリスの首都ロンドンでは，冷戦（冷たい戦争）と呼ばれる東西の対立が起き緊張が高まる中で，ジェット旅客機が就航し，翌年，空港に新滑走路が建設された。

ウ　アメリカ合衆国の都市ニューヨークでは，300mを超える超高層ビルが建設され，フランクリン・ルーズベルト大統領によるニューディール政策の一環で公園建設なども行われた。

エ　オーストリアの首都ウィーンでは，フランス同様に国王が強い政治権力をもつ専制政治（絶対王政）が行われ，マリア・テレジアが住んでいた郊外の宮殿の一角に動物園がつくられた。

〔問2〕 (2)政治の中心としての役割を果たす首都には，新たに建設された都市や，既存の都市に政府機関を設置する例が見られる。とあるが，次のページのⅠのA～Dは，略地図中のA～Dの□で示した部分を拡大し，主な都市の位置を**ア**～**ウ**で示したものである。次のページのⅡの文章は，略地図中のA～Dの中に首都が位置する**いずれか**の国とその国の首都の様子について述べたものである。Ⅱの文章で述べているのは，ⅠのA～Dのうちのどれか，また，首都に当てはまるのは，選択したⅠのA～Dの**ア**～**ウ**のうちのどれか。

Ⅰ

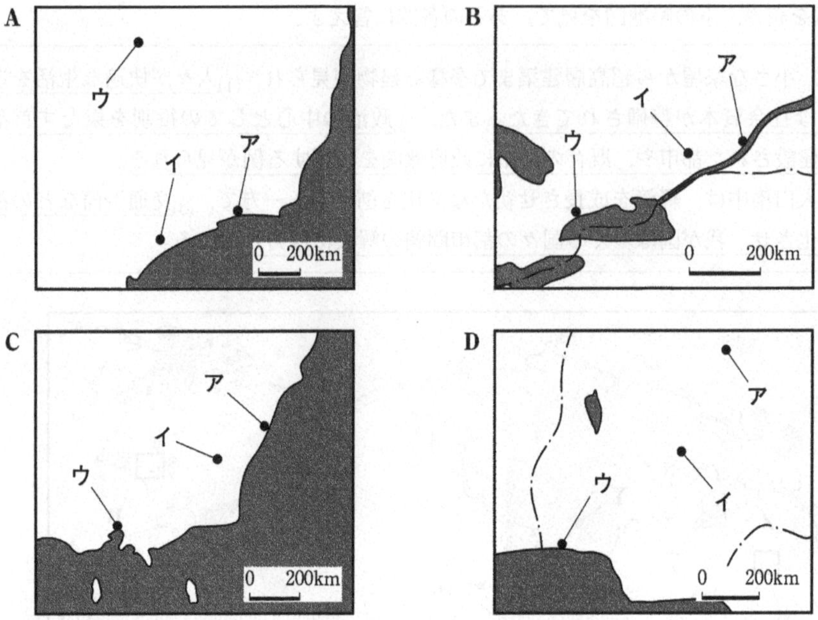

Ⅱ

16世紀にフランスがこの国の東部に進出し，隣国からイギリス人がフランス人の定住地を避けて移住したことで二つの文化圏が形成されたため，立憲君主である国王により文化圏の境界に位置する都市が首都と定められた。首都から約350km離れイギリス系住民が多い都市は，自動車産業などで隣国との結び付きが見られ，首都から約160km離れフランス系住民が多い都市は，フランス語のみで示されている道路標識などが見られる。

〔問３〕　(3)交通渋滞などの都市問題を深刻化させ，我が国は多くの国々の都市問題の解決に協力している。とあるが，次のⅠのW～Zのグラフは，略地図中に　　で示したW～Zのそれぞれの国の，1950年から2015年までの第１位の都市圏と第２位の都市圏の人口の推移を示したものである。Ⅱの文章で述べている国に当てはまるのは，略地図中のW～Zのうちのどれか。

Ⅰ

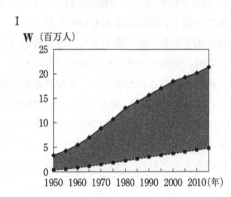

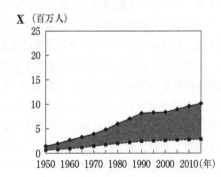

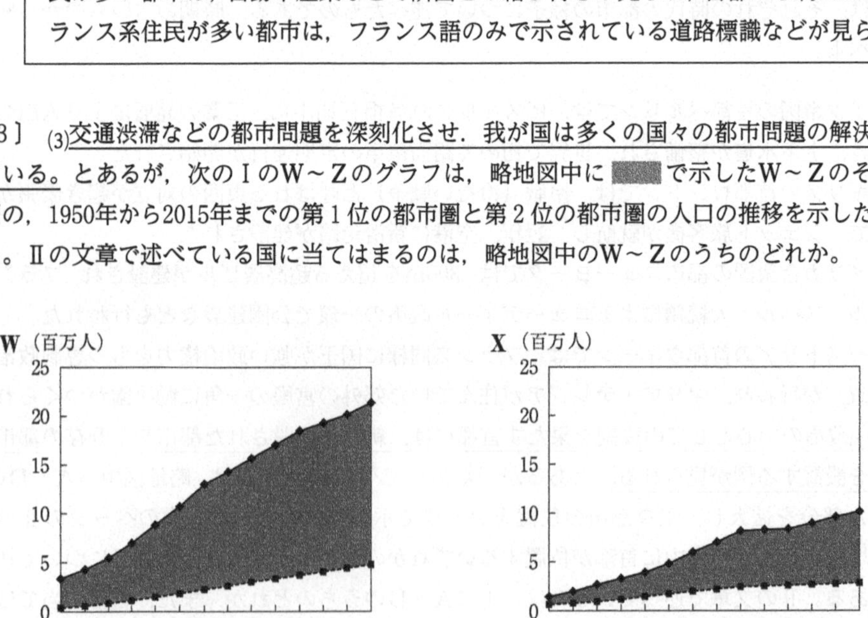

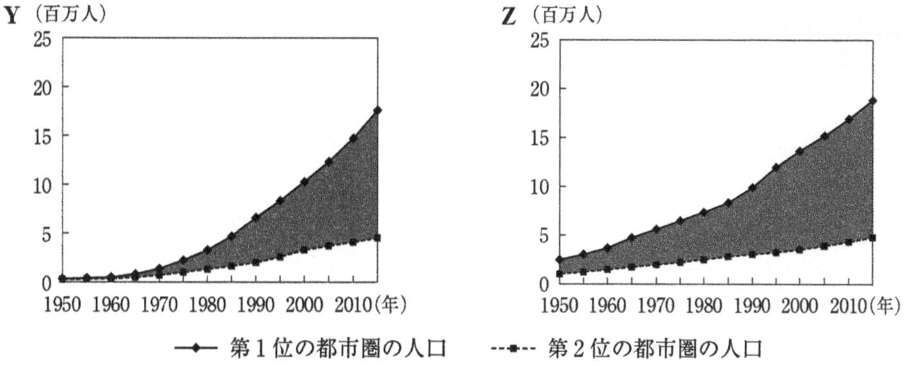

（国際連合資料より作成）

Ⅱ

○1949年にオランダから独立し，イスラム教徒が８割を超えるこの国では，第１位の都市圏と第２位の都市圏の人口差は，1950年に100万人を下回っていたが，1990年には人口差は約７倍と急激に拡大しており，その後緩やかな拡大傾向が続いた。
○深刻化した交通渋滞や大気汚染などの都市問題を解決するため，日本の技術や運営の支援を受け，都市の中心部と住宅地をつなぐ国内初の地下鉄が2019年に開通した。

MEMO

大切なことはメモしておこうネ！

2022年度

解答と解説

《2022年度の配点は解答用紙集に掲載してあります。》

＜理科解答＞

1　〔問1〕 イ　〔問2〕 ア　〔問3〕 エ　〔問4〕 ウ　〔問5〕 エ
2　〔問1〕 ア　〔問2〕 イ　〔問3〕 エ　〔問4〕 ウ
3　〔問1〕 ウ　〔問2〕 イ　〔問3〕 エ　〔問4〕 ア
4　〔問1〕 ウ　〔問2〕 エ　〔問3〕 ア　〔問4〕 ウ
5　〔問1〕 イ　〔問2〕 ア
〔問3〕 ＜化学反応式＞ HCl(酸)＋NaOH(アルカリ)→NaCl(塩)＋H_2O
〔問4〕 ウ
6　〔問1〕 ア　〔問2〕 イ　〔問3〕 右図
〔問4〕 イ

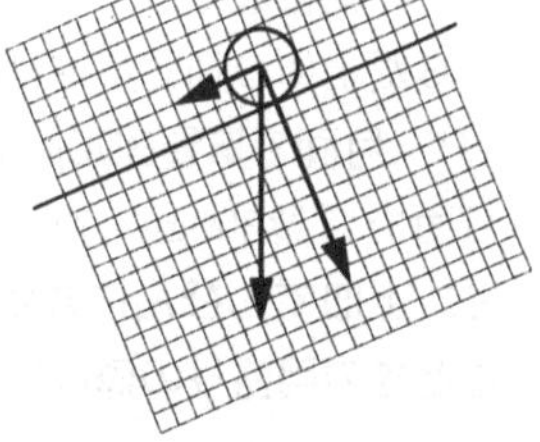

＜理科解説＞

1　**(小問集合―化学変化：燃焼，気体の発生とその性質，動物の体のつくりとはたらき：血液の循環，光と音：光の屈折，天気の変化：温暖前線，電流：電圧と電流と抵抗)**

〔問1〕 木には炭素原子や水素原子などがふくまれているので，木をじゅうぶんに燃焼させると，炭素や水素が酸化されて，**二酸化炭素や水(水蒸気)**などができる。二酸化炭素や水蒸気は空気中に出ていき，残るのは少量の灰なので質量が小さくなる。一方，スチールウールを燃焼させると，**酸素と化合して固体の酸化鉄になる**ので，結びついた酸素の分，質量が大きくなる。よって，石灰水が白くにごったのは，二酸化炭素が発生した集気びんPである。

〔問2〕 全身から戻った血液は大静脈Cを通って右心房に入り，右心室へ送られ，**静脈血は右心室から肺動脈Aへ送られ**，肺でガス交換が行われ動脈血となる。**動脈血は肺静脈Dを通って左心房に入り**，左心室へ送られる。動脈血は左心室から大動脈Bを通って全身に送り出される。よって，動脈は血管Aと血管Bであり，動脈血が流れる血管は血管Dと血管Bである。

〔問3〕 水中から空気中へ光が入射する場合，入射角より屈折角の方が大きい。容器の中の水の量を増やすと，**「A」の文字からの光が水面で屈折する点が上がるため，光はその点で屈折して目に入るようになる。**よって，屈折光の延長線上に実際より浮き上がった位置に見えるため，「A」の文字の形が全て見えるようになる。

〔問4〕 温暖前線は，**密度が小さい暖気が，密度が大きい寒気の上にはい上がり**，寒気をおしやりながら進んでいく。

〔問5〕 **P〔A〕＝Q〔A〕＋R〔A〕より，Q＜Pであり，R＜Pである。BとCは並列回路により，各抵抗にかかる電圧は等しい。よって抵抗が小さい方が大きい電流が流れるため，R＜Qである。よって，3点を流れる電流の大きさは，R＜Q＜P，である。**

2 **(自由研究―太陽系と恒星：月の見え方・日食，状態変化：蒸留，水溶液，物質の成り立ち，植物の体のつくりとはたらき，力と圧力：月面での重力)**

〔問1〕　観測地点Aは，地球と月と太陽を一直線に結んだ線上に位置している。このとき，太陽は真南の空に位置しているので，時刻は12時である。よって，**月が真南の空に位置する時刻は12時**である。北極星側から見ると，**月は地球のまわりを約1か月かけて反時計回りに公転している**。そのため，1週間後に真南の空に観察できる月の見え方は，**西側が光って見える上弦の月**である。

〔問2〕　蒸留して出てきた液体Bは水である。蒸留後，枝付きフラスコに残った水溶液Aは5%より濃度が高くなった塩化ナトリウム水溶液であるため，結晶は塩化ナトリウムであり，**塩化ナトリウムは，ナトリウム原子と塩素原子の2種類の原子でできている化合物**である。

〔問3〕　装置の上側に設置された光源に向かって成長していく植物では，上下にある葉が互いに重ならないようにつくが，その利点は，**光が当たる面積が大きくなり，光合成量が増加する**ことである。光合成でつくられた養分(栄養分)は，水にとけやすい物質に変化してから，**師管**を通ってからだ全体の細胞に運ばれ，それぞれの細胞で使われる。

〔問4〕　**月面で質量300gの物体A**に働く重力の大きさは，地球上と比べて約6分の1の0.5Nである。月面で質量300gの分銅に働く重力の大きさは，地球上と比べて約6分の1の0.5Nである。よって，**上皿てんびんに載せたときにつり合うのは質量300gの分銅**である。物体A**をはかりに載せたときの目盛りの値は**，0.5Nの重力が物体Aに働くので，**約50g**である。

3 **(地層の重なりと過去の様子：柱状図・示準化石・堆積岩，動物の分類と生物の進化：セキツイ動物の出現，火山活動と火成岩，)**

〔問1〕　岩石Pは**石基と斑晶**が見られ，斑状組織であることから，岩石Pはマグマが冷えてできたもので，れき岩は土砂が押し固められてできたものである。れき岩を構成する粒の特徴は，流れる水のはたらきで，角が取れて**丸みを帯びた粒**が多い。

〔問2〕　岩石Qにはフズリナの化石が含まれていたので，岩石Qは古生代に堆積したもので，**古生代には魚類と両生類が出現**した。また，示準化石であるサンヨウチュウも生息していた。

〔問3〕　流水で運搬され海に流れ出た土砂は，粒の大きいものから陸の近くに堆積する。このことから，泥岩の層が堆積した時代の地域B周辺は，**河口から遠い深い海**であったと考えられる。

〔問4〕　X地点の**凝灰岩層の標高は，40.3m－11m＝29.3m，**であり，Y地点の凝灰岩層の標高は，36.8m－9m＝27.8m，である。よって，X地点の凝灰岩層の標高は，Y地点の凝灰岩層の標高より，29.3m－27.8m＝1.5m，高くなっている。

4 **(遺伝の規則性と遺伝子：メンデルの実験，生物の成長と生殖：減数分裂，植物の分類)**

〔問1〕　図2で，エンドウは花弁が1枚1枚離れていることから，**双子葉類の離弁花**であるため，子葉は2枚である。また，胚珠が子房の中にあることから，**被子植物**である。

〔問2〕　花粉の中では雄の生殖細胞の精細胞がつくられ，胚珠の中には雌の生殖細胞の卵細胞がつくられるが，**生殖細胞は減数分裂によりつくられるので，染色体数は体細胞の2分の1である。**よって，精細胞の核と卵細胞の核が合体してできた受精卵の核の染色体数は14本である。

〔問3〕　草たけが高い個体が**自家受粉**し，受精後にできた種子をまいて育てた結果は，＜結果2＞(1)のように，全て草たけの高い個体(図4のP)であった。これらのことから，エンドウの草たけを高くする遺伝子をA，対立形質である草たけを低くする遺伝子をaとすると，**エンドウPとその親の遺伝子はAA**で表せる。同様に，**エンドウQとその親の遺伝子はaa**で表せる。＜結果2＞の(3)の個体Rは，＜実験＞(7)で**PとQをかけ合わせ**てできた個体で，遺伝子は**全てAa**であり，草たけが高い形質が顕性形質であると，全て草たけが高い個体になる。**遺伝子Aaの個体Rに，＜結果2＞の(2)，すなわち＜実験＞(5)の結果である図4の遺伝子がaaの個体Qをかけ合わせる**と，子の遺伝子は，Aa：aa＝草たけが高い個体の数：草たけが低い個体の数＝1：1，である。

〔問4〕　＜モデル実験の結果から＞子の代では丸形の種子だけが得られたが，丸形は顕性であることから，**子の代の遺伝子はAAとAaの2種類が考えられる。子の代を自家受粉させると，孫の代では丸形の種子だけが得られた個体と丸形・しわ形の種子が得られた個体の両方あったことから，前者の子の代は丸形の純系で遺伝子はAAであり親の代の遺伝子もAAである。後者では丸形としわ形の種子が得られたことから，子の代の遺伝子はAaであったと考えられ，親の代の遺伝子もAaであると考えられる。**よって，親の代としてまいた2個の丸形の種子の遺伝子の組み合わせは，AAとAaである。

5　**(化学変化と電池，水溶液とイオン，物質の成り立ち：電気分解，気体の発生とその性質，酸・アルカリとイオン，中和と塩)**

〔問1〕　図1は，**ダニエル電池**である。ダニエル電池の特徴は，セロハンで2種類の電解質の水溶液を仕切っているという点である。亜鉛板を硫酸亜鉛水溶液に，銅板を硫酸銅水溶液にひたし，導線でつないだつくりになっている。セロハンにはとても小さな穴が開いており，水溶液中の陽イオンと陰イオンはこの穴を通りぬけることができる。ダニエル電池では，**イオン化傾向(イオンへのなりやすさ)の大きい亜鉛原子Znが水溶液中に亜鉛イオンZn^{2+}となってとけ出し，亜鉛板に残った電子は導線を通って銅板へ移動し電流が流れる。水溶液中の銅イオンCu^{2+}は銅板に達した電子を受けとって銅原子Cuになる。(−極)$Zn \rightarrow Zn^{2+} + 2e^-$**，によりモデルで表した図はAであり，**(＋極)$Cu^{2+} + 2e^- \rightarrow Cu$**，によりモデルで表した図はDである。

〔問2〕　図1のダニエル電池については，−極の亜鉛が次々にイオンとなって溶け出すので，Zn^{2+}は増加し，＋極では水溶液中のCu^{2+}が，導線を通ってやってきた亜鉛が放出した電子を受けとって，銅の金属となって電極に付着するため，Cu^{2+}は減少する。**図2は水の電気分解**である。−極である電極Rには空気より軽い水素が発生し，＋極である電極Sには水に溶けにくい酸素が発生する。

〔問3〕　＜実験2＞は，酸にアルカリを加えるごとに酸の性質が打ち消され，塩と水ができる中和の実験である。よって，**化学反応式は，$HCl + NaOH \rightarrow NaCl + H_2O$**，である。

〔問4〕　図3のモデルで表した薄い塩酸に水酸化ナトリウム水溶液を加えるたびに起きる化学変化を，イオン式を用いて表し，ビーカー②に含まれるイオンの総数を考察する。**$(3H^+ + 3Cl^-) + (Na^+ + OH^-) \rightarrow Na^+ + Cl^- + H_2O + 2H^+ + 2Cl^-$，であり，$H^+ + OH^- \rightarrow H_2O$，の中和反応によって$H^+$が1個減少するが，$Na^+ + Cl^-$は水に溶ける塩なので，$Na^+$が1個増加するため，化学変化の前後で水素イオンの総数は変わらない。さらに水酸化ナトリウム水溶液を加えても，同様の考察ができる。H^+とOH^-が同数の中性になるまで化学変化の前後でイオンの総数は変わらない。**＜実験2＞の場合，薄い塩酸12cm^{3}に水酸化ナトリウム水溶液を6cm^{3}加えたとき，BTB溶液が緑色になったことから，中性である。**中性を過ぎると，加えた水酸化ナトリウムは化学変化をしないのでNa^+とOH^-のどちらもイオンとして残り，イオンの総数は増加する。**

6　**(力と物体の運動：斜面を下る小球の運動，力の規則性：重力の分力，力学的エネルギー：力学的エネルギーの保存)**

〔問1〕　小球の平均の速さ[m/s]＝{(10.6＋9.0＋5.6)÷100}[m]÷3÷0.1[s]＝0.84[m/s]である。

〔問2〕　レールBの斜面①から③の上の小球に働く重力は，小球に働く斜面下向きの斜面に平行な力と斜面に垂直な力に分解できる。小球に働く斜面下向きの力は小球が運動する向きに働く力である。**斜面①から③までは斜面の傾きはほぼ一定であるから，小球が運動する向きに働く力はほぼ一定である。小球が運動する向きに働く力がほぼ一定であり続けるとき，小球の速さはほぼ一定の割合で増加する。**よって，イが適切である。

〔問3〕 小球に働く重力が対角線となるような長方形をかく。小球に働く重力の斜面に平行な分力と斜面に垂直な分力の大きさを長方形の各辺の長さとして矢印をかく。

〔問4〕 点aと点dは9cmの同じ高さなので小球がもつ位置エネルギーは等しい。小球がもつ位置エネルギーは，斜面を下るにつれて運動エネルギーに変わるが，**位置エネルギーと運動エネルギーの和の力学的エネルギーは一定に保存されている。**点bと点eはそれぞれ4cmと5.2cmの高さなので，小球がもつ運動エネルギーは点bの方が大きい。点cと点fはそれぞれ水平な部分の上なので，小球がもつ位置エネルギーは，全て運動エネルギーに変っているため，運動エネルギーの大きさはほぼ等しい。

＜社会解答＞

1 〔問1〕 エ 〔問2〕 ウ 〔問3〕 ア

2 〔問1〕（略地図中のA～D） D （Ⅱのア～エ） イ 〔問2〕 P ア Q エ R イ S ウ 〔問3〕（略地図中のW～Z） Y （ⅠとⅡの表のア～エ） エ

3 〔問1〕 A ウ B イ C ア D エ 〔問2〕（Ⅰのア～エ） ア （略地図中のW～Z） W 〔問3〕〔変化〕地区計画により，工場であった土地に，商業施設が建てられた。 〔要因〕多くの人が集まる駅に近いこと。

4 〔問1〕 ア→イ→エ→ウ 〔問2〕 イ 〔問3〕 イ→ウ→エ→ア 〔問4〕 ウ

5 〔問1〕 エ 〔問2〕 ウ 〔問3〕 情報処理・通信に携わる人材は，アメリカ合衆国では，情報通信技術を利用する業種に就いている割合が高いが，我が国では，情報通信技術を提供する業種に就いている割合が高い。 〔問4〕 イ

6 〔問1〕 エ→ア→ウ→イ 〔問2〕 ⅠのA～D B ⅠのA～Dのア～ウ イ 〔問3〕 X

＜社会解説＞

1 **（地理的分野―日本地理―地形図の見方，歴史的分野―日本史時代別―古墳時代から平安時代，―日本史テーマ別―文化史，公民的分野―三権分立）**

〔問1〕 資料で示されたA地点からB地点に到達するまでに**水準点「⊡」**を通るのは，エの**地形図**のみである。歩いた距離や方角を正確に表しているのも，エの地形図のみである。

〔問2〕 8世紀半ばに**鑑真**によって開かれた**唐招提寺**は，大和国の**平城京**に建立された。平城京の位置は地図のウである。

〔問3〕 **裁判員裁判**は，重大な**刑事事件**の**第一審**で，**地方裁判所**で行われる。**家庭裁判所**は，公に公開される通常の訴訟手続きにはそぐわないと考えられている家庭内の紛争や，非行のある少年の事件を扱う裁判所である。**簡易裁判所**は，日常生活において発生する軽微な民事事件・刑事事件を迅速・簡易に処理するための裁判所である。**高等裁判所**は，地方裁判所および簡易裁判所の第一審判決に対する控訴を扱う裁判所である。

2 **（地理的分野―世界地理―都市・気候・産業・貿易）**

〔問1〕 Ⅰの文章は，イスラム商人の航海に関する記述から，Dの海域の説明であることがわかる。

また，その範囲内に位置する都市の**雨温図**は，**赤道**に近い都市であることから，一年間の気温差が少ないもの，**北半球**に属することから山型の気温変化があるもの，また**モンスーン**の季節以外は極めて雨が少なく，**雨季**と**乾季**があるものを選べばよい。これにあたるのが，イである。

〔問2〕 イは石油依存の経済との説明から，アラブ首長国連邦のドバイの説明であることがわかる。ウはEUの中心的な貿易港であるとの説明から，オランダのロッテルダムのことだとわかる。エはASEANの中のハブ港との記述から，シンガポールであるとわかる。残るアは，釜山だとわかる。

〔問3〕 初めに，略地図中のW～Zの国を確定する。Wはペルー，Xはニカラグア，Yはフィリピン，Zはマレーシアである。このうちⅢの文章にある「1946年に独立し」,「1989年にAPECに参加し」,「人口が1億人を超え」に該当するのはフィリピンである。また，Ⅲの文章を読み，Ⅰの表を見ると，日本の輸入総額が1999年から2019年の間で2倍弱増加し，果実の輸入量が上位3位から脱落していることから，エがフィリピンに該当するとわかる。また，Ⅱの表で上位3か国に中華人民共和国が新たに入ったことから，エがフィリピンに該当するとわかる。

3 **(地理的分野―日本地理―地形・工業・交通・地形図の見方)**

〔問1〕 初めに，AからDの道県を確定する。Aが北海道，Bが兵庫県，Cが福岡県，Dが長崎県である。都道府県中で最も海岸線が長いのは北海道であり，Aはウである。次に長いのは長崎県であり，Dがエである。都道府県中で最も鉄鋼の生産量が多いのは愛知県であり，兵庫県は第2位である。Bがイである。残るCがアである。

〔問2〕 Ⅱは**北関東工業地域**の説明である。北関東工業地域では，輸送用機械の出荷額の割合が増えている。輸送用機械を作るためには広い工場敷地面積が必要であり，北関東では，広い敷地を安く確保できるからである。また，1980年に**関越自動車道**が開通し，群馬から東京への輸送が容易になった。1987年には**東北自動車道**が開通し，栃木から東京への輸送が容易になった。さらに2011年の**北関東自動車道**の開通によって，内陸地の群馬県や栃木県から太平洋岸に輸送しやすくなったこと等が要因である。飛躍的に**輸送用機械**の出荷額が伸びているアのグラフが該当する。略地図中のW～Zのうち，Wが北関東工業地域である。

〔問3〕〔変化〕 地区計画により，工場「☼」であった土地に，商業施設が建てられたことを簡潔に指摘すればよい。 〔要因〕 乗降客数が多い駅に近く，人が集まりやすいことを指摘すればよい。

4 **(歴史的分野―日本史時代別―古墳時代から平安時代・鎌倉時代から室町時代・安土桃山時代から江戸時代・明治時代から現代，―日本史テーマ別―政治史・社会史，―世界史―政治史)**

〔問1〕 アは8世紀の奈良時代の政策の様子である。イは11世紀の**後三条天皇**の時代の政策の様子である。ウは14世紀の**後醍醐天皇**の時代の政策の様子である。エは13世紀の鎌倉時代の政策の様子である。したがって，時代の古い順に並べると，ア→イ→エ→ウとなる。

〔問2〕 Ⅱは**太閤検地**の説明である。太閤検地は，**織田信長**の死後に**豊臣秀吉**によって行われた。略年表中のイの時期にあてはまる。

〔問3〕 ア 浅草から上野の間に**地下鉄**が開通したのは，1927年である。 イ **寛政の改革**が行われたのは，1787年から1793年である。 ウ **黒船**来航に備えて**台場**に砲台が設置されたのは，1853年からである。 エ **日英同盟**が締結されたのは，1902年である。したがって，時代の古い順に並べると，イ→ウ→エ→アとなる。

〔問4〕 **東西ドイツの統一**は1990年，**京都議定書**の採択は1997年，長野オリンピックは1998年に開催された。いずれも略年表のウの時期にあてはまる。

5 (公民的分野―基本的人権・経済一般・国の政治の仕組み)

〔問1〕 日本国憲法第21条には「集会，結社及び言論，出版その他一切の**表現の自由**は，これを保障する。」との規定があり，個人の心の中にある，意思，感情などを外部に明らかにすることを保障している。

〔問2〕 **第4次中東戦争**が勃発し，OPEC諸国は原油の値上げを決定し，いわゆる**石油危機**が起こったのは，1973年のことであり，ウの時期がこれにあたる。

〔問3〕 情報処理・通信に携わる人材は，我が国では，日本のグラフに見られるように，**情報通信技術**を提供する業種に就いている割合が72％と高い。これに対し，アメリカ合衆国のグラフでは，金融業・サービス業など情報通信技術を利用する業種に就いている割合が65.4％と高くなっている。このような趣旨のことを簡潔に述べればよい。

〔問4〕 **内閣委員会**は，**常任委員会**の一つで，内閣府の所管に属する事項のうち，他の常任委員会の所管に属さないものなどを扱う。常任委員会は国会に提出された法律案を，本会議の審議前に審議するので，BとCの間になる。

6 (歴史的分野―世界史―政治史，地理的分野―世界地理―都市・人口)

〔問1〕 ア **ビスマルク**の宰相在任中とは，19世紀後期である。 イ **冷戦**と呼ばれた東西の対立が起き，緊張が高まったのは，20世紀後期である。 ウ **ニューディール政策**は，20世紀前期にアメリカで行われた。 エ **マリア・テレジア**がハプスブルク家の皇帝フランツ1世の皇后にして共同統治者の地位にあったのは，18世紀である。したがって，時代の古い順に並べると，エ→ア→ウ→イとなる。

〔問2〕 Ⅱの文章は，「イギリス系住民」「フランス系住民」の記述から，カナダの説明であることがわかる。A～Dのうち，五大湖の一部が描かれているBがカナダである。カナダの首都オタワの位置は，ア～ウのうち，イである。

〔問3〕 Ⅱの文章は，「オランダから独立」「イスラム教徒が8割を超える」との記述から，インドネシアを指していることがわかる。1950年に人口差が100万人を下回っており，1990年には約7倍，その後は緩やかな拡大傾向が続いているグラフは，Xである。

2022年度英語 リスニングテスト

〔放送台本〕

これから，リスニングテストを行います。リスニングテストは，全て放送による指示で行います。リスニングテストの問題には，問題Aと問題Bの二つがあります。問題Aと，問題Bの<Question 1>では，質問に対する答えを選んで，その記号を答えなさい。問題Bの<Question 2>では，質問に対する答えを英語で書きなさい。英文とそのあとに出題される質問が，それぞれ全体を通して二回ずつ読まれます。問題用紙の余白にメモをとってもかまいません。答えは全て解答用紙に書きなさい。

〔問題A〕

問題Aは，英語による対話文を聞いて，英語の質問に答えるものです。ここで話される対話文は全部で三つあり，それぞれ質問が一つずつ出題されます。質問に対する答えを選んで，その記号を答えなさい。では，<対話文1>を始めます。

Sakura: Hi, Tom, do you think it's going to rain this afternoon?

Tom: Hi, Sakura. I don't think so.

Sakura: Really? It was sunny this morning, but it's cloudy now. If it rains, we will have to change our plan to practice tennis this afternoon.

Tom: Don't worry. We won't have to do that. The weather news says it will rain tomorrow morning, but not today.

Sakura: I'm glad to hear that.

Tom: Let's talk about today's practice on the phone this evening.

Sakura: Sure.

Question : When will Sakura and Tom practice tennis?

＜対話文2＞を始めます。

Jane: Excuse me. I'm Jane. I'm a new student. Can you help me?

Bob: Hi, Jane. I'm Bob. What's the problem?

Jane: I want to see Ms. Brown. Can you tell me the way to the teacher's room?

Bob: Well, she is usually in the music room.

Jane: I see. So, where is the music room?

Bob: Can you see the library? Turn right at the library and you'll see the music room next to the art room. Also, she sometimes reads some books in the library.

Jane: Thanks. I will go to the library first.

Bob: I hope you find her.

Question : Where will Jane go first?

＜対話文3＞を始めます。

Girl: My school looks new, but it has a long history.

Boy: What do you mean?

Girl: The building is new, but my school will be one hundred years old next year.

Boy: Really?

Girl: Yes. My grandfather was a student of the same school sixty years ago.

Boy: Oh, how old is your grandfather?

Girl: He will be seventy-two years old this year.

Boy: Oh, is that right?

Girl: Yes. We sometimes sing our school song together.

Boy: Sounds nice!

Question : How old is the school now?

〔英文の訳〕

<対話文1>

サクラ：こんにちは，トム，今日の午後雨が降ると思う？

トム　：こんにちは，サクラ。そうは思わないよ。

サクラ：本当？　今朝は天気が良かったけど今は曇ってるね。もし雨が降ったら午後のテニスの練習予定を変えないといけないね。

トム　：心配ないよ。そうする必要はないよ。天気予報は今日じゃなくて明日の朝に降るって言ってるよ。

サクラ：それを聞いてよかったわ。

トム　：今晩電話で今日の練習について話そう。

サクラ：わかった。

質問：サクラとトムはいつテニスを練習しますか？

答え：ア　今日の午後。

<対話文2>

ジェーン：すみません。私はジェーンです。新しい生徒です。手伝ってもらえますか？

ボブ　　：こんにちは，ジェーン。僕はボブ。どうしましたか？

ジェーン：ブラウン先生に会いたいんです。教員室への行き方を教えてくれませんか。

ボブ　　：ああ，彼女はたいてい音楽室にいますよ。

ジェーン：そうですか。じゃあ音楽室はどこですか。

ボブ　　：図書館が見えますか？　図書館を右に曲がると美術室のとなりに音楽室が見えます。あと彼女は図書館でときどき本を読みます。

ジェーン：ありがとう。まず図書館に行きますね。

ボブ　　：彼女が見つかるといいですね。

質問：ジェーンは最初にどこへ行きますか？

答え：ウ　図書館へ。

<対話文3>

女の子：私の学校は新しく見えるけど長い歴史があるのよ。

男の子：どういう意味？

女の子：建物は新しいけど私の学校は来年で100年になるの。

男の子：本当に？

女の子：うん。祖父は60年前に同じ学校の生徒だったの。

男の子：ええ，おじいさんは何歳なの？

女の子：今年72歳になるよ。

男の子：ええ，そうなの？

女の子：うん。時々一緒に校歌を歌うよ。

男の子：いいね！

質問：今この学校は何周年になりますか？

答え：イ　99年。

〔放送台本〕

〔問題B〕

これから聞く英語は，カナダの中学生の Cathy が，日本の中学生とのオンライン交流で行ったスピーチです。内容に注意して聞きなさい。あとから，英語による質問が二つ出題されます。<Question 1>では，質問に対する答えを選んで，その記号を答えなさい。<Question 2>では，質問に対する答えを英語で書きなさい。なお，<Question 2>のあとに，15秒程度，答えを書く時間があります。
では，始めます。

Hello, everyone! My name is Cathy. I'm fifteen years old. I'm happy to meet you on the Internet today.

First, I will talk about my country. In summer, many people enjoy walking and bird watching in the mountains. I often go to a swimming pool during summer vacation. In winter, many people enjoy watching basketball games. They are very exciting, and I like to watch them, too. Also, people enjoy skiing. The mountains are beautiful with snow. I go skiing with my family every year. I like skiing the best of all sports. I have learned that there are a lot of places for skiing in Japan. Do you like winter sports?

Next, I will tell you about things I want to know about Japan. I'm very interested in Japanese movies. I think the stories are interesting. I want you to tell me about some popular Japanese movies. I'm looking for a new one to enjoy watching. Let's have fun on the Internet today.

<Question 1> What sport does Cathy like the best?
<Question 2> What does Cathy think about the stories in Japanese movies?

〔英文の訳〕

みなさん，こんにちは！　私の名前はキャシーです。15歳です。今日はインターネットでみなさんにお会いできて嬉しいです。

まず，私の国について話します。夏は多くの人たちが山で歩いたりバードウオッチングをしたりして楽しみます。私は夏休みの間よくプールに行きます。冬は多くの人たちがバスケットボールの試合を見て楽しみます。とてもワクワクするし私も見るのが好きです。またみんなスキーを楽しみます。山は雪をかぶって美しいです。私は毎年家族とスキーに行きます。全てのスポーツの中でスキーが一番好きです。日本にはたくさんのスキー場があると知りました。みなさんは冬のスポーツは好きですか？

次に，私が日本について知っていることについて話します。私は日本の映画にとても興味があります。ストーリーが面白いと思います。人気の日本映画についてみなさんに教えてもらいたいです。見て楽しめる映画を今探しています。今日はインターネットで楽しみましょう。

質問1：キャシーが一番好きなスポーツは何ですか？
答え　：エ　スキー。
質問2：日本映画のストーリーについてキャシーはどう思っていますか？
答え　：(例)それは面白い。

MEMO

大切なことはメモしておこうネ！

東京都公立高等学校

2021年度

★★★★★★★★★★★★★★★★★★★★★★★

共通問題(理科・社会)

●くわしい解説……29ページ

＜理科＞

時間　50分　　満点　100点

1　次の各問に答えよ。

〔問1〕　図1は，ヒトのからだの器官を模式的に表したものである。消化された養分を吸収する器官を図1のA，Bから一つ，アンモニアを尿素《にょうそ》に変える器官を図1のC，Dから一つ，それぞれ選び，組み合わせたものとして適切なのは，次のうちではどれか。

ア　A，C

イ　A，D

ウ　B，C

エ　B，D

図1

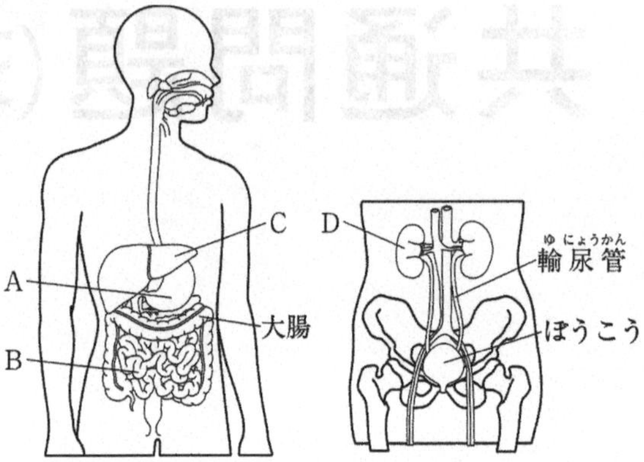

〔問2〕　音さXと音さYの二つの音さがある。音さXをたたいて出た音をオシロスコープで表した波形は，図2のようになった。図中のAは1回の振動にかかる時間を，Bは振幅を表している。音さYをたたいて出た音は，図2で表された音よりも高くて大きかった。この音をオシロスコープで表した波形を図2と比べたとき，波形の違いとして適切なのは，次のうちではどれか。

ア　Aは短く，Bは大きい。

イ　Aは短く，Bは小さい。

ウ　Aは長く，Bは大きい。

エ　Aは長く，Bは小さい。

図2

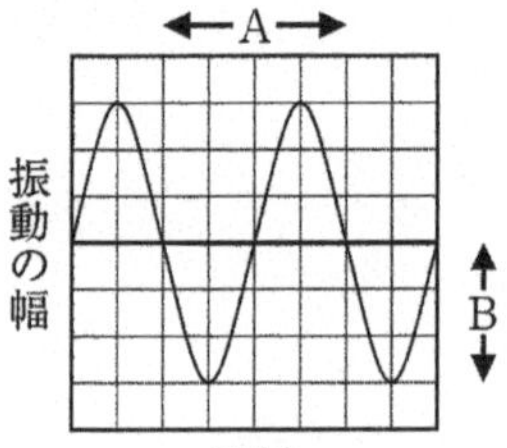

〔問3〕　表1は，ある場所で起きた震源が浅い地震の記録のうち，観測地点A～Cの記録をまとめたものである。この地震において，震源からの距離《きょり》が90kmの地点で初期微動の始まった時刻は10時10分27秒であった。震源からの距離が90kmの地点で主要動の始まった時刻として適切なのは，下の**ア**～**エ**のうちではどれか。

ただし，地震の揺《ゆ》れを伝える2種類の波は，それぞれ一定の速さで伝わるものとする。

表1

観測地点	震源からの距離	初期微動の始まった時刻	主要動の始まった時刻
A	36km	10時10分18秒	10時10分20秒
B	54km	10時10分21秒	10時10分24秒
C	108km	10時10分30秒	10時10分36秒

ア　10時10分28秒　　**イ**　10時10分30秒　　**ウ**　10時10分31秒　　**エ**　10時10分32秒

〔問4〕 スライドガラスの上に溶液Aをしみ込ませたろ紙を置き，図3のように，中央に ✖ 印を付けた2枚の青色リトマス紙を重ね，両端をクリップで留めた。薄い塩酸と薄い水酸化ナトリウム水溶液を青色リトマス紙のそれぞれの ✖ 印に少量付けたところ，一方が赤色に変色した。両端のクリップを電源装置につないで電流を流したところ，赤色に変色した部分は陰極側に広がった。このとき溶液Aとして適切なのは，下の ① のア～エのうちではどれか。また，青色リトマス紙を赤色に変色させたイオンとして適切なのは，下の ② のア～エのうちではどれか。

図3

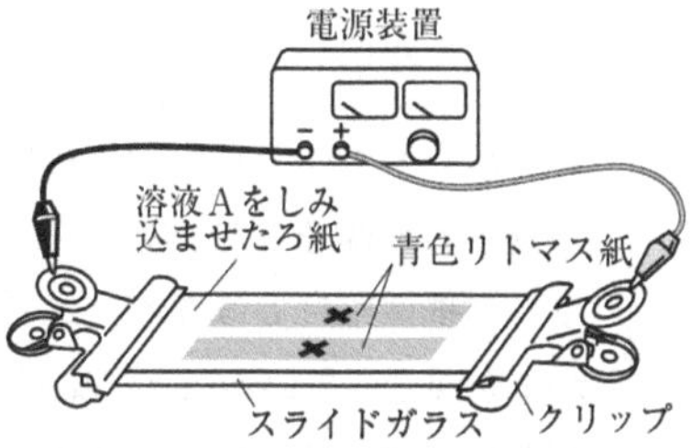

① **ア** エタノール水溶液　**イ** 砂糖水　**ウ** 食塩水　**エ** 精製水（蒸留水）

② **ア** H^+　**イ** Cl^-　**ウ** Na^+　**エ** OH^-

〔問5〕 エンドウの丸い種子の個体とエンドウのしわのある種子の個体とをかけ合わせたところ，得られた種子は丸い種子としわのある種子であった。かけ合わせた丸い種子の個体としわのある種子の個体のそれぞれの遺伝子の組み合わせとして適切なのは，下の**ア**～**エ**のうちではどれか。

ただし，種子の形の優性形質（丸）の遺伝子をA，劣性形質（しわ）の遺伝子をａとする。

ア ＡＡとＡａ
イ ＡＡとａａ
ウ ＡａとＡａ
エ Ａａとａａ

〔問6〕 図4のA～Cは，机の上に物体を置いたとき，机と物体に働く力を表している。力のつり合いの関係にある2力と作用・反作用の関係にある2力とを組み合わせたものとして適切なのは，下の表の**ア**～**エ**のうちではどれか。

ただし，図4ではA～Cの力は重ならないように少しずらして示している。

図4

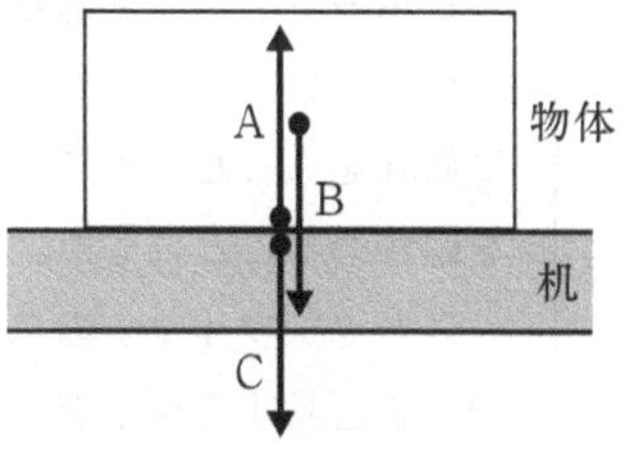

A：机が物体を押す力
B：物体に働く重力
C：物体が机を押す力

	力のつり合いの関係にある2力	作用・反作用の関係にある2力
ア	AとB	AとB
イ	AとB	AとC
ウ	AとC	AとB
エ	AとC	AとC

2　生徒が，毎日の暮らしの中で気付いたことを，科学的に探究しようと考え，自由研究に取り組んだ。生徒が書いたレポートの一部を読み，次の各問に答えよ。

<レポート1>　しらす干しに混じる生物について

食事の準備をしていると，しらす干しの中にはイワシの稚魚だけではなく，エビのなかまやタコのなかまが混じっていることに気付いた。しらす干しは，製造する過程でイワシの稚魚以外の生物を除去していることが分かった。そこで，除去する前にどのような生物が混じっているのかを確かめることにした。

しらす漁の際に捕れた，しらす以外の生物が多く混じっているものを購入《こうにゅう》し，それぞれの生物の特徴を観察し，表1のように4グループに分類した。

表1

グループ	生物
A	イワシ・アジのなかま
B	エビ・カニのなかま
C	タコ・イカのなかま
D	二枚貝のなかま

〔問1〕　<レポート1>から，生物の分類について述べた次の文章の ① と ② にそれぞれ当てはまるものとして適切なのは，下のア～エのうちではどれか。

表1の4グループを，セキツイ動物とそれ以外の生物で二つに分類すると，セキツイ動物のグループは， ① である。また，軟体動物《なんたいどうぶつ》とそれ以外の生物で二つに分類すると，軟体動物のグループは， ② である。

①　ア　A　　イ　AとB　　ウ　AとC　　エ　AとBとD

②　ア　C　　イ　D　　ウ　CとD　　エ　BとCとD

<レポート2>　おもちゃの自動車の速さについて

ぜんまいで動くおもちゃの自動車で弟と遊んでいたときに，本物の自動車の速さとの違いに興味をもった。そこで，おもちゃの自動車が運動する様子をビデオカメラで撮影し，速さを確かめることにした。

ストップウォッチのスタートボタンを押すと同時におもちゃの自動車を走らせて，方眼紙の上を運動する様子を，ビデオカメラの位置を固定して撮影した。おもちゃの自動車が運動を始めてから0.4秒後，0.5秒後及び0.6秒後の画像は，図1のように記録されていた。

図1

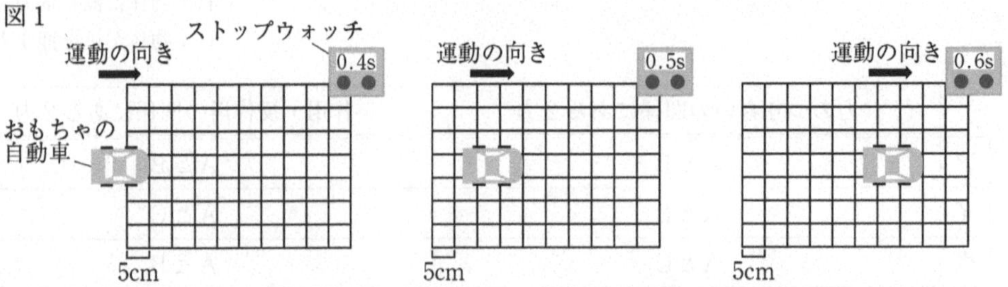

〔問2〕　<レポート2>から，おもちゃの自動車が運動を始めて0.4秒後から0.6秒後までの平均の速さとして適切なのは，次のうちではどれか。

ア　2.7km/h　　イ　5.4km/h　　ウ　6.3km/h　　エ　12.6km/h

＜レポート３＞　プラスチックごみの分別について

ペットボトルを資源ごみとして分別するため，ボトル，ラベル，キャップに分けて水を入れた洗いおけの中に入れた。すると，水で満たされたボトルとラベルは水に沈み，キャップは水に浮くことに気付いた。ボトルには，図２の表示があったのでプラスチックの種類はＰＥＴであることが分かったが，ラベルには，プラスチックの種類の表示がなかったため分からなかった。そこで，ラベルのプラスチックの種類を調べるため食塩水を作り，食塩水への浮き沈みを確かめることにした。

図２

水50cm^3に食塩15ｇを加え，体積を調べたところ55cm^3であった。この食塩水に小さく切ったラベルを，空気の泡が付かないように全て沈めてから静かに手を放した。すると，小さく切ったラベルは食塩水に浮いた。

また，ペットボトルに使われているプラスチックの種類を調べたところ，表２のうちの，いずれかであることが分かった。

表２

プラスチックの種類	密度〔g/cm^3〕
ポリエチレンテレフタラート	1.38～1.40
ポリスチレン	1.05～1.07
ポリエチレン	0.92～0.97
ポリプロピレン	0.90～0.92

〔問３〕　**＜レポート３＞**から，食塩水に浮いたラベルのプラスチックの種類として適切なのは，下の**ア**～**エ**のうちではどれか。

ただし，ラベルは１種類のプラスチックからできているものとする。

ア　ポリエチレンテレフタラート　　**イ**　ポリスチレン
ウ　ポリエチレン　　**エ**　ポリプロピレン

＜レポート４＞　夜空に見える星座について

毎日同じ時刻に戸じまりをしていると，空に見える星座の位置が少しずつ移動して見えることに気付いた。そこで，南の空に見られるオリオン座の位置を，同じ時刻に観察して確かめることにした。

方位磁針を使って東西南北を確認《かくにん》した後，午後10時に地上の景色と共にオリオン座の位置を記録した。11月15日から１か月ごとに記録した結果は，図３のようになり，１月15日のオリオン座は真南に見えた。

図３

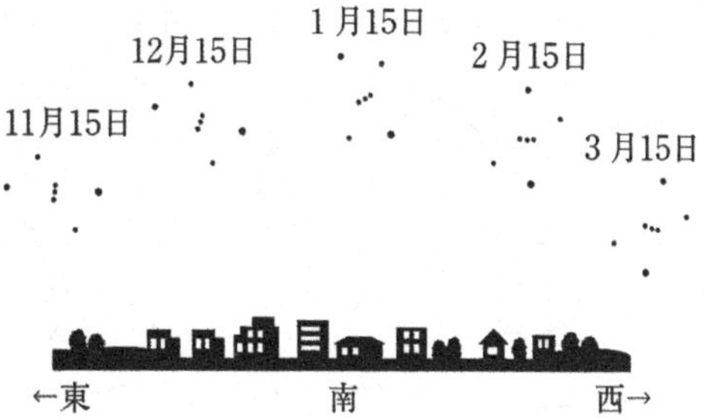

〔問４〕　**＜レポート４＞**から，２月15日にオリオン座が真南に見える時刻として適切なのは，次のうちではどれか。

ア　午前０時頃《ごろ》　**イ**　午前２時頃　**ウ**　午後６時頃　**エ**　午後８時頃

3 天気の変化と気象観測について，次の各問に答えよ。

＜観測＞を行ったところ，＜結果＞のようになった。

＜観測＞

天気の変化について調べるために，ある年の３月31日から連続した３日間，観測地点Ｐにおいて，気象観測を行った。気温，湿度，気圧は自動記録計により測定し，天気，風向，風力，天気図はインターネットで調べた。図１は観測地点Ｐにおける１時間ごとの気温，湿度，気圧の気象データを基に作成したグラフと，３時間ごとの天気，風向，風力の気象データを基に作成した天気図記号を組み合わせたものである。図２，図３，図４はそれぞれ３月31日から４月２日までの12時における日本付近の天気図であり，前線Ｘ（▼▼）は観測を行った期間に観測地点Ｐを通過した。

＜結果＞

図１

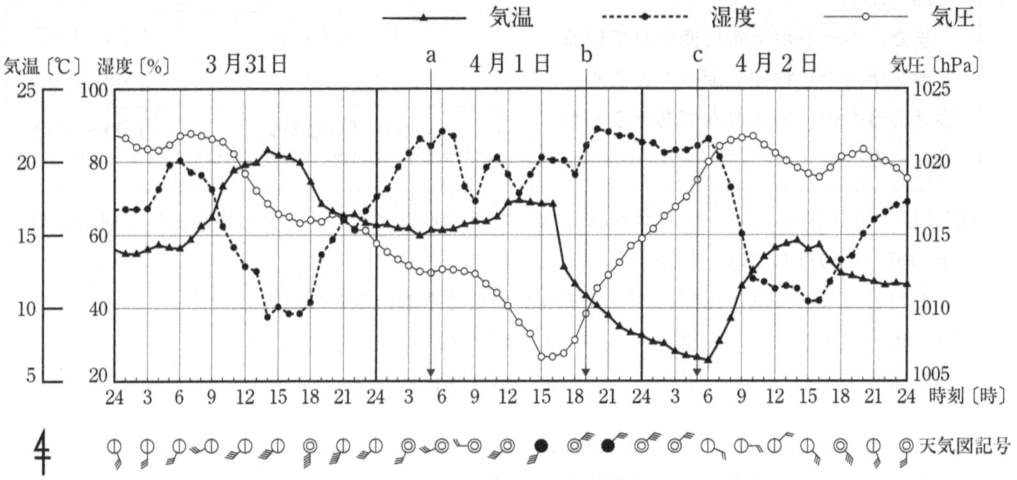

図２　３月31日12時の天気図

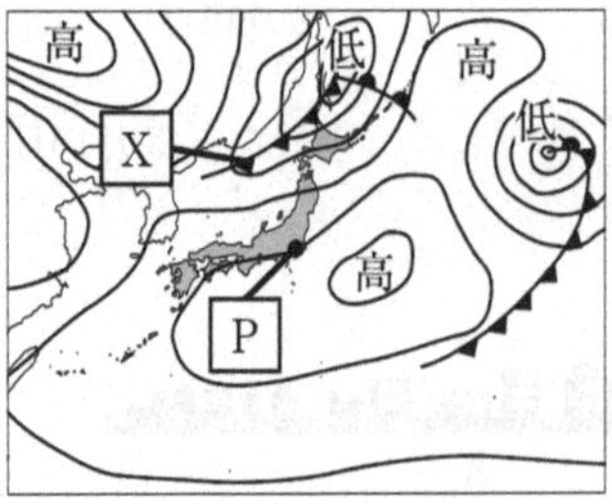

図３　４月１日12時の天気図

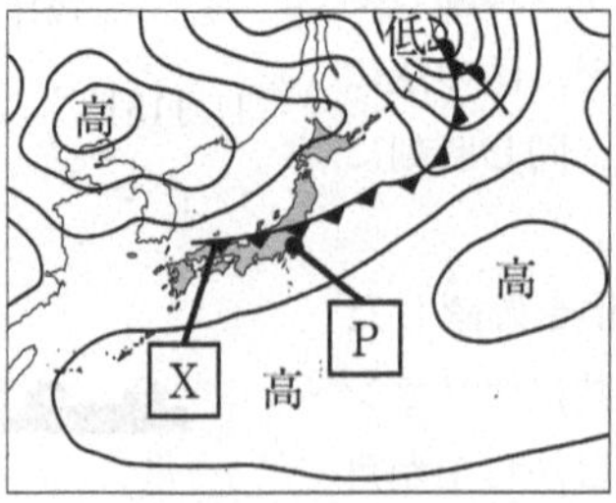

図４　４月２日12時の天気図

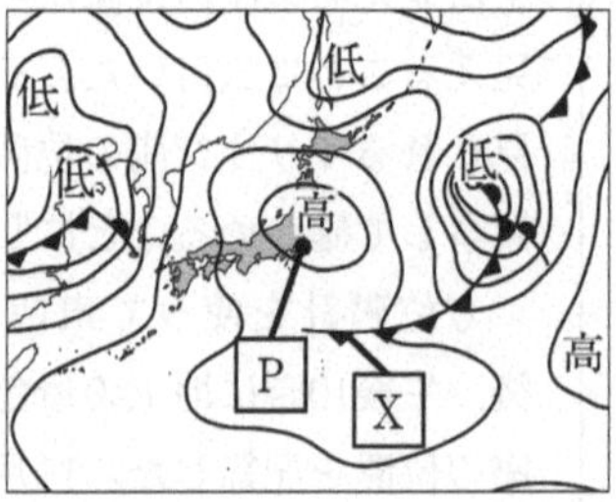

〔問１〕　＜結果＞の図１のａ，ｂ，ｃの時刻における湿度は全て84％であった。ａ，ｂ，ｃの時刻における空気中の水蒸気の量をそれぞれＡ〔g/m^3〕，Ｂ〔g/m^3〕，Ｃ〔g/m^3〕としたとき，Ａ，Ｂ，Ｃの関係を適切に表したものは，次のうちではどれか。

ア　Ａ＝Ｂ＝Ｃ　　**イ**　Ａ＜Ｂ＜Ｃ　　**ウ**　Ｂ＜Ａ＜Ｃ　　**エ**　Ｃ＜Ｂ＜Ａ

〔問２〕　＜結果＞の図１から分かる，３月31日の天気の概況について述べた次のページの文章の ① ～ ③ にそれぞれ当てはまるものとして適切なのは，あとの**ア**～**ウ**のうちではどれか。

> 日中の天気はおおむね ① で，② が吹く。③ は日が昇るとともに上がり始め，昼過ぎに最も高くなり，その後しだいに下がる。

① **ア**　快晴　　**イ**　晴れ　　**ウ**　くもり

② **ア**　東寄りの風　　**イ**　北寄りの風　　**ウ**　南寄りの風

③ **ア**　気温　　**イ**　湿度　　**ウ**　気圧

〔問３〕 **＜結果＞**から，４月１日の15時～18時の間に前線Ｘが観測地点Ｐを通過したと考えられる。前線Ｘが通過したときの観測地点Ｐの様子として適切なのは，下の ① の**ア**～**エ**のうちではどれか。また，図４において，観測地点Ｐを覆《おお》う高気圧の中心付近での空気の流れについて述べたものとして適切なのは，下の ② の**ア**～**エ**のうちではどれか。

① **ア**　気温が上がり，風向は北寄りに変化した。

イ　気温が上がり，風向は南寄りに変化した。

ウ　気温が下がり，風向は北寄りに変化した。

エ　気温が下がり，風向は南寄りに変化した。

② **ア**　地上から上空へ空気が流れ，地上では周辺から中心部へ向かって風が吹き込む。

イ　地上から上空へ空気が流れ，地上では中心部から周辺へ向かって風が吹き出す。

ウ　上空から地上へ空気が流れ，地上では周辺から中心部へ向かって風が吹き込む。

エ　上空から地上へ空気が流れ，地上では中心部から周辺へ向かって風が吹き出す。

〔問４〕 日本には，季節の変化があり，それぞれの時期において典型的な気圧配置が見られる。次の**ア**～**エ**は，つゆ（６月），夏（８月），秋（11月），冬（２月）のいずれかの典型的な気圧配置を表した天気図である。つゆ，夏，秋，冬の順に記号を並べよ。

ア

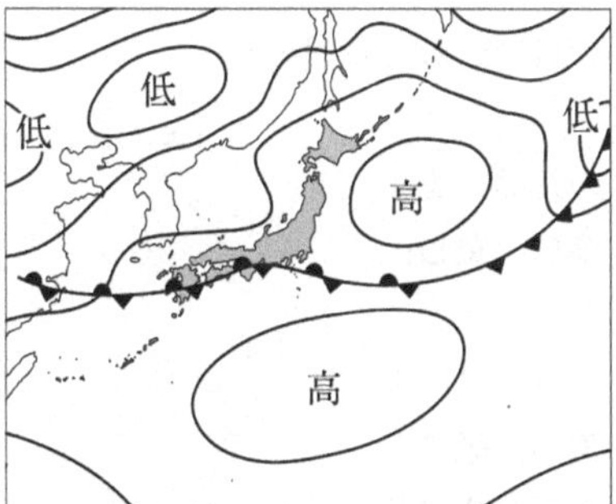

イ

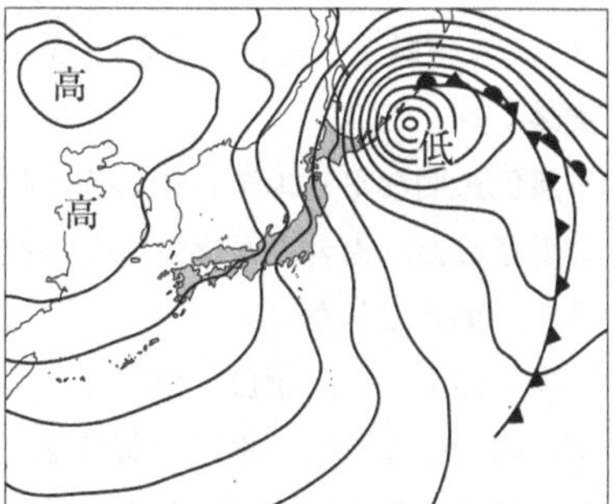

ウ

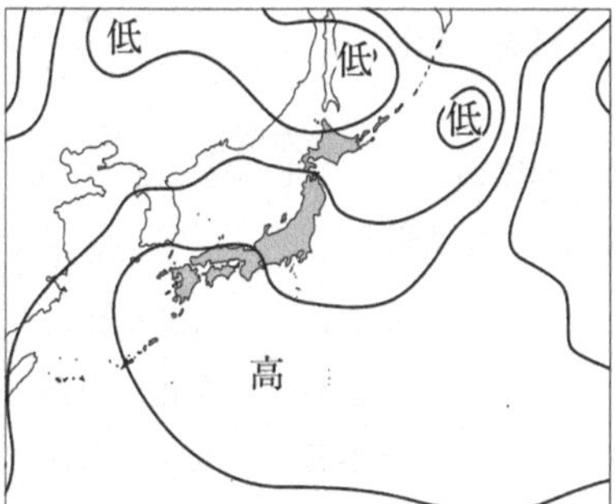

エ

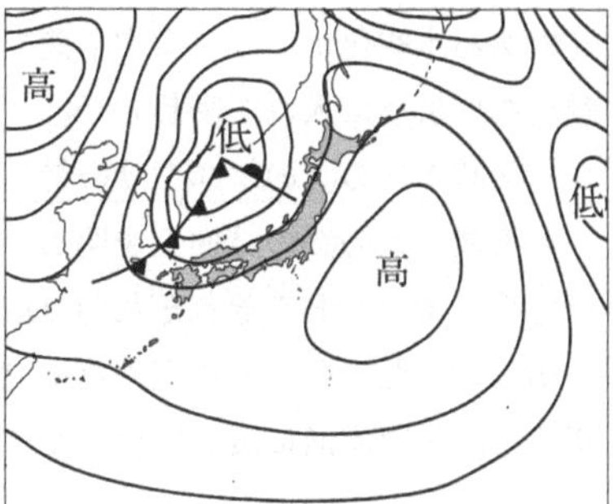

4　ツユクサを用いた観察，実験について，次の各問に答えよ。

<観察>を行ったところ，**<結果1>**のようになった。

<観察>

(1)　ツユクサの葉の裏側の表皮をはがし，スライドガラスの上に載せ，水を1滴《てき》落とし，プレパラートを作った。

(2)　(1)のプレパラートを顕微鏡《けんびきょう》で観察した。

(3)　(1)の表皮を温めたエタノールに入れ，脱色されたことを顕微鏡で確認《かくにん》した後，スライドガラスの上に載せ，ヨウ素液を1滴落とし，プレパラートを作った。

(4)　(3)のプレパラートを顕微鏡で観察した。

図1

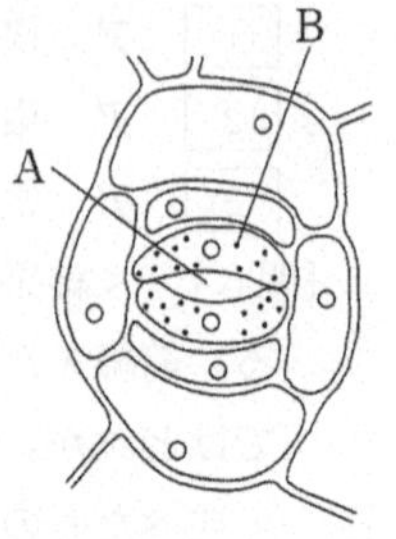

<結果1>

(1)　**<観察>**の(2)では，図1のAのような2個の三日月形の細胞で囲まれた隙間《すきま》が観察された。三日月形の細胞にはBのような緑色の粒《つぶ》が複数見られた。

(2)　**<観察>**の(4)では，**<結果1>**の(1)のBが青紫色に変化した。

〔問1〕　**<結果1>**で観察されたAについて述べたものと，Bについて述べたものとを組み合わせたものとして適切なのは，次の表の**ア**～**エ**のうちではどれか。

	Aについて述べたもの	Bについて述べたもの
ア	酸素，二酸化炭素などの気体の出入り口である。	植物の細胞に見られ，酸素を作る。
イ	酸素，二酸化炭素などの気体の出入り口である。	植物の細胞の形を維持《いじ》する。
ウ	細胞の活動により生じた物質を蓄《たくわ》えている。	植物の細胞に見られ，酸素を作る。
エ	細胞の活動により生じた物質を蓄えている。	植物の細胞の形を維持する。

次に，**<実験1>**を行ったところ，**<結果2>**のようになった。

図2

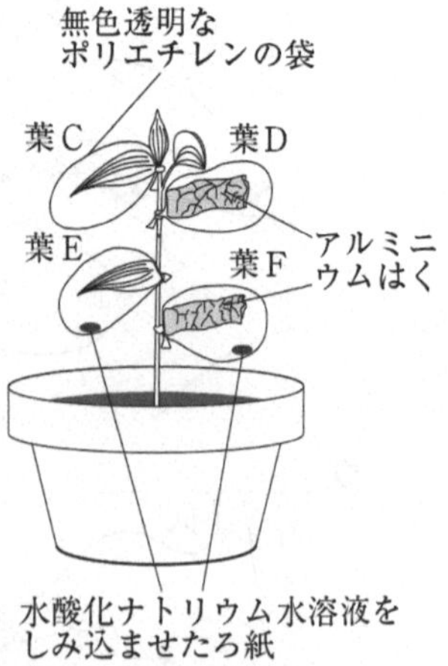

<実験1>

(1)　無色透明なポリエチレンの袋4枚と，ツユクサの鉢《はち》植《う》えを1鉢用意した。大きさがほぼ同じ4枚の葉を選び，葉C，葉D，葉E，葉Fとした。

(2)　図2のように，葉D・葉Fは，それぞれアルミニウムはくで葉の両面を覆《おお》った。葉C，葉Dは，それぞれ袋で覆い，紙ストローで息を吹き込み密封した。葉E，葉Fは，それぞれ袋で覆い，紙ストローで息を吹き込んだ後，二酸化炭素を吸収する性質のある水酸化ナトリウム水溶液をしみ込ませたろ紙を，葉に触れないように入れて密封した。

(3)　**<実験1>**の(2)のツユクサの鉢植えを暗室に24時間置いた。

(4)　**<実験1>**の(3)の鉢植えを明るい場所に3時間置いた後，葉C～Fをそれぞれ切り取った。

(5)　切り取った葉C～Fを温めたエタノールに入れて脱色し，ヨウ素液に浸して色の変化を調べた。

<結果2>

	色の変化
葉C	青紫色に変化した。
葉D	変化しなかった。
葉E	変化しなかった。
葉F	変化しなかった。

〔問2〕　**＜実験1＞**の(3)の下線部のように操作する理由として適切なのは，下の ① の**ア**～**ウ**のうちではどれか。また，**＜結果2＞**から，光合成には二酸化炭素が必要であることを確かめるための葉の組合せとして適切なのは，下の ② の**ア**～**ウ**のうちではどれか。

① **ア**　葉にある水を全て消費させるため。
　イ　葉にある二酸化炭素を全て消費させるため。
　ウ　葉にあるデンプンを全て消費させるため。

② **ア**　葉Cと葉D　**イ**　葉Cと葉E　**ウ**　葉Dと葉F

次に，**＜実験2＞**を行ったところ，**＜結果3＞**のようになった。

＜実験2＞

(1)　明るさの度合いを1，2の順に明るくすることができる照明器具を用意した。葉の枚数や大きさ，色が同程度のツユクサを入れた同じ大きさの無色透明なポリエチレンの袋を3袋用意し，袋G，袋H，袋Iとした。

(2)　袋G～Iのそれぞれの袋に，紙ストローで息を十分に吹き込み，二酸化炭素の割合を気体検知管で測定した後，密封した。

(3)　袋Gは，暗室に5時間置いた後，袋の中の二酸化炭素の割合を気体検知管で測定した。

(4)　袋Hは，図3のように，照明器具から1m離れたところに置き，明るさの度合いを1にして5時間光を当てた後，袋の中の二酸化炭素の割合を気体検知管で測定した。

(5)　袋Iは，図3のように，照明器具から1m離れたところに置き，明るさの度合いを2にして5時間光を当てた後，袋の中の二酸化炭素の割合を気体検知管で測定した。

図3

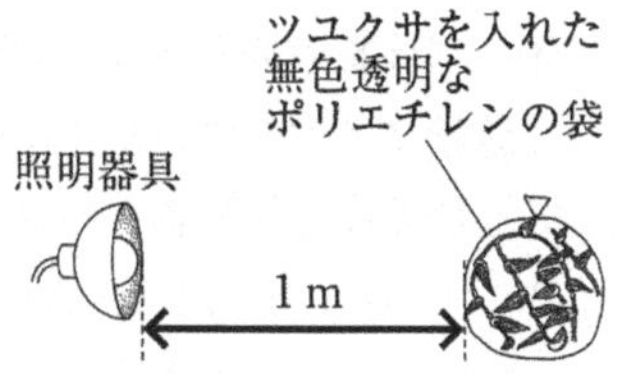

＜結果3＞

		暗い → 明るい		
		袋G 暗室	袋H 明るさの度合い1	袋I 明るさの度合い2
二酸化炭素の割合〔%〕	実験前	4.0	4.0	4.0
	実験後	7.6	5.6	1.5

〔問3〕　**＜結果3＞**から，袋Hと袋Iのそれぞれに含《ふく》まれる二酸化炭素の量の関係について述べたものとして適切なのは，下の ① の**ア**～**ウ**のうちではどれか。また，**＜結果2＞**と**＜結果3＞**から，袋Hと袋Iのそれぞれのツユクサでできるデンプンなどの養分の量の関係について述べたものとして適切なのは，次のページの ② の**ア**～**ウ**のうちではどれか。

① **ア**　呼吸によって出される二酸化炭素の量よりも，光合成によって使われた二酸化炭素の量の方が多いのは，袋Hである。
　イ　呼吸によって出される二酸化炭素の量よりも，光合成によって使われた二酸化炭素の量の方が多いのは，袋Iである。
　ウ　袋Hも袋Iも呼吸によって出される二酸化炭素の量と光合成によって使われた二酸化炭素の量は，同じである。

②　ア　デンプンなどの養分のできる量が多いのは，袋Hである。
　　イ　デンプンなどの養分のできる量が多いのは，袋Iである。
　　ウ　袋Hと袋Iでできるデンプンなどの養分の量は，同じである。

5　物質の変化やその量的な関係を調べる実験について，次の各問に答えよ。
　＜実験１＞を行ったところ，＜結果１＞のようになった。

＜実験１＞

(1)　乾いた試験管Aに炭酸水素ナトリウム2.00gを入れ，ガラス管をつなげたゴム栓《せん》をして，試験管Aの口を少し下げ，スタンドに固定した。

図１

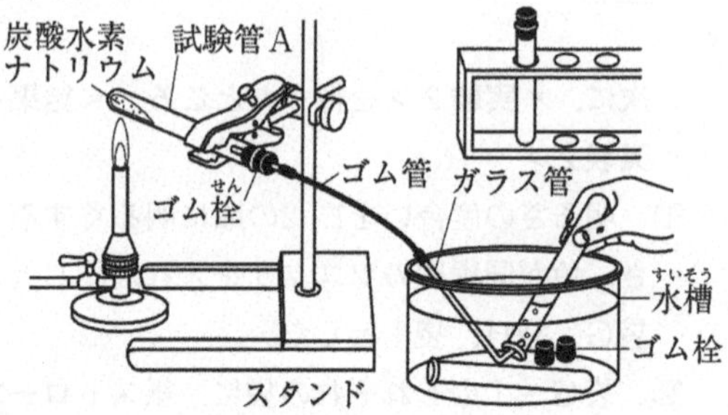

(2)　図１のように，試験管Aを加熱したところ，ガラス管の先から気体が出てきたことと，試験管Aの内側に液体が付いたことが確認《かくにん》できた。出てきた気体を３本の試験管に集めた。

(3)　ガラス管を水槽《すいそう》の水の中から取り出した後，試験管Aの加熱をやめ，試験管Aが十分に冷めてから試験管Aの内側に付いた液体に青色の塩化コバルト紙を付けた。

(4)　気体を集めた３本の試験管のうち，１本目の試験管には火のついた線香を入れ，２本目の試験管には火のついたマッチを近付け，３本目の試験管には石灰水《せっかいすい》を入れてよく振った。

(5)　加熱後の試験管Aの中に残った物質の質量を測定した。

(6)　水5.0cm^3を入れた試験管を２本用意し，一方の試験管には炭酸水素ナトリウムを，もう一方の試験管には＜実験１＞の(5)の物質をそれぞれ1.00g入れ，水への溶け方を観察した。

＜結果１＞

塩化コバルト紙の色の変化	火のついた線香の変化	火のついたマッチの変化	石灰水の変化	加熱後の物質の質量	水への溶け方
青色から赤色（桃色《ももいろ》）に変化した。	線香の火が消えた。	変化しなかった。	白く濁った。	1.26g	炭酸水素ナトリウムは溶け残り，加熱後の物質は全て溶けた。

〔問１〕　＜実験１＞の(3)の下線部のように操作する理由として適切なのは，下の ① のア～エのうちではどれか。また，＜実験１＞の(6)の炭酸水素ナトリウム水溶液と加熱後の物質の水溶液のpHの値《あたい》について述べたものとして適切なのは，下の ② のア～ウのうちではどれか。

①　ア　試験管A内の気圧が上がるので，試験管Aのゴム栓が飛び出すことを防ぐため。
　　イ　試験管A内の気圧が上がるので，水槽の水が試験管Aに流れ込むことを防ぐため。
　　ウ　試験管A内の気圧が下がるので，試験管Aのゴム栓が飛び出すことを防ぐため。
　　エ　試験管A内の気圧が下がるので，水槽の水が試験管Aに流れ込むことを防ぐため。

②　ア　炭酸水素ナトリウム水溶液よりも加熱後の物質の水溶液の方がpHの値が小さい。
　　イ　炭酸水素ナトリウム水溶液よりも加熱後の物質の水溶液の方がpHの値が大きい。
　　ウ　炭酸水素ナトリウム水溶液と加熱後の物質の水溶液のpHの値は同じである。

〔問2〕　＜**実験1**＞の⑵で試験管A内で起きている化学変化と同じ種類の化学変化として適切なのは，下の ① の**ア**～**エ**のうちではどれか。また，＜**実験1**＞の⑵で試験管A内で起きている化学変化をモデルで表した図2のうち，ナトリウム原子1個を表したものとして適切なのは，下の ② の**ア**～**エ**のうちではどれか。

① **ア**　酸化銀を加熱したときに起こる化学変化
イ　マグネシウムを加熱したときに起こる化学変化
ウ　鉄と硫黄《いおう》の混合物を加熱したときに起こる化学変化
エ　鉄粉と活性炭の混合物に食塩水を数滴《すうてき》加えたときに起こる化学変化

図2

（●，○，◎，◎，◎，■）（●，○，◎，◎，◎，■）→（○，◎，◎，◎，■，■）＋（○，◎，◎）＋（●，●，◎）

② **ア**　●　**イ**　○　**ウ**　◎　**エ**　■

次に，＜**実験2**＞を行ったところ，＜**結果2**＞のようになった。

＜**実験2**＞

⑴　乾いたビーカーに薄い塩酸10.0cm^{3}を入れ，図3のようにビーカーごと質量を測定し，反応前の質量とした。

⑵　炭酸水素ナトリウム0.50gを，＜**実験2**＞の⑴の薄い塩酸の入っているビーカーに少しずつ入れたところ，気体が発生した。気体の発生が止まった後，ビーカーごと質量を測定し，反応後の質量とした。

⑶　＜**実験2**＞の⑵で，ビーカーに入れる炭酸水素ナトリウムの質量を，1.00g，1.50g，2.00g，2.50g，3.00gに変え，それぞれについて＜**実験2**＞の⑴，⑵と同様の実験を行った。

図3

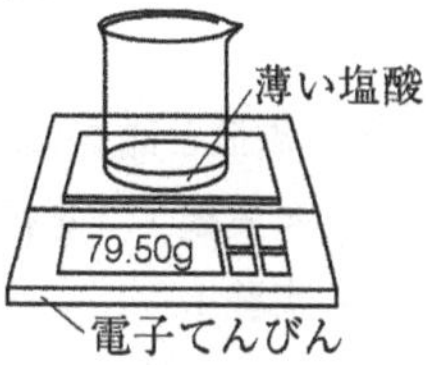

＜**結果2**＞

反応前の質量〔g〕	79.50	79.50	79.50	79.50	79.50	79.50
炭酸水素ナトリウムの質量〔g〕	0.50	1.00	1.50	2.00	2.50	3.00
反応後の質量〔g〕	79.74	79.98	80.22	80.46	80.83	81.33

〔問3〕　＜**結果2**＞から，炭酸水素ナトリウムの質量と発生した気体の質量との関係を表したグラフとして適切なのは，次のうちではどれか。

ア

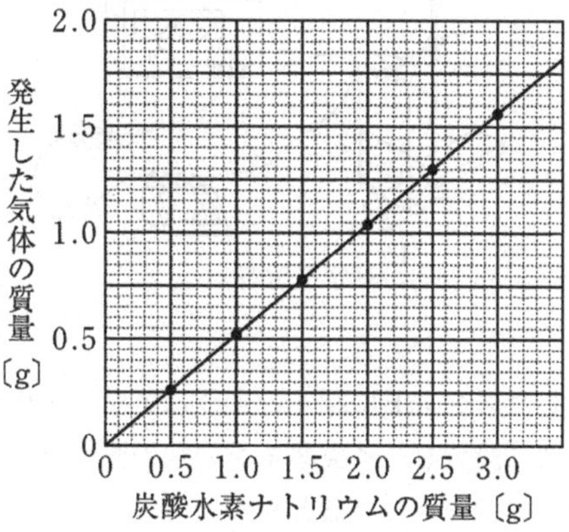

イ

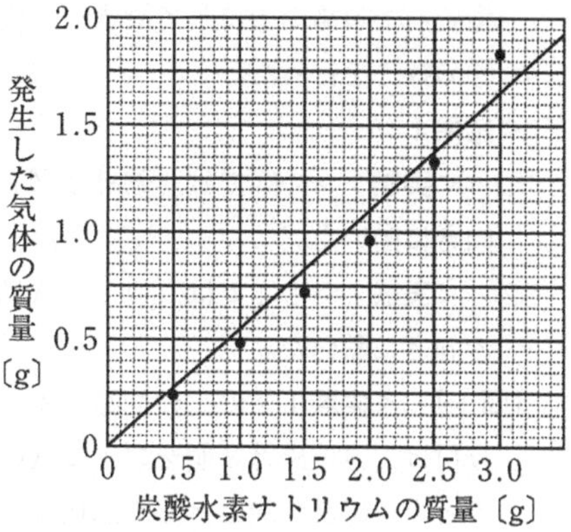

ウ

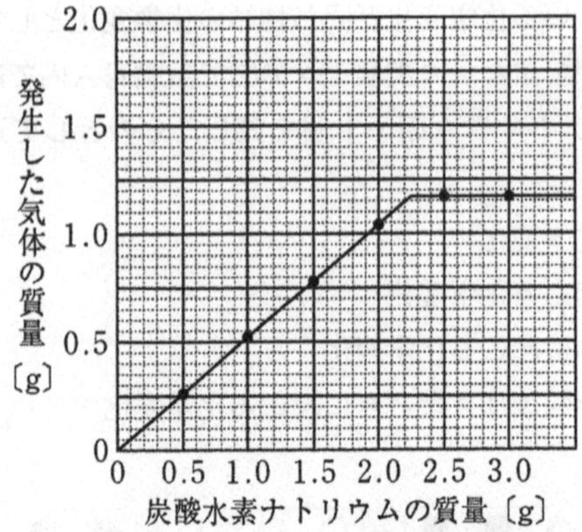

エ

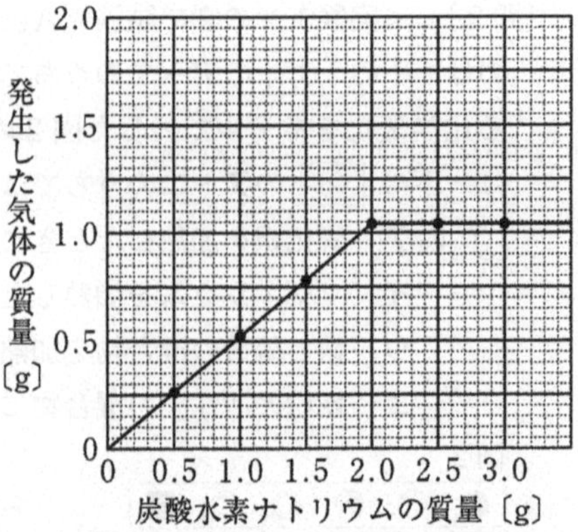

〔問４〕　＜**実験２**＞で用いた塩酸と同じ濃度《のうど》の塩酸10.0cm^{3}に，炭酸水素ナトリウムが含《ふく》まれているベーキングパウダー4.00ｇを入れたところ，0.65ｇの気体が発生した。ベーキングパウダーに含まれている炭酸水素ナトリウムは何％か。答えは，小数第一位を四捨五入して整数で求めよ。

ただし，発生した気体はベーキングパウダーに含まれている炭酸水素ナトリウムのみが反応して発生したものとする。

6　電流と磁界に関する実験について，次の各問に答えよ。

＜**実験１**＞を行ったところ，＜**結果１**＞のようになった。

＜**実験１**＞

⑴　木の棒を固定したスタンドを水平な机の上に置き，図１のように電源装置，導線，スイッチ，20Ωの抵抗器《ていこうき》，電流計，コイルＡを用いて回路を作った。

⑵　コイルＡの下にＮ極が黒く塗《ぬ》られた方位磁針を置いた。

⑶　電源装置の電圧を５Ｖに設定し，回路のスイッチを入れた。

⑷　＜**実験１**＞の⑴の回路に図２のようにＵ字型磁石をＮ極を上にして置き，＜**実験１**＞の⑶の操作を行った。

＜**結果１**＞

⑴　＜**実験１**＞の⑶では，磁針は図３で示した向きに動いた。

⑵　＜**実験１**＞の⑷では，コイルＡは図２のＨの向きに動いた。

図１

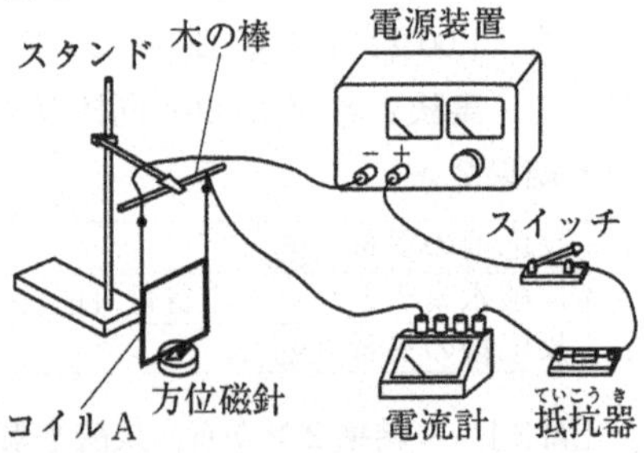

図２

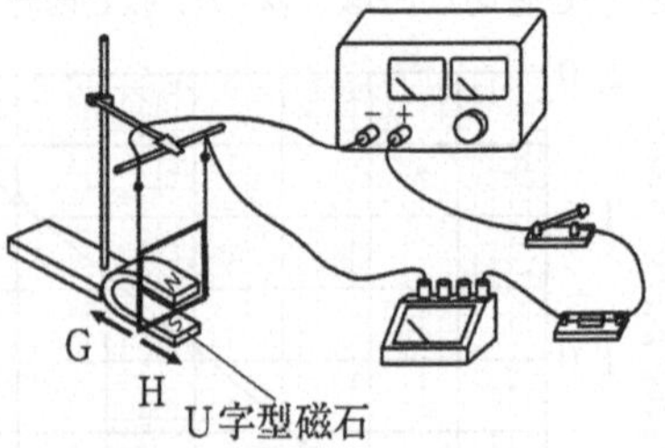

図３

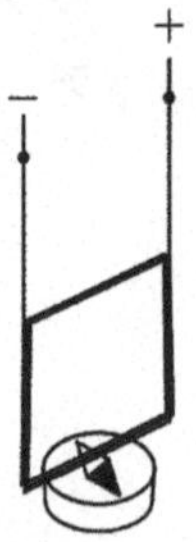

〔問１〕　＜**実験１**＞の⑴の回路と木の棒を固定したスタンドに図４のようにアクリル板２枚を取り付け，方位磁針２個をコイルＡの内部と上部に設置し，＜**実験１**＞の⑶の操作を行った。このときの磁針の向きとして適切なのは，次のページのうちではどれか。

図4

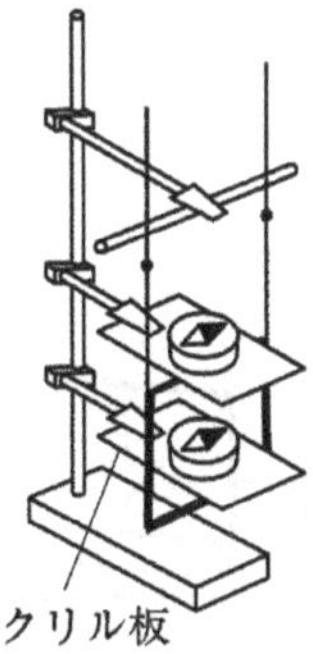

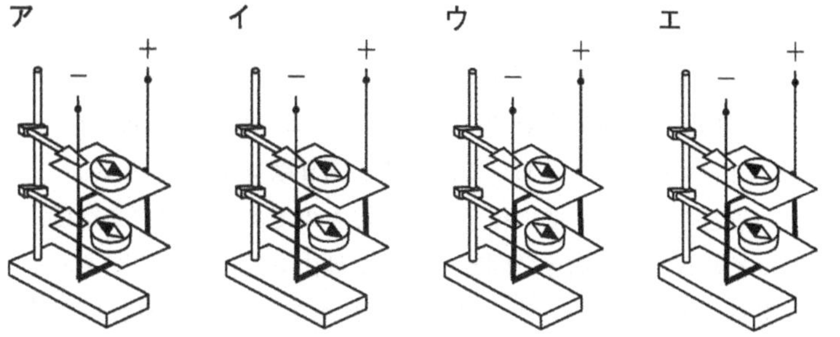

次に，＜**実験２**＞を行ったところ，＜**結果２**＞のようになった。

＜**実験２**＞

⑴　図５のようにコイルＡに導線で検流計をつないだ。

⑵　コイルＡを手でＧとＨの向きに交互に動かし，検流計の針の動きを観察した。

図５

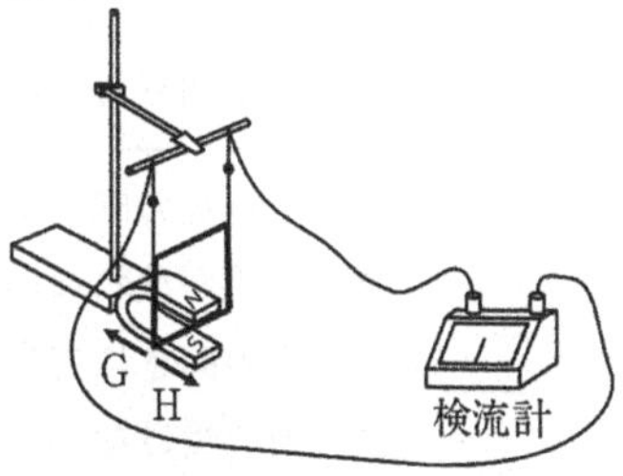

＜**結果２**＞

コイルＡを動かすと，検流計の針は左右に振れた。

〔問２〕　＜**結果２**＞から，コイルＡに電圧が生じていることが分かる。コイルＡに電圧が生じる理由を簡単に書け。

次に，＜**実験３**＞を行ったところ，＜**結果３**＞のようになった。

＜**実験３**＞

⑴　図６において，電流をｅからｆに流すとき，ａ→ｂ→ｃ→ｄの向きに電流が流れるようエナメル線を巻き，左右に軸を出した。ｅ側の軸のエナメルを下半分，ｆ側の軸のエナメルを全てはがしたコイルＢを作った。
なお，図６のエナメル線の白い部分はエナメルをはがした部分を表している。

図６

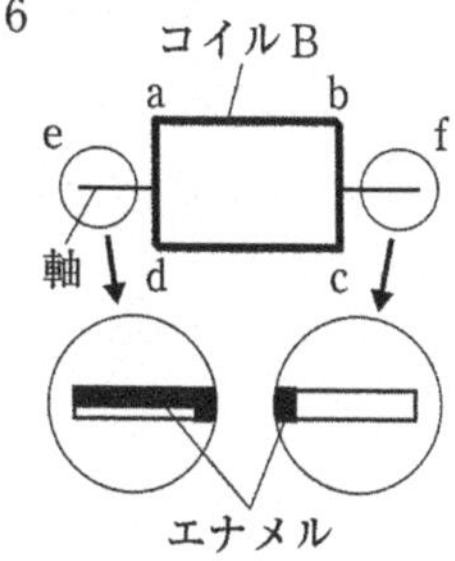

⑵　図７のように，磁石のＳ極を上にして置き，その上にコイルＢをａｂの部分が上になるように金属製の軸受けに載せた。電源装置，導線，スイッチ，20Ωの抵抗器，電流計，軸受けを用いて回路を作り，＜**実験１**＞の⑶の操作を行った。

図７

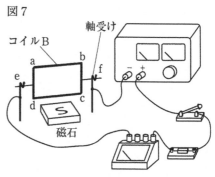

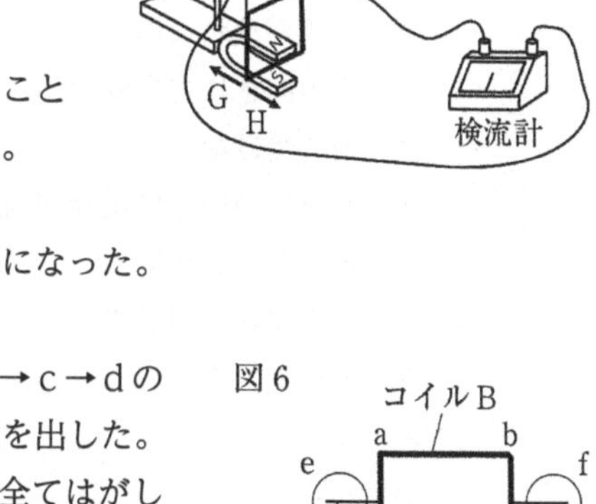

＜**結果３**＞

コイルＢは，同じ向きに回転し続けた。

〔問３〕　＜**実験３**＞の⑵において，コイルＢを流れる電流を大きくするとコイルの回転が速くなる。次のページの**ア**～**エ**は，図７の回路の抵抗器にもう一つ抵抗器をつなぐ際の操作を示したものである。＜実験１＞の⑶の操作を行うとき，コイルＢが速く回転するつなぎ方の順に記号を並べよ。

ア　５Ωの抵抗器を直列につなぐ。　**イ**　５Ωの抵抗器を並列《へいれつ》につなぐ。

ウ　10Ωの抵抗器を直列につなぐ。　**エ**　10Ωの抵抗器を並列につなぐ。

〔問４〕　＜**結果３**＞において，図８と図９はコイルＢが回転しているときのある瞬間の様子を表したものである。次の文章は，コイルＢが同じ向きに回転し続けた理由を述べたものである。文章中の ① ～ ④ にそれぞれ当てはまるものとして適切なのは，下の**ア**～**ウ**のうちではどれか。

図８

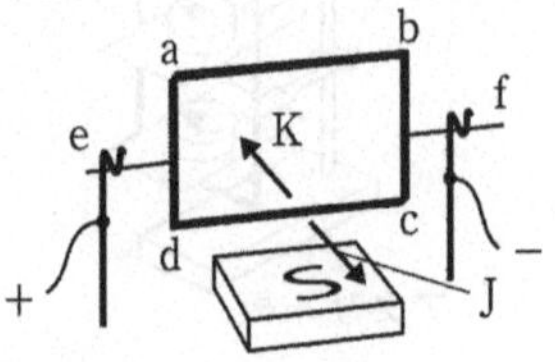

図９

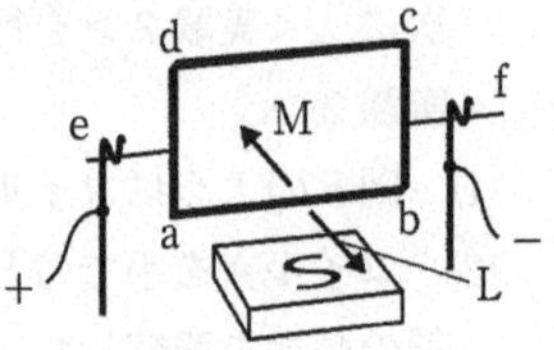

> 図８の状態になったときには，コイルＢのｃｄの部分には ① ため，磁界から ② 。半回転して図９の状態になったときには，コイルＢのａｂの部分には ③ ため，磁界から ④ 。そのため，同じ向きの回転を続け，さらに半回転して再び図８の状態になるから。

① **ア**　ｃ→ｄの向きに電流が流れる　**イ**　ｄ→ｃの向きに電流が流れる
　ウ　電流が流れない

② **ア**　Ｊの向きに力を受ける　**イ**　Ｋの向きに力を受ける
　ウ　力を受けない

③ **ア**　ａ→ｂの向きに電流が流れる　**イ**　ｂ→ａの向きに電流が流れる
　ウ　電流が流れない

④ **ア**　Ｌの向きに力を受ける　**イ**　Ｍの向きに力を受ける
　ウ　力を受けない

＜社会＞

時間　50分　　満点　100点

1　次の各問に答えよ。

I

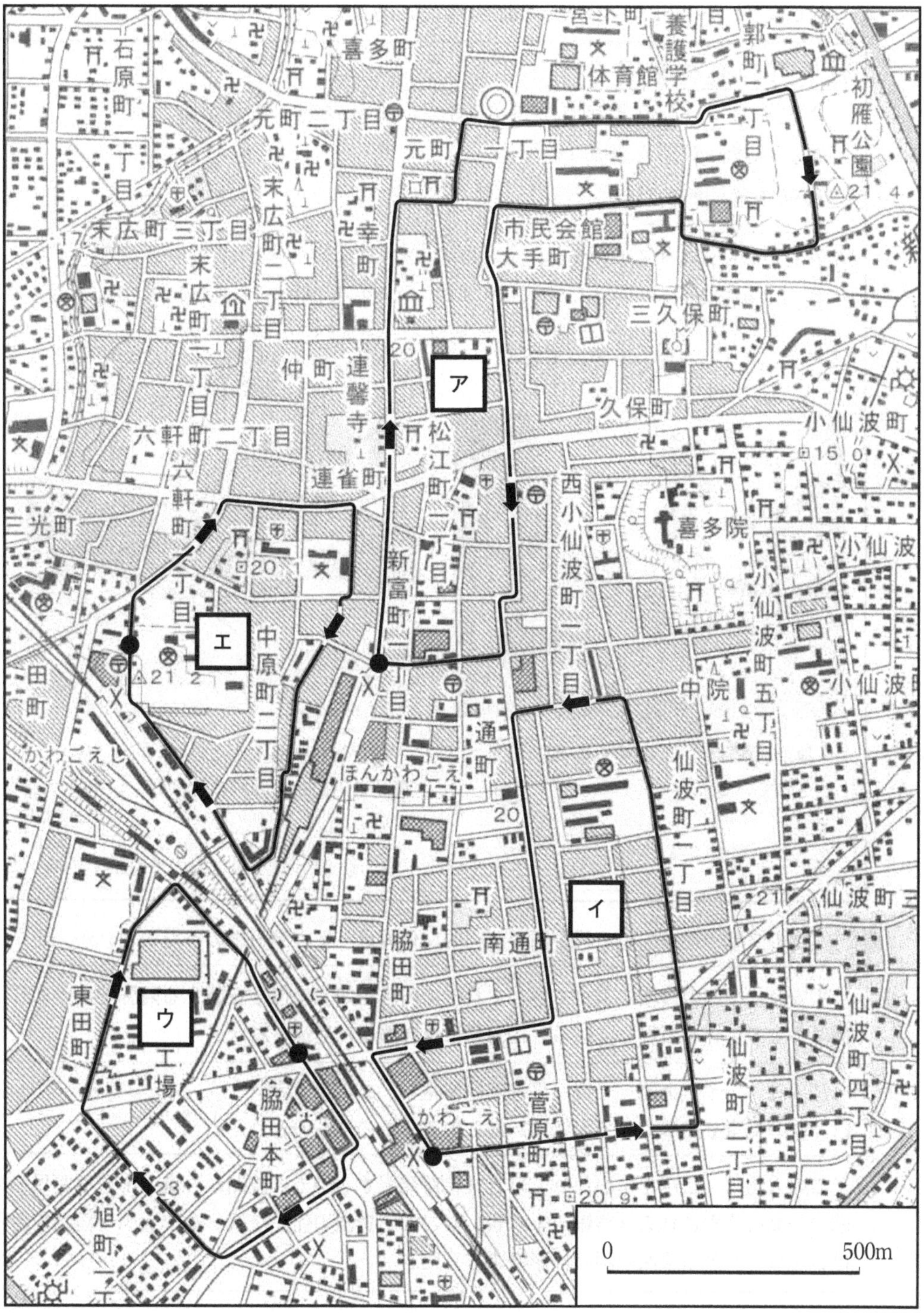

〔問１〕　前のページのⅠの地形図は，2006年と2008年の「国土地理院発行２万５千分の１地形図（川越《かわごえ》南部・川越北部）」の一部を拡大して作成したものである。下のⅡの図は，埼玉《さいたま》県川越市中心部の地域調査で確認《かくにん》できる城下町の痕跡を示したものである。Ⅰのア～エの経路は，地域調査で地形図上に●で示した地点を起点に矢印（➡）の方向に移動した様子を━━で示したものである。Ⅱの図で示された痕跡を確認することができる経路に当てはまるのは，Ⅰのア～エのうちではどれか。（31ページの地図は編集の都合で90％に縮小してあります。）

Ⅱ

城下町の痕跡を探そう

調 査 日　令和２年10月３日（土）　　集合時刻　午前９時
集合場所　駅前交番前
移動距離《きょり》　約4.1km

痕跡１　城に由来するものが，現在の町名に残っている。
郭町《くるわまち》　城の周囲にめぐらした郭に由来する。　大手町《おおてまち》　川越城の西大手門に由来する。

痕跡２　城下に「時」を告げてきた鐘つき堂

地形図上では，「高塔」の地図記号で示されている。

痕跡３　見通しを悪くし，敵が城に侵入《しんにゅう》しづらくなるようにした鍵型《かぎがた》の道路

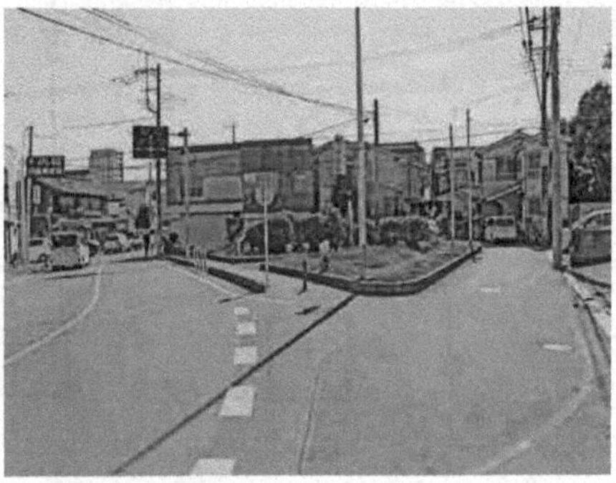

通行しやすくするために，鍵型の道路は直線的に結ばれている。

（↓は写真を撮った向きを示す。）

〔問２〕　次の文章で述べている我が国の歴史的文化財は，下のア～エのうちのどれか。

平安時代中期の貴族によって建立《こんりゅう》された，阿弥陀如来坐像《あみだにょらいざぞう》を安置する阿弥陀堂であり，極楽浄土《ごくらくじょうど》の世界を表現している。1994年に世界遺産に登録された。

ア　法隆寺《ほうりゅうじ》　　イ　金閣　　ウ　平等院鳳凰堂《びょうどういんほうおうどう》　　エ　東大寺

〔問３〕　次の文章で述べている人物は，あとのア～エのうちのどれか。

この人物は，江戸《えど》を中心として町人文化が発展する中で，波間から富士山を垣間見《かいまみ》る構図の作品に代表される「富嶽三十六景《ふがくさんじゅうろっけい》」などの風景画の作品を残した。大胆《だいたん》な構図や色彩《しきさい》はヨーロッパの印象派の画家に影響を与えた。

ア　雪舟　　イ　葛飾北斎《かつしかほくさい》　　ウ　菱川師宣《ひしかわもろのぶ》　　エ　狩野永徳《かのうえいとく》

〔問４〕　次の条文がある法律の名称《めいしょう》は，下のア～エのうちのどれか。

> ○労働条件は，労働者と使用者が，対等の立場において決定すべきものである。
> ○使用者は，労働者に，休憩《きゅうけい》時間を除き一週間について四十時間を超えて，労働させてはならない。

ア　男女共同参画社会基本法　　イ　労働組合法
ウ　男女雇用機会均等法《だんじょこようきかいきんとうほう》　　エ　労働基準法

2　次の略地図を見て，あとの各問に答えよ。

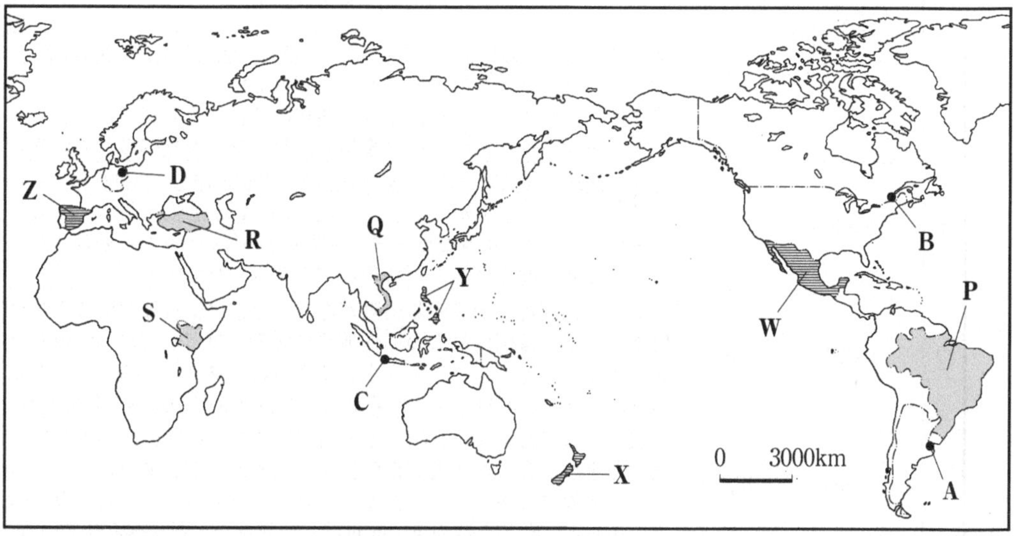

〔問１〕　次のⅠのア～エのグラフは，略地図中にA～Dで示した**いずれ**かの都市の，年平均気温と年降水量及び各月の平均気温と降水量を示したものである。Ⅱの表のア～エは，略地図中にA～Dで示した**いずれか**の都市を含《ふく》む国の，2017年における米，小麦，とうもろこし，じゃがいもの生産量を示したものである。略地図中のDの都市のグラフに当てはまるのは，Ⅰのア～エのうちのどれか，また，その都市を含む国の，2017年における米，小麦，とうもろこし，じゃがいもの生産量に当てはまるのは，次のページのⅡの表のア～エのうちのどれか。

Ⅰ

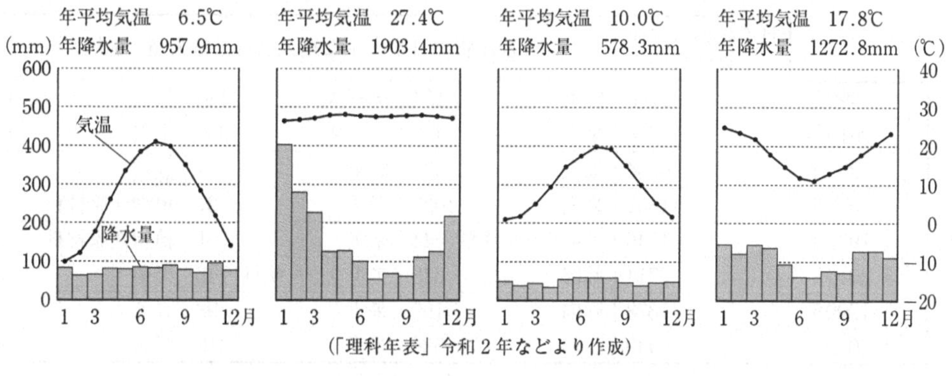

（「理科年表」令和２年などより作成）

Ⅱ

	米（万 t）	小麦（万 t）	とうもろこし（万 t）	じゃがいも（万 t）
ア	8138	－	2795	116
イ	133	1840	4948	245
ウ	－	2998	1410	441
エ	－	2448	455	1172

（注）－は，生産量が不明であることを示す。（「データブック　オブ・ザ・ワールド」2020年版などより作成）

〔問２〕　次の表のア～エは，略地図中に　　で示したＰ～Ｓのいずれかの国の，2017年におけるコーヒー豆と茶の生産量，国土と食文化の様子についてまとめたものである。略地図中のＰ～Ｓのそれぞれの国に当てはまるのは，次の表のア～エのうちではどれか。

	コーヒー豆（百 t）	茶（百 t）	国土と食文化の様子
ア	－	2340	○北西部には二つの州を隔《へだ》てる海峡《かいきょう》が位置し，北部と南部も海に面し，中央部には首都が位置する高原が広がっている。 ○帝国《ていこく》時代からコーヒーが飲まれ，共和国時代に入り紅茶の消費量も増え，トマトや羊肉のスープを用いた料理などが食べられている。
イ	26845	5	○北部の盆地《ぼんち》には流域面積約700万km²の河川《かせん》が東流し，南部にはコーヒー栽培《さいばい》に適した土壌《どじょう》が分布し，首都が位置する高原が広がっている。 ○ヨーロッパ風に，小さなカップで砂糖入りの甘《あま》いコーヒーが飲まれ，豆と牛や豚《ぶた》の肉を煮込んだ料理などが食べられている。
ウ	15424	2600	○南北方向に国境を形成する山脈が走り，北部には首都が位置する平野が，南部には国内最大の稲作《いなさく》地域である三角州《さんかくす》が広がっている。 ○練乳入りコーヒーや主に輸入小麦で作られたフランス風のパンが見られ，スープに米粉の麺《めん》と野菜を入れた料理などが食べられている。
エ	386	4399	○中央部には標高5000mを超える火山が位置し，西部には茶の栽培に適した土壌が分布し，首都が位置する高原が広がっている。 ○イギリス風に紅茶を飲む習慣が見られ，とうもろこしの粉を湯で練った主食と，野菜を炒《いた》め塩で味付けした料理などが食べられている。

（注）－は，生産量が不明であることを示す。（「データブック　オブ・ザ・ワールド」2020年版などより作成）

〔問３〕　次のⅠとⅡ（次のページ）の表のア～エは，略地図中に　　で示したＷ～Ｚのいずれかの国に当てはまる。Ⅰの表は，1999年と2019年における日本の輸入総額，農産物の日本の主な輸入品目と輸入額を示したものである。Ⅱの表は，1999年と2019年における輸出総額，輸出額が多い上位３位までの貿易相手国を示したものである。あとのⅢの文章は，ⅠとⅡの表におけるア～エのいずれかの国について述べたものである。Ⅲの文章で述べている国に当てはまるのは，ⅠとⅡの表のア～エのうちのどれか，また，略地図中のＷ～Ｚのうちのどれか。

Ⅰ

		日本の輸入総額（億円）	農産物の日本の主な輸入品目と輸入額（億円）					
ア	1999年	2160	野菜	154	チーズ	140	果実	122
	2019年	2918	果実	459	チーズ	306	牛肉	134
イ	1999年	6034	果実	533	野菜	34	麻類《あさるい》	6
	2019年	11561	果実	1033	野菜	21	植物性原材料	8
ウ	1999年	1546	アルコール飲料	44	果実	31	植物性原材料	11
	2019年	3714	豚肉	648	アルコール飲料	148	野菜	50
エ	1999年	1878	豚肉	199	果実	98	野菜	70
	2019年	6440	豚肉	536	果実	410	野菜	102

（財務省「貿易統計」より作成）

Ⅱ

		輸出総額(億ドル)	輸出額が多い上位3位までの貿易相手国		
			1位	2位	3位
ア	1999年	125	オーストラリア	アメリカ合衆国	日　　本
	2019年	395	中華《ちゅうか》人民《じんみん》共和国《きょうわこく》	オーストラリア	アメリカ合衆国
イ	1999年	350	アメリカ合衆国	日　　本	オ ラ ン ダ
	2019年	709	アメリカ合衆国	日　　本	中華人民共和国
ウ	1999年	1115	フ ラ ン ス	ド イ ツ	ポルトガル
	2019年	3372	フ ラ ン ス	ド イ ツ	イ タ リ ア
エ	1999年	1363	アメリカ合衆国	カ ナ ダ	ド イ ツ
	2019年	4723	アメリカ合衆国	カ ナ ダ	ド イ ツ

（国際連合貿易統計データベースより作成）

Ⅲ　現在も活動を続ける造山帯に位置しており，南部には氷河に削られてできた複雑に入り組んだ海岸線が見られる。偏西風《へんせいふう》の影響を受け，湿潤《しつじゅん》な西部に対し，東部の降水量が少ない地域では，牧羊が行われている。一次産品が主要な輸出品となっており，1999年と比べて2019年では，日本の果実の輸入額は3倍以上に増加し，果実は外貨獲得《かくとく》のための貴重な資源となっている。貿易の自由化を進め，2018年には，日本を含む6か国による多角的な経済連携《けいざいれんけい》協定《きょうてい》が発効したことなどにより，貿易相手国の順位にも変化が見られる。

3　次の略地図を見て，あとの各問に答えよ。

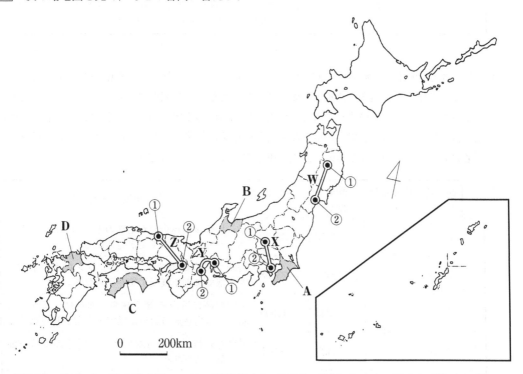

〔問1〕　次のページの表のア～エは，略地図中に▨で示した，A～Dのいずれかの県の，2019年における人口，県庁所在地（市）の人口，県内の自然環境と情報通信産業などの様子についてまとめたものである。A～Dのそれぞれの県に当てはまるのは，次の表のア～エのうちではどれか。

	人口(万人)／県庁所在地(市)の人口(万人)	県内の自然環境と情報通信産業などの様子
ア	70	○北部には山地が位置し，中央部には南流する複数の河川《かせん》により形成された平野が見られ，沖合《おきあい》を流れる暖流の影響で，気候が温暖である。
	33	○県庁が所在する平野部には，園芸農業を行う施設内の環境を自動制御《せいぎょ》するためのシステムを開発する企業《きぎょう》が立地している。
イ	510	○北西部に広がる平野の沖合には暖流が流れ，北東部には潮流が速い海峡《かいきょう》が見られ，南西部に広がる平野は干満差の大きい干潟《ひがた》のある海に面している。
	154	○県庁所在地の沿岸部には，住宅地開発を目的に埋め立てられた地域に，報道機関やソフトウェア設計の企業などが集積している。
ウ	104	○冬季に降水が多い南部の山々を源流とし，北流する複数の河川が形成する平野が中央部に見られ，東部には下流に扇状地を形成する河川が見られる。
	42	○県庁が所在する平野部には，豊富な水を利用した医薬品製造拠点があり，生産管理のための情報技術などを開発する企業が立地している。
エ	626	○平均標高は約40mで，北部にはローム層が堆積する台地があり，西部には大都市が立地し，南部には温暖な気候の丘陵《きゅうりょう》地帯が広がっている。
	97	○県庁所在地に近い台地には，安定した地盤《じばん》であることを生かして金融《きんゆう》関係などの情報を処理する電算センターが立地している。

（「日本国勢図会《にほんこくせいずえ》」2020／21年版などより作成）

〔問2〕　略地図中に①　◎══◎　②で示した**W～Z**は，それぞれの①の府県の府県庁所在地と②の府県の府県庁所在地が，鉄道と自動車で結び付く様子を模式的に示したものである。次の表の**ア～エ**は，**W～Z**の**いずれか**の府県庁所在地間の直線距離《きょり》，2017年における，府県相互間の鉄道輸送量，自動車輸送量，起点となる府県の産業の様子を示したものである。略地図中の**W～Z**のそれぞれに当てはまるのは，次の表の**ア～エ**のうちではどれか。

	起点→終点	直線距離(km)	鉄道(百ｔ)	自動車(百ｔ)	起点となる府県の産業の様子
ア	①→②	117.1	1078	32172	輸送用機械関連企業が南部の工業団地に立地し，都市部では食品加工業が見られる。
	②→①		10492	25968	沿岸部では鉄鋼業や石油化学コンビナートが，内陸部では電子機械工業が見られる。
イ	①→②	161.1	334	41609	中山間部には畜産業《ちくさんぎょう》や林業，木材加工業が，南北に走る高速道路周辺には電子工業が見られる。
	②→①		3437	70931	平野部には稲作《いなさく》地帯が広がり，沿岸部では石油精製業が見られる。
ウ	①→②	147.9	209	11885	漁港周辺には水産加工業が，砂丘が広がる沿岸部には果樹栽培《さいばい》が見られる。
	②→①		33	9145	沿岸部には鉄鋼業が，都市中心部には中小工場が，内陸部には電気機械工業が見られる。

エ	①→②	61.8	1452	79201	世界を代表する輸送用機械関連企業が内陸部に位置し，沿岸部には鉄鋼業などが見られる。
	②→①		1777	95592	石油化学コンビナートや，岬《みさき》と入《い》り江《え》が入り組んだ地形を生かした養殖業《ようしょくぎょう》が見られる。

（国土交通省「貨物地域流動調査」などより作成）

〔問３〕　次のⅠとⅡの地形図は，千葉県八千代《やちよ》市の1983年と2009年の「国土地理院発行２万５千分の１地形図（習志野《ならしの》)」の一部である。Ⅲの略年表は，1980年から1996年までの，八千代市(萱田《かやだ》)に関する主な出来事についてまとめたものである。ⅠとⅡの地形図を比較《ひかく》して読み取れる，◯で示した地域の変容について，宅地に着目して，簡単に述べよ。また，Ⅰ～Ⅲの資料から読み取れる，◯で示した地域の変容を支えた要因について，八千代中央駅と東京都（大《おお》手町《てまち》）までの所要時間に着目して，簡単に述べよ。

Ⅰ

(1983年)

Ⅱ

(2009年)

Ⅲ

西暦《せいれき》	八千代市（萱田）に関する主な出来事
1980	●萱田の土地区画整理事業が始まった。
1985	●東葉高速鉄道建設工事が始まった。
1996	●東葉高速鉄道が開通した。 ●八千代中央駅が開業した。 ●東京都（大手町）までの所要時間は60分から46分に，乗換回数は３回から０回になった。

（注）所要時間に乗換時間は含《ふく》まない。

（「八千代市統計書」などより作成）

4　次の文章を読み，あとの各問に答えよ。

政治や行政の在り方は，時代とともにそれぞれ変化してきた。

古代では，クニと呼ばれるまとまりが生まれ，政治の中心地が，やがて都となり，行政を行う役所が設けられるようになった。さらに，(1)都から各地に役人を派遣《はけん》し，土地や人々を治める役所を設け，中央集権体制を整えた。

中世になると，武家が行政の中心を担《にな》うようになり，(2)支配を確実なものにするために，独自の行政の仕組みを整え，新たな課題に対応してきた。

明治時代に入ると，近代化政策が推進され，欧米《おうべい》諸国を模範《もはん》として，(3)新たな役割を担う行政機関が設置され，地方自治の制度も整備された。そして，社会の変化に対応した政策を実現するため，(4)様々な法律が整備され，行政が重要な役割を果たすようになった。

〔問１〕　(1)都から各地に役人を派遣《はけん》し，土地や人々を治める役所を設け，中央集権体制を整えた。

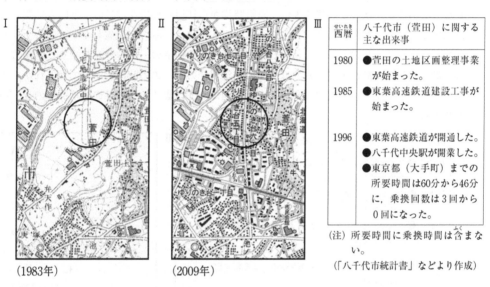

とあるが，次のア～エは，飛鳥《あすか》時代から室町《むろまち》時代にかけて，各地に設置された行政機関について述べたものである。時期の古いものから順に記号を並べよ。

ア　足利尊氏《あしかがたかうじ》は，関東への支配を確立する目的で，関東8か国と伊豆《いず》・甲斐《かい》の2か国を支配する機関として，鎌倉府《かまくらふ》を設置した。

イ　桓武《かんむ》天皇は，支配地域を拡大する目的で，東北地方に派遣した征夷大将軍《せいいたいしょうぐん》に胆沢城《いさわじょう》や志波城《しわじょう》を設置させた。

ウ　中大兄皇子《なかのおおえのおうじ》は，白村江《はくすきのえ》《はくそんこう》の戦いに敗北した後，大陸からの防御《ぼうぎょ》を固めるため，水城《みずき》や山城《やまじろ》を築き，大宰府《だざいふ》を整備した。

エ　北条義時《ほうじょうよしとき》を中心とする幕府は，承久《じょうきゅう》の乱《らん》後の京都の治安維持《いじ》，西国で発生した訴訟《そしょう》の処理，朝廷《ちょうてい》の監視《かんし》等を行う機関として，六波羅探題《ろくはらたんだい》を設置した。

〔問2〕　(2)支配を確実なものにするために，独自の行政の仕組みを整え，新たな課題に対応してきた。とあるが，次のⅠの略年表は，室町時代から江戸《えど》時代にかけての，外国人に関する主な出来事をまとめたものである。Ⅱの略地図中のA～Dは，幕府が設置した奉行所《ぶぎょうしょ》の所在地を示したものである。Ⅲの文章は，幕府直轄地《ばくふちょっかつち》の奉行への命令の一部を分かりやすく書き改めたものである。Ⅲの文章が出されたのは，Ⅰの略年表中のア～エの時期のうちではどれか。また，Ⅲの文章の命令を主に実行する奉行所の所在地に当てはまるのは，Ⅱの略地図中のA～Dのうちのどれか。

Ⅰ

西暦《せいれき》	外国人に関する主な出来事	
1549	●フランシスコ・ザビエルが，キリスト教を伝えるため来航した。	
		ア
1600	●漂着《ひょうちゃく》したイギリス人ウィリアム・アダムスが徳川家康《とくがわいえやす》と会見した。	
		イ
1641	●幕府は，オランダ商館長によるオランダ風説書の提出を義務付けた。	
		ウ
1709	●密入国したイタリア人宣教師シドッチを新井白石《あらいはくせき》が尋問《じんもん》した。	
		エ
1792	●ロシア使節のラクスマンが来航し，通商を求めた。	

Ⅱ

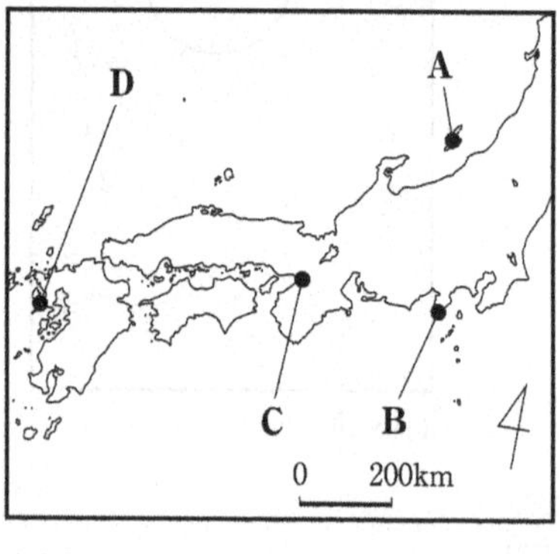

Ⅲ

○外国へ日本の船を行かせることを厳禁とする。
○日本人を外国へ渡航させてはならない。

〔問3〕　(3)新たな役割を担う行政機関が設置され，とあるが，次の文章は，帝都復興院総裁《ていとふっこういんそうさい》を務めることになる後藤新平《ごとうしんぺい》が，1923年9月6日に 閣議に文書を提出する際に記した決意の一部を分かりやすく書き改めたものである。この決意をした時期の東京の様子について述べているのは，あとのア～エのうちではどれか。

○大変災は突如《とつじょ》として帝都を震え上がらせた。
○火災に包まれる帝都を目撃し，自分の任務が極《きわ》めて重要であることを自覚すると同時に復興の計画を策定することが急務であることを痛感した。
○第一に救護，第二に復旧，第三に復興の方針を執《と》るべきである。

ア　新橋《しんばし》・横浜《よこはま》間に鉄道が開通するなど，欧米の文化が取り入れられ始め，現在の銀座《ぎんざ》通りに洋風れんが造りの２階建ての建物が建設された。

イ　我が国の国際的な地位を高めるために，イギリスと同盟を結び，我が国最初の国立図書館である帝国図書館が上野《うえの》公園内に建設された。

ウ　大日本帝国憲法が制定され，近代的な政治制度が整えられ，東京では，都市の整備が進み，我が国最初のエレベーターを備える凌雲閣《りょううんかく》が浅草《あさくさ》に建設された。

エ　東京駅が開業し，都市で働くサラリーマンや工場労働者の人口が大きく伸び，バスの車掌やタイピストなどの新しい職業に就《つ》く女性が増え，丸《まる》の内《うち》ビルヂング（丸ビル）が建設された。

〔問４〕　(4)様々な法律が整備され，行政が重要な役割を果たすようになった。とあるが，次の略年表は，大正時代から昭和時代にかけての，我が国の法律の整備に関する主な出来事についてまとめたものである。略年表中のＡ～Ｄのそれぞれの時期に当てはまるのは，下の**ア**～**エ**のうちではどれか。

西暦	我が国の法律の整備に関する主な出来事	
1921	●工業品規格の統一を図るため，度量衡法《どりょうこうほう》が改正され，メートル法への統一が行われた。	
		A
1931	●国家による電力の管理体制を確立するため，電気事業法が改正され，国家経済の基礎となる産業への優先的な電力供給が始まった。	
		B
1945	●我が国の民主化を進めるため，衆議院議員選挙法が改正され，女性に選挙権が与えられた。	
1950	●我が国の文化財の保護・活用のため，文化財保護法が公布され，新たに無形文化財や埋蔵文化財が保存の対象として取り入れられた。	**C**
1961	●所得格差の改善を図るため，農業基本法が公布され，農業の生産性向上及び農業総生産の増大などが国の施策として義務付けられた。	
		D
1973	●物価の急激な上昇と混乱に対処するため，国民生活安定緊急措置法《きんきゅうそちほう》が公布され，政府は国民生活に必要な物資の確保と価格の安定に努めることを示した。	

ア　普通選挙などを求める運動が広がり，連立内閣が成立し，全ての満25歳以上の男子に選挙権を認める普通選挙法が制定され，国民の意向が政治に反映される道が開かれた。

イ　急速な経済成長をとげる一方で，公害が深刻化し，国民の健康と生活環境を守るため，公害対策基本法が制定され，環境保全に関する施策が展開された。

ウ　農地改革などが行われ，日本国憲法の精神に基づく教育の基本を確立するため，教育基本法が制定され，教育の機会均等，男女共学などが定められた。

エ　日中戦争が長期化し，国家総動員法《こっかそうどういんほう》が制定され，政府の裁量により，経済，国民生活，労務，言論などへの広範《こうはん》な統制が可能となった。

5 次の文章を読み，あとの各問に答えよ。

> 地方自治は，民主政治を支える基盤《きばん》である。地方自治を担《にな》う地方公共団体は，住民が安心した生活を送ることができるように，地域の課題と向き合い，その課題を解決する重要な役割を担っている。(1)日本国憲法では，我が国における地方自治の基本原則や地方公共団体の仕組みなどについて規定している。
>
> 地方自治は，住民の身近な生活に直接関わることから，(2)住民の意思がより反映できるように，直接民主制の要素を取り入れた仕組みになっている。
>
> 国は，民主主義の仕組みを一層充実《じゅうじつ》させ，住民サービスを向上させるなどの目的で，(3)1999年に地方分権一括法《ちほうぶんけんいっかつほう》を成立させ，国と地方が，「対等・協力」の関係で仕事を分担できることを目指して，地方公共団体に多くの権限を移譲《いじょう》してきた。現在では，全国の地方公共団体が地域の課題に応じた新たな取り組みを推進できるように 国に対して地方分権改革に関する提案を行うことができる仕組みが整えられている。

〔問１〕 (1)日本国憲法では，我が国における地方自治の基本原則や地方公共団体の仕組みなどについて規定している。とあるが，日本国憲法が規定している地方公共団体の仕事について述べているのは，次のア～エのうちではどれか。

ア　条約を承認《しょうにん》する。

イ　憲法及び法律の規定を実施するために，政令を制定する。

ウ　条例を制定する。

エ　一切の法律，命令，規則又《また》は処分が憲法に適合するかしないかを決定する。

〔問２〕 (2)住民の意思がより反映できるように，直接民主制の要素を取り入れた仕組みになっている。とあるが，住民が地方公共団体に対して行使できる権利について述べているのは，次のア～エのうちではどれか。

ア　有権者の一定数以上の署名を集めることで，議会の解散や，首長及び議員の解職，事務の監査《かんさ》などを請求《せいきゅう》することができる。

イ　最高裁判所の裁判官を，任命後初めて行われる衆議院議員総選挙の際に，直接投票によって適任かどうかを審査《しんさ》することができる。

ウ　予算の決定などの事項《じこう》について，審議して議決を行ったり，首長に対して不信任決議を行ったりすることができる。

エ　国政に関する調査を行い，これに関して，証人の出頭及び証言，記録の提出を要求することができる。

〔問３〕 (3)1999年に地方分権一括法《ちほうぶんけんいっかつほう》を成立させ，国と地方が，「対等・協力」の関係で仕事を分担できることを目指して，地方公共団体に多くの権限を移譲《いじょう》してきた。とあるが，次のページのⅠのグラフは，1995年から2019年までの我が国の地方公共団体への事務・権限の移譲を目的とした法律改正数を示したものである。Ⅱの文章は，2014年に地方公共団体への事務・権限の移譲を目的とした法律改正が行われた後の，2014年６月24日に地方分権改革有識者会議が取りまとめた「個性を活《い》かし自立した地方をつくる～地方分権改革の総括と展望～」の一部を分かりやすく書き改めたものである。ⅠとⅡの資料を活用し，1995年から2014年までの期間と比較《ひかく》した，2015年から2019年までの期間の法律改正数の動きについて，地方分権改革の推進手法と，毎年の法律改正の有無及び毎年の法律改正数に着目して，簡単に述べよ。

Ⅰ

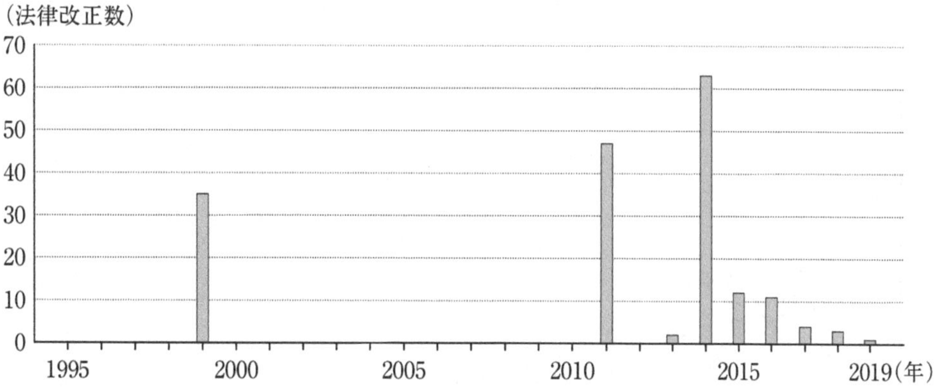

(内閣府資料より作成)

Ⅱ

○これまでの地方分権改革の推進手法は，国が主導する短期集中型の方式であり，この取組を実施することで一定の成果を得ることができた。 ○今後は，これまでの改革の理念を継承し，更《さら》に発展させていくことが重要である。 ○今後の地方分権改革の推進手法については，地域における実情や課題を把握《はあく》している地方公共団体が考え提案する長期継続型の方式を導入する。

6　次の文章を読み，あとの各問に答えよ。

世界各国では，株式会社や国営企業《こくえいきぎょう》などが，(1)利潤《りじゅん》を追求するなどの目的で誕生してきた。人口が集中し，物資が集積する交通の要衝に設立された企業や，地域の自然環境や地下資源を生かしながら発展してきた企業など，(2)企業は立地条件に合わせ多様な発展を見せてきた。 (3)我が国の企業は，世界経済の中で，高度な技術を生み出して競争力を高め，我が国の経済成長を支えてきた。今後は，国際社会において，地球的規模で社会的責任を果たしていくことが，一層求められている。

〔問1〕　(1)利潤《りじゅん》を追求するなどの目的で誕生してきた。とあるが，次のア～エは，それぞれの時代に設立された企業について述べたものである。時期の古いものから順に記号を並べよ。

ア　綿織物を大量に生産するために産業革命が起こったイギリスでは，動力となる機械の改良が進み，世界最初の蒸気機関製造会社が設立された。

イ　南部と北部の対立が深まるアメリカ合衆国では，南北戦争が起こり，西部開拓《せいぶかいたく》を進めるために大陸を横断する鉄道路線を敷設《ふせつ》する会社が設立された。

ウ　第一次世界大戦の休戦条約が結ばれ，ベルサイユ条約が締結されるまでのドイツでは，旅《りょ》客《かく》輸送機の製造と販売《はんばい》を行う会社が新たに設立された。

エ　スペインの支配に対する反乱が起こり，ヨーロッパの貿易で経済力を高めたオランダでは，アジアへの進出を目的とした東インド会社が設立された。

［問2］ ⑵企業は立地条件に合わせ多様な発展を見せてきた。とあるが，下の表のア～エの文章は，略地図中に示したA～Dのいずれかの都市の歴史と，この都市に立地する企業の様子についてまとめたものである。A～Dのそれぞれの都市に当てはまるのは，下の表のア～エのうちではどれか。

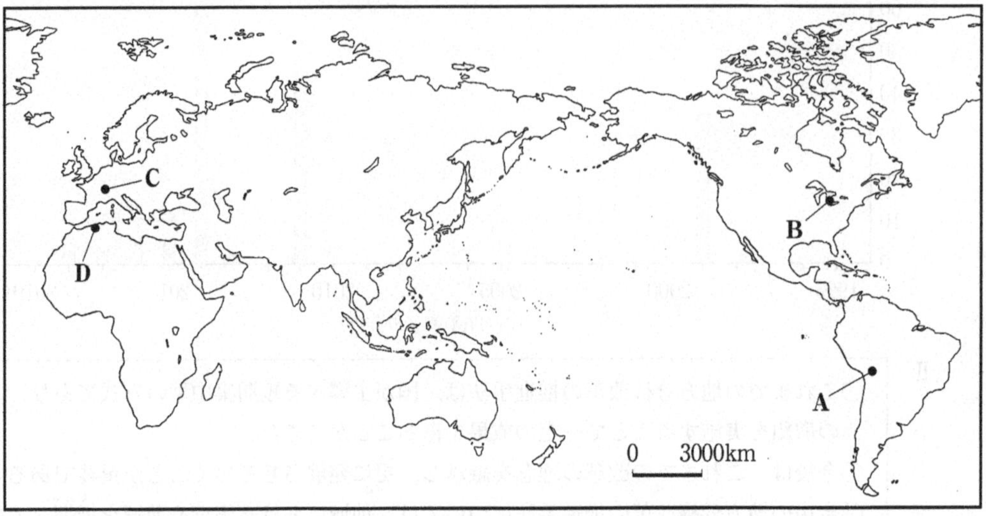

	都市の歴史と，この都市に立地する企業の様子
ア	○この都市は，標高3000mを超え，強風を遮《さえぎ》るすり鉢《ばち》状の地形に位置する首都で，1548年にスペイン人により建設され，金鉱もあったことから発展し，政治と経済の拠点となった。 ○国営企業が，銀，亜鉛《あえん》などの鉱山開発を行っており，近年では，新たに国営企業が設立され，塩湖でのリチウムイオン電池の原料の採取を複数の外国企業と共同で行っている。
イ	○この都市は，標高3000mを超える山脈の北側に位置する首都で，内陸部にはイスラム風の旧市街地が，沿岸部にはフランスの影響を受けた建物が見られる港湾都市となっている。 ○独立後に設立された，砂漠《さばく》地帯で採掘《さいくつ》される天然ガスや石油などを扱う国営企業は，近年，石油の増産と輸出の拡大に向けて外国企業との共同開発を一層進めている。
ウ	○この都市は，1701年にフランス人により砦《とりで》が築かれ，毛皮の交易が始まり，水運の拠点となり，1825年に東部との間に運河が整備され，20世紀に入り海洋とつながった。 ○19世紀後半には自動車の生産が始まり，20世紀に入ると大量生産方式の導入により，自動車工業の中心地へと成長し，現在でも巨大自動車会社が本社を置いている。
エ	○この都市は，20世紀に入り，湖の南西部に広がる市街地に国際連盟の本部が置かれ，第二次世界大戦後は200を超える国際機関が集まる都市となった。 ○16世紀後半に小型時計製造の技術が伝わったことにより精密機械関連企業が立地し，近年では生産の合理化や販売網の拡大などを行い，高価格帯腕時計の輸出量を伸ばしている。

［問3］ ⑶我が国の企業は，世界経済の中で，高度な技術を生み出して競争力を高め，我が国の経済成長を支えてきた。とあるが，次のページのⅠのグラフは，1970年度から2018度までの我が国の経済成長率と法人企業の営業利益の推移を示したものである。Ⅱの文章は，Ⅰのグラフ

の**ア**～**エ**の**いずれか**の時期における我が国の経済成長率と法人企業の営業利益などについてまとめたものである。Ⅱの文章で述べている時期に当てはまるのは，Ⅰのグラフの**ア**～**エ**の時期のうちではどれか。

Ⅰ

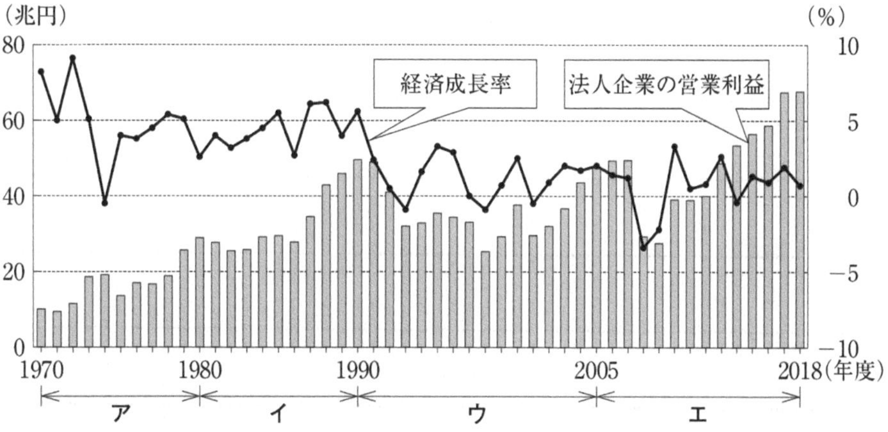

（財務省「法人企業統計調査」などより作成）

Ⅱ

○この時期の前半は，アメリカ合衆国の経済政策によって円安・ドル高が進行し，自動車などの輸送用機械や電気機械の輸出量が増えたことで，我が国の貿易収支は大幅な黒字となり，経済成長率は上昇傾向を示した。

○この時期の後半は，国際社会において貿易収支の不均衡《ふきんこう》を是正《ぜせい》するために為替相場《かわせそうば》を円高・ドル安へ誘導《ゆうどう》する合意がなされ，輸出量と輸出額が減少し，我が国の経済成長率は一時的に下降した。その後，日本銀行が貸付のための金利を下げたことなどで，自動車や住宅の購入《こうにゅう》，株式や土地への投資が増え，株価や地価が高騰《こうとう》する好景気となり，法人企業の営業利益は増加し続けた。

MEMO

大切なことはメモしておこうネ！

2021年度

解答と解説

《2021年度の配点は解答用紙集に掲載してあります。》

＜理科解答＞

1　〔問1〕 ウ　〔問2〕 ア　〔問3〕 エ　〔問4〕 ① ウ　② ア　〔問5〕 エ
〔問6〕 イ

2　〔問1〕 ① ア　② ウ　〔問2〕 ウ　〔問3〕 イ　〔問4〕 エ

3　〔問1〕 エ　〔問2〕 ① イ　② ウ　③ ア　〔問3〕 ① ウ　② エ
〔問4〕 ア→ウ→エ→イ

4　〔問1〕 ア　〔問2〕 ① ウ　② イ　〔問3〕 ① イ　② イ

5　〔問1〕 ① エ　② イ　〔問2〕 ① ア　② エ　〔問3〕 ウ　〔問4〕 31%

6　〔問1〕 ア　〔問2〕 (例)コイルAの中の磁界が変化するから。　〔問3〕 イ→エ→ア→ウ
〔問4〕 ① ア　② ア　③ ウ　④ ウ

＜理科解説＞

1　**(小問集合－動物の体のつくりとはたらき：ヒトのからだの器官，光と音：音の大小と高低，地震と地球内部のはたらき：地震波，水溶液とイオン，酸・アルカリとイオン，遺伝の規則性と遺伝子：メンデルの実験，力の規則性：2力のつり合いと作用・反作用の法則)**

〔問1〕 消化された養分は，Bの小腸の内側の壁にある，たくさんのひだの表面にある多数の柔毛から吸収される。細胞の活動にともなってできた**有害なアンモニアは，Cの肝臓で無害な尿素に変えられて**から排出される。

〔問2〕 振動数が多いほど音は高くなるので，Aは短い。振幅が大きいほど音は大きくなるので，Bは大きい。

〔問3〕 **初期微動継続時間は震源からの距離に比例して長くなる。**よって，震源からの距離が90kmの地点での初期微動継続時間をx〔s〕とすると，36〔km〕: 90〔km〕＝2〔s〕：x〔s〕，x〔s〕＝5〔s〕であり，初期微動継続時間は5秒である。したがって，震源からの距離が90kmの地点での主要動の始まった時刻は，10時10分27秒＋5秒＝10時10分32秒，である。

〔問4〕 ①　この実験における溶液Aは電解質であり，水溶液は中性である必要があるため，ウの食塩水である。　②　塩酸が電離すると，$HCl \rightarrow H^{+} + Cl^{-}$，により，青色のリトマス紙を赤色に変える水素イオン「H^{+}」が生じ，塩酸は酸性であることを示す。

〔問5〕 エンドウの種子は「丸」が優性形質，「しわ」が劣性形質なので，**エンドウの丸い種子がもつ遺伝子は，AAまたはAa**であり，しわのある種子がもつ遺伝子は，aaである。AAとaaのかけ合わせで得られる種子の遺伝子はすべてAaであり，すべて丸い種子である。Aaとaaのかけ合わせで得られる種子の遺伝子は，Aa：aa＝1：1，であり，丸い種子：しわのある種子＝1：1，となる。よって，かけ合わせた丸い種子の個体としわのある種子の個体のそれぞれの遺伝子の組み合わせは，Aaとaaである。

〔問6〕 **力のつり合いの関係にある2力は，1つの物体にはたらく。**物体には，物体にはたらく重力

Bと机が物体を押す力(垂直抗力)Aの2力がはたらく。この2力は，一直線上にあり，大きさが等しく，向きが逆向きなので，力のつり合いの関係にある。**作用・反作用の関係にある2力は，2つの物体に別々にはたらく。**物体が机を押す力Cは机にはたらくのに対して，机が物体を押す力(垂直抗力)Aは物体にはたらく。この2力も，一直線上にあり，大きさが等しく，向きが逆向きであり，作用・反作用の関係にある2力である。

2 (自由研究－動物の分類と生物の進化：セキツイ動物と軟体動物，力と物体の運動：速さ，身のまわりの物質とその性質：密度，天体の動きと地球の自転・公転：星の日周運動・星の年周運動)

〔問1〕 表1においては，セキツイ動物のグループは，魚類であるイワシ・アジのなかまである。軟体動物のグループは，**外とう膜で内臓がある部分が包まれていて，からだとあしには節がない**，タコ・イカのなかまと外とう膜をおおう貝殻がある二枚貝のなかまである。

〔問2〕 図1より，0.2秒間で7目盛りの35cm運動しているので，1時間に運動する距離をxkmとすると，0.2〔s〕：(60×60)〔s〕＝0.00035〔km〕：x〔km〕，x〔km〕＝6.3〔km〕，である。よって，平均の速さは，6.3km/hである。

〔問3〕 4℃の水の密度1g/cm^3を用いて計算すると，**食塩水の密度〔g/cm^3〕＝(15〔g〕＋50〔g〕)÷55〔cm^3〕＝1.18〔g/cm^3〕**，である。ラベルは，水に沈み，食塩水に浮いたため，**水の密度1g/cm^3＜ラベルの密度＜食塩水の密度1.18g/cm^3**，であり，ポリスチレンである。

〔問4〕 地球の太陽を中心とした西から東への公転による**年周運動**で，同時刻に見える星は1年に360°(1日に約1°)，東から西に動いて見える。また，地球の地軸を中心とした西から東への自転による**日周運動**で，星は1日に360°(1時間に15°)，東から西に動いて見える。よって，1月15日午後10時に真南に見えたオリオン座は，1か月後には年周運動により，30°西に見えるので，2月15日にオリオン座が真南に見える時刻は，自転により，30°÷15°＝2，であるため，2時間前の午後8時頃である。

3 (天気の変化：空気中の水蒸気量・前線の通過，気象観測，日本の気象：日本の天気の特徴と天気図)

〔問1〕 湿度〔%〕＝空気1m^3にふくまれる水蒸気量〔g/m^3〕÷その温度での飽和水蒸気量〔g/m^3〕×100，であり，a，b，cの時刻における湿度は84％で等しい。よって，**空気1m^3にふくまれる水蒸気量〔g/m^3〕は，その温度での飽和水蒸気量〔g/m^3〕が大きい方が，多い。図1から，aの気温は約15.5℃であり，bの気温は約11℃，cの気温は約6.5℃であるため，**その温度での**飽和水蒸気量〔g/m^3〕は，a＞b＞c**である。よって，a，b，cの時刻における空気中の水蒸気の量は，C〔g/m^3〕＜B〔g/m^3〕＜A〔g/m^3〕，である。

〔問2〕 観測地点Pは，図1の天気図記号から，日中の天気はおおむね晴れで，南寄りの風が吹く。気温は日が昇るとともに上がり始め，昼過ぎに最も高くなり，その後しだいに下がる。

〔問3〕 **図1の4月1日15時から18時にかけて**，天気図記号の**風向が，南寄りから北寄りに変わったことから前線Xは寒冷前線であり**，通過したとき，気圧が大きく下がり，気温が急激に下がったことがグラフから読みとれる。図4の観測地点Pを覆う高気圧の中心付近では，上空から地上へ空気が流れ，地上では中心部から周辺へ向かって風が吹き出す。

〔問4〕 つゆ(6月)の天気図は，南のあたたかくしめった気団と北の冷たくしめった気団の間に梅雨前線ができている，アである。夏(8月)は，小笠原気団におおわれ，南高北低の気圧配置になっている，ウである。**秋(11月)は，偏西風の影響を受けて，日本付近を移動性高気圧と低気圧が交互に通過し天気が周期的に変化する，**エである。冬(2月)は，西高東低の気圧配置で，南北方向の等圧線がせまい間隔で並ぶ，イである。

4 (植物の体のつくりとはたらき：葉のつくり・光合成の実験・観察・対照実験・光の明るさの変化に伴う光合成量と呼吸量の関係)

〔問1〕 Aは気孔で，呼吸や光合成によって生じる酸素や二酸化炭素などの気体の出入り口である。Bは気孔を囲む**孔辺細胞にある葉緑体**であり，＜観察＞の操作から，植物の細胞に見られ，ヨウ素液に反応して青紫色に変色したことから光合成によりデンプンが作られたことがわかる。光合成では酸素も作られる。

〔問2〕 光を当てる前に，＜実験1＞の(3)のツユクサの鉢植えを暗室に24時間置いた理由は，葉にあるデンプンを全て消費させるためである。葉にあるデンプンは分解されて糖になり，師管を通して植物体の各部に送られるが，多くの植物では，糖の移動は夜間に行われる。光合成に二酸化炭素が必要であることを確かめるための**対照実験**に適する葉の組み合わせは，葉緑体があり，日光が当たり，二酸化炭素があり，水がある「葉C」と，葉Cの条件のうち，水酸化ナトリウム水溶液をしみ込ませたろ紙を入れて二酸化炭素が無い状態にした「葉E」である。結果2により，光合成が，葉Cでは行われたが，葉Eでは行われなかったことから，光合成には二酸化炭素が必要であることが確かめられる。

〔問3〕 暗室に置いた「袋G」の場合，実験後の呼吸によって出された二酸化炭素の割合＝7.6％－4.0％＝3.6％であり，光合成によって使われた二酸化炭素の割合＝0％，である。明るさの度合い1の「袋H」の場合，実験後の呼吸によって出された二酸化炭素の割合は3.6％であり，光合成によって使われた二酸化炭素の割合＝7.6％－5.6％＝2.0％である。**明るさの度合い2の「袋I」の場合，実験後の呼吸によって出された二酸化炭素の割合は3.6％であり，光合成によって使われた二酸化炭素の割合＝7.6％－1.5％＝6.1％である。**よって，呼吸によって出される二酸化炭素の量よりも，光合成によって使われた二酸化炭素の量の方が多いのは，「袋I」である。そこで，デンプンなどの養分のできる量が多いのは，最も光合成量が大きかった「袋I」である。

5 (化学変化と物質の質量：化学変化と質量の保存・質量変化の規則性，物質の成り立ち：熱分解・原子と分子・化学変化のモデル化，酸・アルカリとイオン：pH)

〔問1〕 (3)で，ガラス管を水槽の水の中から取り出した後，試験管Aの加熱をやめるのは，**試験管Aが冷えて内部の気圧が大気圧より下がる**ことにより，水槽の水が試験管Aに**逆流するのを防ぐため**である。また，(6)で，加熱後にできた白い物質は，炭酸ナトリウムで，炭酸水素ナトリウムより水に溶けやすく，その水溶液は**強いアルカリ性**であるため，弱いアルカリ性である炭酸水素ナトリウムより，**pHの値が大きい**。

〔問2〕 ＜実験1＞の(2)で起きている化学変化は化学反応式で表すと，$2NaHCO_3 \rightarrow Na_2CO_3 + CO_2 + H_2O$，であり，**熱分解**である。よって，同じ種類の化学変化は酸化銀を加熱したときにも起こり，化学反応式で表すと，$2Ag_2O \rightarrow 4Ag + O_2$，の熱分解である。炭酸水素ナトリウムの熱分解を表したモデルでナトリウム原子1個を表しているのは，エの■である。

〔問3〕 ＜実験2＞の＜結果2＞の表から，炭酸水素ナトリウムの質量が0.50gのときに発生した気体の質量は，79.50g＋0.50g－79.74g＝0.26g，である。同様に計算して，炭酸水素ナトリウムの質量〔g〕をx，発生した気体の質量〔g〕をyとして，測定値の座標(x，y)をもとめると，(0.50g，0.26g)，(1.00g，0.52g)，(1.50g，0.78g)，(2.0g，1.04g)，(2.50g，1.17g)，(3.0g，1.17g)である。y＝0.52xとy＝1.17の交点の座標は(2.25，1.17)である。よって，**炭酸水素ナトリウムの質量が2.25gまでは，原点から各点のもっとも近いところを通る比例の直線，y＝0.52xであり，**

炭酸水素ナトリウムの質量が2.25g以上になると，y＝1.17の直線になる。

〔問4〕〔問3〕より，0.65gの気体が発生したときの塩酸10.0cm^3に加えた炭酸水素ナトリウムの質量xgは，0.65g＝0.52xg，xg＝1.25g，である。ベーキングパウダー4.00gに含まれていた炭酸水素ナトリウムの質量は1.25gであるため，1.25〔g〕÷4.00〔g〕×100＝31.25〔％〕であり，約31〔％〕である。ウのグラフからも1.25gは読みとれる。

6 （電流と磁界：右ねじの法則・電磁誘導・フレミングの左手の法則・コイルの回転，電流：合成抵抗）

〔問1〕図3において，磁針のN極が指す向きがその点の磁界の向きであり，**右ねじの法則**により，**電流は右ねじが進む向きに流れている。**よって，電流は，コイルAの下側では＋方向（紙面向かって右）から－方向（紙面向かって左）へ流れている。図4において，コイルAの下側の導線がつくる磁界ではアクリル板上の磁針のN極の向きは図3の磁針のN極の向きとは反対になる。コイルAの上側は，コイルAの下側とは電流の向きが反対に変わるので，アの磁針の向きが適切である。

〔問2〕コイルAをGとHの向きに交互に動かし，コイルAの中の**磁界が変化すると，電磁誘導により，その変化に応じた電圧が生じて，コイルAに誘導電流が流れる。**

〔問3〕アの合成抵抗$R_ア$〔Ω〕＝20〔Ω〕＋5〔Ω〕＝25〔Ω〕である。ウの合成抵抗$R_ウ$〔Ω〕＝20〔Ω〕＋10〔Ω〕＝30〔Ω〕である。イの合成抵抗を$R_イ$〔Ω〕とすると，$\frac{1}{R_イ[\Omega]}=\frac{1}{20[\Omega]}+\frac{1}{5[\Omega]}=\frac{5}{20[\Omega]}$であるから，$R_イ$〔Ω〕＝4〔Ω〕である。エの合成抵抗を$R_エ$〔Ω〕とすると，$\frac{1}{R_エ[\Omega]}=\frac{1}{20[\Omega]}+\frac{1}{10[\Omega]}=\frac{3}{20[\Omega]}$であるから，$R_エ$〔Ω〕＝6.7〔Ω〕である。オームの法則より，合成抵抗の小さい順にコイルBを流れる電流は大きくなるため，コイルBが速く回転するつなぎ方の順は，イ→エ→ア→ウである。

〔問4〕図8のときには，コイルBのc→dの向きに電流が流れるため，**フレミングの左手の法則**により，磁界からJの向きに力を受ける。半回転して図9になると，**コイルBのabの部分には電流が流れないため，磁界から力を受けないが，勢いで同じ向きの回転を続け**，さらに半回転して再び図8にもどる。

＜社会解答＞

1 〔問1〕ア　〔問2〕ウ　〔問3〕イ　〔問4〕エ

2 〔問1〕（Ⅰのア～エ）ウ　（Ⅱの表のア～エ）エ　〔問2〕P イ　Q ウ　R ア　S エ　〔問3〕（ⅠとⅡの表のア～エ）ア　（略地図中のW～Z）X

3 〔問1〕A エ　B ウ　C ア　D イ　〔問2〕W イ　X ア　Y エ　Z ウ　〔問3〕〔地域の変容〕（例）畑や造成中だった土地に，住宅が造られた。〔要因〕（例）八千代中央駅が開業し，東京都（大手町）までの所要時間が短くなり，移動が便利になった。

4 〔問1〕ウ→イ→エ→ア　〔問2〕（Ⅰの略年表中のア～エ）イ　（Ⅱの略地図中のA～D）D　〔問3〕エ　〔問4〕A ア　B エ　C ウ　D イ

5 〔問1〕ウ　〔問2〕ア　〔問3〕（例）国が主導する短期集中型の方式から地方公共団体が考え提案する長期継続型の方式となり，毎年ではなく特定の年に多く見られていた法律改正数は，数は少なくなったものの毎年見られるようになった。

6 〔問1〕エ→ア→イ→ウ　〔問2〕A ア　B ウ　C エ　D イ　〔問3〕イ

＜社会解説＞

1 **(地理的分野―日本地理－地形図の見方，歴史的分野―日本史時代別－古墳時代から平安時代・安土桃山時代から江戸時代，―日本史テーマ別－文化史，公民的分野―経済一般)**

〔問1〕 経路途中に大手町，郭町の地名が見られるところ，元町に鐘つき堂を示す高塔の地図記号「口」が見られるところから，Ⅰの図の経路アである。

〔問2〕 平安時代中期は**末法思想**の流行から，**浄土信仰**が全盛を迎え，**摂関政治**の全盛期である11世紀半ばに，**関白藤原頼通**によって浄土信仰に基づいて建立されたのが，宇治の**平等院鳳凰堂**である。

〔問3〕 江戸時代後期の**浮世絵**師であり，**化政文化**を代表するのは**葛飾北斎**である。代表作に『**富嶽三十六景**』がある。中でも『神奈川沖浪裏』『凱風快晴(赤富士)』等が特に有名である。

〔問4〕 労働者のための統一的な保護法として，1947年に制定されたのが**労働基準法**である。労働条件の基準を定め，**1日8時間労働制**や，改定を重ねて現在では**1週40時間労働制**などを内容としている。

2 **(地理的分野―世界地理－都市・気候・地形・産業・人々のくらし・貿易)**

〔問1〕 Aの都市はブエノスアイレスであり，**南半球**に属することから，Ⅰのエである。Bの都市はオタワであり，年間を通じ降水量が100mm弱で冷涼な気候であることから，Ⅰのアである。Cの都市はジャカルタであり，**赤道直下**に位置するため年間を通じ気温が高く，**雨季**と**乾季**があることから，Ⅰのイである。Dの都市はベルリンであり，**西岸海洋性気候**にあたることから，降水量は**偏西風**の影響で一年中一定で少ない。Ⅰのウである。ベルリンを首都とするドイツでは，世界のベストテンに入るほどじゃがいも・小麦の生産量が多い。Ⅱの表のエである。

〔問2〕 Pはブラジルである。「流域面積700km^2の河川が東流し」との文と，「南部にはコーヒー栽培に適した土壌が分布し」との文から，ブラジルはイであることがわかる。河川は**世界最大の流域面積**を持つ**アマゾン川**である。Qはベトナムである。「南北方向に国境を形成する山脈が走り，北部には首都が位置する平野が，南部には…**三角州**が広がっている」との文から，ベトナムはウであることがわかる。国境を形成する山脈とは，**アンナン山脈**である。ベトナムの首都はハノイである。Rはトルコである。「帝国時代からコーヒーが飲まれ」の一文から，トルコはアであることがわかる。4国の中で**帝国**時代を持つのはトルコだけである。Sはケニアである。「中央部には標高5000mを超える火山が位置し，西部には茶の栽培に適した土壌が分布し」との文から，ケニアがエであるとわかる。火山とは，**キリマンジャロ**に次ぐアフリカ第2の高峰，**ケニア火山**である。ケニアは紅茶の産地として有名である。

〔問3〕 Ⅲの文章は，「**偏西風**の**影響**を受け，湿潤な西部に対し，東部の降水量が少ない地域では**牧羊**が行われている」との文から，ニュージーランドの説明であるとわかる。　ⅠとⅡの表のア～エ　ニュージーランドからの日本への輸入品は果実・チーズなどで，果実は1999年から2019年で3倍以上に増えている。また，ニュージーランドは，1999年の段階では輸出総額の1位は隣国オーストラリアであったが，2019年の段階では，近年この地域に経済的影響力を増している中華人民共和国が1位となっている。　略地図中のW～Z　Xがニュージーランドである。Wはメキシコ，Yはフィリピン，Zはスペインである。

3 **(地理的分野―日本地理－都市・地形・気候・農林水産業・工業・地形図の見方・交通)**

〔問1〕 Aは千葉県であり，「北部には**ローム層**が堆積する台地があり」との文から，エが千葉県だとわかる。Bは富山県であり，「冬季に降水が多い南部の山々を源流とし」との文から，ウが富山県だとわかる。Cは高知県であり，「沖合を流れる**暖流**の影響で，気候が温暖である」との文から，アが高知県だとわかる。この暖流は**日本海流**である。Dは福岡県であり，「南西部に広がる平野は干満差の大きい干潟のある海に面している」との文から，イが福岡県であるとわかる。この海は**有明海**である。

〔問2〕 W ①は岩手県盛岡市であり，②は宮城県仙台市である。盛岡市周辺の山間部では**畜産業・林業**などが発達しており，仙台市周辺の平野部では**稲作地帯**が広がっているため，Wは表中のイである。 X ①は群馬県前橋市であり，②は神奈川県横浜市である。群馬県南部の**工業団地**には**輸送用機械関連企業**が多く，横浜市周辺の京浜工業地帯では**石油化学コンビナート**が見られるため，Xは表中のアである。 Y ①は愛知県名古屋市であり，②は三重県津市である。愛知県には，世界的**自動車関連企業**があり，津市近辺には**石油化学コンビナート**があり，周辺では**リアス海岸**を生かした**養殖業**が行われているため，Yは表中のエである。 Z ①は鳥取県鳥取市であり，②は大阪府大阪市である。鳥取県では**砂丘**の広がる沿岸部で果樹栽培が行われており，また，大阪市では都市中心部に**中小工場**が数多く見られるため，Zは表中のウである。

〔問3〕 〔地域の変容〕 **地形図**によれば，1983年から2009年の間に，畑(「∨」)や造成中だった土地が整備され，ゆりのき台と呼ばれる**住宅地**が造られた。〔要因〕 1996年に八千代中央駅が開業し，東京都(大手町)までの所要時間が60分から46分と短くなり，**通勤・通学**や**買い物**などの移動が便利になったことを指摘し解答する。

4 **(歴史的分野―日本史時代別－古墳時代から平安時代・鎌倉時代から室町時代・安土桃山時代から江戸時代・明治時代から現代，―日本史テーマ別－政治史・法律史・社会史)**

〔問1〕 ア **足利尊氏**が**鎌倉府**を設置したのは，14世紀のことである。 イ **桓武天皇**が**胆沢城**や**志波城**を設置させたのは，9世紀のことである。 ウ **中大兄皇子**が**大宰府**を整備したのは，7世紀のことである。 エ **北条義時**を中心とする幕府が**六波羅探題**を設置したのは，13世紀のことである。したがって，時代の古い順に並べると，ウ→イ→エ→アとなる。

〔問2〕 Iの略年表中のア～エ **日本人の海外渡航禁止・海外在住日本人の帰国禁止**の法令が出されたのは1635年のことであり，略年表中のイに該当する。 IIの略地図中のA～D こうした法令を主に実行するのは，**老中**直属の**遠国奉行**の一つで，**直轄領長崎**を支配した長崎の**奉行所**であった。略地図中のDが該当する。

〔問3〕 文章は，1923年の**関東大震災直後**に**後藤新平**が表明したものである。アの**新橋・横浜間**に**鉄道**が開通したのは，1872年のことである。イのイギリスと**日英同盟**を結んだのは，1902年のことである。ウの**大日本帝国憲法**が発布されたのは，1889年のことである。エの**東京駅**が開業したのは1914年，**丸ビル**が建設されたのは1923年である。したがって，文章と同時期の東京の様子を表しているのは，エである。

〔問4〕 アの**普通選挙法**が制定されたのは，1925年である。Aの時期にあてはまる。イの**公害対策基本法**が制定されたのは，1967年であり，Dの時期にあてはまる。ウの**教育基本法**が制定されたのは1947年であり，Cの時期にあてはまる。エの**国家総動員法**が制定されたのは，1938年であり，Bの時期にあてはまる。

5 **(公民的分野―地方自治・国の政治の仕組み)**

〔問1〕 日本国憲法第94条に「**地方公共団体**は，その財産を管理し，事務を処理し，及び行政を執行する権能を有し，法律の範囲内で**条例**を制定することができる。」とあり，地方公共団体は条例を議決・制定することができる。なお，アの**条約**を承認するのは**国会**の仕事である。イの**政令**

を制定するのは**内閣**の仕事である。エの法律等が**憲法**に適合するかどうか決定するのは，**最高裁判所**の仕事である。

〔問2〕　**地方自治法**において，**直接請求**の制度が定められ，有権者の一定数以上の署名を集めることで，**条例の改廃**や，**議会の解散**，**首長及び議員の解職**などを請求することができる。

〔問3〕　2014年の改正によって，**地方分権改革**の推進手法が，**国**が主導する短期集中型の方式から，**地方公共団体**が提案する長期継続型の方式となったことを指摘する。1995年から2014年の期間では，1999年・2011年・2014年など特定の年にのみ多く見られていた法律改正数が，2015年以降は，数は少なくなったが，毎年見られるようになったことを読み取り解答する。

6　**（歴史的分野―世界史－経済史，地理的分野―都市，公民的分野―経済一般）**

〔問1〕　ア　イギリスで**産業革命**が起こり，世界最初の**蒸気機関**製造会社が設立されたのは，18世紀後期である。　イ　アメリカで**南北戦争**が起こり，**大陸を横断**する鉄道路線を敷設する会社が設立されたのは，19世紀半ばである。　ウ　**第一次世界大戦後**のドイツで，旅客輸送機の製造と販売を行う会社が設立されたのは，20世紀前期である。　エ　オランダで**東インド会社**が設立されたのは，17世紀初頭である。時代の古い順に並べると，エ→ア→イ→ウとなる。

〔問2〕　Aの都市はボリビアの首都ラパスである。「標高3000mを超え，1548年にスペイン人により建設され，金鉱もあった。」との表現から，アが該当することがわかる。Bの都市はデトロイトである。「19世紀後半には自動車の生産が始まり，20世紀に入ると自動車工業の中心地へと成長し」との表現から，ウが該当するとわかる。Cの都市はジュネーブである。「**国際連盟**の本部が置かれ」との表現から，エが該当するとわかる。Dの都市はフランスを旧宗主国とするアルジェリアの首都アルジェである。「内陸部にはイスラム風の旧市街地が，沿岸部にはフランスの影響を受けた建物が見られる港湾都市となっている。」との表現から，イが該当するとわかる。

〔問3〕　グラフⅠに見られるように，1980年代の前半は**円安・ドル高**が進行し，日本の**貿易収支**は大幅な黒字となり，**経済成長率**は上昇傾向を見せた。その後1985年に**先進5か国蔵相・中央銀行総裁会議**がニューヨークのプラザホテルで行われ，ここで決定したプラザ合意により，円高・ドル安へと誘導され，日本の経済成長率は一時的に下降した。その後**日本銀行**が金利を下げたことなどで，株式や土地への投資が増え，株価や地価が高騰する**バブル景気**が到来し，法人企業の営業利益は増加し続けた。このバブル景気は1991年に終結を迎えた。Ⅱの文章で述べている時期に当てはまるのは，イの時期である。

2021年度英語　リスニングテスト

〔放送台本〕

これから，リスニングテストを行います。リスニングテストは，全て放送による指示で行います。リスニングテストの問題には，問題Aと問題Bの二つがあります。問題Aと，問題Bの＜Question 1＞では，質問に対する答えを選んで，その記号を答えなさい。問題Bの＜Question 2＞では，質問に対する答えを英語で書きなさい。英文とそのあとに出題される質問が，それぞれ全体を通して二回ずつ読まれます。問題用紙の余白にメモをとってもかまいません。答えは全て解答用紙に書きなさい。

〔問題A〕

問題Aは，英語による対話文を聞いて，英語の質問に答えるものです。ここで話される対話文は全部で三つあり，それぞれ質問が一つずつ出題されます。質問に対する答えを選んで，その記号を答えなさい。では，＜対話文1＞を始めます。

Yumi: David, we are on the highest floor of this building. The view from here is beautiful.
David: I can see some temples, Yumi.
Yumi: Look! We can see our school over there.
David: Where?
Yumi: Can you see that park? It's by the park.
David: Oh, I see it. This is a very nice view.
Yumi: I'm glad you like it. It's almost noon. Let's go down to the seventh floor. There are nice restaurants there.

Question: Where are Yumi and David talking?

＜対話文2＞を始めます。

Taro: Hi, Jane. Will you help me with my homework? It's difficult for me.
Jane: OK, Taro. But I have to go to the teachers' room now. I have to see Mr. Smith to give this dictionary back to him.
Taro: I see. Then, I'll go to the library. I have a book to return, and I'll borrow a new one for my homework.
Jane: I'll go there later and help you.
Taro: Thank you.

Question: Why will Jane go to the library?

＜対話文3＞を始めます。

Woman: Excuse me. I'd like to go to Minami Station. What time will the next train leave?
Man: Well, it's eleven o'clock. The next train will leave at eleven fifteen.
Woman: My mother hasn't come yet. I think she will get here at about eleven twenty.
Man: OK. Then you can take a train leaving at eleven thirty. You will arrive at Minami Station at eleven fifty-five.
Woman: Thank you. We'll take that train.

Question: When will the woman take a train?

〔英文の訳〕

＜対話文1＞

ユミ　：ディビッド，私たちはこの建物の一番高い階にいるわね。ここからの景色は美しいわね。

ディビッド：お寺がいくつか見えるね，ユミ。
ユミ　　　：見て！　あそこに私たちの学校が見えるわよ。
ディビッド：どこ？
ユミ　　　：あの公園が見える？　その公園のそばよ。
ディビッド：ああ，見えるよ。これはとてもいい景色だね。
ユミ　　　：あなたが気に入ってくれて嬉しいわ。もうそろそろ正午ね。7階に行きましょう。いいレストランがあるわ。
質問：ユミとディビッドはどこで話をしていますか。
答え：ア　建物の一番高い階。

<対話文2>
タロウ　：こんにちは，ジェイン。僕の宿題手伝ってくれる？　僕には難しいよ。
ジェイン：オーケー，タロウ。でも今教員室に行かないといけないの。スミス先生にこの辞書を返しに行かなといけないの。
タロウ　：そうか。じゃあ僕は図書館に行くよ。返す本があるし，宿題のために新しい本を借りるんだ。
ジェイン：後でそこに行って，お手伝いするわ。
タロウ　：ありがとう。
質問：なぜジェインは図書館に行きますか。
答え：エ　タロウを手伝うため。

<対話文3>
女性：すみません。ミナミ駅へ行きたいんですが。次の電車は何時に出発しますか。
男性：ええと，今11時です。次の電車は11時15分に出発します。
女性：母がまだ来ていません。11時20分くらいにここに着くと思います。
男性：オーケー。じゃあ11時30分に出発する電車に乗れます。ミナミ駅に11時55分に着くでしょう。
女性：ありがとうございます。その電車に乗ります。
質問：いつ女性は電車に乗りますか。
答え：ウ　11時30分。

〔放送台本〕
〔問題B〕

これから聞く英語は，ある外国人の英語の先生が，新しく着任した中学校の生徒に対して行った自己紹介です。内容に注意して聞きなさい。あとから，英語による質問が二つ出題されます。<Question 1>では，質問に対する答えを選んで，その記号を答えなさい。<Question 2>では，質問に対する答えを英語で書きなさい。なお，<Question 2>のあとに，15秒程度，答えを書く時間があります。では，始めます。

Good morning, everyone. My name is Margaret Green. I'm from Australia. Australia is a very large country. Have you ever been there? Many Japanese people visit my country every year. Before coming to Japan, I taught English for five years in China. I had a good time there.

I have lived in Japan for six years. After coming to Japan, I enjoyed traveling around the country for one year. I visited many famous places. Then I went to school to study Japanese for two years. I have taught English now for three years. This school is my second school as an English teacher in Japan. Please tell me about your school. I want to know about it. I' m glad to become a teacher of this school. Thank you.

<Question 1> How long has Ms. Green taught English in Japan?

<Question 2> What does Ms. Green want the students to do?

以上で，リスニングテストを終わります。

〔英文の訳〕

みなさん，おはようございます。私の名前はマーガレット・グリーンです。オーストラリアから来ました。オーストラリアはとても大きな国です。今までそこへ行ったことがありますか。毎年多くの日本人が私の国を訪れています。日本に来る前，私は中国で5年間英語を教えていました。そこでとてもいい時間を過ごしました。

私は日本に6年間住んでいます。日本に来たあと，1年間この国を旅行して楽しみました。多くの有名な場所を訪れました。そして2年間日本語を勉強するために学校へ行きました。今3年間英語を教えています。この学校は日本での英語の先生として2校目の学校です。あなた達の学校について教えてください。そのことを知りたいです。この学校の先生になれて嬉しいです。ありがとうございます。

質問1：グリーン先生は日本でどれくらい英語を教えていますか。

答え　：イ　3年間。

質問2：グリーン先生は生徒たちに何をしてもらいたいですか。

答え　：(例)彼らの学校について彼女に伝える。

東京都公立高等学校

2020年度

★★★★★★★★★★★★★★★★★★★★★★★★

共通問題（理科・社会）

2020年度

●くわしい解説……31ページ

＜理科＞

時間　50分　　満点　100点

1　次の各問に答えよ。

〔問1〕　有性生殖では，受精によって新しい一つの細胞ができる。受精後の様子について述べたものとして適切なのは，次のうちではどれか。

ア　受精により親の体細胞に含まれる染色体の数と同じ数の染色体をもつ胚《はい》ができ，成長して受精卵になる。

イ　受精により親の体細胞に含まれる染色体の数と同じ数の染色体をもつ受精卵ができ，細胞分裂によって胚になる。

ウ　受精により親の体細胞に含まれる染色体の数の２倍の数の染色体をもつ胚ができ，成長して受精卵になる。

エ　受精により親の体細胞に含まれる染色体の数の２倍の数の染色体をもつ受精卵ができ，細胞分裂によって胚になる。

〔問2〕　図1のように，電気分解装置に薄い塩酸を入れ，電流を流したところ，塩酸の電気分解が起こり，陰極からは気体Aが，陽極からは気体Bがそれぞれ発生し，集まった体積は気体Aの方が気体Bより多かった。気体Aの方が気体Bより集まった体積が多い理由と，気体Bの名称とを組み合わせたものとして適切なのは，次の表のア～エのうちではどれか。

図1

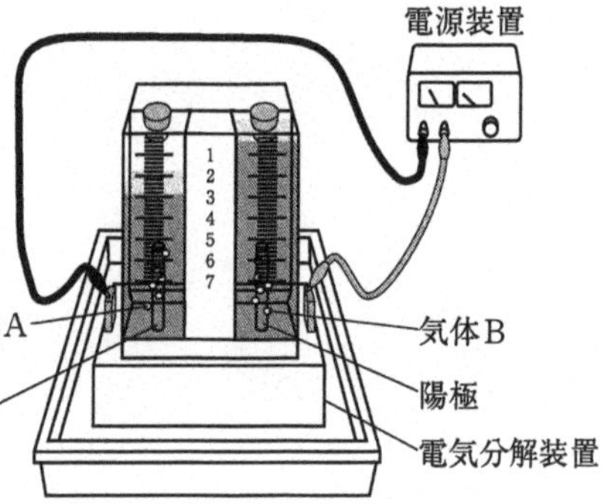

	気体Aの方が気体Bより集まった体積が多い理由	気体Bの名称
ア	発生する気体Aの体積の方が，発生する気体Bの体積より多いから。	塩素
イ	発生する気体Aの体積の方が，発生する気体Bの体積より多いから。	酸素
ウ	発生する気体Aと気体Bの体積は変わらないが，気体Aは水に溶けにくく，気体Bは水に溶けやすいから。	塩素
エ	発生する気体Aと気体Bの体積は変わらないが，気体Aは水に溶けにくく，気体Bは水に溶けやすいから。	酸素

〔問3〕150ｇの物体を一定の速さで1.6m持ち上げた。持ち上げるのにかかった時間は２秒だった。持ち上げた力がした仕事率を表したものとして適切なのは，下のア～エのうちではどれか。

ただし，100ｇの物体に働く重力の大きさは１Ｎとする。

ア　1.2W　　イ　2.4W　　ウ　120W　　エ　240W

〔問４〕 図２は，ある火成岩をルーペで観察したスケッチである。
観察した火成岩は有色鉱物の割合が多く，黄緑色で不規則な形の有色鉱物Ａが見られた。観察した火成岩の種類の名称と，有色鉱物Ａの名称とを組み合わせたものとして適切なのは，次の表の**ア**～**エ**のうちではどれか。

図２

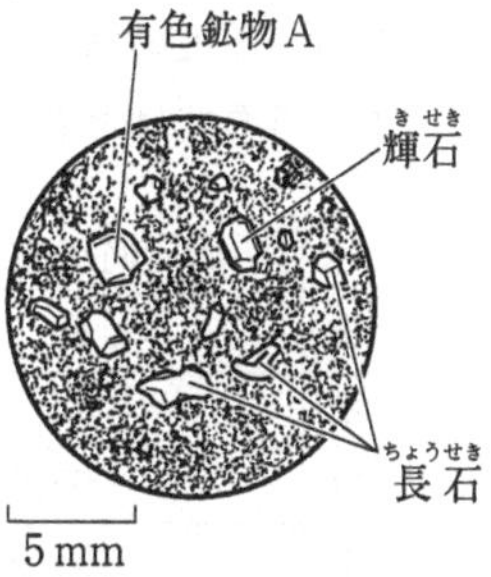

	観察した火成岩の種類の名称	有色鉱物Ａの名称
ア	はんれい岩	石英《せきえい》
イ	はんれい岩	カンラン石
ウ	玄武岩《げんぶがん》	石英《せきえい》
エ	玄武岩《げんぶがん》	カンラン石

〔問５〕 酸化銀を加熱すると，白色の物質が残った。酸化銀を加熱したときの反応を表したモデルとして適切なのは，下の**ア**～**エ**のうちではどれか。
ただし，●は銀原子１個を，○は酸素原子１個を表すものとする。

ア　○●○　○●○　→　●　●　＋　○○　○○
イ　●○●　●○●　→　●　●　●　●　＋　○○
ウ　●○　→　●　＋　○
エ　●○●　→　●　●　＋　○

2　生徒が，水に関する事物・現象について，科学的に探究しようと考え，自由研究に取り組んだ。生徒が書いたレポートの一部を読み，次の各問に答えよ。

<レポート１>　空気中に含まれる水蒸気と気温について

雨がやみ，気温が下がった日の早朝に，霧が発生していた。同じ気温でも，霧が発生しない日もある。そこで，霧の発生は空気中に含まれている水蒸気の量と温度に関連があると考え，空気中の水蒸気の量と，水滴が発生するときの気温との関係について確かめることにした。

教室の温度と同じ24℃のくみ置きの水を金属製のコップＡに半分入れた。次に，図１のように氷を入れた試験管を出し入れしながら，コップＡの中の水をゆっくり冷やし，コップＡの表面に水滴がつき始めたときの温度を測ると，14℃であった。教室の温度は24℃で変化がなかった。

また，飽和水蒸気量〔g/m^3〕は表１のように温度によって決まっていることが分かった。

図１

表１

温度〔℃〕	飽和水蒸気量〔g/m^3〕
12	10.7
14	12.1
16	13.6
18	15.4
20	17.3
22	19.4
24	21.8

〔問１〕　＜レポート１＞から，測定時の教室の湿度と，温度の変化によって霧が発生するときの空気の温度の様子について述べたものとを組み合わせたものとして適切なのは，次の表のア～エのうちではどれか。

	測定時の教室の湿度	温度の変化によって霧が発生するときの空気の温度の様子
ア	44.5%	空気が冷やされて，空気の温度が露点より低くなる。
イ	44.5%	空気が暖められて，空気の温度が露点より高くなる。
ウ	55.5%	空気が冷やされて，空気の温度が露点より低くなる。
エ	55.5%	空気が暖められて，空気の温度が露点より高くなる。

＜レポート２＞　凍結防止剤と水溶液の状態変化について

雪が降る予報があり，川にかかった橋の歩道で凍結防止剤が散布されているのを見た。凍結防止剤の溶けた水溶液は固体に変化するときの温度が下がることから，凍結防止剤は，水が氷に変わるのを防止するとともに，雪をとかして水にするためにも使用される。そこで，溶かす凍結防止剤の質量と温度との関係を確かめることにした。

３本の試験管Ａ～Ｃにそれぞれ10㎤の水を入れ，凍結防止剤の主成分である塩化カルシウムを試験管Ｂには１ｇ，試験管Ｃには２ｇ入れ，それぞれ全て溶かした。試験管Ａ～Ｃのそれぞれについて－15℃まで冷却し試験管の中の物質を固体にした後，試験管を加熱して試験管の中の物質が液体に変化するときの温度を測定した結果は，表２のようになった。

表２

試験管	Ａ	Ｂ	Ｃ
塩化カルシウム〔g〕	0	1	2
試験管の中の物質が液体に変化するときの温度〔℃〕	0	－５	－10

〔問２〕　＜レポート２＞から，試験管Ａの中の物質が液体に変化するときの温度を測定した理由について述べたものとして適切なのは，次のうちではどれか。

ア　塩化カルシウムを入れたときの水溶液の沸点が下がることを確かめるには，水の沸点を測定する必要があるため。

イ　塩化カルシウムを入れたときの水溶液の融点が下がることを確かめるには，水の融点を測定する必要があるため。

ウ　水に入れる塩化カルシウムの質量を変化させても，水溶液の沸点が変わらないことを確かめるため。

エ　水に入れる塩化カルシウムの質量を変化させても，水溶液の融点が変わらないことを確かめるため。

＜レポート３＞　水面に映る像について

池の水面にサクラの木が逆さまに映って見えた。そこで，サクラの木が水面に逆さまに映って見える現象について確かめることにした。

鏡を用いた実験では，光は空気中で直進し，空気とガラスの境界面で反射することや，光が反射するときには入射角と反射角は等しいという光の反射の法則が成り立つことを学んだ。水面に映るサクラの木が逆さまの像となる現象も，光が直進することと光の反射の法則により説明できることが分かった。

〔問３〕　**＜レポート３＞**から，観測者が観測した位置を点Ｘとし，水面とサクラの木を模式的に表したとき，点Ａと点Ｂからの光が水面で反射し点Ｘまで進む光の道筋と，点Ｘから水面を見たときの点Ａと点Ｂの像が見える方向を表したものとして適切なのは，下の**ア**～**エ**のうちではどれか。ただし，点Ａは地面からの高さが点Ｘの２倍の高さ，点Ｂは地面からの高さが点Ｘと同じ高さとする。

ア

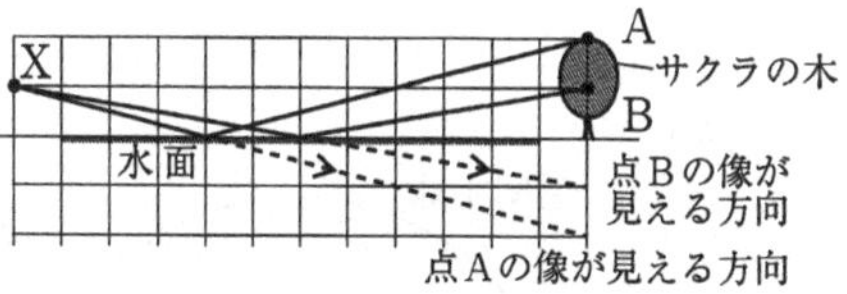

イ

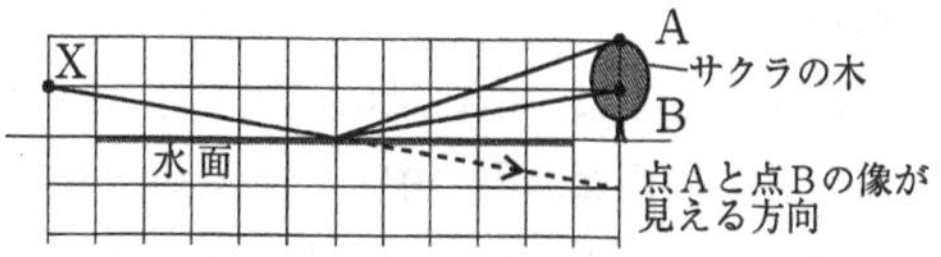

ウ

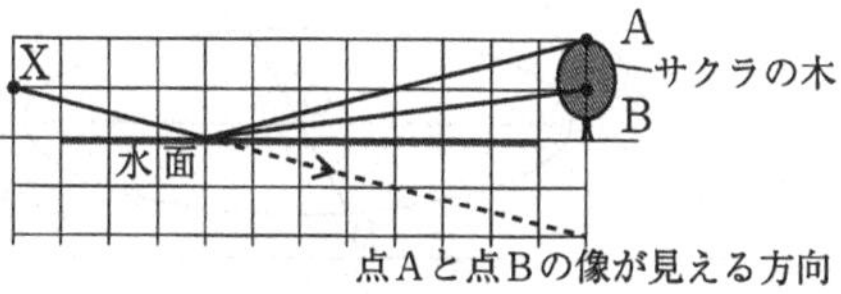

エ

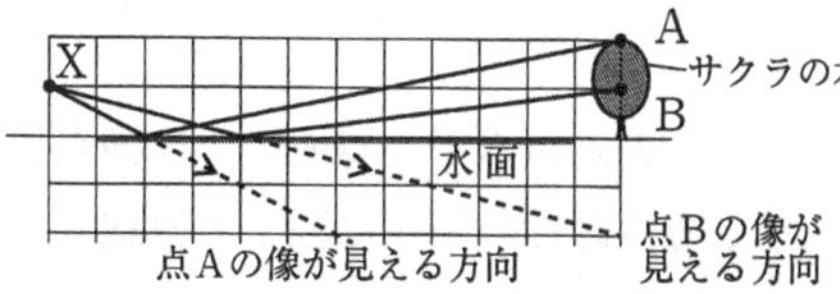

＜レポート４＞　水生生物による水質調査について

川にどのような生物がいるかを調査することによって，調査地点の水質を知ることができる。水生生物による水質調査では，表３のように，水質階級はⅠ～Ⅳに分かれていて，水質階級ごとに指標生物が決められている。調査地点で見つけた指標生物のうち，個体数が多い上位２種類を２点，それ以外の指標生物を１点として，水質階級ごとに点数を合計し，最も点数の高い階級をその地点の水質階級とすることを学んだ。そこで，学校の近くの川について確かめることにした。

表３

水質階級	指標生物
Ⅰ きれいな水	カワゲラ・ナガレトビケラ・ウズムシ・ヒラタカゲロウ・サワガニ
Ⅱ ややきれいな水	シマトビケラ・カワニナ・ゲンジボタル
Ⅲ 汚い水	タニシ・シマイシビル・ミズカマキリ
Ⅳ とても汚い水	アメリカザリガニ・サカマキガイ・エラミミズ・セスジユスリカ

学校の近くの川で調査を行った地点では，ゲンジボタルは見つからなかったが，ゲンジボタルの幼虫のエサとして知られているカワニナが見つかった。カワニナは内臓が外とう膜で覆われている動物のなかまである。カワニナのほかに，カワゲラ，ヒラタカゲロウ，シマトビケラ，シマイシビルが見つかり，その他の指標生物は見つからなかった。見つけた生物のうち，シマトビケラの個体数が最も多く，シマイシビルが次に多かった。

〔問４〕　**＜レポート４＞**から，学校の近くの川で調査を行った地点の水質階級と，内臓が外とう膜で覆われている動物のなかまの名称とを組み合わせたものとして適切なのは，次の表のア～エのうちではどれか。

	調査を行った地点の水質階級	内臓が外とう膜で覆われている動物のなかまの名称
ア	Ⅰ	節足動物
イ	Ⅰ	軟体動物
ウ	Ⅱ	節足動物
エ	Ⅱ	軟体動物

3　太陽の１日の動きを調べる観察について，次の各問に答えよ。

東京の地点Ｘ（北緯35.6°）で，ある年の夏至の日に，＜観察＞を行ったところ，＜結果１＞のようになった。

＜観察＞

(1)　図１のように，白い紙に透明半球の縁と同じ大きさの円と，円の中心Ｏで垂直に交わる直線ＡＣと直線ＢＤをかいた。かいた円に合わせて透明半球をセロハンテープで固定した。

図１

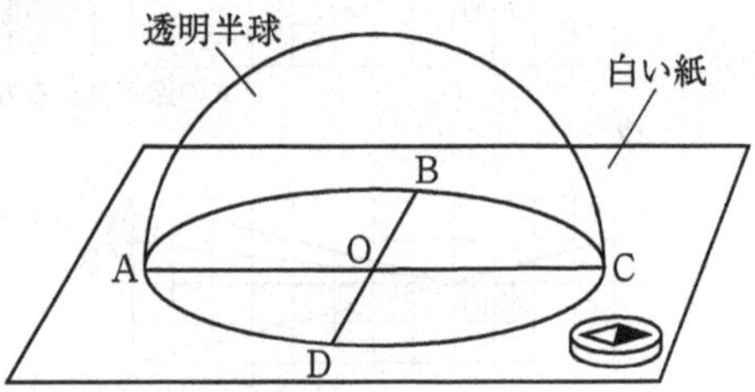

(2)　日当たりのよい水平な場所で，Ｎ極が黒く塗られた方位磁針の南北に図１の直線ＡＣを合わせて固定した。

(3)　９時から15時までの間，１時間ごとに，油性ペンの先の影が円の中心Ｏと一致する透明半球上の位置に●印と観察した時刻を記入した。

図２

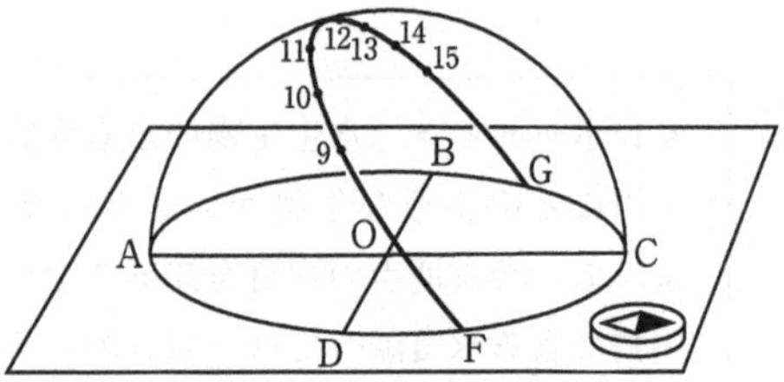

(4)　図２のように，記録した●印を滑らかな線で結び，その線を透明半球の縁まで延ばして東側で円と交わる点をＦとし，西側で円と交わる点をＧとした。

(5)　透明半球にかいた滑らかな線に紙テープを合わせて，１時間ごとに記録した●印と時刻を写し取り，点Ｆから９時までの間，●印と●印の間，15時から点Ｇまでの間をものさしで測った。

＜結果１＞

図３のようになった。

図３

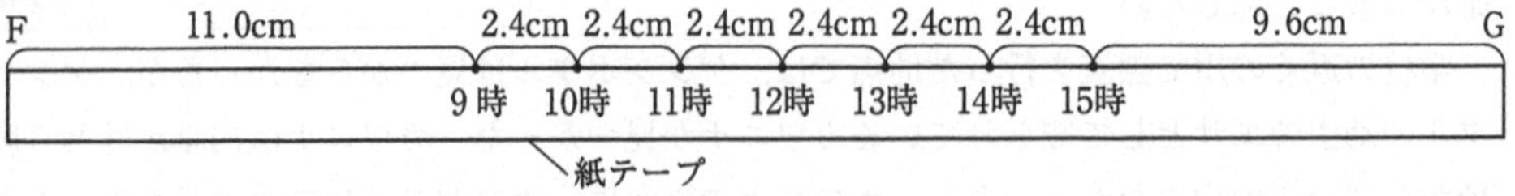

〔問１〕　＜観察＞を行った日の日の入りの時刻を，＜結果１＞から求めたものとして適切なのは，次のうちではどれか。

ア　18時　　**イ**　18時35分　　**ウ**　19時　　**エ**　19時35分

〔問２〕　＜観察＞を行った日の南半球のある地点Ｙ（南緯35.6°）における，太陽の動きを表した模式図として適切なのは，次のうちではどれか。

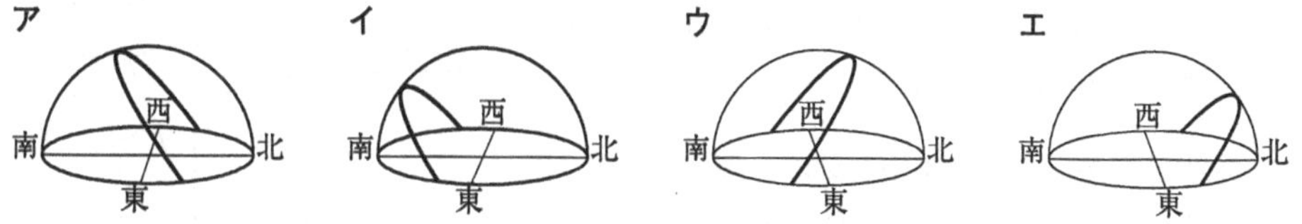

次に，＜**観察**＞を行った東京の地点Xで，秋分の日に＜**観察**＞の(1)から(3)までと同様に記録し，記録した•印を滑らかな線で結び，その線を透明半球の縁まで延ばしたところ，図4のようになった。

図4

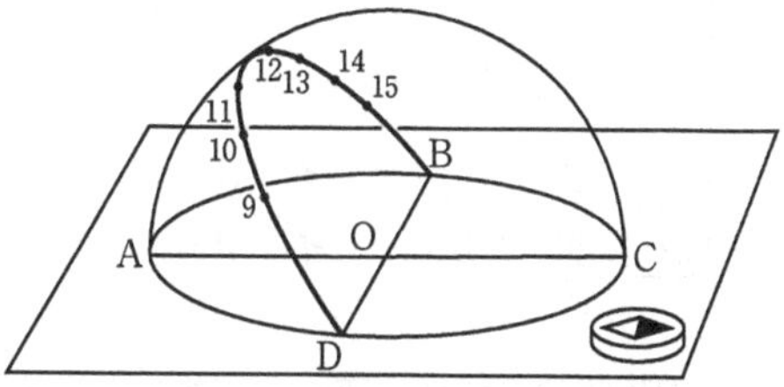

次に，秋分の日の翌日，東京の地点Xで，＜**実験**＞を行ったところ，＜**結果2**＞のようになった。

＜**実験**＞

(1)　黒く塗った試験管，ゴム栓，温度計，発泡ポリスチレンを二つずつ用意し，黒く塗った試験管に24℃のくみ置きの水をいっぱいに入れ，空気が入らないようにゴム栓と温度計を差し込み，図5のような装置を2組作り，装置H，装置Iとした。

図5

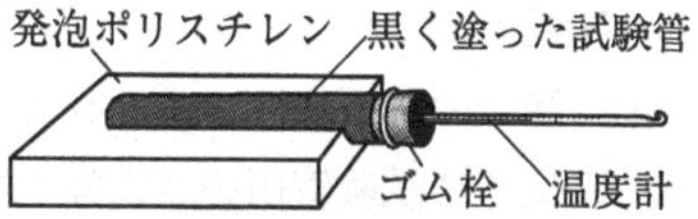

(2)　12時に，図6のように，日当たりのよい水平な場所に装置Hを置いた。また，図7のように，装置Iを装置と地面（水平面）でできる角を角a，発泡ポリスチレンの上端と影の先を結んでできる線と装置との角を角bとし，黒く塗った試験管を取り付けた面を太陽に向けて，太陽の光が垂直に当たるように角bを90°に調節して，12時に日当たりのよい水平な場所に置いた。

図6

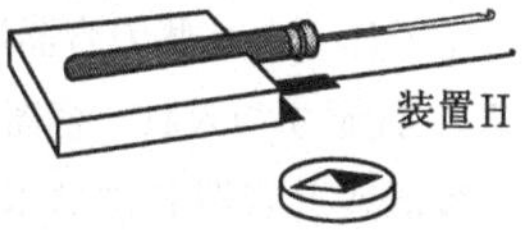

図7

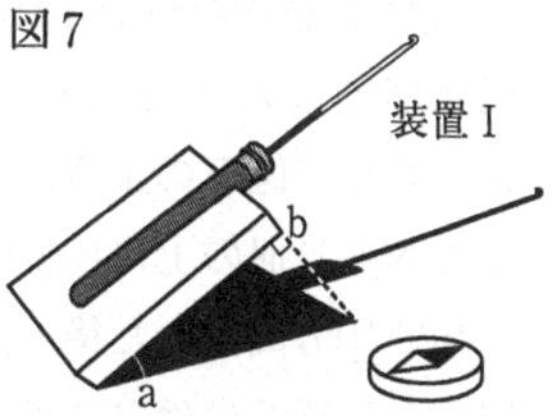

(3)　装置Hと装置Iを置いてから10分後の試験管内の水温を測定した。

＜**結果2**＞

	装置H	装置I
12時の水温〔℃〕	24.0	24.0
12時10分の水温〔℃〕	35.2	37.0

〔問3〕　南中高度が高いほど地表が温まりやすい理由を，＜**結果2**＞を踏まえて，同じ面積に受ける太陽の光の量（エネルギー）に着目して簡単に書け。

〔問4〕　次のページの図8は，＜**観察**＞を行った東京の地点X（北緯35.6°）での冬至の日の太陽の光の当たり方を模式的に表したものである。次のページの文は，冬至の日の南中時刻に，地点Xで図7の装置Iを用いて，黒く塗った試験管内の水温を測定したとき，10分後の水温が最も高くなる装置Iの角aについて述べている。

文中の ① と ② にそれぞれ当てはまるものとして適切なのは，次のページの**ア**～**エ**のうちではどれか。

ただし，地軸は地球の公転面に垂直な方向に対して23.4°傾いているものとする。

> 地点Xで冬至の日の南中時刻に，図7の装置Ⅰを用いて，黒く塗った試験管内の水温を測定したとき，10分後の水温が最も高くなる角aは，図8中の角［①］と等しく，角の大きさは［②］である。

図8

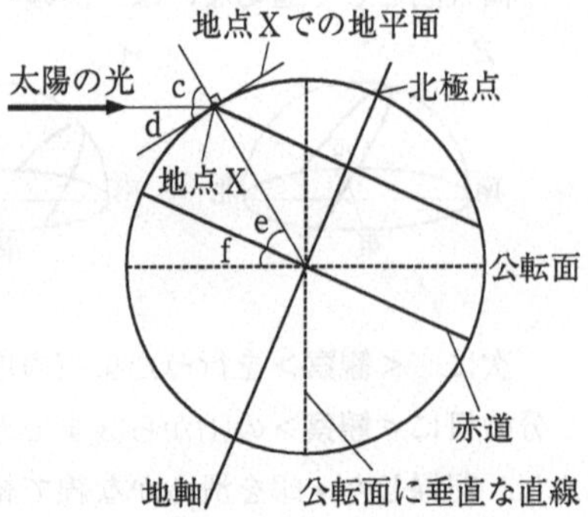

［①］　ア　c　　イ　d　　ウ　e　　エ　f

［②］　ア　23.4°　　イ　31.0°　　ウ　59.0°　　エ　66.6°

4　消化酵素の働きを調べる実験について，次の各問に答えよ。

＜実験1＞を行ったところ，＜結果1＞のようになった。

＜実験1＞

(1)　図1のように，スポンジの上に載せたアルミニウムはくに試験管用のゴム栓を押し付けて型を取り，アルミニウムはくの容器を6個作った。

(2)　(1)で作った6個の容器に1％デンプン溶液をそれぞれ2 cm^3ずつ入れ，容器A～Fとした。

(3)　容器Aと容器Bには水1 cm^3を，容器Cと容器Dには水で薄めた唾液1 cm^3を，容器Eと容器Fには消化酵素Xの溶液1 cm^3を，それぞれ加えた。容器A～Fを，図2のように，40℃の水を入れてふたをしたペトリ皿の上に10分間置いた。

(4)　(3)で10分間置いた後，図3のように，容器A，容器C，容器Eにはヨウ素液を加え，それぞれの溶液の色を観察した。また，図4のように，容器B，容器D，容器Fにはベネジクト液を加えてから弱火にしたガスバーナーで加熱し，それぞれの溶液の色を観察した。

図1

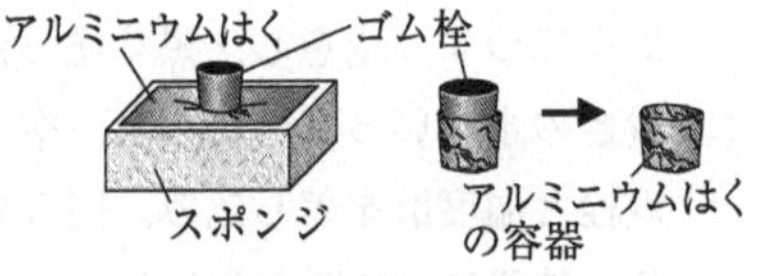

図2

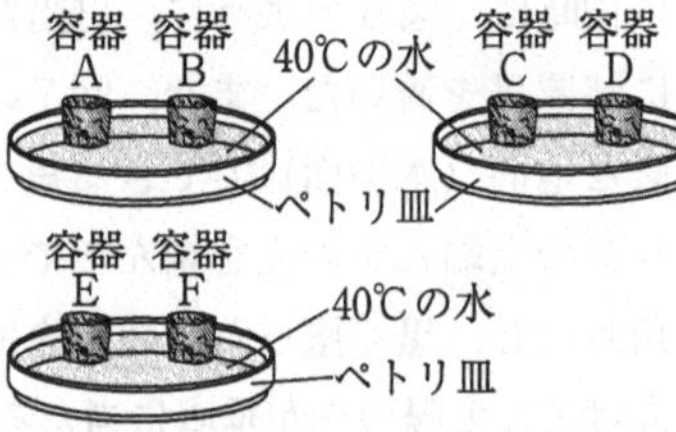

図3

図4

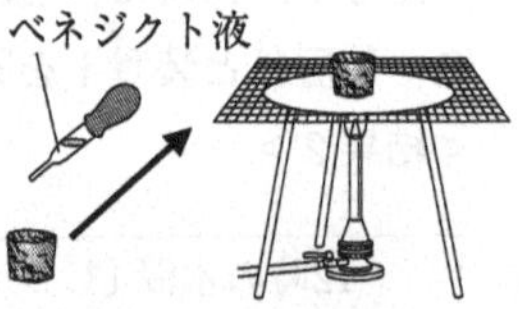

＜結果1＞

容器	1％デンプン溶液2 cm^3に加えた液体	加えた試薬	観察された溶液の色
A	水1 cm^3	ヨウ素液	青紫色
B		ベネジクト液	青色
C	水で薄めた唾液1 cm^3	ヨウ素液	茶褐色
D		ベネジクト液	赤褐色
E	消化酵素Xの溶液1 cm^3	ヨウ素液	青紫色
F		ベネジクト液	青色

次に，＜**実験１**＞と同じ消化酵素Ｘの溶液を用いて＜**実験２**＞を行ったところ，＜**結果２**＞のようになった。

＜**実験２**＞

⑴　ペトリ皿を２枚用意し，それぞれのペトリ皿に60℃のゼラチン水溶液を入れ，冷やしてゼリー状にして，ペトリ皿ＧとＨとした。ゼラチンの主成分はタンパク質であり，ゼリー状のゼラチンは分解されると溶けて液体になる性質がある。

⑵　図５のように，ペトリ皿Ｇには水をしみ込ませたろ紙を，ペトリ皿Ｈには消化酵素Ｘの溶液をしみ込ませたろ紙を，それぞれのゼラチンの上に載せ，24℃で15分間保った。

⑶　⑵で15分間保った後，ペトリ皿ＧとＨの変化の様子を観察した。

図５

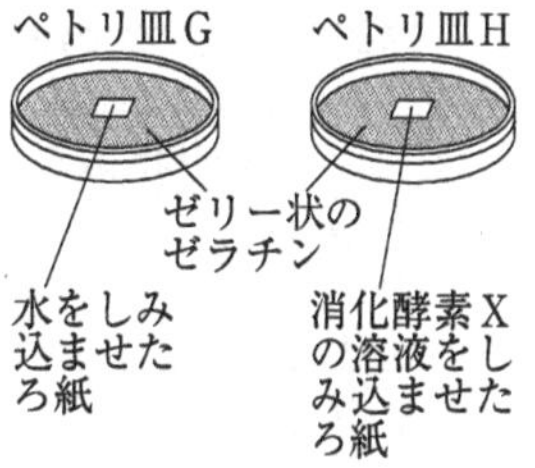

＜**結果２**＞

ペトリ皿	ろ紙にしみ込ませた液体	ろ紙を載せた部分の変化	ろ紙を載せた部分以外の変化
Ｇ	水	変化しなかった。	変化しなかった。
Ｈ	消化酵素Ｘの溶液	ゼラチンが溶けて液体になった。	変化しなかった。

次に，＜**実験１**＞と同じ消化酵素Ｘの溶液を用いて＜**実験３**＞を行ったところ，＜**結果３**＞のようになった。

＜**実験３**＞

⑴　ペトリ皿に60℃のゼラチン水溶液を入れ，冷やしてゼリー状にして，ペトリ皿Ⅰとした。

⑵　図６のように，消化酵素Ｘの溶液を試験管に入れ80℃の水で10分間温めた後に24℃に戻し，加熱後の消化酵素Ｘの溶液とした。図７のように，ペトリ皿Ⅰには加熱後の消化酵素Ｘの溶液をしみ込ませたろ紙を，ゼラチンの上に載せ，24℃で15分間保った後，ペトリ皿Ⅰの変化の様子を観察した。

図６

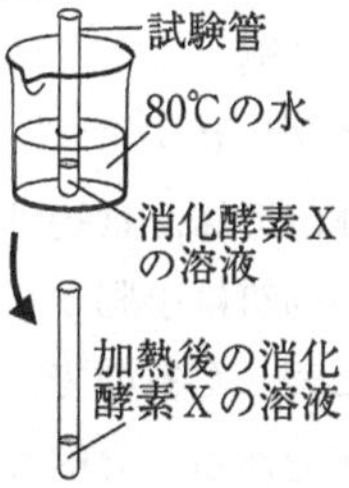

図７

＜**結果３**＞

ろ紙を載せた部分も，ろ紙を載せた部分以外も変化はなかった。

〔問１〕　＜**結果１**＞から分かる，消化酵素の働きについて述べた次の文の ① ～ ③ にそれぞれ当てはまるものとして適切なのは，下の**ア**～**エ**のうちではどれか。

> ① の比較から，デンプンは ② の働きにより別の物質になったことが分かる。
> さらに， ③ の比較から， ② の働きによりできた別の物質は糖であることが分かる。

①　**ア**　容器Ａと容器Ｃ　　**イ**　容器Ａと容器Ｅ
　　ウ　容器Ｂと容器Ｄ　　**エ**　容器Ｂと容器Ｆ

②　**ア**　水　　**イ**　ヨウ素液　　**ウ**　唾液　　**エ**　消化酵素Ｘ

③ ア 容器Aと容器C イ 容器Aと容器E
ウ 容器Bと容器D エ 容器Bと容器F

〔問2〕 <結果1>と<結果2>から分かる，消化酵素Xと同じ働きをするヒトの消化酵素の名称と，<結果3>から分かる，加熱後の消化酵素Xの働きの様子とを組み合わせたものとして適切なのは，次の表のア～エのうちではどれか。

	消化酵素Xと同じ働きをするヒトの消化酵素の名称	加熱後の消化酵素Xの働きの様子
ア	アミラーゼ	タンパク質を分解する。
イ	アミラーゼ	タンパク質を分解しない。
ウ	ペプシン	タンパク質を分解する。
エ	ペプシン	タンパク質を分解しない。

〔問3〕 ヒトの体内における，デンプンとタンパク質の分解について述べた次の文の ① ～ ④ にそれぞれ当てはまるものとして適切なのは，下のア～エのうちではどれか。

デンプンは， ① から分泌される消化液に含まれる消化酵素などの働きで，最終的に ② に分解され，タンパク質は， ③ から分泌される消化液に含まれる消化酵素などの働きで，最終的に ④ に分解される。

① ア 唾液腺・胆のう イ 唾液腺・すい臓 ウ 胃・胆のう エ 胃・すい臓
② ア ブドウ糖 イ アミノ酸 ウ 脂肪酸
エ モノグリセリド
③ ア 唾液腺・胆のう イ 唾液腺・すい臓 ウ 胃・胆のう エ 胃・すい臓
④ ア ブドウ糖 イ アミノ酸 ウ 脂肪酸
エ モノグリセリド

〔問4〕 ヒトの体内では，食物は消化酵素などの働きにより分解された後，多くの物質は小腸から吸収される。図8は小腸の内壁の様子を模式的に表したもので，約1㎜の長さの微小な突起で覆われていることが分かる。分解された物質を吸収する上での小腸の内壁の構造上の利点について，微小な突起の名称に触れて，簡単に書け。

図8

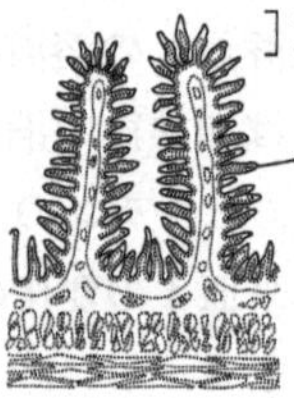

5 物質の性質を調べて区別する実験について，次の各問に答えよ。

4種類の白色の物質A～Dは，塩化ナトリウム，ショ糖（砂糖），炭酸水素ナトリウム，ミョウバンのいずれかである。

<実験1>を行ったところ，<結果1>のようになった。

<実験1>

(1) 物質A～Dをそれぞれ別の燃焼さじに少量載せ，図1のように加熱し，物質の変化の様子を調べた。

(2) <実験1>の(1)では，物質Bと物質Cは，燃えずに白色の物質が残り，区別がつかなかった。そのため，乾いた試験管を2本用意し，それ

図1

ぞれの試験管に物質B，物質Cを少量入れた。物質Bの入った試験管にガラス管がつながっているゴム栓をして，図2のように，試験管の口を少し下げ，スタンドに固定した。

⑶　試験管を加熱し，加熱中の物質の変化を調べた。気体が発生した場合，発生した気体を水上置換法で集めた。

⑷　**＜実験１＞**の⑵の物質Bの入った試験管を物質Cの入った試験管に替え，**＜実験１＞**の⑵，⑶と同様の実験を行った。

図2

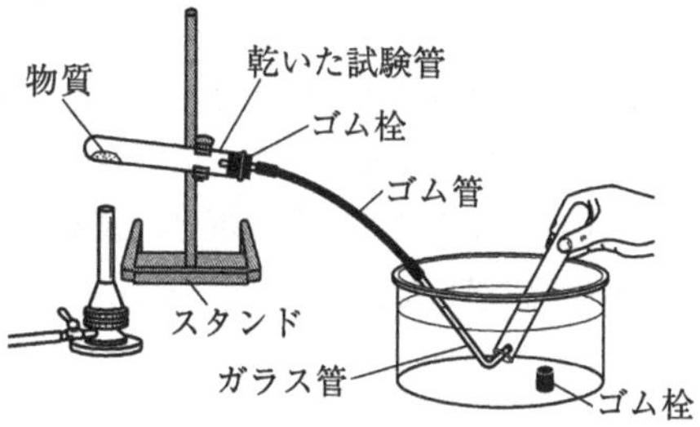

＜結果１＞

	物質A	物質B	物質C	物質D
＜実験１＞の⑴で加熱した物質の変化	溶けた。	白色の物質が残った。	白色の物質が残った。	焦げて黒色の物質が残った。
＜実験１＞の⑶，⑷で加熱中の物質の変化		気体が発生した。	変化しなかった。	

〔問１〕　**＜実験１＞**の⑴で，物質Dのように，加熱すると焦げて黒色に変化する物質について述べたものとして適切なのは，次のうちではどれか。

ア　ろうは無機物であり，炭素原子を含まない物質である。

イ　ろうは有機物であり，炭素原子を含む物質である。

ウ　活性炭は無機物であり，炭素原子を含まない物質である。

エ　活性炭は有機物であり，炭素原子を含む物質である。

〔問２〕　**＜実験１＞**の⑶で，物質Bを加熱したときに発生した気体について述べた次の文の ① に当てはまるものとして適切なのは，下の**ア**～**エ**のうちではどれか。また， ② に当てはまるものとして適切なのは，下の**ア**～**エ**のうちではどれか。

> 物質Bを加熱したときに発生した気体には ① という性質があり，発生した気体と同じ気体を発生させるには， ② という方法がある。

①　**ア**　物質を燃やす

イ　空気中で火をつけると音をたてて燃える

ウ　水に少し溶け，その水溶液は酸性を示す

エ　水に少し溶け，その水溶液はアルカリ性を示す

②　**ア**　石灰石に薄い塩酸を加える

イ　二酸化マンガンに薄い過酸化水素水を加える

ウ　亜鉛に薄い塩酸を加える

エ　塩化アンモニウムと水酸化カルシウムを混合して加熱する

次に，**＜実験２＞**を行ったところ，**＜結果２＞**のようになった。

＜実験２＞

⑴　20℃の精製水（蒸留水）100ｇを入れたビーカーを４個用意し，それぞれのビーカーに図３のように物質Ａ～Ｄを20ｇずつ入れ，ガラス棒でかき混ぜ，精製水（蒸留水）に溶けるかどうかを観察した。

図３

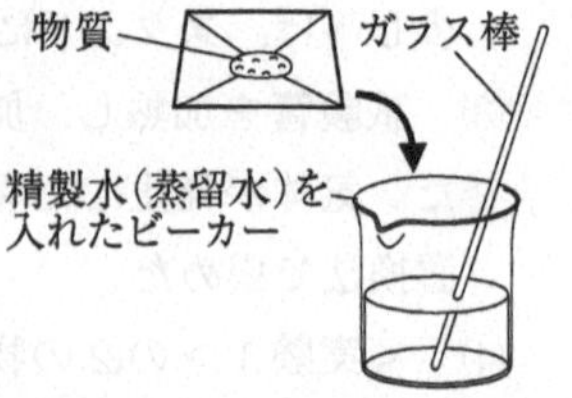

⑵　図４のように，ステンレス製の電極，電源装置，豆電球，電流計をつないで回路を作り，**＜実験２＞**の⑴のそれぞれのビーカーの中に，精製水（蒸留水）でよく洗った電極を入れ，電流が流れるかどうかを調べた。

図４

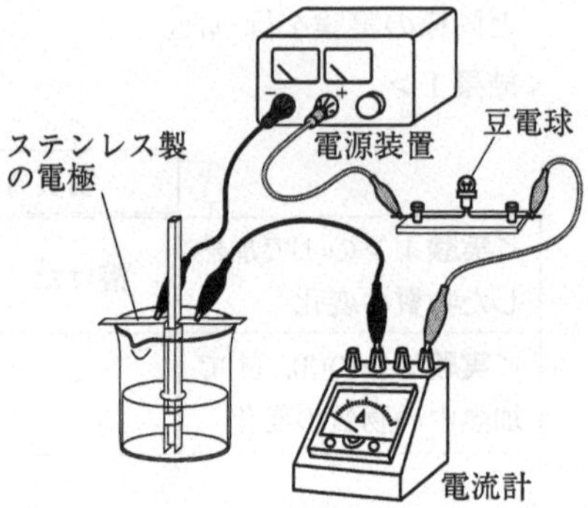

⑶　塩化ナトリウム，ショ糖（砂糖），炭酸水素ナトリウム，ミョウバンの水100ｇに対する溶解度を，図書館で調べた。

＜結果２＞

⑴　**＜実験２＞**の⑴，⑵で調べた結果は，次の表のようになった。

	物質Ａ	物質Ｂ	物質Ｃ	物質Ｄ
20℃の精製水（蒸留水）100ｇに溶けるかどうか	一部が溶けずに残った。	一部が溶けずに残った。	全て溶けた。	全て溶けた。
電流が流れるかどうか	流れた。	流れた。	流れた。	流れなかった。

⑵　**＜実験２＞**の⑶で調べた結果は，次の表のようになった。

水の温度〔℃〕	塩化ナトリウムの質量〔ｇ〕	ショ糖（砂糖）の質量〔ｇ〕	炭酸水素ナトリウムの質量〔ｇ〕	ミョウバンの質量〔ｇ〕
0	35.6	179.2	6.9	5.7
20	35.8	203.9	9.6	11.4
40	36.3	238.1	12.7	23.8
60	37.1	287.3	16.4	57.4

〔問３〕　物質Ｃを水に溶かしたときの電離の様子を，化学式とイオン式を使って書け。

〔問４〕　**＜結果２＞**で，物質の一部が溶けずに残った水溶液を40℃まで加熱したとき，一方は全て溶けた。全て溶けた方の水溶液を水溶液Ｐとするとき，水溶液Ｐの溶質の名称を書け。また，40℃まで加熱した水溶液Ｐ120ｇを20℃に冷やしたとき，取り出すことができる結晶の質量〔ｇ〕を求めよ。

6　電熱線に流れる電流とエネルギーの移り変わりを調べる実験について，次の各問に答えよ。
＜**実験１**＞を行ったところ，＜**結果１**＞のようになった。

＜実験１＞

(1)　電流計，電圧計，電気抵抗の大きさが異なる電熱線Aと電熱線B，スイッチ，導線，電源装置を用意した。

(2)　電熱線Aをスタンドに固定し，図１のように，回路を作った。

(3)　電源装置の電圧を1.0Ｖに設定した。

(4)　回路上のスイッチを入れ，回路に流れる電流の大きさ，電熱線の両端に加わる電圧の大きさを測定した。

(5)　電源装置の電圧を2.0Ｖ，3.0Ｖ，4.0Ｖ，5.0Ｖに変え，＜**実験１**＞の(4)と同様の実験を行った。

(6)　電熱線Aを電熱線Bに変え，＜**実験１**＞の(3)，(4)，(5)と同様の実験を行った。

図１

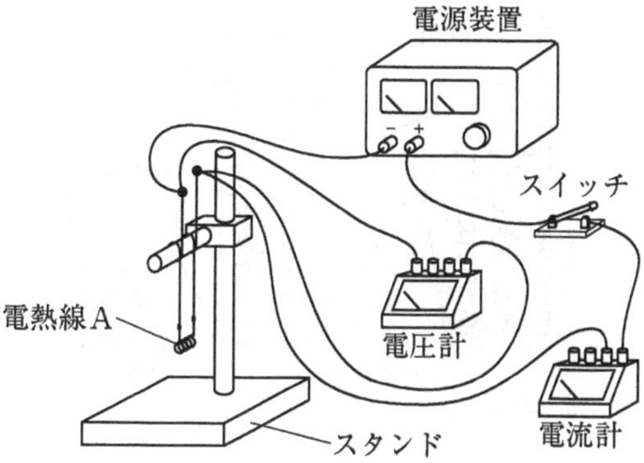

＜結果１＞

	電源装置の電圧〔V〕	1.0	2.0	3.0	4.0	5.0
電熱線A	回路に流れる電流の大きさ〔A〕	0.17	0.33	0.50	0.67	0.83
	電熱線Aの両端に加わる電圧の大きさ〔V〕	1.0	2.0	3.0	4.0	5.0
電熱線B	回路に流れる電流の大きさ〔A〕	0.25	0.50	0.75	1.00	1.25
	電熱線Bの両端に加わる電圧の大きさ〔V〕	1.0	2.0	3.0	4.0	5.0

〔問１〕　＜**結果１**＞から，電熱線Aについて，電熱線Aの両端に加わる電圧の大きさと回路に流れる電流の大きさの関係を，解答用紙の方眼を入れた図に●を用いて記入し，グラフをかけ。また，電熱線Aの両端に加わる電圧の大きさが9.0Ｖのとき，回路に流れる電流の大きさは何Aか。

次に，＜**実験２**＞を行ったところ，＜**結果２**＞のようになった。

＜実験２＞

(1)　電流計，電圧計，＜**実験１**＞で使用した電熱線Aと電熱線B，200ｇの水が入った発泡ポリスチレンのコップ，温度計，ガラス棒，ストップウォッチ，スイッチ，導線，電源装置を用意した。

(2)　図２（次のページ）のように，電熱線Aと電熱線Bを直列に接続し，回路を作った。

(3)　電源装置の電圧を5.0Ｖに設定した。

(4)　回路上のスイッチを入れる前の水の温度を測定し，ストップウォッチのスタートボタンを押すと同時に回路上のスイッチを入れ，回路に流れる電流の大きさ，回路上の点ａから点ｂまでの間に加わる電圧の大きさを測定した。

(5)　1分ごとにガラス棒で水をゆっくりかきまぜ，回路上のスイッチを入れてから5分後の水の温度を測定した。

(6)　図3のように，電熱線Aと電熱線Bを並列に接続し，回路を作り，＜実験2＞の(3)，(4)，(5)と同様の実験を行った。

図2

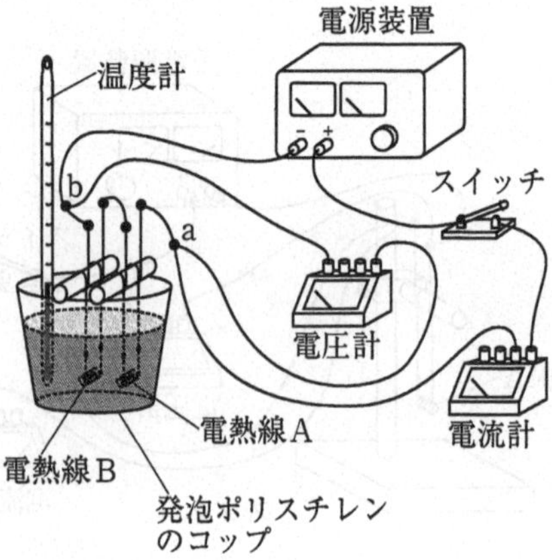

図3

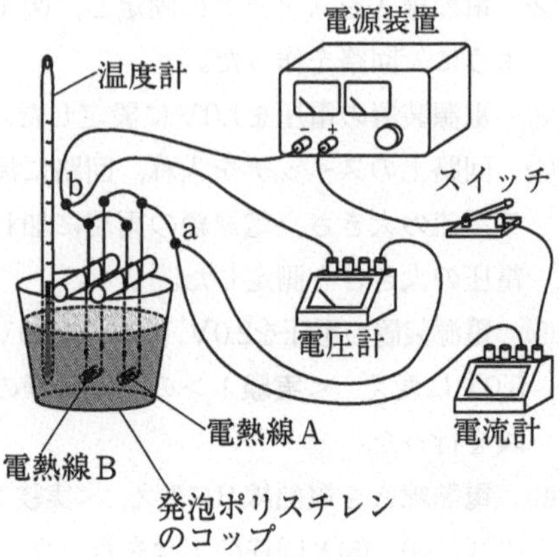

＜結果2＞

	電熱線Aと電熱線Bを直列に接続したとき	電熱線Aと電熱線Bを並列に接続したとき
電源装置の電圧〔V〕	5.0	5.0
スイッチを入れる前の水の温度〔℃〕	20.0	20.0
回路に流れる電流の大きさ〔A〕	0.5	2.1
回路上の点aから点bまでの間に加わる電圧の大きさ〔V〕	5.0	5.0
回路上のスイッチを入れてから5分後の水の温度〔℃〕	20.9	23.8

〔問2〕　＜結果1＞と＜結果2＞から，電熱線Aと電熱線Bを直列に接続したときと並列に接続したときの回路において，直列に接続したときの電熱線Bに流れる電流の大きさと並列に接続したときの電熱線Bに流れる電流の大きさを最も簡単な整数の比で表したものとして適切なのは，次のうちではどれか。

ア　1：5　　**イ**　2：5

ウ　5：21　　**エ**　10：21

〔問3〕　＜結果2＞から，電熱線Aと電熱線Bを並列に接続し，回路上のスイッチを入れてから5分間電流を流したとき，電熱線Aと電熱線Bの発熱量の和を＜結果2＞の電流の値を用いて求めたものとして適切なのは，次のうちではどれか。

ア　12.5 J　　**イ**　52.5 J

ウ　750 J　　**エ**　3150 J

〔問4〕　＜結果1＞と＜結果2＞から，電熱線の性質とエネルギーの移り変わりの様子について述べたものとして適切なのは，次のうちではどれか。

ア　電熱線には電気抵抗の大きさが大きくなると電流が流れにくくなる性質があり，電気エネルギーを熱エネルギーに変換している。

イ　電熱線には電気抵抗の大きさが大きくなると電流が流れにくくなる性質があり，電気エネルギーを化学エネルギーに変換している。

ウ　電熱線には電気抵抗の大きさが小さくなると電流が流れにくくなる性質があり，熱エネルギーを電気エネルギーに変換している。

エ　電熱線には電気抵抗の大きさが小さくなると電流が流れにくくなる性質があり，熱エネルギーを化学エネルギーに変換している。

＜社会＞

時間　50分　満点　100点

1　次の各問に答えよ。

〔問１〕　次の図は，神奈川県藤沢《ふじさわ》市の「江《え》の島《しま》」の様子を地域調査の発表用資料としてまとめたものである。この地域の景観を，●で示した地点から矢印⬋の向きに撮影した写真に当てはまるのは，下のア～エのうちではどれか。

発表用資料

江の島の地域調査　　調査日　令和元年11月16日（土）　天候　晴れ

自然地理コース　トンボロ（陸繫島《りくけいとう》）→　ヨットハーバー　→　海食台と海食崖

○　片瀬江ノ島駅から海岸沿いを進み，●で示した地点から⬋の向きに写真を撮った。

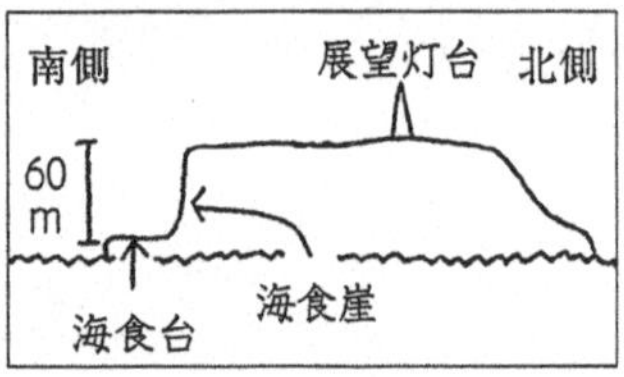

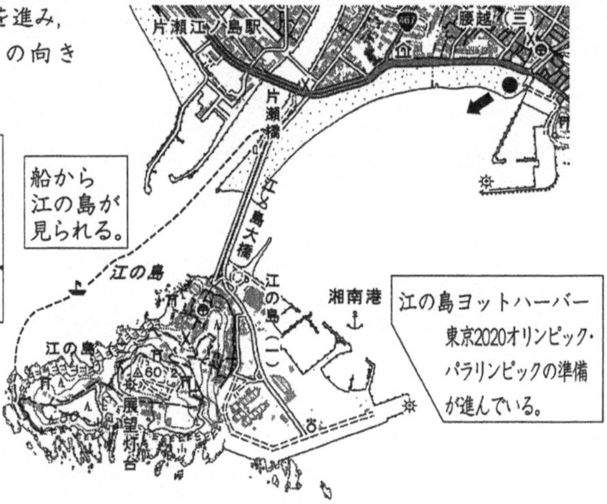

○　江ノ島大橋を渡る時には，橋の下に，砂が堆積した部分が見えた。

○　島の東側を南に進むと，切り立った崖が見えた。

○　島の南側では，海が浸食した地形が観察できた。

ア

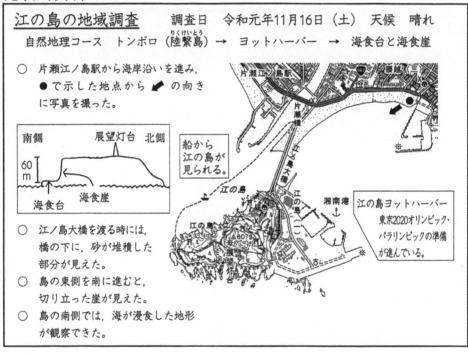

イ

ウ

エ

〔問２〕　次のⅠの略地図中の**ア**～**エ**は，世界遺産に登録されている我が国の主な歴史的文化財の所在地を示したものである。Ⅱの文で述べている歴史的文化財の所在地に当てはまるのは，略地図中の**ア**～**エ**のうちのどれか。

Ⅰ

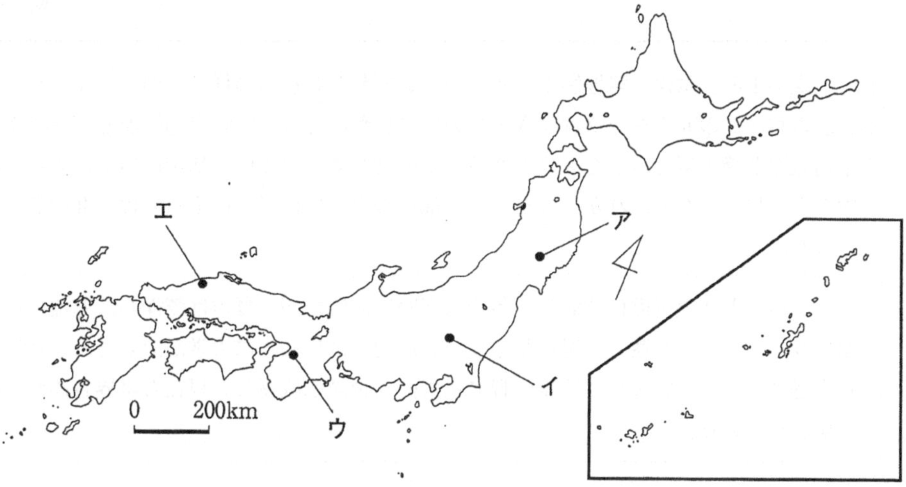

Ⅱ

> 5世紀中頃に造られた，大王《おおきみ》の墓と言われる日本最大の面積を誇る前方後円墳で，周囲には三重の堀が巡らされ，古墳の表面や頂上等からは，人や犬，馬などの形をした埴輪《はにわ》が発見されており，2019年に世界遺産に登録された。

〔問3〕　次の文で述べている国際連合の機関に当てはまるのは，下の**ア**～**エ**のうちのどれか。

> 国際紛争を調査し，解決方法を勧告する他，平和を脅《おびや》かすような事態の発生時には，経済封鎖や軍事的措置などの制裁を加えることができる主要機関である。

ア　国連難民高等弁務官事務所
イ　安全保障理事会
ウ　世界保健機関
エ　国際司法裁判所

2　次の略地図を見て，あとの各問に答えよ。

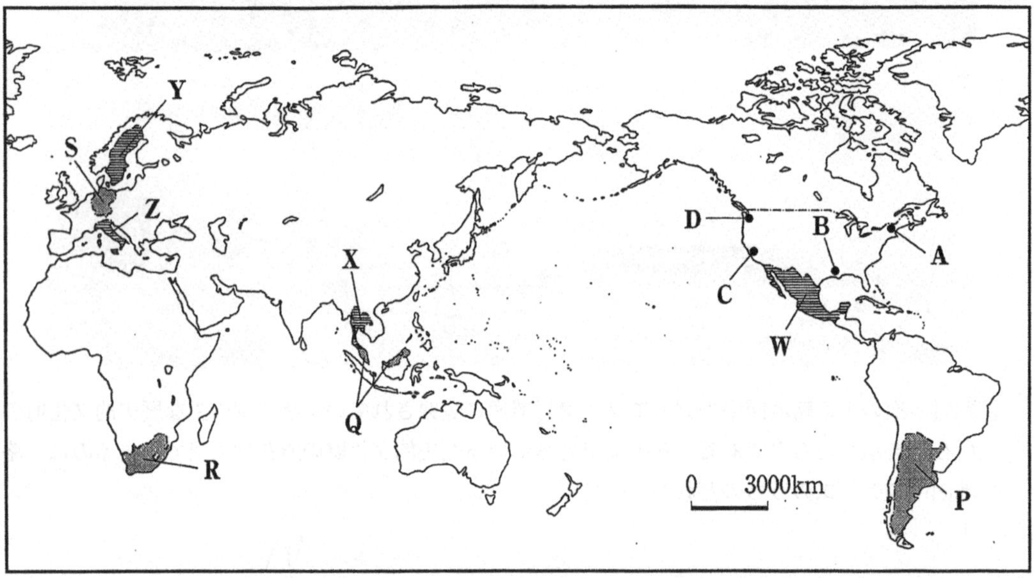

〔問1〕　次のⅠの文章は，略地図中のA～D**のいずれか**の都市の様子についてまとめたものである。次のページのⅡのグラフは，A～D**のいずれか**の都市の，年平均気温と年降水量及び各月の平均気温と降水量を示したものである。Ⅰの文章で述べている都市に当てはまるのは，略地図中のA～Dのうちのどれか，また，その都市のグラフに当てはまるのは，Ⅱの**ア**～**エ**のうちのどれか。

Ⅰ

> サンベルト北限付近に位置し，冬季は温暖で湿潤だが，夏季は乾燥し，寒流の影響で高温にならず，一年を通して過ごしやすい。周辺には1885年に大学が設立され，1950年代から半導体の生産が始まり，情報分野で世界的な企業が成長し，現在も世界各国から研究者が集まっている。

Ⅱ

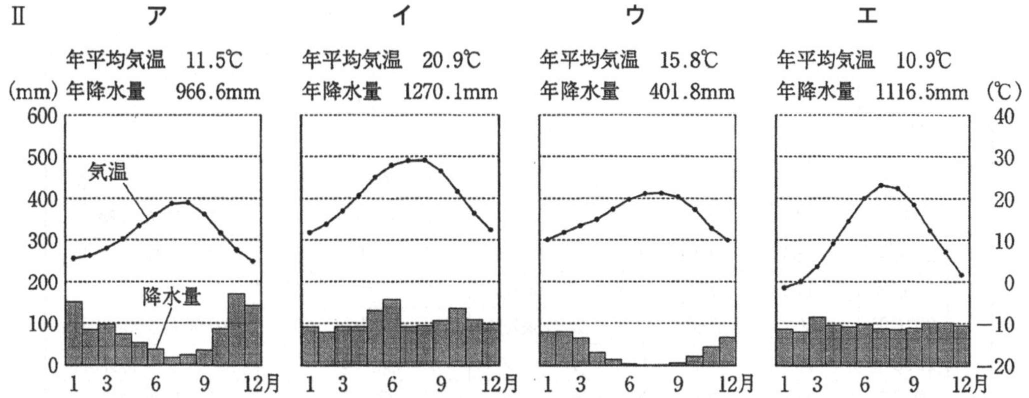

(気象庁のホームページなどより作成)

〔問2〕　次の表の**ア**～**エ**は，略地図中に で示したP～Sの**いずれか**の国の，2017年における自動車の生産台数，販売台数，交通や自動車工業の様子についてまとめたものである。略地図中のP～Sのそれぞれの国に当てはまるのは，次の表の**ア**～**エ**のうちではどれか。

	自動車		交通や自動車工業の様子
	生産(千台)	販売(千台)	
ア	460	591	○年間数万隻の船舶が航行する海峡に面する港に高速道路が延び，首都では渋滞解消に向け鉄道が建設された。 ○1980年代には，日本企業と協力して熱帯地域に対応した国民車の生産が始まり，近年は政策としてハイブリッド車などの普及を進めている。
イ	472	900	○現在も地殻変動が続き，国土の西側に位置し，国境を形成する山脈を越えて，隣国まで続く高速道路が整備されている。 ○2017年は，隣国の需要の低下により乗用車の生産が減少し，パンパでの穀物生産や牧畜で使用されるトラックなどの商用車の生産が増加した。
ウ	5646	3811	○国土の北部は氷河に削られ，城郭都市の石畳の道や，1930年代から建設が始まった速度制限のない区間が見られる高速道路が整備されている。 ○酸性雨の被害を受けた経験から，自動車の生産では，エンジンから排出される有害物質の削減に力を入れ，ディーゼル車の割合が減少している。
エ	590	556	○豊富な地下資源を運ぶトラックから乗用車まで様々な種類の自動車が見られ，1970年代に高速道路の整備が始められた。 ○欧州との時差が少なく，アジアまで船で輸送する利便性が高いことを生かして，欧州企業が日本向け自動車の生産拠点を置いている。

(「世界国勢図会」2018/19年版などより作成)

〔問3〕　次のページのⅠとⅡの表の**ア**～**エ**は，略地図中に で示したW～Zの**いずれか**の国に当てはまる。Ⅰの表は，1993年と2016年における進出日本企業数と製造業に関わる進出日本企業数，輸出額が多い上位3位までの貿易相手国，Ⅱの表は，1993年と2016年における日本との貿易総額，日本の輸入額の上位3位の品目と日本の輸入額に占める割合を示したものである。次のページのⅢの文章は，ⅠとⅡの表における**ア**～**エ**の**いずれか**の国について述べたものである。Ⅲの文章で述べている国に当てはまるのは，略地図中のW～Zのうちのどれか，また，ⅠとⅡの表の**ア**～**エ**のうちのどれか。

Ⅰ

		進出日本企業数		輸出額が多い上位3位までの貿易相手国		
			製造業	1位	2位	3位
ア	1993年	875	497	アメリカ合衆国	日本	シンガポール
	2016年	2318	1177	アメリカ合衆国	中華人民共和国	日本
イ	1993年	44	4	ドイツ	イギリス	アメリカ合衆国
	2016年	80	19	ノルウェー	ドイツ	デンマーク
ウ	1993年	113	56	アメリカ合衆国	カナダ	スペイン
	2016年	502	255	アメリカ合衆国	カナダ	中華人民共和国
エ	1993年	164	46	ドイツ	フランス	アメリカ合衆国
	2016年	237	72	ドイツ	フランス	アメリカ合衆国

（国際連合「貿易統計年鑑」2016などより作成）

Ⅱ

		貿易総額（億円）	日本の輸入額の上位3位の品目と日本の輸入額に占める割合（%）					
			1位		2位		3位	
ア	1993年	20885	魚介類	15.3	一般機械	11.3	電気機器	10.7
	2016年	51641	電気機器	21.1	一般機械	13.6	肉類・同調製品	8.0
イ	1993年	3155	電気機器	20.4	医薬品	16.7	自動車	15.3
	2016年	3970	医薬品	29.4	一般機械	11.9	製材	9.7
ウ	1993年	5608	原油・粗油	43.3	塩	8.1	果実及び野菜	7.8
	2016年	17833	原油	23.2	電気機器	17.0	自動車部品	7.9
エ	1993年	7874	一般機械	11.6	衣類	10.3	織物用糸・繊維製品	10.2
	2016年	14631	一般機械	12.1	バッグ類	10.9	医薬品	10.0

（国際連合「貿易統計年鑑」2016などより作成）

Ⅲ

雨季と乾季があり，国土の北部から南流し，首都を通り海に注ぐ河川の両側に広がる農地などで生産される穀物が，1980年代まで主要な輸出品であったが，1980年代からは工業化が進んだ。2016年には，製造業の進出日本企業数が1993年と比較し2倍以上に伸び，貿易相手国として中華人民共和国の重要性が高まった。また，この国と日本との貿易総額は1993年と比較し2倍以上に伸びており，電気機器の輸入額に占める割合も2割を上回るようになった。

3　次の略地図を見て，あとの各問に答えよ。

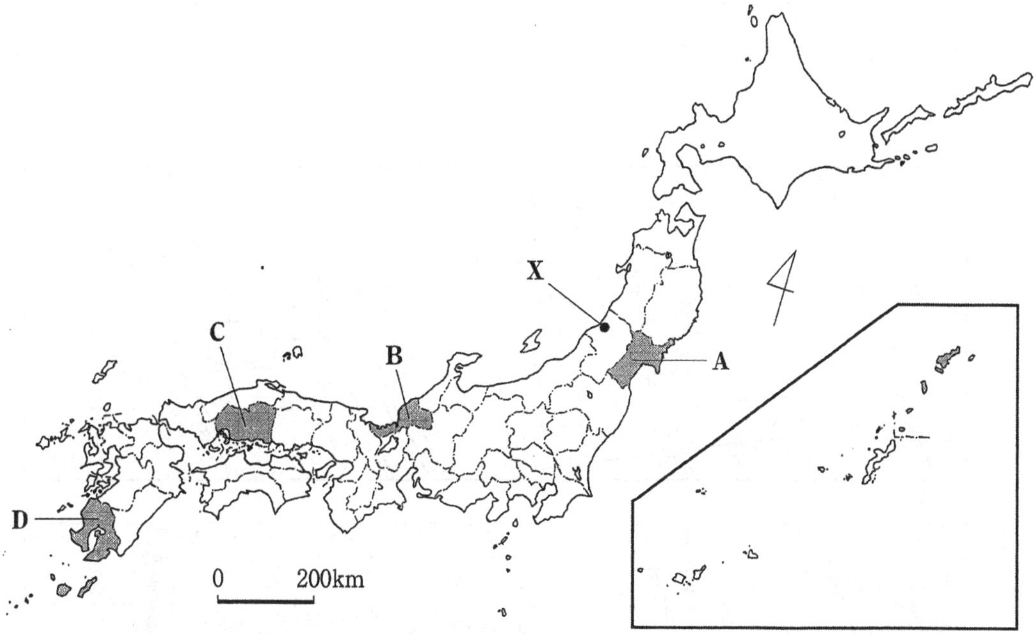

〔問１〕　次の表の**ア～エ**の文章は，略地図中に ▒▒ で示した，Ａ～Ｄの**いずれか**の県の，2017年における鉄道の営業距離，県庁所在地（市）の人口，鉄道と県庁所在地の交通機関などの様子についてまとめたものである。略地図中のＡ～Ｄのそれぞれの県に当てはまるのは，次の表の**ア～エ**のうちではどれか。

	営業距離(km) 人口（万人）	鉄道と県庁所在地の交通機関などの様子
ア	710 119	○内陸部の山地では南北方向に，造船業や鉄鋼業が立地する沿岸部では東西方向に鉄道が走り，新幹線の路線には５駅が設置されている。 ○この都市では，中心部には路面電車が見られ，1994年に開業した鉄道が北西の丘陵地に形成された住宅地と三角州上に発達した都心部とを結んでいる。
イ	295 27	○リアス海岸が見られる地域や眼鏡産業が立地する平野を鉄道が走り，2022年には県庁所在地を通る新幹線の開業が予定されている。 ○この都市では，郊外の駅に駐車場が整備され，自動車から鉄道に乗り換え通勤できる環境が整えられ，城下町であった都心部の混雑が緩和されている。
ウ	642 109	○南北方向に走る鉄道と，西側に位置する山脈を越え隣県へつながる鉄道などがあり，1982年に開通した新幹線の路線には４駅が設置されている。 ○この都市では，中心となるターミナル駅に郊外から地下鉄やバスが乗り入れ，周辺の道路には町を象徴する街路樹が植えられている。
エ	423 61	○石油の備蓄基地が立地する西側の半島に鉄道が走り，2004年には北西から活動中の火山の対岸に位置する県庁所在地まで新幹線が開通した。 ○この都市では，路面電車の軌道を芝生化し，緑豊かな環境が整備され，シラス台地に開発された住宅地と都心部は，バス路線で結ばれている。

（「データで見る県勢」第27版などより作成）

〔問2〕　次のⅠとⅡの地形図は，1988年と1998年の「国土地理院発行2万5千分の1地形図（湯野浜《ゆのはま》）」の一部である。Ⅲの文章は，略地図中にXで示した庄内空港《しょうないくうこう》が建設された地域について，ⅠとⅡの地形図を比較して述べたものである。Ⅲの文章の P ～ S のそれぞれに当てはまるのは，次のアとイのうちではどれか。なお，Ⅱの地形図上において，Y－Z間の長さは8㎝である。

Ⅰ

（1988年）

Ⅱ

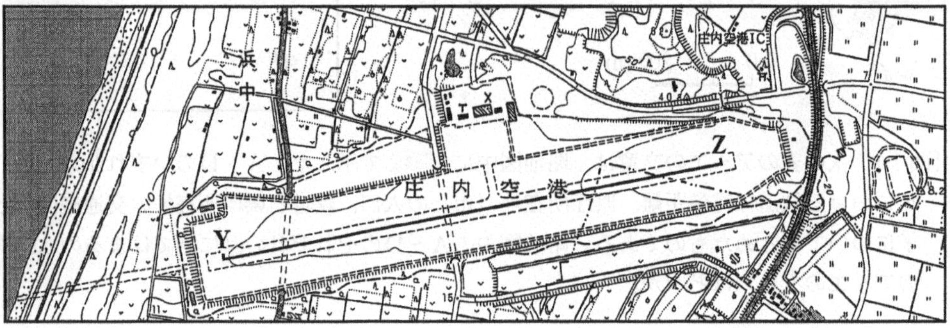

（1998年）

Ⅲ

この空港は，主に標高が約10mから約 P mにかけて広がる Q であった土地を造成して建設された。ジェット機の就航が可能となるよう約 R mの長さの滑走路が整備され，海岸沿いの針葉樹林は， S から吹く風によって運ばれる砂の被害を防ぐ役割を果たしている。

P　ア　40　　イ　80　　　　Q　ア　果樹園・畑　　イ　水田

R　ア　1500　イ　2000　　　S　ア　南東　　　　　イ　北西

〔問3〕　次のⅠの文章は，2012年4月に示された「つなぐ・ひろがる　しずおかの道」の内容の一部をまとめたものである。Ⅱの略地図は，2018年における東名高速道路と新東名高速道路の一部を示したものである。Ⅲの表は，Ⅱの略地図中に示した御殿場《ごてんば》から三ヶ日《みっかび》までの，東名と新東名について，新東名の開通前（2011年4月17日から2012年4月13日までの期間）と，開通後（2014年4月13日から2015年4月10日までの期間）の，平均交通量と10㎞以上の渋滞回数を示したものである。自然災害に着目し，ⅠとⅡの資料から読み取れる，新東名が現在の位置に建設された理由と，平均交通量と10㎞以上の渋滞回数に着目し，新東名が建設された効果について，それぞれ簡単に述べよ。

I

○東名高速道路は，高波や津波などによる通行止めが発生し，経済に影響を与えている。
○東名高速道路は，全国の物流・経済を支えており，10㎞以上の渋滞回数は全国１位である。

Ⅱ

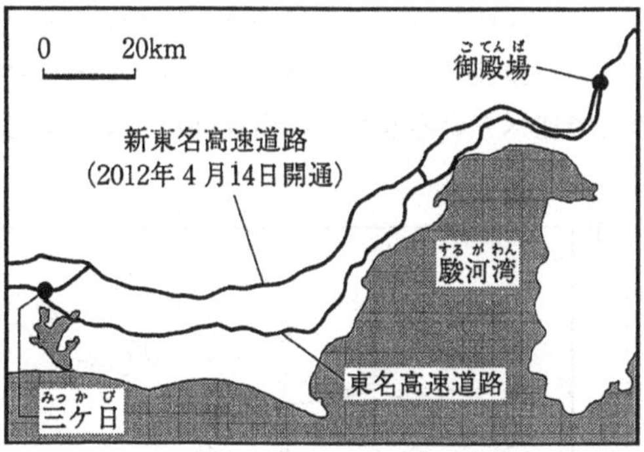

Ⅲ

		開通前	開通後
東名	平均交通量（千台／日）	73.2	42.9
	10km以上の渋滞回数(回)	227	4
新東名	平均交通量（千台／日）	―	39.5
	10km以上の渋滞回数(回)	―	9

（注）－は，データが存在しないことを示す。
（中日本高速道路株式会社作成資料より作成）

4　次の文章を読み，あとの各問に答えよ。

紙は，様々な目的に使用され，私たちの生活に役立ってきた。

古代では，様々な手段で情報を伝え，支配者はクニと呼ばれるまとまりを治めてきた。我が国に紙が伝来すると，(1)支配者は，公的な記録の編纂《へんさん》や情報の伝達に紙を用い，政治を行ってきた。

中世に入ると，(2)屋内の装飾の材料にも紙が使われ始め，我が国独自の住宅様式の確立につながっていった。

江戸時代には，各藩のひっ迫した財政を立て直すために工芸作物の生産を奨励される中で，各地で紙が生産され始め，人々が紙を安価に入手できるようになった。(3)安価に入手できるようになった紙は，書物や浮世絵《うきよえ》などの出版にも利用され，文化を形成してきた。

明治時代以降，欧米の進んだ技術を取り入れたことにより，従来から用いられていた紙に加え，西洋風の紙が様々な場面で使われるようになった。さらに，(4)生産技術が向上すると，紙の大量生産も可能となり，新聞や雑誌などが広く人々に行き渡ることになった。

〔問１〕　(1)支配者は，公的な記録の編纂《へんさん》や情報の伝達に紙を用い，政治を行ってきた。とあるが，次のア～エは，飛鳥《あすか》時代から室町時代にかけて，紙が政治に用いられた様子について述べたものである。時期の古いものから順に記号を並べよ。

ア　大宝律令《たいほうりつりょう》が制定され，天皇の文書を作成したり図書の管理をしたりする役所の設置など，大陸の進んだ政治制度が取り入れられた。

イ　武家政権と公家政権の長所を政治に取り入れた建武式目が制定され，治安回復後の京都に幕府が開かれた。

ウ　全国に支配力を及ぼすため，紙に書いた文書により，国ごとの守護と荘園《しょうえん》や公領ごとの地頭を任命する政策が，鎌倉で樹立された武家政権で始められた。

エ　各地方に設置された国分寺と国分尼寺《こくぶんにじ》へ，僧を派遣したり経典の写本を納入したりするなど，様々な災いから仏教の力で国を守るための政策が始められた。

〔問２〕 (2)屋内の装飾の材料にも紙が使われ始め，我が国独自の住宅様式の確立につながっていった。とあるが，次のⅠの略年表は，鎌倉時代から江戸時代にかけての，我が国の屋内の装飾に関する主な出来事についてまとめたものである。Ⅱの略地図中のＡ～Ｄは，我が国の主な建築物の所在地を示したものである。Ⅲの文は，ある時期に建てられた建築物について述べたものである。Ⅲの文で述べている建築物が建てられた時期に当てはまるのは，Ⅰの略年表中のア～エの時期のうちではどれか。また，Ⅲの文で述べている建築物の所在地に当てはまるのは，Ⅱの略地図中のＡ～Ｄのうちのどれか。

Ⅰ

西暦	我が国の屋内の装飾に関する主な出来事	
1212	●鴨長明《かものちょうめい》が「方丈記《ほうじょうき》」の中で，障《しょう》子《じ》の存在を記した。	
		ア
1351	●藤原隆昌《ふじわらのたかまさ》と父が「慕帰絵《ぼきえ》」の中で，襖《ふすま》に絵を描く僧の様子を表した。	
		イ
1574	●織田信長《おだのぶなが》が上杉謙信《うえすぎけんしん》に「洛中洛外図屛風《らくちゅうらくがいずびょうぶ》」を贈った。	
		ウ
1626	●狩野探幽《かのうたんゆう》が二条城の障壁画《しょうへきが》を描いた。	
		エ
1688	●屛風の売買の様子を記した井原西鶴《いはらさいかく》の「日本永代蔵《にほんえいたいぐら》」が刊行された。	

Ⅱ

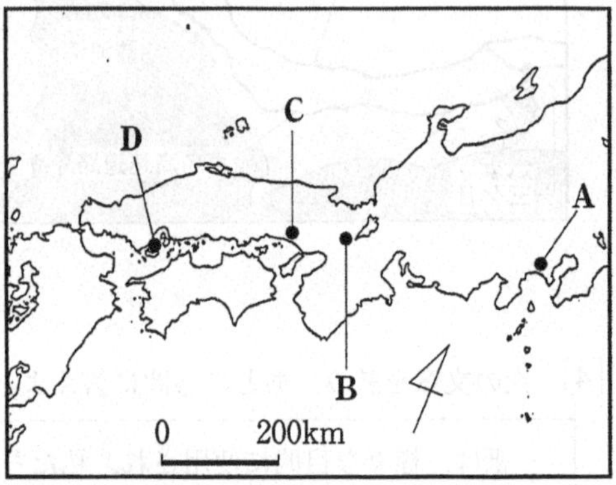

Ⅲ

慈照寺《じしょうじ》にある東求堂同仁斎《とうぐどうどうじんさい》には，障子や襖といった紙を用いた建具《たてぐ》が取り入れられ，我が国の和室の原点と言われる書院造《しょいんづくり》の部屋が造られた。

〔問３〕 (3)安価に入手できるようになった紙は，書物や浮世絵《うきよえ》などの出版にも利用され，文化を形成してきた。とあるが，次の文章は，江戸時代の医師が著しさた「後見草《のちみぐさ》」の一部を分かりやすく示したものである。下のア～エは，江戸時代に行われた政策について述べたものである。この書物に書かれた出来事の４年後から10年後にかけて主に行われた政策について当てはまるのは，下のア～エのうちではどれか。

○天明《てんめい》３年７月６日夜半，西北の方向に雷のような音と振動が感じられ，夜が明けても空はほの暗く，庭には細かい灰が舞い降りていた。７日は灰がしだいに大粒になり，８日は早朝から激しい振動が江戸を襲ったが，当初人々は浅間山《あさまやま》が噴火したとは思わず，日光か筑波山《つくばさん》で噴火があったのではないかと噂《うわさ》し合った。

○ここ３，４年，気候も不順で，五穀の実りも良くなかったのに，またこの大災害で，米価は非常に高騰し，人々の困窮は大変なものだった。

ア 物価の引き下げを狙って，公認した株仲間を解散させたり，外国との関係を良好に保つよう，外国船には燃料や水を与えるよう命じたりするなどの政策を行った。

イ 投書箱を設置し，民衆の意見を政治に取り入れたり，税収を安定させて財政再建を図ることを目的に，新田開発を行ったりするなどの政策を行った。

ウ 税収が安定するよう，株仲間を公認したり，長崎貿易の利益の増加を図るため，俵物《たわらもの》と呼ばれる海産物や銅の輸出を拡大したりするなどの政策を行った。

エ　幕府が旗本らの生活を救うため借金を帳消しにする命令を出したり，江戸に出稼ぎに来ていた農民を農村に返し就農を進め，飢饉《ききん》に備え各地に米を蓄えさせたりするなどの政策を行った。

〔問４〕　(4)生産技術が向上すると，紙の大量生産も可能となり，新聞や雑誌などが広く人々に行き渡ることになった。とあるが，次の略年表は，明治時代から昭和時代にかけての，我が国の紙の製造や印刷に関する主な出来事についてまとめたものである。略年表中の**A**の時期に当てはまるのは，下の**ア**～**エ**のうちではどれか。

西暦	我が国の紙の製造や印刷に関する主な出来事	
1873	●渋沢栄一《しぶさわえいいち》により洋紙製造会社が設立された。	
1876	●日本初の純国産活版洋装本が完成した。	
1877	●国産第１号の洋式紙幣《しへい》である国立銀行紙幣が発行された。	
1881	●日本で初めての肖像画入り紙幣が発行された。	
1890	●東京の新聞社が，フランスから輪転印刷機を輸入し，大量高速印刷が実現した。	
1904	●初の国産新聞輪転印刷機が大阪の新聞社に設置された。	
1910	●北海道の苫小牧《とまこまい》で，新聞用紙国内自給化の道を拓《ひら》く製紙工場が操業を開始した。	↑
		A
1928	●日本初の原色グラビア印刷が開始された。	
1933	●３社が合併し，我が国の全洋紙生産量の85％の生産量を占める製紙会社が誕生した。	↓
1940	●我が国の紙・板紙の生産量が過去最大の154万トンになった。	

ア　国家総動員法が制定され国民への生活統制が強まる中で，東京市が隣組回覧板を10万枚配布し，毎月２回の会報の発行を開始した。

イ　官営の製鉄所が開業し我が国の重工業化か進む中で，義務教育の就学率が90％を超え，国定教科書用紙が和紙から洋紙に切り替えられた。

ウ　東京でラジオ放送が開始されるなど文化の大衆化が進む中で，週刊誌や月刊誌の発行部数が急速に伸び，東京の出版社が初めて１冊１円の文学全集を発行した。

エ　廃藩置県により，実業家や政治の実権を失った旧藩主による製紙会社の設立が東京において相次ぐ中で，政府が製紙会社に対して地券用紙を大量に発注した。

5　次の文章を読み，あとの各問に答えよ。

> (1)我が国の行政の役割は，国会で決めた法律や予算に基づいて，政策を実施することである。行政の各部門を指揮・監督する(2)内閣は，内閣総理大臣と国務大臣によって構成され，国会に対し，連帯して責任を負う議院内閣制をとっている。
>
> 　行政は，人々が安心して暮らせるよう，(3)社会を支える基本的な仕組みを整え，資源配分や経済の安定化などの機能を果たしている。その費用は，(4)主に国民から納められた税金により賄われ，年を追うごとに財政規模は拡大している。

〔問１〕　(1)我が国の行政の役割は，国会で決めた法律や予算に基づいて，政策を実施することである。とあるが，内閣の仕事を規定する日本国憲法の条文は，次のページの**ア**～**エ**のうちではどれか。

ア　条約を締結すること。但し，事前に，時宜《じぎ》によっては事後に，国会の承認を経ることを必要とする。

イ　両議院は，各々《おのおの》国政に関する調査を行ひ，これに関して，証人の出頭及び証言並びに記録の提出を要求することができる。

ウ　すべて国民は，個人として尊重される。生命，自由及び幸福追求に対する国民の権利については，公共の福祉に反しない限り，立法その他の国政の上で，最大の尊重を必要とする。

エ　地方公共団体の組織及び運営に関する事項は，地方自治の本旨に基いて，法律でこれを定める。

〔問２〕　(2)内閣は，内閣総理大臣と国務大臣によって構成され，国会に対し，連帯して責任を負う議院内閣制をとっている。とあるが，次の表は，我が国の内閣と，アメリカ合衆国の大統領の権限について，「議会に対して法律案を提出する権限」，「議会の解散権」があるかどうかを，権限がある場合は「○」，権限がない場合は「×」で示そうとしたものである。表のＡとＢに入る記号を正しく組み合わせているのは，下のア～エのうちのどれか。

	我が国の内閣	アメリカ合衆国の大統領
議会に対して法律案を提出する権限	○	**A**
議会の解散権	**B**	×

	ア	イ	ウ	エ
A	○	○	×	×
B	○	×	○	×

〔問３〕　(3)社会を支える基本的な仕組みを整え，資源配分や経済の安定化などの機能を果たしている。とあるが，次の文章は，行政が担《にな》う役割について述べたものである。この行政が担う役割に当てはまるのは，下のア～エのうちではどれか。

> 社会資本は，長期間にわたり，幅広く国民生活を支えるものである。そのため，時代の変化に応じて機能の変化を見通して，社会資本の整備に的確に反映させ，蓄積・高度化を図っていくことが求められる。

ア　収入が少ない人々に対して，国が生活費や教育費を支給し，最低限度の生活を保障し，自立を助ける。

イ　国民に加入を義務付け，毎月，保険料を徴収し，医療費や高齢者の介護費を支給し，国民の負担を軽減する。

ウ　保健所などによる感染症の予防や食品衛生の管理，ごみ処理などを通して，国民の健康維持・増進を図る。

エ　公園，道路や上下水道，図書館，学校などの公共的な施設や設備を整え，生活や産業を支える。

〔問４〕　(4)主に国民から納められた税金により賄われ，年を追うごとに財政規模は拡大している。とあるが，次のページのⅠのグラフは，1970年度から2010年度までの我が国の歳入と歳出の決算総額の推移を示したものである。次のページのⅡの文章は，ある時期の我が国の歳入と歳出の決算総額の変化と経済活動の様子について述べたものである。Ⅱの文章で述べている経済活動の時期に当てはまるのは，Ⅰのグラフの**ア**～**エ**の時期のうちではどれか。

Ⅰ

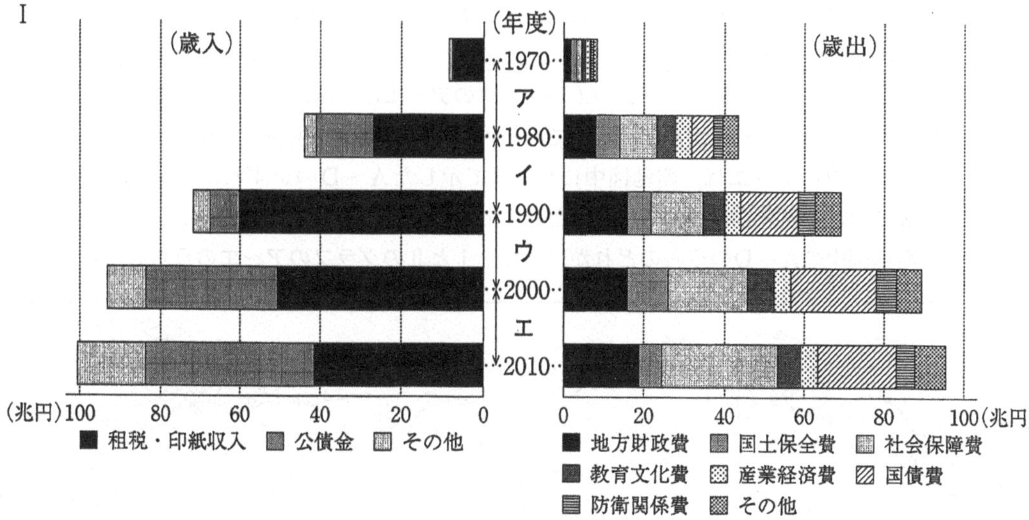

(財務省の資料より作成)

Ⅱ

○この10年間で，歳入総額に占める租税・印紙収入の割合の増加に伴い，公債金の割合が低下し，歳出総額は約1.5倍以上となり，国債費も約２倍以上に増加した。 ○この時期の後半には，６％台の高い経済成長率を示すなど景気が上向き，公営企業の民営化や税制改革が行われる中で，人々は金融機関から資金を借り入れ，値上がりを見込んで土地や株の購入を続けた。

6　次の文章を読み，あとの各問に答えよ。

世界の国々は，地球上の様々な地域で，人々が活動できる範囲を広げてきた。そして，(1)対立や多くの困難に直面する度に，課題を克服し解決してきた。また，(2)科学技術の進歩や経済の発展は，先進国だけでなく発展途上国の人々の暮らしも豊かにしてきた。 グローバル化が加速し，人口増加や環境の変化が急速に進む中で，持続可能な社会を実現するために，(3)我が国にも世界の国々と強調した国際貢献が求められている。

〔問１〕　(1)対立や多くの困難に直面する度に，課題を克服し解決してきた。とあるが，次の**ア**～**エ**は，それぞれの時代の課題を克服した様子について述べたものである。時期の古いものから順に記号で並べよ。

ア　特定の国による資源の独占が国家間の対立を生み出した反省から，資源の共有を目的とした共同体が設立され，その後つくられた共同体と統合し，ヨーロッパ共同体（ＥＣ）が発足した。

イ　アマゾン川流域に広がるセルバと呼ばれる熱帯林などの大規模な森林破壊の解決に向け，リオデジャネイロで国連環境開発会議（地球サミット）が開催された。

ウ　パリで講和会議が開かれ，戦争に参加した国々に大きな被害を及ぼした反省から，アメリカ合衆国大統領の提案を基にした，世界平和と国際協調を目的とする国際連盟が発足した。

エ　ドイツ，オーストリア，イタリアが三国同盟を結び，ヨーロッパで政治的な対立が深まる一方で，科学者の間で北極と南極の国際共同研究の実施に向け，国際極年が定められた。

〔問２〕　(2)科学技術の進歩や経済の発展は，先進国だけでなく発展途上国の人々の暮らしも豊かにしてきた。とあるが，次のページのⅠのグラフのア～エは，略地図中に ▒▒ で示したＡ～Ｄのいずれかの国の1970年から2015年までの一人当たりの国内総生産の推移を示したものである。Ⅱのグラフのア～エは，略地図中に ▒▒ で示したＡ～Ｄのいずれかの国の1970年から2015年までの乳幼児死亡率の推移を示したものである。Ⅲの文章で述べている国に当てはまるのは，略地図中のＡ～Ｄのうちのどれか，また，ⅠとⅡのグラフのア～エのうちのどれか。

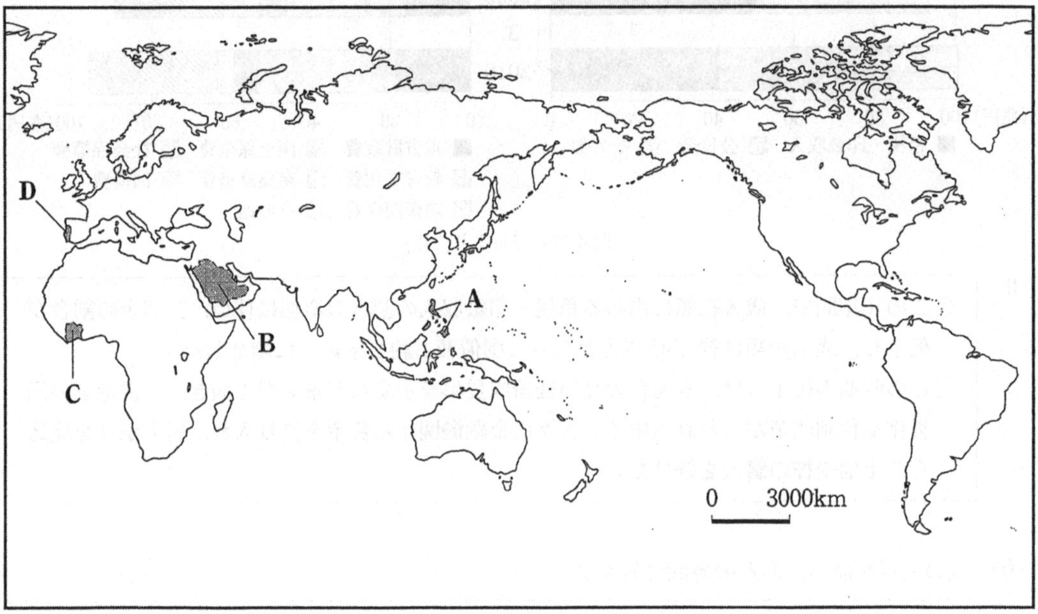

Ⅰ
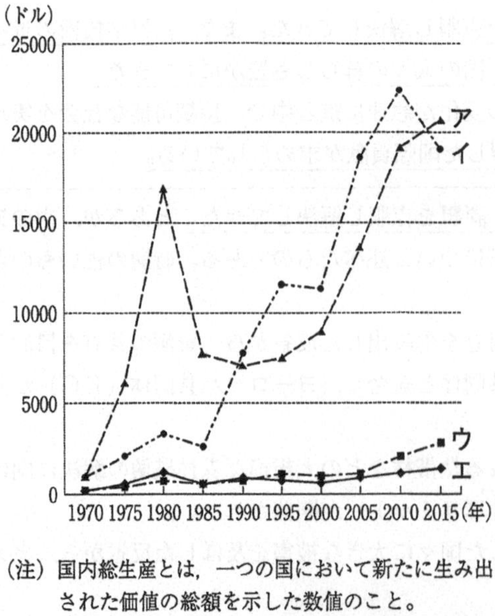

Ⅱ
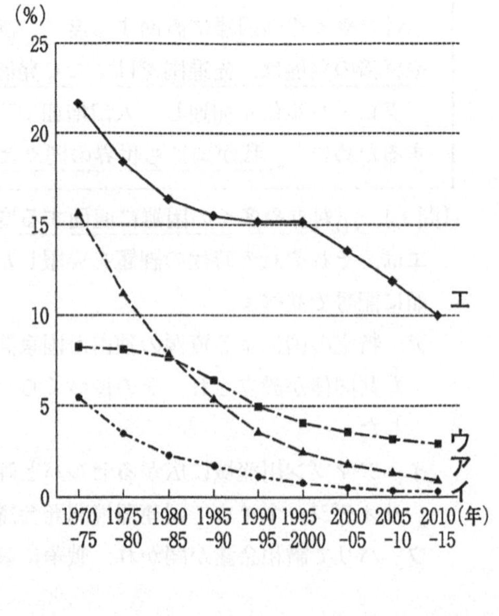

（注）国内総生産とは，一つの国において新たに生み出された価値の総額を示した数値のこと。

（国際連合のホームページより作成）

Ⅲ

> 文字と剣が緑色の下地に描かれた国旗をもつこの国は，石油輸出国機構（ＯＰＥＣ《オペック》）に加盟し，二度の石油危機を含む期間に一人当たりの国内総生産が大幅に増加したが，一時的に減少し，1990年以降は増加し続けた。また，この国では公的医療機関を原則無料で利用することができ，1970年から2015年までの間に乳幼児死亡率は約10分の1に減少し，現在も人口増加が続き，近年は最新の技術を導入し，高度な医療を提供する病院が開業している。

〔問3〕 (3)我が国にも世界の国々と協調した国際貢献が求められている。とあるが，次のⅠの文章は，2015年に閣議決定し，改定された開発協力大綱の一部を抜粋して分かりやすく書き改めたものである。Ⅱの表は，1997年度と2018年度における政府開発援助（ＯＤＡ）事業予算，政府開発援助（ＯＤＡ）事業予算のうち政府貸付と贈与について示したものである。Ⅲの表は，Ⅱの表の贈与のうち，1997年度と2018年度における二国間政府開発援助贈与，二国間政府開発援助贈与のうち無償資金協力と技術協力について示したものである。1997年度と比較した2018年度における政府開発援助（ＯＤＡ）の変化について，Ⅰ～Ⅲの資料を活用し，政府開発援助（ＯＤＡ）事業予算と二国間政府開発援助贈与の内訳に着目して，簡単に述べよ。

Ⅰ

> ○自助努力を後押しし，将来における自立的発展を目指すのが日本の開発協力の良き伝統である。
> ○引き続き，日本の経験と知見を活用しつつ，当該国の発展に向けた協力を行う。

Ⅱ

	政府開発援助(ＯＤＡ)事業予算(億円)		
		政府貸付	贈　与
1997年度	20147	9767(48.5%)	10380(51.5%)
2018年度	21650	13705(63.3%)	7945(36.7%)

Ⅲ

	二国間政府開発援助贈与(億円)		
		無償資金協力	技術協力
1997年度	6083	2202(36.2%)	3881(63.8%)
2018年度	4842	1605(33.1%)	3237(66.9%)

（外務省の資料より作成）

MEMO

大切なことはメモしておこうネ！

2020年度

解 答 と 解 説

《2020年度の配点は解答用紙集に掲載してあります。》

＜理科解答＞

1 〔問1〕 イ 〔問2〕 ウ 〔問3〕 ア 〔問4〕 エ 〔問5〕 イ

2 〔問1〕 ウ 〔問2〕 イ 〔問3〕 ア 〔問4〕 エ

3 〔問1〕 ウ 〔問2〕 エ 〔問3〕 太陽の光の当たる角度が地面に対して垂直に近いほど，同じ面積に受ける太陽の光の量が多いから。

〔問4〕 ① ア ② ウ

4 〔問1〕 ① ア ② ウ ③ ウ 〔問2〕 エ

〔問3〕 ① イ ② ア ③ エ ④ イ

〔問4〕 柔毛で覆われていることで小腸の内側の壁の表面積が大きくなり，効率よく物質を吸収することができる点。

5 〔問1〕 イ 〔問2〕 ① ウ ② ア

〔問3〕 $NaCl \rightarrow Na^{+} + Cl^{-}$

〔問4〕 溶質の名称 ミョウバン 結晶の質量 8.6g

6 〔問1〕 右図 電流の大きさ 1.5A 〔問2〕 イ

〔問3〕 エ 〔問4〕 ア

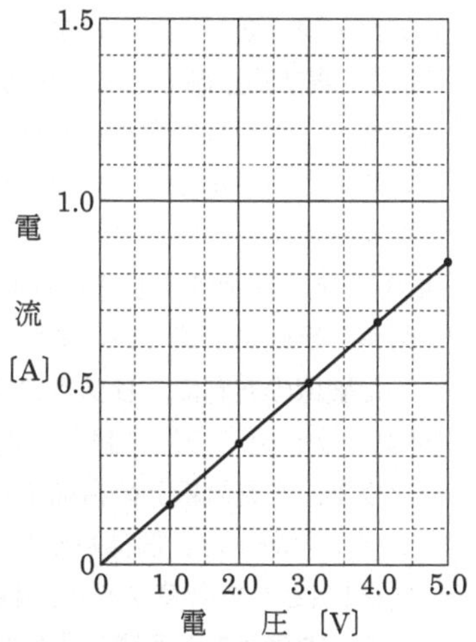

＜理科解説＞

1 (小問集合－生物の成長と生殖，水溶液とイオン・電解質の電気分解，気体の発生とその性質，仕事とエネルギー：仕事率，火山活動と火成岩：火山岩，物質の成り立ち・化学変化：熱分解のモデル化)

〔問1〕 動物では卵と精子，被子植物では卵細胞と精細胞の2種類の生殖細胞が結合し，それぞれの核が合体して1個の細胞となることを受精といい，受精卵の染色体数は親の体細胞の染色体と同数である。受精卵は体細胞分裂をして胚になる。

〔問2〕 塩酸の電離をイオン式で表すと，$HCl \rightarrow H^{+} + Cl^{-}$，であり，電圧がかかると陰極からは気体Aの水素が発生し，陽極からは気体Bの塩素が発生する。塩酸の電気分解を化学反応式で表すと，$2HCl \rightarrow H_2 + Cl_2$，であり，発生する気体の体積比は，水素：塩素＝1：1，であるが，実験で集まった体積は，水素の方が塩素より多かった。それは，水素は水に溶けにくく，塩素は水に溶けやすいためである。

〔問3〕 持ち上げた力がした仕事率〔W〕$=1.5\text{〔N〕}\times\frac{1.6\text{〔m〕}}{2\text{〔s〕}}=\frac{2.4\text{〔J〕}}{2\text{〔s〕}}=1.2\text{〔W〕}$である。

〔問4〕 観察した火成岩は，**有色鉱物の割合が多く，図2より斑状組織であることから，ねばりけが弱いマグマが，地表や地表付近で短い時間で冷えて固まった火山岩**である。よって，この火成岩の種類は玄武岩であり，黄緑色で不規則な形の有色鉱物Aはカンラン石である。

〔問5〕 酸化銀の熱分解の化学反応式は，$2Ag_2O \rightarrow 4Ag + O_2$，であり，銀原子1個を●，酸素原子1個を○で表してモデル化すると，●○● ●○● → ●●●● ＋ ○○，である。

2 (自由研究－天気の変化：空気中の水蒸気量・霧の発生，光と音：光の反射と像の見え方，科学技術の発展：凍結防止剤，状態変化：融点，電流：電力・発熱量，自然環境の調査と環境保全：水質調査，動物の分類：無セキツイ動物)

〔問1〕 **24℃の教室の1m³中に含まれる水蒸気量は，図1の金属製のコップAの表面に水滴がつき始めた温度，すなわち露点の14℃における飽和水蒸気量である。**よって，

$$\text{教室の湿度}[\%] = \frac{1\text{m}^3\text{の空気に含まれる水蒸気の質量}[\text{g/m}^3]}{\text{その空気と同じ気温での飽和水蒸気量}[\text{g/m}^3]} \times 100 = \frac{12.1[\text{g/m}^3]}{21.8[\text{g/m}^3]} \times 100 \fallingdotseq 55.5$$

[%]である。夜や明け方などに空気が冷やされ露点より低くなると，地表付近でも空気中の水蒸気が水滴に変わって，霧が発生する。

〔問2〕 **凍結防止剤**である塩化カルシウムが溶けた水溶液は固体に変化するときの温度が下がることから，水が氷に変わるのを防止する効果がある。そこで，塩化カルシウムを入れたときの水溶液の融点が下がることを確かめるには，氷が溶けて水になるときの温度である融点を測定する必要がある。

〔問3〕 アの作図は，さくらの木の点Aと点Bの各点からの光が水面に入射して反射するときの，入射角と反射角が等しい。また，この観察では，**水面が鏡のようになり，反射光線を反対側に延長した破線の方向に，サクラの木が水面に対して対称の位置に逆さまに映って見える。**

〔問4〕 学校近くの川の調査地点で見つかった，水質階級Ⅰの指標生物は，カワゲラとヒラタカゲロウで，水質階級Ⅱの指標生物は，シマトビケラとカワニナ，水質階級Ⅲの指標生物は，シマイシビルであった。個体数が最も多かったシマトビケラと次に多かったシマイシビルを2点とし，他を1点として計算すると，調査を行った付近の水質階級は，最も点数が多かった水質階級Ⅱである。**内蔵が外とう膜で覆われている動物の仲間の名称は，軟体動物である。**

3 (太陽系と恒星：太陽の日周運動，太陽の南中高度と気温の変化)

〔問1〕 図3より，1時間ごとの紙テープの長さは2.4cmであるため，15時から日の入りの点Gまでの紙テープの長さは9.6cmであることから，日の入りの時刻[時]＝15[時]＋9.6[cm]÷2.4[cm/時]＝19[時]である。

〔問2〕 地球の自転により，南半球では，太陽は天の南極を中心に回転して見える。<観測>を行ったのは東京が夏至の日であるため，南半球では冬至である。**南半球のある地点(南緯35.6°)では，冬至の北中高度(南半球では，南と天頂と北を結ぶ線(天の子午線)上を通過するとき，太陽は北中するという)は，最も低い**ため，エが正しい。

〔問3〕 図6と図7で，試験管と太陽の光がなす角度が装置Hより大きい装置Iは，結果2から水温の上昇が装置Hより大きかった。このモデル実験から，南中高度が高いほど，太陽の光の当たる角度が地面に対して垂直に近いため，同じ面積に受ける太陽の光の量(エネルギー)が多いから，地表が温まりやすいことがわかる。

〔問4〕 図7において，10分後の水温が最も高くなる角aは，太陽の光が装置Iの試験管に垂直に当たるように角bを90°にしたときである。このとき，**∠a＝90°－南中高度**，である。また，図8では，**90°－南中高度＝∠c**，である。よって，**∠a＝∠c**，である。したがって，図8で，同位角により，**∠c＝∠e(北緯)＋∠f(地軸の傾き)**＝35.6°＋23.4°＝59.0°＝∠a，である。

4 (動物の体のつくりとはたらき：消化酵素のはたらきを調べる実験・ヒトの消化と吸収)

〔問1〕 1%デンプン溶液に水を加えた容器Aと唾液を加えた容器Cを体温に近い40℃に保って比較すると，容器Cではヨウ素デンプン反応が起きないのでデンプンは**唾液のはたらき**により別の物質に変化したことが分かる。さらに，容器Bと容器Dの比較から，容器Dでは**ベネジクト液を加えて加熱した結果，赤褐色の沈殿ができたことから別の物質は糖であることが分かる。**

〔問2〕 消化酵素Xは，＜実験1＞＜結果1＞では容器Aと容器Eの結果から，40℃においてデンプンを分解しないことが分かる。消化酵素Xは，＜実験2＞＜結果2＞では容器Gと容器Hの結果から，24℃において主成分が**タンパク質であるゼラチンを別の物質に変化させた**ことがわかる。よって，消化酵素Xと同じはたらきをするヒトの消化酵素は**ペプシン**である。＜実験3＞＜結果3＞から，80℃で加熱後の消化酵素Xは，タンパク質を分解しないことが分かる。

〔問3〕 デンプンは，唾液腺・すい臓から分泌される消化液に含まれる消化酵素などのはたらきで，最終的にブドウ糖に分解される。また，タンパク質は，胃・すい臓から分泌される消化液に含まれる消化酵素などのはたらきで，最終的にアミノ酸に分解される。

〔問4〕 小腸のかべにはたくさんのひだがあり，その表面はたくさんの柔毛で覆われていることで，小腸の内側のかべの**表面積は非常に大きくなっている**。このため，効率よく養分を吸収することができる。

5 (身のまわりの物質とその性質：白い物質を区別する探究活動・有機物，物質の成り立ち：熱分解，気体の発生とその性質，水溶液とイオン，水溶液：溶解度・結晶)

〔問1〕 物質Dは，加熱すると焦げて黒色に変化する炭素原子を含む物質で，4種類の白い物質のうちでは，有機物のショ糖である。ろうも強く熱すると，炎を出して燃え，二酸化炭素と水ができる炭素原子を含む物質で，**有機物**である。活性炭は，炭素原子を主成分とする多孔質の物質で，無機物である。

〔問2〕 4種類の白い物質のうち，燃焼さじで加熱すると白色の物質が残り，図2の装置で加熱すると水上置換で集められる気体が発生するのは，炭酸水素ナトリウムである。よって，物質Bは炭酸水素ナトリウムである。炭酸水素ナトリウムの熱分解の化学反応式は，$2NaHCO_3 \rightarrow Na_2CO_3+H_2O+CO_2$，であり，発生する二酸化炭素の性質は，水に少し溶け，その水溶液は酸性を示す。また，二酸化炭素は，石灰石に薄い塩酸を加えても発生させることができる。

〔問3〕 物質Aと物質Cについては，＜実験2＞の＜結果2＞において，(1)の表から**物質Aと物質Cはどちらも電解質であるが，**(1)と(2)の表から**20℃のときの溶解度は物質Cの方が物質Aより大きいので，全て溶けた物質Cが塩化ナトリウムであり，物質Aがミョウバンである。**塩化ナトリウムが電離したときの様子を化学式とイオン式で表すと，$NaCl \rightarrow Na^{+}+Cl^{-}$，である。

〔問4〕 (1)の表から，20℃のとき，一部が溶けずに残ったのは，物質Aのミョウバンと物質Bの炭酸水素ナトリウムである。(2)の表から，40℃のときの溶解度はミョウバンの方が大きいので，全部溶けた水溶液Pの溶質はミョウバンである。40℃のミョウバンの水溶液120gは，水100gにミョウバン20gが溶けている。これを20℃まで温度を下げると溶解度は11.4gなので，析出する結晶の質量は，20g－11.4g＝8.6g，である。

6 (電流：電流と電圧と抵抗・発熱量，いろいろなエネルギー：エネルギーの変換)

〔問1〕 電圧〔V〕をX軸に，電流〔A〕をY軸に表した方眼用紙に，＜結果1＞からの，(1.0，0.17)，(2.0，0.33)，(3.0，0.50)，(4.0，0.67)，(5.0，0.83)の点を・を用いて記入する。次に，原点を通り，上記の5個の点の最も近くを通る直線を引く。$y=0.17x$の直線のグラフとなる。$x=9.0$〔V〕を代入すると，$y=0.17\times9.0$〔V〕$\fallingdotseq 1.5$〔A〕である。

〔問2〕　電熱線Aと電熱線Bを直列に接続したとき，電熱線Aと電熱線Bには回路に流れる電流の大きさに等しい電流が流れる。よって，＜結果2＞から，このとき電熱線Bに流れる電流の大きさは0.5Aである。＜結果1＞から，電熱線Bの抵抗〔Ω〕$=\frac{4.0〔\mathrm{V}〕}{1.00〔\mathrm{A}〕}=4.0〔\Omega〕$である。よって，電熱線Aと電熱線Bを並列に接続したとき，電熱線Bに流れる電流の大きさ〔A〕$=\frac{5.0〔\mathrm{V}〕}{4.0〔\Omega〕}=1.25〔\mathrm{A}〕$である。よって，0.5A：1.25A＝2：5である。

〔問3〕　電熱線Aと電熱線Bの発熱量の和〔J〕＝2.1〔A〕×5.0〔V〕×300〔s〕＝10.5〔W〕×300〔s〕＝3150〔J〕である。

〔問4〕　電熱線には電気抵抗の大きさが大きくなると電流が流れにくくなる性質があり，電気エネルギーを熱エネルギーに変換して熱を発生している。

＜社会解答＞

1　〔問1〕　エ　〔問2〕　ウ　〔問3〕　イ

2　〔問1〕　略地図中のA～D　C　Ⅱのア～エ　ウ　〔問2〕　P　イ　Q　ア　R　エ　S　ウ　〔問3〕　略地図中のW～Z　X　ⅠとⅡの表のア～エ　ア

3　〔問1〕　A　ウ　B　イ　C　ア　D　エ　〔問2〕　P　ア　Q　ア　R　イ　S　イ　〔問3〕　(建設された理由)　内陸に建設されたのは，高波や津波などの影響を受けにくいからである。　(建設された効果)　東名高速道路と新東名高速道路の交通量の合計は増加したが，分散が図られたことで渋滞回数が減少した。

4　〔問1〕　ア→エ→ウ→イ　〔問2〕　Ⅰの略年表中のア～エ　イ　Ⅱの略地図中のA～D　B　〔問3〕　エ　〔問4〕　ウ

5　〔問1〕　ア　〔問2〕　ウ　〔問3〕　エ　〔問4〕　イ

6　〔問1〕　エ→ウ→ア→イ　〔問2〕　略地図中のA～D　B　ⅠとⅡのグラフのア～エ　ア　〔問3〕　政府開発援助事業予算に占める，政府貸付の割合を増やすとともに，二国間政府開発援助贈与に占める，技術協力の割合を増やすことで，自助努力を後押しし，自立的発展を目指している。

＜社会解説＞

1　**(地理的分野―日本地理－地形図の見方，歴史的分野―日本史時代別－古墳時代から平安時代，―日本史テーマ別－文化史，公民的分野―国際社会との関わり)**

〔問1〕　●印から矢印の方向に写真を写せば，右手前に砂浜が見え，左奥に江の島が見えるはずなので，エが正しい。

〔問2〕　問題文で説明されているのは，2019年に**ユネスコ**によって**世界文化遺産**に登録された，**百舌鳥・古市古墳群**の**大山古墳**(仁徳天皇陵と伝えられる)であり，地図上の位置としては，大阪府堺市を示すウが正しい。

〔問3〕　国際の平和と安全の維持について，主要な責任を有するのが，国際連合の**安全保障理事会**である。具体的には，紛争当事者に対して，紛争を平和的手段によって解決するよう要請したり，平和に対する脅威の存在を決定し，平和と安全の維持と回復のために勧告を行うこと，**経済制裁**などの**非軍事的強制措置**及び**軍事的強制措置**を決定すること等を，その主な権限とする。しかし，5か国ある**常任理事国**が1か国でも反対すると，決議ができないことになっている。常任理事国は**拒否権**を持っていることになる。

2　(地理的分野―世界地理－都市・気候・産業・貿易)

〔問1〕　Ⅰの文章は，**サンフランシスコ**を指しており，略地図中のCである。1885年にサンフランシスコ大学が創立され，郊外のサノゼ地区は**シリコンバレー**と呼ばれ，**半導体産業**の一大拠点となっている。サンフランシスコは，冬季は温暖湿潤で，夏季は乾燥するが高温にはならない。**雨温図**はウである。

〔問2〕　Pの国は**アルゼンチン**，Qは**インドネシア**，Rは**南アフリカ共和国**，Sは**ドイツ**である。パンパは，アルゼンチン中部のラプラタ川流域に広がる草原地帯であり，Pはイである。年間数万隻の船舶が通行する海峡とは，**マラッカ海峡**であり，Qはアである。欧州との時差が少なく，アジアまで船で輸送する利便性が高いのは，南アフリカ共和国であり，Rはエである。**シュバルツバルト**(黒い森)が**酸性雨**の被害を受けたのは，ドイツであり，Sはウである。

〔問3〕　略地図中のW～ZのWはメキシコ，Xはタイ，Yはスウェーデン，Zはイタリアである。

国土の北部から南流し，首都を通り，海に注ぐ河川とは，**タイ**のチャオプラヤー川であり，Ⅲの文章はタイの説明である。**進出日本企業数**が2倍以上となっていて，中華人民共和国の重要性が高まっているのは，Ⅰ表のアである。日本との貿易総額が2倍以上に伸び，電気機器の輸入額に占める割合が2割を上回るようになったのは，Ⅱ表のアである。

3　(地理的分野―日本地理－都市・交通・地形図の見方・工業)

〔問1〕　Aは**宮城県**であり，「中心となるターミナル駅に郊外から地下鉄やバスが乗り入れ(以下略)」との記述から，ウが該当することがわかる。宮城県の**県庁所在地**の**仙台市**では，地下鉄・市バスが乗り入れている。Bは**福井県**であり，「リアス海岸が見られる地域や眼鏡産業が立地する平野(以下略)」との記述から，イが該当することがわかる。福井県は，若狭湾の**リアス海岸**が有名であり，また福井県**鯖江市**は，日本に流通している眼鏡の9割以上を生産する，一大**眼鏡産業地帯**である。Cは**広島県**であり，「造船業や鉄鋼業が立地する沿岸部(以下略)」「中心部には路面電車が見られ(以下略)」との記述から，アが該当することがわかる。広島県の沿岸部では，**造船業**や**鉄鋼業**が盛んである。また，県庁所在地の**広島市**には，**路面電車**が運行されている。Dは**鹿児島県**であり，「シラス台地に開発された住宅地(以下略)」との記述から，エが該当することがわかる。**シラス台地**は，**桜島**などの火山の噴出物からなる，九州南部に分布する台地である。

〔問2〕　地形図は2万5千分の1地形図であり，**等高線**は10mごとに引かれているので，標高は，約10mから約40mである。空港は，Ⅰの地図で果樹園「ó」や畑「∨」であった土地を造成してつくられた。地形図は2万5千分の1地形図なので，計算すれば8cm×25000＝200000cm＝2000mである。海岸沿いの針葉樹林は，冬の北西からの**季節風**によって運ばれる砂の害を防ぐ**防砂林**の役割を果たしている。

〔問3〕　東名高速道路が**高波**や**津波**などの影響を受けていたため，**新東名高速道路**は，沿岸部を避けて，高波や津波などの影響を受けにくい内陸に建設されたことを簡潔に指摘する。 建設された効果としては，東名高速道路と新東名高速道路の**交通量**の合計はやや増加したが，交通量の分散が実現したことで，**渋滞回数**が激減したことがあげられることを指摘する。

4　(歴史的分野―日本史時代別－古墳時代から平安時代・鎌倉時代から室町時代・安土桃山時代から江戸時代・明治時代から現代，―日本史テーマ別－政治史・社会史・文化史)

〔問1〕 ア **大宝律令**が制定されたのは，8世紀の初期である。 イ 十七か条の**建武式目**が制定されたのは，1336年である。 ウ **守護**や**地頭**を任命する政策が始められたのは，1185年のことである。 エ 各地方に**国分寺**や**国分尼寺**が建立されたのは，8世紀中期のことである。時期の古いものから順に並べると，ア→エ→ウ→イとなる。

〔問2〕 室町幕府の8代将軍の**足利義政**が，1480年代に東山に山荘を築き，これが後の**慈照寺**となった。Ⅰの略年表中のイの時期である。慈照寺は京都にあり，Ⅱの略地図上のBである。

〔問3〕 **浅間山**が**大噴火**を起こしたのは，1783年のことであり，その4年後から10年後にかけて行われたのは，**老中松平定信**の**寛政の改革**であり，**棄捐令・旧里帰農令・囲米の制**などの政策がとられた。

〔問4〕 **ラジオ放送**が開始され，新聞・週刊誌・月刊誌の発行部数が急速に伸び，1冊1円の**円本**が発行されたのは，大正期から昭和初期にかけてのことであり，ウが正しい。なお，アは昭和10年代，イは明治30年代，エは明治初期のことである。

5 (公民的分野―国の政治の仕組み・財政)

〔問1〕 日本国憲法第73条では，内閣の事務として，第3項に「**条約**を締結すること。但し，事前に，時宜によっては事後に，国会の承認を経ることを必要とする。」と定めている。

〔問2〕 **アメリカ合衆国の大統領**は，議会に対して法律案を提出する権限がないが，**大統領令**によって**行政権**を直接行使することができる。日本の**内閣**は，**衆議院**の**解散権**を持っている。

〔問3〕 **社会資本**とは，道路・港湾・上下水道・公園・公営住宅・病院・学校など，産業や生活の基盤となる公共施設のことを指し，その整備は行政の役割である。

〔問4〕 1980年から1990年の10年間で，**租税・印紙収入**は約2倍となり，歳入総額に占める割合が大幅に増加し，歳出総額も1.5倍以上となった。1980年代の後半には，**土地**や**株式**に対する投資が増大し，実際の価値以上に地価や株価が異常に高くなった。この時期の景気を，**バブル景気**という。その後は，バブル崩壊期を迎え，1991年から景気後退期となった。

6 (歴史的分野―世界史－政治史，地理的分野―地理総合，公民的分野―国際社会との関わり)

〔問1〕 ア **ヨーロッパ共同体(EC)**が発足したのは，1967年のことである。 イ **国連環境開発会議**がリオデジャネイロで開催されたのは，1992年のことである。 ウ **パリ**で**講和会議**が開かれ，**国際連盟**が発足したのは，1919年から1920年にかけてである。 エ ドイツ・オーストリア・イタリアの**三国同盟**が結ばれたのは，1882年のことである。年代の古い順に並べると，エ→ウ→ア→イとなる。

〔問2〕 略地図中のAはフィリピン，Bはサウジアラビア，Cはコートジボワール，Dはポルトガルである。**石油輸出国機構**の加盟国であるのは，サウジアラビアである。サウジアラビアで1973年と1979年の二度の**石油危機**を含む期間に，一人当りの**国内総生産**が大幅に増加し，1990年以降に国内総生産が増加し続けているのを示しているのは，Ⅰグラフのアである。また，乳幼児死亡率が約10分の1に減少しているのを示しているのは，Ⅱグラフのアである。

〔問3〕 まず，**政府開発援助**事業予算に占める，途上国に対して無償で提供される**贈与**を減らし，将来に途上国が返済することを前提とした**政府貸付**の割合を増やしたことを指摘する。また，**二国間政府開発援助贈与**に占める，返済義務を課さない**無償資金協力**の割合を減らし，日本の知識・技術・経験を活かし，同地域の経済社会開発の担い手となる人材の育成を行う**技術協力**の割合を増やしたことを指摘する。**開発途上国**の**自助努力**を後押しし，**自立的発展**を目指して援助を行う傾向が強まっていることを，全般的な傾向として指摘する。

2020年度英語　リスニングテスト

〔放送台本〕

これから，リスニングテストを行います。リスニングテストは，全て放送による指示で行います。リスニングテストの問題には，問題Aと問題Bの二つがあります。問題Aと，問題Bの＜Question 1＞では，質問に対する答えを選んで，その記号を答えなさい。問題Bの＜Question 2＞では，質問に対する答えを英語で書きなさい。

英文とそのあとに出題される質問が，それぞれ全体を通して二回ずつ読まれます。問題用紙の余白にメモをとってもかまいません。答えは全て解答用紙に書きなさい。

〔問題A〕

問題Aは，英語による対話文を聞いて，英語の質問に答えるものです。ここで話される対話文は全部で三つあり，それぞれ質問が一つずつ出題されます。質問に対する答えを選んで，その記号を答えなさい。では，＜対話文1＞を始めます。

Tom: I am going to buy a birthday present for my sister. Lisa, can you go with me?
Lisa: Sure, Tom.
Tom: Are you free tomorrow?
Lisa: Sorry. I can't go tomorrow. When is her birthday?
Tom: Next Monday. Then, how about next Saturday or Sunday?
Lisa: Saturday is fine with me.
Tom: Thank you.
Lisa: What time and where shall we meet?
Tom: How about at eleven at the station?
Lisa: OK. See you then.

Question : When are Tom and Lisa going to buy a birthday present for his sister?
＜対話文2＞を始めます。

(呼び出し音)
Bob's mother: Hello?
Ken: Hello. This is Ken. Can I speak to Bob, please?
Bob's mother: Hi, Ken. I'm sorry, he is out now. Do you want him to call you later?
Ken: Thank you, but I have to go out now. Can I leave a message?
Bob's mother: Sure.
Ken: Tomorrow we are going to do our homework at my house. Could you ask him to bring his math notebook? I have some questions to ask him.
Bob's mother: OK. I will.
Ken: Thank you.

Bob's mother: You're welcome.

Question : What does Ken want Bob to do?

＜対話文3＞を始めます。

Yumi: Hi, David. What kind of book are you reading?
David: Hi, Yumi. It' s about *ukiyoe* pictures. I learned about them last week in an art class.
Yumi: I see. I learned about them, too. You can see *ukiyoe* in the city art museum now.
David: Really? I want to visit there. In my country, there are some museums that have *ukiyoe*, too.
Yumi: Oh, really? I am surprised to hear that.
David: I have been there to see *ukiyoe* once. I want to see them in Japan, too.
Yumi: I went to the city art museum last weekend. It was very interesting. You should go there.

Question : Why was Yumi surprised?

〔英文の訳〕

＜対話文1＞

トム：妹(姉)に誕生日プレゼントを買うつもりなんだ。リサ，一緒に行ってもらえるかい？
リサ：もちろんよ，トム。
トム：明日はひま？
リサ：ごめんね，明日は行けないの。彼女のお誕生日はいつなの？
トム：次の月曜日だよ。じゃあ次の土曜日か日曜日はどう？
リサ：土曜日が都合がいいわ。
トム：ありがとう。
リサ：何時にどこで会う？
トム：11時に駅はどう？
リサ：オーケー。じゃあね。
質問：トムとリサはいつ妹(姉)の誕生日プレゼントを買いに行くつもりですか。
答え：ウ　次の土曜日

＜対話文2＞

ボブの母：もしもし。
ケン　　：もしもし。ケンです。ボブはいらっしゃいますか。
ボブの母：こんにちは，ケン。ごめんなさいね，ボブは今外出中なのよ。後で電話させましょうか？
ケン　　：ありがとうございます。でも僕は今出かけないといけないんです。伝言をお願いできますか。
ボブの母：もちろんよ。

ケン　　：明日僕たちは僕の家で宿題をするつもりです。ボブに数学のノートを持ってくるように言ってもらえますか。いつくか聞きたいことがあるんです。

ボブの母：オーケー。伝えておくわ。

ケン　　：ありがとうございます。

ボブの母：どういたしまして。

質問：ケンはボブに何をしてもらいたいですか。

答え：エ　彼の数学のノートを持ってくる。

＜対話文3＞

ユミ　　　：こんにちは，ディビッド。何の本を読んでいるの？

ディビッド：こんにちは，ユミ。これは浮世絵についての本だよ。先週美術の時間にこのことについて習ったんだ。

ユミ　　　：なるほどね。私もそのことを習ったわ。今市の美術館で浮世絵を見られるわよ。

ディビッド：本当？　行きたいな。僕の国でも浮世絵がある美術館がいくつかあるよ。

ユミ　　　：あら，本当に？　それを聞いて驚いたわ。

ディビッド：一度そこに浮世絵を見に行ったことがあるんだ。日本でも見たいな。

ユミ　　　：先週末にその市の美術館に行ったのよ。とても興味深かったわよ。行った方がいいわよ。

質問：なぜユミは驚いたのですか。

答え：イ　ディビッドが彼の国の美術館に浮世絵があると言ったから。

〔放送台本〕

〔問題B〕

これから聞く英語は，カナダの高校に留学している日本の生徒たちに向けて，留学先の生徒が行った留学初日の行動についての説明及び連絡です。内容に注意して聞きなさい。あとから，英語による質問が二つ出題されます。＜Question 1＞では，質問に対する答えを選んで，その記号を答えなさい。＜Question 2＞では，質問に対する答えを英語で書きなさい。なお，＜Question 2＞のあとに，15秒程度，答えを書く時間があります。では，始めます。

Welcome to our school. I am Linda, a second-year student of this school. We are going to show you around our school today.
Our school was built in 2015, so it's still new. Now we are in the gym. We will start with the library, and I will show you how to use it. Then we will look at classrooms and the music room, and we will finish at the lunch room. There, you will meet other students and teachers.

After that, we are going to have a welcome party.

There is something more I want to tell you. We took a group picture in front of our school. If you want one, you should tell a teacher tomorrow. Do you have any questions? Now let's start. Please come with me.

＜Question 1＞　Where will the Japanese students meet other students and teachers?

＜Question 2＞　If the Japanese students want a picture, what should they do tomorrow?

以上で，リスニングテストを終わります。

〔英文の訳〕

私たちの学校へようこそ。私はこの学校の２年生のリンダです。今日は私たちが皆さんに学校を案内します。

私たちの学校は2015年に設立されたのでまだ新しいです。今私たちは体育館にいます。最初は図書館からスタートして使い方を説明します。そして教室と音楽室を見て，最後はランチルームになります。そこで他の生徒や先生達と会います。

その後，歓迎会を行うつもりです。

さらにお伝えしたいことがあります。学校の前でグループ写真を撮りました。もし1枚欲しいようでしたら明日先生に伝えてください。何か質問はありますか。では始めましょう。一緒に来てください。

質問1：日本の生徒たちはどこで他の生徒や先生達に会いますか。

答え　：ウ　ランチルームで。

質問2：もし日本の生徒たちが写真を欲しいときは，明日何をすべきですか。

答え　：先生に伝えるべきだ。

解答用紙集

○月×日 △曜日　天気（合格日和）

◆ご利用のみなさまへ

＊解答用紙の公表を行っていない学校につきましては、弊社の責任において、解答用紙を制作いたしました。

＊編集上の理由により一部縮小掲載した解答用紙がございます。

＊編集上の理由により一部実物と異なる形式の解答用紙がございます。

人間の最も偉大な力とは、その一番の弱点を克服したところから生まれてくるものである。　――カール・ヒルティ――

東京学参株式会社

都立国立高等学校　2024年度　　　　◇数学◇

※ 128％に拡大していただくと，解答欄は実物大になります。

1

〔問 1〕	
〔問 2〕	x =　　　　，y =
〔問 3〕	通り
〔問 4〕	
〔問 5〕	【 作 図 】

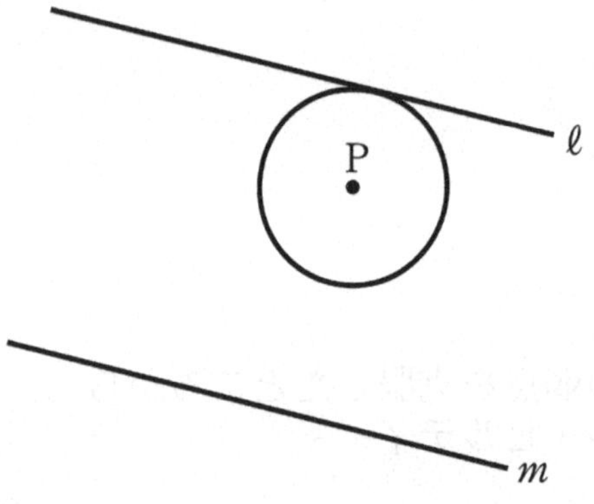

2

〔問 1〕	a =
〔問 2〕	y =
〔問 3〕	【 途中の式や計算など 】

（答え）　（　　　，　　　）

3	
〔問 1〕	度
〔問 2〕	【 証　明 】
〔問 3〕	cm^2

4	
〔問 1〕	cm
〔問 2〕	【 図や途中の式など 】 （答え） cm^2
〔問 3〕	cm^3

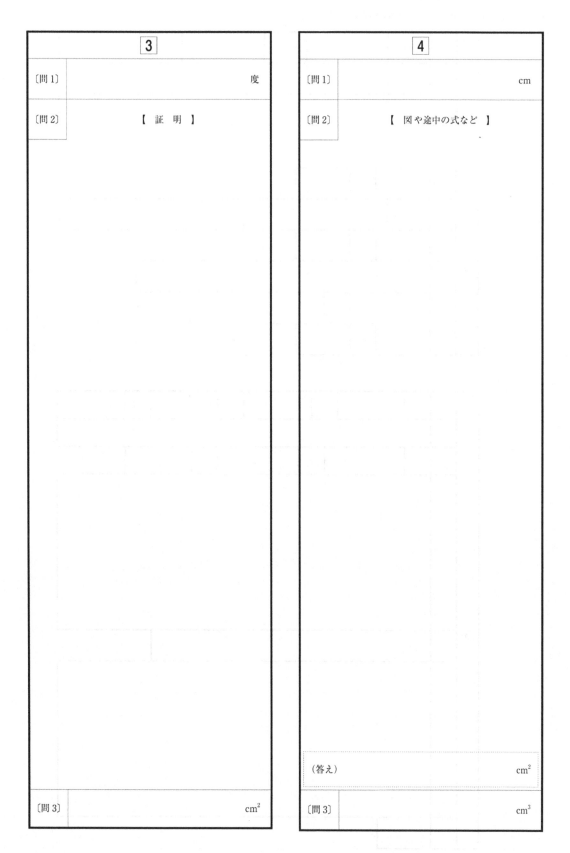

都立国立高等学校　2024年度　　◇英語◇

※ 182%に拡大していただくと，解答欄は実物大になります。

1	〔問題A〕	〈対話文1〉		〈対話文2〉		〈対話文3〉	
	〔問題B〕	〈Question 1〉					
		〈Question 2〉					

2	〔問1〕		〔問2〕	
	〔問3〕	始めの2語	終わりの2語	
	〔問4〕		〔問5〕	
	〔問6〕			
	〔問7〕		〔問8〕	
	〔問9〕		〔問10〕	

3	〔問1〕	1-a		1-b		1-c		〔問2〕	
	〔問3〕								
	〔問4〕	a		b		〔問5〕			
	〔問6〕								
	〔問7〕								
	〔問8〕								
	〔問9〕								

◇国語◇

都立国立高等学校　２０２４年度

※１８９％に拡大していただくと、解答欄は実物大になります。

1
(1) 反物
(2) 統轄
(3) 類い
(4) 万隣
(5) 片言隻語

2
(1) フセイシュツ
(2) ツウテイ
(3) モトデ
(4) ジョハキュウ
(5) ウミセンヤマセン

3
〔問1〕
〔問2〕
〔問3〕
〔問4〕
〔問5〕
〔問6〕 i ii

4
〔問1〕
〔問2〕 1 2
〔問3〕
〔問4〕

4
〔問5〕
20
100
200
〔問6〕
〔問7〕

5
〔問1〕
〔問2〕
〔問3〕
〔問4〕
〔問5〕

都立国立高等学校　2023年度　　　◇数学◇

※ 128％に拡大していただくと，解答欄は実物大になります。

1

〔問 1〕	
〔問 2〕	x = ， y =
〔問 3〕	
〔問 4〕	
〔問 5〕	【 作 図 】

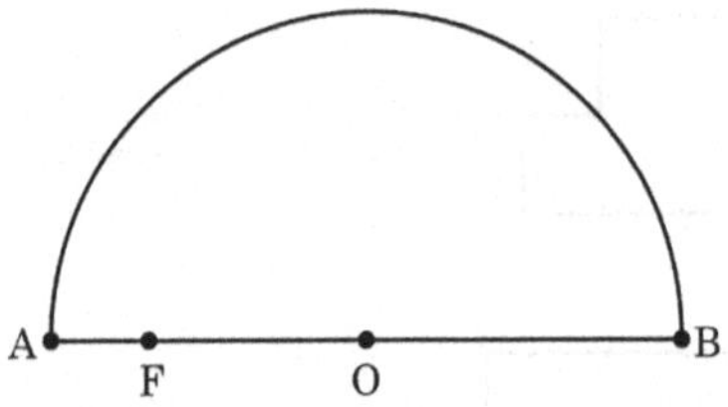

2

〔問 1〕		個
〔問 2〕	(1)	
〔問 2〕	(2)	【 途中の式や計算など 】

（答え）　△COD：△CDB ＝ ：

3	
〔問 1〕	度
〔問 2〕	【 証　明 】
〔問 3〕	CG : CA = 　　　　:
	AC の長さ　　　　　　cm

4	
〔問 1〕	cm
〔問 2〕	【 図や途中の式など 】
	（答え）　　　　　　cm^3
〔問 3〕	cm^2

都立国立高等学校　2023年度

◇英語◇

※ 179%に拡大していただくと，解答欄は実物大になります。

1	〔問題A〕	〈対話文1〉		〈対話文2〉		〈対話文3〉	
	〔問題B〕	〈Question 1〉					
		〈Question 2〉					

2	〔問1〕		〔問2〕		〔問3〕	
	〔問4〕		〔問5〕		〔問6〕	
	〔問7〕		〔問8〕			
	〔問9〕		〔問10〕			

3	〔問1〕		〔問2〕	

3	〔問3〕					
	〔問4〕					
	〔問5〕					
	〔問6〕	始めの2語		終わりの2語		
	〔問7〕		〔問8〕		〔問9〕	

◇国語◇

都立国立高等学校　２０２３年度

※１８５％に拡大していただくと，解答欄は実物大になります。

1

(1) 年　波
(2) 柄
(3) 摯　実
(4) 遮　蔽
(5) 下学上達

2

(1) オカモち　ち
(2) シンゼンビ
(3) トウカ
(4) カンキョウ
(5) ガンコウシハイ

3

〔問1〕
〔問2〕
〔問3〕
〔問4〕
〔問5〕
〔問6〕 i □ ● ▲ ◇　ii

4

〔問1〕 1　2
〔問2〕
〔問3〕
〔問4〕
〔問5〕
〔問6〕

4

〔問7〕

20　100　200

5

〔問1〕
〔問2〕
〔問3〕
〔問4〕
〔問5〕

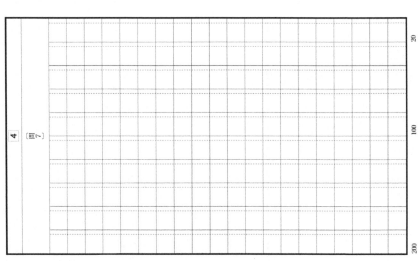

都立国立高等学校　　2022年度　　◇数学◇

※ 128％に拡大していただくと，解答欄は実物大になります。

1	
〔問 1〕	
〔問 2〕	x = ，y =
〔問 3〕	
〔問 4〕	
〔問 5〕	【 作　図 】

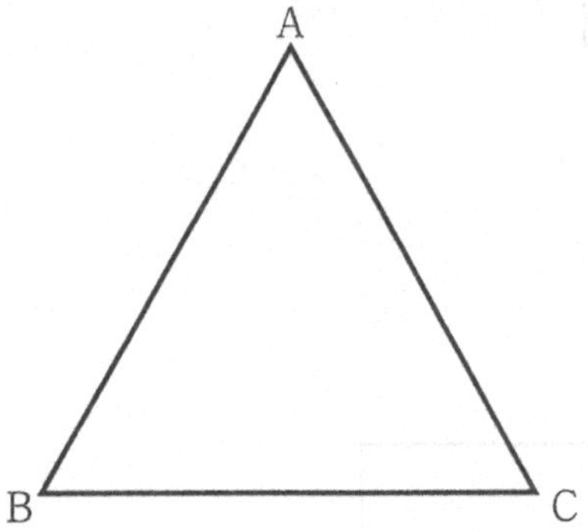

2		
〔問 1〕		≦ y ≦
〔問 2〕	(1)	【 途中の式や計算など 】
		(答え)　t =
〔問 2〕	(2)	a，p を用いて表すと
		最も小さい値は

3		
〔問 1〕		度
〔問 2〕	(1)	HI：AD =
〔問 2〕	(2)	【 証 明 】

4		
〔問 1〕	(1)	cm
〔問 1〕	(2)	【 図や途中の式など 】
		（答え） （ ） cm^2
〔問 2〕		cm

都立国立高等学校　2022年度

◇英語◇

※ 182％に拡大していただくと，解答欄は実物大になります。

1	〔問題A〕	〈対話文1〉		〈対話文2〉		〈対話文3〉	
	〔問題B〕	〈Question 1〉					
		〈Question 2〉					

2	〔問1〕		〔問2〕		〔問3〕	
	〔問4〕		〔問5〕		〔問6〕	
	〔問7〕		〔問8〕			
	〔問9〕	始めの2語		終わりの2語		
	〔問10〕					

3	〔問1〕		〔問2〕	
	〔問3〕		〔問4〕	

3	〔問5〕〔質問A〕				
	〔問5〕〔質問B〕				
	〔問6〕			〔問7〕	

◇国語◇

都立国立高等学校　２０２２年度

※１８９％に拡大していただくと、解答欄は実物大になります。

1

(1)	(2)	(3)	(4)	(5)
った			やす	
結　った	頑　是	役　務	殖　やす	時期尚早

2

(1)	(2)	(3)	(4)	(5)
タ　カ	ス	コウミョウ	ショウブン	リヒキョクチョク

3

〔問1〕　〔問2〕　〔問3〕

〔問4〕 1　2

〔問5〕

〔問6〕 1　2

4

〔問1〕　〔問2〕

〔問3〕 1　2

〔問4〕　〔問5〕　〔問6〕

4

〔問7〕

20

100

200

5

〔問1〕　〔問2〕　〔問3〕

〔問4〕　〔問5〕

都立国立高等学校　2021年度

◇数学◇

※ 143％に拡大していただくと，解答欄は実物大になります。

1

〔問 1〕	
〔問 2〕	$x=$　　　　　，$y=$
〔問 3〕	
〔問 4〕	
〔問 5〕	
〔問 6〕	【 作 図 】

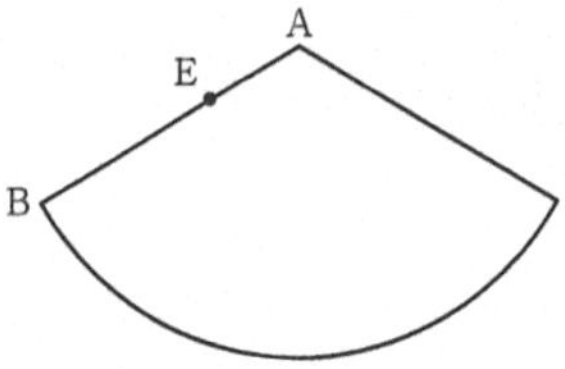

2

〔問 1〕	$\leqq y \leqq$	
〔問 2〕	(1)	【 途中の式や計算など 】

（答え）　　　　　　　　cm^2

〔問 2〕	(2)	

3	
〔問 1〕	cm
〔問 2〕	【 証 明 】
〔問 3〕	倍

4	
〔問 1〕	cm
〔問 2〕	【 図や途中の式など 】 （答え） cm^2
〔問 3〕	cm

都立国立高等学校　2021年度

◇英語◇

※ 167%に拡大していただくと，解答欄は実物大になります。

1	〔問題A〕	〈対話文1〉		〈対話文2〉		〈対話文3〉	
	〔問題B〕	〈Question 1〉					
		〈Question 2〉					

2	〔問1〕		〔問2〕										
	〔問3〕		〔問4〕		〔問5〕		〔問6〕		〔問7〕				
	〔問8〕		〔問9〕		〔問10〕								

3	〔問1〕		〔問2〕		〔問3〕		〔問4〕		
	〔問5〕						〔問6〕		
	〔問7〕	(7)-a		(7)-b					
	〔問8〕								

3	〔問9〕	5語 10語 15語 20語 25語 30語 35語 40語 45語

◇国語◇

都立国立高等学校　２０２１年度

※１９２％に拡大していただくと、解答欄は実物大になります。

1

(1) 堆積
(2) 版図
(3) 卑下
(4) 興じる
(5) 一念発起

2

(1) サエキ
(2) ドウ
(3) フシ
(4) イチジツ
(5) キソウテンガイ

3

〔問1〕
〔問2〕
〔問3〕
〔問4〕 1 2
〔問5〕
〔問6〕

4

〔問1〕
〔問2〕
〔問3〕 1 2
〔問4〕
〔問5〕
〔問6〕

4

〔問7〕

20

100

200

5

〔問1〕
〔問2〕
〔問3〕
〔問4〕
〔問5〕

都立国立高等学校　2020年度

◇数学◇

※ 141％に拡大していただくと，解答欄は実物大になります。

1

〔問 1〕

〔問 2〕 $x=$　　　　　，$y=$

〔問 3〕

〔問 4〕 (1) 【作　図】

〔問 4〕 (2) $\ell=$

2

〔問 1〕

〔問 2〕 (1) 【途中の式や計算など】

（答え）　　　　　cm

〔問 2〕 (2)

3

〔問 1〕　　　　度

〔問 2〕 (1)　【 証　明 】

次に，∠PCM ＝ ∠QLR であることを示す。
ここで，∠PMC ＝ ∠a とおく。

したがって
　∠PCM ＝ ∠QLR　…　(イ)

〔問 2〕 (2)　　　　cm

4

〔問 1〕　t =

〔問 2〕　【 図や途中の式など 】

（答え）　　　　cm³

〔問 3〕　　　　倍

都立国立高等学校　2020年度　◇英語◇

※ 200％に拡大していただくと，解答欄は実物大になります。

1	〔問題A〕	〈対話文1〉		〈対話文2〉		〈対話文3〉	
	〔問題B〕	〈Question1〉					
		〈Question2〉					

2	〔問1〕		〔問2〕					
	〔問3〕							
	〔問4〕		〔問5〕		〔問6〕			
	〔問7〕		〔問8〕		〔問9〕		〔問10〕	

3	〔問1〕		〔問2〕		〔問3〕		〔問4〕	
	〔問5〕							
	〔問6〕		〔問7〕		〔問8〕			

3	〔問9〕	5語 10語 15語 20語 25語 30語 35語 40語 45語

◇国語◇

都立国立高等学校　２０２０年度

※１８２％に拡大していただくと、解答欄は実物大になります。

1

(1) 熟れた　れた
(2) 襟元
(3) 訃報
(4) 鋳物
(5) 天蓋

2

(1) シナン
(2) オモテ
(3) ジンジュツ
(4) ツイキュウ
(5) イッケン

3

〔問1〕
〔問2〕
〔問3〕　から
〔問4〕
〔問5〕
〔問6〕

4

〔問1〕
〔問2〕　始　終
〔問3〕
〔問4〕　から。
〔問5〕
〔問6〕

4

〔問7〕　20　100　200

5

〔問1〕
〔問2〕
〔問3〕
〔問4〕
〔問5〕

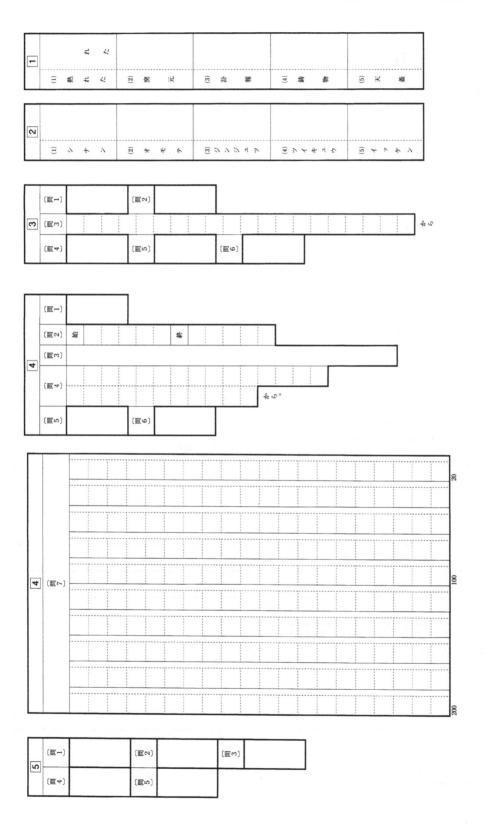

※ 143％に拡大していただくと，解答欄は実物大になります。

解答用紙　理　科

▭部分がマークシート方式により解答する問題です。

マーク上の注意事項

1　ＨＢ又はＢの鉛筆（シャープペンシルも可）を使って，◯の中を正確に塗りつぶすこと。

2　答えを直すときは，きれいに消して，消しくずを残さないこと。

3　決められた欄以外にマークしたり，記入したりしないこと。

良い例	悪い例		
●	線	小さい	はみ出し
	丸囲み	レ点	うすい

受検番号						
⓪	⓪	⓪	⓪	⓪	⓪	⓪
①	①	①	①	①	①	①
②	②	②	②	②	②	②
③	③	③	③	③	③	③
④	④	④	④	④	④	④
⑤	⑤	⑤	⑤	⑤	⑤	⑤
⑥	⑥	⑥	⑥	⑥	⑥	⑥
⑦	⑦	⑦	⑦	⑦	⑦	⑦
⑧	⑧	⑧	⑧	⑧	⑧	⑧
⑨	⑨	⑨	⑨	⑨	⑨	⑨

1		
	〔問1〕	㋐ ㋑ ㋒ ㋓
	〔問2〕	㋐ ㋑ ㋒ ㋓
	〔問3〕	㋐ ㋑ ㋒ ㋓
	〔問4〕	㋐ ㋑ ㋒ ㋓
	〔問5〕	㋐ ㋑ ㋒ ㋓
	〔問6〕	㋐ ㋑ ㋒ ㋓

2		
	〔問1〕	㋐ ㋑ ㋒ ㋓
	〔問2〕	㋐ ㋑ ㋒ ㋓
	〔問3〕	㋐ ㋑ ㋒ ㋓
	〔問4〕	㋐ ㋑ ㋒ ㋓

3		
	〔問1〕	㋐ ㋑ ㋒ ㋓
	〔問2〕	2時間ごとに記録した透明半球上の・印のそれぞれの間隔は，
	〔問3〕	㋐ ㋑ ㋒ ㋓
	〔問4〕	㋐ ㋑ ㋒ ㋓

4		
	〔問1〕	㋐ ㋑ ㋒ ㋓
	〔問2〕	㋐ ㋑ ㋒ ㋓
	〔問3〕	㋐ ㋑ ㋒ ㋓

5		
	〔問1〕	㋐ ㋑ ㋒ ㋓
	〔問2〕	㋐ ㋑ ㋒ ㋓
	〔問3〕	<資料>から，
	〔問4〕	㋐ ㋑ ㋒ ㋓

6			
	〔問1〕	㋐ ㋑ ㋒ ㋓	
	〔問2〕	①	②
		㋐ ㋑ ㋒ ㋓	㋐ ㋑ ㋒ ㋓
	〔問3〕	㋐ ㋑ ㋒ ㋓	
	〔問4〕	㋐ ㋑ ㋒ ㋓	

※ 149％に拡大していただくと，解答欄は実物大になります。

解答用紙　社　会

▭部分がマークシート方式により解答する問題です。

マーク上の注意事項

1　ＨＢ又はＢの鉛筆（シャープペンシルも可）を使って，〇の中を正確に塗りつぶすこと。

2　答えを直すときは，きれいに消して，消しくずを残さないこと。

3　決められた欄以外にマークしたり，記入したりしないこと。

良い例	悪い例		
●	線	小さい	はみ出し
	丸囲み	レ点	うすい

受	検	番	号			
⓪	⓪	⓪	⓪	⓪	⓪	⓪
①	①	①	①	①	①	①
②	②	②	②	②	②	②
③	③	③	③	③	③	③
④	④	④	④	④	④	④
⑤	⑤	⑤	⑤	⑤	⑤	⑤
⑥	⑥	⑥	⑥	⑥	⑥	⑥
⑦	⑦	⑦	⑦	⑦	⑦	⑦
⑧	⑧	⑧	⑧	⑧	⑧	⑧
⑨	⑨	⑨	⑨	⑨	⑨	⑨

1

〔問1〕	B	C	D	E
	㋐㋑㋒㋓	㋐㋑㋒㋓	㋐㋑㋒㋓	㋐㋑㋒㋓
〔問2〕	㋐　㋑　㋒　㋓			
〔問3〕	㋐　㋑　㋒　㋓			

2

〔問1〕	略地図中のA～D		Ⅱのア～エ	
	Ⓐ Ⓑ Ⓒ Ⓓ		㋐㋑㋒㋓	
〔問2〕	P	Q	R	S
	㋐㋑㋒㋓	㋐㋑㋒㋓	㋐㋑㋒㋓	㋐㋑㋒㋓
〔問3〕	略地図中のW～Z		ⅠとⅡの表のア～エ	
	Ⓦ Ⓧ Ⓨ Ⓩ		㋐㋑㋒㋓	

3

〔問1〕	A	B	C	D
	㋐㋑㋒㋓	㋐㋑㋒㋓	㋐㋑㋒㋓	㋐㋑㋒㋓
〔問2〕	Ⅰのア～エ		略地図中のW～Z	
	㋐㋑㋒㋓		Ⓦ Ⓧ Ⓨ Ⓩ	
〔問3〕				

4

〔問1〕	㋐㋑㋒㋓ →	㋐㋑㋒㋓ →	㋐㋑㋒㋓ →	㋐㋑㋒㋓
〔問2〕				
〔問3〕	A	B	C	D
	㋐㋑㋒㋓	㋐㋑㋒㋓	㋐㋑㋒㋓	㋐㋑㋒㋓
〔問4〕	A	B	C	D
	㋐㋑㋒㋓	㋐㋑㋒㋓	㋐㋑㋒㋓	㋐㋑㋒㋓

5

〔問1〕	㋐　㋑　㋒　㋓	
〔問2〕	ⅠのA～D	ア～エ
	Ⓐ Ⓑ Ⓒ Ⓓ	㋐㋑㋒㋓
〔問3〕	㋐　㋑　㋒　㋓	
〔問4〕		

6

〔問1〕	A	B	C	D
	㋐㋑㋒㋓	㋐㋑㋒㋓	㋐㋑㋒㋓	㋐㋑㋒㋓
〔問2〕	㋐　㋑　㋒　㋓			
〔問3〕	㋐　㋑　㋒　㋓			

2024年度入試配点表(東京都)

理科	1	2	3	4	5	6	計
	各4点×6	各4点×4	各4点×4	各4点×3	各4点×4	各4点×4 (問2完答)	100点

社会	1	2	3	4	5	6	計
	各5点×3 (問1完答)	各5点×3 (問1～問3各完答)	各5点×3 (問1,問2各完答)	各5点×4 (問1,問3,問4 各完答)	各5点×4 (問2完答)	各5点×3 (問1完答)	100点

※ 143％に拡大していただくと，解答欄は実物大になります。

解答用紙　理　科

□部分がマークシート方式により解答する問題です。

マーク上の注意事項

1　ＨＢ又はＢの鉛筆（シャープペンシルも可）を使って，
　◯の中を正確に塗りつぶすこと。

2　答えを直すときは，きれいに消して，消しくずを残さないこと。

3　決められた欄以外にマークしたり，記入したりしないこと。

良い例	悪い例
●	線　小さい　はみ出し　丸囲み　レ点　うすい

受検番号						
⓪	⓪	⓪	⓪	⓪	⓪	⓪
①	①	①	①	①	①	①
②	②	②	②	②	②	②
③	③	③	③	③	③	③
④	④	④	④	④	④	④
⑤	⑤	⑤	⑤	⑤	⑤	⑤
⑥	⑥	⑥	⑥	⑥	⑥	⑥
⑦	⑦	⑦	⑦	⑦	⑦	⑦
⑧	⑧	⑧	⑧	⑧	⑧	⑧
⑨	⑨	⑨	⑨	⑨	⑨	⑨

1

〔問１〕	㋐　㋑　㋒　㋓
〔問２〕	㋐　㋑　㋒　㋓
〔問３〕	㋐　㋑　㋒　㋓
〔問４〕	㋐　㋑　㋒　㋓
〔問５〕	㋐　㋑　㋒　㋓
〔問６〕	㋐　㋑　㋒　㋓

2

〔問１〕	㋐　㋑　㋒　㋓	
〔問２〕	①	②
	㋐　㋑	㋐　㋑
〔問３〕	㋐　㋑　㋒　㋓	
〔問４〕	㋐　㋑　㋒　㋓	

3

〔問１〕				
〔問２〕	①		②	
	㋐　㋑		㋐　㋑	
〔問３〕	①	②	③	④
	㋐　㋑	㋐　㋑	㋐　㋑	㋐　㋑
〔問４〕	㋐　㋑　㋒　㋓			

4

〔問１〕	㋐　㋑　㋒　㋓
〔問２〕	㋐　㋑　㋒　㋓
〔問３〕	㋐　㋑　㋒　㋓

5

〔問１〕	㋐　㋑　㋒　㋓　㋔	
〔問２〕	㋐　㋑　㋒　㋓	
〔問３〕	㋐　㋑　㋒　㋓	
〔問４〕	①	②
	㋐　㋑　㋒	㋐　㋑　㋒

6

〔問１〕	㋐　㋑　㋒　㋓
〔問２〕	㋐　㋑　㋒　㋓　㋔　㋕
〔問３〕	㋐　㋑　㋒　㋓　㋔
〔問４〕	㋐　㋑　㋒　㋓

※ 149％に拡大していただくと，解答欄は実物大になります。

解答用紙　社　会

▭部分がマークシート方式により解答する問題です。

マーク上の注意事項

1　ＨＢ又はＢの鉛筆（シャープペンシルも可）を使って，〇の中を正確に塗りつぶすこと。

2　答えを直すときは，きれいに消して，消しくずを残さないこと。

3　決められた欄以外にマークしたり，記入したりしないこと。

良い例	悪い例
●	線　小さい　はみ出し　丸囲み　レ点　うすい

受	検	番	号			
⓪	⓪	⓪	⓪	⓪	⓪	⓪
①	①	①	①	①	①	①
②	②	②	②	②	②	②
③	③	③	③	③	③	③
④	④	④	④	④	④	④
⑤	⑤	⑤	⑤	⑤	⑤	⑤
⑥	⑥	⑥	⑥	⑥	⑥	⑥
⑦	⑦	⑦	⑦	⑦	⑦	⑦
⑧	⑧	⑧	⑧	⑧	⑧	⑧
⑨	⑨	⑨	⑨	⑨	⑨	⑨

1

〔問1〕	㋐　㋑　㋒　㋓
〔問2〕	㋐　㋑　㋒　㋓
〔問3〕	㋐　㋑　㋒　㋓

2

〔問1〕	略地図中のＡ～Ｄ		Ⅱのア～エ	
	Ⓐ Ⓑ Ⓒ Ⓓ		㋐ ㋑ ㋒ ㋓	
〔問2〕	W	X	Y	Z
	㋐㋑㋒㋓	㋐㋑㋒㋓	㋐㋑㋒㋓	㋐㋑㋒㋓
〔問3〕	㋐　㋑　㋒　㋓			

3

〔問1〕	A	B	C	D
	㋐㋑㋒㋓	㋐㋑㋒㋓	㋐㋑㋒㋓	㋐㋑㋒㋓
〔問2〕	㋐　㋑　㋒　㋓			
〔問3〕	〔(1)目的〕 〔(2)敷設《ふせつ》状況及び設置状況〕			

4

〔問1〕	㋐㋑㋒㋓ → ㋐㋑㋒㋓ → ㋐㋑㋒㋓ → ㋐㋑㋒㋓			
〔問2〕	㋐　㋑　㋒　㋓			
〔問3〕	時期			略地図
	㋐㋑㋒ → ㋐㋑㋒ → ㋐㋑㋒			㋐ ㋑ ㋒
〔問4〕	A	B	C	D
	㋐㋑㋒㋓	㋐㋑㋒㋓	㋐㋑㋒㋓	㋐㋑㋒㋓

5

〔問1〕	㋐　㋑　㋒　㋓
〔問2〕	㋐　㋑　㋒　㋓
〔問3〕	㋐　㋑　㋒　㋓
〔問4〕	

6

〔問1〕	A	B	C	D
	㋐㋑㋒㋓	㋐㋑㋒㋓	㋐㋑㋒㋓	㋐㋑㋒㋓
〔問2〕	Ⅰの略年表中のＡ～Ｄ		略地図中のＷ～Ｚ	
	Ⓐ Ⓑ Ⓒ Ⓓ		Ⓦ Ⓧ Ⓨ Ⓩ	
〔問3〕	㋐　㋑　㋒　㋓			

2023年度入試配点表(東京都)

理科	1	2	3	4	5	6	計
	各4点×6	各4点×4 (問2完答)	各4点×4 (問2,問3各完答)	各4点×3	各4点×4 (問4完答)	各4点×4	100点

社会	1	2	3	4	5	6	計
	各5点×3	各5点×3 (問1,問2各完答)	各5点×3 (問1完答)	各5点×4 (問1,問3,問4 各完答)	各5点×4	各5点×3 (問1,問2各完答)	100点

東京都公立高校　2022年度

※ 143％に拡大していただくと，解答欄は実物大になります。

解答用紙　理　科

▭ 部分がマークシート方式により解答する問題です。

マーク上の注意事項

1　ＨＢ又はＢの鉛筆（シャープペンシルも可）を使って，◯の中を正確に塗りつぶすこと。

2　答えを直すときは，きれいに消して，消しくずを残さないこと。

3　決められた欄以外にマークしたり，記入したりしないこと。

良い例	悪い例		
●	線	小さい	はみ出し
	丸囲み	レ点	うすい

受	検	番	号			
⓪	⓪	⓪	⓪	⓪	⓪	⓪
①	①	①	①	①	①	①
②	②	②	②	②	②	②
③	③	③	③	③	③	③
④	④	④	④	④	④	④
⑤	⑤	⑤	⑤	⑤	⑤	⑤
⑥	⑥	⑥	⑥	⑥	⑥	⑥
⑦	⑦	⑦	⑦	⑦	⑦	⑦
⑧	⑧	⑧	⑧	⑧	⑧	⑧
⑨	⑨	⑨	⑨	⑨	⑨	⑨

1		
	〔問 1〕	㋐　㋑　㋒　㋓
	〔問 2〕	㋐　㋑　㋒　㋓
	〔問 3〕	㋐　㋑　㋒　㋓
	〔問 4〕	㋐　㋑　㋒　㋓
	〔問 5〕	㋐　㋑　㋒　㋓

2		
	〔問 1〕	㋐　㋑　㋒　㋓
	〔問 2〕	㋐　㋑　㋒　㋓
	〔問 3〕	㋐　㋑　㋒　㋓
	〔問 4〕	㋐　㋑　㋒　㋓

3		
	〔問 1〕	㋐　㋑　㋒　㋓
	〔問 2〕	㋐　㋑　㋒　㋓
	〔問 3〕	㋐　㋑　㋒　㋓
	〔問 4〕	㋐　㋑　㋒　㋓

4		
	〔問 1〕	㋐　㋑　㋒　㋓
	〔問 2〕	㋐　㋑　㋒　㋓
	〔問 3〕	㋐　㋑　㋒　㋓
	〔問 4〕	㋐　㋑　㋒

5		
	〔問 1〕	㋐　㋑　㋒　㋓
	〔問 2〕	㋐　㋑　㋒　㋓　㋔　㋕
	〔問 3〕	<化学反応式> ＿＿＿＿（酸） ＋ ＿＿＿＿（アルカリ） → ＿＿＿＿（塩） ＋ ＿＿＿＿
	〔問 4〕	㋐　㋑　㋒　㋓

6		
	〔問 1〕	㋐　㋑　㋒　㋓
	〔問 2〕	㋐　㋑　㋒　㋓
	〔問 3〕	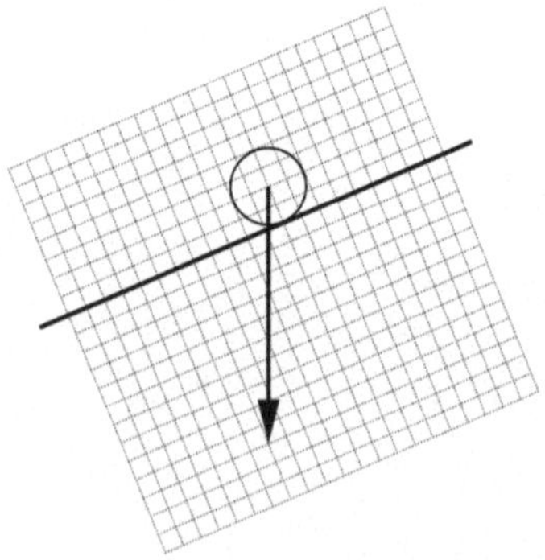
	〔問 4〕	㋐　㋑　㋒　㋓

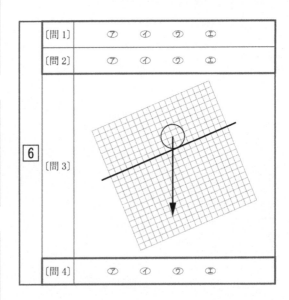

※ 149%に拡大していただくと，解答欄は実物大になります。

解答用紙　社　会

□部分がマークシート方式により解答する問題です。

マーク上の注意事項

1　ＨＢ又はＢの鉛筆（シャープペンシルも可）を使って，◯の中を正確に塗りつぶすこと。

2　答えを直すときは，きれいに消して，消しくずを残さないこと。

3　決められた欄以外にマークしたり，記入したりしないこと。

良い例	悪い例
●	線　小さい　はみ出し　丸囲み　レ点　うすい

受検番号						
0 1 2 3 4 5 6 7 8 9	0 1 2 3 4 5 6 7 8 9	0 1 2 3 4 5 6 7 8 9	0 1 2 3 4 5 6 7 8 9	0 1 2 3 4 5 6 7 8 9	0 1 2 3 4 5 6 7 8 9	0 1 2 3 4 5 6 7 8 9

1

〔問1〕	ア　イ　ウ　エ
〔問2〕	ア　イ　ウ　エ
〔問3〕	ア　イ　ウ　エ

2

〔問1〕	略地図中のＡ～Ｄ		Ⅱの**ア～エ**	
	Ａ　Ｂ　Ｃ　Ｄ		ア　イ　ウ　エ	
〔問2〕	Ｐ	Ｑ	Ｒ	Ｓ
	ア　イ　ウ　エ	ア　イ　ウ　エ	ア　イ　ウ　エ	ア　イ　ウ　エ
〔問3〕	略地図中のＷ～Ｚ		ⅠとⅡの表の**ア～エ**	
	Ｗ　Ｘ　Ｙ　Ｚ		ア　イ　ウ　エ	

3

〔問1〕	Ａ	Ｂ	Ｃ	Ｄ
	ア　イ　ウ　エ	ア　イ　ウ　エ	ア　イ　ウ　エ	ア　イ　ウ　エ
〔問2〕	Ⅰの**ア～エ**		略地図中のＷ～Ｚ	
	ア　イ　ウ　エ		Ｗ　Ｘ　Ｙ　Ｚ	
〔問3〕	〔変化〕			
	〔要因〕			

4

〔問1〕	ア イ ウ エ → ア イ ウ エ → ア イ ウ エ → ア イ ウ エ
〔問2〕	ア　イ　ウ　エ
〔問3〕	ア イ ウ エ → ア イ ウ エ → ア イ ウ エ → ア イ ウ エ
〔問4〕	ア　イ　ウ　エ

5

〔問1〕	ア　イ　ウ　エ
〔問2〕	ア　イ　ウ　エ
〔問3〕	
〔問4〕	ア　イ　ウ　エ

6

〔問1〕	ア イ ウ エ → ア イ ウ エ → ア イ ウ エ → ア イ ウ エ	
〔問2〕	ⅠのＡ～Ｄ	ⅠのＡ～Ｄの**ア～ウ**
	Ａ　Ｂ　Ｃ　Ｄ	ア　イ　ウ
〔問3〕	Ｗ　Ｘ　Ｙ　Ｚ	

2022年度入試配点表（東京都）

理科	1	2	3	4	5	6	計
	各4点×5	各4点×4	各4点×4	各4点×4	各4点×4 （問3完答）	各4点×4	100点

社会	1	2	3	4	5	6	計
	各5点×3	各5点×3 （問1・問2・問3 各完答）	各5点×3 （問1・問2 各完答）	各5点×4 （問1・問3 各完答）	各5点×4	各5点×3 （問1・問2 各完答）	100点

※ 148％に拡大していただくと，解答欄は実物大になります。

解答用紙　理科

□部分がマークシート方式により解答する問題です。

マーク上の注意《ちゅうい》事項《じこう》

1　ＨＢ又《また》はＢの鉛筆（シャープペンシルも可）を使って，〇の中を正確に塗《ぬ》りつぶすこと。

2　答えを直すときは，きれいに消して，消しくずを残さないこと。

3　決められた欄《らん》以外にマークしたり，記入したりしないこと。

良い例	悪い例		
●	線	小さい	はみ出し
	丸囲み	レ点	うすい

受	検	番	号			
⓪	⓪	⓪	⓪	⓪	⓪	⓪
①	①	①	①	①	①	①
②	②	②	②	②	②	②
③	③	③	③	③	③	③
④	④	④	④	④	④	④
⑤	⑤	⑤	⑤	⑤	⑤	⑤
⑥	⑥	⑥	⑥	⑥	⑥	⑥
⑦	⑦	⑦	⑦	⑦	⑦	⑦
⑧	⑧	⑧	⑧	⑧	⑧	⑧
⑨	⑨	⑨	⑨	⑨	⑨	⑨

1

〔問1〕	㋐ ㋑ ㋒ ㋓	
〔問2〕	㋐ ㋑ ㋒ ㋓	
〔問3〕	㋐ ㋑ ㋒ ㋓	
〔問4〕	①	②
	㋐ ㋑ ㋒ ㋓	㋐ ㋑ ㋒ ㋓
〔問5〕	㋐ ㋑ ㋒ ㋓	
〔問6〕	㋐ ㋑ ㋒ ㋓	

2

〔問1〕	①	②
	㋐ ㋑ ㋒ ㋓	㋐ ㋑ ㋒ ㋓
〔問2〕	㋐ ㋑ ㋒ ㋓	
〔問3〕	㋐ ㋑ ㋒ ㋓	
〔問4〕	㋐ ㋑ ㋒ ㋓	

3

〔問1〕	㋐ ㋑ ㋒ ㋓		
〔問2〕	①	②	③
	㋐ ㋑ ㋒	㋐ ㋑ ㋒	㋐ ㋑ ㋒
〔問3〕	①	②	
	㋐ ㋑ ㋒ ㋓	㋐ ㋑ ㋒ ㋓	
〔問4〕	㋐㋑㋒㋓ → ㋐㋑㋒㋓ → ㋐㋑㋒㋓ → ㋐㋑㋒㋓		

4

〔問1〕	㋐ ㋑ ㋒ ㋓	
〔問2〕	①	②
	㋐ ㋑ ㋒	㋐ ㋑ ㋒
〔問3〕	①	②
	㋐ ㋑ ㋒	㋐ ㋑ ㋒

5

〔問1〕	①	②
	㋐ ㋑ ㋒ ㋓	㋐ ㋑ ㋒
〔問2〕	①	②
	㋐ ㋑ ㋒ ㋓	㋐ ㋑ ㋒ ㋓
〔問3〕	㋐ ㋑ ㋒ ㋓	
〔問4〕	％	

6

〔問1〕	㋐ ㋑ ㋒ ㋓			
〔問2〕				
〔問3〕	㋐㋑㋒㋓ → ㋐㋑㋒㋓ → ㋐㋑㋒㋓ → ㋐㋑㋒㋓			
〔問4〕	①	②	③	④
	㋐ ㋑ ㋒	㋐ ㋑ ㋒	㋐ ㋑ ㋒	㋐ ㋑ ㋒

※ 151％に拡大していただくと，解答欄は実物大になります。

解答用紙　社　会

部分がマークシート方式により解答する問題です。

マーク上の注意事項《ちゅういじこう》

1　ＨＢ又《また》はＢの鉛筆（シャープペンシルも可）を使って，〇の中を正確に塗《ぬ》りつぶすこと。

2　答えを直すときは，きれいに消して，消しくずを残さないこと。

3　決められた欄《らん》以外にマークしたり，記入したりしないこと。

良い例	悪い例
●	線　小さい　はみ出し　丸囲み　レ点　うすい

受検番号						
0	0	0	0	0	0	0
1	1	1	1	1	1	1
2	2	2	2	2	2	2
3	3	3	3	3	3	3
4	4	4	4	4	4	4
5	5	5	5	5	5	5
6	6	6	6	6	6	6
7	7	7	7	7	7	7
8	8	8	8	8	8	8
9	9	9	9	9	9	9

1

〔問1〕	ア　イ　ウ　エ
〔問2〕	ア　イ　ウ　エ
〔問3〕	ア　イ　ウ　エ
〔問4〕	ア　イ　ウ　エ

2

〔問1〕	Ⅰのア～エ		Ⅱの表のア～エ	
	ア　イ　ウ　エ		ア　イ　ウ　エ	
〔問2〕	P	Q	R	S
	ア　イ　ウ　エ	ア　イ　ウ　エ	ア　イ　ウ　エ	ア　イ　ウ　エ
〔問3〕	ⅠとⅡの表のア～エ		略地図中のW～Z	
	ア　イ　ウ　エ		W　X　Y　Z	

3

〔問1〕	A	B	C	D
	ア　イ　ウ　エ	ア　イ　ウ　エ	ア　イ　ウ　エ	ア　イ　ウ　エ
〔問2〕	W	X	Y	Z
	ア　イ　ウ　エ	ア　イ　ウ　エ	ア　イ　ウ　エ	ア　イ　ウ　エ
〔問3〕	〔地域の変容〕 〔要因〕			

4

〔問1〕	ア　イ　ウ　エ → ア　イ　ウ　エ → ア　イ　ウ　エ → ア　イ　ウ　エ			
〔問2〕	Ⅰの略年表中のア～エ		Ⅱの略地図中のA～D	
	ア　イ　ウ　エ		A　B　C　D	
〔問3〕	ア　イ　ウ　エ			
〔問4〕	A	B	C	D
	ア　イ　ウ　エ	ア　イ　ウ　エ	ア　イ　ウ　エ	ア　イ　ウ　エ

5

〔問1〕	ア　イ　ウ　エ
〔問2〕	ア　イ　ウ　エ
〔問3〕	

6

〔問1〕	ア　イ　ウ　エ → ア　イ　ウ　エ → ア　イ　ウ　エ → ア　イ　ウ　エ			
〔問2〕	A	B	C	D
	ア　イ　ウ　エ	ア　イ　ウ　エ	ア　イ　ウ　エ	ア　イ　ウ　エ
〔問3〕	ア　イ　ウ　エ			

2021年度入試配点表（東京都）

理科	1	2	3	4	5	6	計
	各4点×6（問4完答）	各4点×4（問1完答）	各4点×4（問2,問3,問4各完答）	各4点×3（問2,問3各完答）	各4点×4（問1,問2各完答）	各4点×4（問3,問4各完答）	100点

社会	1	2	3	4	5	6	計
	各5点×4	各5点×3（問1,問2,問3各完答）	各5点×3（問1,問2各完答）	各5点×4（問1,問2,問4各完答）	各5点×3	各5点×3（問1,問2各完答）	100点

※この解答用紙は147％に拡大していただきますと，実物大になります。

解答用紙　理科

□部分がマークシート方式により解答する問題です。

マーク上の注意事項

1　ＨＢ又はＢの鉛筆（シャープペンシルも可）を使って，
◯の中を正確に塗りつぶすこと。

2　答えを直すときは，きれいに消して，消しくずを残さないこと。

3　決められた欄以外にマークしたり，記入したりしないこと。

良い例	悪い例		
●	線	小さい	はみ出し
	丸囲み	レ点	うすい

受	検	番	号			
⓪	⓪	⓪	⓪	⓪	⓪	⓪
①	①	①	①	①	①	①
②	②	②	②	②	②	②
③	③	③	③	③	③	③
④	④	④	④	④	④	④
⑤	⑤	⑤	⑤	⑤	⑤	⑤
⑥	⑥	⑥	⑥	⑥	⑥	⑥
⑦	⑦	⑦	⑦	⑦	⑦	⑦
⑧	⑧	⑧	⑧	⑧	⑧	⑧
⑨	⑨	⑨	⑨	⑨	⑨	⑨

1

〔問1〕	㋐	㋑	㋒	㋓
〔問2〕	㋐	㋑	㋒	㋓
〔問3〕	㋐	㋑	㋒	㋓
〔問4〕	㋐	㋑	㋒	㋓
〔問5〕	㋐	㋑	㋒	㋓

2

〔問1〕	㋐	㋑	㋒	㋓
〔問2〕	㋐	㋑	㋒	㋓
〔問3〕	㋐	㋑	㋒	㋓
〔問4〕	㋐	㋑	㋒	㋓

3

〔問1〕	㋐　㋑　㋒　㋓	
〔問2〕	㋐　㋑　㋒　㋓	
〔問3〕	＊ 解答欄は裏面にあります。	
〔問4〕	①	②
	㋐ ㋑ ㋒ ㋓	㋐ ㋑ ㋒ ㋓

4

〔問1〕	①	②	③	
	㋐ ㋑ ㋒ ㋓	㋐ ㋑ ㋒ ㋓	㋐ ㋑ ㋒ ㋓	
〔問2〕	㋐　㋑　㋒　㋓			
〔問3〕	①	②	③	④
	㋐ ㋑ ㋒ ㋓	㋐ ㋑ ㋒ ㋓	㋐ ㋑ ㋒ ㋓	㋐ ㋑ ㋒ ㋓
〔問4〕	＊ 解答欄は裏面にあります。			

5

〔問1〕	㋐　㋑　㋒　㋓	
〔問2〕	①	②
	㋐ ㋑ ㋒ ㋓	㋐ ㋑ ㋒ ㋓
〔問3〕		
〔問4〕	溶質の名称	
	結晶の質量	g

6

〔問1〕

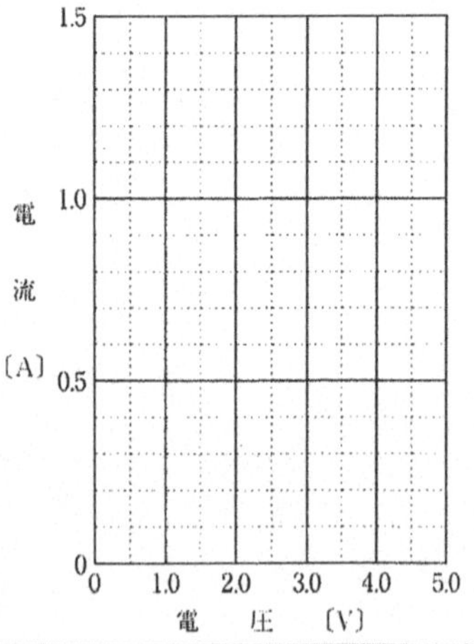

電流の大きさ	A

〔問2〕	㋐	㋑	㋒	㋓
〔問3〕	㋐	㋑	㋒	㋓
〔問4〕	㋐	㋑	㋒	㋓

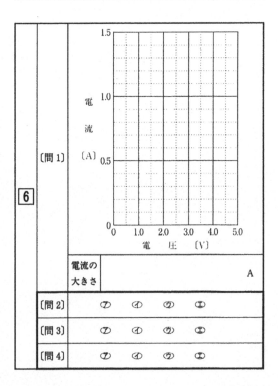

解答用紙　理科

受検番号						

3	〔問3〕	

4	〔問4〕	

※この解答用紙は145%に拡大していただきますと，実物大になります。

解答用紙　社　会

▭部分がマークシート方式により解答する問題です。

マーク上の注意事項

1　ＨＢ又はＢの鉛筆（シャープペンシルも可）を使って，〇の中を正確に塗りつぶすこと。

2　答えを直すときは，きれいに消して，消しくずを残さないこと。

3　決められた欄以外にマークしたり，記入したりしないこと。

良い例	悪い例
●	線　小さい　はみ出し　丸囲み　レ点　うすい

受	検	番	号			
⓪	⓪	⓪	⓪	⓪	⓪	⓪
①	①	①	①	①	①	①
②	②	②	②	②	②	②
③	③	③	③	③	③	③
④	④	④	④	④	④	④
⑤	⑤	⑤	⑤	⑤	⑤	⑤
⑥	⑥	⑥	⑥	⑥	⑥	⑥
⑦	⑦	⑦	⑦	⑦	⑦	⑦
⑧	⑧	⑧	⑧	⑧	⑧	⑧
⑨	⑨	⑨	⑨	⑨	⑨	⑨

1

〔問1〕	㋐　㋑　㋒　㋓
〔問2〕	㋐　㋑　㋒　㋓
〔問3〕	㋐　㋑　㋒　㋓

2

〔問1〕	略地図中のA〜D		Ⅱのア〜エ	
	Ⓐ Ⓑ Ⓒ Ⓓ		㋐ ㋑ ㋒ ㋓	
〔問2〕	P	Q	R	S
	㋐ ㋑ ㋒ ㋓	㋐ ㋑ ㋒ ㋓	㋐ ㋑ ㋒ ㋓	㋐ ㋑ ㋒ ㋓
〔問3〕	略地図中のW〜Z		ⅠとⅡの表のア〜エ	
	Ⓦ Ⓧ Ⓨ Ⓩ		㋐ ㋑ ㋒ ㋓	

3

〔問1〕	A	B	C	D
	㋐ ㋑ ㋒ ㋓	㋐ ㋑ ㋒ ㋓	㋐ ㋑ ㋒ ㋓	㋐ ㋑ ㋒ ㋓
〔問2〕	P	Q	R	S
	㋐ ㋑	㋐ ㋑	㋐ ㋑	㋐ ㋑

〔問3〕

〔建設された理由〕

〔建設された効果〕

4

〔問1〕	㋐ ㋑ ㋒ ㋓ → ㋐ ㋑ ㋒ ㋓ → ㋐ ㋑ ㋒ ㋓ → ㋐ ㋑ ㋒ ㋓	
〔問2〕	Ⅰの略年表中のア〜エ	Ⅱの略地図中のA〜D
	㋐ ㋑ ㋒ ㋓	Ⓐ Ⓑ Ⓒ Ⓓ
〔問3〕	㋐　㋑　㋒　㋓	
〔問4〕	㋐　㋑　㋒　㋓	

5

〔問1〕	㋐　㋑　㋒　㋓
〔問2〕	㋐　㋑　㋒　㋓
〔問3〕	㋐　㋑　㋒　㋓
〔問4〕	㋐　㋑　㋒　㋓

6

〔問1〕	㋐ ㋑ ㋒ ㋓ → ㋐ ㋑ ㋒ ㋓ → ㋐ ㋑ ㋒ ㋓ → ㋐ ㋑ ㋒ ㋓	
〔問2〕	略地図中のA〜D	ⅠとⅡのグラフのア〜エ
	Ⓐ Ⓑ Ⓒ Ⓓ	㋐ ㋑ ㋒ ㋓
〔問3〕		

2020年度入試配点表（東京都）

理科	1	2	3	4	5	6	計
	各4点×5	各4点×4	各4点×4 （問4完答）	各4点×4 （問1，問3各完答）	問4　各2点×2 他　各4点×3 （問2完答）	問1　各2点×2 他　各4点×3	100点

社会	1	2	3	4	5	6	計
	各5点×3	各5点×3 （問1・問2・問3 各完答）	各5点×3 （問1・問2各完答）	各5点×4 （問1・問2各完答）	各5点×4	各5点×3 （問1・問2各完答）	100点

〈ダウンロードコンテンツについて〉

本問題集のダウンロードコンテンツ、弊社ホームページで配信しております。現在ご利用いただけるのは「2025年度受験用」に対応したもので、**2025年3月末日**までダウンロード可能です。弊社ホームページにアクセスの上、ご利用ください。

※配信期間が終了いたしますと、ご利用いただけませんのでご了承ください。

高校別入試過去問題シリーズ

都立国立高等学校　2025年度

ISBN978-4-8141-2955-3

[発行所] 東京学参株式会社

〒153-0043　東京都目黒区東山2-6-4

書籍の内容についてのお問い合わせは右のQRコードから　⇒

※書籍の内容についてのお電話でのお問い合わせ、本書の内容を超えたご質問には対応できませんのでご了承ください。

2024年7月4日　初版